KB163435

그들은 종잡을 수 없는 속도로 난바다를 신출귀몰하며 조선의 수군과 어민들의 넋을 **조선의 수군과 어민들의 넋을 놓게 했다.**

악령이
출몰하던
조선의 바다

악령이
출몰하던
조선의 바다

【 서양과 조선의 만남 】

박천홍 지음

현실문화

악령이
출몰하던 　서양과 조선의 만남
조선의 바다

지은이 　　박천홍
펴낸곳 　　현실문화연구
펴낸이 　　김수기

편집 　　　강진홍, 좌세훈
디자인 　　김재은
마케팅 　　오주형
제작 　　　이명혜

첫 번째 찍은 날　2008년 7월 21일
세 번째 찍은 날　2009년 2월 20일
등록번호 　제1999-72호
등록일자 　1999년 4월 23일

주소 　　　서울시 종로구 교북동 12-8번지 2층
전화 　　　02)393-1125
팩스 　　　02)393-1128
전자우편 　hyunsilbook@paran.com

값 32,000원

이 도서의 국립중앙도서관 출판시도서목록(CIP)은
e-CIP 홈페이지(http://www.nl.go.kr/ecip)에서
이용하실 수 있습니다. (CIP제어번호: CIP2008002041)

차례

3. 왜 선교사를 살해했는가 359
: 프랑스 군함 세실호의 원정

제 3 부

습격 러시아와 미국의

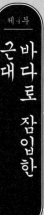

제4부
근대 바다로 잠입한

일러두기

1. 이 책에 기록된 시간은 조선 · 중국 · 일본의 자료를 인용할 때는 음력을, 서양인의 자료를 인용할 때는 양력(러시아력)을 따랐다. 양력의 경우는 해당 기록에서 처음 인용할 때만 양력이라고 밝히고 뒤에서는 생략했다.

2. 국학 고전 가운데 국학 관련 인터넷 사이트에서 원문과 번역을 참고한 경우는 사이트의 출처를 일일이 밝히지 않았다. 주로 참고한 국학 사이트는 다음과 같다. 조선왕조실록 (www.sillok.history.go.kr), 규장각 한국학연구원(e-kyujanggak.snu.ac.kr), 국사편찬위원회(www.history.go.kr), 한국고전번역원(www.minchu.or.kr).

3. 번역서를 인용할 경우 원칙적으로 그것에 따랐지만, 필요한 경우에는 원문과 대조하여 손질하거나 현대어 표기에 맞게 문장을 다듬었다.

4. 중국의 지명과 인명은 우리의 한자 발음대로 표기했고, 해당 고유명사가 처음 나올 때 한자를 병기했다.

타자의 발견, 발견된 자아

"한 사회의 정수와 그 심리 상태를 꿰뚫어 볼 수 있는 한 가지 방법
은 그 사회가 내부인과 외부인 사이의 경계를 어떻게, 어디에 긋고
있는가를 묻는 것이다."[1]
— 루스 멜린코프(Ruth Melinkoff)

1.

조선 왕조를 비추던 태양이 서산으로 기울어갈 무렵, 조선의
바다에는 정체불명의 배들이 활주하고 있었다. 집채같이 거대한
배에서는 조선인들이 난생 처음 보는 사람들이 눈을 번득이고 있
었다. 하늘을 제압할 만큼 높다란 깃대에는 판독 불능의 기호를
새긴 깃발들이 펄럭이고 있었다. 그들은 종잡을 수 없는 속도로
난바다를 신출귀몰하며 조선의 수군과 어민들의 넋을 놓게 했다.
조선 정부는 그것을 잠시 스쳐 지나가는 '이상한 모양의 배'(異樣
船)라며 애써 외면하려 했다. 하지만 근육질의 대포는 언제든 불
을 뿜을 태세였고, 이방의 요망한 박래품들은 변방 사람들의 얼을

빼놓을 만큼 유혹적이었다.

봉건 정부는 미처 눈치 채지 못하고 있었지만, 바깥 세계는 이미 돌이킬 수 없는 국면으로 내달리고 있었다. 지리적 경계로 나뉘던 공동체들이 정치와 폭력의 간계로 잘게 쪼개지거나 하나로 합쳐지는 세계, 자연의 산물이 인공의 '상품'으로 몸을 바꾸는 세계, 한갓 유통 수단에 지나지 않던 화폐가 욕망의 '자본'으로 축적되는 세계, 대지를 빼앗긴 농민들이 기계에 얽매인 '노동자'로 전락하는 세계, 영혼의 구제라는 사명이 '개종'이라는 사업으로 타락하는 세계, 피부색과 언어가 '야만'의 증표로 낙인찍히는 세계……, 한마디로 '근대'가 동터오고 있었다. 자존자대하던 한 왕조에게 그것은 악령의 출현이자 몰락의 전주곡이었다.

에스파냐 국왕
페르디난드가
콜럼버스를 신세계로
파견하는 모습을 그린
목판화.

조선의 근대는 해일처럼 어느 날 느닷없이 덮쳐 온 것이 아니었다. 서양에서 일렁이기 시작한 세계사적 격랑이 증폭되면서 점점 휩쓸려 들어갈 수밖에 없었던 장기적 파동의 결과였다. 세계사적 차원에서 서로 동떨어진 국가와 문명이 만나고 뒤섞이며 갈등하고 충돌하는 관계가 뚜렷이 드러나기 시작한 것은 이른바 '대항해 시대', '지리상의 발견의 시대'부터였다. 15세기 이후 포르투갈과 에스파냐가 해양 탐험에 주도권을 잡았고, 이후 네덜란드, 영국, 프랑스가 그 뒤를 따랐다. 환상과 공포, 미지의 영역으로 남아 있던 아프리카, 아메리카, 아시아 대륙이 유럽인들의 지식 체계 속으로 점차 편입되어갔다.

초기 해양 탐험가들에게 바다는 언제나 예측할 수 없는 위험이 도사린 공포의 영역이었다. 하지만 아무도 가보지 못한 길, 이름 붙여지지 않은 미지의 공간은 모험가들에게 터무니없는 공상을 부추겼다. 황금의 땅에 대한 끝 모를 동경, 가상의 기독교 왕국에 대한 선망, 이국의 관능적 여인에 대한 환상 등이 뱃사람들의 등을 떠밀기 시작했다. 탐험가들의 영웅적 모험담이나 이국 여행자들의 진기한 여행기는 상상과 욕망의 거대한 박물관이었다.

대항해 시대가 남긴 유산은 세계의 지리적 지식이 확대되고 치밀해지는 데 그치지 않았다. 대항해 시대 이후 유럽은 세계를 해석하고 상상할 수 있는 특정한 시선 또는 지식체계를 구축했다. 사회학자 스튜어트 홀이 말한 것처럼, "유럽인들은 '탐사되고' 싶은 소망도, '발견될' 필요도, 그리고 '착취될' 욕망도 없었던 사람들을 앞질러 항해했고, 그들을 겨냥했으며, 그들의 허를 찔렀다.

아메리카 대륙에 발 디딘 콜럼버스 일행.

유럽인들은 지배 권력의 위에서 타자들 앞에 섰다. 이는 그들이 볼 수 없었던 것은 물론 그들이 보는 것과 보는 방식에 영향을 미쳤다."²⁾

돛대를 세우고 나침반의 자침을 따라 지도에도 없는 길을 찾아 떠난 유럽의 해양 모험가들이 '발견'한 것은 미개하고 야만적인 인간들이 아니었다. 그것은 그들의 상상을 뛰어넘는 낯선 타자들이었다. 유럽인들은 그들을 보며 자신들의 정체성을 발명했고, 거기서 어떤 '시선'이 드러났다. 바로 오랫동안 유럽 밖의 타자를 규정하게 될 '유럽 중심주의'라는 편견의 시선이었다.

지리적 단위인 유럽을 이념적으로 추상화한 '서양'과 아시아를 관념화한 '동양'이라는 이분법은 근대적 지식체계의 산물이다. 서양은 동양이라는 대립된 거울 이미지에 자신을 비춰 봄으로써 정체성과 동일성을 확보해갔다. 자신들은 '문명화된, 발전된, 산업화된, 도시화된, 민주주의적인, 현대적인' 사회인 반면, 동양은 '야만적인, 미개한, 농업적인, 지방적인, 전제주의적인, 전근대적인' 사회라는 것이 동/서양 담론을 가르는 허구의 경계선이었다.

　서양이 동양을 타자로 설정한 것과 동시에 동양은 서양에 의해 발명되었다. 서양과 동양이 서로를 규정하고 타자화하는 방식은 비대칭적이었다. 인문학자 사카이 나오키에 따르면, 근대적 동양은 서양의 침략을 받고 패배하고 착취되었을 때 탄생했다. 다시 말하면 동양은 서양의 대상이 되었을 때 비로소 근대에 들어섰다. 동양은 문화적·종교적·언어적 통일체도 아니고 통일된 세계도 아니었다. 동양에 막연한 일체감이 부여된 것은 역사적 진보 과정에서 동양이 서양에 의해 배제되고 대상화되었기 때문이었다.[3]

　대항해 시대가 후대에 남긴 가장 큰 부정적 유산은 식민주의였다. 식민주의는 광활한 대지를 토착 원주민들의 원한과 고통으로 물들였을 뿐만 아니라, 과학과 학문의 지적 도구마저 편협하고 왜곡된 정치권력에 복무하도록 부추겼다. 거기서는 타자에 대한 관용과 배려의 정신보다는 차별과 배제의 벌거벗은 욕망만이 춤추었다. 한 인간집단이 다른 인간집단을 '비인간'으로 딱지 붙이거나 심지어 절멸할 수 있다는 가공의 논리가 횡행했다.

　식민지 시대의 탐험가들은 유럽 거대 도시의 중심지에서 출

십자가를 든 유럽인과 벌거벗은 아메리카 원주민. 테오도르 갈레의 판화.

발해 변경을 지나 머나 먼 오지까지 여행했다. 그들은 총이나 석궁, 대포 같은 물리적 폭력 수단뿐만 아니라 지적인 무기로도 무장한 채 길을 개척했다. 그들 뒤에는 군대, 상인, 선교사, 전염병, 행정관료 등이 따라왔다. 그들이 여행에서 챙겨 온 것은 당시 유럽 사회에 전혀 알려지지 않았던 원재료였다. 광물 표본, 민족지학적 골동품, 탐험 지도, 미지의 사람들에 관한 이야기 등이 마침내 식민지 지배 권력의 지식체계 속으로 짜 넣어졌다.[4]

미지의 땅에 도착한 탐험가들이 맨 처음 한 일은 그곳에 새 이름을 붙이는 것이었다. 마치 자기 집에 문패를 거는 것처럼. 이미 오래 전부터 그곳에 살고 있는 사람들이 붙인 이름을 무시하고 새로운 이름을 붙이는 것은 소유권을 선언하고 주장하는 행위이자 그곳에 뿌리 내리고 있던 토착 문화와 문명을 무효화하는 것과 마찬가지였다. 영토의 작명가들은 이름을 붙임으로써 자신들의 기획에 따라 그곳의 고유한 정체성을 박탈하고 새로운 정체성을 부여했다.[5]

탐험이 미지의 영역을 기지(旣知)의 영역으로 바꾸어가는 행위라면, 미지의 영토와 지명을 지도에 기입하는 것은 환상의 땅을 눈으로 볼 수 있는 이미지와 손으로 붙잡을 수 있는 실체로 재현하는 행위였다. 탐험대와 군대를 뒤따랐던 측량 기사들은 나침반과 직각자, 진자 등으로 지형과 지표를 측량하고 지도에 표기했다. 새로 발견한 땅을 지도에 묘사하는 행위는 새로운 영토에 대한 권리를 합법적으로 보장받을 수 있는 방법이었다. 또한 정밀한 측량 지도는 유럽의 과학과 합리성을 미지의 영토에 심는 행위이기도 했다.[6]

어떤 영토를 안다는 것은 거기에 사는 원주민의 생활을 이해하는 것뿐만 아니라, 그 땅에 사는 동식물의 생태와 광물 자원까지도 아는 것을 뜻한다. 탐험가들은 고향으로 돌아올 때 지도와 함께 동식물 표본 같은 물리적인 증거도 함께 가지고 오곤 했다. 그중에는 심지어 원주민도 끼여 있었다. 자신들의 발견을 부정하거나 폄하하는 자들에게 대항하고 소유권을 주장하기 위해서였다. 이것들을 전시하기 위해 유럽 전역에서 자연사 박물관들이 솟아올랐다.[7]

유럽의 낭만주의자들은 먼 곳에 있는 공상적인 타자로 도피하거나 자신들이 잃어버린 황금시대의 꿈을 찾아 이국으로 떠돌았지만, 현실의 식민주의자들은 새롭게 정복할 장소를 찾아 세계를 누볐다. 식민주의자들은 우월한 서양 문명의 빛을 야만인의 땅에 퍼뜨려야 한다는 문명화의 사명에 열광했다. "야만인의 땅을 정복해서 문명의 길로 이끌고, 무지한 사람들을 이성의 궤도에 올려놓는 것보다 영광스러운 일이 어디 있겠습니까?"[8] 라고 말한 리처드 해클루트(Richard Hakluyt)의 발언은 전형적인 식민주의자들의 의식구조를 보여준다.

탐험가나 식민주의자들이 타자를 발견하는 과정은 결코 일방적이거나 수동적이지 않았다. 타자를 응시하고 관찰한 결과를 글이나 그림으로 묘사하고 기록으로 남긴 그들은 살아남은 자들, 승리한 자들이었다. 하지만 주체가 타자를 응시하면 타자도 주체를 응시하게 마련이다. 타인의 이목, 판단, 감정, 의지 등은 관찰되고 있는 대상의 감정이나 정신 속으로 스며들고 어떤 굴절의 과정을 거쳐 다시 관찰하는 자를 비춘다.

유럽인이 비유럽 세계의 타자를 발견했다면, 비유럽 세계의 사람들도 유럽인을 발견했다. 비교문학자 레이 초우는 토착민의 응시에 의해 관찰되고 있다고 느끼는 쪽은 실제로 식민자라고 주장한다. 그에 따르면, 이 응시는 위협도 복수도 아니다. 그것은 식민자에게 자신의 존재를 의식하게 만든다. 더 나아가 그에게 응시의 방향을 바꾸어 자기 자신을 바라볼 필요가 있다는 것을 깨닫게 해서 식민자 자신이 토착민에게 대상으로 투영되는 결과를 낳는다.[9] 주체와 타자의 시선들이 서로 비추고 겨루고 다투는 역동적인 세계, 그것이 바로 근대 세계의 일면이었다.

2.

유럽이 15세기 이후 세계 구석구석을 누비면서 탐험하기 시작하고 18, 19세기에 이르러 식민주의와 제국주의가 절정에 올랐을 때, 기묘하게도 동아시아 국가들은 바깥 세계에 빗장을 지르고 있었다. 정치적이든 이념적이든 동아시아의 문턱은 퍽 높았다. 동아시아가 그것을 밀치고 들어오려는 유럽 세력과 갈등하고 불화하는 것은 피할 수 없는 일이었다. 이른바 유럽의 '팽창'과 동아시아의 '쇄국'이 세계의 정치 저도와 국가의 운명을 갈랐다.

한 · 중 · 일 3국의 근세사를 설명하는 용어 가운데 하나인 '쇄국'(鎖國)은 역사가 그리 길지 않은 신조어였다. 이는 19세기 일본의 번역어에서 비롯했다. 1801년 네덜란드어 통역관 시즈키 다다오(志筑忠雄)는 독일의 여행가이자 박물학자인 캠퍼(Engelbert Kämpfer)의 《일본지(De Beschryving van Japan)》 가운데 한 장(章)을 초역하면서 일본의 자기 폐쇄적 경향(self-isolation)을 '쇄국'이라고 옮겼다. 1850년대 이후 쇄국이란 학술어는 식자들 사이에서 표준어로 널리 통용되었다.[10]

'쇄국, 쇄국정책, 쇄국주의'라는 용어는 주로 일본의 도쿠가와(德川) 바쿠후(幕府) 시대의 대외관계를 표현하는 데 쓰였지만, 조선의 대원군 정권과 중국의 명 · 청 시대를 서술하는 데도 차용되었다. 중국과 조선은 14·15세기부터, 일본은 17세기부터 19세기까지 바깥 세계에 문을 닫고 있거나 극히 제한적으로만 접촉했다. 동아시아 3국 사이도 비정기적이고 의례적인 사신들만 오갔을 뿐 일반 국민들의 왕래는 금지되어 있었다. 무역도 국가의 엄격한 관리와 통제 아래 격리된 공간에서만 이루어졌다.

중국은 명나라 초부터 강력한 해금(海禁) 정책을 시행했다. 1371년 태조 홍무제는 해안 방비를 강화하고 연해민들이 해상으로 나가는 것을 금했다. 해안지대에 근거지를 둔 반란세력을 섬멸하고 왜구를 격퇴하기 위한 조치였다. 1449년에 이르면 금압의 강도가 더 높아졌다. 바닷가 주민이 외국 오랑캐와 사사롭게 통하거나 외국 화물을 무역하고 국내 사정을 누설해서 해적을 유인할 경우, 본인은 사형당하고 가족은 변방의 군인으로 복무해야 했다. 원칙적으로 국내인의 해외 출항은 금지되어 있었고, 외국 상인의 무역은 조공이라는 틀 안에서만 제한적으로 허용되었다.

청나라는 명의 해금 정책을 더욱 강경하게 이어받았다. 1655년 순치제는 정성공의 반청 운동을 제압하기 위해 해안을 봉쇄했다. 돛대가 두 개 이상인 큰 배를 만들어 국가에서 금하는 물품을 팔고 몰래 해적과 통하는 자는 엄하게 단죄되었다. 1661년에는 전대미문의 주민 이주령이 발동되었다. 정부는 연해 주민들을 모두 내륙으로 30리 정도 옮기게 하고 해안선부터 30리 되는 곳에 경계선을 그었다.

대만의 정성공 세력이 평정된 1683년 이후에야 비로소 연해 지방에 거주하는 것이 허용되고 항구도 열렸다. 유럽의 무역선이

청나라 때 광동 항구의 번화한 모습.

해안에 폭주하고 중국인들의 해외 이주가 갑자기 늘자 조정은 다시 예전의 기조로 물러났다. 1757년 건륭제는 외국 선박의 왕래와 무역을 광동 항구로만 국한하고 다른 항구는 막아버렸다. 더구나 광동에서 외국 상인들이 활동하거나 거주하는 데는 여러 가지 제약이 따랐다. 이런 '광동 무역 체제'는 1842년 남경조약이 체결될 때까지 지속되었다.[11]

중국의 해금 정책이 내부의 적을 박멸하는 데 초점을 맞추었다면, 일본의 쇄국 체제는 외부의 불온한 사상에 주민의 정신이 감염되는 것을 막는 데 주력했다. 16세기에 포르투갈 상인이 처음으로 일본에 출현하고 예수회 선교사 사비에르가 선교활동을 하면서 '남만무역'(南蠻貿易)이 번창하고 '남만교'(南蠻敎, 천주교)가 창궐하기 시작했다. 천주교의 교세가 걷잡을 수 없이 퍼져가자 도요토미 히데요시는 천주교 신부 추방령을 내리고 신자들을 처형했다. 특히 1637년 '시마바라(島原)의 난'을 계기로 도쿠가와 바쿠

선린우호의 상징으로 일본에 파견되었던 조선통신사 일행이 교토 시가를 행진하고 있다.

후는 강경한 쇄국 정책을 펼쳤다.

바쿠후는 여러 차례 쇄국령을 내리면서 포르투갈, 에스파냐, 영국 상인의 내항을 금지하고 일본인들의 해외 도항도 막았다. 도쿠가와 시대의 쇄국 체제 기간 동안 일본과 독점적으로 통상할 수 있었던 유럽 국가는 네덜란드뿐이었다. 바쿠후는 해외 무역뿐만 아니라 해외 정보도 독점했다. 나가사키에 거주하던 네덜란드인이 바쿠후에 제출했던 《화란풍설서(和蘭風說書)》에는 해외 각국의 정치 · 경제 · 군사 · 치안 · 국제관계 등에 관한 극비정보가 들어 있었다.[12] 일본의 개방적 학자들 사이에는 '난학'(蘭學)이 꽃피면서 중국 · 조선과는 다른 근대의 길을 예비하고 있었다.

막강한 대국 중국과 늘 골머리를 썩이게 하는 섬나라 일본 사이에 낀 조선은 제3의 길을 찾아야 했다. 조선의 대외정책은 '사대교린'(事大交隣)으로 요약된다. 이는 '작은 나라는 큰 나라를 민음(信)으로 섬기고, 큰 나라는 어짊(仁)으로 작은 나라를 보호한다'는 '사대자소'(事大字小)의 원리에서 출발한다. 조선은 '조공'과 '책봉'의 형식으로 중국에 복속하고, 일본과는 국가 대 국가의 대등한 선린우호 관계를 맺는다는 것을 외교 강령으로 내세웠다.

하지만 조선의 사대교린주의는 하나의 이념형일 뿐 실제로는 숱한 우여곡절을 겪어야 했다. 동아시아 국제체제의 판을 깨뜨렸던 임진왜란 이후 조선은 중국에 '재조지은'(再造之恩)을 입었다며 과대망상적인 사대주의로 흘러갔고, 일본에 대해서는 원한과 적개심을 불태웠다. 명의 멸망과 청의 건국은 또다시 조선 내부에 파란을 일으켰다. 조선은 형식상 청에 사대의 예를 따르면서도 내면적으로는 '소중화'(小中華)라는 허구적 이념에 매달렸다. 서슬 퍼런 작두날에 맨발로 오른 것처럼 조선의 외교는 늘 위태로웠다.

바깥 세계에 대한 조선 정부의 시야와 태도를 규율한 것은 성리학 이념이었다. 조선의 체제교학인 성리학은 지배층부터 하층민에 이르기까지 조선인의 세계관과 가치관 그리고 일상의 풍속을 지배했다. 성리학의 성격 가운데 하나는 배타성이었다. 성리학은 불교나 노장사상 등을 이단으로 규정했고, 성리학자들은 중화주의의 이데올로기를 추종하지 않는 이민족을 야만시했다.

귤이 회수를 건너면 탱자가 된다는 말이 있듯이 조선의 성리학은 발상지 중국보다 교조적이고 극단적으로 변했다. 특히 조선 후기 성리학적 지배체제에 정면으로 도전했던 천주교에 대해서는 극단적인 방법도 서슴지 않았다. 이능화의 말처럼 "조선은 정학(正學, 성리학)을 숭상하고 이단(성리학 이외의 사상이나 학설)을 멸리하며, 중화를 존중하고 이적을 물리치는 것을 국시로 삼았다. 따라서 서교(西敎, 천주교)를 배척하고 외인(外人)을 거절했다."[13]

성리학이 조선의 통치이념이었다면, 《대명률》은 조선의 통치수단이었다. 《대명률》은 1374년 완성된 명나라의 법전이었지만, 조선의 사회생활을 규율하는 형법으로 맹위를 떨쳤다. 《경국대전》을 비롯한 조선의 법전 가운데 〈형전(刑典)〉의 '용률(用律)'조에는 "대명률을 준용한다"고 기록되어 있다. 영조 22년(1746)에 반포된 《속대전》〈형전〉 '용률'조에서는 원칙적으로는 《대명률》에 따르지만 《경국대전》이나 《속대전》에 특별 규정이 있는 경우는 그 특별 규정을 따른다고 못 박았다.[14]

《대명률》은 국경이나 변경의 요새에서 통행하거나 통상하는 행위를 엄격하게 통제했다. 통행증 없이 은밀히 관소(關所, 검문소)와 나루터를 통과한 자는 장(杖) 80대 형에 처했다. 관소에서 관문(關門, 국경이나 교통의 요지에서 통행인을 조사하는 곳)을 경유하지 않거나, 나루터에서 도선장(渡船場)을 통과하지 않고 딴 곳으로 지나간 자의 죄는 장 90대 형에 해당했다. 변경의 관소나 요새를 몰래 넘거나 건넌 자는 장 100대 형, 도형(徒刑) 3년형, 그리고 국경 밖으로 나간 자에게는 교수형이 기다리고 있었다.(兵律 關津 私越冒關津)[15]

조선에서는 통행허가증을 '노인'(路引)이라고 불렀다. 병조에서는 100리 이상 여행하는 군인이나 관리, 민간인 그리고 휴가를 얻어 귀향하는 군사나 상인, 삼포(부산포·제포·염포)에 왕래하는 왜인 등에게 노인을 발급했다. 노인에는 당사자의 신분과 연령, 본관 그리고 휴대품 목록과 수 등이 기록되었다. 이는 백성들이 농사를 버리고 떠도는 것을 막고, 상인에게 세금을 징수하며, 서북 방면과 해안지역 등의 국경을 감시하기 위한 제도였다.[16]

《대명률》에서는 밀수 행위도 혹독하게 처벌하도록 했다. 말과 소, 군용품, 철로 된 물화, 직물, 명주, 면사(綿絲)를 사사로이 국경 밖으로 가지고 나가 팔거나 바다로 나가서 사고파는 자는 장 1백대 형을 받았다. 하역인(荷役人)과 운반한 사람은 죄(罪)를 1등 경감하되 돈과 배, 수레는 관에서 몰수했다. 군용품을 일정한 경계 밖으로 내보내거나 해외로 내보낸 자는 목을 옭아매어 죽였다. 국내의 비밀을 외국에 누설한 자는 가차없이 목을 베었다.(私出外境及違禁下海)[17]

조선은 해안 방위에 신경을 곤두세웠다. 정부는 해안 주민들이 먼 바다로 나가 물고기를 잡거나 외국인과 거래하는 것을 금지했다. 숙종 19년(1693) 예조는 일본에 보낸 외교문서에서 "우리나라는 해상의 금령이 매우 엄격하다. 바닷가 주민들을 먼 바다에 나가지 못하게 단속하고 우리 영토인 울릉도까지도 멀다고 해서 결코 마음대로 왕래하지 못하게 한다"[18]고 알렸다. 프랑스인 선교사 샤를 달레는 조선의 폐쇄적 상황을 다음과 같이 증언한다.

조선과 이웃 나라 사이의 무역 관계는 거의 없다. 이웃의 두 강국인 중국과 일본에 대해 자기의 독립을 보존하기 위해 이 나라는 완전한 격리 속에 스스로를 가두었다. 법률이 규정하는 경우를 제외하고는 외국인과의 어떠한 관계든지 사형을 받을 만한 범죄이다. (……)

해상으로는 관계가 더 적다. 중국이나 일본 어선이 평안도 연안에 와서 해삼을 잡고 황해도 연안에 와서 청어를 잡는 것은 허가되어 있지만, 거기에는 두 가지 조건이 있다. 뭍에 절대 오르지 말 것과 바다 가운데에서 이 나라 사람들과 절대로 만나지 말 것인데, 위반하는 경우 배는 몰수되고 선원은 투옥된다.[19]

조선의 공식 외교 관계는 중국과 일본으로 국한되어 있었다. 이웃의 두 나라를 제외하면 이방인들에게 조선은 환상의 원시림에 갇힌 금단의 땅이었다. 육지뿐만 아니라 해상에서도 조선으로 들어갈 수 있는 길은 막혀 있었다. 조선은 초기만 해도 서양과 만날 기회가 거의 없었다. 16세기부터 사태가 달라졌다. 조선의 관찬 사서에서 최초로 서양인이 등장한 것은 16세기 말이었다. 이후 포르투갈, 영국, 네덜란드, 프랑스, 러시아, 미국의 선박 등 '이상한 모양의 배'들이 불시에 조선 해역으로 들이닥쳤다.

서양 선박이 조선을 찾아온 까닭은 국적과 시기에 따라 조금씩 달랐다. 처음에는 우연히 표류해 온 경우나 식량·물·땔감·가축 등을 찾아 잠시 상륙하는 사례가 태반이었다. 하지만 시간이 지나면서 점차 탐험과 측량, 통상 요구, 기독교 선교를 위한 밀입국 시도, 보복 원정 등으로 옮겨갔다. 서양 선박에 타고 있던 선원들도 탐험가, 측량기사, 군인, 상인, 선교사, 포경선원, 의사, 통역관, 작가 등 가지각색이었다. 19세기에 들어서면서 영국 선박이 주로 측량과 통상을 바랐다면, 프랑스 선박은 기독교 선교의 자유를 앞세웠다.

마르코 폴로의 《동방견문록》은 유럽인들에게 동양에 대한 환상을 심어주는 데 큰 영향을 미쳤다.
마르코 폴로의 초상화(왼쪽)와 마르코 폴로 일가가 쿠빌라이 칸에게 교황의 서신을 전하는 모습.

　　서양인들에게 조선은 그다지 매혹적인 나라가 아니었다. 중
국과 일본에 비해 베일에 가려져 있을 뿐만 아니라, 자원이 풍부
한 나라로 비치지도 않았고 통상 이익도 크게 기대하기 어려웠다.
게다가 마르코 폴로의 《동방견문록》에서 그려진 '지팡구'(일본)처
럼 황금이 지천으로 널린 황홀한 나라도 아니었다. 오히려 《하멜
표류기》가 전한 것처럼 외국인을 감금하고 노예처럼 부린 공포의
왕국으로 알려져 있었다.

　　서양 선박에 대한 조선 정부의 대응은 사안에 따라 달랐다.
표류선의 경우에는 국적을 불문하고 인도주의 원칙을 적용했다.
네덜란드인 하멜 일행의 경우처럼 예외적인 경우도 없지 않았지
만, 조선 정부는 조난자들에게 '유원지의'(柔遠之意)를 베풀었다.
이는 '먼 곳에 사는 백성이나 먼 곳에 있는 나라를 살피고 어루만
져 위로한다'는 뜻으로, 《중용》의 정신을 따른 것이었다. 《중용》에

서는 천하와 국가를 다스리는 아홉 가지 도리(九經) 가운데 하나로 '유원인'(柔遠人)을 꼽았는데, 먼 데 사람을 부드럽게 대하면 사방이 귀화하기 때문이었다.[20]

1808년에 편찬된 《만기요람》에는 조선으로 표류해 온 사람들에 대한 대책이 규정되어 있다. 이국 사람이 표착했다는 보고서가 조정에 올라오면 뱃길이나 육로를 불문하고 표류인들이 원하는 대로 송환하는 것이 원칙이었다. 조정에서는 표류인들이 입을 옷이나 뱃길을 통과하는 동안 필요한 식량을 마련해주고 잡인이 접근하는 것을 금지했으며 호송하는 여러 절차를 엄중하게 지시했다. 표류인들이 경기 지방을 통과해서 돌아갈 경우에는 홍제원에 들어온 뒤 낭청을 파견해서 다시 사정을 묻고 옷과 여러 물품을 따로 내주었다. 전라도에서는 표류인들이 뱃길로 돌아가기를 원할 경우 조정의 공문을 기다리지 않고 바로 떠나 보냈다. 중국 내지인이 표류해 오면 따로 사신을 정해 호송했다. 외지인의 경우는 의주부의 통역관이 호송해 봉성으로 가서 넘겨주고 중국에 보내는 문서는 의주부로 내려 보냈다.[21]

샤를 달레에 따르면, 거센 폭풍우로 외국 배가 조선 해안에 떠밀려 왔을 때 정부는 조난자들을 가두고 숙식을 마련해주었다. 그리고 외국인과 조선 주민이 절대 접촉하지 못하도록 지켰다가 국경에서 가장 가까운 도시까지 육로로 송환했다. 해로로 돌아가는 것은 금지되어 있었다.[22] 1866년 제너럴 셔먼호 사건 때 황해도관찰사 박규수가 미국인에게 보낸 답서에도 조선의 표류민 대책이 잘 드러나 있다.

우리나라 법률은 이국의 상선이 표류해 오면 배가 온전한 경우에는 양식을 도와주고 일용품을 지급해주고 바람을 기다려 돌아가게 했다. 배가 온전하지 못해 바다에 뜰 수 없는 경우에는 관리를 파견해서 원하는 바에 따라 육로로 호송해서 북경에 이르게 했다.[23]

악천후 때문에 우연히 표류해 온 경우를 제외하면 외국 선박에 대한 조선 정부의 대응은 강경했다. 서양 선박이 측량, 통상, 선교 등을 요구하면 예외 없이 단호하게 거절했다. '천자의 제후국은 외국과 사사로이 외교관계를 맺지 못한다'(人臣無私交)는 봉건적 정치논리를 거절의 이유로 내세웠다. 하지만 이는 허구적 논리에 지나지 않았다. 전통적인 조공체제에서도 중국은 조선의 자주적인 외교권을 승인하고 있었기 때문이었다. 그럼에도 조선은 중국의 방패 뒤에 숨어서 낯선 나라 사람들과 만날 기회를 한사코 피하려 했다.

3.

서양의 이양선들이 조선 해역에 본격적으로 출몰하기 시작한 것은 18세기 말부터였다. 탐험과 발견의 단계를 거쳐 곳곳에 식민지를 건설한 유럽 국가들은 무진장한 상품 시장과 선교 기지를 찾아 동쪽으로 밀려들어오고 있었다. 역사학자 윌리엄 맥닐은 "풍부하고 값싼 철제 대포와 결합된 유럽인의 선박과 요새의 기술적 우월함, (……) 유럽식으로 훈련된 부대와 장교, 행정관이 갖추고 있었던 탁월한 조직력과 규율" 덕분에 유럽이 다른 세계를 압도해 갔다고 말했다.[24] 유럽의 팽창주의자들은 필요하면 언제라도 군사력을 동원할 태세를 갖추고 있었다.

유럽 세력이 측량기구와 신무기, 지도와 여행기를 들고 조선 해역에 나타났을 무렵, 조선은 나라의 마룻대가 부러지고 서까래가 무너져가는 형국이었다. 정조의 야심 찬 국가 개조 프로젝트가 좌절되고 세도정치가 득세하면서 한줌의 벌열가문들이 국정을 쥐락펴락했다. 정치에서 견제와 균형의 원리가 사라지고 비타협적인 정쟁만이 횡행했다. 삼정문란으로 관리들의 학정과 수탈은 가혹해졌고, 백성들의 삶도 피폐해지기만 했다.

살아가는 일이 불안하고 밥솥이 비면 백성들 사이에는 불온한 생각이 퍼져가게 마련이다. 다산 정약용은 "요즘 부역이 번거롭고 관리들이 스스럼없이 악행을 저질러서 백성들이 편히 살 수 없는 지경이다. 모두가 난리가 일어나기를 바라기 때문에 요망스런 말들이 사방에서 일어난다"면서 "이를 법대로 죽이게 되면 백성들은 하나도 살 사람이 없을 것이다"[25]라며 흉흉한 세상을 개탄했다.

이런 가혹한 생존 조건은 이단적인 사상이나 종교가 번성하기에 무척 기름진 토양이었다. 조선에는 18세기 말부터 천주교가 전래되었다. 초기에는 소수의 지식인들이 한역서학서(漢譯西學書)를 독파하며 자발적으로 천주교를 수용했지만, 점차 민중 속으로 파고들어가면서 집권층을 경악케 했다. 평등주의, 내세주의, 우상파괴주의 등을 내세운 천주교 이념은 신분질서, 현세주의, 조상숭배 등을 핵심으로 하는 성리학적 체제와 타협하기 어려웠다. 조선 집권층은 위험한 사상의 싹을 자르기 위해 천주교도들을 희생양으로 삼았다. 서양 선박은 곧 천주교라는 가짜 등식이 판치면서 위정자들은 이방인에 대한 유연하고 개방적인 태도를 거두어들였다.

정치가 타락하면 군사는 흩어지고 무기고는 텅 비게 마련이다. 군대에는 코흘리개 어린아이와 허리 굽은 늙은이들마저 뒤섞여 있었다. 조선 후기의 문신 우정규는 "화살은 깃이 많이 떨어졌고, 칼날과 화살촉이 갖추어져 있지 않"았고, "활줄은 좀이 먹어서 끊어졌고, 쇠심줄과 뿔이 서로 떨어졌으며, 창과 칼, 기(旗)와 총 따위까지도 더럽고 나쁘지 않은 것이 없"을 지경이었다고 증언한다.[26]

'자폐적 단자(單子)' 같은 조선이 서양과 만날 수 있는 유일한 공간은 해안과 섬이었다. 그곳은 내륙과는 전혀 다른 환경과 조건이 지배하고 있었다. 바다에는 언제 덮칠지 모르는 거센 풍랑과 난파의 위협이 도사리고 있었다. 세상의 끝에 갇혀 있다는 실존적 불안감과 숙명적 고립감은 해안 주민들의 심성구조에 뚜렷한 윤곽을 남겼다.

바다와 섬은 지리적으로는 육지의 끝이자 바다로 열린 경계선이었고, 궁벽한 변경 지방이었다. 언제든 사악한 적들이 출몰할 수 있었다. 조선 전기에 주민들이 섬에 거주하는 것을 금지했던 것은 왜구의 난동과 약탈을 막기 위한 고육지책이었다. 해안과 섬은 임금의 덕화(德化)가 미치지 못하는 공간이었다.

사대부 지식인들이 정치적 실의와 좌절의 한을 곱씹으며 살아야 했던 곳도 해안과 섬이었다. 권력투쟁 과정에서 실각하거나 적대적인 정파의 제물이 된 양반층은 해안이나 섬에서 유배형을 살아야 했다. 제주도나 흑산도 같은 절해고도의 유배지는 "거센 바람, 거친 파도와 장기(瘴氣, 축축하고 더운 땅에서 생기는 독기)와 충사(蟲蛇)의 악물(惡物)이 득실대"[27]는 곳으로 표현될 만큼 육체적 고통과 정신적 소외감이 극심한 지역이었다.

바다와 섬을 생존의 조건으로 살아갔던 해안 주민들은 '내부의 타자들'이었다. 그들은 양반, 관리, 도시민, 농민에 비해 천대받았다. 뭍에서 땅을 빼앗긴 유랑민들이 최후로 들어가 살던 곳이 바로 섬이었다. 중앙 권력의 통제가 멀고 느슨할수록 가까운 말단 관리들의 횡포는 거칠었다. 1797년부터 함경도 부령에서 유배 생활을 했던 담정 김려는 〈사유악부(思牖樂府)〉에서 이런 현실을 고발했다.

무얼 생각하나?
저 북쪽 바닷가
마천령 이북의 네 고을(명천 · 길주 · 경성 · 부령) 어민들
배 팔아치우고 뿔뿔이 흩어졌네.
새 임금께서 어물(魚物) 진상 줄이라 했다는데
관아에서 시침 떼고 더욱 수탈하네.
지난 해 인정(人情, 윗사람에게 바치는 돈)은 삼십 꿰미더니
올해 인정은 이백이 넘네.

아내 자식 다 팔아도 살아가기 어렵건만

관리들은 또다시 **빼앗아가네**.

게다가 날씨 나빠 고기까지 안 잡히니

일찌감치 고향 버리고 달아나는 게 나을 테지.[28]

이처럼 소외되고 수탈당하는 곳에 어느 날 느닷없이 정체불명의 배가 나타난다. 배는 집채만큼 거대하고 돛대는 하늘을 찌를 듯하고 돛은 바람을 안고 팽팽하게 부풀어 있다. 단숨에 바다를 제압해버릴 듯한 그 모습은 왠지 불길해 보인다. 그 배가 토해낸 사람들은 기괴하기 그지없다. 머리카락은 붉거나 하얗다. 살결은 흰색에 가깝고 온통 짐승 같은 털로 뒤덮여 있다. 코는 높다랗고 눈은 움푹 파였다. 파란 눈동자는 뭔가 음흉한 뜻을 감추고 있는 듯하다. 손에는 난생 처음 보는 철제 물건을 들고 있다.

그들이 땅에 발을 내딛는 순간부터 한 마을의 평온한 일상은 삽시간에 깨져버린다. 정체 모를 공포감이 전염병처럼 온 마을에 퍼져간다. 사람들은 평정을 잃고 허둥댄다. 아낙네들은 아이를 업고 허둥지둥 뒷산으로 꽁무니를 뺀다. 몇몇 대담한 장정들은 낯선 이방인들의 앞을 가로막으며 어서 빨리 이곳을 떠나라고 경고한다. 불청객들의 입에서는 쇳소리 같은 목소리가 흘러나온다. 그들의 말은 마치 새가 지저귀는 듯해서 도무지 알아들을 수가 없다.

마을이 한바탕 난리를 치르고 있을 무렵, 이상한 배가 출현했다는 급보가 가까운 관아나 수군 기지로 전해진다. 고을 수령이나 수군 장교는 부랴부랴 말이나 배를 타고 달려온다. 이방인과 관리들 사이에는 요령부득의 대화가 오간다. 때로 한문 통역관이 개입해서 필담을 나누기도 하지만 불가해하기는 마찬가지다. 몸짓과 손짓 같은 원시적 언어가 총동원되어도 상대방의 의중을 알아차리는 것은 지난한 일이다.

이방인 관찰자에게 조선과 조선인들은 끝내 풀 수 없는 수수께끼 같았다. 자신들이 해안으로 접근하는 순간부터 산꼭대기에서는 연기가 솟아오르고 삼엄한 경계망이 펼쳐졌다. 주민들은 호기심과 공포, 환대와 적대, 사교적인 친절함과 냉정한 무관심 등이 무질서하게 섞여 있는 것처럼 보였다. 반면 지방 관리들은 악착같이 거부하는 몸짓을 보였고 말썽 없이 떠나주기만을 바라는 눈치였다. 모든 것이 혼란스럽고 당혹스러웠다. 이방인들은 이 나라에는 문명의 세례가 필요하다고 평가하면서 비사교적인 곳을 떠나갔다.

마을 주민과 관리들에게도 이방인들이 당혹스럽기는 마찬가지였다. 이방인들은 마을 공동체의 관습이나 규범을 거의 존중하지 않거나 무시했다. 손님으로서 지켜야 할 예의는 찾아볼 수 없었다. 마치 제 집 안마당을 거닐듯이 마을 이곳저곳을 당당하게 활보했다. 희한한 생김새나 복장, 물건 등에 호기심이 동하기는 했지만, 그들이 떠나고 나면 뒤탈이나 일어나지 않을까 두려웠다. 어서 빨리 마을의 평정을 되찾는 게 최상의 해법이었다. 이방인들이 떠나가면 주민들은 가슴을 쓸어내렸고, 그 사건은 두고두고 마을의 전설로 전해졌다.

이상은 조선 후기에 이양선이 출현했을 때 일어난 일들을 거칠게나마 스케치해본 것이다. 서양 선박에 탄 사람들과 공식적으로 대화할 수 있는 권리는 지방 관리들에게 있었다. 일반 백성들이 외국인과 말을 나누거나 물건을 주고받는 것은 법으로 금지되어 있었다. 외국의 선박이 나타나면 사건을 조사하기 위해 지방 관리들이 현지로 파견되었다. 이것을 '문정'(問情)이라고 하고, 문정하기 위해 파견된 관리를 '문정관'(問情官)이라고 한다.

문정하는 절차는 규정으로 정해져 있었다. 숙종 32년(1706) 서해안에 황당선(荒唐船, 불법으로 국경을 넘어 어로하는 중국 선박)이 자주 출현하자 비변사에서는 '해방(海防)을 살피는 조건(條件)'을 마련했다. 변경 지역의 해안 방위와 외교 문제가 걸려 있었기 때문에 이런 조목을 제정한 것이었다. 때로는 암행어사가 파견되어 해안 경비 실태를 살피고 다음과 같은 사항을 자세히 염탐해서 중앙 정부에 보고해야 했다.

1. 적선(賊船)이 왕래하는 길과 물길의 멀고 가까움, 도서(島嶼) 관문과 요새의 험준하고 평탄함과 곧은 길, 돌아가는 길, 그 선박들의 모양새와 그 사람들의 옷차림이나 행동 등을 낱낱이 찾아 물어야 한다. 선박이 와 닿을 때에는 반드시 우리나라 사람들과 교섭하는 일이 있었을 것이며, 상륙해서 머무르거나 화물을 교역하거나 그 선박들이 갔다가 다시 오는 것을 포구 백성들이 반드시 알 것이다. 고기를 잡기 위해서 표류해 온 정상을 자세히 살피라.
2. 여러 진(鎭)의 지형의 장단점, 성보(城堡)의 훼손과 완고함,

양향(糧餉, 군대에서 군인에게 지급하는 양식과 돈)의 많고 적음, 기계의 날카로움과 무딤, 군졸의 잔폐하고 왕성함을 자세히 살피고, 변방 장수의 청렴이나 탐욕스러움, 현명함의 여부와 진포(鎭浦) 군민(軍民)의 폐해 등을 아울러 염탐해 살피라.[29]

이것은 중국의 불법 어로선을 조사하기 위한 지침이었지만, 모든 외국 선박을 문정하는 경우에도 적용되었다. 지방 관리는 통역관을 데리고 가서 주로 필담으로 이국선의 사정을 자세히 캐물었다. 먼저 "먼 바다에서 왔는데 풍파에 고생이 없었느냐, 어느 나라 사람인데 무슨 일로 어디를 가다가 여기에 들렀느냐" 하고 물은 다음 선원들의 용모와 연령, 배 안에 있는 기물까지 낱낱이 조사했다. 그 결과를 관할 수사(水司)와 병사(兵司), 감사(監司)를 거쳐 중앙정부에 보고해야 했다.[30]

이런 원칙은 대체로 지켜졌지만, 실제로는 불법이나 편법, 은폐나 허위보고 따위가 동원되는 일도 드물지 않았다. 다산 정약용은 당시의 원칙과 현실 사이의 차이를 증언하고 있다. 그는 《목민심서》에서 지방 관리가 표류선을 문정할 때 다음 다섯 가지를 경계해야 한다고 말했다.

첫째, 외국 사람들과 예의를 지켜 서로 공경해야 한다. 하지만 우리나라 사람은 매번 그들(중국인)의 깎은 머리와 좁은 옷소매를 보면 마음속으로 업신여겨서 그들을 대접하고 문답할 때 체모를 잃게 된다. 그래서 경박하다는 소문이 세상에 퍼지게 될 우려가 있다.

둘째, 표류선 안에 있는 문자는 인쇄본이나 필사본을 막론하고 모두 초록해서 이를 보고하는 것이 국법이다. 당시 여러 해 전 표류선 한 척이 수천만 권의 책을 가득 싣고 무장(茂長) 먼 바다에 닻을 내렸다. 문정하던 여러 관리들은 "이를 초록해서 보고하자면 정위조(精衛鳥)가 나무와 돌을 물어다가 바다를 메우는 것과 같을 것(능력이 미치지 못한다는 뜻)이고, 만약 그 중 몇 개만 골라서 초록하면 반드시 억울하게 화를 당하는 일이 있을 것이다"라고 의논하고는 수만 권의 책을 모래밭에 파묻었다. 표류민들은 크게 분통하게 여겼지만 어찌할 길이 없었다고 한다.

셋째, 표류선을 문정하는 일은 반드시 섬에서 일어난다. 섬사람들은 본래 호소할 곳이 없는 불쌍한 사람들이다. 조사하러 따라간 아전들이 조사관 접대를 빙자하고 침탈을 자행해서 솥이나 항아리 등까지 남은 것이라고는 없게 만들어놓는다. 표류선이 한번 지나가면 섬 몇 곳은 온통 망해버린다. 그래서 표류선이 도착하면 섬사람들은 칼을 빼들고 활을 겨누어 그들을 살해할 뜻을 보여서 그들이 도망쳐버리게 했다.

간혹 바람이 급하게 불고 암초가 사나워서 파선 직전에 있는 자들이 울부짖으면서 구원을 청해도 섬사람들은 엿보기만 하고 나가보지 않으며 침몰하도록 내버려두었다. 배가 침몰하고 선원들이 죽고 나면 이웃끼리 모의해서 배와 화물을 모조리 태우고 그 흔적을 없애버렸다. 당시 10여 년 전에는 나주의 여러 섬에서 자주 이런 일이 있었다. 타버린 염소 가죽이 수만 벌이고 타버린 감초가 수만 근이었다. 간혹 불에 타고 남은 것들도 있었다. 이는 정약용 자신이 눈으로 직접 본 것이었다.

왜 그렇게 행동한 것일까? 정약용이 보기에는 본래 어두운 수령이 아전을 단속하지 못하고 나쁜 짓을 마음대로 저지르게 버려두기 때문에 백성들도 눈물을 흘리며 그렇게 한 것이다. 그는 해외 여러 나라가 그러한 소문을 들으면 조선 사람들을 사람 고기로 포를 떠 씹어 먹는 나라로 여기지 않을까 우려했다. 표류선의 정황을 조사하는 관리들은 눈을 밝게 뜨고 엄밀히 살펴서 아전들의 침해를 엄금해야 한다고 그는 주장했다.

정약용은 대안을 제시한다. 이를테면 마을에서 따로 큰 집 하나를 빌린다. 그곳에 가마솥을 늘어놓고 문정관 일행의 아전들을 다 함께 같은 집에 머물게 한다. 그들이 먹는 쌀이나 소금도 관에서 사들인 다음 날마다 수량을 배정해서 지급하는 것이 좋다. 일을 끝내고 나오는 날에는 따로 조처해서 쌀 한 톨이나 소금 한줌이라도 백성에게 피해를 끼치지 않도록 해야 한다.

넷째, 좋은 것을 보면 그것을 받아들여야 한다. 오늘날 해외 여러 나라의 선제(船制)는 기묘해서 운항하기에 편리하다. 조선은 삼면이 바다로 둘러싸였는데도 선제가 소박하고 고루하다. 표류선을 만나면 그 배의 모양과 구조를 자세히 기록해야 한다. 목재로 어떤 나무를 썼고, 뱃전 판자는 몇 장이고, 길이와 넓이 그리고 높이는 몇 도나 되며, 배 앞머리의 구부리고 치솟은 형세는 어떠하며, 돛대·선실의 창문 만드는 방법과 상앗대·노·키·돛의 모양은 어떠하며, 파도를 헤치게 하는 기술은 어떠한가 등의 여러 가지 묘리를 자세히 묻고 상세하게 기록해서 그것을 모방하도록 해야 한다. 그런데도 표류민이 상륙하면 곧 도끼로 빠개고 부수어 불살라버린다. 이는 도대체 무슨 법인가? 뜻있는 선비가 이런 일을 맡았으면 마땅히 이를 명심해야 한다.

다섯째, 외국 사람들과 이야기할 때는 가볍게 여기는 빛을 보이지 말아야 한다. 음식 등 필요한 것을 내줄 때는 싱싱하고 깨끗한 것을 주어야 한다. 우리의 지성과 후의가 얼굴빛에 나타나도록 하면 그들이 감복하고 기꺼워해 돌아가서 좋은 말을 할 것이다.[31]

조선 후기에 서양 선박을 문정한 지방관들의 보고서는 관찬 사서에 꽤 풍부하게 남아 있는 편이다. 이들 기록을 살펴보면 보고서 특유의 문체가 눈에 띈다. 격식에 짜 맞춘 천편일률적인 내용들, 주관이나 감정의 개입을 자제한 무미건조한 문장들, 자신의 책임을 어떻게든 최소화하기 위해 침소봉대하거나 중요한 대목을 생략해버리는 교묘한 수사법이 드러나 있다. 배의 규모나 외국인의 복장, 행동 등을 지나치다 싶을 만큼 꼼꼼하게 묘사하고 있지만 정작 그들의 정체나 인간적 면모에는 무관심했다.

문정관들의 보고서와 서양인들의 기록을 비교해보면 차이가 뚜렷하다. 조선을 찾아왔던 서양인들은 주로 일기, 여행기, 항해일지, 편지, 견문 보고서, 상업 보고서 등의 형식으로 관찰 기록을 남겼다. 이 글들에는 미지의 나라와 사람들에 대한 강렬한 호기심과 인간적인 흥미가 풍부하다. 때로는 박물학자를 방불케 하는 탐구욕, 문화인류학자에 필적하는 세심한 관찰력, 문학작품에 육박하는 핍진한 묘사도 눈길을 끈다. 또한 자기중심적으로 타자를 쉽게 판단해버리는 오류를 제쳐두면 주관이 선명하고 자신의 감성에 솔직하며 평가에 거침이 없다.

하나의 사물이나 사건은 관찰자의 의도나 시점에 따라 다르게 보이게 마련이다. 조선 후기의 이양선 출몰 사건도 마찬가지다. 조선 지방관들의 보고서만 남아 있었다면, 사건의 윤곽은 흐릿하거나 아귀를 맞추기 어려웠을 것이다. 다행히 우리는 여러 가지 증언록을 열람할 수 있다. 조선 사회 내부의 압력에서 자유로웠던 서양인의 진술과 조선 관리들의 보고서를 견줘봄으로써 마치 입체경을 들여다보는 것처럼 좀 더 공정하게 사태의 진실에 다가갈 수 있는 것이다.

4.

시인 엘리엇(T. S. Eliot)은 인간을 둘러싸고 있는 바다의 신비를 노래했다. 바다는 "불가사리, 투구게, 고래 등뼈 같은 / 옛날 생명체의 흔적을 바닷가로 던져"주고 "우리가 잃어버린 것들, 찢어진 그물, / 산산조각 난 새우잡이 통발, 부서진 노, / 그리고 죽은 외국인의 소지품을 건져 올린다." 바다는 "여러 신과 많은 목소리들"을 감추고 있다.[32]

엘리엇의 시처럼 바다에는 무한히 되풀이되는 영겁회귀의 시간과 아득히 먼 태곳적의 신화들이 출렁이고 있다. 바다의 심장부는 덧없는 사물과 생명을 집어삼켜 해체한 다음 그것에 숨결을 불어넣어 다시 인간의 대지로 되돌려준다. 품었다가 내뱉고, 내뱉었다 다시 품는 무한 연쇄의 운동에는 수많은 생명체들의 짧지만 강렬한 생애가 새겨져 있다. 밀물과 썰물이 만들어내는 파도와 물거품은 뭇 생명이 썼다 지우기를 반복하는 신화의 경전들이다.

인간에게 바다는 신비이자 공포이다. 퍼내고 퍼내도 결코 밑바닥을 드러내지 않는 마법의 식량창고처럼 바다가 기르고 있는 생명체들은 헤아릴 수 없이 많다. 인간의 생계는 바다의 윤곽에 따라 풍요와 빈곤의 한계가 정해진다. 하지만 변덕스러운 날씨처럼 바다는 언제든 인간의 마을을 덮치고 배를 부서뜨리고 목숨을 거두어간다. 낯선 세계로 열려 있는 수평선을 넘어 언제 사악한 적들이 불시에 습격해 올지 아무도 모른다.

난바다에서 산산이 부서진 이름 모를 인간들의 잔해는 때로 바닷가로 떠밀려 온다. 그것은 문자가 지워진 기념비 조각처럼 누군가가 판독해주기를 기다리고 있다. 기억의 고고학자들은 시간의 결을 거슬러 올라가 그 조각들을 캐내고 짜 맞추고 다른 잔해들과 견줘보며 이야기를 만들어간다. 그 이야기에는 늘 모호함과 빈틈이 있게 마련이다. 올이 성기거나 찢어진 그물에서 희귀한 어종이나 생명의 자취들이 빠져나가는 것처럼. 하지만 어구가 조잡하거나 어부의 솜씨가 서툴다고 해서 배를 버려둘 수 없는 것과 마찬가지로 우리는 바다가 기억하고 있는 유장한 과거와 만나야 한다.

이 책에서 우리는 '우리가 잃어버린 것들'과 '옛날 생명체의 흔적' 그리고 '많은 목소리들'을 찾아 옛 바다로 떠난다. 우리가 탐사할 시간대는 16세기부터 1860년대 초까지다. 그때 조선 해안에는 서양의 타자들이 기습적으로 들이닥쳤다. 당시의 우리들에게 그들은 퍽이나 생소하고 이질적인 존재들이었다. 생김새와 언어뿐만 아니라 세계를 이해하고 해석하는 틀까지 완전히 다른, 아주 머나먼 곳에서 온 사람들이었다.

사회학자 알프레드 슈츠(Alfred Schutz)는 이방인을 '연극의 객석에서 무대 위로 뛰어올라간 자'에 빗댔다. 이방인은 극장에서 벌어지는 사건들의 냉철한 목격자가 된다. 그는 외부인에게 철저히 감춰져 있고 출입이 통제된 무대 뒤의 자질구레한 소품과 분장을 벗은 배우들의 맨얼굴까지 엿볼 수 있다. 또한 그는 무대의 배우들이 전혀 눈치 채지 못하는 암묵적인 가정들을 날카롭게 꿰뚫어볼 수도 있다. 지극히 자명하고 정상적이고 자연스러운 그곳의 규칙이나 관습을 공유하지 않았기 때문이다.[33]

조선 후기에 해안이나 섬에 출몰했던 서양 선박과 서양인들은 조선 사회라는 극장의 무대에 느닷없이 뛰어 올라온 불청객이었다. 하멜 일행을 제외하면 그들은 왕조의 수도와 권력의 심장부에 도달하지 못했다. 하지만 국외자의 냉정한 시선으로, 기울어가는 왕조와 이데올로기의 허구성을 간파해냈다. 그들이 남긴 여행기나 보고서는 때로 편견과 곡해, 모독 등으로 물들어 있지만, 우리 역사에서 익명으로 떠돌았던 변방 민중들의 생활상과 감수성 그리고 몸짓과 목소리를 손에 잡힐 듯이 그려내고 있다.

조선이 서양이라는 타자를 만나는 과정은 신분과 위계, 공간과 거리에 따라 달랐다. 국왕을 정점으로 한 지배층은 격식화된 공문서의 틀에 갇힌 채 막연하고 추상적인 실체로만 그들을 인식했다. 일부 지식인들은 중국에서 입수한 서적을 통해 단편적인 지식과 관념의 차원에서 그들을 체험했다. 반면 변방의 민중과 말단 관리들은 생동하는 현실 속에서 그들과 대면했다. 변경의 구체적 현실과 지배층의 추상적 인식 사이의 머나먼 거리는 만남의 성격과 한계를 규정했다.

우리의 근대는 바다를 건너 침투해 왔다. 거대한 군함은 악령이라도 붙어 있는 것처럼 오싹했다. 대포와 총은 금세라도 불을 내뿜을 것 같았다. 군사들은 기계의 화신인 양 무자비했다. 조직화된 폭력으로 무장하고 현해탄을 넘어온 근대 일본의 격랑 앞에서 조선 왕조는 난파당하고 말았다. 그 난파의 잔해들은 지금도 우리의 바다를 떠돌고 있다. 그것은 불구적이고 기형적인 우리 근대의 출발점이었다.

하지만 그 파국적인 단절의 시간을 거슬러 올라가면 우리는 근대의 기원이자 역사의 유년기를 다시 만날 수 있다. 거기서는 마치 빈 서판처럼 모든 것이 가능성으로 충만해 있었고, 마법이라도 걸린 것처럼 신비로웠다. 우리는 그 시절로 돌아가 잃어버린 시간을 되찾고, 어제의 화석을 찬찬히 읽어내야 한다. 영원한 어제를 감추고 있는 바다는 아직도 우리에게 발견되기를 기다리고 있다.

제1부

먼 나라에서 온 손님들

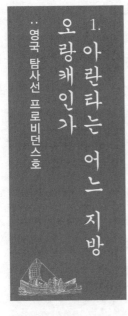

1. 아란타는 어느 지방 오랑캐인가
∴ 영국 탐사선 프로비던스호

1797년 (정조 21) 8월 27일(음력) 묘시(卯時, 오전 5~7시), 동래의 구봉(龜峰) 봉수대(오늘날 부산시 동구 초량동)를 지키던 한 군사는 아연 긴장했다. 멀리 수상한 배 한 척이 용당포(龍塘浦)로 향하는 게 보였다. 그는 부산첨사 박종화에게 부리나케 달려가 낯선 배가 나타난 사실을 알렸다.

부산첨사는 곧 두모포(豆毛浦) 만호 박진황에게 그 배를 정탐하라고 지시했다. 별차(別差, 부산 동래에 설치한 왜관에서 정기적인 시장이 열릴 때 내려 보내던 일본어 통역관) 박치검에게는 각별히 경계하라고 전령을 띄웠다. 두모포 만호는 그날 사시(巳時, 오전 9~11시)에 용당포에 도착했다. 아닌 게 아니라 이상한 배 한 척이 그곳에 정박해 있었다. 이보다 앞서 동래부사 정상우는 진시(辰時, 오전 7~9시)에 삼도통제사 윤득규에게 다음과 같은 급보를 띄웠다.

용당포 앞 바다에 떠밀려 온 이국선은 일본의 배가 아니었습니다.

초탐장(哨探將, 망보던 군사의 우두머리)에게 지키고 있으라고 지시했습니다. 제가 용당포로 달려가서 그들을 보았습니다. 코가 높고 눈이 푸른 것으로 보아 서양 사람인 듯했습니다. 배에 실은 물건은 유리거울(石鏡), 유리병, 망원경(千里鏡), 구멍 없는 은전 등 서양 물산이었습니다. 일본어 통역관 가운데 한어(漢語, 한족의 중국어)와 청어(淸語, 청나라 언어)에 익숙한 사람에게 말과 필담을 나누게 했지만, 전혀 알아듣지 못했습니다.

그 가운데 '낭가사기'(浪加沙其)라는 네 글자가 나왔습니다. 이는 왜어로 장기도(長崎島, 나가사키)를 가리키는 말이었습니다. 아마도 이 배는 상선으로 장기도에서 바람에 떠밀려 이곳으로 온 것 같았습니다. (서양인들은) 우리나라 사람들에게 손으로 쓰시마 근처를 가리키면서 입으로 숨을 후 하고 내쉬었습니다. 바람을 기다린다는 뜻 같았습니다.

그들이 한어를 못하므로 문정 역관을 문제 삼을 수는 없습니다. 하지만 변방의 형편과 사정(邊情)에 관련된 중요한 일이므로 조금이라도 소홀한 것은 용납할 수 없습니다. (통제사의) 영문(營門)에서 역학(譯學, 다른 나라와 관계가 깊은 요지에 주재하며 통역에 종사하던 벼슬아치)을 밤을 새워 보내주십시오. [1]

삼도통제사 윤득규는 중국어 통역관 조중택을 급히 말에 태워 보냈다. 경상좌수사 이득준에게는 경상좌수영 우후 김석빈, 동래부사 정상우와 함께 가서 자세하게 거듭 따져 묻고 기필코 사실을 캐서 보고하라고 지시했다.

코가 크고 눈이 파란 사람들

경상수사는 경상감사 이형원에게 문정 결과를 다음과 같이 보고했다. 그 배에는 모두 50명이 타고 있었다. 사람들은 모두 머리를 땋아 늘어뜨리고 있었다. 어떤 사람은 땋은 머리를 뒤로 넘기고 머리에 흰색 전립(氈笠, 조선시대 무관이 쓰던 갓. 짐승의 털로 짠 천으로 만들었다)을 쓰고 있었다. 어떤 사람은 등나무로 엮은 삿갓을 쓰고 있었는데, 우리나라의 전립(戰笠, 무관이 쓰던 벙거지. 붉은 털로 둘레에 끈을 꼬아 두르고 상모·옥로 등을 달아 장식했다)과 비슷했다.

그들은 석새(三升, 240올의 굵은 날실로 짠 삼베옷) 흑전의(黑氈衣, 털로 짠 모직물로 만든 옷)를 입고 있었다. 그 생김새는 우리나라의 동달이(挾袖, 조선시대 군복의 하나. 붉은 소매를 단 검은 두루마기에 붉은 안을 받쳤으며 뒷솔기를 길게 터서 지었다)와 홑바지(單袴) 같았다.

옷차림뿐만 아니라 생김새와 말도 조선 사람과는 딴판이었다. 그들은 모두 코가 높고 눈이 파랬다. 통역관이 그들의 나라 이름과 표류해 온 까닭을 물었다. 하지만 한어·청어·왜어·몽고어 등 그 어떤 말도 통하지 않았다. 답답해진 조선 관리들은 최후의 수단으로 붓을 내밀어 글을 쓰게 했다. 그러나 그들이 쓴 글씨는 마치 산과 구름을 그려놓은 듯해서 도무지 알아볼 수 없었다.

배의 길이는 18파(把, 약 54미터), 너비는 7파(약 21미터)였다. 좌우 아래에 삼목(杉木) 판을 대고 그 위에는 구리와 철 조각을 씌

조선시대 무관과 일반 병사들이 쓰던 전립.

워놓았다. 배는 튼튼하고 정밀해서 물방울 하나 스며들지 않았다. 선구(船具)로는 쇠닻 4좌(坐), 닻줄 5장(張), 돛 2개, 돛에 달 무명 돛자리 2부(部), 키(鴟木) 1좌, 노 10척(隻), 숙마줄(熟麻索, 누인 삼 껍질을 꼬아서 만든 줄) 10장, 가마솥 3좌 등이 있었다. 그 밖에 물통, 사기그릇, 쌀 등이 배 아래층에 쌓여 있었는데, 그 수를 다 셀 수 없었다. 반찬거리로는 오리고기, 돼지고기, 소금과 간장 등을 볼 수 있었다.[2]

좌수사의 보고를 받은 경상감사는 두모포만호 박진황에게 이양선을 잘 지키고 보호하라고 엄히 타일렀고, 동래부사 정상우에게는 일체를 잘 막아 지키라고 명했다. 동래부에는 이국선에 탄 사람들에게 식량과 반찬을 주고 잡스런 사람들이 접근하는 것을 금하라고 지시했다. 또한 편비(編裨, 대장[大將]을 보좌하며 소속 부대를 지휘하던 무관)를 파견해서 지방관들과 함께 심문하게 했다.

경상감사 이형원과 좌수사 윤득규의 장계를 받은 정조는 9월

18세기 말 영국 범선에
탔던 승무원들의 모습.
1. 선장 2. 사무장
3. 요리사 4. 수부
5. 선실 사환.

6일 의정부에 분부했다. "배가 이미 (파손되지 않고) 완전하므로 문정에 대한 답변을 기다리지 말고 그들이 원하는 대로 순풍을 기다려 빨리 떠나보내도록 하라."[3]

　　1802년에 편찬된 《증정교린지(增訂交隣志)》는 이 사건을 간략하게 기록하고 있다. 정조 21년 정사(1797) 8월에 국적을 알 수 없는 배가 동래 경계에 표류해 정박했다. 동래부는 언어와 문자가 모두 통하지 않아서 문정할 수 없다는 뜻을 임금에게 글로 아뢰었다. 이후 그들에게 땔나무와 물을 넉넉하게 지급하고 속히 돌아가

도록 했다. 그들은 9월에 돌아갔다.[4]

원래 왜선이 동래에 표류하면 땔나무와 물을 지급하는 것이 원칙이었다. 만약 동래 경계 밖 바닷가에 표류하면 양식과 반찬(糧饌)을 계산해 주었다. 예컨대 정식 외교 사절을 비롯한 상급자에게는 매일 쌀 각 5되, 말린 대구어 5조(條) 값에 해당하는 쌀 3되, 말린 광어 5조 값에 해당하는 쌀 2되, 참기름 5작 값에 해당하는 쌀 5홉, 간장 2홉 값에 해당하는 쌀 1홉, 백합젓(白蛤醢) 3홉 값에 해당하는 쌀 1홉 2작, 미역 1냥 값에 해당하는 쌀 5작, 생선 한 마리 값에 해당하는 쌀 1말 6되, 건어 3마리 값에 해당하는 쌀 1되 3홉 등을 내주었다.[5]

아란타는 서남 지방 오랑캐

이국선이 동래 용당포에 나타난 지 한 달쯤 후인 10월 4일, 정조는 성정각(誠正閣)에서 대신들과 정례 정무회의를 열었다. 이 자리에서 이국선이 화제에 올랐다.

정조 전에 동래에 표류해 온 배에 대해 어떤 사람은 '아마도 아란타(阿蘭陀) 사람인 듯하다'고 했다. 아란타는 어느 지방 오랑캐 이름인가?
비변사 당상 이서구 일찍이 효종조(孝宗朝)에도 아란타의 배가 와서 정박한 일이 있었습니다. 신이 일찍이 동평위의 문견록(聞見錄)에서 본 기억이 어렴풋이 납니다. 아란타는 곧 서남 지방 번이(蕃夷, 오랑캐)의 무리로 중국 판도에 소속된 지 얼마 되지 않습니다. 《명사(明史)》에서는 하란(賀蘭)이라고 했는데, 요즘 이른바 대만(臺灣)이 바로 그곳입니다.

우의정 이병모 (비변사 당상이) 아뢴 것이 해박하니 참으로 재상은 독서한 사람을 써야 합니다.[6]

이 대화로 미루어보면 당시 조정에서는 용당포에 정박한 이 방인들을 아란타인(네덜란드인)으로 짐작하고 있었다. 뒤에 살펴보겠지만 이 배는 영국의 선박이었다. '효종 때 아란타 선박이 정박한 일'은 효종 4년(1654) 8월 15일 제주도에 표류해 온 네덜란드 상선 스페르웨르호(Sperwer, 영어로는 sparrow hawk로 '새매'라는 뜻. 대포 30문 장착)와 하멜 일행을 가리킨다.

이서구가 읽었다는 '동평위의 문견록'은 정재륜(1648~1723)의 《공사견문록(公私見聞錄)》을 말한다. 동평위는 효종의 사위였던 정재륜으로, 효종의 넷째 딸인 숙정공주와 결혼해 동평위가 되었다. 《공사견문록》은 정재륜이 효종·현종·숙종·경종 4대에 걸쳐 궁궐에 드나들면서 보고 들은 것을 기록한 책이다.

우의정이 해박한 독서인이라며 감탄했던 이서구였지만, 그의 국제 지식은 한계가 있었다. 그는 아란타가 중국 영토라고 추측했다. 물론 이는 사실과 달랐다. 네덜란드 상인들은 1602년 동인도 회사를 세우고 동방무역 개척에 나섰다. 1609년에는 일본 히라도

17세기 네덜란드인들이 동방 경영의 거점으로 삼았던 바타비아.

(平戶)에 상관(商館, factory, 상업 대리상의 거처이자 창고)을 설치(1641년에는 나가사키의 데지마[出島]로 옮김)했고, 1619년에는 바타비아(오늘날 인도네시아의 자카르타)에 동방 경영의 본거지를 세웠다. 1624년에는 대만 북부를 점령하고 중국 상인들과 교역했다. 하지만 1661년에는 정성공(鄭成功, 1624~1662)에 의해 축출되었다. 청나라는 1683년에 대만을 정복하고 복건성의 일부로 삼았다. 이서구는 청나라가 대만을 정복한 사실을 네덜란드가 중국 영토로 편입된 것으로 오해하고 있었다.

동래의 이국선 출현 사건은 관찬사서보다 개인 문집에 좀 더 자세하게 기록되어 있다. 정동유(1744~1808)의 《주영편(晝永編)》은 그 가운데 하나다. 정동유는 동래 출신으로 벼슬이 정3품인 장악원정(掌樂院正)에 이르렀다. 벼슬에서 물러난 후 순조 6년(1806) 무렵에 《주영편》을 집필했다. 이 책은 우리나라의 풍속·제도·외교·고사 등을 망라한 백과사전적 저작으로 손꼽힌다. 그의 출신과 집필 시기로 볼 때, 당시 사건의 목격자들을 만나 여러 이야기를 수집한 것으로 보인다. 정보가 풍부할 뿐만 아니라 당시 정황을 생동감 있게 묘사하고 있다.

정조 정사년(丁巳年, 1797)에 배 한 척이 동래에 표류해 왔다. 배의 크기는 2, 3천 석을 싣는 우리나라 배와 같았다. 배에는 약 50여 명이 타고 있었다. 그들은 몸집이 거대했다. 우리나라 사람보다 두어 자(약 60센티미터)나 더 컸다. 얼굴 생김새도 퍽 달랐다. 콧대가 높고 곧아서 위로 이마를 관통했다. 뺨에는 광대뼈가 없었고 코에서 귀를 향해 평평하게 낮아졌다. 마치 살구 씨 모서리를 깎아놓은 것 같았다. 입고 있는 상의와 바지는 몹시 좁아서 겨우 팔다리를 꿸 수 있을 뿐 무릎을 굽힐 수 없었다.

배의 내부는 다른 금속이 섞이지 않은 순수한 구리였다. 배의 바깥쪽은 뱃전부터 한 길(약 3미터) 남짓은 구리로 쌌고, 물에 잠기는 부분 아래는 판자였다. 배 위에는 크고 작은 견고한 돛대가 여덟아홉 개나 있었다. 배의 앞뒤에는 판자로 칸막이를 한 방이 많았다. 좌우의 창문은 모두 유리로 만들었다. 고물에는 큰 총 3문(門)이 걸려 있었는데, 조선의 대포와 같았다. 물을 길어오는 작은 배도 있었다. 물을 다 길으면 반드시 큰 배에 올려서 실어두었다.

동래부사(정상우), 부산첨사(박종화), 비장(裨將, 감사 · 병사 · 수사 등을 수행하던 관리, 여기서는 두모포만호 박진황), 역관(박치검) 등이 문정하기 위해 배에 올랐다. 배 안에는 상자처럼 생긴 높고 낮은 의자가 있었다. 이국인들은 먼저 부사에게 높은 의자를 가리키면서 앉으라고 권했다. 첨사와 비장에게도 차례대로 앉으라고 청했다. 아마 시중드는 호위병과 그들의 행동을 보고 귀천을 알아차린 것 같았다. 서로 말이 통하지 않아 필담을 나누려 했지만 역시 통하지 않았다. 그들이 쓴 글자는 산 같기도 하고 구름 같기도 해서 통역관도 알지 못했다. 그들이 어느 나라 사람인지는 끝내 알 수 없었다.

관리들은 이방인들의 물건을 보고 싶다는 뜻을 내비쳤다. 이방인들은 쌀과 콩을 보여주었는데, 조선의 것과 같았다. 구멍 없는 은전은 그들의 나라에서 쓰는 것 같았다. 책 한 권도 보여주었는데, 그 나라 글자로 씌어 있어 내용을 알 수 없었다. 책 모양은 조선의 것과 다르지 않았다.

관리들의 눈길을 끈 것은 조총 한 자루였다. 길이가 겨우 7, 8촌(寸, 약 21~24센티미터)이었지만 제조법은 지극히 정교했다. 철로 만든 총 등(背)의 앞부분에 팥알만 한 작은 돌을 물려놓았다. 대철(碓鐵, 방아쇠)도 총의 등에 있었는데, 기계로 돌을 치면 불이 났다. 우리나라 사람들은 배 안에 쌓아놓은 물건을 수색해보려고 했다. 그러자 이방인들이 성을 내며 일제히 큰 소리를 질러댔다. 우리나라 사람들은 그 기세에 눌려 감히 가까이 가지 못했다.

이튿날이 되자 바람이 불었다. 이국인들은 손을 벌리고 휘파람을 불어 보였다. 순풍을 만났으므로 떠날 수 있다고 말하는 것 같았다. 그들은 급히 닻을 거두고 드디어 고물에 있던 큰 총 세 정을 발사했다. 배가 총의 힘으로 물을 차고 나가는 것처럼 보였다. 달려가는 모습이 마치 날아가는 것 같았다. 잠깐 사이에 배가 보이지 않았다. 왜관에 있던 일본 사람은 망원경으로 높은 데 올라가서 바라보고 "그 배가 이미 쓰시마 가까이 갔다"고 말했다. 그

18세기 말에 제작된 경상도 지도.

는 또한 "그들은 아란타 사람들이고 배에 실은 것은 모두 보물이다"고 전했다.[7]

다산 정약용도 이 사건을 기록으로 남겼다. 다산은 〈유영재(柳泠齋) 득공(得恭) 필기(筆記)에 대한 평〉[8]이라는 글에서 동래부사(정상우)의 말을 인용하고 있는데, 관찬 기록보다 자세하고 다른 점도 눈에 띈다.

그 배의 생김새는 개판(蓋板, 위에 까는 널빤지)이 있어서 마치 우리나라 거북선 같았다. 개판 위로는 창문을 내서 드나들게 했는데, 나사 모양의 사다리를 만들어 빙빙 돌아서 오르내렸다. 좌우의 판 안에는 여러 개의 방이 배열되어 있었다. 그 판을 뚫어 창문을 만들었는데, 모두 유리를 붙였다. 배 안을 들여다보니 붉은 색 칠이 황홀했다. 개·돼지·오리 등의 가축을 기르는 곳도 이상하게 깨끗했다. 또 한 곳을 보자 긴 창 수백 자루를 쌓아놓았고 사람마다 조창(鳥鎗)을 하나씩 차고 있었다. 배의 네 귀퉁이에는 모두 대포를 설치했다. 돛대는 세 개를 세웠는데, 끊을 수도 있고 이을 수도 있어서 그 길이를 마음대로 조절할 수 있었다. 그들은 언덕 위에 소가 지나가는 것을 보았다. 두 손을 이마 위에 세워 소뿔의 형상을 하면서 그것을 달라고 요구해왔다. 하지만 동래 사람들은 끝내 주지 않았다.

이국인들이 소를 달라고 요구했다는 것은 다른 기록에서는 찾아볼 수 없다. 정약용은 조창을 "마치 필률(觱篥, 피리. 구멍이 8개 달린 관(管)에 서를 꽂아 세로로 부는 전통 관악기)처럼 조그맣게 생겼는데, 화문(火門)을 돌로 장식했고 발사하면 불이 나간다. 그들이 이것을 사용하는 솜씨가 매우 재빠르다"고 설명했다.

코리아 해안은 탐사되어야 한다

조선인들은 이국선이 우연히 표류해 온 네덜란드 선박일 것이라고 막연히 짐작했다. 하지만 이것은 서로 의사소통이 불가능했기 때문에 빚어진 오해였을 뿐이다. 이 배의 정체는 '신의 섭리'라는 뜻의 영국 군함 프로비던스호(H. M. S.[9] Providence)였다. 영국 해군 대령 브로턴(William Robert Broughton, 1762~1821) 함장[10]이 지휘한 프로비던스호는 해상에서 표류한 것이 아니라 태평양 탐사항해 중 안전한 항구를 찾아 동래에 정박한 것이었다.

용당포에 들어온 프로비던스호는 87톤급 스쿠너선(schooner, 돛대가 2~4개 있는 세로돛식의 범선)으로 승무원들은 모두 35명이었다. 조선 측 기록의 50명보다는 적은 인원이었다. 영국 해군성은 1793년 10월 3일(양력) 브로턴 함장을 프로비던스호의 지휘관으로 임명했다. 당시 프로비던스호는 4백 톤급 슬루프형(sloop, 돛대가 하나인 범선) 함선이었다. 승무원은 115명이었고, 함포 16문과 2년간 항해할 수 있는 물품을 적재했다.

당시 영국은 해군의 주도로 미지의 해역을 탐사하는 데 열을 올리고 있었다. 영국 해군성은 브로턴에게 남아메리카 대륙의 남서부 해안을 탐사하라고 지시했다. 프로비던스호는 1795년 2월 15일 영국의 항구도시 플리머스항(Plymouth)을 출발했다. 대서양을 횡단한 프로비던스호는 오스트레일리아와 하와이를 거쳐 이듬해인 1796년 6월 5일 북아메리카의 몬터레이(Monterey)에 도착했다.

브로턴 함장은 원래의 탐사계획을 수정했다. 그때까지만 해도 잘 알려지지 않았던 동북아시아 해역을 탐사하기로 마음먹은 것이다. 이미 밴쿠버 선장(George Vancouver, 1757~1798)이 1791년부터 1794년까지 오스트레일리아의 남서해안과 뉴질랜드 해안, 알래스카 남단부터 샌프란시스코의 북쪽 해안까지 탐사를 마친 바 있었다.[11]

브로턴 함장을 자극한 것은 위대한 탐험가들의 조언이었다. 1768년부터 1779년까지 3차에 걸쳐 태평양을 탐사했던 제임스 쿡(James Cook, 1728~1779) 선장은 자신의 항해기에서 일본과 중국 사이의 해안 탐사는 무진장한 발견의 가능성이 열려 있다고 말했다. 밴쿠버 선장은 "북위 35~52도 사이의 아시아 해안은 현재까지 윤곽이 흐릿하다. 남위 44도부터 테라 델 푸에고(Terra del Fuego)의 남쪽 끝까지 아메리카 해안은 거의 알려져 있지 않다"고 지적했다. 배링턴 경(Daines Barrington, 1727~1800)도 한 에세이에서 "코리아, 일본의 북부 그리고 류큐 열도(琉球列島)의 해안은 탐사되어야 한다"고 언급했다.[12]

브로턴 함장 일행은 1796년 9월 6일 일본 혼슈(本州) 북단인 북위 40도 지점까지 북상한 후 10월에는 쿠릴 열도(Kuril Islands)를 조사했다. 이어 연안을 따라 남하해 도쿄 만과 류큐 열도를 거쳐 같은 해 12월 12일 중국 마카오(Macao, 澳門)에 도착했다. 12월 23일에는 2차 탐사를 위해 87톤급 스쿠너선 헨리호(Prince William Henry)를 구입했다. 이듬해 1797년 4월 11일 브로턴 일행은 스쿠너선과 함께 마카오를 떠났다. 15개월 예정의 탐사 항해였다. 하지만 5월 17일 뜻하지 않은 사고가 일어났다. 모함인 프로비던스호가 류큐 열도의 산호초에 난파된 것이었다. 이들은 결국 항해를 중단하고 마카오로 배를 돌렸다.

브로턴 함장은 악운을 무릅쓰고 다시 탐사 계획을 짰다. 승무원 35명을 선발한 다음 부속선인 스쿠너선만으로 항해 준비를 마쳤다. 이때 헨리호는 프로비던스호로 이름이 바뀌었다. 탐사 지역도 타타르(Tatar, 韃靼, 여기서는 만주 지역을 말함) 해안과 조선 해안으로 축소되었다. 부속선이었던 프로비던스호에는 5개월분 식량과 식수, 땔나무밖에 실을 수 없었다.

브로턴 일행은 6월 27일 마카오를 떠나 류큐 열도와 일본 남동해안을 따라 북상했다. 9월 1일에는 혼슈와 홋카이도(北海島) 사이에 있는 쓰가루(津輕) 해협을 통과한 후 홋카이도 서쪽 해안을 따라 계속 북상했다. 하지만 북위 52도에서 항해를 멈추었다. 사할린을 타타르 연안으로 착각했던 것이다. 9월 24일에는 항로를 바꾸어 반대편 해안을 따라 남하해 북위 46도 지점에 이르렀다. 브로턴은 사할린을 만으로 생각하고 타타르 만(Gulf of Tartary, 달단 만)이라고 이름 붙였다.

프로비던스호는 캄차카 반도 남단을 따라 계속 남하했다. 10월 3일에는 청진 근해를 탐사하고 영흥만에 이르렀다. 훗날 영흥만은 함장의 이름을 따서 '브로턴 만'(Broughton Bay)이라고 이름 붙여졌다. 브로턴 일행은 우리나라 동해안의 해안선을 측정하고 스케치하며 10여 일 동안 남쪽으로 항해했다. 드디어 10월 13일(조선 기록에서는 16일) 해질 무렵 동래 용당포에 닻을 내렸다. 10

월 21일 부산을 떠날 때까지 9일 동안 부산항 주변을 탐사하며 해도를 작성했다. 그 후 남해안의 일부 섬과 제주도 서북부를 항해했다. 11월 7일 강풍이 일어나자 탐사를 포기하고 11월 27일 마카오로 귀환했다.[13)]

브로턴 함장은 영국에 귀국한 후 4년에 걸친 탐사 여정을 기록으로 남겼다. 1804년 런던의 캐딜 & 데이비스 출판사는 《북태평양 탐사 항해기(A Voyage of Discovery to the North Pacific Ocean)》를 펴냈다. 이 책의 2부 7장과 8장이 바로 우리나라 해역에서 관찰한 당시 조선의 자연과 사람들에 관한 기록이다. 이제 브로턴의 눈에 비친 18세기 말 조선의 풍경 속으로 들어가보자.[14)]

호기심으로 가득 찬 구경꾼들

1797년 10월 12일(양력) 해뜨기 전에 남서쪽 방향에서 섬이 보였다. 이른 아침 곳곳에 불빛이 반짝였다. 이 섬에 사람이 살고 있는 것 같았다. 섬 아래 서쪽에서 일본 정크선(junk, 바닥이 평평한 중국식 돛배로 당시는 유럽의 외항선을 제외한 대형 선박을 일컬었다) 4척이 고기잡이를 하고 있었다.

10월 13일 바람은 잔잔하고 날은 맑았다. 북쪽에서 파도가 넘실거렸다. 프로비던스호는 바람을 타고 섬으로 나아갔다. 육지가 가까워지면서 해안에 흩어져 있는 마을이 보였다. 해안은 굴곡

이 심했지만 위험을 피할 안전한 항구가 있는 것처럼 보였다. 정오를 지나자 비가 내리고 바람이 불었다. 고기잡이배들이 보였는데, 그 가운데 한 척이 가까이 오라고 손짓했다. 브로턴은 그 배의 신호에 따라 북서쪽 방향으로 배를 몰았다. 몇 개의 검은 바위(오늘날 오륙도)와 높이 솟은 바위 섬 하나(오늘날 한국해양대 근처)를 지나 해질 무렵 모래만(오늘날 신선대)에 닻을 내렸다.

10월 14일 이른 아침, 브로턴 일행은 호기심으로 가득 찬 낯선 구경꾼들에게 둘러싸였다. 이상한 배를 보기 위해 남녀노소를 막론한 수많은 사람들이 배에 타고 있었다. 그들은 대개 베로 짠 윗옷과 바지(linen garments)를 입고 있었는데, 누비거나 두 겹으로 만들어져 있었다. 어떤 사람들은 헐렁한 두루마기(gowns)를 입고 있었다. 여자들은 치마저고리(petticoat) 차림이었다. 남녀 모두 버선(linen boots)과 짚신(sandals)을 신고 있었다. 남자들은 머리카락을 묶어 갓(crown)으로 싸맸고, 여자들은 머리카락을 꼬아서 머리 위로 둥글게 땋아 올렸다.

이곳 사람들은 중국인을 닮았다. 특히 작은 눈이 그랬다. 브로턴 일행을 찾아온 사람들은 거의 모두 평민처럼 보였다. 기억할 만한 것은 구경꾼 가운데 젊은 여자가 하나도 없었다는 사실이다. 여자들은 모두 늙거나 아이들뿐이었다.

아침에 브로턴 일행은 물을 찾아 뭍에 올랐다. 마을 주민 한 사람이 깨끗한 물이 흐르는 곳으로 안내해주었다. 그곳은 배와 가까워서 무척 편리했다. 영국인들에게는 나무와 물이 필요했지만, 이 나라에는 나무가 부족해 보였다. 브로턴 일행이 고도와 거리를

18세기 중엽의 부산포 초량 왜관.

측량하며 산책을 할 때마다 마을 사람들이 따라다녔다. 항구 주위
에는 여러 마을이 흩어져 있었다. 북서쪽으로 돌담으로 둘러싸인
마을(오늘날 자성대)이 보였다. 돌담에는 총안(銃眼, battlements)
이 갖추어져 있었다. 정크선 몇 척이 부두에 정박해 있었다. 부두
근처에는 잘 지어진 흰색 집들(오늘날 용두산 공원 근처 왜관 건물)
이 울창한 숲에 둘러싸여 있었다. 부두에는 배들이 가득 떠서 일
을 하고 있었다. 이 배들은 솜씨는 뒤떨어졌지만 중국 배와 비슷
했다. 중국 배와 마찬가지로 노와 누빈 돛을 쓰고 있었다.

　　브로턴 일행이 다른 마을로 들어가려 하자 마을 사람들이 가
로막았다. 그들은 마을 사람들의 뜻에 따라 발길을 돌렸다. 그들

은 배로 돌아오는 길에 무덤을 보기도 했다. 오후에는 지위가 높은 사람들(부산첨사 박종화 일행)이 브로턴 함장의 배로 찾아왔다. 평민들은 고관들에게 경의를 표했다. 고관들은 크고 헐렁한 두루마기를 입고 있었다. 머리에는 높고 커다란 검은 모자를 썼는데, 말총 못지않게 뻣뻣하고 질긴 망사로 만들어져 있었다. 관리들은 모자를 끈으로 턱에 맸다. 이 모자는 우산으로 쓸 수도 있었는데, 지름이 3피트(약 91센티미터)나 되었다.

방문객들은 모두 부채를 들고 있었다. 부채에는 세공된 작은 상자가 매달려 있었다. 거기에는 향수가 담긴 듯했다. 허리에는 손잡이가 멋지게 장식된 칼을 차고 있었다. 담뱃대를 담당한 한 소년이 관리들을 수행했다. 소년의 임무는 관리들의 옷이 구겨지지 않게 보살피는 것이었다. 관리들은 대부분 수염을 길게 기르고 있었다.

고관들은 브로턴 일행에게 왜 이 나라에 찾아왔는지 묻고 있는 듯했다. 하지만 서로 말이 통하지 않았다. 아마도 고관들은 브로턴 일행이 자신들을 맞이해준 데 대해 고마워하는 듯했고 곧 배를 떠났다.

브로턴 일행은 다시 뭍에 올라 남쪽 높은 언덕으로 올라갔다. 산의 자력 탓인지 나침반 바늘은 동쪽을 가리키고 있었다. 언덕은 높고 바위가 많았다. 주위에는 억센 풀들이 자라고 있었다. 소들이 풀을 뜯고 있었고 낮은 곳에는 논이 펼쳐져 있었다.

저녁에 브로턴 일행이 배로 돌아오자 배는 방문객들로 꽉 차 있었다. 어두워질 때까지 그들을 몰아낼 수 없었다. 거의 폭력을 쓰다시피 해서 간신히 그들의 배로 돌아가게 했다. 마침내 그들은 뭍으로 돌아갔다. 하지만 어두워지자 남자들을 가득 태운 배들이 다가왔다. 그들은 프로비던스호에 오르려 했다. 깜짝 놀란 브로턴 일행은 그들이 배에 오르는 것을 막았다. 그들은 프로비던스호 옆에서 닻을 내렸다. 브로턴은 그들의 의도를 알 수 없었다. 최악의 상황에 대비해 모든 선원을 제자리에 배치했다. 얼마 지나지 않아 배 한 척이 불을 싣고 다가와서 배에 탄 사람들에게 나누어주었다. 얼마 동안 의논한 후 그들은 닻을 올려 마을로 돌아갔다.

망원경과 총을 선물하다

10월 15일 아침 식사가 끝난 후 배 두 척이 방문객(동래부사 정상우 일행)을 가득 태우고 다가왔다. 지금까지 보아왔던 사람들보다 옷차림이 화려했다. 이 사람들이 입은 옷은 무척 세련되었다. 겉옷은 옅은 하늘색 비단이었다. 관리들은 커다란 검은 모자를 쓰고 있었는데, 턱 아래에는 한 줄로 꿴 큰 구슬이 걸려 있었다. 마노나 호박 또는 검은 나무로 만든 것이었다. 구슬은 그들의 오른쪽 귀 아래로 구부러져 매달려 있었다. 어떤 모자는 가장자리가 은으로 장식되어 있었다.

각 배에는 작은 창을 든 군인들이 타고 있었다. 그들은 색깔에 따라 구별되는 것처럼 보였다. 푸른 색 천으로 된 바탕에 노란 글씨로 된 문양이 새겨져 있었다. 모자는 꿩의 깃털로 장식되어 있었다. 관리들은 브로턴 함장에게 소금에 절인 생선, 쌀, 김 등을 선물했다. 수행원들은 고관들에게 말을 하거나 물음에 답할 때마다 항상 허리를 굽혀 최대한 공경하는 뜻을 표시했다.

방문객들은 브로턴 일행에게 여러 가지를 물었다. 뜻은 알 수 없었지만, 브로턴 일행이 빨리 떠나주기를 바라는 게 분명했다. 브로턴은 나무와 물 그리고 신선한 식료품이 필요하기 때문에 그럴 수 없다고 설명했다. 관리들은 즉시 브로턴 일행에게 나무와 물을 보내주라고 사람들에게 명령했다. 브로턴은 해안에서 풀을 뜯고 있는 소들을 가리키며 그것을 달라고 했지만, 방문객들을 설득할 수 없었다. 이들에게는 돈도 아무런 가치가 없는 것처럼 보였다. 브로턴 일행은 살 수 없는 소를 바라보면서 매일 실망만 거듭했다.

새로운 고관들이 온 이후 많은 방문객들 때문에 방해받지 않아도 되었기 때문에 브로턴은 만족스러웠다. 하지만 불행하게도 브로턴 일행에게는 해안을 걸어 다닐 수 없도록 통행금지 조치가 내려졌다. 천체를 관측하거나 물을 길어오는 것까지 막지는 않았다. 오히려 구경꾼들이 몰려들면서 브로턴 일행이 임무를 수행하는 데 방해를 받기도 했다. 군중을 몰아내기 위해 군인들이 배치되었다. 때로는 군인들이 구경꾼들에게 커다란 대나무 막대를 휘두르기도 했는데, 이것은 효과가 대단했다.

오후에는 주민들이 항아리와 물통에 물을 담아 프로비던스호로 날라주었다. 나중에는 효율성을 높이기 위해 프로비던스호에 있는 물통으로 물을 길어다주기도 했다. 주민들은 질서정연했다. 지휘를 맡은 것처럼 보이는 군인이 각 배에 배치되었다. 이튿날인 16일에는 바람이 심하게 부는데도 주민들이 프로비던스호에 물과 나무를 실어다주었다.

17일 오후에는 고관의 대리인들이 프로비던스호로 찾아왔다. 브로턴 일행이 나무와 물을 충분히 받았는지 살펴보기 위해서였다. 브로턴은 그들에게 3일 안에는 떠날 수 없다고 전했다. 대리인들은 이틀 안에 떠나달라고 했다. 브로턴은 동의하지 않았다. 프로비던스호에서 다과를 대접받은 대리인들은 브로턴의 답변을 상부에 전하기 위해 배를 떠났다. 브로턴 일행이 위도를 측량하기 위해 상륙하자 마을에서 경비병이 찾아와서 배에 오를 때까지 동태를 감시했다. 오후에도 주민들이 나무와 물을 날라주었다.

18일에는 날이 흐리고 바람이 거세게 불었다. 주민들이 여전히 나무와 물을 날라주어서 이제는 충분했다. 나무는 모두 소나무 종류였다. 어제와는 다른 대리인들이 찾아왔다. 브로턴은 천체를 관측하려면 이틀이 더 필요하다고 그들을 설득했다. 19일에는 비가 내렸다. 프로비던스호가 떠나는지 알아보기 위해 또 다른 대리인들이 찾아왔다. 그들은 비를 피하기 위해 모자에 기름 먹인 종이를 덮어쓰고 있었다. 우산도 가지고 있었다. 브로턴 일행을 감시하기 위해 배 두 척이 뒤를 따라다녔다.

20일에 비가 그쳤지만 날은 여전히 흐렸다. 아침에 관리들이 찾아왔다. 그들은 브로턴 일행에게 떠나달라고 강력히 촉구했다. 전날 브로턴 일행이 허락도 없이 근처를 답사한 것을 따지기도 했다. 만약 항구의 위쪽에 있는 흰색 집(오늘날 자성대)에 상륙하면 좋지 못한 대접을 받을 것이며 사형을 당할 수도 있다고 설명하는 듯했다. 그리고 브로턴 일행에게 더 이상 다른 곳으로 가지 말라고 간청했다. 그들이 육지로 돌아간 후 배 네 척이 다가왔다. 배에는 무장한 군인들이 타고 있었다. 브로턴이 프로비던스호 가까이 오지 못하게 하자 프로비던스호 앞뒤에 닻을 내렸다. 그들은 저녁에 돌아갔다.

21일은 날씨가 좋았다. 해 뜨기 전에 브로턴은 감시병의 눈을 피해 배에서 내렸다. 남쪽 해안에 상륙해서 항구 그림을 완성하기 위해서였다. 브로턴 일행이 종적을 감추어버리자 마을 사람들은 동요하는 것처럼 보였다. 고도 측정을 다 마치고 브로턴 일행은 출항을 준비하고 있었다. 잠시 후 대리자들 가운데 한 명이 프로비던스호로 찾아왔다. 그는 프로비던스호가 떠날 것을 눈치 채고 무척 기뻐하는 것 같았다. 브로턴은 그에게 망원경과 총을 선물로 주었다. 프로비던스호가 항구를 떠날 때 수많은 구경꾼들이 산 위에서 지켜보고 있었다. 브로턴은 어떤 보상도 바라지 않고 배에 나무와 물을 날라준 이들에게 고마워하면서 부산을 떠났다.

브로턴은 훗날 귀국해서 영국해군수로부에 〈코리아 남동해안의 초산항 스케치(A Sketch of Thosan Harbor S. E. Coast of Corea)〉란 도면을 제출했다. 1840년에는 영국해군수로부에서 〈코리아: 초산항(Korea: Chosan Harbour)〉을 출판했다. 브로턴의 항해기에는 〈아시아 동북해안과 일본 열도 해도(A Chart of the S. E. Coast of Asia and Japanese Isles)〉란 이름으로 실려 있다. 해안선

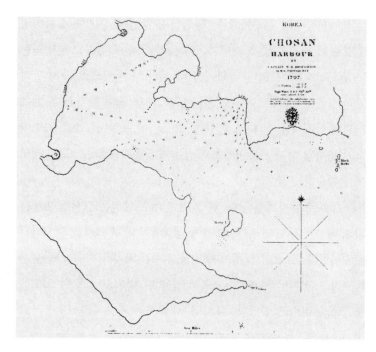

브로턴 함대원이 그린 부산항(초산항) 해도.

의 윤곽은 3등 사관 배션(James G. Vashion)이 그렸고, 도판은 닐 (S. J. Neele)이 작성했다.

부산항을 그린 스케치에는 항구 주변의 4개 마을과 왜관도 뚜렷이 그려져 있다. 브로턴은 항해기와 지도에서 부산항을 '초 산항'을 비롯해 무려 일곱 가지(Tshosan, Chosan, Tchosan, Thosan, Tshesan, Chousan, Thesan)로 각각 다르게 표기하고 있 다.[15] 동양학자 그리피스(William Elliot Griffis, 1843~1928)에 따 르면, 브로턴이 주민들에게 그곳의 이름이 무엇인지 묻자 주민들은 '초산'이라고 대답했다고 한다. 초산은 항구 이름이 아니라 조선을 뜻했다.[16] 브로턴은 또한 남해안을 '토상'(Thosang), 조선국을 '토산고'(Thosan-go)로 부르고 있다. 주민들과 말이 통하지 않아 빚어진 결과였다.

부산항 지도에서 영도는 섬이 아니라 육지로 그려져 있다. 오늘날의 망미말(부산시 남구 용당동 신선대 앞의 곶 이름)은 자력이 강해서 '자침'(Magnetic Head)으로 이름 붙여졌고, 오륙도는 바위가 검게 보인다고 해서 '검은 바위들'(Black Rocks)로 표기되었다. 승무원들의 이름을 딴 지명도 보인다. 아치섬(조도)은 1등 사관이었던 머지(Zachary Mudge)를 기념하기 위해 '머지 섬'(Mudge Island)으로 기록되었다. 승두말은 2등 사관인 영(G. J. F. Young)의 이름을 따서 '영 곶'(Cape Young)으로, 상이말은 3등 사관 배션을 기리기 위해 '배션 곶'(Cape Vashion)으로 명명되었다.[17]

브로턴은 동래에서 만난 사람들의 생활 풍습과 태도를 기록할 기회가 적은 것을 안타까워했다. 주민들이 접촉을 피하려 했기 때문이었다. 브로턴은 조선 사람들이 낯선 사람들과 어떤 교류도 원하지 않는 것으로 보았다. 조선 사람들은 다만 브로턴 일행이 빨리 떠나주기만 바랄 뿐이었다. 조선인들은 영국에서 만들어진 여러 가지 물건에 호기심을 보였는데, 특히 모직 천에 관심이 많았다. 하지만 그 밖에는 거의 흥미가 없어서 교환을 바라지 않는 것처럼 보였다.

거만한 관리와 만나다

브로턴은 10월 21일 부산을 떠나 남서쪽으로 계속 항해했다. 프로비던스호는 무수한 바위섬들을 지나쳤다. 23일에는 한 섬(여수 부근)에 닻을 내렸다. 섬에는 마을과 경작지 그리고 많은 배들이 보였다. 사람과 배들은 프로비던스호 가까이 다가오지 않았다.

24일 오후 무렵 배 한 척이 프로비던스호로 다가왔다. 배에 탄 사람들은 알 수 없는 글자가 적힌 종이 한 장을 가지고 왔다. 한 시간쯤 후 배 여러 척이 다가왔다. 배 한 척에는 군사들이 타고 있었는데, 이물에 붉은색과 자주색 깃발이 매달려 있었다. 배에는 트럼펫 비슷한 악기도 있었다. 군사들은 창으로 무장하고 있었다. 차양 아래에는 한 거만한 사람이 표범가죽 위에 앉아 있었다. 그의 곁에는 수행원들이 있었는데, 부산에서 만난 사람들과 마찬가지로 행동했다.

조선인들은 어떤 예의 격식도 차리지 않고 프로비던스호에 올랐다. 수행원들은 고관의 방석 등을 날랐다. 수행원 가운데 한 사람은 큰 우산을 들고 고관에게 햇빛을 가려주었다. 나머지는 관리에게 최대한의 존경을 표하며 적당한 거리에 물러나 있었다. 관리는 브로턴 일행에게 여러 가지를 물었지만 알아들을 수는 없었다. 관리가 알고 싶어 하는 것은 브로턴 일행의 숫자였다. 그는 수행원들에게 사람 숫자를 세라고 했지만, 브로턴은 허락하지 않았다.

지위가 높은 사람은 브로턴 일행이 며칠 동안 머무르기를 바랐고, 배를 해안으로 보내기를 요청하는 듯했다. 그는 떠날 때도 같은 요청을 되풀이했다. 브로턴이 그것을 받아들이지 않자 그는 무척 놀라는 듯했다. 이 고관의 태도는 꽤 오만해 보였는데, 행동으로 미뤄볼 때 브로턴 일행을 경멸하는 것 같았다. 약 30분 정도 머문 후에 그는 떠났고, 배 두 척을 정탐 목적으로 남겨두었다. 정탐선은 프로비던스호 가까이 정박했고, 나머지 두 척은 소식을 전달하기 위해 돌아갔다. 오후 3시에 프로비던스호가 순풍을 타고 서쪽으로 떠나자마자 섬에서 배가 따라왔다. 그 배는 트럼펫을 울리면서 프로비던스호를 멈추게 하려 했다. 하지만 브로턴은 그것을 무시했다. 그 배는 결국 육지로 돌아갔다.

브로턴 일행은 탐사 항해를 계속했다. 26일 오전 8시에 프로비던스호는 한 섬에 정박했다. 섬은 잘 경작되어 있었다. 나무는 전혀 보이지 않았고 마을만 보였다. 몇몇 배들이 고기잡이를 하고 있었지만, 가까이 다가오지는 않았다. 저녁 7시 무렵 프로비던스호는 닻을 올려 바다로 나갔다. 브로턴은 이 섬이 켈파트(Quelpaert, 제주도)일 것이라고 추측했다. 브로턴 일행은 29일까지 켈파트 서북 해안을 조사했다.

켈파트 섬은 바위로 둘러싸여 있었다. 바위는 완전히 검지는 않았지만 그을린 색깔의 산호로 이루어져 있었다. 어떤 평지에는 거대한 바위가 놓여 있었고 형태가 기이했다. 자연적 이변의 결과인 것처럼 보였다. 브로턴은 이곳이 화산섬일 것이라고 결론지었다.

브로턴은 항해기 끝에서 일본 배와 조선 배의 구조와 특징을

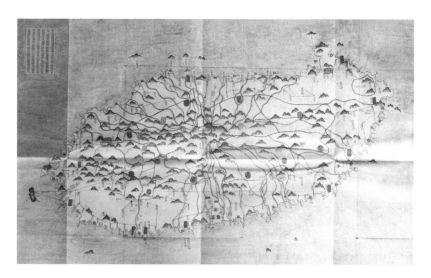

당시의 제주도 지도.

비교분석하고 있다. 브로턴이 관찰했던 일본 배(Japanese junks)
는 적재량이 30톤에서 3백 톤 사이였고 구조가 모두 같았다. 돛대
는 하나였고 무명천으로 된 사각형 돛이 달려 있었다. 일본 배는
때로 브로턴의 프로비던스호를 따라잡으려 했지만, 프로비던스호
가 더 빨랐다.

　일본 배는 바람을 비스듬히 받고 항해했다. 배를 맞바람 쪽으
로 돌릴 수는 없었지만, 항상 순식간에 뱃머리를 바람 부는 쪽으
로 돌렸다. 닻은 끝이 뾰족하고 구부러진 쇠를 쓰고 있었다. 배의
키는 중국 배와 같았다. 정박 중일 때는 도르래 따위로 닻을 감아
올렸다. 판자의 이음새와 고물을 보호하기 위해 구리를 덮었다.
선창(화물실)은 항상 열려 있었는데, 물을 나르는 탱크를 쓰고 있었다. 돛대는 전나무 목재를 썼다. 조잡하게 만들어졌지만 돛은 튼튼하게 감겨 있었다. 배의 마룻바닥, 선재(船材), 들보, 키 등은 참나무로 만들었고 나머지는 소나무였다. 페인트로 칠한 배는 없었다.

조선의 배(Corean junks)는 선체가 크고 돛은 하나였다. 하지만 돛을 올리고 있는 것은 보지 못했다. 조선국의 군도(群島, Archipelago of T'Chosan-go)에 있는 소형 선박들(boats)은 중국 배와 비슷했다. 특히 항해법이 그랬다. 일본 배와는 달리 나무 닻을 쓰고 있었다. 이 소형선에는 돛대 두 개와 거적으로 된 돛이 걸려 있었다. 하지만 중국 배처럼 대나무로 서로 엇갈리게 하지는 않았다. 배의 한가운데에는 진흙으로 빚은 네모난 화로가 놓여 있었다. 화로에는 항상 불이 피워져 있었다. 담배를 피우는 데 쓰려는 것 같았다. 소형선에는 중국 배의 천막 같은 덮개를 쓰지는 않았지만, 거칠고 마른 풀로 만든 거적을 덮고 있었다. 선재는 전나무였고, 정수리 부분은 참나무나 물푸레나무를 썼다. 조선 선원들은 배를 민첩하게 조종했다. 몇몇 소형선에는 50명에서 60명이 탔고 속력이 꽤 빨랐다.

브로턴은 부산에서 주민들로부터 채록한 조선어 어휘 38단어와 탐사대가 조사한 식물 26종(진달래, 초롱꽃, 파, 고사리 등)을 항해기 부록에 수록하고 있다. 어휘는 언어소통이 어려웠던 상황을 고려하면 꽤 정확한 축에 속했다. 다음은 브로턴 일행이 수집한 조선어 단어다.[18]

영어	당시 한국어 발음 영문 표기	한글 표기	영어	당시 한국어 발음 영문 표기	한글 표기
One	Hannah	하나	The nose	Kace	코
Two	Toool	둘	The mouth	Yeep	입
Three	Soe	셋	Teeth	Yee	이
Four	Doe	넷	Hair	Murree	머리
Five	Tassah	다섯	The beard	Shuame	수염
Six	Yessah	여섯	Arm	Pul	팔
Seven	Yerogo	일곱	Hand	Sone	손
Eight	Yaltai	여덟	Fingers	Socora	손가락
Nine	Aho	아홉	Leg	Tantangee	장딴지(발)
Ten	Ysel	열	A hat	Kat	갓(모자)
The Sun	Hah	해	A house	Chap	집
Moon	Tareme	달	Silver	Oon	은
Stars	Curome	구름(별)	Gold	Koon	금
Fire	Pool	불	A bullock	She	소
Water	Mool	물	A hog	Towyee	돼지
Wind	Parrum	바람	Thigh	Cheenum-chee	치눔치 (가랑이)
Land	Moc	뭍(육지)			
A man	Sanna	사내(남자)	A tree	Sonamo	소나무 (나무)
A woman	Kajeep	계집(여자)			
The eye	Noon	눈			
The eyebrow	Noonship	눈썹			

서양 배 한 척이 조선 배 백 척을 이긴다

프로비던스호가 동래 용당포에 찾아온 사건은 조선 사회에 뜻하지 않은 파문을 불러일으켰다. 1801년 황사영 백서 사건의 한 원인이 되었던 것이다. 1801년 신유박해가 일어나자 황사영은 충청북도 제천의 배론(舟論)에 토굴을 파고 몸을 숨겼다. 그는 이곳에서 교우 황심과 상의한 후 흰 명주에 1만여 자에 이르는 긴 편지를 써서 청나라의 북경에 있는 주교 구베아(Gouvea) 신부에게 보내려 했다. 이때가 1801년 9월 22일(음력)이었다.

이 비밀 편지는 황심이 교우 옥천희와 함께 10월에 떠나는 동지사(冬至使, 조선시대에 명나라와 청나라에 정기적으로 파견한 사신) 일행에 끼어 북경의 주교에게 전달할 예정이었다. 하지만 9월 20일 옥천희가 체포되고 26일에 황심도 붙잡혔다. 3일 후인 29일에는 황사영이 배론 토굴에서 체포됨으로써 백서가 발각되고 말았다. 황사영은 그해 11월 5일 역적이란 죄명으로 참수형을 당했다.[19] 백서에는 신유박해의 전말과 순교자의 약력, 천주교 재건을 위한 원조 요청 등이 담겨 있었다.

백서 가운데 특히 조선 조정을 경악케 한 것은 외세의 무력을 빌려 선교의 자유를 얻으려 한 점이었다. 황사영은 "이 나라의 병력은 본래 잔약해서 모든 나라 가운데 맨 끝입니다. 게다가 이제 태평한 세월이 2백 년을 계속해왔으므로 백성들은 군대가 무엇인지 모릅니다. 위에는 뛰어난 임금이 없고 아래에는 어진 신하가 없어서, 자칫 불행한 일이 일어나기만 하면 와르르 무너져버릴 것이 틀림 없습니다"[20]라며 조선의 내정을 보고한 후 선교의 자유를 얻기 위해 다음과 같은 구체적인 실행 방안을 제시하고 있다.

> 배 수백 척과 정예병 5, 6만 명을 모집해 대포 등 날카로운 무기를 많이 싣고, 아울러 글 잘하고 사리에 밝은 중국사람 서너 명을 데리고 바로 이 나라 해변으로 와서 국왕에게 다음과 같은 글을 보내십시오.
> '우리는 서양의 전교하는 배입니다. 자녀나 재물 때문에 온 것이 아니라 교종(敎宗, 교황)의 명령을 받고 이 지역의 생령(生靈)을 구원하려는 것입니다. 귀국에서 한 사람의 전교사를 기꺼이 받아들인다면, 우리는 그 이상 많은 것을 요구하지 않을 것이오. 절대로 탄환 한 방, 화살 한 발도 쏘지 않을 것입니다. 절대로 티끌 하나, 풀 한 포기도 움직이지 않을 것입니다. 영원한 우호의 조약만 맺고는 북 치고 춤추며 돌아갈 것입니다. 그러나 만약 천주님의 사자를 받아들이지 않으면, 마땅히 주님의 벌을 받들어 시행하고 죽어도 발꿈치를 돌리지 않을 것입니다. 왕은 한 사람을 받아들여 전국(全國)의 벌을 면하고자 하십니까. 그렇지 않으면 전국을 잃더라도 한 사람을 받아들이지 않으려 하십니까. 왕은 어느 하나를 택하시기 바랍니다. 천주님의 성교(聖敎)는 충효와 자애를 가장 힘쓰고 있습니다. 온 나라가 흠모하고 공경하면 실로 이 왕국의 무한한 복이 될 것이고, 우리에게는 아무런 이익이 없습니다. 청컨대 왕은 의심치 마십시오.'[21]

황사영은 좀 더 현실적인 대안을 제시하고 있다. "배와 사람의 수가 말씀드린 대로 될 수 있다면 더할 수 없이 좋지만, 만약힘이 모자라면 수십 척에 5, 6천 명만 있어도 쓸 수 있습니다."[22]그런데 황사영은 어떤 근거로 외국 배의 능력을 믿었던 것일까.답은 이어지는 글에서 나온다. 황사영은 "몇 해 전에 대서양의 상선 한 척이 우리나라 동래에 표류해 왔습니다. 한 교우가 배에 올라 자세히 살펴보고 돌아와서 '그 배 한 척이면 우리나라 전선(戰船) 백 척은 대적할 만하더라'라고 말했습니다"[23]고 밝히고 있다.

황사영이 동래에 표류해 왔다고 말한 대서양의 상선은 바로프로비던스호를 말한다. 황사영에게 이 상선의 실체를 귀띔해준교우는 현계흠[24]이었다. 현계흠의 아우인 현계탁은 동래에 살고있었다. 현계흠은 그를 찾아갔다가 프로비던스호에 올랐다. 당시조정에서는 프로비던스호가 온 사실을 비밀에 부친 것으로 보인다. 1797년 8월 무렵 강이천은 자신을 찾아온 김신국에게 "조정의 2품 이상 외에는 동래에 선박이 정박해 있다는 사실을 알지 못한다"고 말했다고 한다.[25] 현계흠의 판결문에는 다음과 같이 기록되어 있다.

> 그는 몇 해 전에 외국 배가 동래에 표류해 닿았을 때 그 배를
> 보았다. 거기에는 십자(十字)가 붙어 있었다. 양인(洋人, 서양인)이
> 있는지 없는지 탐지한 뒤, 거짓말을 꾸며 '서양 배 한 척은
> 우리나라 전선 백 척을 대적한다'고 말하고 사학(邪學, 천주교)
> 무리에게 전파해서 사술(邪術, 천주교 신앙)의 믿음을 더욱 굳어지게

했다. 전에 주문모의 흉한 사적(事跡)과 근래 황사영의 흉서(凶書)는 모두 동래에 표류한 배에 관한 말과 똑같은 화제였다.[26]

서양 선박을 불러오자

그런데 프로비던스호가 동래에 나타나기 전부터 천주교 신자들 사이에는 서양 선박을 불러들이자는 이른바 '양박청래'(洋舶請來) 운동이 벌어지고 있었다.[27] 조선에 천주교회가 세워진 것은 1780년대 중반의 일이었다. 1784년(정조 8) 북경에서 세례를 받고 돌아온 이승훈은 지도층 신도들과 함께 1786년에 교회 조직을 세웠다. 이를 '가성직제'(假聖職制)라 부른다. 하지만 1787년 가성직제가 신성을 모독한 죄(瀆聖罪)에 해당한다는 사실을 알게 된 후 이를 해체하고 북경에 밀사를 파견해 서양의 신부를 모셔오기로 했다.

조선 신도들의 요청에 따라 구베아 주교는 1794년 조선에 주문모 신부를 파견했다. 1791년 윤지충과 권상연이 조상의 제사를 폐하고 신주를 불사른 '진산사건' 이후 조정의 천주교 탄압은 더욱 거세졌다. 주문모 신부와 신도들은 1796년 북경에 밀사를 파견해서 서양 선박을 파견해주도록 요청했다. 주문모 신부와 성직자의 안전을 보장받음으로써 선교의 자유를 얻기 위해서였다.

당시 천주교 신자들은 선교사가 서양에서 큰 배(大舶)를 타고 와서 우리 정부와 교섭하면 신앙의 자유를 얻을 수 있을 것으로 믿고 있었다. 특히 청원을 주도한 인물은 주문모 신부였다. 그는 서양 선교사가 큰 배를 타고 조선에 올 때 로마 교황이나 포르투갈 국왕이 반드시 국서를 보내서 천주교 포교를 바란다는 뜻을 조선 정부에 요청해줄 것을 기대하고 있었다. 이런 과정에서 신자들 사이에 '양박=선교사=신앙의 자유'라는 등식이 자연스럽게 자리 잡아가고 있었다.

일부 지식인들은 양박(洋舶, 서양 선박)의 실체를 어렴풋이나마 알고 있었다. 김건순은 일찍이 집안에 〈곤여전도〉를 소장하고 있었다. 그는 삼학사로 유명한 김상헌의 봉사손이자 정조 초의 참판 김양행의 후손이었다. 〈곤여전도〉는 1674년에 페르비스트(F. Verbiest, 南懷仁)가 판각한 세계지도로서, 서반구에 서양의 함선이 자세히 그려져 있었다. 김건순은 가까이 지내던 강이천, 김려 등에게 "그 나라(유럽)는 3층으로 배를 제작한다. 그 안에는 군량 천 석, 장졸(將卒)과 총사(銃師, 총포로 무장한 군사) 3백 명을 태울 수 있고, 무기도 모두 갖추고 있다"[28]고 설명하기도 했다.

1801년(순조 1) 정순왕후가 반포한 '사학 금지령'에 따라 천주교 신자들에 대한 대대적인 탄압이 시작되었다. 그해 3월 주문모 신부가 자수하고 전주의 신도였던 유항검, 유관검, 윤지헌, 이우집 등이 체포되면서 양박청래 운동의 실상이 드러났다. 특히 이우집의 공초에서 '큰 배가 장차 조선에 들어올 것이며 사세가 부득이하면 한바탕 결판을 낼 것'이라는 놀라운 이야기가 흘러나왔다.

이우집은 유항검·유관검 형제와 인척간이었다. 그는 과거를

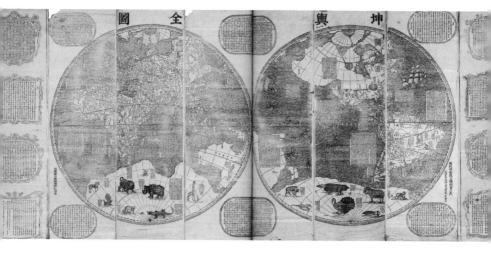

선교사 페르비스트가 제작한 세계지도인 〈곤여전도〉.

보러 가는 길에 전주에 사는 유관검의 집에 자주 들렀다. 유관검은 이우집에게 천주교 교리를 설명하면서 전교하려 했다. 1797년 11월 이우집이 유관검을 찾아오자 유관검은 "서양에서 큰 배가 올 것이다. 그 인물과 풍채가 분명 우리나라보다 나을 것이다. 또한 보화를 많이 싣고 있으니 조선의 재물을 쓰지 않더라도 천주당을 건립할 수 있을 것이다. (……) 그 배에는 다혈총(多穴銃)이 있다. 이를 쏘면 겁내 굴복하지 않는 사람이 없다. 우리나라가 만일 따르지 않으면 당연히 한바탕 결판이 일어날 것이다"[29]라고 설명했다.

1800년 10월 유관검은 이우집을 설득하기 위해 항간에 떠도는 참언을 끌어들였다. 당시 호서지방에는 "신년(申年) 봄 3월, 성

세(聖歲) 가을 8월 밤에 인천·부평 사이에 배 1천 척이 닿는다"[30] 는 《정감록》의 예언이 떠돌고 있었다. 유관검은 예수가 태어난 해가 경신년(庚申年)이므로, 올해 경신년(1800) 성세(聖歲)에 양박이 올 것이라고 풀이했다. 《정감록》의 변혁사상을 끌어들여 이우집에게 전교하려 한 것이었다.

청나라 주문모 신부의 밀입국과 천주교 신자들의 양박청래운동, 그리고 황사영의 백서 사건은 당시 위정자들에게 큰 충격이었다. "'큰 배를 청해 한바탕 결판을 내려 했다'는 진술에 이르러서는 모르는 사이에 뼈가 서늘해지고 간담이 떨렸습니다"[31]라고 쓰인 형조의 상소문이나, "난신역적이 예로부터 많이 있었지만, 이런 자와 같이 극흉극악한 자는 없었다"[32]는 황사영의 판결문에서 그 일단을 짐작할 수 있다.

이미 정순왕후의 척사윤음(1801년 1월 10일)에서 천주교는 가부장적 가족제도와 유교적 신분질서를 파괴하는 멸륜금수(滅倫禽獸)의 종교로 낙인찍혔다. 신도들은 황사영 백서 사건에 이르러 조선의 정체를 부정하고 외세와 밀통해서 국가를 전복시키려는 매국의 무리로 단죄되었다. 이러한 인식은 뒤이은 천주교 박해의 구실이 되었고, 서양 선박이나 선교사를 매개로 서세동점이란 세계사적 정세를 파악하는 데 걸림돌이 되고 말았다.

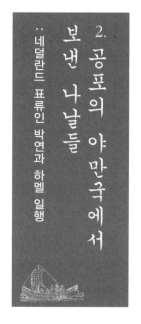

2. 공포의 야만국에서 보낸 나날들

:: 네덜란드 표류인 박연과 하멜 일행

프로비던스호가 조선에 찾아온 최초의 서양 선박은 아니었다. 이미 16세기부터 우리나라가 서양인이나 서양 선박과 만난 기록이 단편적으로 전한다. 조선에 최초로 서양 소식이 전해진 것은 중종 때였다. 중종 15년(1520) 12월 14일 명나라에 사신으로 다녀온 통역관 이석은 중국에서 전해들은 바를 다음과 같이 보고했다.

> 불랑기국(佛朗機國, 포르투갈)이 만자국(滿剌國, 말레이시아의
> 말라카)에게 길을 차단당하면서 명나라가 세워진 이래 중국에 오지
> 못했는데, 이제 만자국을 멸하고 와서 봉해주기를 요구했습니다.
> 예부(禮部)에서는 '조정에서 봉해준 나라를 마음대로 멸했으므로
> 허락할 수 없다'고 의논하고, 조현(朝見, 조공국의 신하가 천자를 뵙는
> 일)을 허락하지 않았습니다. 그들을 관(외국 사신을 접대하던
> 회동관)에서 접대하는 것은 다른 나라 사신과 차이가 없습니다.
> 그들의 외모는 왜인과 비슷하고 의복 제도와 음식 절차는 정상적인

사람들(人道)과 달랐습니다. 그래서 중국 사람들도 '예로부터 못
보던 사람이다'고 했습니다. [33)]

불랑기국과 불랑기 그리고 서양포

이석이 포르투갈에 관한 소식을 전한 다음 해인 1521년 1월 24일
주청사(奏請使, 임시로 기별할 일이 있거나 요청할 일이 있을 때 중
국으로 보내는 사절) 신상·한효원이 돌아와 왕을 만났다.

중종 전에는 (중국에) 오자 않던 나라들도 이번에는 모두 와서
조회했다고 하는데 사실인가?

신상 그것은 이른바 불랑기라는 나라입니다. 그들의 지도를
상고해 보니 서역(西域, 중국의 서쪽 지역에 있는 여러 나라들) 지방
서남쪽 사이에 있는 나라였습니다.

중종 그들도 역시 옥하관(玉河館, 명나라 때 외국 사신을 접대하던
곳)에 있었는가? 그 수는 얼마나 되던가?

신상 사신 1인에 수행원은 20여 인이었습니다. 신 등이 그들과
이야기해보니 그들의 마음은 무척 개명되어 있었습니다. 그들의
책을 보니 글씨체가 진언(眞言, 한자)·언문(諺文, 한글)과
비슷했는데, 비길 데 없이 자세하고 빈틈이 없었습니다. 의복은
거위 털로 짰습니다. 모양은 단령(團領, 깃을 둥글게 만든

공복[公服]의 하나로, 벼슬아치가 평소 집무복으로 입던 옷)처럼 생겼고
아래 폭은 무척 넓었습니다. 머리부터 뒤집어 써 입게 되어 있는데
단추나 옷고름이 없었습니다. 음식은 닭고기와 밀가루 음식만을
먹고 있었습니다. 그들 나라의 토산품은 이것뿐이기 때문이라고
했습니다. 풍속에 관한 것도 물어보았습니다. 비록 군주라고 해도
왕비는 한 사람뿐이고 아내가 죽으면 다시 장가들지 않는다고
합니다.

중종 중국 조정에서 어떻게 대우하던가?

신상 그들이 처음 조공(朝貢)하러 들어왔을 때 옥하관이 누추하다
해서 불손한 말을 많이 했습니다. 그 때문에 예부에서는 그들의
무례함을 미워해서 지금까지 3년이 되었는데도 접대하지 않고
있습니다. 그들은 금은을 많이 가져왔기 때문에 소용되는 물건을 살
때는 모두 금이나 은을 주고 있습니다. 신 등이 그들의 관사로 가서
보았습니다. 모두 색깔이 있는 베로 포장을 만들어 둘러쳤고 사면에
의자를 벌여놓았는데, 동서로 나뉘어 놓여 있었습니다. 붉은
모포로 덮여 있는 의자 하나가 중앙에 놓여 있었습니다. '이 의자는
황제가 왔을 때 앉았던 자리다'라고 했습니다. 아마도 조공하러
들어올 때 길에서 만난 황제가 그들의 관사에 들렀기 때문이었던 것
같습니다. 중국 사람들도 '황제가 북경으로 돌아오면 반드시
그들을 찾아가 볼 것이다'라고 말했습니다.

중종 북경에서 그 나라까지 거리는 몇 리라고 하던가?"

신상 수로로 와서 광동(廣東)에 이르러 육지에 내렸는데, 모두
3천여 리라 합니다.[34]

명나라에서 전래된 서양식 화포인
불랑기포.

이석과 신상이 말한 '불랑기국'은 프랑크(Frank)를 한문으로 옮긴 것으로, 16세기 초에 중국을 찾아온 포르투갈을 가리켰다. 아랍인들은 십자군 원정에 나선 중세 프랑크족을 '페링기'(Feringhi)라고 불렀는데, 이것이 중국에 건너와서 불랑기(Folangchi)가 된 것이었다.

이수광의 《지봉유설》에는 "불랑기국은 섬라국(暹羅國, 태국)의 서남쪽 바다 가운데 있는 서양의 큰 나라이다. 나라의 화기를 불랑기(佛浪機)라고 부르는데, 지금 병가(兵家)에서 쓰고 있다. 또 서양포(西洋布)라는 베는 지극히 가볍고 가늘어서 매미의 날개 같다"[35]고 기록되어 있다.

불랑기포는 1517년 무렵 포르투갈에서 명나라로 전래되었다. 그 후 1529년 무렵부터 대량 생산되었다. 조선에는 임진왜란 이전에 불랑기포가 전해진 것으로 보인다.[36] '만자국'은 말레이시아의 말라카(Malacca)를 가리키는데, 1403년 이후 명과 조공 관계를 맺고 있었다.[37]

서양포란 오늘날 유럽에서 생산된 옷감을 말하는 것이 아니다. 최남선에 따르면, 인도 동해안의 코로만델(Coromandel) 지방에 '서양쇄리국'(西洋瑣里國)이 있었는데, 그곳에서 나는 면포가 유명해서 '서양포'라 불렸다고 한다.[38] 일본학자 미야자키 마사카쓰(宮崎正勝)는 '서양쇄리'가 남인도의 촐라(Chola, 인도 남동부와 실론에 걸쳐 있었던 고대 왕국)이고, 서양포는 구자라트(Gujarat, 인도 서부 지방)에서 생산되는 면포라고 밝혔다.[39]

서양포는 인도양의 국제 교역항이었던 고리국(古里, 오늘날 인도의 캘리컷) 항구에서 동남아시아의 섬라(태국), 발니(淳泥, 오늘날 인도네시아의 발리), 만자가(滿剌加, 오늘날 말레이시아의 말라카) 등을 거쳐 명나라로 들어왔다. 조선에서 서양포는 무척 귀한 상품이었다. 조선 초기에 중국 황제는 조선 국왕을 책봉할 때 왕과 왕비에게 서양포를 하사했다. 때로 조선 국왕은 측근 신하들에게 이것을 나누어주기도 했다.[40]

야만적이고 잔인한 백성이 사는 곳

여기서 잠시 포르투갈이 동방으로 진출한 경위를 살펴보자. 포르투갈의 군인 알부케르케(Afonso de Albuquerque, 1543~1515)는 1510년 인도의 고아에 진출했다. 이어 이듬해인 1511년 8월 10일에는 말라카를 점령하고 상관을 세웠다. 토마스(Luis Filipe F. R. Thomaz)는 "1511년 8월에 (알부케르케가) 말라카를 점령함으로써 포르투갈은 말레이 군도와 극동의 바다에 대한 문호를 열게 되었다. 이 도시를 얻은 것은 단지 한 부유한 도시를 얻은 정도가 아니라 여러 통상로들의 복합체를 지배하게 된 것이다. 이 통상로들은 말라카에서 교차하기 때문에 이 도시는 이 복합체의 열쇠이다"[41]라고 지적했다.

1517년에는 포르투갈의 특사 안드라디(Fernao Peres d'Andrade)가 포르투갈 국왕의 친서를 들고 중국의 광주만에 도착했다. 안드라디 일행은 광주에 입항하면서 자국의 관례대로 예포를 발사했는데, 이것이 물의를 빚었다. 당시 중국인들은 예포 발사에 무척 놀랐다. 게다가 광주 항내에서는 무기 휴대가 엄격히 금지되어 있었다.[42] 중국 관리 고응상은 당시 정황을 이렇게 증언했다.

> 명 무종(武宗) 정덕(正德) 11년(1517) 나는 광주 지방관청의
> 비서관이었고, 상선 수송 업무를 통합하는 세무 감독 부관으로
> 재직하고 있었다. 그런데 어느 날 선박 2척이 광주 항내로 진입해

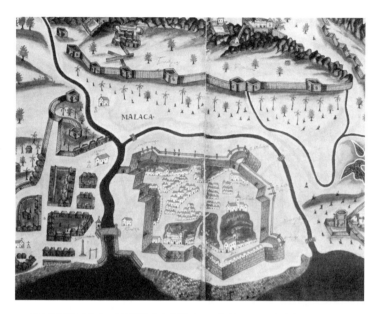

향료 무역의 중계지로 유명했던 말라카 항구는 16세기 초 포르투갈인에게 점령당했다.

왔다. 그들은 폴랑치라는 나라에서 조공을 바치러 왔다고 말했다. 선단의 책임자는 차피탄(Chiapitan, Captain의 음역)이라 일컬었다. 선원들은 코가 오뚝하며 눈이 깊고 회교도처럼 머리에 백건을 둘렀다. 나는 총독에게 이 사실을 즉시 보고했다.

이들 일행이 중국 예의를 몰랐기 때문에 나는 이들에게 3일간 의식을 훈련시킨 후 총독을 만나도록 주선했다.

《대명회전(大明會典)》에는 이 나라가 중국의 조공국으로 기재되어 있지 않았기 때문에 나는 황제에게 이 사실의 전말을 보고했다. 이 보고를 받은 조정이 양국 간에 강화의 뜻을 보였으므로 나는

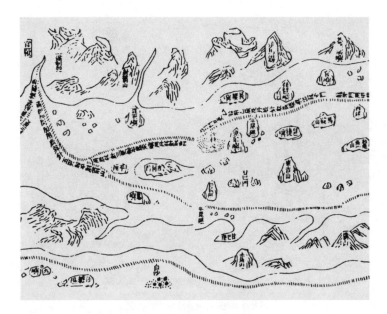
중국의 《무비지》에 실린 말라카 해협 지도.

포르투갈인 일행을 북경의 예부로 보냈다. 때마침 무종 황제가
남순(南巡) 중이어서, 이들 일행은 조공 사신의 숙소인 회동관에서
1년간 체류하게 되었다.[43]

　그런데 1519년 여름에 뜻하지 않은 불상사가 일어났다. 안드
라디의 동생인 시마오 안드라디(Simão d'Andrade)가 선박 여러
척을 이끌고 둔문(屯門)에 상륙한 일이 있었다. 그와 그의 부하들
은 오만불손하게도 명나라 관헌의 명령에 불복종했다. 심지어 노
예로 데려가기 위해 나이 어린 소년 소녀들을 납치하기도 했다.

16세기 마카오에 상륙한 포르투갈인들.

당시 중국인들 사이에는 포르투갈인들이 어린이를 구워 먹기 위해 잡아갔다는 소문이 파다하게 퍼져갔다.

1520년에는 피레스(Tomé Pires, 1468~1540)가 2차 포르투갈 사절단으로 파견되었다. 서양인들의 야만적 행위에 분개한 명 황제는 사절단 접견을 거부하고 포르투갈 국왕의 국서마저 불태워버렸다. 그뿐만 아니라 중국인 통역관을 불경죄로 처형하고 사절단을 광주에 감금시켰다. 피레스는 1524년에 끝내 옥사하고 말았다. 1522년부터는 포르투갈인의 중국 출입국이 일체 금지되었다. 하지만 중국이 외국과 교역하는 것을 영원히 막아버릴 수는 없었다. 포르투갈인들은 중국인의 감정을 자극하지 않기 위해 세심한

17세기 초 마카오의 풍경.

주의를 기울였다. 그리하여 마침내 1557년 광주만 입구의 마카오 (Macao, 澳門)에 상관을 설치하는 데 성공했다. 이후 에스파냐, 네덜란드, 영국 등이 중국과 교역하기 위해 마카오로 찾아왔다.[44]

　조선에서 서양 소식으로 가장 먼저 알게 된 나라가 포르투갈인 것처럼 조선에 가장 먼저 접근해 온 나라도 포르투갈이었다. 1578년(선조 11) 마카오에서 일본으로 향하던 포르투갈 선박이 태풍을 만나 조선으로 향하다가 다시 일본 나가사키로 되돌아간 일이 있었다. 이때 프레네스티노(Pader Antonio Prenestino)가 남긴 《1578년 일본행 포르투갈선 표류 항해기록》에는 그 전에 포르투갈 선박이 조선에 표류했다는 증언이 실려 있다.

16세기 포르투갈 상선의
모습.

1578년 6월 5일 우리들은 마항(媽港, 마카오)을 출발했다. 모두들
근래 일어나지 않던 태풍의 해라고 해서 적잖이 불안했다. (……)
7월 17일까지는 순조로운 기후를 만나 항해했다. (……) 토요일인
7월 19일이 되자 태풍이 맹렬하게 일어났다. 이때 안내자는
'날씨는 차츰 좋아지고 있다. 앞 돛이 찢어지지 않으면
코리아(Coria)에 도착할 것이다. 코리아는 일본보다 미개한
달단(만주를 말함) 사람이 사는 섬이다. 혹시 그곳에 잡히더라도
아직 구조될 수 있을 것이다'라고 말했다.

다음 날 아침 바람은 잦아졌고 태풍은 그쳤다. 월요일에 우리는
육지 가까이 있었지만 그곳은 우리들이 기대한 일본 육지가 아니고
코리아라는 것을 알았다. 안내자는 '거기에는 야만적이고 잔인한
백성이 사는데, 다른 나라 사람과 통상을 바라지 않는다. 몇 해 전
포도아(葡萄牙, 포르투갈) 사람의 정크선이 그곳 해안에 도착했을
때, 이 흉악한 주민들은 그 배의 소정(小艇)을 빼앗고 그 안에 탄
사람을 죽였다. 그래서 전원이 학살되지 않기 위해 적잖이

고생했다'고 말했다. 그 말을 듣자 새삼스럽게 의아하고 두려워서 불안을 느끼기 시작했다.[45]

프레네스티노가 전한 포르투갈인의 표류 사건은 조선 기록에서는 찾아볼 수 없다. 일본인으로 추측되는 안내자가 어떤 근거에서 조선인을 그처럼 악의적으로 묘사했는지 알 수 없지만, 첫 번째 만남의 기록치고는 썩 유쾌하지 않은 인상을 준다. 역사가 복서(C. R. Boxer)에 따르면, 1577년 포르투갈인 도밍구스 몬테이루(Domingos Monteiro)는 마카오와 일본을 왕래하는 배를 타고 가다 극심한 폭풍우를 만나 코리아의 해안까지 오게 되었다고 한다.[46] 안내자가 프레네스티노에게 들려준 사건은 이것을 말한 것인지도 모른다.

제주도에 온 최초의 서양인

그 무렵 일본에서 전교활동을 폈던 포르투갈 출신의 예수회 선교사 루이스 프로이스(Luís Frois, 1532~1597)는 당시 조선의 폐쇄적인 상황을 전하고 있다. 그는 1549~1594년 사이의 일본 통사인 《일본사(Historia de Japan)》에서 다음과 같이 말했다.

조선인은 매년 상품을 거래하러 오는 일본인 3백 명을 제외하고는 어떤 경우에도 외국인이 국내에서 거래하는 것을 허용하지 않고 있다. 만일 일본으로 오던 우리 포르투갈의 범선이나 그 밖의 배가 바람이나 조류 때문에 항로에서 벗어나 조선의 항구에 도착하는 일이 발생하면 그들은 곧바로 전투태세를 갖추고 다수의 무장 함선을 출동시켜 어떤 이유나 변명도 인정하지 않고 그 항구나 지역으로부터 이들 침입자를 완전히 내쫓았다.[47]

조선의 관찬사서에서 조선 땅을 밟은 최초의 서양인으로 기록된 사람은 국적 불명의 서양인 '마리이'(馬里伊)였다. 《선조수정실록》 선조 15년(1582) 1월자에는 "요동 금주위(金州衛) 사람 조원록(趙元祿) 등과 복건(福建) 사람 진원경(陳原敬), 동양 사람 막생가(莫生哥), 서양 사람 마리이(馬里伊) 등이 바다에서 배로 우리나라에 표류해 왔다. 진하사(進賀使, 명 황실의 경사를 축하하기 위해 보내던 사신) 정탁 편에 딸려 보내고 중국 조정에 보고했다"고 기록되어 있다.

이긍익의 《연려실기술》에 따르면, 1582년 여름에 요동 금주위 사람 조원록 등이 황해도에 표류해 왔다. 조선은 중국 황제와 황후의 생일을 축하하기 위해 보내던 성절사(聖節使) 편에 그들을 요동으로 돌려보냈다. 가을에는 복건 사람 진원경 등과 동양인 막생가, 서양인 마리이 등이 제주도에 표류해 와 진하사 정탁 편에 돌려보냈다고 보고했다.[48]

《문헌촬요(文獻撮要)》에는 "선조 임오(1582년) 동양인 막생과(莫生科), 서양인 퐁리이(馮里伊) 등이 제주도에 표류해 와서 진하사 정탁 편에 보내고 중국 조정에 보고했다"고 나와 있다.[49] 서양인이 제주도에 표류했다는 새로운 사실이 적혀 있지만, '막생가'가 '막생과'로, '마리이'가 '풍리이'로 적혀 있어 어느 기록이 정확한지는 알기 어렵다.

위 기록에서 동양인은 동남아시아인을, 서양인은 포르투갈인을 가리킨 것으로 보인다. 마리이(Mari)는 포르투갈어 '마링예이루'(Marinheiro)의 첫 두 음절을 따 온 것이라는 설도 있다.[50]

마리이가 제주도에 표류한 이후 10여 년 만에 조선 땅을 밟은 서양인이 있었다. 그는 에스파냐 선교사 세스페데스(Gregorio de Céspedes, 1551~1611)였다. 마드리드 출신의 예수회 선교사인 세스페데스는 1577년 일본의 나가사키에 왔다. 1587년에 천주교 금교령이 내릴 때까지 고키나이(五畿內) 지역에서 선교활동을 펴다가 이후 규슈(九州) 지방 등 여러 곳에서 활약했다. 1592년에는 아리마(有馬)의 수도원 부원장으로 부임했다. 그해 임진왜란이 일어나자 천주교 신자인 고니시 유키나가(小西行長, 천주교 세례명은 아고스티뇨[Agostinho])의 개인적인 초청으로 종군사제로 부임했다.

세스페데스는 1593년 쓰시마에서 크리스마스를 지낸 후 같은 해 12월 27일 조선의 남해안에 도착했다. 그는 웅천에 있던 고니시의 진영에서 1년 반 가까이 머물면서 일본군 가운데 천주교 신자였던 2천여 명의 군사들에게 성사를 집전했다. 그의 목적은 일본군에 대한 천주교 전교였기 때문에 조선 사람들과는 별다른 접촉이 없었다. 1595년 일본으로 돌아갈 때 쓰시마에 억류되어 있던 한 조선인 소년에게 세례를 주었다. 1597년 정유재란이 일어나자 다시 조선으로 건너와 약 2개월 동안 머물다가 일본으로 돌아갔다.[51]

세스페데스가 일본으로 보낸 편지 몇 통이 프로이스의 《일본사》에 수록되어 있다. 세스페데스는 그 편지에서 주로 자신의 선교활동과 전쟁 상황을 보고하고 있다. 1594년 2월 7일(양력)에 보낸 편지에서는 "조선의 추위는 매우 혹독해 도저히 일본의 추위와는 비교가 되지 않습니다. 저는 하루 종일 손발이 반쯤은 언 상태로 지내고 있으며, 아침에 미사를 올리기 위해 간신히 손을 움직일 정도의 형편입니다"[52]며 조선의 매서운 날씨를 전하고 있다.

파랑국의 해귀가 참전하다

정유재란 때는 포르투갈 군사가 특수 잠수부대원으로서 조선과 명나라 연합군에 참전했다는 기록이 전한다. 1599년(선조 31) 5월 26일 선조는 명나라 유격(遊擊) 팽신고(彭信古)가 있는 곳에 찾아가 술자리를 베풀었다. 팽신고는 그 자리에서 얼굴 모습이 다른 신병(神兵)을 소개하겠다고 선조에게 말했다. 선조는 그가 어느 지방 사람이며 무슨 기술을 가지고 있는지 물었다. 팽신고는 "호광(湖廣)의 극남(極南)에 있는 파랑국(波浪國, 포르투갈) 사람입니다. (파랑국은) 바다 셋을 건너야 호광에 이르는데, 조선과의 거리는 15만여 리나 됩니다. 그 사람은 조총을 잘 쏘고 여러 가지 무예를 지녔습니다"고 답했다. 사관(史官)은 그의 생김새와 옷차림 그리고 기술을 이렇게 묘사하고 있다.

(파랑국 사람은) 일명 해귀(海鬼)이다. 눈동자는 노랗고 얼굴빛은 검다. 사지와 온몸도 모두 검다. 턱수염과 머리카락은 꼬불꼬불하게 말려 있고 검은 양털처럼 짧게 꼬부라졌다. 이마는 대머리가 벗겨졌는데, 한 필이나 되는 노란 색 비단을 반도(蟠桃, 중국 신화에 나오는 복숭아. 서왕모의 정원에서 자라는데 3천 년마다 한 번씩 열매가 열린다. 이것을 먹으면 영원한 생명을 얻는다고 한다)의 모습처럼 서려 머리 위에 올려놓았다. 바다 밑에 잠수해 적선을 공격할 수 있다. 또 수일 동안 물속에 있으면서 물고기를 잡아먹을 줄 안다. 중원 사람도 보기가 쉽지 않다.

이 글로 미뤄볼 때 해귀란 인물은 흑인이었던 것으로 보인다. 그가 어떤 경로로 임진왜란에 참전했는지는 알 길이 없다. 이 기이한 인물을 본 선조는 팽신고에게 "우리나라(小邦)는 해외에 치우쳐 있으니 어떻게 이런 신병을 보았겠습니까. 지금 대인의 덕택으로 보게 되었으니 황은(皇恩)이 아닐 수 없습니다. 더욱 감격스럽습니다. 이제 날을 꼽아 흉적(왜적)을 섬멸할 것을 기대할 수 있겠습니다"라고 말했다.[53]

1604년(선조 37) 6월 14일에는 포르투갈 상인 조앙 멘드스(João Mendes)가 액운을 만나 조선에 붙잡힌 일이 있었다. 그는 흑인 노예 두 명과 일본 선박에 타고 있다가 조선 해안에서 체포되었다. 그 후 조선에서 4개월 동안 억류되었다가 북경으로 호송되었다고 한다.[54] 이긍익의 《연려실기술》에는 다음과 같이 기록되어 있다.

갑진년(1604)에 복건 사람 온진(溫進) 등 16명과 남만(南蠻) 사람 두 명이 장사하러 바다에 나왔다가 왜적에게 약탈당했다. 그들은 함께 왜선을 탔는데 좌해(左海, 우리나라)에서 폭풍을 만났다. 경상도 지방에 표류하다가 병선(兵船)에 붙잡혔다. 사로잡은 왜인 남녀 32명과 같이 모두 옷과 식량을 주어 하지사(賀至使, 동지사) 윤경립 편에 보냈다.[55]

비변사에서 편찬한 《등록유초(謄錄類抄)》에는 사로잡은 남만인을 공초한 기록이 나온다. 남만인의 이름은 지완 면모수(之緩面茅愁)로 나이는 34세였다. 그가 사는 나라는 보동가류(寶東家流)로 남만 여러 나라 가운데 하나였다. 보동가류는 옥과 비단이 많이 나고 금은이 산에 이르렀다. 그 나라 사람들은 원래 행상을 생업으로 삼았다. 그는 본국을 떠난 지 거의 15년이 지났다. 전해에 감하(甘河)에서 가보자(可普者)로 가서 함께 붙잡혀 온 중국인 · 왜인 등과 함께 배를 타고 일본으로 장사하러 가려 했다. 그러나 바다에서 바람을 만나 표류하다가 붙잡혔다. 감하는 중국의 지방으로 그가 태어난 곳에서 거의 18만 리나 떨어져 있었고, 순풍을 타면 8, 9개월이면 도착할 수 있었다. 가보자는 감하에서 6천만 리

17세기 초 일본의 병풍에 그려진 포르투갈인들.

떨어진 곳으로 섬라(暹羅)와 안남(安南, 베트남) 사이에 있고 섬라
에 속했다. 그는 종 한 사람을 거느렸는데, 몸이 검은 나라 사람
(黑體國人)으로 이른바 해귀였다. 그를 사서 노예로 삼아 뒤따르
게 했다고 한다.[56] '지완 면모수'는 조앙 멘드스를, '보동가류'는
포르투갈을 한자로 옮긴 것으로 보인다.

이 기록에서는 포르투갈을 옥과 비단 그리고 금은이 풍부한
나라로 묘사하고 있다. 17세기 서양인의 기록에서도 조선은 보물
이 지천으로 널린 곳으로 그려졌다. 마테오 리치, 아담 샬 등과 함
께 중국에서 활동하던 예수회 선교사 마르티니(Martino Martini,
1614~1661)는 1655년에 출판한 《새 중국전도(Novus Atlas
Sinensis)》에서 "한국은 매우 풍요로운 땅이며 밀과 쌀이 풍부하
다. (……) 한국에서는 인삼이 매우 많이 재배되며 금과 은이 풍부
하게 매장된 산들이 많다. 그리고 한국인들은 동해안에서 진주를

일본에 기독교를 전파했던 예수회
창립자 사비에르.

채집한다”²⁷⁾고 기록했다. 미지의 타국을 보물이 가득한 땅으로 상
상한 점에서는 두 기록이 묘하게 일치한다.

　일본과 서양의 만남은 중국보다는 조금 늦었지만 조선보다는
빨랐다. 1543년(1542년이라는 설도 있다) 8월 포르투갈의 여행가
핀토(Fernão Mendes Pinto, 1509~1583)가 가고시마(鹿兒島)의 다
네가시마(種子島)에 표류해 왔다.⁵⁸⁾ 이때 포르투갈인들은 길이 1
미터 정도의 총을 가지고 있었다. 당시 도주(島主)였던 다네가시
마 도키타카(種子島時堯)는 이들에게서 총 두 정을 사들여서 도공
(刀工) 야이타 긴베 기요사다(八板金兵衛淸定)에게 총을 제작하게
했다. 일본에서는 조총을 ‘다네가시마’라고 부른다.

　이어 1549년 7월에는 예수회 창립자 가운데 한 사람인 에스
파냐 신부 사비에르(Francisco de Xavier, 1506~1552)가 가고시마

에 상륙해 기독교를 전파했다. 당시 일본에서는 기독교를 '기리시탄'(吉利支丹 또는 切支丹)이라고 불렀다. 이는 기독교도를 뜻하는 포르투갈어 Christa를 일본어로 표기한 것이었다. 이 말은 특히 도쿠가와 시대 이후 일본인 천주교 신자를 가리키는 말로 쓰였다.[59] 영주들의 후원에 힘입어 기독교는 일본에서 빠르게 전파되었다. 1614년에는 신도 수가 30만 명 이상이었고, 예수회 회원 116명, 일본인 교리문답 신부 250명이 활동하고 있었다.[60]

조선과 네덜란드, 남해에서 충돌하다

16세기에 주로 포르투갈과 만난 조선은, 17세기가 되자 영국과 네덜란드와도 접촉하게 되었다. 우리나라에 최초로 서양 문물을 소개한 학자는 이수광(1563~1629)이다. 그는 《지봉유설》에서 "근년에 (영결리국[永結利國] 배가) 일본에서 표류해 우리나라의 흥양(오늘날 고흥) 경계에 도착했다. 그 배는 지극히 높고 커서 여러 층으로 높게 지은 누각과 같았다. 우리나라 군사가 쳐서 깨뜨리지 못하고 물러가게 했다. 뒤에 왜사(倭使, 일본 사신)에게 물어서 그것이 영결리 사람인 것을 알았다"[61]고 전했다. 이수광은 영결리국을 이렇게 설명했다.

영결리국은 육지에서 서쪽 끝으로 멀리 떨어진 바다에 있다. 낮이 굉장히 길어서 겨우 이경(二更, 밤 9시~11시 사이)이면 곧 날이 밝는다. 그 풍속은 오직 보릿가루를 먹으며, 가죽으로 된 갖옷을 입고, 배로 집을 삼는다. 배는 네 겹으로 만들어서 쇳조각으로 안팎을 둘러쌌다. 배 위에 수십 개의 돛대를 세우고 선미(船尾)에 바람내는 기계를 설치했다. 닻줄은 쇠사슬 수백을 사용해 그것을 하나로 모아서 만들기 때문에 풍랑을 만나도 파선되지 않는다. 전쟁에는 대포를 사용하며, 나타났다 사라졌다 하면서 돌아다니며 겁탈을 감행하지만 바다 가운데 여러 나라들이 감히 대항하지 못한다.[62]

이수광이 말한 '영결리국'은 영국을 가리킨다. 홍양에 표류했다는 영국 배는 동인도회사 소속 선박으로 보인다. 개화기에 조선에서 활약했던 미국 선교사 앨런(Horace Newton Allen, 安連, 1858~1932)의 연표에 따르면, 1614년(광해군 6) 10월 14일 영국 동인도회사 소속 존 사리스 선장(Captain John Saris)이 쓰시마에 가 있는 에드워드 사리스(Edward Saris)를 조선으로 파견해서 영국 직물의 판매시장을 조사하게 했다[63]고 한다.

영국은 이미 1600년 인도에 동인도회사를 세웠다. 존 사리스는 1611년에 동인도회사의 명령을 받고 상선대(商船隊)를 조직했다. 기함 클로브호(Clove)와 헥토르호(Hector), 토마스호(Thomas) 등 3척으로 이루어진 상선대는 그해 4월 18일(양력) 영국 켄트 주(Kent)의 다운스항에서 출항해 동인도로 향했다. 사리스가 탄 클로브호는 1613년 6월 12일 히라도에 도착했다. 상선대의 일행 가

영국 동인도회사의 문장.

운데 한 명이었던 리처드 콕스(Richard Cocks)의 편지(1613년 11월 30일자)에 따르면, "6월 12일 우리는 일본 히라도항에 닻을 내렸다. 그 땅의 왕은 우리를 무척 환대했다"고 한다.[64]

한편 존 사리스는 1614년 10월 17일 동인도회사에 보낸 편지에서 "나는 에드워드 사리스가 지금쯤 조선에 있을 것이라고 생각합니다"[65]라고 적었다. 이수광이 《지봉유설》을 저술한 해가 1618년(광해군 10)인 것으로 미루어볼 때, 그가 말한 '근년'은 1614년일지도 모른다.

영국은 16세기 말부터 아시아 항로를 찾고 있었다. 일찍이 1580년에 드레이크 경(Sir Francis Drake, 1540?~1596)이 인도네시아의 테르나테(Ternate)에서 정향(丁香, 정향나무의 꽃봉오리를 말린 한약재)을 싣고 영국인으로는 처음으로 세계일주 항해를 마치고 돌아왔다. 런던 상인들은 네덜란드인들보다 앞선 1591~

영국 런던의 레덴 홀 가에 있었던 동인도회사의 건물.

1594년에 인도네시아의 수마트라에 원정대를 보냈다. 1600년에
엘리자베스 여왕은 '런던 동인도 무역 총재와 상인들'(Governor
and Company of Merchants of London Trading into the East
Indies)이라는 이름의 한 주식회사에 희망봉과 마젤란 해협 사이
(인도양과 태평양 전역)의 무역 독점권을 부여했다. 이 회사가 영국
동인도회사(United Company of Merchants of England Trading to
the East Indies)로 발전했다.[66]

영국인들은 조선보다 일본에 먼저 발을 디뎠다. 1600년 3월
영국인 윌리엄 애덤스(William Adams)와 네덜란드인 얀 요스틴
(Jan Joosten)은 네덜란드 선박 리프데호(Liefde)를 타고 태평양을
건너다가 배가 난파하는 바람에 분고국(豊後國, 오늘날 규슈 오이
타 현[大分縣]의 우스키 만[臼杵灣])에 표류해 왔다. 애덤스는 오사
카 성에서 도쿠가와 이에야스를 만나 그의 신임을 얻었다. 그는

이후 미우라 안진(三浦按針)으로 이름을 바꾸고 도쿠가와의 수석 통역이자 외교 고문으로 활약했다.[67] 1613년 에도(江戶) 바쿠후는 나가사키의 외딴 섬 히라도에서 영국과 통상하는 것을 허락했다.

애덤스는 1617년(광해군 9) 일본을 방문한 조선 통신사를 통해 조선과 무역할 뜻을 타진하려 했으나 실패했다. 그해 8월 26일 정사 오윤겸, 부사 박재, 종사관 이경직 등 조선 통신사(총인원 478명)는 후시미 성(伏見城)에서 도쿠가와 이에야스의 후계자인 도쿠가와 히데타다(德川秀忠)를 만나 조선 국왕의 국서와 예물을 바쳤다. 1615년 도쿠가와 이에야스가 오사카 성을 함락하고 일본을 통일한 것을 축하하기 위한 사절단이었다. 일본의 국정을 살피고 임진왜란 때 끌려갔던 조선인 포로를 송환하는 것도 통신사의 주요 목적이었다.[68]

그때 애덤스도 히라도의 영국 상관장 리처드 콕스와 함께 히데타다에게 영국 국왕 제임스 1세의 국서를 전달하기 위해 후시미 성에 와 있었다. 그 전해에 에도 바쿠후가 명나라를 제외한 외국 선박의 기항지를 나가사키의 히라도로 한정하도록 결정했는데, 이를 타개하는 것이 그들의 목적이었다. 애덤스와 콕스는 선물을 준비해서 조선 사절단의 숙소를 방문했다. 하지만 쓰시마의 영주였던 소 요시나리(宗義成)가 방해하는 바람에 뜻을 이루지 못하고 말았다. 대조선 무역을 독점하고 있던 요시나리로서는 영국의 개입이 결코 반갑지 않았기 때문이었다.[69]

1622년(광해군 14)에도 서양 선박으로 추정되는 배가 조선에 나타났다. 《광해군일기》에는 "이때 크기가 산과 같고 배 위에 30

여 개의 돛대를 세운 배 한 척이 사도진(蛇渡津, 오늘날 전남 고흥군 영남면 금사리) 앞바다에 들어왔다. 첨사 민정학이 편전(片箭, 길이가 1척 2촌[약 36센티미터]인 짧은 화살)을 쏘았다. 적이 우리나라 사람 8명을 사로잡아서 일본에 당도했다. 그들은 편전을 보이면서 '조선의 작은 화살이 배를 거의 절반이나 뚫고 들어갔으니 활을 잘 쏜다고 할 만하다'고 말했다. 아마 서양 배였을 것이다"[70] 라고 기록되어 있다.

이 서양 배는 네덜란드 선박으로 추정된다. 나중에 자세히 살펴보겠지만, 이 무렵 네덜란드도 조선과 교역을 하고 싶어 했다. 1622년 바타비아에서 히라도로 향하던 네덜란드 상선 혼트호 (Hondt)가 제주도에서 조선 군함으로 보이는 배와 잠시 대결하다 나가사키로 돌아간 일이 있었다.[71] 히라도의 네덜란드 상관장 캄프스(L. Camps)는 바타비아에 있던 네덜란드 동인도회사에 이 사건을 보고했다.

> 혼트호가 스피리토 산토 만(Spirito Santo, 오늘날 필리핀 남동 해안의 산 베르나르디노 해협)을 거쳐 일본을 향하던 중 그 부근에서 항로를 잃고 코레아에 표류했다. 그때 해안선 경호 업무를 띠고 주둔해 있던 코레아 병정 36명이 급습했다. 그들이 광적인 외마디 소리를 지르면서 소총, 활, 창을 닥치는 대로 발사해대는 바람에 한동안 격전이 벌어졌다. 그러나 우리 선원들이 코레아 병정들을 용감히 물리친 뒤 무사히 그곳을 빠져나왔다.[72]

양측의 대결 장소가 사도진과 제주도로 엇갈리지만, 당시 정황으로 볼 때 전라좌수영 소속인 사도진에 혼트호가 출현하면서 양측이 교전을 벌인 것으로 보인다.

먼 이국땅에서 생애를 마치다

혼트호가 사라진 지 얼마 지나지 않아 네덜란드인이 조선 땅을 밟은 사건이 일어났다. 네덜란드 북부 레이프(Lijp) 출신의 벨테브레(Jan Janse Weltevree, 1595~?)가 바로 그다. 그는 1627년 5월 12일 상선 우베르케르크호(Ouwerkerck)를 타고 바타비아 항구를 떠나 포르모사(Formosa, 오늘날 타이완)로 향했다. 그달 16일 벨테브레 일행은 후추와 정향나무를 싣고 가던 중국 범선을 탈취했다. 이 배는 600톤급 대형 선박이었다. 벨테브레는 포르모사에서 네덜란드 선원 16명과 함께 중국 선박에 옮겨 타고 항해하다가 태풍을 만나 예정된 항로를 벗어났다.[73]

벨테브레는 하이스베르츠(Dirk Gijsbertz), 베르바스트(Jan Pieterse Verbaest)와 함께 물과 양식을 구하기 위해 보트를 타고 경상도 경주 부근 바다[74]에 상륙했다가 경주 주민들에게 붙잡혔다. 주민들은 그들을 동래 왜관으로 돌려보내 그들이 바라는 대로 나가사키로 보내려 했다. 《증정교린지》에는 "왜선이 표류해서 우리나라 경계에 닿으면 왜관으로 데리고 간다"[75]고 규정되어 있었다. 하지만 왜관은 그들이 일본의 표류민이 아니라는 이유로 접수하기를 거부했다.

벨테브레 일행은 이듬해 서울로 이송되어 훈련도감 군사로 편입되었다. 벨테브레는 임진왜란 때 투항한 일본인(降倭)과 조선에 표류한 중국인으로 구성된 부대의 장수가 되었다. 그를 비롯한 세 사람은 병자호란(1636) 때 조선군으로 참전했다. 이 전쟁에서 벨테브레만이 살아남았고 나머지 두 사람은 전사하고 말았다. 벨테브레는 조선인 이름 박연(朴淵, 또는 燕, 延, 仁)으로 조선 여인과 결혼해 살면서 1남 1녀를 두었고 조선에서 생애를 마쳤다.[76] 그는 조선에서 귀화인으로 대접받았을 것이다. 《경국대전》에서는 귀화인에 대한 처우를 다음과 같이 규정하고 있다.

무릇 귀화해 온 자는 본조(本曹, 예조)에서 그 근각(根脚, 개인의
출생, 부모, 거처 등 신원에 관계되는 사항), 거처, 공로, 재간을
심의해 왕에게 보고하고 장부에 기록한다. 해당 관청에 공문을 보내
관직에 임명하거나 급료와 노비를 차등 있게 지급한다. 귀화인은
매달 여섯 차례(1일, 5일, 11일, 15일, 21일, 25일) 본조에 모여
명부에 서명한다. 관직이 있는 자는 항상 소속 관아에서 근무하되
조하(朝賀, 왕실에 축하할 일이 있을 때 신하들이 글과 예물을 바치던
의식), 조참(朝參, 문부백관이 근정전에 나아가 왕에게 4배하고
등청했음을 알리던 의식)에는 일체 참여하지 못하며, 문지기 등의
잡일은 맡기지 않는다. 죄를 범하면 장부에 기록해두었다가 매
도목(都目, 벼슬아치의 성적을 기록해놓은 것)마다 근무일수와 범한

제주도 대정에 난파당한 하멜 일행.

죄를 함께 참작하여 병조에 공문을 보내 승진시키거나 관직에서
쫓아낸다. 관에서 집을 주지만 마음대로 팔지 못하게 하며, 자손
대에 이르러 파는 것은 허락한다.[77)

정재륜의 《동평위 공사견문록》에 따르면, 박연(朴淵)은 조선
에서 쓰이는 글자를 알지 못했다. 그는 자기 이름을 말할 때 항상
그 나라 방언으로 박연이라고 했다. 하지만 어떻게 쓰는지 정확하
지 않은데다 음도 달라서 그 성과 이름을 구별할 수 없었다. 그래
서 우리나라 속음에 따라 그 이름을 붙였다. 박연은 몸집이 크고
살이 쪘으며 눈은 파랗고 얼굴이 희었다. 금발의 수염이 배까지
늘어져 있어 그를 보는 사람들이 모두 기이하게 여겼다. 박연은

조선 여자와 결혼해서 아들과 딸을 하나씩 두었는데, 그가 죽은 후의 행방은 알 수 없었다.[78]

정조 때 문신인 윤행임은 《석재고(碩齋稿)》에서 "박연(朴延)의 원래 이름은 호탄만(胡呑萬)인데, 병서에 밝고 화포를 정교하게 제작했다"[79]고 기록했다. 미국 학자 레이야드(Gari Ledyard)는 '호탄만'이 호프만(Hopmann)의 와전일 것이라고 주장한다. 그에 따르면, 호프만은 '대장'이란 뜻의 네덜란드 고어였다. 박연의 동료가 그를 부를 때 쓴 호칭이었을 것이다. 이 고어는 동인도회사의 기록에도 자주 나온다고 한다.[80]

박연은 조선에 온 지 27년 후 뜻밖에 고국에서 온 사람들을 만날 수 있었다. 1563년(효종 4) 제주도에서 난파한 하멜 일행이 그들이었다.[81] 네덜란드 동인도회사에 소속된 상선 스페르웨르호는 1653년 7월 30일(양력) 대만을 출발해 일본 나가사키로 향하다가 폭풍을 만나 8월 15일 제주도 대정현에 좌초했다.[82] 승무원 64명 가운데 28명이 죽었고 서기관 하멜(Hendrick Hamel)을 비롯해 36명만이 간신히 살아남았다. 생존자들은 대부분 심한 부상을 입은 상태였다. 하멜은 자신들이 켈파트 섬에 표류했다고 생각했다.

그런데 제주도는 왜 서양인들에게 켈파트 섬으로 알려졌을까. 17세기 초에 동아시아를 왕래했던 네덜란드 배는 대개 선폭이 좁고 긴 갤리선이었다. 이런 형태로 1630년 무렵 제작된 첫 배의 이름이 갤리선 '켈파트 드 브락'(Quelpaert de Brack)이었는데, 차츰 '갤리선 켈파트'라는 약칭으로 불리게 되었다. 바로 이 배가 1642년 무렵 제주도를 발견하고 이를 네덜란드 동인도회사에 보

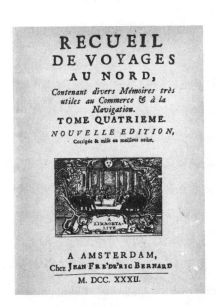

RECUEIL
DE VOYAGES
AU NORD,

Contenant divers Mémoires très
utiles au Commerce & à la
Navigation.
TOME QUATRIEME.
NOUVELLE EDITION,
Corrigée & mise en meilleur ordre.

À IMMORTA-
LITE

A AMSTERDAM,
Chez JEAN FRÉDÉRIC BERNARD
M. DCC. XXXII.

네덜란드에서 발행된
《하멜 표류기》의 초간본 속표지.

고했다. 이 때문에 제주도는 처음에 '켈파트호가 발견한 섬'으로 불리다가 어느새 섬 이름 자체가 켈파트로 바뀌고 말았다. 1648년 네덜란드 동인도회사 보고서에서 켈파트라는 이름이 처음 등장했다. 네덜란드 지도에 켈파트가 등재된 것은 1687년의 일인데, 《하멜 표류기》가 출판되어 제주도가 켈파트 섬으로 널리 알려졌기 때문이라고 한다. 이후 유럽 지도에서 제주도는 켈파트 섬으로 기록되었다.[83]

너희는 길리시단인가?

하멜 일행이 난파할 무렵 네덜란드 동인도회사의 상선들은 바다에서 자주 사고를 당했다. 당시 배들은 조종하기 까다롭고 위쪽이 무거워 선체의 좌우로 요동이 심했다. 또한 이물과 고물에 세로돛이 없어서 맞바람으로 항해하는 능력이 제한되어 있었다. 게다가 네덜란드인들은 과도한 탐욕 때문에 위험을 자초하기도 했다. 속력이나 조종 성능 따위에는 아랑곳하지 않고 화물을 최대한 많이 실을 수 있도록 배를 건조했고 동인도 무역에서는 자주 지나치게 짐을 많이 실었다. 심지어 건조비를 아끼기 위해 낡고 물이 새는 배로 운항하기도 했다고 한다.[84] 벨테브레나 하멜 일행이 조선에 표류하게 된 것도 우연은 아닌 셈이었다.

하멜 일행은 8월 29일 제주목이 있는 제주성으로 호송되었다. 난파선에서 인양된 화물도 봉인되어 운송되었다. 당시 제주도의 행정구역은 제주목과 대정현·정의현으로 나뉘어 있었다. 제주목사 이원진은 표류인들에게 옷과 음식을 지급하고 부상자들을 치료해주었다. 하멜은 훗날 《하멜 표류기》에서 "우리 그리스도 교도들은 이교도로부터 과분하다 싶을 만큼 후한 대접을 받았다"고 증언했다. 그해 《효종실록》에는 이원진의 장계가 실려 있다.

배 한 척이 고을 남쪽에서 깨져 해안에 닿았습니다. 대정현감 권극중과 판관 노정에게 군사를 거느리고 가서 보게 했습니다. 그들이 어느 나라 사람인지 모르겠지만 배가 뒤집힌 가운데

당시의 제주도 대정현 지도.

·

살아남은 자는 38인이었습니다. 그들과 말이 통하지 않았고 문자도

달랐습니다. 배에는 약재 · 녹비(鹿皮, 일본에서 주로 전투복이나

종이함 등의 재료로 사용한 사슴가죽) 따위 물건을 많이 실었는데,

목향(木香, 약초로 재배해 뿌리를 약용했다) 94꾸러미, 용뇌(龍腦,

향료나 안약, 치통 등의 약재) 4항아리, 사슴가죽 2만 7천 장이

있었습니다.

그들은 파란 눈에 코가 높고 노란 머리에 수염이 짧았습니다.

구레나룻을 깎고 콧수염을 남긴 자도 있었습니다. 옷은 길어서

넓적다리까지 내려오고, 옷자락이 넷으로 갈라졌습니다. 옷깃 옆과

소매 밑에는 이어 묶는 끈이 있었으며, 바지는 주름이 잡혀 치마

같았습니다.

왜어(倭語)를 아는 자에게 '너희는 서양의 길리시단(吉利是段, 기독교도)인가?'하고 묻게 하자, 다들 '야야'(耶耶)라고 대답했습니다. 우리나라를 가리켜 묻자 고려(高麗)라 말하고, 이 섬을 가리켜 묻자 오질도(吾叱島)라고 대답했습니다. 중국을 가리켜 묻자 어떤 사람은 대명(大明)이라고도 하고 대방(大邦)이라고도 답했습니다. 서북을 가리켜 묻자 달단(만주)이라고 말했습니다. 정동(正東)을 가리켜 묻자 일본이라고도 하고 낭가삭기(郎可朔其, 나가사키)라고도 대답했습니다. 이어서 가려는 곳을 묻자 낭가삭기라고 했습니다.[85]

10월 29일 하멜과 일등 항해사 그리고 선의(船醫)는 제주목사에게 불려갔다. 그 자리에 길고 빨간 수염을 기른 한 남자가 앉아 있었다. 바로 박연이었다. 윤행임의 《석재고》에 따르면, 박연은 하멜 일행을 만나 이야기를 나누며 "옷깃이 다 젖을 때까지 눈물을 흘렸다"고 한다. 《하멜 표류기》는 하멜 일행과 박연이 나눈 대화를 자세히 기록하고 있다.

제주목사가 하멜 일행에게 물었다.

"이 사람이 누군지 알겠는가?"

하멜 일행이 대답했다.

"우리들과 같은 네덜란드 사람이 아닙니까?"

목사는 웃으며 "이 사람은 조선인이다"라고 하면서 몸짓과 말로 설명해주었다. 얼마 동안 침묵을 지키고 있던 그 사나이가 무척 서툰 네덜란드어로 말했다.

"여러분은 어느 나라 사람이며 어디서 왔습니까?"

"우리들은 암스테르담 출신의 네덜란드인입니다."

"여러분은 어디서 왔으며 어디로 가는 길입니까?"

"우리들은 타이요완(대남[臺南] 근처의 안평항[安平港]. 1624~ 1661년까지 네덜란드 동인도회사의 대만 근거지였다)에서 왔습니다. 일본으로 가려 했지만 전능하신 하느님의 뜻에 따라 닷새 동안 폭풍우를 겪은 끝에 이 섬에 난파되었습니다. 지금은 하느님의 은총으로 구출되는 것만 바라고 있습니다."

하멜 일행은 그에게 이름이 무엇이고 어느 나라 사람이며 어떻게 왔는지 물었다.

"나는 레이프 출신의 얀 얀세 벨테브레라고 합니다. 1626년 홀란디아호(Hollandia)를 타고 고국을 떠나 1627년 우베르케르크호[86)를 타고 일본에 가던 중 역풍을 만나 조선의 해안에 표착했습니다. 물이 부족했기 때문에 육지까지 왔다가 주민들이 나를 포함해 세 사람을 체포했습니다. 보트는 나머지 사람을 태운 채 도망쳤고 배는 즉시 떠나버렸습니다."

벨테브레는 당시로부터 17, 18년 전에 타타르인(만주족)이 조선을 점령(1636년 병자호란을 말함)했을 때 자신의 두 동료가 전사했다고 말했다. 전사한 동료는 레이프 출신의 드리크 하이스베르츠와 암스테르담 출신의 얀 피터스 베르바스트이고, 두 사람 모두 동인도에서 왔다고 했다. 하멜 일행은 다시 벨테브레에게 물었다.

"당신은 어디에서 살며 무엇으로 생활하고 있습니까. 또한 무엇 때문에 이 섬에 왔습니까?"

"나는 서울에 살고 있습니다. 국왕에게서 적당한 식량과 의복을 지급받고 있습니다. 여러분이 어느 나라 사람이며 어떻게 왔는지 알아보기 위해 이곳에 왔습니다. 나도 여러 번 국왕이나 다른 고관들에게 일본으로 보내달라고 부탁했지만 거절당했습니다. 그들은 '당신이 새라도 된다면 날아갈 수 있겠지만, 우리들은 외국 사람을 국외로 내보내지 않기로 하고 있다. 당신은 식량과 의복을 지급받고 이 나라에서 일생을 보내지 않으면 안 된다'고 말합니다."

코로 퉁소를 불다

그해 12월에 신임 제주목사가 부임해 왔다. 하멜 일행에 대한 대우는 점점 나빠졌고 감시도 엄중했다. 귀환할 수 있는 가능성은 없어 보였다. 하멜 일행은 1654년에 두 번이나 탈출을 시도했지만 실패하고 말았다. 같은 해 5월 말 하멜 일행은 전라도와 충청도를 거쳐 서울로 압송되었다. 그들은 서울에 도착한 후 국왕 효종을 알현했다. 그들은 박연의 통역을 거쳐 국왕에게 호소했다.

"우리들은 배가 폭풍우를 만나 이국땅에 난파되어 부모나 처자식, 친구나 애인들과 만나지 못하게 되었습니다. 폐하께서 자비를 내리셔서 우리들을 일본에 보내주시기 바랍니다. 그곳 동포를

조선에서 탈출을 시도하다 실패한 후 태형을 받고 있는 하멜 일행.

만나 다시 고국에 돌아갈 수 있도록 해주시기 바랍니다."

하지만 효종은 그들의 청을 거절했다.

"외국인을 국외로 내보내는 것은 이 나라 관습이 아니다. 외국인은 여기서 일생을 보내야 한다. 너희들에게 식량이 배급될 것이다."

왕은 하멜 일행에게 네덜란드식 춤을 추게 하고 노래를 부르게 했다. 《효종실록》에서는 "그들 중에는 코로 퉁소를 부는 자도 있었고 발을 흔들며 춤추는 자도 있었다"[87]고 전한다. 하멜 일행은 조선의 관습에 따라 환대를 받고 일인당 포목 2필씩을 하사받았다. 다음 날 그들은 이완의 휘하에 소속되어 있던 박연의 지휘아래 훈련도감의 포수로 임명되었다. 하멜 일행은 장안의 화제가 되었고, 구경꾼들이 몰려들었다.

우리들은 매일같이 여러 귀족들로부터 잔치에 초대받았습니다.
우리들의 검술과 춤추는 것 등 노는 솜씨를 보기 위해서였습니다.
그들의 처자들은 우리들을 구경하고 싶어 했습니다. 제주도
사람들이 우리들을 사람이라기보다 괴물로 본다든가, 무엇을 마실
때는 코를 귀의 뒤로 돌리고 마신다거나, 머리칼이 금빛이기 때문에
사람이라기보다는 물속을 헤엄쳐 다니는 새처럼 보인다든가 하는
소문 때문이었습니다. 또한 그들은 우리들의 멋진 풍채(그들은 흰
살결을 높이 존중합니다) 때문에 자기 나라 사람들보다 우리들을
좋아했습니다.
한마디로 말해서 우리들은 처음 한동안은 구경꾼들 때문에 거리도
마음대로 걸을 수가 없었습니다. 또한 구경꾼들 때문에 시끄러워서
숙소에서도 쉬지 못할 지경이었습니다. 마침내 사령관은 우리들이
그의 명령이나 허가를 받은 사람 이외의 사람과 외출하는 것을
금지했습니다. 양반의 하인들이 주인의 지시 없이 함부로 우리들을
불러내거나 놀리는 일이 있었기 때문입니다.

이방인들에 대한 이런 호기심은 조선에만 국한된 것은 아니
었다. 일본에서도 사정은 비슷했다. 캠퍼의 《일본지》는 쇼군의 집
에서 외국인을 관람하던 풍경을 전해주고 있다.

알현하시는 것이 아니라 발(御簾) 안에서 '쇼군'이 진귀한 동물을

효종을 알현하고 있는 하멜 일행.

보시는 것이라 했다. 그리고 쇼군의 뜻을 받은 관리가 (네덜란드인에게) 먹는 시늉을 해보라, 잘 때에는 어떻게 하는가, 두 사람이 마주치게 되면 어떤 식으로 인사를 하는가 등의 여러 가지 시늉을 하도록 강요했다.[88]

1655년 하멜 일행 가운데 일등 항해사와 포수가 조선에 온 청나라 사신들 앞에 나타나 선처를 호소하는 소동이 벌어졌다. 1746년(영조 22)에 편찬된 《속대전》에는 "외국의 사신이 나가거나 들어올 때 길을 막고 호소하는 자는 다른 도의 먼 땅으로 정배(귀양)한다"[89]고 규정되어 있다. 국왕과 대신들은 이 사건이 벌어지자 경악했다. 만일 청나라 사신들이 서양인을 보게 되면 조선이

강진의 전라병영에서 유배형을 살고 있는 하멜 일행.

서양인과 함께 북벌을 꾀한다는 오해를 받을지도 모른다고 우려
했기 때문이었다. 물의를 일으킨 두 사람은 결국 감금되어 죽고
말았다.

하멜 일행은 더욱 엄중한 감시를 받았다. 1656년 국왕과 대
신들은 하멜 일행의 처리를 두고 회의를 거듭한 끝에 전라도로 유
배를 보내기로 결정했다. 하멜 일행은 그해 3월 초 한강에서 박연
과 헤어졌다. 그것이 박연과의 마지막 만남이었다. 하멜 일행은
강진의 전라병영에 배치되었다가, 1663년 2월 말에는 여수에 12
명, 순천에 5명, 남원에 5명씩 분산 수용되었다. 그들 가운데 여수
와 순천에 수용되어 있던 8명이 1666년 9월 5일 조선을 빠져나왔
다. 자그마치 13년 28일 동안 조선에 억류되어 있다가 탈출한 것
이었다.

조선에서 극적으로 탈출하는 데 성공한 하멜 일행.

하멜 일행은 9월 14일 나가사키에 도착해 나가사키 부교(奉行, 일본 조정에서 한 부서의 행정 사무를 맡은 책임자)에게 심문을 받았다. 이듬해 1664년 10월 25일 나가사키를 출발한 그들은 바타비아를 거쳐 1668년 7월 20일 고국인 암스테르담에 도착했다. 조선에 남아 있던 네덜란드인 8명 가운데 귀국을 희망하지 않은 한 명을 제외한 7명도 1668년 6월 일본에 인도되었고 7월 20일에 암스테르담에 도착했다.

야만인 이미지가 형성되다

하멜은 네덜란드령 인도 총독에게 조선에 억류되었던 사실을 보고서로 작성해 올렸다. 이 이야기의 필사본이 네덜란드에서 《하멜 표류기》란 이름으로 출간되었으며 이후 프랑스, 독일, 영국 등에서 경쟁적으로 간행되었다. 이 책은 조선의 사정을 서양에 직접 알려주는 계기가 되었을 뿐만 아니라, 당시의 조선 풍물을 엿볼수 있는 귀중한 자료로 평가받고 있다. 또한 이후 조선을 찾아온 서양의 탐험가들이나 선교사들에게는 필독서였다.

《하멜 표류기》는 서양인들에게 조선과 조선인에 대한 원형적 이미지를 심어주었다. 앞으로 살펴보겠지만, 프랑스 탐험가 라 페루즈나 영국의 탐험가 바질 홀과 존 매클라우드의 여행기에는 그들이 하멜의 글을 읽고 조선과 조선인에 대한 지식을 얻은 흔적이 남아 있다.

《하멜 표류기》의 영향을 직접적으로 언급한 인물은 독일인 의사 지볼트(Philipp Franz von Siebold, 1796~1866)였다. 1823년부터 1830년까지 일본에 머물면서 일본과 그 주변 국가들의 자연과학이나 지리학, 민속학을 연구한 지볼트는 1828년 일본에 표류해 온 전라도 출신의 선원과 상인들을 만나 교류할 기회를 얻었다. 그는 전20권에 이르는 《일본(Nippon)》이란 책을 썼는데, 그 가운데 조선에 관한 내용이 실려 있다.[90] 지볼트는 《하멜 표류기》가 서양인들에게 어떤 인상을 심어주었는지 지적하고 있다.

일본에서 조선의 표류민과 만났던 지볼트의
초상화.

17세기 중반기에 조선의 해안에서 난파당한 네덜란드 선박
스페르웨르호의 유명한 사건, 그리고 체포된 채 귀국을 거부당한
난파자들, 억류 중의 가혹한 취급, 몇 사람의 위험한 도망과
조국으로의 귀환, 그들의 체험담과 꼬리를 물고 이어지는 구전이
진기한 것을 듣기 좋아하는 당시 사람들의 뇌리에
비(非)그리스도교적 야만인이라는 두려운 이미지를 만들어버렸던
것이다. 그런 모든 것이 조선에 대한 혐오와 공포를 심어주었다.
더욱이 그 이후, 그곳 주민이 농업과 어업으로 변변치 못한 생활을
하고 있다든가 산에서는 금·은은커녕 약간의 모피밖에 얻을 수
없다는 얘기를 들은 뱃사람들은 이 나라와 교역하려는 마음을
완전히 상실해버렸다. 연안의 바다가 거친 것과 주민의 불친절함도
그들에게 접근할 마음을 일으키지 않았다.[91]

하멜이 대만을 떠나 나가사키로 향한 것은 네덜란드 동인도 회사의 명령에 따른 것이었다. 그가 표류기를 제출한 곳도 동인도 회사였다. 여기서 네덜란드 동인도회사의 아시아 진출 내력을 살펴보자.

포르투갈의 뒤를 이어 17세기에 아시아 무역의 패권을 장악한 나라는 네덜란드였다. 1583년부터 1589년까지 고아의 포르투갈인 대주교의 종복으로 인도에서 살았던 네덜란드인 린스호텐 (Jan Huygen van Linschoten, 1563~1611)이 1592년 귀국했다. 그는 아시아의 향료무역과 무역로에 관한 정보를 담은 《여행기 (Itinerario)》를 출판했다. 이 책은 여러 나라에서 번역되어 인기를 끌었다. 1595년 후트만(Cornelis de Houtman, 1565?~1599)이 이 끄는 최초의 네덜란드 탐험대가 린스호텐의 항로를 따라 인도네시아 자바 섬의 반탐(Bantam)에 도착했다. 1598년에는 22척으로 구성된 5개 선단이 출항했는데, 그 가운데 12척이 인도에 도착했다. 1601년에는 65척의 배가 15개의 선단으로 나뉘어 동아시아로 파견되었다. 이해에 네덜란드 함대는 반탐에서 포르투갈과 전투를 벌여 승리했다.[92]

네덜란드 동인도회사(Verenigde Oost-Indische Compagnie, 약칭은 V. O. C.)는 1602년 3월 20일 암스테르담에 설립되었다. 무질서하게 경쟁하고 있던 회사들을 하나로 통합한 이 회사는 '국가 속의 국가이자 국가 밖의 국가'[93]였다. 희망봉과 마젤란 해협 사이의 무역 독점권을 부여받은 이 회사는 수입세를 감면받았고 토지와 군대까지 보유할 수 있었다. 또한 각 지역에 무역 센터를 세우

아메리카 대륙에 상륙하고 있는 콜럼버스 일행.
신대륙 발견은 유럽 국가들이 식민지 건설을 적극적으로 추진하도록 만드는 계기가 되었다.

해상진출의 주도권을 두고 영국과 네덜란드가 전투를 벌이고 있다.
1666년 네덜란드의 공격을 받은 영국 함대는 큰 손실을 입었다.

중앙아시아에서 원나라 황제 쿠빌라이의 사절단과 만난 마르코 폴로 형제.
마르코 폴로는 쿠빌라이를 만나기 위해 중국까지 여행하고 돌아와 《동방견문록》을 썼다.

프란시스코 사비에르 신부가 바다에서 이적을 행하고 있다.
그는 16세기에 일본에서 선교활동을 펼쳤다.

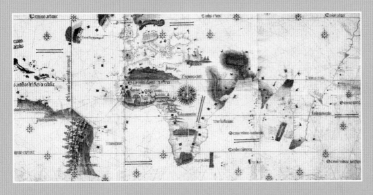

1502년에 제작된 칸티노 세계지도.
포르투갈에서 가장 오래된 세계지도로서 유럽과 아프리카가 비교적 정확하게 묘사되어 있다.

위치를 측정하기 위해 서양인 선원이 별을 관측하고 있다.

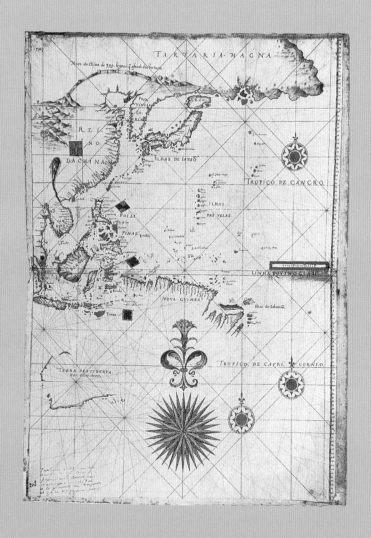

17세기 중반에 포르투갈에서 제작된 동양 지도.

프랑스 화가 생 소베가 1806년에 그린 조선의 남녀.
서양인이 상상한 조선인의 이미지를 엿볼 수 있다.

《하멜 표류기》 사흐만판에 실린 삽화. 당시 조선은 베일에 가려진 미지의 왕국이었다.

유럽의 한 식품회사가 만든
광고에 그려진 조선 여인과 서울 거리.

고 민사와 형사 재판권을 행사했을 뿐만 아니라 독자적인 화폐도 주조할 수 있었다. 이런 권리들은 다른 경쟁국을 제칠 수 있는 막대한 이점이었다.[94]

　네덜란드 동인도회사는 눈부실 정도로 팽창했다. 1605년에는 몰루카 제도에 있는 포르투갈의 요새 가운데 하나인 암본(Ambon)을 점령했다. 이것은 동인도회사가 동인도 지역에 자리 잡은 첫 번째 장소가 되었다.[95] 1611년에는 동인도회사의 초대 총독이 반탐에 부임했다. 1618년 4대 총독으로 부임한 쿤(Jan Pieterszoon Coen, 1587~1629)은 그 이듬해에 포르투갈인들을 축출하고 말레이 군도의 핵심 거점 도시인 바타비아(Batavia)를 건설했다. 바타비아는 1638년에 일본이 포르투갈인들에게 문호를 폐쇄하고 네덜란드 동인도회사의 선박에 대해서는 계속 개방하는 정책을 취한 이후 폭발적으로 발전했다.[96] 1624년에는 대만에 보루를 쌓고 1661년 정성공(유럽인들에게는 Coxinga로 불렸다)에게 쫓겨날 때까지 중국과의 무역에 종사했다. 1641년에는 말라카를 점령함으로써 포르투갈인들은 아시아 무역에서 결정적으로 배제되고 말았다. 1684년 이후에는 영국마저 동인도에서 손을 뗌으로써 동인도 무역은 네덜란드의 독무대가 되었다.[97]

　네덜란드 동인도회사는 오늘날 '다국적 기업'의 원조 격이었다. 이 회사는 바타비아를 중심으로 30여 국가에 교역소를 설치했다.[98] 1691년에 이르러 이 회사가 보유한 선박은 적어도 1백 척에 이르렀다. 각 선박에는 대포 30~60문이 장착되어 있었다. 배 한 척에는 평균 50명이 탔고, 전체 선원 수만 8천 명에 이르렀다. 이는 수비대 병사들을 뺀 수치였다. 전시에는 큰 배 40척을 더 동원할 수 있었다. 17~18세기에 네덜란드 동인도회사의 배를 통해 유럽에서 아시아로 건너간 사람은 약 1백만 명으로 1년에 5천 명 꼴이었다.[99]

네덜란드 동인도회사는 교묘한 무역 전략을 폈다. 먼저 유럽의 은으로 중국의 비단을 구입한 다음 금과 동을 받고 일본에 되팔았다. 이어서 일본의 금과 동으로 인도에서 직물을 구매하고 인도 직물을 인도네시아로 가져가서 향신료를 구입했다. 향신료는 유럽에서 폭발적인 인기를 끌며 팔려나갔다. 이런 식으로 동인도회사는 막대한 차익을 거두며 성장해갔다.[100]

일본의 주인선 무역과 기독교 탄압

일본과 네덜란드의 관계는 1600년으로 거슬러 올라간다. 앞에서 언급한 것처럼 그 해에 얀 요스턴이 일본에 표류한 것이 계기가 되었다. 에도 바쿠후를 연 도쿠가와 이에야스는 1601년 10월 루손(Luzon, 필리핀)과 안남(安南, Annam, 베트남)에 이에야스의 주인장(朱印狀)을 소지한 배가 무역을 할 때는 안전을 보장해달라는 서신을 띄웠고, 이듬해 이를 허락하는 답신을 받았다. 주인장이란 붉은 도장이 찍힌 해외 도항 허가증을 말한다. 이 제도는 1592년 도요토미 히데요시가 처음 시작했고, 이에야스가 이를 이어받았

1622년 나가사키에서 55명의 기독교 선교사와 신자가 순교한 사건을 그린 그림.

다. 주인장을 받고 남방 무역에 종사하는 무역선을 주인선(朱印船)이라고 한다. 주인선 무역은 도쿠가와 바쿠후가 동아시아 무역을 직접 관리하고 독점한다는 것을 뜻했다.

주인선의 도항지는 루손과 안남 이외에 대만, 시암(Siam, 태국), 캄보디아를 비롯해 동남아시아 일대로 확장되었다. 외국에서 무역을 하려면 주인장을 교부받아야 했고, 도항지에서 안전을 보장받는 대신 바쿠후의 통제를 받았다. 주인선의 규모는 보통 200~300톤, 큰 경우는 800톤 정도였다. 승무원의 수도 50명에서 400명까지 배의 크기에 따라 달랐다. 주인선의 수는 1604년부터

나가사키 항과 네덜란드 상관이 있던 인공 섬 데지마.

1635년까지 31년 동안 약 356척에 이르렀다.[101]

1609년 5월 네덜란드 선박 2척이 나가사키의 히라도에 들어와 통상을 요구했다. 바쿠후는 이를 허락했다. 그해 8월 히라도에 네덜란드 상관이 설치되었다. 1613년에는 영국도 일본과 통상 관계를 맺었다. 한편 이에야스는 기독교를 탄압하는 쪽으로 방향을 전환했다. 처음에는 무역을 촉진하려는 의도에서 기독교를 묵인했지만, 잇달아 선교사가 들어오고 신자가 70만 명에 이르자 점차 경계를 강화한 것이다. 마침내 1612년 이에야스는 기독교 금지령을 내려 성당을 파괴하고 선교사를 추방하여 포교를 금지시켰다. 이듬해에는 '기독교 추방문'에서 "일본은 신국(神國)·불국(佛國)이며, 사악한 법을 퍼뜨리는 기리시탄(기독교)의 도당은 후세에 반드시 국가의 근심이 된다"고 선언했다. 1614년에는 일본인 신자 55명과 선교사 93명을 마닐라와 마카오로 추방했다.[102]

이에야스의 기독교 금지 정책은 후계자들에 이르러 더욱 강화되었다. 1616년 4월 이에야스가 사망하자 그의 후계자가 된 히데타다(秀忠)는 같은 해 6월 기독교 단속 강화와 무역통제에 관한 법령을 반포했다. 농민층의 기독교 신앙까지 근절할 것, 포르투갈이나 영국 선박은 기독교도에 속하므로 다이묘(大名, 에도 시대에 1만 석 이상을 생산하는 영지를 보유하고 그 규모에 따라 행정·군사 기구를 맡은 무사) 영내에서 통상을 금하고 나가사키와 히라도에서 무역하게 할 것, 중국 선박은 이 규정에서 제외할 것 등이 그 내용이었다. 1622년에는 55명에 이르는 선교사와 신자가 나가사키에서 처형되었다. 이듬해 1623년에는 포르투갈인의 일본 정주가 금지되었다. 이해 8월에 상업 경쟁에서 네덜란드에 패배한 영국은 히라도의 상관을 폐쇄하고 인도로 철수했다. 1624년에는 모든 에스파냐인이 추방되고 일본인의 마닐라 도항도 금지되었다.

3대 쇼군인 이에미쓰(家光)는 1633년부터 1639년까지 다섯 차례에 걸쳐 쇄국령을 내렸다. 1633년에는 봉서선(奉書船) 이외에 일본인의 해외 도항을 금지했다(제1차 쇄국령). 봉서선은 쇼군이 발행하는 주인장과 함께 로주(老中, 에도 바쿠후에서 쇼군에 직속해 정무를 총괄하고 다이묘를 감독하던 직책)가 나가사키 부교에게 보내는 로주 봉서를 추가로 제출한 선박을 말한다. 1634년 2차 쇄국령에서는 외국선의 내항을 금지시켰다. 1635년에는 외국선의 기항지를 나가사키와 히라도로 한정하고 주인선 무역과 일본인의 해외 왕래를 금지시켰다(3차 쇄국령).

1636년에는 포르투갈인을 국외로 추방하고(4차 쇄국령), 마

나가사키의 데지마 상관에 머물고 있는 네덜란드인들.

지막으로 1639년에 반포된 5차 쇄국령에서는 일본 무역에서 지배
적인 역할을 맡았던 포르투갈 선박의 왕래가 금지됨으로써 쇄국
체제가 완성되었다. 1635년부터는 중국 선박의 내항도 나가사키
로 한정되었다. 1641년에는 히라도의 네덜란드 상관이 나가사키
의 인공 섬 데지마(出島)[103]로 옮겨졌다. 이로써 나가사키에서 네
덜란드와 중국의 선박을 대상으로 하는 일종의 관리무역 체제가
성립되었다.[104]

네덜란드 풍설서와 난학의 발전

에도 바쿠후가 서양에 문을 걸어 잠그는 과정에서 유일하게 예외를 인정받은 나라가 바로 네덜란드였다. 여기에는 네덜란드의 능란한 외교 전략이 한몫을 했다. 일찍이 일본에서 자리를 잡은 포르투갈은 기독교 선교 문제 때문에 바쿠후와 갈등을 일으켰지만, 네덜란드 상인들은 종교 전파에 관여하지 않고 오로지 무역에만 종사했다. 이들은 때로는 포르투갈 선교사의 잠입을 고발하거나 일본 국내에서 일어난 반란을 진압하는 데 힘을 빌려주기도 했다.[105] 이런 전략에 힘입어 경쟁국인 포르투갈, 에스파냐, 영국을 일본에서 몰아내는 데 성공했다.

네덜란드 상관이 데지마로 옮겨간 이후 네덜란드 상인들은 해마다 평균 3척의 배를 타고 바타비아에서 들어와 중국과 함께 일본 무역을 독점했다. 1641년부터 1847년까지 데지마에 도착한 네덜란드 동인도회사의 선박은 606척에 이르렀다. 수출품은 생사, 견직물, 면직물, 양모 등의 직물류, 설탕, 염류, 약품, 피혁, 서양 잡화 등이었다. 일본에서 수입한 상품은 장뇌, 금, 은, 구리, 도자기, 칠기, 병풍 등이었다.[106]

에도 바쿠후에서 유일하게 해외의 정보를 얻을 수 있는 통로는 네덜란드였다. 1633년 네덜란드 상관장은 에도를 방문해 쇼군을 알현했고, 이후 이것은 정례가 되었다. 1641년에는 네덜란드 상관장이 유럽을 비롯한 해외의 정보를 문서로 만들어 나가사키 부교를 통해 에도 바쿠후에 제출했다. 이 문서는 네덜란드 상관장

1653년 무렵 일본에 온 네덜란드 선박.

이 바뀔 때마다 제출되었는데, 이를 '네덜란드 풍설서'(和蘭風說書)라고 부른다. 이러한 관례는 1859년까지 계속되었다. 상관장이 제출한 원문을 네덜란드어 통역관이 일어로 번역해서 로주에게 보냈다. 상관장이나 상관원 가운데는 툰베르크(Carl P. Thunberg), 지볼트, 캠퍼와 같은 저명한 학자도 끼어 있어서 일본의 난학(蘭學) 발달에 큰 영향을 끼쳤다. 또한 이들은 많은 저서를 통해 일본의 사정을 유럽에 소개했다.[107]

일본과 서양의 관계는 일찍이 조선에도 알려졌다. 정동유는 《주영편》에서 일본에서 흘러들어온 서양과 기독교 소식을 다음과 같이 간략하게 전했다.

인조 16년 무인(戊寅, 1638)에 쓰시마의 왜인이 와서 말했다.

"남만 사람 기리시단(吉伊施丹)이 비전(肥前, 히젠, 오늘날 사가
현[佐賀縣]과 나가사키 현), 비후(肥後, 히고, 오늘날 구마모토
현[熊本縣])의 땅에 와 있는데, 하늘에 빌어서 백성들을 미혹하게
만들었습니다. 그 무리가 30여만 명에 이르고, 그 기세가 하도
성대하더니 금년 정월에 에도에서 군사 80여만 명을 동원해
진격해서 크게 승첩하고 그 무리를 남김없이 무찔렀습니다."[108]

인조 22년 갑신(甲申, 1644)에는 쓰시마의 왜인이 서계(書契, 조선과
일본 정부 사이에 왕래하던 외교문서)에서 말했다.

"남만에 야소종문(耶蘇宗文)이 있어서 중국과 조선 사이에
출몰합니다. 종문은 즉 기리시단의 여당(餘黨)입니다. 혹시 귀국에
표착하거든 힘써 추궁해 체포하게 하십시오……."

그 다음 해인 을유년(1645)에도 섬 왜인이 서계에서 말했다.

"종문이 당선(唐船, 중국 배)을 제조해 조선의 해로에서 일본으로
들어오고자 합니다. 청컨대 각 진에서 살펴서 체포하게
하십시오……."

27년 기축(己丑, 1649)에는 왜관에 머무르고 있는 왜인 등이 또
밀서를 가지고 와서 역관에게 말했다.

"이른바 야소종문은 왜국에서 배반한 도적입니다. 중국사람 속에
섞여 연해지방에 출몰하므로 왜국에서 깊이 근심하고
있습니다……."

이것은 곧 서양 사람이 처음 일본에 와서 무척 많은 무리를
모았다가 일본인에게 초멸된 것이다. 서양이 중국과 통한 때가

만력(萬曆, 1573~1620) 중년인데, 이때부터 겨우 50여 년이 지났을 뿐이다. 그때에는 외국을 몰라 서양이 어떤 나라인지 알지 못했다. 야소가 무슨 이름인지도 모를 때였다. 이미 그 사람이 남의 나라에서 무리를 모아 이와 같이 난을 일으켰으니 어찌 두려워해야 할 자가 아니겠는가. 처음 왔을 때에는 반드시 많은 사람이 아니었을 터인데 하늘에 빌어 백성을 미혹하게 만들어 무리가 30여만 명에 이르렀다고 한다. 이것은 모두 일본인을 유혹해 자기의 무리를 만든 것이다. 그들이 어찌 이렇게도 빨리 사람을 미혹하게 만들었단 말인가. 어찌 더욱 두려워해야 할 자가 아니겠는가.

일찍이 듣건대 서양 사람들은 항상 '(우리가) 해외를 골고루 다녔는데, 모든 나라에서 (우리를) 소중하게 여겼다. 그러나 일본에서만 실패를 당했다'고 말했다고 한다. 쓰시마 왜인의 전후 세계를 본다면 정말 그런 것 같다. 이것은 다른 이유가 없다. 일본인은 자못 이해 계산이 밝기 때문에 그들에게 미혹되지 않은 것이다. 처음에 미혹되었던 자들은 어리석은 백성들에 지나지 않았던 것이다.[109]

코레아를 발견하라

바타비아와 일본에 무역 거점을 세웠던 네덜란드 동인도회사는

바타비아의 총독이자 히라도에 있던
네덜란드 상관의 초대 관장이었던
작스 스펙스.

일찍이 조선 무역에도 눈길을 돌리고 있었다. 1609년 바타비아의
총독 스펙스(Jacqes Specs)는 그해 3월 쓰시마로 후추 60킬로그
램 등의 상품을 보내서 조선과 교역할 것을 요청했다. 하지만 쓰
시마 영주가 불허하는 바람에 실패하고 말았다.[110] 1610년 네덜란
드 연방공화국의 군주 마우리츠(Maurits)가 도쿠가와 이에야스에
게 보낸 편지 가운데는 조선을 언급한 대목이 나온다.

> 우리들은 통상을 업으로 삼고 있기 때문에 어떤 곳이라도 우정과
> 친선으로 방문할 생각입니다. 이를 위해서 폐하(이에야스)께 우리가
> 코레아 주변과 통상할 수 있도록 해줄 것을 부탁드립니다. 일본
> 근처의 북방 해안까지도 항해하지 않으면 안 될 때를 위해 폐하의
> 은혜와 도움을 부탁드리지 않을 수 없습니다. 이에 각별히
> 선처해주시기 바랍니다.[111]

하지만 마우리츠 군주의 요청은 받아들여지지 않았다. 바타비아에 있는 동인도회사는 1620년대부터 조선과 무역로를 트기 위해 조선 원정 계획을 세웠다. 혼트호가 조선 해안에 출현한 것도 이 무렵이었다.

1636년(인조 14) 조선 통신사가 에도에 도착했을 때, 네덜란드인들은 통신사 일행을 만나 교역 가능성을 타진하려 했다. 1637년 6월 25일 바타비아에서 히라도로 발송된 편지에는 "(조선) 사절단의 (일본) 방문 일정과 그 목적에 대해서도 다시 보고해주시기 바랍니다. 나아가 황제께 어떤 진상품을 올렸는지, 또 기회가 닿는다면 조선 국왕의 정세와 그곳의 교역 현황, 외국인의 왕래는 허락되는지, 어떤 물품이 생산되는지, 금광·은광 등이 있는지 등에 관한 점을 귀하가 조사해주시기 바랍니다"[112]라고 언급하는 대목이 나온다.

정사 임광, 부사 김세렴, 종사관 황호 등 478명에 이르는 조선 통신사 일행은 1636년 12월 13일 에도 성(江戶城)에서 이에미쓰를 만나 국서와 예물을 바쳤다. 당시 네덜란드 상관장 쿠커바커르(N. Couckebacker)는 조선 통신사가 에도에 도착한 광경을 일기에 남겼다.

(1637년) 1월 4일(양력)에 조선 사절 대관(大官) 두 사람이 일행과
함께 많은 일본인 귀족을 따라서 황제가 있는 에도에 도착했다.
그리고 순서에 따라 숙소로 향했다. (……) 맨 뒤에 조선인의 화물과
선물을 운반하는 말 1천 마리가 따랐다. 이들 일행이 전부 지나가는

에도 성에 도착한 조선 통신사 일행.

데 약 5시간이 걸렸다. 구경하는 사람들은 누구든지 머리를
창밖으로 내놓거나 담배 피우는 것이 금지되었다. 지나가는 길은
깨끗이 청소되어 있었고, 고운 모래가 뿌려져 있었다.[113]

당시 1천 마리의 말에 실린 예물은 호피(虎皮) 15매, 표피(豹
皮) 2매, 인삼 50근 등이었다.[114] 네덜란드인들에게는 진기한 물품
이었다. 네덜란드 무역상들이 조선과 교역하는 데 눈독을 들였을
법하다. 하지만 히라도 상관에서는 조선과 교역할 수 있는 가능성
에 대해 부정적이었다. 1637년 11월 20일(양력) 히라도에서 바타
비아로 보낸 회신에는 "우리가 수집한 정보에 따르면 조선 왕국과

무역 협정을 맺고자 하는 본부의 뜻이 쉽사리 이루어지지 않을 것이라고 본다. 조선 왕국은 지극히 소심하고 겁이 많은 나라여서 외국인을 강력히 배척하고 있기 때문이다"고 전망했다. 게다가 "제3자와 교섭하는 것을 엄금한 사쓰마(Zatsuma, 薩摩, 규슈 남부 가고시마 현[鹿兒島縣] 서반부의 옛 국명) 영주의 신하들과 병사들이 일이 성사되도록 그대로 내버려둘 리가 없다"[115]고 덧붙였다.

히라도 상관의 보고처럼 네덜란드인들은 조선 통신사와 접촉하는 데 실패했다. 조선 교역을 독점하고 있던 쓰시마의 방해 때문이었다. 그럼에도 네덜란드 본부에서는 '코레아를 발견하라'는 훈령을 내렸다. 1639년 일명 '보물섬' 원정대가 파견되었다. 유럽인들에게 환상의 이상향으로 상상되던 '금과 은의 섬'을 발견하고 코레아와 중국 북부 지역을 개척하는 게 원정대의 목적이었다.

보물섬 탐험 사령관으로 임명된 크바스트(Mathijs Quast)는 1639년 6월 원정길에 올랐다. 두 척의 범선 엔헬호(Engel)와 흐라흐트호(Gracht)는 금은으로 바꿀 유럽·인도네시아·중국산 비단과 면양류를 가득 싣고 바타비아를 출발했다. 하지만 보물섬을 발견하기는커녕 코레아 원정도 실패하고 말았다. 선원들이 열대병에 시달려 인명 피해가 컸고 거센 풍랑 때문에 배마저 파손되었다. 그들은 결국 1639년 11월 말 대만에 겨우 돛을 내릴 수 있었다. 그 후 1642년과 1643년에도 거듭해서 보물섬 원정대가 조직되었지만 모두 실패했다.[116]

한편 하멜 일행이 데지마에 체류하는 동안 조선과 통상하기 위해 일곱 명이 자진해서 동인도회사의 대표로 다시 조선에 가겠다고 나서기도 했다. 1669년 네덜란드 제일란트 주(Zeeland)에서는 '코레아호'라고 이름붙은 1천 톤급 배가 만들어지기도 했다. 하지만 코레아호는 바타비아까지만 항해했을 뿐 조선에 들어오지는 못했다. 동인도회사에서 일본과 맺은 무역 통상 관계를 해치고 싶지 않았기 때문이었다.[117]

인육을 구워 먹는 야만족

벨테브레와 하멜 일행은 서양인으로는 처음으로 오랫동안 조선에 머물렀기 때문에 풍부한 후일담과 풍문을 남겼다. 그 가운데 서로가 타자를 어떻게 바라보고 있었는지 알 수 있는 대목이 남아 있어 자못 흥미롭다. 정재륜의 《동평위 공사견문록》에 따르면, 서양인들에게 조선은 '식인 풍속'이 있는 나라로 알려졌다고 한다.

> 그(박연)는 자기가 본국에 있을 때, 고려인은 인육을 구워 먹는다는 이야기를 들었다고 말했다. 그가 제주도에 표류했을 때, 마침 날이 어두워져서 병사들이 횃불을 준비해 찾으러 왔다. 배 안에 있던 사람들은 모두 이 불이 자신들을 구워 먹으려는 도구라고 말하며 하늘에 사무치도록 통곡했다. 그러나 얼마 후 그렇지 않다는 것을 깨닫기 시작했다. 만인(蠻人)의 풍습은 밤에 다닐 때 모두 등불을 쓰고 횃불을 사용하지 않는 까닭이다. 이것을 보아도 알 수 있듯이

어떤 나라가 이러이러하다고 우리나라에 전해진 이야기는 모두 상상 속의 공허한 이야기일 따름이다.[118]

네덜란드인에게 조선이 사람을 구워 먹는 미개하고 무서운 나라로 알려졌다면, 조선인들에게 네덜란드인은 희화화된 모습으로 비치기도 했다. 정조 때 박식하기로 유명했던 이덕무(1741~1793)는 《편서잡고(編書雜稿)》에서 아란타인들이 "눈이 깊고 코가 길며 수염과 머리는 모두 붉다. 발 길이는 1척 2촌(약 36센티미터)인데, 마치 개처럼 항상 한쪽 다리를 들고 오줌을 눈다"[119]고 묘사했다. 하멜 일행이 조선을 떠난 후 약 1세기의 시차가 있어서 그런지 그들에 관한 인상은 이렇듯 항간의 우스운 이야깃거리로 전락해버린 듯하다.

벨테브레와 하멜 일행이 표류한 이후 조선에서 네덜란드와 네덜란드인을 부르는 명칭은 여럿이었다. 하멜은 조선인들이 자기 나라를 '남만국'이라 불렀는데, 일본인들이 포르투갈인을 부르는 이름에서 배워온 것이라고 증언했다. '남만'은 원래 남쪽 지방의 야만인을 뜻하는데, 일본에서는 자기 나라를 찾아왔던 포르투갈인, 에스파냐인, 이탈리아인을 남만인이라 불렀다. 이후 점차 '남유럽의 천주교 국가 사람'을 가리키는 대명사로 쓰이게 되었다.[120]

윤행임의 《석재고》와 이덕무의 《아정유고》에서는 네덜란드를 아란타(阿蘭陀), 하란(荷蘭), 홍이(紅夷), 홍모(紅毛)라고 기록했다. 홍이와 홍모는 네덜란드인의 머리카락이 붉어서 생긴 별명이었는데, 에도 시대에는 일본에 온 네덜란드인들을 따로 홍모라고 불렀다. 아란타와 하란은 일본의 한자 표기법에서 따왔다. 당시 일본인들은 '오란다'를 아란타로 표기했다. 네덜란드를 가리키던 포르투갈어 올란다(Olanda)에서 비롯된 것이다.[121]

벨테브레와 하멜 일행은 선원에 지나지 않았지만, 조선에서는 그들을 뛰어난 기술자 집단으로 믿고 있었다. 윤행임은 박연이 대포를 정교하게 만들 수 있다고 전했다. 성해응의 《연경재 전집(研經齋全集)》에는 "만인들(하멜 일행)은 기술이 많고 역법과 의술에 가장 정통했다. 그 가운데 솜씨 좋은 장인과 대장장이는 바다에서 죽었다. 다만 천문과 역법을 아는 사람이 한 명, 권법(拳法)을 아는 사람이 두 명, 조총을 잘 쏘는 사람이 한 명, 대포를 잘 아는 사람이 10여 명 있었다"[122]고 나와 있다.

난파선 스페르웨르호에서 건져 올린 물품들은 당시 조선인들이 처음 보는 낯설고 신기한 것들이었다. 제주목사 이원진의 보고서에는 녹비, 목향, 용뇌 등으로 나오는데, 《연경재 전집》에는 "배 안에 있던 물건들은 대략 50여 종인데, 이상한 화물과 진기한 기구 아닌 게 없다"며 더 많은 것들이 언급되어 있다. 즉 용뇌 수십 근, 왜은(倭銀) 6백 냥, 모래시계(琉璃漏), 천체관측기(測을圓器), 천체관측 자(測을尺), 천리경, 거울(琉璃鏡), 운모창(雲母窓, 규산염 광물로 만든 창), 동·주석·은을 섞어 만든 그릇, 창·칼·총·포 등 무기류가 그것이다. 《하멜 표류기》에는 배에 실은 짐이 "녹비, 설탕, 침향(沈香) 등"으로 나온다.

포르투갈인이 명나라에 전해준 불랑기포가 임진왜란 때 사용되었다면, 네덜란드인들이 전한 홍이포(紅夷礮)는 병자호란 때 청군의 무기로 위력을 발휘했다. 조선에 홍이포가 전래된 것은 1631년(인조 9)이었다. 당시 진주사(陳奏使, 임시로 기별할 일이 있거나 요청할 일이 있을 때 북경으로 보내는 사절)로 중국에 갔던 정두원(1581~?)이 서양인 신부 로드리게스(Johannes Rodriques, 중국명은 陸若漢)에게 홍이포 등을 받아 귀국했다.[123)]

박연이 훈련도감에 배속된 것도 화포 제작을 맡기 위해서였다. 윤행임은 《석재고》에서 박연이 "홍이포 제작 기술을 전했는데, 그 기술이 뛰어났다"고 전했다. 이로 미뤄볼 때 박연은 홍이포 제작에 직접 참여한 것으로 보인다. 한편 하멜 일행이 제주도에 표류했을 때 수거된 대포가 남한산성으로 보내졌는데, 시험발사 도중 모두 깨져버렸다고 한다.[124)] 정동유는 《주영편》에서 아란과 홍이포를 이렇게 설명했다.

인조 경자년(1630년인 경오년의 잘못. 그 이듬해인 1631년에 정두원이
명나라로부터 천리경 등을 가지고 왔다)에 진위사(陳慰使) 정두원이
중국에서 돌아와 "서양사람 육약한을 만나 홍이포법(紅夷砲法)을
얻었습니다. 그들의 조총을 보니 화승(火繩)을 쓰지 않고 돌에서
불이 저절로 나게 되어서 매우 기이했습니다"라고 말했다. 지금
아란인의 조총도 이런 제도를 쓰고 있으니 반드시 서양과 서로 통해
그 화기의 방법을 얻었을 것이다.
왕사진(王士禛)의 〈향조필기(香祖筆記)〉에는 "아란은 대만의 남쪽에
있는 나라로서 류큐, 섬라, 여송(呂宋, 필리핀) 등 여러 나라들과

서로 가깝다. 명나라 천계연간(天啓年間, 1631~1628)에 정지룡(鄭芝龍, 정성공의 아버지)이 왜국의 추장과 함께 대만에 주둔했을 때 아란국 사람이 태풍을 만나 여기 와서 집을 빌려 살고 있었다. 그들은 본래 화기를 잘 다루었는데, 순치(順治)·강희(康熙) 때에 모두 난을 일으켰다"고 했다.[125]

서양 문물이 전래되다

벨테브레가 조선에 들어올 무렵에는 서양 문물이 단편적으로나마 조선에 전래되고 있었다. 그 경로는 중국의 북경과 예수회 선교사들이었다. 1601년 이탈리아 출신의 예수회 신부 마테오 리치(Matteo Ricci, 利瑪竇, 1552~1610)가 북경에 거주하기 시작한 이후 북경에 여러 서양 문물이 전해지고 있었다. 1620년까지 예수회 교단은 서양 서적 약 7천 권을 북경으로 가져왔고, 17세기 말까지 중국어 저술 약 380종을 펴냈다. 기독교 관련서가 대부분이었지만, 천문서 83종, 수학서 15종, 그 밖에 지리·의학·윤리·언어에 관한 책들도 있었다.[126] 이를 '한역서학서'라고 부른다.

조선에서 파견한 사신들은 주로 예수회 선교사들이 설립한 북경의 천주당에서 서양 문명과 접촉했다. 서양에 대한 체계적인 지식을 처음 소개한 학자는 이수광이었다. 그는 《지봉유설》〈제국부(諸國部)〉에서 "구라파국(歐羅巴國)을 대서국(大西國)이라고도

예수회 선교사들이 설립했던 북경의 천주당.

한다. 이마두란 자가 8년 동안이나 바다에 떠서 8만 리의 풍랑을 넘어 동월(東粤, 중국 광동)에 와서 10여 년이나 살았다. 그가 저술한 《천주실의(天主實義)》 두 권이 있다"[127]고 소개했다. 《천주실의》는 중국인과 서양인의 대화 형식으로 쓴 천주교 교리서로, 1603년에 중국에서 간행되었다. 이수광은 마테오 리치의 세계지도가 조선에 전래된 사실도 기록하고 있다.

> 만력 계묘년(萬曆癸卯年, 1603)에 내가 부제학으로 있을 때, 북경에
> 갔다가 돌아온 사신 이광정·권희가 얻어 온 구라파국의
> 여지도(輿地圖) 1건 6폭을 홍문관으로 보내왔다. 그 지도를 보니
> 매우 정교하고 특히 서역이 상세했다. 중국 지방과 우리나라의 8도,
> 일본의 60주에 이르기까지 멀고 가까운 곳, 크고 작은 것을 모두
> 기재해 빠뜨린 것이 없었다. 이른바 구라파국은 서역에서 가장
> 동떨어진 먼 곳에 있었는데, 중국에서 8만 리나 되었다. 옛날부터

중국과 통하지 않다가, 명나라 때 이르러 비로소 두 번
입공(入貢)했다. 지도는 그 나라의 사신인 풍두두(馮寶寶, 利瑪竇의
오식)가 만든 것으로 끝에 서문을 지어 기록했다. 그 문자는 바르고
숙련되어 우리나라 글과 다르지 않았다. 비로소 글과 문자가 같은
것을 믿었으며 소중히 여길 만한 것이었다.[128]

이광정과 권희가 가져왔다는 구라파국 여지도는 〈곤여만국
전도(坤輿萬國全圖)〉를 말한다. 마테오 리치가 1584년 광동성 조
경(肇慶)에서 제작한 것을 이지조가 1602년 북경에서 판각한 것이
다. 이 지도가 전래되기 전까지 조선에서 세계란 중국, 만주, 일본
을 가리켰으며 더 멀리는 기껏해야 인도(天竺) 정도였다. 이 세계
지도가 전래됨으로써 조선 지식인들은 이전에는 상상도 할 수 없
던 넓은 세계가 있다는 것을 비로소 알게 되었다.[129]

이광정과 권희의 뒤를 이은 사람은 정두원이었다. 정두원은
1630년(인조 8) 사행길로 배를 타고 중국 등주로 들어갔다. 당시
만주에 후금이 흥기하면서 육로가 막혔기 때문이었다. 하지만 정
두원 일행은 육로를 이용하지 않았다는 이유로 북경 입성을 거절
당했다. 정두원은 이곳에서 뜻하지 않게 로드리게스 신부를 만났
다. 당시 로드리게스는 등주의 군대에서 포술을 훈련시키고 있었
다. 정두원은 역관 이영준에게 로드리게스로부터 천문과 역법을
배우도록 하고, 군관 정효길에게는 홍이포 기술을 익히게 했다.[130]
정두원은 한역서학서와 서양 문물을 가지고 귀국했다. 《인조실
록》은 정두원이 들여온 서양 문물을 다음과 같이 전한다.

진주사 정두원이 명나라 서울에서 돌아와
천리경 · 서포(西砲) · 자명종 · 염초화(焰硝花, 화약) · 자목화(紫木花)
등 물품을 바쳤다. 천리경은 천문을 관측하고 백 리 밖의 적군을
탐지할 수 있다고 했다. 서포는 화승을 쓰지 않고 돌로 때리면 불이
저절로 일어나는데, 서양사람 육약한(陸若漢)이란 자가 중국에 와서
두원에게 기증한 것이다. 자명종은 매 시간마다 종이 저절로
울린다. 염초화는 염초를 굽는 함토(鹹土)이며, 자목화는 색깔이
붉은 목화이다.[131]

《국조보감(國朝寶鑑)》에서는 서양 화포 · 염초화 · 천리경 · 자
명종 · 자목화 이외에 각종 도서를 인용하고 있다. 즉 《치력연기
(治曆緣起)》 1책, 《천문략(天文略)》 1책, 《이마두 천문서(利瑪竇天
文書)》 1책, 《원경설(遠鏡說)》 1책, 《천리경설(千里鏡說)》 1책, 《직
방외기(職方外記)》 1책, 《서양국풍속기(西洋國風俗記)》 1책, 《서양
공헌신위대경소(西洋貢獻神威大鏡疏)》 1책 등과 천문도(天文圖)
남북극(南北極) 2폭, 천문(天文) 광수(廣數) 2폭, 만리전도(萬里全
圖) 5폭, 홍이포(紅夷砲) 제본(題本) 하나였다.[132] 정두원은 서양 물
품의 쓰임새를 다음과 같이 보고했다.

천리경은 천체 관측뿐 아니라 적진 속의 미세한 물건을 1백 리
밖에서도 관측할 수 있는 물건으로, 그 값이 은화 3백~4백
냥이라고 했습니다. 일구관(日晷觀, 해시계) 1대는 시각을 맞추고
동서남북을 정하고 해와 달의 운행을 알아보는 데 쓰입니다.

자명종은 12시 시간마다 저절로 우는 것입니다. 화포는 불심지를 쓰지 않고 화석(火石)으로 쳐서 불이 저절로 일어나는 것인데, 우리나라 조총 두 발을 쏠 시간에 4, 5발을 쏠 수 있어 빠르고 잽쌉니다. 염초화는 바로 염초를 굽는 함토입니다. 자목화는 바로 목화로서 빛이 붉은 것입니다.[133]

이익의 《성호사설》에 나와 있는 기록은 위의 기록과 조금 차이가 난다. 그는 육약한이 정두원에게 《치력연기(治曆緣起)》 1권, 《천문략(天問略)》 1권, 《원경설(遠鏡說)》 1권, 《직방외기(職方外紀)》 1권, 《서양공헌신위대경소(西洋貢獻神威大鏡疏)》 1권 등과 천리경·자명종·조총·약통(藥筒) 등을 주었다며, "나는 《천문(天問)》과 《직방(職方)》이란 두 종류의 글은 얻어 보았지만 그 나머지는 보존된 것이 없다"[134]고 기록하고 있다.

사신들과는 다른 경로로 조선으로 서양 문물이 전래되기도 했다. 조선의 왕자였던 소현세자가 그 주인공이다. 소현세자는 1636년(인조 14) 병자호란 후 봉림대군과 함께 인질로 붙잡혀 심양으로 끌려갔다가 다시 북경으로 들어갔다. 그는 북경에서 약 70일 동안 머물면서 서양 신부 아담 샬(Johann Adam Schall von Bell, 湯若望)과 친교를 맺었다. 아담 샬은 소현세자에게 천주상, 천구의, 한역서학서 등을 선물로 주었다. 1904년 상해에서 발행된 《정교봉포(正敎奉襃)》는 아담 샬과 소현세자의 교유를 다음과 같이 전하고 있다.

소현세자와 교유했던 아담 샬 신부.

순치(順治) 원년(1644) 조선 국왕 이종(李倧, 인조)의 세자가 북경에
볼모로 왔다. (그는) 탕약망의 이름을 듣고 때로 천주당에 와서 천문
등의 학문을 물었다. 약망도 세자가 머물고 있는 관사에 자주
찾아가 이야기를 나누었다. 시간이 흐르자 서로 깊이 뜻이 맞았다.
약망은 천주교의 정교(正敎)를 풀이해주었다. 세자는 무척 기뻐하며
듣고 자세히 물었다. 세자가 고국으로 돌아갈 때 약망은
천문·산학(算學)·성교정도(聖敎正道)의 서적 여러 종류와
여지구(輿地球) 1가(架), 천주상 1폭(幅)을 주었다. 세자는 공손히
받고 감사하다는 편지를 보냈다.[135]

소현세자가 아담 샬에게 보낸 편지는 다음과 같다.

어제 귀하에게 받은 천주상(天主像), 천구의, 천문서와 그 밖의 다른 양학서(洋學書)는 전혀 생각지도 못한 것이어서 기쁘기 짝이 없습니다. 깊이 감사드립니다. 저는 급히 책 두세 권을 통독했는데, 정신 수양과 덕성 함양에 관해서 높고 원대한 교리가 있다는 것을 알게 되었습니다. 하지만 이와 같은 것은 우리나라에서는 완전히 암흑이라고 할 만큼 알지 못하는 것으로, 지식의 빛이 되어야 하는 것입니다. 천주상은 벽 사이에 걸어두었는데, 보는 사람의 마음에 평화를 줄 뿐만 아니라 속세의 티끌을 털어내는 것처럼 감격과 놀라움이 다가오는 것을 깨달았습니다.

천구상과 서적류가 이 세상에 있다는 것을 알지 못했는데, 제 곁으로 온 것을 꿈에도 기뻐합니다. 우리나라에 유사한 것이 없는 것은 아니지만, 수백 년이 지나면서 하늘의 운행에 들어맞지 않고 어긋나는 것을 의심하지 않습니다. 이 진귀한 물품을 얻어 무엇보다 기쁩니다. 저는 고국으로 돌아가면 궁정에서 사용할 뿐만 아니라 이것들을 간행해서 식자들에게 반포할 생각입니다. 머지않아 사막 같은 나라가 학문의 전당이 되는 은총을 입고, 우리나라 사람들은 서구인의 과학에 힘입게 되어 모두 감사하게 될 것입니다. (……) 저는 양학서류와 천주상을 고국으로 가져가기를 간절히 희망합니다. 하지만 저의 나라에서는 아직도 천주교를 아는 사람이 없습니다. 제가 가장 걱정하는 것은 이단사교(異端邪敎)로 몰려 천주의 존엄을 모독하게 되지 않을까 하는 점입니다. 이 천주상을 귀하에게 돌려보내서 잘못하는 것은 아닐까 걱정스럽습니다. 저는 귀하에 대한 의무로서 우리나라에서 가장 진귀하고 기이한 것을 감사의 답례로 드려도 귀하의 은혜와 의리에 비하면 만에 하나에도 미치지 못하는 것을 남몰래 근심합니다. 삼가 올립니다.[136]

아담 샬은 소현세자를 높이 평가했다. 그는 1665년 오스트리아 빈에서 회고록 《역사적 사실(Historica narratio)》을 발행했는데, "얼마 전 소현세자가 우리의 구원자인 하나님과 관련해 천문학과 관련된 유럽의 서적과 다른 복합적인 과학을 중요하게 생각하며 이해하고 싶다고 말했다. 그리고 책들을 줄 것을 부탁했다. 소현세자는 현명한 사람이다. 그는 지금껏 이런 것을 몰랐다고 말했다"[137]라고 썼다.

소현세자는 1644년 11월 26일 북경을 떠나 이듬해 1월 18일 서울에 도착했다. 그가 귀국할 때 들여온 서양 문물은 한역서학서와 〈여지도〉 1가(架), 천주상 1폭 등이었다. 무슨 까닭인지 천주상은 되돌려주지 못한 것으로 보인다. 그리고 귀국 후 불과 3개월 만에 갑작스레 세상을 떠나면서 그의 계획은 영원히 땅에 묻히고 말았다.[138]

3.
발견과 명명의 논리
:: 프랑스 탐험가 페루즈의 여행

1666년에 하멜 일행이 조선을 탈출한 이후 백 년 이상 동안 조선 해역에 서양 선박이 출현했다는 기록은 보이지 않는다. 그 후 18세기 말에 이르러 포르투갈, 영국, 네덜란드에 뒤이어 프랑스 선박이 새롭게 조선 해역에 나타났다.

프랑스 국왕 루이 16세는 세계일주 탐사 항해를 계획하고 해군 사관 출신의 탐험가인 페루즈(Jean-François de Galaup de la Pérouse)를 총지휘자로 임명했다. 프랑스 정부는 페루즈의 지휘 아래 1785년 프리깃함(Frigate, 28~60문의 대포를 장착한 쾌속 범선) 부솔호(Boussole, '나침반'이란 뜻)와 아스트롤라브호(Astrolabe, '천문 관측의'라는 뜻)를 진수시켰다.[139] 루이 16세가 페루즈에게 내린 칙서에는 조선 서해안과 남해안, 달단 연안(동해에서 오호츠크 해로 흐르는 러시아와 사할린 섬 사이)과 일본 해안을 탐사하라는 지시가 들어 있었다.[140]

페루즈 탐사대의 표면적인 목적은 미지의 해역에 대한 학술적 탐사였다. 하지만 속셈은 따로 있었다. 모피 무역으로 막대한

18세기 말 조선을 찾아왔던 프랑스 탐험가
라 페루즈.

이익을 거두고 있던 영국을 제압하기 위해 새로운 항로를 개척할
것, 당시까지 잘 알려지지 않았던 지역을 탐사해서 새로운 식민지
영토 획득의 가능성을 타진할 것, 인도와 캐나다를 영국에 빼앗겼
지만 해양 국가로서 세계에 이름을 떨치고 싶은 야망 등이 프랑스
정부의 숨은 의도였다.

공포의 섬, 제주도

1785년 8월 1일(양력) 페루즈 탐사대는 프랑스의 해군기지인 브레
트스항(Brest)을 출발했다. 부솔호에는 승무원 총 108명, 아스트

페루즈 탐사대가 탔던 부솔호와 아스트롤라브호.

롤라브호에는 총 911명이 타고 있었다. 이 가운데는 당대의 저명한 학자들도 끼어 있었다. 지리학자 베르니제(Bernizet), 천문학자 다즐레(Lepaute Dagelet, 당시 프랑스 육군사관학교 교수), 물리학자 라마농(Lamanon), 식물학자 콜리뇽(Collignon) 등이었다.[141] 탐사대는 대서양과 태평양을 건너 1787년 5월에 제주도와 울릉도를 탐사한 후 1788년 1월 호주의 시드니에 도착했다. 그 후 탐사대는 행방불명되고 말았다.

다행히 탐사대가 보낸 탐사 보고서들은 본국에 도착했다. 1797년 프랑스 정부는 이 보고서를 묶어서 4권짜리 《세계 여행기(Voyage au tour du Monde)》를 출판했다. 이 책에는 도면 69장을 묶은 〈페루즈 항해도첩(Atlas du voyage de La Pérouse)〉이 부록으로 실려 있다. 이 책은 1799년에 영국에서 《라 페루즈의 항해(The

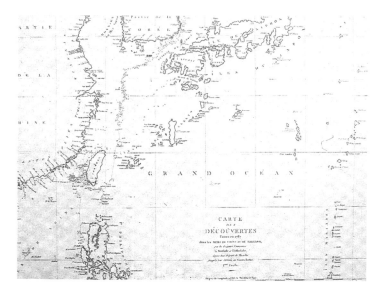

페루즈의 항해도첩에 실린 조선 근해도.

Voyage of de La Pérouse)》란 이름으로 번역되었다.[142] 이제 페루즈의 여행기 속으로 들어가보자.[143]

페루즈 탐사대는 1787년 4월 10일 마닐라를 떠나 대만과 류큐를 거쳐 5월 20일 무렵 조선의 남해안에 접근했다. 20일 새벽 페루즈 함대는 켈파트 섬(제주도)으로 향했다. 이곳은 탐사대가 일본 해협으로 들어가기 전에 처음으로 페루즈의 흥미를 끈 곳이었다. 페루즈는 이미 《하멜 표류기》를 읽고 켈파트에 대해 알고 있었다. "1635년(1653년의 오기) 네덜란드 선박 스패로 호크호(Sparrow hawk, Sperwer의 영국식 표기)가 난파한 결과 유럽인들에게 비로소 알려진 이 섬은 당시 코레아의 왕이 다스리고 있었다"고 페루즈는 적었다.

페루즈가 제주도의 남동부 해안을 조사했고 베르니제는 윤곽도를 그렸다. 이보다 더 기분 좋은 경관을 찾기는 어려울 것이라는 게 제주도에 대한 페루즈의 첫 인상이었다. 섬 가운데는 약 1,000투아즈(toise, 약 2,000미터)의 산봉우리(한라산의 높이는 1,950미터)가 솟아 있었다. 18 내지 20리그(약 100킬로미터) 거리에서 이 산을 볼 수 있었다. 거기에는 저수지가 있을 것이라고 페루즈는 추측했다. 마치 원형극장처럼 인가가 계단식으로 펼쳐져 있었다. 모든 토지는 꽤 높은 지대까지 경작되는 것처럼 보였다. 페루즈는 망원경으로 경작지의 경계를 헤아려볼 수 있었다. 경작지는 여러 구획으로 나뉘어 있었고, 이로 미뤄볼 때 인구가 많은 것 같았다. 색깔이 다채로운 여러 종류의 곡식이 심어져 있는 이 섬은 유쾌해 보였다.

제주도의 아름다운 풍광에도 불구하고 페루즈는 이 섬에 닻을 내리고 싶은 유혹을 느끼지 않았다. 그는 이곳이 '공포의 섬'이라는 것을 미리 알고 있었다. 하멜 일행의 선례 때문이었다.

불행하게도 이 섬 사람들은 낯선 이방인과 교류하는 것이 금지되어 있었고, 해안에 좌초될 만큼 불행한 사람들을 노예로 삼았다. 스패로 호크호에 탔던 몇몇 네덜란드인들은 매질을 견디며 18년(13년의 잘못) 동안 억류되어 있었다. 그들은 배를 구해서 일본으로 갔고, 거기서 바타비아를 거쳐 마침내 암스테르담으로 돌아갔다. 우리보다 앞서 일어난 이런 이야기 때문에 우리는

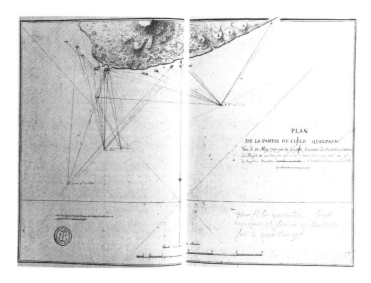

페루즈 탐사대가 그린 켈파트(제주도) 남단 지도.

해안으로 배를 보내고 싶은 마음이 없었다. 우리는 작은 배 두 척이
해안에서 떠나는 것을 목격했지만, 그 배들은 1리그(league, 약
5킬로미터) 이내로 다가오지 않았다. 그들의 목적은 오로지 우리를
감시하고 코레아의 해안을 따라 경고를 보내려는 것 같았다.[144]

어느 해도에도 기록되지 않은 곳

탐사대는 이 배들을 무시하고 북동쪽으로 계속 항해했다. 25일에

는 대한해협을 지났고 육지 가까운 곳을 항해하면서 해안가의 가옥과 도시, 언덕 위의 보루 등을 보았다. 이 나라는 산이 많고 불모지처럼 보였다. 어떤 산골짜기는 아직 눈이 완전히 녹지 않았고 땅은 경작하기에 적합하지 않아 보였다. 그럼에도 주택은 무척 많았다. 해안을 따라 항해하는 삼판(sampan, 중국의 하천이나 연안에서 쓰는 목조 평저선) 12척과 소형 보트가 보였는데, 중국 배와 비슷했다. 돛은 중국 배와 마찬가지로 덧대는 거적으로 만들어져 있었다.

어부들은 탐사대의 선박을 보고도 전혀 두려워하지 않는 것 같았다. 아마 육지 가까운 곳에 있어서 만일 탐사대가 의심스럽게 행동하면 추격당하기 전에 육지에 닿을 수 있기 때문일 것이라고 페루즈는 생각했다. 페루즈는 그들이 가까이 다가오기를 무척이나 바랐지만, 그들은 탐사대에 신경을 쓰지 않고 항해를 계속했다. 탐사대가 나타난 것이 그들에게는 새로운 일이었지만, 그들의 주의를 끌지는 못했다. 하지만 11시에 돛을 단 배 두 척이 탐사대를 관찰하기 위해 1리그 안으로 다가왔다. 그들은 두 시간 동안 따라오다가 오전에 떠나왔던 항구로 되돌아갔다. 탐사대의 출현 때문에 조선 해안에는 경계령이 내려진 것 같았다. 오후에는 모든 산봉우리에서 불이 타오르는 것이 보였다.

3일 후인 28일, 탐사대는 조선 해안에서 북동쪽으로 약 2리그(약 10킬로미터) 가량 떨어진 곳에서 한 섬을 보았다. 지금까지 어떤 해도에도 기록되지 않은 섬이었다. 그 섬으로 접근하려 했지만, 그곳은 정확히 강풍의 중심권이었다. 다행히 밤 동안 바람이

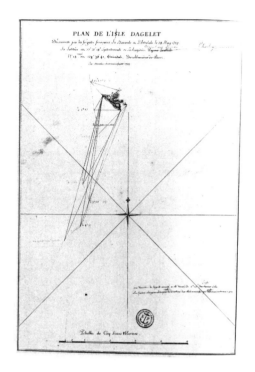

PLAN DE L'ISLE DAGELET

페루즈 탐험대가 작성한
다즐레 섬(울릉도) 지도.

변했기 때문에 페루즈는 해 뜰 무렵 이 섬을 조사하려 했다. 그리고 이 섬을 처음으로 발견한 천문학자 이름을 따서 '다즐레 섬(D'agelet Island)'이라고 명명했다. 다즐레 섬은 울릉도를 가리킨다. 오늘날에도 몇몇 세계 지도에는 울릉도가 여전히 다즐레 섬으로 표기되어 있다.

비어 있는 섬, 울릉도

이 섬은 둘레가 3리그(약 15킬로미터)에 지나지 않았다. 페루즈는 1/3리그(약 1.6킬로미터) 떨어져서 연안을 따라 섬을 거의 일주했지만 평지를 찾을 수 없었다. 그는 부탱(Boutin)에게 수심을 측량하도록 지시하고 보트를 내렸다. 수심 측정기는 해안 기슭에 부딪히는 파도가 시작되는 지점에 이르러서야 20패덤(fathom, 3.6킬로미터) 아래 바닥에 닿았다. 이곳은 이 섬의 해안에서 약 100투아즈(200미터) 정도 떨어져 있었다. 섬의 둘레는 약 3리그였다. 경사가 가팔랐지만 바닷가에서 꼭대기까지 훌륭한 수목으로 덮여 있었다. 벽처럼 깎아지른 것 같은 견고한 암벽이 섬을 둘러싸고 있었다. 모래로 된 일곱 곳의 작은 만은 예외였는데, 이곳에서는 뭍에 오를 수도 있었다. 탐사대가 주민들을 발견한 것도 바로 이곳이었다.

우리는 이 작은 만에서 배 몇 척이 만들어지고 있는 것을 보았다. 이 배들은 양식이 중국 배와 똑같았다. 그런데 단거리포의 사격 거리만큼 떨어져서 지나가는 우리 배를 보고 인부들이 깜짝 놀랐던 것 같다. 그들은 작업장에서 겨우 약 50보 정도 떨어진 숲속으로 달아나버렸다. 게다가 오두막 몇 채만 볼 수 있을 뿐 마을이나 경작지는 전혀 없었다. 다즐레 섬에서 겨우 20리그(100킬로미터)밖에 떨어져 있지 않은 코레아의 조선공들은 틀림없이 배를 만들기 위해 양식을 들고 이 섬에 와서 여름을 보내다가 배를 본토에 팔 것이다. 이 생각은 거의 확실한 것 같다. 우리가 섬의 서쪽 지점을 돌자 우리 배를 보지 못했던 다른 조선소의 인부들이 목재를 들고 배 위에서 일을 하다가 혼비백산해서 모두 깊은 숲속으로 도망쳐버렸다. 두세 사람은 예외였는데, 그들은 우리를 보고도 놀라지 않았다. 나는 정박할 곳을 애타게 찾고 있었다. 이 사람들에게 선물을 줘서 우리가 적이 아니라는 것을 믿게 하고 싶었기 때문이었다. 하지만 거센 물결 때문에 우리는 섬에서 멀리 떨어져가고 있었다. 나는 (부탱이 탄) 보트에 돌아오라는 신호를 보내지 않을 수 없었다. 그때 부탱은 해안에 발을 디디려 하고 있었다. (내가 탄 배가) 바람 불어가는 쪽으로 밀려나서 그를 만나지 못할까 봐 두려웠다. 나는 해류 때문에 서쪽으로 멀리 떨어진 아스트롤라브호로 항해했다. 다즐레 섬의 산들이 바닷바람을 막아주어서 우리는 평온한 밤을 보냈다.[145]

그날 해질 무렵 탐사대는 울릉도를 떠나 일본으로 향했다. 페루즈 일행은 서양인으로는 처음으로 동해안을 탐사하고 울릉도를 세계에 알렸다. 하지만 기상 조건 때문에 독도는 발견하지 못하고 말았다. 그들은 조선의 주민들과 직접 접촉하지도 못했다. 조선에 그들에 관한 기록이 남아 있지 않은 것도 이 때문일 것이다.

울릉도는 공도정책(空島政策)에 따라 오랫동안 비어 있었다. 태종 때에는 울릉도로 도망간 백성들을 돌아오게 했고, 세종도 울릉도의 백성을 수색해서 섬을 비워두었다. 성종 2년에는 박종원 일행이 울릉도에 갔다가 돌아와서 섬 안에 사람이 살지 않는다고 전했다.[146] 하지만 울릉도에 들어와서 해산물을 채취하거나 벌목하는 사람들도 없지 않았다. 1770년(영조 46)에 편찬된 《동국문헌비고》에는 다음과 같이 기록되어 있다.

> 울릉도에 도망가 있는 백성들을 모조리 붙잡아 와서 그 땅을 텅 비워버리고 3년마다 한 번씩 사람을 보내 살펴보게 했다. 관에서 도끼 15자루를 지급해서 그곳에 있는 대나무를 벌채하고 토산물을 채취해 조정에 공납해서 이를 상례로 삼았다. (……) 근세에 그곳을 조사한 별지(別紙)를 상고해 보면 '왜노(倭奴)뿐만 아니라 호남 연해에 사는 사람들도 몰래 이곳에 들어와 주거하면서 소나무를 벌채해 배를 만들며 갈대를 베어내고 전복이나 미역, 고기 등을 채취하는 것을 가끔 수색한다'고 했다.[147]

페루즈의 탐사대가 울릉도에 접근했을 때, 배를 만들던 인부들이 놀라서 숲속으로 도망쳐버린 까닭은 그들이 낯선 이국의 배에 놀랐을 뿐만 아니라 관에서 수색하러 온 것으로 착각했기 때문인지도 모른다.

페루즈의 탐사대가 우리나라 남동해안을 거쳐 지나간 지 4년 후에 영국 상선이 다시 조선 해역에 나타났다. 그 배는 영국 해군 장교 제임스 콜네트(James Colnett) 선장이 이끄는 아르고노트호(Argonaut, 그리스 신화에서 황금 양모를 얻으러 간 원정대의 일행이라는 뜻)였다. 아르고노트호는 1791년 7월 26일 마카오를 출발했다. 배에는 일본인 통역을 포함해 승무원 22명이 타고 있었다. 이 배는 영국 동인도회사의 요청으로 수달피를 비롯한 모피 무역의 판로를 개척하기 위해 출항했다.

아르고노트호는 8월 10일 무렵 제주도 남쪽을 지나 주변 해역을 스케치하며 북상했다. 28일 오후 5시 무렵 깎아지른 듯이 거대한 바위가 서 있는 것이 보였다. 그러나 그날 밤 11시에 심한 풍랑을 만나 키가 부서지는 바람에 탐사를 중단하고 방향을 돌려 9월 6일 중국에 도착했다. 콜네트 선장이 보았다고 증언한 거대한 바위는 세계 해도에서 '아르고노트 섬'이나 '콜네트 섬'으로 알려졌다. 하지만 1852년 프랑스 군함 카프리시외즈호(Carpricieuse)의 탐사 결과 이 섬은 존재하지 않는 것으로 밝혀졌다.[148]

페루즈와 콜네트는 조선을
그저 스쳐 지나가
고 말았지만, 1797년 브로턴의 여행
이후 조선과 서양은 점차 직접 만나는
일이 잦아졌다. 19세기는 '이양선의
시대'라고 부를 만큼 조선 해역에 국
적이 다양한 서양 선박들이 나타났다.

왜가리처럼 지절대는 사람들

먼저 1801년(순조 1)에는 흑인과 포르투갈 사람으로 추정되는 이
방인들이 제주도에 표류해 왔다. 그해 8월 제주 대정현(大靜縣) 당
포(唐浦)에 어느 나라 것인지 알 수 없는 큰 배가 해안에 와 닿았
다. 그 배는 다섯 사람을 내려놓고는 대포를 쏘며 쏜살같이 사라지
고 말았다. 그들 다섯 사람은 옷차림과 생김새가 무척 괴이했다.

그 가운데 네 명은 머리카락을 모두 깎아버렸다. 다른 한 사

람은 머리카락 앞부분은 깎았지만 뒷부분의 반쪽은 땋아 늘어뜨렸다. 검은 비단 조각으로 그 끝을 묶고 모두 붉은 아롱진 베로 싸맸다. 머리 위에는 검은 등(藤)으로 만든 갓을 썼는데, 물고기를 굽는 입철(立鐵) 같았다. 몸에는 적삼이나 반배(半臂, 마고자)를 두르고 있었다. 그 천은 어떤 것은 전(氈, 담자리)이고 어떤 것은 삼승(三升, 무명의 일종)이었다. 아래는 바지를 입었는데 그 허리를 주름잡아 색실로 꿰매어 잡아맸다. 옷 색깔은 각각 푸른색, 붉은색, 노란색, 흰색이어서 서로 달랐다. 옷의 폭은 무척 좁아서 겨우 팔다리를 넣을 정도였다. 목에는 모두 염주를 걸었다. 발에는 버선이나 신발이 없고, 직접 흙을 밟고 다녔다. 그 발은 짐승의 굽과 다르지 않았다. 귓바퀴에는 구멍을 뚫은 흔적이 있었다. 머리털을 깎았는데 다시 난 것은 양털처럼 꼬불꼬불 말려 있었다. 그 가운데 두 사람은 온 몸이 옻을 칠한 것처럼 새까맸고 생김새가 팔이 긴 원숭이 같았다. 말소리는 왜가리가 시끄럽게 지절대는 것 같아 알아들을 수 없었다.

역관이 글자를 써 보이자 그 사람들은 알지 못했다. 붓을 주어 글씨를 쓰게 하자 오른손으로 붓을 잡고 전자(篆字, 획이 복잡하고 곡선이 많은 글씨)도 아니고 그림도 아닌 것을 써놓았다. 그 모습은 어지러운 실 같았다. 왼쪽에서 오른쪽으로 가지런하게 써나갔는데, 서양의 필법 같았다. 그들이 지닌 물건 가운데는 구멍 없는 은전 50닢이 있었다. 크고 작은 것으로 두 가지 종류였다. 앞뒷면에는 어지러운 실 같은 것이 가늘게 새겨져 있었다. 이것이 그들 나라의 글자인 것 같았다.

역관이 그림을 그리고 따져 물었다. 비슷한 것을 인용하고 비교해서 풀이하자 겨우 수와 방위의 이름, 물건을 분별해서 그 뜻을 소통할 수 있었다. 그들은 본래 남방의 백성이었다. 같은 배에 30명이 타고 장사하려고 화물을 싣고 가는 길이었다. 다섯 사람은 작은 배에 타고 물을 긷기 위해 육지에 내려왔다. 큰 배가 사나운 풍랑 때문에 머무를 수가 없어서 그들을 버리고 갔다고 했다.

그들이 남방 사람인지 알아보기 위해 빈랑(檳榔, 종려나뭇과의 상록 교목. 인도·말레이시아에서 과수로 재배함)을 보여주었다. 그들은 자기 나라 땅에 심는 것이라고 말했다. 상아와 서각(犀角, 무소 뿔)을 보이자 두 손으로 머리와 입을 가리키고 어금니와 뿔을 흉내 내면서 모두가 자기 나라에서 난다고 했다. 또 밥과 국, 물고기와 채소, 떡, 국수, 술, 장(醬), 금, 은, 구리, 주석, 명주, 비단, 베 등을 보이자 어느 것이나 자기 나라에 있는 것이라고 말했다. 두 사람의 피부가 검은 것은 칠한 것이 아니라 그렇게 태어난 것이며 자기 나라에는 그런 이들이 많다고 했다. 그러나 그들이 어느 나라 사람인지는 끝내 알 수 없었다.[149] 그해 10월 28일 조정은 어전회의에서 제주도에 표류한 외국인들을 어떻게 처리해야 할지 의논했다.

대왕대비(정순왕후) 제주에 배를 대고 표류해 온 사람들이 어느 나라 사람인지 알겠는가?
영의정 심환지 (그들의) 말이 분명하지 않고 문자 또한 괴이하며 복장도 해괴해서 어느 나라 사람인지 자세하게 알 수 없습니다.

대왕대비 나는 사방의 나라는 문자가 같다고 알았다. 그런데 문자도 다르단 말인가?

심환지 왼쪽부터 횡서로 썼는데, 그 글자 모양이 꼬부라져서 알 수 없다고 합니다.

대왕대비 이번 사행에는 미처 딸려 보내지 못할 것이다. 그들이 어느 나라 사람인지 알지 못하니 답답하다.

우의정 서용보 다음에 재자관(齎咨官, 조선 국왕이 청나라 예부에 보고할 일이 있을 때 수시로 파견하던 사절)이 갈 때 들여보내면 (그들이) 어디서 왔는지 알 수 있을 것입니다.[150)]

조선 조정은 관례에 따라 그 무렵 표류해 온 중국인 25명과 함께 외국인 5명을 북경으로 보냈다. 하지만 청나라 예부에서는 자국민 25명만 받고 외국인 5명은 조선으로 되돌려 보냈다. 이듬해 1802년(순조 2) 청나라 예부에서 의주로 보낸 외교문서는 다음과 같았다.

(조선에서) 풍랑을 만나 표류한 난민 30명을 보내온 것을 근거로 해 그 안에서 내지(內地, 청나라) 사람 25명은 해당 지방관에게 문서를 보내 잘 타일러서 안치(安置)하게 했습니다. 나머지 다른 나라 사람 5명 가운데 한 명은 길에서 병으로 죽었습니다. 모두 먼 나라 오랑캐에 속해서 생김새와 옷이 다르고 언어도 통역할 사람이 없습니다. 만일 육로를 통해 서울(북경)에 보낸다면 또한 분명히 어느 나라라고 지칭할 수 없습니다. 그뿐만 아니라 일의 형편으로

볼 때 반드시 조사하느라 왕복하고 지켜 기다리는 데 시간이 필요할 것입니다. 그러니 아무래도 먼 나라 사람을 품어주는 뜻이 아닐 듯합니다. 난민들이 이미 표류해서 조선에 왔으니 스스로 가까운 이웃 나라에 관계될 것이므로 (그들이) 어느 곳에서 조난당했는지 반드시 기억할 것입니다. 수로의 방향으로 배와 식량의 비용을 도와주고 온 행방을 지시해서 그 나라 경계선까지 보내준다면 비교적 순조롭고 편리할 것입니다. 난이(難夷) 4명을 그대로 조선에 돌려보내니 즉시 전달하기 바랍니다.[151]

그해 3월 조정은 어쩔 수 없이 표류민들을 다시 제주도로 돌려보냈다. 그들이 어느 나라 사람인지 알 수 없기 때문에 어디로 보내야 할지 난감했다. 원래 표류해 온 곳으로 보내 그들 나라의 배가 다시 오기를 기다리는 도리밖에 없었다. 만일 그들을 태우고 갈 배가 오지 않을 경우는 어떻게 해야 하는가. 비변사에서는 그들을 박연처럼 귀화인으로 대접하자고 조정에 건의했다. 먼저 그들을 평민으로 입적시켜 관부(官府) 근처에 살게 한다. 그리고 관청에서 음식과 옷을 지급한다. 세월이 흘러 언어가 점차 통하면 편리한 대로 직업을 주기도 하고 부역을 시키면서 조정에서 회유하자는 것이었다.[152]

《탐라기년》에 따르면, 그들이 "육로를 따라 연경(燕京, 북경)에 들어갔다가 본도(本島, 제주도)로 돌아온 지 7년이 되었다. 그 나라를 말할 때마다 반드시 막가외(莫可畏)라고 칭했다"[153]고 한다. '막가외'는 당시 포르투갈의 극동 무역 근거지였던 마카오를 가리킨다. 그들이 마카오에서 온 것만은 분명한 것 같다. 정동유는 《주영편》에서 "요사이(1806년 무렵) 들으니 두 사람은 죽고 세 사람은 아직 생존해 있다"고 전했다.[154] 한 명은 북경으로 호송되는 길에 병사하고, 다른 한 사람은 제주도에서 죽은 것으로 보인다.

정동유는 다섯 사람의 이름과 나이를 기록해놓았다. 그들은 분안시고(22세), 열리난두(25세), 안드러수(24세), 마리안두(32세), 쩌이단우(33세)였다. 그 가운데 뒤의 두 사람은 흑인이라고 한다.[155] 정동유는 그들의 말 가운데 103개에 이르는 단어를 한글로 옮겨놓았는데, "그 사람들 가운데 지금 생존한 자가 만약 살아서 여러 해가 되면 반드시 우리나라 사람들과 말을 통하게 될 것이고, 말이 통하면 아마 이 말이 어느 나라의 말이라는 것을 알게 될 것이므로 거두어 기록해 뒷날의 이사(異事)를 상고하는 데 대비한다"[156]고 했다. 홍이섭에 따르면, 서양의 언어가 우리나라 기록에 나타난 예로는 《주영편》의 이국어가 아직까지 최고의 사례이자 유일한 것이라고 한다.[157]

홍이섭은 정동유가 기록한 외국어를 일부 복원했다. 그 단어들은 대체로 포르투갈어이고 나머지는 남방의 중국 방언이나 다른 남방의 방언일 것이라고 추정했다. 그 가운데 몇 가지를 꼽아보면, 하늘(天)은 '실우'(Sirio, Sirius), 땅(地)은 '쩨라'(Terra), 사람(人)은 '현쩨'(Gente), 아버지(父)는 '쩨'(Pei, Pai), 어머니(母)는 '매'(Mãe, mã), 그들의 땅 이름(渠地名)은 '막가오'(Macao) 등이었다.[158]

이 섬을 빨리 떠나라

19세기 들어서 서양과 조선의 본격적인 만남은 영국 군함 알세스
트호(Alceste)와 리라호(Lyra)가 문을 열었다. 영국 정부는 1816년
2월 9일(양력) 중국 특사로 애머스트 경(Sir Jeffrey William Pitt
Amherst, 1773~1857)을 파견했다. 중국에서 새로운 개항장을 확
보하고 불합리한 광동무역 체제[159]를 개선하기 위해서였다. 애머
스트 사절 일행을 호송할 임무를 맡은 것이 바로 맥스웰 대령
(Murray Maxwell, 1775~1831)이 지휘하는 프리깃함 알세스트호
(대포 46문 장착)와 홀 대령(Basil Hall, 1788~1844)이 이끄는 슬루
프형 범선 리라호였다.

애머스트 사절단은 그해 8월 11일 천진 북쪽 연하구(蓮河口)
에 도착했다. 특사 일행이 북경에서 광주로 돌아오기까지 시간 여
유가 있었다. 맥스웰과 홀은 그 기간 동안 조선과 류큐 해역을 탐
사하기로 결정했다. 탐사대에는 의사이자 박물학자인 아벨(C.
Abell), 군의관 매클라우드(John M'leod), 화가 하벨(William
Havell), 광동인 통역관 등이 타고 있었다.[160]

맥스웰과 홀 일행은 그해 9월 1일부터 10일까지 조선의 서해
안을 탐사하고 조선 관리, 주민들과 대화를 나누기도 했다. 이 탐
사여행 후 홀 선장은 여행기 《Account of a Voyage of Discovery
to the West Coast of Corea and the Great Loo-Choo Island》
(John Murray, London, 1818)를, 매클라우드는 《Voyage of His
Majesty's Ship Alceste to China, Corea and the Island of

알세스트호를 타고 조선에 왔던 맥스웰 대령.

Lewchew, with an Account of her Shipwreck》(John Murray, London, 1819)을 각각 펴냈다.

비록 10일 동안 조선 해역에 머물렀지만, 이들의 여행기에는 조선인과 낯선 이방인 사이에 오고간 진기한 일화들이 풍부하게 묘사되어 있다.[161] 영국 함대는 9월 1일 9시 무렵 세 개의 섬(백령도, 대청도, 소청도) 가까이에 닿았다. 가장 남쪽에 있는 섬(소청도 소청리 예동)에서 2, 3마일(약 3~5킬로미터) 떨어진 지점에 닻을 내리자 주민 대여섯 명을 태운 배가 나타났다. 그들은 영국 함대에서 50야드(약 18미터) 떨어진 지점까지 오자 더 다가오지 않고 호기심과 불신에 찬 눈초리로 지켜보기만 할 뿐이었다.

홀 일행이 배를 저어 근처 마을에 상륙하자 주민들이 떼를 지어 몰려왔다. 주민들은 피부가 짙은 구릿빛이었고 험악하고 야만스러운 인상이었다. 지위가 높은 것으로 보이는 사람들은 직경이 거의 3피트(약 90센티미터)나 되는 모자를 쓰고 있었다. 이 이상한 모자는 잠자리 날개처럼 아름다운 직물로 만들어져 있었다. 겉은 말총으로 꾸며져 끈으로 턱 밑에 묶여 있었다. 끈에는 빨갛고 노란 구슬이 꿰어져 있었다. 거친 풀로 만든 천으로 된 옷은 거의 무릎까지 닿을 정도로 길고 헐렁했다. 발에는 튼튼해 보이는 짚신을 신고 있었다. 주민들의 체격은 중간 정도였고 이목구비가 수려하고 건강하게 보였다.

주민들은 처음에는 이방인들의 옷을 살펴본 후 놀라는 것 같았다. 하지만 얼마 후에는 이방인들이 가지고 있는 물건에는 거의 관심을 기울이지 않았다. 그들의 첫째 관심사는 이방인들이 빨리 떠나주는 것이었다. 홀 일행이 마을로 들어가려 하자 처음에는 다른 길로 가도록 길을 가르쳐주었다. 하지만 계속 가려고 하자 거칠게 팔을 잡고 밀쳐냈다. 홀 일행은 무례한 대접을 참으며 주민들을 설득하려 했지만 허사였다. 동행한 중국인도 소용이 없었다. 그는 주민들의 말을 한마디도 알아듣지 못했고 한자도 읽을 수 없었다. 매클라우드는 당시 정황을 이렇게 묘사했다.

주민들은 손을 목으로 가져가 목이 잘리는 시늉을 하거나 해안에서 배를 밀어내는 몸짓을 하는 등 손짓과 몸짓으로 배가 상륙하는 것을 무척 꺼려했다. 그러나 그들은 폭력을 쓰지는 않았다.[162]

홀 일행은 이 비사교적인 마을 사람들을 떠나 섬에서 가장 높은 산으로 올라갔다. 산꼭대기는 부드러운 풀과 좋은 냄새가 나는 관목들로 덮여 있었다. 산의 북쪽을 따라 내려오자 홀 일행이 처음 상륙했을 때 도망갔던 여인들이 돌아와 있었다. 그들은 나무 절구에 쌀을 찧고 있었고 등에는 아이를 업고 있었다. 홀 일행을 본 여인들은 하던 일을 멈추고 놀란 토끼처럼 집으로 도망갔다. 영국 함대의 보트 한 척이 마을 가까이 노를 저어 오는 것을 보았기 때문이었다.

마을에는 약 40채의 집이 있었다. 지붕은 갈대와 짚으로 이었고 새끼로 묶어 내렸다. 집들은 불결했다. 집들 사이에는 쓰레기 더미와 웅덩이들이 있었다. 황소와 가축도 보였다. 홀 일행은 그것을 자신들의 물건과 바꾸려 했지만 주민들은 거절했다. 선물로 준 달러도 받지 않았다. 유리 술잔을 제외하고는 그들에게 보여준 어떤 것에도 가치를 두지 않는 것 같았다. 주민들 가운데 한 사람이 돛배 모양의 종잇조각을 들어 올려 바람 부는 방향으로 흔들면서 배를 가리켰다. 아마 이제 순풍이 부니 떠나가야 할 때라는 뜻인 것 같았다.

홀 일행이 섬을 떠날 때 어린 아이들이 마을에서 제법 멀리까지 따라왔다. 맥스웰 대령은 이 섬들을 '제임스 홀 군도'(Sir James Hall Group)라고 이름 붙였다. 에든버러 왕립학회 회장이었던 바질 홀 대령의 아버지 이름을 딴 것이었다. 9월 2일 영국 함대는 남쪽으로 항해하다 3일에는 화강암 지층을 조사하기 위해 한 섬(격렬비도)에 정박했다. 주민들이 절벽 끝에 몰려들었다. 그들은 홀

화가 하벨이 그린 '제임스 홀 군도'의 주민들 모습.

일행이 상륙하는 순간부터 소리를 지르며 온갖 몸짓으로 빨리 이 섬을 떠나라는 표시를 하고 있었다.

시계를 처음 본 사람들

지질 조사를 마친 홀 일행은 조그만 만(외연도)으로 들어가 상륙했다. 주민들은 큰 소리로 몇 번이나 길게 말했다. 홀 일행은 자신들이 어느 누구도 해치지 않을 것이고 그저 섬의 지리만을 관찰하려할 뿐이라고 말했다. 주민들은 부채로 그들의 목을 가로지르고 때로는 홀 일행의 목을 가로지르는 시늉을 했다. 계속 나아가면 목이 달아날 것이라는 몸짓 같았다. 홀의 일행 가운데 한 사람은 주민들이 자신들을 상륙시킴으로써 우두머리에게 불려가 질책을 받을까 봐 두려워하고 있는 것 같다고 설명했다.

홀 일행은 마을로 들어가려 했지만 주민들의 반대로 단념해야 했다. 그들은 턱수염과 구레나룻을 한 번도 깎은 적이 없는 것 같았다. 부채와 담뱃대 그리고 이상한 언어와 태도는 말로 표현하기 어려울 만큼 기괴했다. 홀은 섬 주민들의 행동을 이렇게 묘사했다.

그들은 우리 주위를 둘러싸고 계속 소리를 지르면서 우리의 옷감과 모양에 대해 놀라워했다. 그러나 시계를 보자마자 만사를 제쳐두고 그것을 자세히 살펴보게 해달라고 졸랐다. 그들은 시계를 처음 본 것이 분명했다. 어떤 사람은 초침을 보고는 그것이 살아 움직인다고 생각하는 것 같았다. 그들의 관심은 시계에서 도장과 열쇠로 나아갔다. 도장이 낯설지는 않은 모양인지 자국을 남기려고 손바닥에 눌러보기도 했다. 우리가 소총을 쏘자 그들의 관심은 시계에서 멀리 떨어져 나갔고 모든 사람들은 몇 발자국 뒤로 물러났다. [163]

홀 일행이 보트로 걸어가자 주민들은 기뻐하며 출발을 도와주었다. 영국인들의 손을 잡고 해안에 있는 미끄러운 바위를 지나가도록 거들어주기도 했다. 보트 하나가 뭍에 올라와 있는 것을

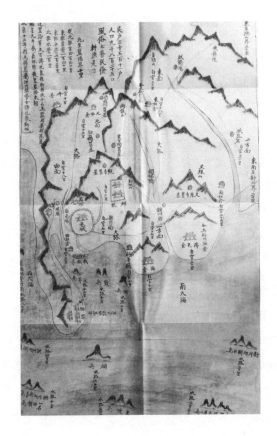

당시의 충남 서천 비인
지도.

보자 몇 사람이 옷을 벗고 물로 뛰어들어 배를 밀어냈다. 이 때문
에 주민들의 팔이 놀랄 만큼 균형 잡혀 있고 튼튼하다는 것을 알
수 있었다. 하지만 긴 머리를 어깨까지 내려오도록 풀어헤쳐 놓은
모습은 마치 야만인 같았다.

홀 일행은 이번에는 여자를 한 명도 보지 못했다. 어린이들은
아무 두려움 없이 홀 일행을 둘러쌌다. 홀은 "그들은 거의 고함에

가까운 높은 목소리로 이야기하는 이상한 풍속을 가지고 있다"고 기록했다. 맥스웰 대령은 스코틀랜드 지리학자인 허튼(James Hutton, 1726~1797)의 이름을 따서 이 섬을 허튼 섬(Hutton's Island)이라고 명명했다.

9월 4일 알세스트호와 리라호는 비인만에 닻을 내렸다. 맥스웰과 홀 그리고 해군 대위 클리포드(H. J. Clifford) 세 사람은 보트를 타고 가까운 마을로 향했다. 주민들과 정박한 배에서는 동요가 일어나고 있었다. 배에는 많은 사람들이 타고 있었다. 수많은 깃발이 펄럭이고 화려한 장식으로 꾸며져 있었다. 그 가운데 배 한 척에는 커다란 푸른 우산이 펴져 있었다. 홀 일행은 그 배에 지위가 높은 사람이 탔을 것이라고 짐작하고 그쪽으로 갔다. 그 배에서 음악 소리가 흘러나왔다.

그들이 가까이 다가가자 우산 아래에 족장같이 생긴 사람이 앉아 있는 게 보였다. 그의 백발 수염은 가슴을 완전히 덮고 허리 아래까지 내려와 있었다. 푸른 비단으로 만든 옷이 흘러내린 모습은 장관이었다. 허리에는 단검을 차고 있었고, 은으로 칠해진 지팡이를 손에 쥐고 있었다. 모자는 지름이 거의 3피트에 이를 만큼 넓었다.

그 사람이 이 마을의 우두머리라고 확신한 홀 일행은 그의 배에 올랐다. 그는 친절하게 맞이해주었지만, 홀 일행의 행동을 마땅치 않게 생각하는 것 같았다. 홀 일행은 자신들의 배로 돌아와 그 사람과 함께 이야기를 나누었다. 그 동안 마을 배들이 점차 흩어지면서 홀 일행이 탄 보트를 둘러쌌다. 홀 일행은 배신당했다고

맥스웰 일행이 만난 조선의 관리와 수행원의 모습.

생각하고 무기를 준비했다. 노신사는 곧 홀 일행의 경계심을 알아
채고 배들을 물러나게 했다. 노신사와 홀 일행은 서로 말이 통하
지 않았다. 중국인 통역관은 아무짝에도 쓸모가 없었다.

　홀 일행은 나이 든 수장에게 상륙하고 싶다는 뜻을 전했다.
수장도 홀 일행의 배에 가고 싶다는 의사를 표시했다. 홀 일행은
해안 가까이에 정박해 있던 리라호로 노를 저었다. 수장이 리라호
에 오르자 배는 같이 따라온 주민들로 꽉 찼다. 어떤 사람은 돛대
위에 올라가 갑판을 둘러보기도 하고 어떤 사람은 후미에 가보기
도 했다. 수장은 갑판 위의 의자에 앉으려 하지 않았다. 그는 언짢
은 표정을 짓고 있었다. 얼마 후 수행원들이 돗자리를 가지고 와
서야 거기에 앉았다.

　수장은 침착한 목소리로 말을 하기 시작했다. 하지만 홀 일행

홀 일행과 필담을 나누고 있는 마량진첨사 조대복과 비인현감 이승렬.

은 한마디도 알아들을 수 없었다. 홀 일행이 영어로 화답하자 수장은 참지 못하고 수행원을 불러 글을 받아쓰게 한 다음 홀에게 주었다. 홀이 글을 알지 못한다는 사실을 안 수장은 실망과 노여움을 금치 못했다. 홀 일행은 난처한 상황을 피하려고 수장에게 브랜디 몇 병을 건네주고, 수행원들에게는 럼주를 나주어주었다. 그러는 사이에 주민들은 더욱 늘어났고 대단한 호기심으로 배 안을 휘젓고 다녔다. 수장은 그 상황을 곤혹스럽게 생각하는 것 같았다. 수장과 수행원들은 주민들에게 배로 돌아가라고 몇 차례나 명령했지만, 얼마 지나지 않아 그들은 되돌아오곤 했다. 심지어 한 사람은 수장 가까이에 있는 해먹에 올라 앉아서 몰래 지켜보고 있었다. 수장이 그를 발견하고 수행원에게 즉시 끌고 가라고 명령했다.

날이 어두워지자 수장은 배로 돌아갔다. 수장이 떠날 때 리라호에서는 세 발의 예포가 울렸다. 홀 일행은 모든 것이 잘 되었다고 생각했다. 하지만 낌새가 이상했다. 우산 아래 앉은 수장은 갑판 위에 수행원들을 죽 늘어서게 한 후 리라호를 지켜보고 있었다. 그가 답방을 기대하고 있다는 것을 눈치 챈 홀 일행은 경의를 표하기 위해 수장의 배로 찾아갔다. 수장은 자리에 앉으라고 권하고는 술병을 내놓으며 마시라는 몸짓을 했다. 그는 손님들이 만족해하는지 몰라서 불안해하는 것 같았다.

홀 일행은 약 10분쯤 앉았다가 배로 돌아왔다. 수장의 배가 해안으로 돌아갈 것이라고 생각했지만 그것은 착각이었다. 수장은 다른 배들을 불러 모은 후 죄인을 처벌하는 의식을 집행했다. 리라호에서 회담할 때 소란을 피운 사람들에게 대나무 곤장을 쳐 보임으로써 이방인들에게 엄격한 규율이 집행되고 있다는 사실을 알리는 것 같았다.

가면무도회 같은 필담 풍경

어둠이 짙게 깔리자 수장이 알세스트호로 다가왔다. 홀 일행에게는 뜻밖의 일이었다. 줄곧 리라호에 머물고 있던 맥스웰 선장은 황급히 알세스트호로 갔다. 맥스웰은 곧바로 견장이 달린 제복으로 갈아입고 수장을 영접했다. 알세스트호에서는 예포 세 발이 울렸다. 수장은 선실에 돗자리를 깔고 앉아 맥스웰 선장과 마주앉았다. 지난번과 마찬가지로 수장은 수행원에게 글을 받아 적도록 명령한 다음 맥스웰에게 건네주었다. 맥스웰은 훗날 광동으로 돌아와 영국 스코틀랜드 장로교 선교사 모리슨(Robert Morrison)[164]에게 이 글의 번역을 부탁했다. 수장의 글은 다음과 같았다.

여러분은 어느 지방 어느 나라 사람들입니까? 당신들은 무엇 때문에 여기에 왔습니까? 이 배 안에는 이 필담을 완전히 이해하고 설명할 수 있는 식자가 있습니까(Persons, of what land, of what nation(are you)? On account of what business do you come hither? In this ship are there literary men who thoroughly understand and can explain what is written)?[165]

맥스웰도 수장의 수행원들에게 종이를 달라고 했다. 그는 영어로 "나는 당신이 하는 말을 한마디도 모르겠습니다(I do not understand one word that you say)"라고 적어서 수장에게 주었다. 수장은 종이와 맥스웰을 번갈아 바라보며 난처한 표정을 지었다. 당시 상황을 지켜본 매클라우드는 "이 광경은 마치 가면무도회 같았다"고 묘사했다.

필담에 실패한 수장은 이제 몸짓으로 이야기했다. 그는 그의 관심을 끈 거울을 보자고 했다. 거울을 보며 한참 동안이나 수염을 이쪽저쪽으로 쓰다듬어보기도 했다. 차와 체리, 브랜디를 들면서 수장은 만족스러운 표정을 지었다. 맥스웰 선장은 수장이 방문해주기를 바란다고 생각하고 다음 날 육지에 상륙하겠다는 뜻을 표시했다. 수장은 기분 좋게 자리에서 일어났다. 하지만 그가 선실을 나서는 순간 그의 평화는 깨져버렸다. 그의 수행원들이 알세스트호의 선원들과 술을 마시며 떠들고 있는 장면을 보았기 때문이었다. 수장은 배를 샅샅이 뒤져가며 수행원들을 찾아야 했다. 한 사람은 수장의 눈을 피해 도망치다가 붙잡혔는데, 그는 선원들이 준 비스킷을 가득 안고 있었다. 그는 곧 비스킷을 던져버리고 말없이 수장의 뒤를 따라갔다. 수장이 떠날 때 또다시 예포가 발사되었다. 수장의 배에서는 군가가 연주되었다.

홀 일행이 리라호로 돌아왔을 때, 배 주위에 감시선들이 정박해 있는 것이 보였다. 그 가운데 한 배에는 사공들이 잠들어 있었다. 수장이 돌아갔다는 표시를 하자 그들은 재빨리 닻을 올리기 시작했다. 그들은 떠나면서 '호야, 호야(hoya hoya, 좋다, 좋다)라는 말을 되풀이했다.

이튿날 5일 새벽부터 육지에서는 야단법석이 일었다. 잠시 후 수장과 수행원들이 리라호로 노를 저어 왔다. 배는 화려한 깃발로 장식되어 있었고, 밝은 옷차림을 한 사람들이 가득 차 있었다. 어제와 마찬가지로 힘찬 음악소리가 들려왔다. 그 가락은 느릿느릿한 백파이프 소리 같기도 하고 낮고 단조롭게 울리는 나팔이나 짧고 날카로운 트럼펫 소리 같기도 했다.

뜻밖에 이른 시간에 수장이 방문했기 때문에 홀 일행은 미처 준비를 마치지 못했다. 배에 올라온 수장은 한가롭게 갑판을 거닐며 살펴보고 있었다. 선실이 정리되자 그는 안으로 초대받았다. 그가 선실로 들어올 때 그의 모자가 문을 꽉 채웠다. 어제와 달리 수장은 거절하지 않고 의자에 앉았다. 그는 선실 안을 주의 깊게 살피면서 궁금한 것이 있으면 작은 지팡이로 그것을 가리켰다. 어린 아이처럼 선실에 있는 지구의를 빙빙 돌려보기도 하고, 그림을 보려고 책을 뒤적거리기도 했다. 홀 일행에게는 꽤 즐거운 광경이었다.

수장은 수행원 한 사람을 선실로 데리고 왔는데, 병색이 짙어 보였다. 지난밤에 만났을 때 수장은 자신의 수행원 몇 사람이 건강하지 못하다는 것을 암시하는 듯했다. 그래서 다음 날 육지를 방문할 때 의사들을 데리고 가기로 약속되어 있었다. 이른 아침에 수장이 리라호를 찾아온 것은 그 수행원의 건강을 염려해서라고 홀 일행은 생각했다. 선실에서 첫 인사를 나눈 후 의사들이 불려 왔다. 의사들은 병색이 짙은 수행원을 검진했다. 수행원은 의사 앞에서 혀를 내밀고 맥박을 재는 등 검사에 응했다. 그는 모든 것을 잘 참았고 수장도 이것을 의례적인 행위로 생각하는 것이 분명했다.

의사의 손에서 풀려난 그 수행원은 선실의 책을 조사하기 시작했다. 책 한 권을 빼서 가지고 싶다는 뜻을 나타냈다. 공교롭게도 그 책은 《대영백과사전(Encyclopaedia Britannica)》 가운데 한 권이었다. 홀은 어쩔 수 없이 거절하고 대신 더 화려해 보이지만 비싸지 않은 책을 건네주었다. 그는 그것을 고맙게 받고는 수장이 다른 곳을 보는 틈을 타서 몰래 홀의 손에 부채를 쥐여주었다. 홀은 그의 뜻을 짐작하고 부채를 몰래 치워두었다.

그런데 그것은 곧 들통이 나고 말았다. 선실에 사람이 가득 차서 더워지자 홀은 부채를 찾았다. 수행원의 장난을 눈치 채지 못한 홀의 하인이 부채를 가져왔다. 수장은 그 부채를 보자마자 수행원을 화난 얼굴로 쳐다보았다. 하지만 이방인들이 부채를 흥미로워하고 있다는 것을 알자 곧 화를 가라앉혔다. 그리고 수행원에게 그가 선물받은 책을 가져도 좋다고 허락했다.

처음 쇼를 구경한 학생처럼 즐거워하다

반 시간쯤 지나 포도주 한 잔을 마신 후 수장은 갑판으로 올라가 자고 했다. 홀이 길을 안내했다. 수장은 사다리를 조금 올라가다 가 하급 장교실 문 앞에 멈춰 서서 신기한 듯이 들여다보았다. 홀이 장교실로 들어가자고 청했다. 수장은 한참 동안 객실을 둘러보며 흐뭇해했다. 홀은 통로를 가리키며 다른 선실도 둘러보라고 권했다. 수장은 기뻐하면서 좁은 통로를 지나는 데 거추장스러운 그 커다란 모자를 비로소 벗었다. 그는 닫혀 있거나 묶여 있는 것을 열어보라고 하면서 샅샅이 살폈다.

수장은 사관생도들의 상자와 수병의 가방을 뒤졌다. 짐칸도 들여다보고 보일러 뚜껑도 열어보면서 모든 것을 뒤죽박죽으로 만들었다. 갑판에 매여 있는 단도를 보자 그것을 내려 칼집에서 뽑았다. 광택이 나고 날카로운 칼날을 보자 무척 놀라고 좋아했다. 홀이 그것을 가지도록 했지만, 그는 5분 동안 수행원과 의논한 후 어쩔 수 없이 제자리에 걸어놓았다. 수장은 지나다니면서 소매에 들어가는 것은 무엇이든 견본으로 집어넣었다. 갑판에 올라왔을 때 그의 소매는 제법 두둑해졌다. 홀은 "그는 마치 생전 처음 쇼를 구경하러 나온 학생처럼 만족해하며 이곳저곳을 열심히 구경했다"고 묘사했다.

홀과 수장이 선실을 구경하고 있는 동안 주민 한 사람이 끈으로 배의 크기를 재고 있었고, 또 다른 사람은 총과 포, 그 밖의 장비를 세어 자세히 기록하고 있었다. 그는 승선한 사람 수를 확인할 수 없자 홀에게 물었다. 홀은 손가락을 여덟 번이나 펴보였다. 수장과 수행원들은 대포 쏘는 것을 보고 싶어 하는 눈치였다. 선원들은 18파운드(약 8킬로그램)짜리 대포알을 장전해서 총구를 낮추어 발사했다. 가까운 곳에서 물기둥이 8~10번이나 오르내렸다. 수장 일행은 한편으론 놀라면서도 무척 즐거워했다.

맥스웰 대령이 배에 오르자 곧 아침 식사가 차려졌다. 맥스웰은 수장을 식사에 초대했다. 그는 나이프, 포크, 스푼을 사용해서 앞에 놓인 음식이 무엇이든 기꺼이 먹었다. 나이프와 포크를 생전 처음 보았겠지만, 어색하지 않게 잘 썼다. 그를 배려해서 중국 젓가락을 주었지만 거절했다. 수장은 모든 면에서 이방인의 풍습을 따르려고 결심한 것 같았다. 중국식으로 차를 대접했는데, 이방인과 다른 것을 알고 하인에게 잔을 들어 올려 우유와 설탕을 넣게 했다. 홀은 이 수장의 인품을 높이 평가했다.

자신과는 무척 다른 사람들의 관습을 예의바르고 편안하게 따르려는 그의 태도는 탄복할 만했다. 그가 우리들의 존재조차 몰랐을 것이라는 사실을 생각할 때, 그의 예의범절은 그가 그 사회에서 높은 신분임을 가리킬 뿐만 아니라 그 사회의 문화 수준을 암시하는 것 같다. (……) 그는 무척 호기심이 많았다. 처음에 그를 당혹스럽게 한 것이 어떤 쓰임새가 있는지 깨달았을 때는 항상 무척 기뻐했다. 그러나 이유 없는 놀라움이나 터무니없는 찬탄은 없었다. 그가 이 세상 어디에서나 예의바르고 관찰력이 예리한 인물로 기억될 것은 틀림없다. 그는 그의 주민들에게는 언제나 가혹하고 참을성이 없었다. 그러나 이것은 주민들이 우리를 공격하지나 않을까 걱정했기 때문이었다. 그는 주민들이 자신보다 신중하거나 사려 깊지 못해서 끊임없는 통제가 필요하다는 것을 알고 있었던 것이다.[166]

아침 식사가 끝나자 수장은 다시 갑판으로 올라갔다. 맥스웰은 전날 저녁의 약속을 상기시키며 곧 상륙할 예정이라고 그에게 알리려 애썼다. 수장은 알아듣지 못했는지 아니면 알아들으려 하지 않았는지 맥스웰이 해안을 가리킬 때마다 군함으로 주의를 돌렸다. 마침내 수장은 그의 배를 알세스트호로 향했다. 맥스웰은 그의 배로 다가가 마을로 데려다줄 것을 설득하려 애썼다. 하지만 수장은 고개를 저었다. 그는 수행원들과 한참 의논한 후 수행원과 함께 마침내 맥스웰의 배로 올라왔다.

맥스웰 일행은 수장이 자신들을 초대하지는 않더라도 자신들의 상륙 요구를 받아들인 것이라고 해석했다. 맥스웰의 배가 해안으로 향하자 수장은 후회하는 빛이 역력했다. 그는 몇 번이나 머리를 내려뜨리고 손으로 목을 긋는 시늉을 하며 그의 목이 잘릴 위험에 빠진다는 것을 알리려 했다. 맥스웰 일행이 그를 안심시키려 했으나 소용없었다.

얼마 후 맥스웰의 배는 마을에서 반 마일 정도 떨어진 곳에 상륙했다. 뭍에 오르자 수장은 울고 있었고, 모든 사람들이 슬픈 표정을 짓고 있었다. 이것을 보고 맥스웰 일행은 놀랐다. 잠시 후 백 명도 넘는 사람들이 몰려들었다. 홀은 이때 "우리는 우리의 호기심에 대해 비싼 대가를 치러야 한다고 생각했다"며 걱정했다. 하지만 가엾은 수장은 이방인들에게 복수할 생각이 없었다. 그는 군사들에게 군중을 몰아내라고 지시했다.

수장은 마을로 걸어가면서 한 주민의 어깨에 머리를 기대고 큰 소리로 울기 시작했다. 맥스웰 일행은 이런 상황을 전혀 예상하지 못했다. 하지만 수장의 목숨이 실제로 위험에 처해 있다는 생각은 들지 않았다. 더구나 수장과 죽 함께 있었던 수행원은 평온했고, 다른 수행원들도 일상사처럼 침착하게 바라보고 있는 것을 이해할 수 없었다. 훗날까지도 홀은 그의 눈물과 몸짓이 진심이었는지, 그렇지 않으면 자신들을 돌려보내기 위한 행동이었는지 알 수가 없었다.

조선 정부의 경계심

맥스웰 일행은 수장을 달래기 위해 더 나아가지 않고 바닷가에 앉았다. 수장은 가던 길에서 돌아와 이방인들 곁에 앉아서 다시 울었다. 맥스웰이 수장의 부당한 행위에 대해 이야기하는 동안 그는 참을성 있게 기다렸다. 수장은 맥스웰에게 무엇인가를 길게 설명하면서 목을 자르는 시늉을 되풀이했다. 그러고는 그의 목에 두 손을 대고 손을 씻는 몸짓을 했는데, 아마도 처형할 때의 의식을 흉내 내는 것 같았다.

수장은 이방인들에게 이틀이란 기간에 대해 설명하려고 애썼다. 그는 해를 가리키면서 동쪽에서 서쪽으로 두 번 몸짓을 하고 한 번 끝날 때마다 자는 것처럼 눈을 감았다. 이 몸짓에 대한 맥스웰 일행의 해석은 분분했다. 어떤 사람은 이틀 후에 그의 목이 달아날 것이라고 풀이했고, 어떤 사람은 이틀 안에 정부와 연락이 닿아 자신들을 맞아들이라는 명령이 떨어질 것이라고 생각했다. 홀은 이 상황의 의미를 꽤 정확하게 간파하고 있었다.

> 이 유별난 몸짓이 무엇을 뜻하든, 이 해안 전역에 낯선 사람들에 대한 대우를 규정해놓은 어떤 총체적인 지령이 발효되고 있는 것은 거의 확실해 보였다. 아마도 그 전에는 (다른 나라의) 배 한 척 들어와본 적이 없었을 이곳에서 기민하게 대응하고 우리의 상륙을 완강하게 거부한 것은 (조선) 정부의 비상하고도 빈틈없는 경계심을 나타내는 것 같았다.[167]

맥스웰 일행은 수장에게 음식을 먹고 마시고 싶다는 뜻을 표시했다. 그가 자신들을 환대해주고 그의 집에 데려다주기를 바라는 마음에서였다. 하지만 그는 마을을 향해 움직이지 않았다. 단지 하인 한 사람을 보내 앉을 자리와 조그만 탁자, 물과 작은 조개 몇 개를 가져오게 했다. 이 보잘것없는 음식이 차려지자 수장은 이방인들에게 먹으라는 시늉을 했다. 그러나 맥스웰 일행은 이 대접과 장소, 예절이 결코 유쾌하지 않았다. 음식을 먹을 곳은 집이지 이 습기 차고 더러운 바닷가가 아니라고 설명했다. 하지만 수장은 다만 손에 머리를 기댄 채 자신의 운명에 대해 완전히 체념하는 것 같았다.

맥스웰 일행은 이제 더 이상 희망이 없다는 사실을 깨닫고 결국 다시 배에 올랐다. 그것이 수장에게 해줄 수 있는 마지막 호의였다. 배에서 겨우 20야드(약 18미터)도 벗어나지 못한 채 맥스웰 일행은 바질 만(Basil's Bay)라고 이름붙인 이 '불친절한 해안'을 떠났다.

알세스트호가 닻을 올리고 출항을 준비할 무렵 수장이 맥스웰을 다시 찾아왔다. 그는 예전과 다른 모습이었다. 쾌활함과 호기심은 사라지고 냉담하고 기품 있는 정중함으로 바뀌어 있었다. 그는 맥스웰의 기분이 상했다는 사실을 알고 당황한 것처럼 보였다. 맥스웰은 그에게 불안해할 까닭이 전혀 없다고 애써 확신시키려 했다. 수장은 뜻밖의 친절에 안심하는 것 같았다. 그는 선실에 있는 책들을 살펴보면서 특히 성경에 눈길을 오래 멈추었다. 맥스웰이 성경을 주려 하자 처음에는 거절했지만, 돌아갈 때 고맙다는

홀의 여행기에 실린 조선 부근 지도.

표정으로 받았다. 그는 우호적으로 알세스트호를 떠나갔다.

홀은 수장의 행동에 무척 실망했다. 그는 "늙은 수장은 나부끼는 수염과 화려한 차림새 그리고 매력적인 예절로 우리 모두에게 강렬한 인상을 심어주었다. 하지만 원인이 무엇이었든 그의 가없고도 어린아이 같은 비탄 때문에 그에 대한 우리의 존경심은 사라져버렸다. 그렇지 않았더라면 우리는 그를 존경했을 것이다"고 평했다. 한편 매클라우드는 "그(수장)는 천성적으로 무뚝뚝한 감정에 따라 행동하는 것이 아니라, 그가 감히 어떻게 할 수 없는 명령에 따라 행동하고 있는 것이 분명했다. 이런 점에서 우리가 만난 모든 조선인들의 행동에는 인간적인 솔직함이 있었으며, 무례하다고 생각될 수 있는 성향은 없었다"며 수장과 조선인들을 호의적으로 기록했다.

영국 선원들과 조선의 관리 사이에 벌어진 이 기묘한 촌극과 오해로 가득 찬 실랑이는 두 이질적인 문명의 만남을 전형적으로 보여주고 있다. 홀과 매클라우드가 증언했듯이 조선인들 사이에는 낯선 이방인과 이국의 문물에 대한 열광적인 호기심과 극도의 공포가 뒤섞여 있었다. 특히 조선 관리의 극단적인 행동은 영국인들을 어리둥절하게 했다. 그들은 이미 브로턴의 조선 여행기를 읽었기 때문에 어느 정도 짐작은 하고 있었지만, 자신들에게 친절하면서도 한사코 상륙은 거부하는 비사교성에 혀를 내둘렀다.

기이하고 보배로운 물건들

알세스트호와 리라호가 정박한 곳은 충청도 마량진(馬梁鎭) 갈곶(葛串, 오늘날의 충남 서천군 서면 마량리)이었다. 《대전회통》〈병전(兵典)〉에 따르면, 마량진은 소근포진(서산군 소원면), 평신진(서산군 대산면), 안흥진(서산군 근흥면)과 함께 충청도의 4대 거진(巨鎭, 수군첨절제사가 주둔하던 군사 요새) 가운데 하나였다.[168] 원래는

남포에 있다가 1656년(효종 7)에 비인으로 옮겼다.[169]

홀과 매클라우드가 '수장'(chief)이라고 부르며 흥미롭게 관찰하고 묘사한 조선의 고관은 마량진첨사(수군첨절제사, 종3품) 조대복이었고, 수행원은 비인현감(종6품) 이승렬이었다. 이양선이 나타났을 때 조대복은 청포(靑袍)에 흑각대(黑角帶)와 단도를 차고 머리에는 흑립(黑笠)을 쓰고 있었다. 손에는 홀을 들고 있었다. '은으로 칠해진 지팡이'라고 말한 것은 조대복이 들고 있던 홀을 가리킨다. 당시 4품 이상 고관은 지위를 상징하는 의례용 장구인 상아홀을 썼고, 5품 이하는 괴목으로 만든 목홀을 썼다.[170]

넓이가 거의 3피트나 된다고 홀이 놀라워 한 것은 조대복의 흑립이었다. 흑립은 사대부 계급의 전용 갓으로, 조선 후기에 조정에서 갓 양태(凉太, 햇빛을 가리는 원반 모양의 차양, 주로 쪼갠 대나무나 말총으로 만들었다)의 넓이가 논란이 되기도 했다.[171] 1834년(순조 34) 좌의정 심상규는 "옛날의 입첨(笠簷, 갓 양태)은 겨우 어깨를 덮을 만했는데, 지금은 넓어서 반좌(盤坐, 책상다리하고 앉는 것)를 지나쳤습니다. 미관(美觀)이라고 할 수 없고 사용하기에도 적당치 않으므로 개탄스럽고 의아스럽습니다. 입첨이 넓은 것은 모두 사치와 허비에 속합니다. 지금 옛 제도를 준행하고 이미 익숙해진 풍속을 따르지 말아야 폐단을 제거할 수 있습니다"[172]라고 말할 정도였다.

《일성록》과 《순조실록》 순조 16년(1816) 7월 19일자에는 당시 충청수사 이재홍의 장계가 실려 있다. 이재홍은 마량진첨사 조대복과 비인현감 이승렬의 연명 보고서를 인용하고 있다. 조대복과 이승렬은 인근 섬에 이양선이 출몰했다는 전갈을 받고 비상 출동한 것으로 보인다. 두 사람의 보고서는 홀과 매클라우드의 여행기와 많은 차이가 있다. 그들의 보고서는 이렇게 시작된다.

많은 사람과 배를 동원해서 표류해 온 이양선을 끌어들이려 했지만 그럴 수 없었습니다. 14일 아침에 첨사와 현감이 이상한 모양의 작은 배가 떠 있는 곳으로 같이 갔습니다. 먼저 한문으로 써서 물었더니 모른다고 고개를 저었습니다. 다시 언문(한글)으로 써서 물었으나 모른다고 손을 저었습니다. 한참 힐난했지만 끝내 의사를 소통하지 못했습니다. 결국 그들이 스스로 붓을 들고 썼지만, 전자(篆字) 같으면서 전자가 아니고 언문 같으면서 언문이 아니었으므로 알아볼 수 없었습니다.
그들은 좌우와 상하 층각(層閣, 여러 층으로 높게 지은 누각) 사이의 무수한 서책 가운데 책 두 권을 꺼내서 한 권은 첨사에게 주고 한 권은 현감에게 주었습니다. 그 책을 펼쳐 보았지만 역시 전자도 아니고 언문도 아니어서 알 수 없었으므로 되돌려 주었습니다. 그들이 굳이 사양하고 받지 않기에 소매 안에 넣었습니다. 책을 주고받을 때 진서(眞書, 흘림이 전혀 없이 또박또박 쓴 글씨) 한 장이 있었습니다. 그 나라에서 거래하는 문자인 것 같아서 가지고 왔습니다.[173)]

홀과 매클라우드의 에세이식 문체와 달리, 조대복과 이승렬의 보고서는 격식을 갖춘 축약식 서술이 특징이다. 더구나 책임

소재가 명확한 관할 지역에서 일어난 일이라 무척 신중한 언어를 구사하고 있다. 이양선이 표류해 왔다는 것, 이양선을 끌어들이려 했다는 것, 이방인들이 준 책을 돌려주려 했지만 어쩔 수 없이 받았다는 것 등이 그 예인데, 이것은 홀의 관찰과는 사뭇 다르다. 뒤에도 나오지만, 배에 진서 한 장이 있었다는 것은 홀과 매클라우드의 여행기에는 빠져 있는 내용이다. 조대복과 이승렬은 이어 이방인의 생김새와 옷차림을 세밀하게 묘사하고 있다.

사람들은 낱낱이 머리를 깎았습니다. 머리에 쓴 모자는 검은 털이나 노끈으로 만들었는데, 동로구(銅鑪臼, 구리로 만든 거푸집)와 비슷했습니다. 상의는 흰 삼승포(三升布, 석새삼베, 240올의 굵은 날실로 짠 삼베옷)나 흑전(黑氈, 털로 짠 모직물)으로 만들었고 오른쪽 옷섶에 단추를 달았습니다. 하의는 흰 삼승포를 입었는데, 행전(行纏, 바지 · 고의를 입을 때 정강이에 감아 무릎 아래에 매는 물건. 반듯한 헝겊으로 소맷부리처럼 만들고 위쪽에 끈을 두 개 달아서 매게 되어 있다)처럼 몹시 좁게 지어서 다리가 겨우 들어갈 정도였습니다. 버선은 흰 삼승포로 둘러쌌습니다. 신은 검은 가죽으로 만들었는데, 발막신(發莫, 뒤축과 코에 꿰맨 솔기가 없고 코끝이 넓적하며 가죽 조각을 대고 하얀 분을 칠한 신발)처럼 생겼고 끈을 달았습니다.[174]

조대복과 이승렬은 이양선에서 구경한 진기한 물건들과 선원 수도 보고했다. 선원들은 금은환도(金銀環刀)나 금은장도(金銀粧

刀), 건영귀(乾靈龜, 나무 곽으로 만든 나침반)를 찼으며 천리경도 가지고 있었다. 작은 배(리라호)의 선원 수는 칸칸마다 사람이 가득 있어서 자세히 계산하기 어려웠지만 80, 90명에 가까울 듯했다. 큰 배(알세스트호)에 가서도 실정을 물어보았는데, 옷차림, 패물, 소지품이 모두 작은 배와 같았다. 여기서도 한문이나 언문을 모두 모른다고 고개를 저었다. 사람의 수는 작은 배에 비해 몇 갑절이나 될 것 같았다. 사람들은 배 위와 방 사이에 앉아 있기도 하고 서 있기도 했고, 가기도 하고 오기도 하는 등 매우 어수선해서 하나 둘씩 세기 어려웠다. 서책과 기물(器物)은 작은 배보다 갑절이나 되었다. 큰 배나 작은 배를 막론하고 생김새가 기기괴괴하며, 층이나 칸마다 보배로운 그릇과 이상한 물건이 있었다. 그 밖에 이름을 알 수 없는 쇠와 나무 등의 물건이 이루 다 셀 수 없을 정도로 많았다.

그 가운데 여인(Mrs. Roy)도 한 사람 있었다. 그녀는 흰 베로 머리를 싸매고 붉은 색 치마를 입고 있었다. 두 배 모두 대장간이 설치되어 있어서 대철환(大鐵丸), 화살촉 등의 물건을 만들었다. 첨사와 현감이 배에서 내릴 때 한 사람이 책 한 권을 주었다. 작은 배에서 받은 두 권과 합하면 그들이 받은 책은 세 권이었다. 그들은 한 권은 보령의 충청수사에게, 한 권은 충청도 감영(관찰사가 집무하는 충주)에, 한 권은 충청도 병영(병마절도사가 집무하는 해미)에 각각 보냈다.

지방관을 파면하라

신시(申時, 오후 3~5시) 무렵 서북풍이 불자 크고 작은 배가 갑자기 신호탄을 쏘며 차례로 돛을 달고 연도(煙島, 전남 옥구군 미성읍, Helen's Island) 밖 넓은 바다로 나갔다. 첨사와 현감이 여러 배를 지휘해 쫓아갔지만, 나는 새처럼 빨라서 도저히 붙잡아둘 수 없었다. 앞의 배는 아득히 형체가 보이지 않았고, 뒤의 배는 어슴푸레 보이기는 했지만 해가 이미 져서 오래 바라볼 수 없었다. 조대복과 이승렬은 두 배에서 조사한 물건 목록과 작은 배에서 얻은 한문 편지 한 장의 필사본을 첨부하여 충청수사 이재홍에게 올렸다. 한문 편지에는 다음과 같이 씌어 있었다.

영길리국(英吉利國) 수사관원(水師官員)에게 사정을 알리는 글을
적어 보내니 해당 관헌에서는 잘 알기 바랍니다. 금년 윤6월 초순
사이에 우리 영길리국에서 배 5척으로 우리 영국 왕이 임무를 맡긴
사신과 수행한 사람들을 보내서 천진 북연하(北蓮河) 입구에
도착했습니다. 지금 왕의 사신 등이 황제(萬歲爺)를 뵈러 모두
북경으로 갔습니다. 천진 외양(外洋)은 수심이 얕은 데다 큰
바람까지 불어서 배가 파괴되는 것을 피할 수 없습니다. 각 배가
감히 이곳에 정박하지 못하고 지금 월동(광동의 별칭)으로 돌아가서
왕의 사신이 돌아오기를 기다려 귀국하려 합니다. 이에 (우리
선박이) 그곳을 지나게 되었으니 해당 관헌은 음식물을 사도록 하고
맑은 물을 마시도록 해주십시오. 왼쪽에 우리 왕께서 보낸 사신의

인장이 찍혀 있으니 증거가 될 것입니다.

가경(嘉慶) 21년(1816) ○월 ○일에 씁니다.[175]

조정에서는 이 편지를 읽고 이양선의 국적과 목적을 알게 되었다. 맥스웰과 홀은 조선 해역 탐사를 떠나기 전에 미리 애머스트 특사에게 탐사 목적을 밝히고 이 편지를 받아둔 것으로 보인다. 그런데 맥스웰 일행이 조대복과 이승렬을 만났을 때 왜 이 편지를 보여주고 양해를 구하지 않았는지 알 수 없는 일이다. 이 편지는 한문으로 씌어 있었기 때문에 광동인 통역을 거치지 않더라도 의사를 전달할 수 있었을 것이다.

맥스웰 일행이 뭍에 오르려 했을 때 조대복이 절망하면서 목이 잘리는 시늉을 한 것은 이방인들에게는 기이하게 보였지만, 조대복으로서는 절박한 일이었다. 그는 이양선이 느닷없이 출현함으로써 횡액을 당할 수밖에 없었다. 충청수사 이재홍은 조대복과 이승렬을 파면하라는 장계를 올렸다.

이양선 두 척이 닻을 내리고 머문 곳은 큰 바다가 아니고 육지에 가까운 곳으로, 폭풍이 멎고 파도가 잔잔해지기를 기다리기 위한 것이었습니다. 많은 사람과 배를 동원해서 있는 힘을 다했다면 어찌 이양선을 끌어들일 길이 없었겠습니까. 이양선을 바다에 머물러 있게 방치하다가 마침내 이양선이 바깥 바다로 달아나버렸습니다. 이처럼 막중한 일에 이른 것은 아무리 살펴보아도 전례가 없고 무척 놀라운 일입니다. 변정이 중대하므로 마량진첨사 조대복과 비인현감 이승렬을 그대로 둘 수 없습니다. 그들을 우선 파면하고 해당 관청(병조)에 그들의 죄상을 알려 처리케 합니다.[176]

조대복과 이승렬이 파면까지 당한 것은 지나친 조치였던 것으로 보인다. 조선시대의 형법에 따르면, 문관이든 무관이든 관리가 공무를 수행하는 과정에서 범죄행위를 저질렀을 때는 속죄(贖罪, 금전이나 물건을 대신 바치고 형벌을 면하는 것)하고, 장형 이상에 해당하는 죄를 범한 경우에는 문서로 작성해두었다가 매년 1회씩 고과해서 죄명을 적어두고 9년에 한 번씩 죄의 경중과 횟수를 따져서 파면하거나 승진의 자료로 삼았다.[177]

조대복과 이승렬이 파면당한 것은 더 엄격한 법률이 적용되었기 때문이었는지도 모른다. 조선시대 형법은 명나라 법전인 《대명률》을 적용[178]하고 있었는데, "만일 (각급 지방관이) 군사적인 동향을 파악하고서도 고의로 은폐하거나 즉각 보고하지 않았을 때는 장형 1백 대에 처한 다음 파면 조치한다. 이 때문에 군사작전 수행에 막대한 지장을 초래했을 경우에는 참형에 처한다"[179]는 조항이 있다. 《대전회통》〈병전〉에는 "바닷가 백성으로서 중국 선박과 접촉 왕래한 자, 변방의 정세를 거짓 보고한 자에게 군법을 적용한다"[180]고 규정되어 있다.

조대복과 이승렬에게 더욱 불리했던 것은 당시 조선의 상황이었다. 1801년 신유박해의 광풍이 지나간 후 잠시 잠잠하던 천주교도 박해는 1810년대에 다시 고개를 들기 시작했다. 1811년(순조 11) 3월 3일에는 천주교도를 엄히 단속하라는 왕명이 떨어졌다. 그해 5월 23일 충청도의 천주교도 박옥귀와 안정구가 사형당하고, 이듬해 10월 15일에는 역시 충청도의 천주교도 장어둔남, 김덕이 처형되었다. 영국 군함이 찾아오기 1년 전인 1815년(순조 15)에는 경상도의 천주교도 29명이 체포되기도 했다.[181] 당시만 해도 서양 선박은 곧 사교 전파로 의심받는 상황이었다.

1만 개의 섬을 지배하는 왕

자신들에게 깊은 인상을 남겼던 조대복과 이승렬의 불행한 운명을 전혀 모른 채 알세스트호와 리라호는 9월 6일 남쪽으로 향하고 있었다. 해안의 주민들이 몇 사람씩 앉아서 멀리 두 배를 지켜보기도 했다. 10여 명을 태운 배 몇 척이 스쳐 지나기도 했다. 사방에 수없이 많은 섬들(고군산 열도, Corean Archipelago)이 보였는데, 홀은 섬의 숫자가 너무 많아 세는 것을 포기해야 했다. 홀이 가진 지도는 정확하지 않았다. 항해는 항상 불확실하고 때로는 위험했지만, 감탄스러울 만큼 새롭고 놀라운 경치가 이어졌다. 9월 7일에는 리라호가 암초 가까이 밀려가서 밧줄이 끊어지는 불상사가 일어나기도 했다.

9월 8일 정오 무렵 맥스웰과 홀은 망원경으로 한 섬(외병도)을 관찰했다. 마을 자체는 황량했다. 섬에서 주민들이 모여들기 시작했는데, 그 가운데는 여자들도 있었다. 그들은 아기를 등에 업기도 하고 팔에 안기도 했다. 무릎 아래까지 닿는 치마와 헐렁하고 앞이 트인 기다란 흰 웃옷을 입고 있었다. 머리는 커다란 마디로 뒤로 묶여져 있고, 햇살을 가리기 위해 머리 위에 흰 천을 느슨하게 걸치고 있었다.

오후 5시 무렵 홀 일행은 그 섬에 상륙했다. 어느새 그 많던 사람들이 어디로 사라졌는지 마을에는 남자 둘밖에 보이지 않았다. 그들은 이방인들이 가버리기를 바라는 표정으로 말없이 서 있었다. 홀 일행은 그들에게 단추를 내밀었지만 그들은 거절했다. 일행은 그들을 지나쳐 외딴 집에 이르렀다. 흰 꽃으로 덮인 울타리 안에는 벼를 찧는 나무절구와 쌀과 물이 채워진 그릇들이 보였다. 마당 한쪽에는 볏가리 위에 생선이 놓여 있었다. 진흙 마루는 움푹 팬 곳이 있었고 벽은 그을음으로 새까맸다. 모든 물건들은 더러워 보였다.

입구 왼편에는 벽돌로 쌓은 곳에 커다란 쇠솥 두 개가 걸려 있었다. 뜨거운 불 위에는 배를 가른 생선 세 마리가 놓여 있었다. 선반에는 잔, 물동이, 조리기구들이 보였다. 대개는 거친 돌로 만들었고, 어떤 것은 청동 제품이었다. 그 집에서 나온 일행은 아까 보았던 남자들을 다시 만났다. 맥스웰은 온갖 몸짓으로 자신의 의사를 표현하려 했지만 소용이 없었다. 그러다 마침내 나이 든 사람의 손을 잡아 팔짱을 끼고 걸어갔다. 홀도 그렇게 해보았다. 뜻밖에 주민들은 기분 좋게 그들과 동행해주었다. 홀은 그것이 놀라워서 팔짱을 끼고 걷는 것이 조선의 유행인지 모른다고 생각하기도 했다.

홀 일행과 주민들은 앞서 구경한 집으로 다시 들어가 마루에 앉았다. 얼마 후 배 한 척이 들어오고 선원들이 그 집으로 왔다. 이 방인과 섬 주민들은 서로 담배를 주고받았고 어떤 때는 거침없이 웃기도 했다. 홀 일행은 주민들이 자신들의 옷에 대단한 호기심을 보이자 코트, 구두, 양말, 모자 등을 벗어 보여주었다. 특히 주민들은 양말을 보고 놀라워했는데, 가끔 '호타! 호타!'(Hota! Hota!, 좋다! 좋다!)며 소리를 지르기도 했다. 홀은 이 말이 양말을 뜻하는 조선어라고 생각하고 받아 적었는데, 나중에 가서야 칭찬의 의미라는 것을 알았다.

밤이 되어도 이방인들이 돌아가지 않고 언덕으로 올라가자 주민들은 불안해했다. 그들은 일행이 가는 곳마다 큰 소리를 지르며 막았다. 여자와 어린아이들이 있다고 짐작되는 곳으로 다가가자 주민들은 더욱 간절히 돌아가주기를 바랐다. 한 남자는 홀의 팔을 잡고 심하게 꼬집었다. 홀이 그를 돌아보며 "Patience, Sir!"(참으세요!) 하고 소리쳤다. 그 남자는 곧 물러나서 "Patience, Sir!" 하고 외쳤다. 다른 사람들도 이 이방인의 말을 신기하다는 듯이 따라했다. 이 사건으로 서로 친밀해지자 홀 일행은 어두워질 때까지 언덕 위에서 주민들에게 영어를 가르쳤다.

다음 날 9월 9일 동이 틀 무렵 홀 일행은 전날 갔던 마을로 다시 들어갔다. 그들은 주민 두세 명과 함께 가장 높은 언덕 꼭대기까지 올라갔다. 한 사람은 길을 가다가 멈추고 고목나무 앞에 무릎을 꿇고 머리를 땅에 숙였다. 그는 머리를 들더니 홀 일행을 숲쪽으로 밀어붙였다. 여자들이 숨어 있는 곳으로 가는 것을 막으려는 계략 같았다. 홀 일행은 살진 소 여섯 마리를 보고는 주민들에게 물물교환을 하자고 제의했다. 하지만 주민들은 무엇과도 바꾸려 하지 않았다.

홀 일행은 아침을 먹으러 배로 돌아왔다가 남동쪽에 있는 한 섬(상조도)에 상륙했다. 언덕에서 바라본 수많은 섬들의 모습은 장관이었다. 홀 일행은 섬의 숫자를 세어보았는데, 120개, 162개, 170개 등 사람마다 제각각이었다. 매클라우드는 여행기에서 조선의 국왕이 '1만 개의 섬을 지배하는 왕'으로 일컬을 만하다고 적었다.

홀 일행이 언덕에서 내려오자 선원들이 우물가 나무 아래에서 점심 식사를 준비하고 있는 게 보였다. 거기서 멀지 않은 마을은 수수한 늙은 여인 한 명과 남자 한 명 외에는 아무도 없었다. 남자는 오두막 문에 앉아 짚신을 만들고 있었다. 그는 홀 일행이 울타리 안으로 들어가자 잠시 올려다보고는 하던 일을 계속했다. 단추 하나를 건네자 망설이지 않고 받았다. 홀 일행은 아직 채 완성되지 않은 짚신 하나를 가져도 좋다는 허락을 받았다. 홀 일행이 그의 집을 샅샅이 뒤지는데도 그는 거들떠보지도 않고 하던 일을 다시 시작했다. 홀은 그가 자신이 만난 사람 가운데 유일하게 호기심을 보이지 않는 사람이었다고 생각했다.

그 무심한 남자와 헤어져 마을을 지나자 가까운 언덕에 여러 주민들이 모여 있는 게 보였다. 홀 일행은 그들을 점심 식사에 초대하겠다는 몸짓을 했지만, 아무도 움직이지 않았다. 홀 일행이 저녁 식사를 하는 동안 마을을 산책하던 영국 선원들이 주민들과 어울렸다. 얼마 후 주민들은 선원들이 준 궐련을 피우고 있었다. 홀은 자신들과 달리 선원들이 그렇게 빨리 주민들과 친해진 원인을 다음과 같이 분석했다.

주민들을 만나면 우리는 그들과 친해지려 하고 공격적인 것을 피하고 싶은 마음 때문에 행동이 조심스럽고 신중하게 된다. 이런 삼가는 태도는 상대방에게 불신과 두려움을 낳는다. 반면 선원들은 생각이 깊지 않고 공격적이지도 않다. 뿐만 아니라 다른 사람들이 자신의 완전한 선의와 꾸밈없는 솔직함을 오해하리라고는 의심하지 않는다. 따라서 그들의 태도는 편안하고 각박하지 않다. 이것이 즉시 신뢰와 친밀감을 불러일으킨다.[182]

홀 일행이 점심 식사를 하러 자리에 앉은 후 한 시간쯤 지났을 때였다. 선원들과 어울리고 있던 주민 한 사람이 벌떡 일어나 급히 홀 일행 쪽으로 달려왔다. 그는 아무 거리낌 없이 불이 붙은 담뱃대를 주었다. 홀 일행은 그에게 포도주 한 잔을 들라고 권했다. 포도주를 마시자마자 그는 '호타! 호타!'라고 소리쳤다. 그러자 나머지 사람들도 홀 일행 곁으로 다가와 앉고 자유롭게 마시며 이야기했다. 그야말로 떠들썩하고 유쾌한 만찬이었다. 주민들은 홀 일행이 가리키는 모든 것의 이름을 말해주었다. 클리포드 대위는 이 조선어를 하나하나 채록했다. 주민들은 홀 일행의 옷 이름이 영어로 어떻게 발음되는지 물었다.

포도주가 주민들의 경계심을 완전히 허물어버린 것은 아니었다. 주민들은 이따금 배를 가리키며 홀 일행에게 떠나달라는 뜻을 내비쳤다. 해가 지자 주민들은 불안과 초조함을 참지 못했다. 마침내 홀 일행이 떠나려 하자 주민들은 물 가까이까지 따라와 전송해주었다. 모두들 안도하는 표정이 역력했다. 알세스트호와 리라호는 9월 10일 아침 돛을 올리고 남쪽으로 향했다. 잠시 켈파트 해안에 머문 후 마침내 이 '비사교적'인 나라를 떠났다.

매클라우드는 《하멜 표류기》를 읽었던 것으로 보인다. 그는 조선에서 이방인과 접촉하는 것을 금하는 법률이 더욱 강화되고 있다는 사실을 지적하고, "동해안에 난파했던 네덜란드 선박의 승무원들은 동료 가운데 몇 명이 탈출했다는 소식을 듣지 못한 채 19년 동안이나 노예로 억류되어 있었다고 한다"고 덧붙였다. 한편 홀은 조선 여행기를 다음과 같이 끝맺었다.

> 앞으로 (조선을) 여행할 사람은 한문을 쓸 수 있는 사람을 데리고 가는 것이 좋을 것이다. 그리고 참을성 있게 일을 처리해서 이 비사교적인 사람들이 낯선 사람들에게 보여준 불신을 극복할 만큼 여유가 있어야 한다.[183]

나폴레옹이 주목한 조선인 관리

홀의 여행기에는 조선 서해안 해도 한 장과 조선 어휘집이 부록으

로 실려 있다. 홀과 매클라우드가 밝히고 있듯이, 조선의 서해안
을 그린 유럽 지도에는 오류가 많았다. 그 지도는 예수회 신부들
의 자료를 토대로 작성된 것이었다. 홀은 부록에 실린 서해안 해
도가 정밀하게 측정되었기 때문에 지금까지 발행된 어떤 해도보
다 정확하다고 자부했다.

클리포드 대위는 외병도와 상조도 등지의 섬 주민에게 들은
조선 어휘 28단어를 채록했는데, 이것이 홀의 여행기에 실렸다.
서로 말이 통하지 않아 오류가 적지 않지만, 19세기 초 조선어가
이방인들에게 어떻게 들렸는지 대략 짐작할 수 있는 자료다.

영어	조선어
No	Poodong(부동[不同])
Water	Bool(불)
A Pipe	Dewton(대롱)
Hair	Bodee(보디)
Eyes	Doon(둔)
Mouth	Jeep(집)
Nose	Ko(코)
Hand	So-an(손)
Beard	Shee-om(수염)
Tongue	Chay(체이)
Ear	Quee(귀)
Teeth	Jee(지)

Tree	Phang na moo(팽나무)
Grass	Phee(피[穀])
Good	Hota(호타[好])
Earth	Khool(굴[窟])
Knife	Kuhl(칼)
Jacket	Chouksa(적삼)
Trousers	Choongay(중의[中衣])
Shoe	Poschien(버선)
Stockings or Boots	Hunginn(행전[行纏])
Tobacco	Samb-jee(쌈지)
Rice(Food)	Pa-ap(밥)
Fan	Pootsa(부채)
Stove	Tok(독)
White hat	Pan-a-ee(패랭이)
Black hat	Kat(갓)
A Cock	Tac(닭)[184]

홀과 매클라우드의 여행기에는 조선인 관리와 주민들을 그린 삽화도 실려 있다. 알세스트호의 해군 생도인 브라운(C.W. Brown)과 홀이 직접 그린 스케치를 토대로 하벨(William Havell) 이 그린 것이다. 홀의 여행기에는 홀 일행을 문정하고 있는 조대 복과 이승렬을 그린 삽화 한 장이, 매클라우드의 여행기에는 백령 군도의 주민을 그린 삽화, 조대복과 수행원들을 그린 삽화 등 두

장이 실려 있다.

홀의 여행기에 실린 삽화는 후일담을 남겼다. 알세스트호와 리라호가 조선과 류큐 탐험을 마치고 광동으로 돌아갔을 때, 애머스트는 북경에서 가경제를 알현하지도 못하고 귀국해야 할 처지에 놓여 있었다. 중국 정부는 애머스트에게 삼궤구고(三跪九叩, 세 번 무릎을 꿇고 아홉 번 머리를 조아린다는 뜻으로, 조공사절단이 청의 황제를 알현할 때 행하는 의식)의 예를 요청했다. 애머스트는 이를 거절했다. 가경제는 불손한 영국 사절단을 즉시 귀국하게 하고 이후로는 사신을 보내지 말라고 영국 정부에 칙령을 보냈다.[185]

이처럼 애머스트 사절단은 외교 목적을 달성하지 못하고 귀국했다. 귀환하던 리라호는 1817년 8월 11일 대서양의 외딴 섬인 세인트 헬레나에 잠시 기항했다. 그곳에는 폐위된 황제 나폴레옹이 유폐되어 있었다. 홀의 아버지 제임스 홀과 나폴레옹은 친분이 있는 사이였다. 나폴레옹은 제임스 홀이 파리의 브리엔 유년 사관학교에 다닐 때 가장 아낀 후배였다고 한다.[186] 홀은 나폴레옹에게 조선 여행담을 들려주고 삽화를 보여주었다. 나폴레옹은 조대복이 문정하고 있는 장면을 그린 스케치를 여기저기 훑어보며 연신 감탄했다.

히야! 큰 갓을 쓴 길고 흰 수염의 노인장이군. 손에 든 긴 담뱃대,
중국풍의 매트, 중국풍의 의상, 노인장 옆에서 글을 쓰고 있는
서기까지, 전부 또렷이 잘 그렸군![187]

나폴레옹은 홀에게 그림 속 사람들의 옷이 어디서 만들어졌고 값은 얼마인지 물었다. 하지만 홀은 대답하지 못했다. 비록 그림을 매개로 한 짧은 만남이었지만, 희대의 역사적 인물에게 조선인은 잠시나마 이국적인 이미지를 불러일으켰다.

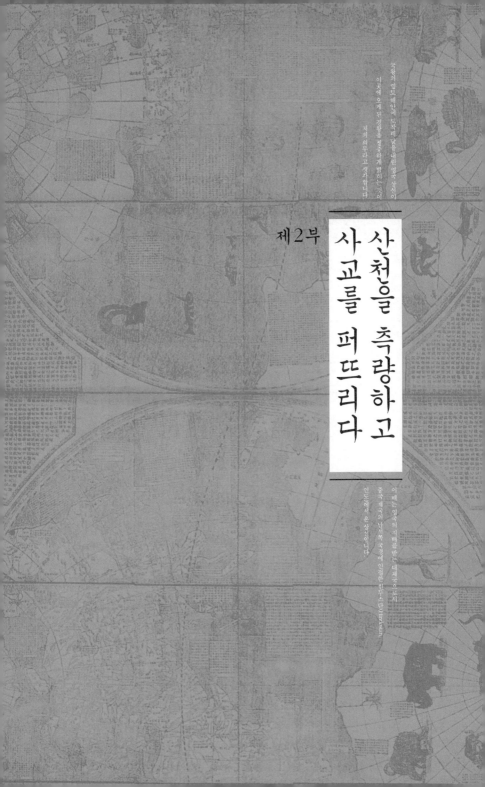

제2부

산천을 측량하고
사고를 펴뜨리다

1. 외국인 혐오증은
천성인가
:: 영국 상선 로드 애머스트호

19세기 초까지 조선 해역을 찾아온 이양선들은 주로 우연히 표류해 오거나 지리학적 탐사 활동에 나선 배들이었다. 하지만 19세기 중엽부터 이양선의 성격은 변하기 시작한다. 정부 대 정부 차원에서 정식 통상관계를 요구하거나 기독교 선교의 자유를 확보하려는 목적의식으로 접근했다는 점에서 질적 양상을 달리하고 있었다. 이제 조선과 서양의 만남은 간헐적이고 의중을 떠보는 차원을 넘어 전면적인 접촉의 단계로 나아가고 있었다.

이런 질적 비약의 문을 열어젖힌 이양선은 영국 상선 로드 애머스트호(Lord Amherst)였다. 1832년(순조 32) 3월 22일(양력) 영국 동인도회사는 로드 애머스트호를 중국에 파견했다. 주요 목적은 "북부 중국 항구들이 어느 지점까지 영국 상인들에게 점진적으로 개방될 수 있고, 영국과 통상관계를 맺는 데 어느 항구가 가장 적당한지, 그리고 주민들과 지방 정부가 영국 무역에 대해 얼마나 우호적인지 확인하는 것"[1]이었다.

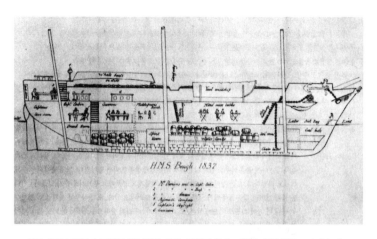

로드 애머스트호가 조선을 찾아왔을 무렵, 과학자 찰스 다윈은 비글호(Beagle)를 타고 자연과학 탐사 여행을 하고 있었다. 비글호의 단면도.

　로드 애머스트호에는 선장 리즈(Rees), 중국 광동 주재 수석 화물 관리인(동인도회사 답사 반장) 린세이(Huyh Hamilton Lindsay), 프로테스탄트 선교사 귀츨라프(Karl Friedrich August Gützlaff, 1803~1851, 중국명은 郭實獵) 등 67명이 타고 있었다. 이들 가운데 린세이는 중국에 머물고 있을 때 영국 외상 파머스턴 에게 단시간 내에 중국을 제압하려면 무력을 써야 한다고 제안한 적이 있는 인물이다.[2]

　애머스트호는 중국 산동 해안을 시찰한 후 1832년 7월에 조 선으로 향했다. 린세이는 영국 모직물의 판매 시장을 개척하는 게 목적이었지만, 귀츨라프에게는 통상 이외에 개신교 복음 전파라 는 또 다른 사명이 있었다. 이 여행을 마친 후 린세이와 귀츨라프 는 동인도회사에 제출할 보고서로 《Report of Proceedings on a

Voyage to the Northern Ports of China in the Ship Lord Amherst》(London, B. Fellowes, 1834)와 《Journal of Three Voyages along the Coast of China, in 1831, 1832 & 1833, with Notices of Siam, Corea, and Loo-Coo Islands》(London, Frederick Westley & A. H. Davis, 1834)를 각각 작성했다.

귀츨라프[3]는 조선을 찾아온 최초의 개신교 선교사였다. 그는 통역관이나 의사, 선목(船牧)의 자격으로 로드 애머스트호에 타고 있었다. 중국에서 활동하던 영국 스코틀랜드 장로교회 목사 로버트 모리슨(Robert Morrison, 1782~1834, 중국명은 馬禮遜)은 귀츨라프에게 한문으로 번역된 성경을 주고 비기독교인들에게 복음을 전파하라고 요청했다.[4]

귀츨라프가 조선으로 향하고 있을 무렵, 가톨릭 선교사 브뤼기에르 주교(Barthelemy Bruguiere, 1792~1835)도 시암(Siam)의 페낭(Penang) 섬에서 조선으로 출발하고 있었다. 교황 그레고리 16세는 1831년 9월 9일 조선 교회를 북경 교구에서 분리ㆍ독립시키고 브뤼기에르 주교를 조선 교구의 초대 주교로 임명한다는 교서를 발표했다. 이듬해 7월 25일에야 교황청의 결정을 알게 된 브뤼기에르 주교는 그해 9월 12일 조선으로 떠났다. 하지만 우여곡절 끝에 1835년 조선 입국을 앞두고 내몽고에서 병사하고 말았다.[5] 신구교의 선교사가 거의 같은 시기에 조선으로 들어오고 있었다는 것은 기이한 운명처럼 보인다.

모두 왕을 두려워해야 한다

이제 귀츨라프와 린세이의 보고서를 따라가보자.[6] 그들은 홀과 매클라우드의 여행기를 길잡이로 삼고 있었다. 1832년 7월 17일 (양력) 오전 10시, 제임스 홀 군도의 북쪽으로 조선 땅이 보였다. 오후 5시 귀츨라프와 린세이는 작은 보트를 타고 "이전의 탐험가들에게 매우 비우호적이라는 인상을 남긴" 조선인과 처음 만나기 위해 로드 애머스트호를 떠났다.

해안으로 가는 길에 고깃배 한 척이 보였다. 배 안에는 누더기 옷을 걸친 어부 두 명이 있었다. 그들은 처음에는 무척 놀라는 것 같았다. 린세이는 한문으로 이곳의 이름을 물었다. 한 사람이 '창산 풍상'(Chang-shan Pung-Shang, 황해도 장연현 조니진 몽금포 장산곶 녹도)[7]이라고 적었다. 린세이와 귀츨라프는 그들에게 사자 문양이 새겨진 단추 몇 개와 책을 선물했다. 그들은 흔쾌히 받았고 그 대가로 물고기 몇 마리를 주었다.

린세이와 귀츨라프가 한 섬에 상륙하자마자 언덕에서 몇몇 주민들이 내려왔다. 그들은 말총으로 만든 원추형 모자를 썼고, 중국의 것과 비슷하지만 더 넓고 단추가 없는 조끼와 바지를 입고 있었다. 그들의 심각한 표정과 태도는 비길 데가 없었다. 지팡이를 든 한 노인이 몇 번이나 '좋아'(tshoa)라고 반복하면서 이방인들에게 앉으라고 권했다. 이방인들이 그의 요청에 따르자, 그는 장광설을 늘어놓았다. 하지만 린세이와 귀츨라프는 한마디도 알아들을 수 없었다. 무리 가운데 한문을 아는 청년이 있었다. 이방인들은 그 청년를 통해 노인이 자기 나라의 법규와 외국인의 의무를 알려주고 있었다는 사실을 후에 알게 되었다.

주민들은 이방인을 설득해서 해안에 붙잡아둘 수 있을 것이라고 생각했다. 하지만 이방인들이 서둘러 언덕으로 오르자 그들은 경악했다. 린세이 일행이 주민들이 사는 곳으로 다가가자 더이상 나아가지 못하도록 완강하게 막았다. 린세이 일행은 왜 주민들이 흙으로 지은 비참한 오두막을 들여다보지 못하도록 경계하는지 알 수 없었다. 결국 그들은 억지로 들어가는 것을 단념했다.

린세이 일행이 언덕을 내려오자, 주민들은 담뱃대와 잎담배를 주면서 이방인들이 자신들의 뜻을 따르는 것을 만족스러워했다. 주민들은 린세이 일행의 나이, 이름, 국적 등을 자세히 물었다. 아까 열변을 토했던 노인은 이방인들에게 고려왕(Keao-le-wang, 조선 국왕)의 위엄을 깨우쳐주려고 애썼다. 그는 모든 사람이 왕을 두려워해야 하며 왕의 이름을 말하는 것은 불경한 짓이라는 것을 일깨워주려 했다. 저녁이 가까워오자 린세이 일행은 배로 돌아갔다. 자신들이 다음 날 아침에 다시 돌아올 예정이고 주민들을 배로 초대하겠다는 것을 알려주려 했지만, 한문을 읽을 수 있는 사람이 없어서 전할 수 없었다.

이미 예정된 여행 일정 때문에 로드 애머스트호는 조선에 더이상 머무를 여유가 없었다. 그렇게 되면 이 나라 사람들이 이방인들에게 보여주는 뿌리 깊은 적대감을 극복할 희망이 없어 보였다. 린세이는 여행 계획을 수정했다. 그는 자신들이 지금까지 이지역을 방문했던 여행자들 가운데 주민들과 의사소통할 수 있는 첫 번째 여행자들이라는 사실을 알고 있었다. 게다가 현재의 모험에서 기대할 수 있는 것을 넘어서 이 나라의 통치자들과 우호적인 관계를 맺도록 노력하는 것이 자신의 의무라고 생각했다. 그것이 계기가 되면 미래의 방문자들이 이 나라에서 더 우호적으로 받아들여질 수 있으리라는 게 린세이의 판단이었다.

린세이는 조선 국왕에게 보내는 청원서를 작성해서 수도로 통하는 가까운 곳에 전달하기로 마음먹었다. 만일 그것을 받은 관리들이 답신이 올 때까지 기다리도록 한다면 그렇게 하기로 결정했다. 일이 뜻대로 되지 않는다고 해도 손해 볼 것은 없었다. 다음은 린세이의 청원서 전문이다.

영국의 호하미(Hoo Hea-me) 선장은 조선 국왕께 삼가 아래와 같은 청원서를 올립니다.

국왕의 영토 해안에 도착해 닻을 내린 영국 상선이 이곳에 오게 된 정황을 정중하게 밝히는 것이 저의 의무라고 생각합니다. 이 배는 영국의 지배를 받는 대제국으로서 중국 제국의 남서쪽 국경에 인접한 힌두스탄(Hindostan, 인도)에서 온 상선입니다. 이 배의 화물은 모직 옷감, 낙타직(駱駝織, camlets), 옥양목(calicoes), 시계, 망원경, 기타 상품입니다. 저는 이 나라에서 생산되는 은이나 다른 산물과 교환하고 법에 따라 관세를 지불하면서 이 상품을 처분하고 싶습니다.

대영제국이 귀국과 수만 리 떨어져 있지만, '사해(四海) 안의 모든 인류는 형제입니다.'(공자) 우리 국왕은 국민들에게 세상의 모든 나라들과 자유롭게 교역하는 것을 허락하고 있습니다. 그러나 우리나라의 법은 국민들이 멀리 떨어진 왕국과 통상할 때 항상 신뢰와 공정 그리고 예의에 따라 행동하도록 규정하고 있습니다. 따라서 우호 친선관계는 멀리 떨어진 지역을 결합시키고 통상의 이익을 널리 확대시킬 수 있습니다.

지금까지 통상을 위해 귀국을 방문했던 우리나라 선박은 없었습니다. 그러나 국왕께서는 현명하시고 계몽된 군주이시기 때문에 백성들이 더욱 잘살게 되기를 바라고 계십니다. 외국과 통상하는 것을 장려했을 때 귀국의 세입이 늘어나고 백성들이 번영하지 않을지 심사숙고해볼 만한 주제일 것입니다.

그러므로 만일 국왕께서 우리나라 사람들에게 통상 허가장을 내려주어도 좋다고 생각하신다면, 저는 국왕께서 인자하게도 같은 내용의 칙령을 발행해주실 것을 정중히 요청합니다. 저는 이 칙령을 가지고 돌아가서 우리 국왕께 삼가 전달하겠습니다. 이와 함께 저는 영국의 통상 업무에 관한 팸플릿 사본 두 부를 봉해 올립니다. 중국에서 배포되도록 작성되었지만, 여기에는 우리나라에 관해 주목할 만한 정보가 담겨 있습니다.

또한 저의 배에 실린 화물의 견본품으로 몇몇 하찮은 물품을 올리오니 국왕께서는 인자하게 받아주시기를 요청합니다. 물품 목록도 동봉합니다. 그것을 거절하지 마시기를 정중하게 바랍니다. 저는 국왕께서 만수무강과 무궁한 번영을 누리시고, 귀국이 안녕과 평화 속에서 날로 발전하기를 삼가 기원합니다.

－1832년 7월 17일, 도광(道光, Taou-kwang) 12년 음력 6월 20일,

임진(壬辰, Jin Shin) 29년.[8]

당신들의 생사는 예측하기 어렵다

이튿날 18일 해뜰 무렵 린세이와 귀츨라프는 전날 언덕에서 보았던 마을로 향했다. 그들은 상륙하자마자 몇 사람을 만났다. 린세이는 자신들이 영국인으로서 선량한 친구들이며 국왕에게 줄 편지와 선물을 가지고 있다고 설명하면서 전날 쓴 종이를 보여주었다. 린세이 일행은 관리들을 만나고 싶었고 신선한 식량을 사려 했다. 그들이 마을로 접근하려 하자 사람들이 떼 지어 몰려나왔다. 어떤 사람들은 홀 선장이 여행기에서 묘사한 특이한 모자를 쓰고 있었다.

린세이는 주민들에게 종이를 보여주었다. 주민들은 모두 이 방인들이 마을에 접근하는 것을 반대하는 것 같았다. 주민들 가운데 한 사람은 낡았지만 질 좋은 유럽제 화승총을 들고 있었다. 쇠 뿔로 만든 화약통도 가지고 있었는데, 화기를 잘 다루는 것처럼 보였다. 그는 대담하게도 린세이에게 다가왔다. 린세이가 편지를 보여주자, 그는 상냥하게 린세이의 팔을 잡으며 앉으라는 시늉을 했다.

린세이 일행은 그것을 무시하고 전진했다. 얼마 후 주민들은 열을 지어 전진하는 것을 막았다. 어떤 사람들은 거칠게 팔을 잡으며 앉으라는 몸짓을 했다. 연장자들 가운데 두 사람이 다가와 자리에 앉았다. 서기처럼 보이는 사람이 종이를 펼쳤다. 그는 연장자 가운데 한 사람의 지시에 따라 린세이 일행이 가진 종이에 "이곳에서는 어떤 양식도 얻을 수 없기 때문에 당신들은 곧 떠나는 것이 좋을 것이다. 약 30리쯤 북쪽으로 가면 관리를 만날 것이다"라는 글을 썼다.

주민들은 국왕에게 보낼 편지의 내용을 알려달라고 했다. 린세이는 신분이 높은 관리와만 이야기할 수 있다고 말했다. 주민들이 쓴 문장은 거의 대부분 이방인들이 즉시 떠나야 한다는 요청으로 끝을 맺었다. 린세이는 주민들에게 단추와 옥양목을 선물하려 했다. 하지만 주민들은 목이 잘리는 몸짓을 하며 거절했다. 몇 사람은 몰래 단추를 주머니에 집어넣었다. 한 사람은 책(성경) 한 권을 받았는데, 즉시 되돌려주며 '불가'(不可, pulga)라고 소리쳤다. 린세이 일행은 그 말을 '불'이나 '태워버려!'(burn it!)라는 뜻으로 해석했다.

필담이 진행되는 동안 주민들 사이에 의견이 갈려서 큰 소리로 상의하는 것처럼 보였다. 하지만 결국 이방인에게 적대적인 주민들이 기세를 잡았다. 한 사람은 대담하게도 "당신들이 즉시 떠나지 않으면, 당신들을 사형시키기 위해 군인을 부르겠다. 떠나라. 그렇지 않으면 큰 사건이 벌어질 것이다. 당신들의 생사는 예측하기 어렵다"고 썼다. 이 무례한 암시에 대해 귀츨라프는 "당신은 누구인가? 무슨 권한으로 이렇게 무례한 언어를 쓰는가? 당신의 왕이 이 사실을 안다면 왕의 친구인 우리를 이렇게 대접했다고 해서 당신에게 가혹한 벌을 내릴 것이다"라고 답했다.

모든 사람들이 놀란 것 같았다. 하지만 그들은 끊임없이 린세이 일행이 떠나기를 바란다는 몸짓을 했다. 모여든 사람들은 2백 명이 넘었다. 조금이라도 지체하면 유쾌하지 못한 결과가 일어날지도 몰랐다. 린세이 일행은 되돌아가기 시작했다. 무척 실망스러운 일이었다. 당시 린세이 일행은 8명이었고, 보트에는 6명이 남아 있었다. 귀츨라프를 제외하면 모두 날이 휜 단검과 권총으로 무장하고 있었다. 마을 남자들은 이방인과 자신들을 가리키며 집게손가락으로 목을 가르는 몸짓을 되풀이하며 어서 떠나기를 호소했다. 모두 생명이 위험하다는 것을 뜻하는 것 같았다. 주민들의 이러한 완강한 태도는 중국인들과 대조적이었다. 귀츨라프는 이렇게 평했다.

그때 우리가 이 반도를 떠났다면, 우리는 다른 여행자들의 보고서에 덧붙여서 세상에 알렸을 것이다. 조선인들은 세상에서 가장 인간 혐오적인 국민들이라고. 그들은 모든 침입자들을 억압할 만큼 대담하고, 침입자들은 이곳에서 위협과 상해만 당할 것이다.[9]

보트로 돌아오는 길에 귀츨라프 일행은 정박하고 있는 어선을 만났다. 배의 구조는 조잡해서 먼 바다에서는 항해할 수 없을 것 같았다. 배에는 철 조각 하나 없었고 심지어 못조차 보이지 않았다. 그들로서는 배가 어떻게 결합되었는지 알 수 없었다. 어부들은 이방인들을 따뜻하게 대했다. 그들이 주민들 눈에 띄지 않고 구속되지도 않기 때문인 듯했다. 책을 건네주자 어부들은 담뱃잎으로 보답했다. 이방인들이 선뜻 그것을 받자 어부들은 무척 기뻐했다. 귀츨라프는 조금 전에 육지에서 마주친 불쾌한 인상을 곧 수정했다.

> 우리가 나중에 만난 조선인들은 이 어부들처럼 쾌활하고 친절했다.
> 조선인들이 낯선 이방인들을 적대적으로 대한 것은 정부가
> 심어놓은 철의 규율 때문이었다. 우리는 해안 주민들이 보인 처형의
> 표시가 거짓으로 꾸민 것이라고 생각할 수 없다. 어디서나 이런
> 몸짓을 하는 것으로 미뤄볼 때, 감히 이방인들과 친밀한 관계를
> 맺으려 하는 모든 규율 위반자들을 정부에서 사형시킨다는 것을
> 우리는 믿기 시작했다.[10]

귀츨라프는 자신이 수집할 수 있는 모든 자료로 판단할 때 현재 이 나라 수도에는 유럽인이 단 한 명도 없고, 기독교는 이름조차 알려져 있지 않다고 단언했다. 그는 조선의 기독교인들이 처형당했다는 소식을 얼마나 신뢰할 수 있을지 모르겠다고 생각했다. 만일 수천 명이 신앙 때문에 처형을 당했다면 적어도 금지된 교의로 나마 주민들의 기억 속에 남아 있어야 하는데, 그 흔적을 찾을 수 없었다.

독한 술에도 *끄떡없는* 조선인들

조선인들의 마음을 여는 데 실패한 린세이는 깊이 실망했다. 그는 조선 해안에 머무르려는 계획을 포기하려 했다. 하지만 바람이 거세게 불고 안개가 짙어서 시계가 흐렸다. 로드 애머스트호는 7월 22일 장산곶을 떠나 남쪽으로 향했다. 23일 날이 개자 어부 몇 사람이 로드 애머스트호가 정박한 곳으로 왔다. 린세이는 그들에게 와인을 대접하고 배를 구경시켜주었다. 어부들은 이방인들을 해안으로 초대했다.

린세이 일행은 어민들의 쓰러져가는 집에서 필담을 나누었다. 주민들의 의심이 어느 정도 사라지자 그들은 비탈진 언덕에 앉았다. 집들은 거의 비어 있었다. 우연히 한 여인이 있는 힘껏 언덕으로 달려가는 것을 보았을 뿐이었다. 다시 어민들에게 돌아오자 그들은 이방인들에게 마른 생선과 만주에서 볼 수 있는 맛이 신 음료수(막걸리)를 대접했다. 인도인 선원들은 종교적인 미신 때문에 막걸리를 마시려 하지 않았다. 어민들은 난처해했다. 그들은 이방인들이 준 선물을 거절했다. 린세이 일행은 그들에게 많은 것을 물었지만, 만족할 만한 대답을 얻지는 못했다.

다음 날 24일에는 안개가 끼고 날씨가 궂었다. 큰 배 한 척이 로드 애머스트호로 다가왔다. 배에 탄 사람들은 로드 애머스트호에 오르기 전에 종이 한 장을 보냈다. 거기에는 악천후로 고생하는 것을 위로하고 자신들이 이방인들을 위협하지 않을 것이라고 다짐하는 내용이 씌어 있었다. 그들은 이방인이 어느 나라에서 왔는지 묻고, 로드 애머스트호가 위험한 곳에 정박해 있다고 말해주었다. 그들은 선실에 들어와서 럼주를 마셨다.

방문객 가운데 한 사람은 한문에 능숙했다. 곧 필담을 나누기 시작했는데, 그는 이방인들이 어느 나라에서 왔는지 물었다. 린세이는 호기심에 차서 "우리는 대영제국 국민으로 조선의 국왕에게 편지와 선물을 드리고 싶다"고 답했다. 그는 "여기는 위험한 곳이다. 내가 안전한 정박지를 알려주겠다. 거기서 고위 관리에게 문서를 제출할 수 있다"고 답했다. 린세이는 원하는 목적을 이룰 수 있는 뜻밖의 기회가 찾아온 것 같아 기뻤다. 그 사람은 자신의 이름이 정노(Teng-no)이고, 이웃에 있는 고관이 사정을 알아보기 위해 보낸 사람이라고 알려주었다.

정노는 로드 애머스트호가 즉시 30리 정도 떨어진 항구로 옮겨 가기를 바랐다. 물이 깊고 항로를 잘 아는 사람이 있기 때문에 걱정할 필요가 없다고 안심시키려 했다. 그는 "바다에서 며칠 동안 머물렀기 때문에 당신은 틀림없이 생선과 고기가 생각날 것이다. 내가 안내하는 곳으로 따라오면 그 두 가지를 얻을 수 있다"고 덧붙였다. 린세이는 환대에 감사하지만 악천후 때문에 오늘 움직이는 것은 어렵고 내일 다시 찾아온다면 제안에 따르겠다고 말했다. 정노는 그 말을 받아들였다.

정노는 이 나라의 수도가 이곳에서 3백리 정도 떨어진 경기도 한양(Keng-ke-taou Han-yang)이라고 말해주었다. 린세이가 국왕의 이름을 묻자, 그는 "나는 감히 국왕의 신성한 이름을 쓸 수 없다. 왕은 300개 이상의 도시를 통치한다. 국왕의 나이는 43세이고 왕위에 오른 지 36년째다"고 답했다.

린세이는 정노와 그 일행에게 옥양목과 낙타직을 선물했다. 그들은 처음에는 목이 잘리는 몸짓을 하며 거절했지만, 얼마 후 그것을 받았다. 선원들에게는 단추도 나누어주었는데, 그들은 몹시 기뻐했다. 그들은 배에서 머무는 동안 부드러운 와인과 독주를 대접받았다. 조선인들은 독한 술을 마셨는데도 멀쩡해 보였다.

다음 날 25일 정오가 조금 지나서 정노가 찾아왔다. 린세이는 자신들이 머문 곳이 녹도(Loktaou)라는 사실을 알게 되었다. 녹도에서 북동쪽으로 향하는 길에 셀 수 없이 많은 섬들이 보였다. 로드 애머스트호가 큰 마을 근처(귀츨라프는 Gan-keang라고 기록했다)에 정박하자마자 배들이 찾아왔다. 곧 고관 두 명이 방문할 것이라는 소식을 들은 린세이는 조선인들이 김 대인(Kin Tajin, 수군우후 김영수)이라고 부르는 고관에게 편지를 썼다. 그는 이 편지를 총명해 보이는 젊은 사람에게 주었다. 그 젊은이는 정노와 함께 고관 가운데 한 사람의 서기관이라고 했다. 그의 이름은 양이(Yang-yih, 귀츨라프의 기록에는 Yang-chih)라고 했다.

린세이 일행을 맞이한 사람들은 모두 즐겁고 행복해 보였다. 그들은 린세이 일행이 고관을 만날 것이고 편지를 전해줄 수 있을 것이라고 약속했다. 수도는 이곳에서 300리밖에 떨어져 있지 않아서 회신을 빨리 받을 수 있을 것 같았다. 그들이 이방인들과 친밀해지려고 힘쓰고 있어서 린세이 일행은 희망에 부풀어 있었다.

즉결 처형식이 열리다

이튿날 26일 아침 정노와 양이가 린세이 일행을 방문했다. 그들은 고관이 도착했고 곧 배에 오를 것이라고 알려주었다. 고관 두 명은 김 대인과 이 대인(Le Ta-laou-yay, 홍주목사 이민회)이었다. 김 대인은 60세쯤 되는 훌륭한 노신사로 이방인들에게 상냥하게 인사했다. 이 대인은 허약해 보이는 노인이었는데, 흰 수염을 기르고 있었다. 관리들은 수행원들보다 폭이 넓은 헐렁한 겉옷을 빼고는 자신들의 신분을 나타내는 옷을 입고 있지 않았다. 정중하게 차려입은 사람들은 홀 선장이 말한 거대한 모자를 쓰고 있었다.

김 대인과 이 대인은 여러 가지를 물었다. '당신들은 어디서 왔는가, 이곳에 찾아온 목적은 무엇인가, 당신들의 나라는 얼마나 먼 곳에 있는가, 주민들은 얼마나 되는가' 등이었다. 린세이는 "우리가 이곳에 찾아온 목적은 당신들의 나라와 통상하고 싶어서다. 이 배는 공선(公船)이고 편지는 공적인 주제를 담고 있다"고 답했다. 그들은 편지의 내용이 무엇인지 물었다. 린세이는 국왕만이 편지의 내용을 보고 결정할 것이라고 말했다. 그리고 오늘 오후에 공개적으로 편지와 선물을 전하게 해달라고 덧붙였다. 관리들은 서로 한참 동안 상의하더니 마침내 필담을 중단했다.

린세이는 관리들에게 담뱃갑과 그림 등을 보여주었다. 관리들이 떠나기 전에 린세이는 다시 자신의 요청을 되풀이했다. 그리고 양이와 정노를 배에 머물게 해달라고 요청했다. 김 대인은 '호타'(hota, 좋다)며 승낙했다. 린세이는 양이와 정노가 있는 데서 붉은 비단으로 선물을 쌌다. 선물 목록을 두 개 작성했는데, 하나는 청원서와 함께 밀봉되었고 하나는 관리들에게 보내는 것이었다. 린세이의 선물 목록은 다음과 같다.

색깔이 다른 질 좋은 모직 옷감 4벌.

색깔이 다른 낙타직 6벌.

옥양목 14벌.

망원경 2개.

커트 글라스(cut-glass), 향수병, 화분 등 6개.

사자 문양이 새겨진 동인도회사의 단추 12다스.

여러 가지 주제를 다룬 책들: 완역 성서의 복사본 2권, 고(故) 밀네

박사(Dr. Milne)가 쓴 지리학·천문학·과학 등에 대한 논문과

에세이 등이 포함되어 있는데, 귀츨라프가 중국인들에게

나누어주기 위해 가지고 온 것들이다.[12]

얼마 후 배들이 다가왔다. 사람들은 낮은 탁자 위에 마른 생선, 떡, 콩, 술항아리 등을 펼쳐놓았다. 선원들을 위한 점심 식사로 보낸 것들이었다. 귀츨라프에 따르면, 이 음식들은 구역질이 날 정도로 입에 맞지 않아서 거절했다. 선원들 가운데 아무도 감히 음식에 손을 대려 하지 않았다고 한다. 음식을 가지고 온 사람들은 귀츨라프가 주는 책을 기꺼이 받았다.

린세이, 귀츨라프, 심슨(Simpson), 스티븐스(Stephens)는 짐을 들고 로드 애머스트호를 떠나 육지에 올랐다. 양이와 정노도

동행했다. 린세이 일행이 마을로 향해 가자 50명쯤 되는 사람들이 모여 있었다. 그들 가운데 몇 명은 목을 자르는 시늉을 했다. 양이는 이전의 쾌활함이 어딘가로 사라져버렸다. 그는 고관들이 가버렸기 때문에 내일 오는 것이 좋겠다고 글을 써 보여주었다. 하지만 린세이 일행은 계속 나아갔다.

그들이 마을로 접근하자 트럼펫 소리가 들렸다. 군인 두 명이 있는 힘껏 트럼펫을 불면서 길을 내려오는 것이 보였다. 그들은 푸른 옷을 입고 펠트 모자를 쓰고 있어서 다른 사람들과 구별되었다. 군인들은 린세이 일행의 앞길을 가로막았다. 린세이 일행이 놀라서 멈춰 서 있는데, 곧 이 대인과 김 대인이 내려오는 것이 보였다. 그들은 네 명이 든 팔걸이 의자에 앉아 있었다. 이 대인은 호피를 깔고 앉아 있었는데, 거의 그림 같은 모습이었다.

관리들은 린세이 일행에게 다가온 후 의자에서 내려 정중하게 인사했다. 그들은 손으로 해안을 가리켰다. 거기에는 20명 이상의 사람들이 임시 천막을 세우고 있었다. 린세이는 자신들이 공무로 왔기 때문에 관청을 방문해서 문서를 전달하고 싶다고 설명했다. 하지만 관리들은 다시 천막을 가리켰다. 그들은 양이와 정노에게 무엇인가 말을 하고는 의자에 올라 해안으로 나아갔다. 무장을 하지 않은 군인 네다섯 명이 뒤를 따랐다.

양이와 정노는 린세이 일행의 팔을 잡으면서 관리들을 따라가자고 졸라댔다. 하지만 린세이 일행은 이런 대우에 불만을 표시하고 폭력 없이 길을 막고 있는 주민 10여 명을 뚫고 나아갔다. 어느 집의 마당으로 들어가자 베란다처럼 생긴 곳이 있었다. 린세이

조선 말의 화가 기산 김준근이 그린 풍속화.
관원이 죄인의 상투를 잡은 채 연행하고 있다.

는 그곳에 앉아서 이곳이 좋겠다고 설명했다. 그가 들어가자 예닐 곱 사람이 큰 소리를 질렀다. 군인들 가운데 한 사람이 이 사실을 알리러 관리들에게 뛰어갔다.

몇 분 후 다시 외침 소리가 들려왔다. 군인 네 명이 해안에서 달려왔다. 그 가운데 두 명은 각각 한 남자씩을 붙잡고 있었다. 관리들은 천막 근처에서 의자에 앉아 있었다. 죄인이 도착하자 군인들은 먼저 관리들 앞에 죄인을 무릎 꿇게 한 다음 내려놓았다. 한 남자가 죄인들의 하의를 벗기고, 다른 남자는 긴 노를 가져왔다. 그리고 한 사람은 죄인들 앞에 서 있었다. 즉결 처형이 벌어질 것 같았다.

그 사이 린세이 일행은 무슨 일이 벌어지는지 보기 위해 막 처형이 시작되려 할 즈음 그곳에 도착했다. 린세이는 무고한 죄인이 자신의 행동 때문에 처벌받는 것을 그냥 둘 수 없었다. 죄인을 때리고 있는 군인에게 가서 때리는 것을 멈추고 비켜나 있으라는 몸짓을 했다. 로드 애머스트호의 선원 가운데 체격이 다부진 흑인

한 사람이 린세이와 마찬가지로 처벌을 말렸다. 뜻이 먹혀들지 않자 그는 노를 빼앗아 멀리 던져버렸다.

관리들 주변에는 2백여 명 이상의 군중이 모여 있었다. 관리들은 궁지에 몰린 것처럼 보였다. 그 사이 귀츨라프는 만일 이들이 자신들의 행동 때문에 벌을 받는 것이라면 곧 배로 돌아가 이나라를 떠나겠다고 글로 써서 보여주었다. 관리들은 잠시 상의했다. 이 대인은 죄인들을 풀어주게 했다. 그들은 풀려나자 허둥지둥 도망쳤다.

야만인들의 친절함

관리들은 의자에서 내려 천막으로 들어갔다. 그들은 린세이 일행을 초대했다. 안에는 돗자리가 깔려 있고 호피가 놓여 있었다. 린세이가 불만을 표하자 이 대인은 편지를 전해줄 것이라고 말했다. 린세이는 깊이 생각하지 않고 편지를 꺼내 그의 손에 넘겨주었다. 하지만 그는 곧 자신이 큰 실수를 저질렀다고 생각했다. 마을로 초대받기를 바랐다면 이 천막에서 편지를 전해주지 말았어야 했다. 하지만 이미 늦은 일이었다.

관리들은 배에서 선물을 가져오도록 했다. 린세이는 이번 실수를 만회하려 했다. "이렇게 무례한 방식으로 국왕에게 보낼 선물을 전할 수는 없다. 만일 당신들이 우리들을 존중하지 않고 이렇게 대우한다면, 당신들의 고귀한 통치자는 이 비천한 천막에서 편지와 선물을 받아서는 안 된다고 당신들에게 깨우쳐줄 것이다." 관리들은 몹시 당황하는 것 같았다. 그들은 "그것(이방인들에게 물품을 받는 것)을 금지하는 것이 우리의 국법이다"고 대답했다. 린세이는 "그러면 선물은 편지와 함께 있어야 한다. 나는 편지를 되돌려받겠다"고 말했다. 이 방법은 완전히 성공했다. 그들이 편지와 선물을 몹시 전달하고 싶어 한다는 것은 명백했다.

관리들은 처음에는 린세이 일행을 대접하고 그들의 나라를 최대한 존중한다는 것을 표함으로써 일행의 마음을 달래려고 애썼다. 그들은 린세이와 귀츨라프만 한 집으로 초대하겠다고 제안했다. 린세이는 심슨과 스티븐스도 포함되어야 한다고 말했다. 관리들은 이것을 받아들였다. 그들은 집으로 사람을 보내 린세이 일행을 맞을 준비를 하라고 지시했다.

린세이 일행은 마을로 향했다. 관리들은 의자에 올라탔고, 트럼펫이 연주되었다. 군인들은 중국에서 본 것과 마찬가지로 좌우로 군중들을 물러나게 했다. 마을 입구에 가까워지자 린세이 일행은 잠시 멈추어야 했다. 트럼펫을 부는 군인들이 안으로 들어갔다. 아마 여자들이 어슬렁거리고 있는지 살펴보기 위해서인 것 같았다.

그 사이 한 사람이 끌려왔다. 시간을 보내기 위해서인지, 조선의 국법과 관리들의 위엄을 보여주기 위해서였는지는 모를 일이었다. 김 대인이 짧게 연설한 다음 군인 한 명이 긴 노로 그 사람에게 벌을 가했다. 벌은 심하지 않았다. 엉덩이 부위를 두 대 때렸을 뿐 더 이상 처벌하지는 않았다. 약 10명 정도 되는 사람들이 처벌받는 사람들과 함께 끌려왔다. 린세이 일행은 자신들이 이 사건과 연관되지 않았다고 생각해서 조용히 지켜보고만 있었다. 린세이는 양이에게 무슨 까닭인지 물었다. 양이는 "공무를 처리하는 데 잘못을 저지르고 당신들에게 무례했기 때문이다"고 말했다. 그 말이 무슨 뜻인지 린세이는 알 수 없었다.

관리들은 마을의 첫 번째 집으로 들어갔다. 린세이 일행이 안으로 따라 들어가자 문과 창이 닫혔다. 지붕 아래 적당한 장소가 있었고, 거기에 돗자리가 펼쳐졌다. 관리들이 린세이에게 이제 선물을 달라고 했다. 린세이는 세 꾸러미에 포장된 선물을 관리들 앞의 돗자리에 내려놓았다. 린세이는 일어나서 격식을 차려 손을 들어 올리고 관리 앞으로 걸어가 편지를 전했다. 그는 최대한 빨리 편지를 전달해줄 것을 약속해달라고 했다.

린세이 일행과 관리들은 와인을 나누어 마셨다. 관리들은 내일 배로 찾아갈 것이라고 말했다. 린세이 일행은 그들과 우호적으로 인사를 나누며 헤어졌다. 배로 돌아가는 길에 아까 태형에서 풀려난 사람들이 린세이에게 다가와 무척 고맙다는 몸짓을 했다. 이제 상황은 우호적으로 바뀐 것 같았다. 모든 사람들이 린세이 일행에게 박수를 치며 인사했다.

린세이 일행이 배로 돌아가자, 우정의 표시로 돼지 두 마리와 쌀 한 자루 그리고 야채들이 도착해 있었다. 관리가 보낸 편지도 있었다. 린세이는 이 인간 혐오적인 민족과 친밀한 관계를 맺는 데 약간의 진전이 있었다고 생각했다. 귀츨라프는 "이 나라의 법은 이방인들이 자신들의 집에 들어오는 것을 금지하고 있지만, 우리는 어디서나 야만인들에게서 기대할 수 있는 만큼의 친절함을 만날 수 있었다"고 적었다.

그날 저녁 8시, 정노와 양이가 배로 찾아왔다. 그들은 배의 화물, 모든 승무원들의 이름, 배의 규모, 돛대의 높이 등 여러 가지를 물었다. 영국에 대해서도 여러 가지를 물었다. 왜 영국이 대영(大英, Ta Ying, Great Britain)으로 불리는가, 소영(小英, Seaon Ying, Small Britain)은 있는가 등이었다. 필담은 한밤중까지 계속되었는데, 양이는 이것이 불편하고 지루하다고 적었다. 그는 떠나기 전에 "글로 쓰는 것 말고 내 말은 당신에게 이해되지 않는다. 당신 말도 내게 마찬가지다. 이것은 정말 괴로운 일이다"라고 말했다.

귀츨라프의 보고서에는 당시 정황이 비교적 자세하게 기술되어 있다. 정노와 양이는 로드 애머스트호가 영국에서 조선으로 오는 길에 얼마나 많은 왕국을 지나왔는지, 영국의 통치령은 몇 개의 주와 지방으로 이루어져 있는지 등을 알고 싶어 했다. 그들은 "(영국이) 중국과 맺은 관계는 얼마나 확대되었는가? 영국은 또한 '중화제국'(middle kingdom)에게 조공을 바치고 있는가?" 하고 물었다.

귀츨라프는 그들에게 얼마나 빨리 수도로부터 회답을 받을 수 있는지 확인하기 위해 물었다. 그들은 수도가 이곳에서 1천 리(어제는 300리였다)나 떨어져 있기 때문에 운이 좋으면 30일 안에 받아볼 수 있을 것이라고 답했다. 귀츨라프 일행은 그들의 주장이 얼마나 잘못된 것인지 보여주기 위해 지도를 펼쳐서 수도를 가리켰다. 그들은 이방인들이 자신의 나라에 대해 잘 알고 있는 것을 보고는 깜짝 놀랐다. 그들은 잠시 둘러댄 후 거짓말을 했다고 시인했다. 귀츨라프는 조선인들의 태도를 비판했다.

> 중국과 마찬가지로 거짓말은 이곳에서도 흔한 악덕인 것 같다.
> 관리들의 태도도 중국인 관리보다 더하지는 않지만 그들처럼
> 일관성이 없다. 우리가 애걸하면 아무것도 받을 수가 없다. 우리가
> 요구하면 모든 것을 얻을 수 있다.[13)]

천성적으로 의심이 많은 민족

이튿날인 27일 김 대인과 이 대인이 다시 배로 찾아와서 여러 가지를 물었다. 왕에게 긴급히 보고하기 위해서라고 했다. 국왕이 왜 모든 인도 선원들의 이름까지 알고 싶어 하는지는 알 수 없었다. 린세이는 조선인들이 외국에 대해 호기심이 부족한 것은 결코 아니라고 생각했다.

김과 이는 로드 애머스트호가 영국에서 조선으로 오는 길에 지나온 모든 나라의 이름, 모든 유럽 민족들의 이름, 힌두스탄(인도)에 대한 특이한 점 등을 물었다. 그들은 장산에서 어떤 교섭을 했는지, 왜 거기서 편지를 전해주지 않았는지, 얼마나 많은 사람

들을 만났는지 자세하게 물었다. 또한 편지 내용은 무엇인지 다시 물었다. 린세이는 편지 자체가 그것을 말해줄 것이라며 알려주지 않았다. 그리고 그들에게 "외국인들이 당신네 마을에 들어가는 것을 왜 그렇게 두려워하는가?" 하고 물었다. 그들은 이 질문에 무척 당황해하는 것 같았다. 그들은 얼마 동안 상의했다. 양이는 몇 번이나 연필을 들어서 몇 마디 썼다가 지우곤 했다. 마침내 짤막하게 답했다. "예전에는 그렇지 않았다." 린세이는 그 까닭을 이렇게 추측했다.

가공할 형벌에 의해 강화된 이유 때문에 외국인에 대한 기묘한 두려움이 그렇게 강력하고 보편적으로 존재하는 것이 틀림없다. 가장 인적이 드문 섬을 비롯해 어느 곳을 가든 손으로 목을 가로지르는 똑같은 몸짓을 볼 수 있는데, 이것은 조선인들이 자신들이 사는 곳에 이방인을 들어오도록 했을 경우 형벌을 받게 되는 것을 가리킨다. 조선인들은 천성적으로 의심이 많은 민족 같다. 모든 마을마다, 심지어 외딴 집조차 나뭇가지로 엮은 높은 울타리가 둘러쳐져 있다. 이 울타리는 어떤 사람도 내부를 볼 수 없게 효과적으로 막아준다.[14]

김과 이는 린세이 일행과 함께 식사를 했다. 린세이는 그들에게 선물을 주었는데, 그들은 얼마 동안 주저한 후에 받았다. 그들이 앉은 돗자리 위에 브뤼셀 카펫이 깔렸을 때 그들은 이루 말할 수 없이 즐거워했다.

김 대인은 무척 재치 있고 쾌활해서 린세이 일행은 그가 마음에 들었다. 그러나 다른 관리들은 식사하는 동안 거칠고 부적절하게 행동해서 혐오감을 감출 수 없었다. 김은 이것을 눈치 채고 그들을 심하게 나무랐다. 그는 종이를 가져오게 해서 "우리가 예의범절에 어긋나고 귀국의 관습에 무지하지나 않은지 걱정입니다"라고 썼다. 린세이가 그의 행동 때문에 자신들이 얼마나 기쁜지 모른다고 하자 그는 무척 즐거워하는 것 같았다.

점심 식사를 마친 린세이 일행은 어렵사리 해안으로 가도록 허락을 받았다. 일행이 해안에 발을 디디자 군인 한 명이 그들을 멈추게 하려 했다. 린세이 일행이 급히 오르는 것을 본 그는 머리가 잘리고 배가 찢어져 열리는 몸짓을 했다. 린세이 일행이 계속 전진한다면 그런 피할 수 없는 벌이 기다리고 있다는 뜻인 것 같았다. 정노는 그를 꾸짖고는 씁쓸한 미소를 지었다. 식물을 보면 조선 해안이 중국보다 훨씬 좋아 보였다. 땅은 전반적으로 기름져 보였지만, 주민들은 땅을 경작하지 않았다.

린세이 일행은 육지에 올라 감자를 심었다. 귀츨라프는 감자 재배법을 미리 적어 왔다. 린세이 일행은 가장 좋은 곳을 골라서 1백 종 이상의 감자 씨를 심었다. 수백 명의 주민들이 둘러서서 놀라운 눈으로 지켜보고 있었다. 린세이 일행은 사용법을 적은 종이를 땅 주인에게 주었는데, 그는 그것을 잘 돌보겠다고 약속했다.

다음 날 린세이는 그곳이 울타리로 둘러쳐진 것을 보고 기뻤다. 종이에 적힌 사용법대로 주의를 기울인다면 이 훌륭한 식물이 조선에 널리 퍼질 것이었다. 조선의 토양과 기후는 틀림없이 감자 재배에 적합했다. 배로 돌아오자 관리들이 해안에 앉아 기다리고 있었다. 린세이 일행도 관리들과 함께 앉아서 와인을 마셨다.

9시에 양이와 정노가 배에 도착했다. 그들은 영국 배가 무슨 나무로 만들어졌고, 돛대의 높이가 얼마이며, 선실의 수가 몇 개 인지 등을 알고 싶어 했다. 그들은 물었다. "당신 배의 화물로 무엇을 하려 하는가?" 모두 팔고 싶다고 답했다. "무엇과 교환하고 싶은가?" 금이나 은, 구리, 약재, 또는 시장에 적합한 다른 상품. "우리나라의 금은 중국에서 오고, 구리는 일본에서 온다. 은은 거의 없다. 하지만 철은 있다. 중국 상품을 구하기 위해 우리는 종이와 하찮은 천을 준다."

이날 린세이 일행은 양이를 끈질기게 설득한 끝에 조선의 글자를 베껴 쓰게 하는 데 성공했다. 귀츨라프가 한문으로 주기도문을 썼고 양이는 그것을 발음하고 조선 글자로 썼다. 그렇게 한 다음 양이는 경악했다. 그는 손으로 목을 긋는 몸짓을 여러 차례 되풀이했다. 만일 관리들이 그것을 안다면 자신이 목숨을 잃을 것이라고 했다. 그는 그 종이를 없애게 해달라고 했다. 린세이는 그의 두려움을 가라앉히기 위해 그가 보는 앞에서 종이를 자물쇠 달린 함에 넣고 아무도 그것을 보지 못하게 하겠다고 약속했다.

귀츨라프에 따르면, 정노와 양이는 외국인들에게 조선의 국왕에 대해 알려준 것을 린세이 일행이 관리들에게 말하지나 않을까 무척 걱정했다고 한다. 그들은 여러 차례 "우리가 왕의 부인이 한 명이고, 수도가 3백리밖에 떨어져 있지 않다는 것을 당신들에게 말했다는 사실을 관리들이 알게 되면 우리는 목숨을 잃을 것이다"라고 말했다.

28일 린세이 일행은 물을 길으러 반대편 섬으로 갔다. 그곳에는 신선한 물이 있었다. 가까운 곳에는 마을이 없었지만, 조선인 수백 명이 모여들었다. 그들은 귀찮아하지 않고 양동이에 물을 채워 보트로 나르는 일을 도와주었다. 그들은 물을 나르며 인도 선원들처럼 단조로운 노래를 부르고 있었다. 주민들의 친절함을 본 린세이는 조선인들이 상상하는 것만큼 천성적으로 인간 혐오적인 민족은 아니라고 생각했다. 주민들은 자발적으로 유쾌하게 이방인들을 도와주었다.

그날은 관리들이 찾아오지 않았다. 그러나 양이와 정노가 다시 찾아와서 여러 가지 것들을 물었다. 그들이 선표(peaou, 선적증명서나 인가증)를 물었을 때 린세이는 조금 놀랐다. 그는 그것을 보여주었다. 그들은 영국의 전선이 얼마나 많은 대포를 적재했는지, 로드 애머스트호에 왜 대포를 실었는지, 얼마나 많은 소총과 권총, 창, 칼 등이 있는지 물었다. 귀츨라프에 따르면, 영국의 수도에 주둔한 장교들의 정확한 수가 얼마인지 린세이 일행이 알려주지 않자 그들은 무척 실망했다고 한다.

30일에는 지금까지 만난 관리들보다 지위가 높은 관리 한 명이 로드 애머스트호를 방문했다. 그의 성은 김(Kin, 귀츨라프의 기록에는 Kim)이었는데, 자신이 3급 관리이며 대치도(Tsee-che-to) 지역에 주둔하는 장군(tseang-kean)이라고 말했다. 이 고관은 약 50세쯤 되었고, 강인하고 준수한 외모에 은빛을 띤 근사한 수염을 기르고 있었다. 그의 옷차림과 태도는 지금까지 조선에서 본 어떤 사람보다도 뛰어났다. 그의 모자는 꼭대기가 뾰족했고 공작새 깃털로 장식되어 있었는데, 호박(琥珀)과 검은 나무로 만든 우아한 염주로 턱을 묶고 있었다. 그의 상의는 일본제 고급 비단으로 다채로웠다. 아래로 흘러내린 겉옷은 이 나라에서 나는 흰색 아마포로 만들었다. 그의 옷차림은 중국의 관리들에게서도 볼 수 없을 만큼 단정하고 깔끔했다. 그 고관은 김(Kin)을 대동했다. 김은 그가 지금까지 보았던 모든 신기한 것들을 그 고관에게 가리키면서 이 배에 경의를 표했다.

조선 음식을 맛보다

정오가 조금 지난 후 큰 배 두 척이 다가왔다. 그 배에는 모든 외국인 승무원들을 위해 빠짐없이 갖추어진 조선식 정찬이 차려져 있었다. 베르미첼리(vermicelli, 이탈리아산 마카로니)를 곁들인 닭고기 국물, 얇게 썬 돼지고기, 여러 가지 떡, 꿀단지, 술동이 등(귀츨라프의 기록에는 떡, 베르미첼리, 꿀, 돼지고기, 멜론, 샐러드, 식초, 쌀)이 있었다. 김과 그 장군이 승무원들을 위해 이 음식을 보냈고, 린세이 일행과 함께 그것을 먹으러 찾아온 것이었다. 린세이 일행은 기뻤다. 이것이 지금까지 무례하게 대우받은 것에 대한 보상이라고 생각한 것이다. 린세이 일행과 관리들을 위해 선미 갑판에 카펫이 깔렸다. 음식은 맛이 좋았고 린세이 일행은 즐겁게 그 음식을 다 먹었다.

관리들이 떠나기 전에 린세이는 편지에 대한 답신을 언제쯤 받아볼 수 있을지 물었다. 그들은 "며칠 동안 편안하게 기다리라"고 대답했다. 그 전에 린세이는 김에게 배에 필요한 여러 가지 물품과 식량을 적은 목록을 주고 그것을 살 수 있게 허락해달라고 부탁했다. 하지만 김은 거부했다. 린세이는 그것을 선물로 받으면 좋겠다고 말했다. 하지만 그 물건들이 오지 않았으므로 린세이는 장군에게 또 다른 목록을 주었다. 그는 다음 날 보내주겠다고 약속했다.

린세이는 감자를 심은 날이 27일이라고 했지만, 귀츨라프는 30일이라고 기록했다. 그날 오후 귀츨라프 일행은 해안으로 가서 감자를 심고 그것이 잘 자라도록 하는 데 필요한 사용법을 적어서 주민들에게 주었다. 주민들은 처음에는 이런 은혜로운 행위조차 강경하게 반대했다. 외국의 식물을 도입하는 것이 이 나라 법에 저촉되는 일이기 때문이었다. 귀츨라프 일행은 전혀 아랑곳하지 않고, 이런 혁신으로 생길 이익을 장황하게 이야기했다.

귀츨라프 일행이 여기저기 거닐면서 의도를 설명하고 있는 동안, 장군의 호위병 한 사람이 귀츨라프 일행이 앉아 있는 곳에서 벌을 받을 뻔했다. 그가 이방인들을 둘러싼 군중을 몰아내는 의무를 태만히 했기 때문이었다. 귀츨라프 일행의 요청에 의해 그는 즉시 방면되었다. 이는 자신들의 규율이 엄격하며 주민들은 그렇게 강력한 관리들을 어떻게 존경해야 하는지 이방인들에게 알려주기 위한 것처럼 보였다.

7월 31일부터 8월 9일 사이에 여러 신분의 고관들이 로드 애머스트호를 방문했다. 그들은 판에 박은 것처럼 똑같은 질문을 되풀이했다. 어떤 사람은 로드 애머스트호의 화물이 무엇이고 무엇과 교환하려 하는지 묻기도 했다. 린세이 일행이 머물던 처음 며칠 동안은 비교적 행동의 제약이 적었다. 하지만 31일부터 제약이 늘어났다. 조선인들은 린세이 일행이 해안에 가지 못하도록 몇 번이나 강경하게 요청했다. 하지만 린세이 일행은 매일 해안으로 갔다. 건강을 위해 운동을 해야 한다는 핑계를 댔다. 조선인들은 이것은 금지하지 못했다.

이날 장군 김은 이방인들이 더 이상 해안으로 가지 못하도록 하기 위해 찾아왔다. 상급 관청에서 이방인들을 단속하라는 엄명을 받았기 때문이었다. 그가 말했다. "여러분은 우리의 손님들이다. 손님들은 주인이 규정한 규칙에 따라야 한다." 귀츨라프 일행은 의례서의 몇 구절을 인용했다. 거기에는 주인은 손님에게 최대한 자유롭고 편안하게 돌아다닐 자유를 주어야 한다고 씌어 있었다. 그는 이것을 읽고 "호타, 호타!" 하고 외쳤다. 그러고는 그 문제에 대해 다시는 간섭하지 않았다.

이날 귀츨라프 일행은 주변을 탐사했다. 자신들이 정박한 곳이 대륙 근처인지 섬 사이인지 살펴보기 위해서였다. 그들이 찾아간 곳은 질 좋은 목재로 뒤덮여 있었다. 귀츨라프는 지금까지 조선에서 과수원이나 정원을 보지 못했다. 하지만 그날 숲 속에서 복숭아가 야생으로 자라고 있는 것을 발견했다. 그 후 야생 포도도 볼 수 있었다. 귀츨라프는 주민들이 이렇게 쓸모 있는 나무를 재배하지 않는 것이 놀라운 일이라고 생각했다. 주민들은 와인을 모르고 있었다. 귀츨라프는 주민들에게 이 뛰어난 식물을 재배하는 방법과 포도즙에서 맛있는 음료수를 만드는 방법을 설명해주었다. 주민들은 이것을 거의 믿을 수 없어 했다. 그들이 배에서 마셔본 와인은 달콤했기 때문에 그것을 신 포도에서 뽑아낼 수는 없다고 그들은 말했다.

린세이 일행이 언제 답신을 받을 수 있는지 물어볼 때마다 답은 똑같았다. "며칠 동안 편안하게 기다리라." 조선인들은 린세이 일행이 돌연 떠나지나 않을까 걱정하는 것 같았다. 얼마 되지 않는 일상용품만을 보낼 뿐 린세이 일행이 필요로 하는 물품을 주려하지 않는 것으로 볼 때 이것은 분명했다. 김과 대장은 여러 차례 배를 방문했다. 그들은 최대한 친절을 베풀었다. 그 장군은 이방인들의 행동을 제약한 데 대해 유감을 표시했다. 상급 기관에서 받은 지시 때문에 그도 어쩔 수 없는 일이었다. 호기심 때문에 많은 사람들이 로드 애머스트호를 찾아왔다. 관리들은 방문객들이 승선하는 것을 반대하지 않는 것처럼 보였다. 이방인들은 그들에게서 정보를 얻어보려 했지만 늘 허사였다. 방문객들은 엄격한 명령에 따라 행동하는 것이 분명했다.

엄격한 금령이 내려지기 전에, 귀츨라프는 원하는 사람들에게 복음서와 책을 나누어주었다. 주민들은 이를 잘 살펴볼 것이라고 약속했고 그 책들을 조심스럽게 간직했다. 하지만 관리들이 더 이상 어떤 책이나 물건도 받지 못하게 금지하자 주민들은 심지어 단추 하나 감히 받으려 하지 않았다. 귀츨라프는 관리와 서기관들에게 지리와 역사에 관한 논문을 준 적이 있었다. 그는 "금지령이 책을 읽어보고 싶은 열망과 그것의 가치를 더 높일 것이 확실하다"고 예견했다. 가장 신분이 비천한 사람들이라도 글을 읽을 수 있고, 읽는 것을 기뻐한다는 것은 무척 흥미로웠다. 관리들이 책을 받을 때마다 주민들도 그 선물을 얻으려고 손을 내밀었다. 이 것은 귀츨라프에게 희망적으로 비쳤다.

불결하고 궁핍한 거처들

귀츨라프의 관찰에 따르면, 8월 1일부터 로드 애머스트호를 방문한 관리와 주민들의 태도에 뚜렷한 변화가 일어났다. 모두들 질문에 대해 말을 아끼고 신중했다. 이전에는 잡다한 선물을 주었을 때 기쁘고 감사하게 받았다. 하지만 이제 그들은 그것을 군이 돌려주려 했다. 수도에서 금지령이 도착했을 거라고 생각했지만, 진실을 알 수는 없었다. 엘 씨(Mr. L)는 매일 조선어 어휘를 수집하고 있었는데, 이제 주민들은 가장 짧은 문장조차 쓰지 않으려 했다. 이방인들이 그들의 언어를 배움으로써 자신들과 대화하고 더 사려 깊은 정책을 채택하도록 영향을 미칠 수 있을지도 모른다고 두려워하는 것 같았다.

귀츨라프 일행은 정박지 근처를 여행하면서 최근에 버려진 폐가 몇 채를 보았다. 집은 대개 두 칸으로 분리되어 있었고, 오븐 같은 화덕이 있었다. 부엌은 집 곁에 분리되어 있었다. 겨울에 집을 따뜻하게 하기 위해 마루 아래 커다란 구멍을 만들고 거기에 적당한 양의 나무를 태웠다. 모든 집은 마른 대나무 울타리로 둘러싸여 있었다. 집들은 대개 정방형으로 아담하게 지어져 있었다. 집들 사이에는 오솔길이 있었다. 그곳은 조선인들이 불결과 궁핍 속에서 생애를 보내는 쓸쓸한 거처였다.

귀츨라프 일행은 많은 주민들을 만났다. 그들의 피부는 어김없이 때로 뒤덮여 있었다. 많은 사람들이 몇 달 동안 씻지 않아서 이 따위의 해충이 득실댔다. 귀츨라프 일행이 있는데도 거리낌 없이 해충을 잡아서 죽이고 있었다. 그들은 거의 가진 게 없는 것 같았다. 살림 도구는 서툴게 만들어져 있었다. 진흙으로 빚어졌는데, 상상할 수 있는 가장 조잡한 종류였다. 이것 외에는 다른 어떤 것도 없었다. 이곳에 머무는 동안 귀츨라프 일행은 구리 동전을 본 적이 없었다.

그러나 관리들은 달랐다. 우아하게 옷을 차려 입고 이 제한적인 세계에서 제공하는 모든 편리한 물건을 소유하고 있었다. 그 때문에 주민들은 자신들의 비참한 상태를 의식하고 있을 것이 틀림없었다. 귀츨라프는 주민들이 항상 대단히 건전한 판단을 보여주었다고 말했다. 귀츨라프가 보기에 이곳 주민들이 게으르지는 않았지만, 힘을 쓰는 데 필요한 자극이 부족했다. 정부는 주민들이 노동의 열매를 즐기도록 허용하지 않고 있었다. 그들은 겨우 하찮은 생필품 이외의 물건을 소유하는 데 무관심했다.

그들이 외국과 통상하도록 허락받았다면, 지금과 같은 상태였을까? '폐쇄성' 때문에 그들은 외국의 관습을 받아들이지 않았지만, 그들의 상황은 개선되지 않았다. 이 비옥한 섬들을 걸어다니며, 가장 아름다운 꽃들이 야생에서 자라고 잡초와 수풀 속에서 포도 넝쿨이 뻗어가고 있는 것을 본 우리는 '자연의 지배자'인 이 사람들의 부끄러운 태만을 고발한다. 왜냐하면 이 거친 야생을 에덴으로 바꿀 수 있었기 때문이다. 복음이 이 땅으로 스며들고 진실로 받아들여진다면 비참은 그칠 것이다.[15]

8월 2일 이른 아침 린세이 일행은 반가운 소식을 들었다. 수도에서 새로운 배들이 도착했고 고관 한 명이 곧 방문할 예정이라는 것이었다. 고관은 학식 있는 3급 관리로, 턱 아래 아름다운 호박 염주를 늘어뜨리고 있었다. 그는 시골 사람들을 무시했고 이방인들에게 거만했다. 위임관으로 파견된 오(Woo)가 뒤이어 도착했다. 그의 외모는 매우 호감을 주었다. 옷차림은 깨끗하고 우아했다. 하지만 그의 질문은 재치가 없었고 지나치게 겸손했다. 이 날은 그 전날보다 방문객들이 많았다. 그들 가운데는 자만심이 강한 젊은 남자들도 있었는데, 무척 무례한 언어를 썼다. 귀츨라프는 그 동안 주민들에게 약을 선물로 주었다. 그날 조선인들은 귀츨라프에게 노인 60명을 치료할 만큼의 약을 달라고 요청했다. 노인들은 모두 심한 감기에 걸려 있었다.

8월 5일 오는 모두 답하기 어려울 만큼 세밀한 것들을 물었다. 그는 인도 선원들의 옷장과 배에 실린 모든 화물을 조사하겠다고 했다. 린세이는 앞의 요구는 들어주었지만 뒤의 요구는 조건을 달았다. 화물을 구입하기 위해 배로 10만 달러를 가지고 온다면 다른 요구도 들어주겠다는 것이었다. 오는 로드 애머스트호가 지나쳐 온 왕국의 숫자를 알려달라고 말했다. 가장 정확한 물품 목록, 영국으로 돌아갈 날짜와 다시 돌아올 날짜 등도 물었다.

8월 7일 린세이 일행이 주변 섬들을 탐사하고 돌아오자 리즈 선장은 중대한 소식을 전해주었다. 그들이 로드 애머스트호를 떠난 지 얼마 지나지 않아 김 대인이 배를 타고 찾아왔는데, 린세이가 국왕에게 보낸 편지와 짐들을 싣고 있었다. 김은 그것들을 받아달라고 간청했지만, 리즈 선장은 단호하게 거절했다. 김 대인은 무척 실망해서 해안으로 돌아갔다.

린세이와 귀츨라프는 해안으로 갔다. 김 대인 외에는 관리들이 한 사람도 보이지 않았다. 린세이가 물었다. "왜 편지와 선물을 보내지 않았는가. 우리가 요청한 식량을 보내주겠다는 헛된 약속으로 왜 계속해서 우리를 속였는가?" 김 대인이 대답했다. "중요한 관리 한 명이 수도에서 이곳으로 오고 있다. 그가 내일 당신들을 찾아갈 것이다. 그가 모든 것을 설명할 것이다." 얼마쯤 이야기한 후 그는 다음 날 식량을 보내겠다고 맹세했다.

속국은 외국과 통상할 수 없다

9월 9일 린세이 일행은 마침내 오랫동안 기다려온 사절의 정식 방문을 받았다. 그는 김, 장군, 이 등을 데리고 왔다. 사절은 오 대인 (Woo Tajin, 경역관 오계순)으로, 나이는 40세쯤 되어 보였다. 그는 중국제 비단으로 된 우아한 옷차림을 하고 있었다. 의례적이고 공손한 소개 의식을 마친 후 린세이는 그를 선실로 안내했다. 관리들의 요청에 따라 갑판에 카펫을 깔았다. 오 대인과 린세이 사이의 대화를 들어보자.

오 대인　바다를 건너오는 동안 위험과 어려움을 겪으셨을 것입니다. 진심으로 연민을 느낍니다. 여러분들이 어떤 부상도 입지 않았기를 바랍니다.

린세이　그렇게 말씀해주셔서 고맙습니다. 하늘의 보살핌으로 무사히 도착했습니다.

오 대인　무슨 까닭으로 멀리서 찾아왔습니까?

린세이　이미 (여러 관리들을 통해) 알려드렸듯이, 우리나라는 (귀국과) 우호적인 통상관계를 맺고 싶습니다. 그래서 귀국의 국왕에게 편지와 문서를 드리고 싶습니다.

오 대인　우리나라는 지금까지 대청제국(Tasing Empire)을 섬겨왔습니다. 대청제국은 우리의 상국(上國, superior)입니다. 감히 속국이 어떻게 (외국과) 통상할 수 있겠습니까?

린세이　시암과 코친차이나(베트남)는 중국에 조공을 바치고

있습니다. 조선도 이들 두 나라와 마찬가지로 (중국과) 동일한
관계입니다. 그러나 중국과 이 나라들은 우리 선박과 통상하는 것을
승인하고 있습니다. 귀국은 대영제국과 통상하지 않는 유일한
나라입니다. 왜 다른 나라들처럼 하지 않습니까?

오 대인 우리나라는 중국 제국과 국경을 접하고 있습니다.
그러므로 상국의 명령과 승인 없이는 크고 작은 일을 떠나서 감히
(외국과) 새로운 관례를 세울 수 없습니다.

린세이 시암과 코친도 중국과 국경을 접하고 있지만, 외국인과
통상하는 것을 거절하지 않습니다.

오 대인 우리나라는 그렇게 행동하지 않습니다. 옛날부터
지금까지 우리는 제국의 결정에 복종하고 있습니다. 분명히
말하지만 우리는 감히 당신의 요청을 허락할 수 없습니다.[16]

린세이는 이 문제를 더 밀고나가는 게 쓸모없는 일이라고 생
각했다. 조선인들이 스스로 중국의 속국이라고 자칭할 권리가 있
다는 것은 논쟁의 여지가 없었다. 린세이는 한발 물러섰다.

린세이 사정이 그렇다면, 국왕이 제 청원에 답변해주실 것만을
요청합니다. 저는 그 결과를 저의 상급자들에게 보여주어야
합니다. 이는 모든 나라의 관습에 따른 것입니다.

오 대인 우리나라의 관습은 그런 일을 허용하지 않습니다.
지방관들은 감히 그것을 수도에 보고할 수 없습니다. 수도에 있는
관리들도 국왕께 그 문제를 감히 보고할 수 없습니다.

린세이 그러면 우리는 국왕이 아니라 관리들이 거절한 것으로 알겠습니다. 그런데 관리들은 국왕이 모든 일을 대표하고 결정한다고 계속해서 우리에게 보증했습니다. 우리는 어떻게 이것(관리들이 거절한 것)과 관리들의 보증을 일치시킬 수 있습니까?

오 대인 이 일은 국법에 어긋나기 때문에 고위 관리들이라도 감히 국왕에게 보고할 수 없습니다.

린세이 그러나 그 일은 국왕에게 보고되었으므로 우리는 국왕의 결정을 기다려야 한다고 분명히 들었습니다.

오 대인 누가 당신에게 그것을 알려주었습니까?[17]

린세이는 곁에 있는 다른 관리들을 가리켰다. 오 대인은 서슴지 않고 답했다. "그들이 말한 것은 거짓입니다. 김과 이가 공개적으로 편지와 선물을 받은 것은 무지와 어리석음 때문이었습니다. 김과 이는 죄를 지었습니다. 부승지(poo-ching-sze, 副承旨)에 의해 기소당할 것입니다. 그들은 감히 그 일을 국왕에게 보고할 수 없습니다." 린세이는 분통을 터뜨렸다. 거짓 구실 때문에 거의 3주 동안 이곳에서 지체했고, 자신들이 온 사실을 국왕이 모르고 있다는 것도 거의 신뢰할 수 없기 때문이었다.

오 대인은 모든 비난을 김과 이에게 돌렸다. 그들이 그 자리에 있었는데도, 오 대인은 모든 일이 그들의 어리석음과 무지 탓이라고 말했다. 오 대인은 편지와 선물을 배에 실으라고 명령했다. 그러나 린세이는 그를 멈추게 하고 다시 자리에 앉으라고 청했다. 린세이는 다음과 같이 말했다.

이 편지와 선물은 공적 회담을 통해 접수되었습니다. 그것을
국왕에게 전달하겠다는 분명한 약속도 받았습니다. 우리는
당신들의 요청에 따라 답신을 기다리며 이곳에서 3주 동안이나
지체했습니다. 당신들은 답신이 곧 도착할 것이라고 매일
확인해주었습니다. 이제 우리는 이렇게 무례한 방식으로 그것이
국왕에게 전달되지 않았다는 사실을 들었습니다. 당신네 관리들은
거짓된 진술로 우리를 속여왔습니다. 우리는 이제 신뢰할 수
없습니다. 이렇게 갑작스럽고 무례한 방식으로 당신들이 선물과
편지를 되돌려주는 것을 나는 결코 받아들일 수 없습니다. 만일
당신들의 이런 이상한 행동을 설명해줄 공식 문서가 편지와 선물과
함께 오지 않는다면, 나는 그것을 받아들이지 않을 것입니다. 나는
고국에 있는 내 상급자들 앞에서 이 문서로 나 자신의 행동이
정당함을 증명해야 합니다.[18]

오 대인은 모든 일이 자신의 뜻대로 될 것을 기대하고 만족스
럽고 도도한 태도를 유지해왔다. 하지만 린세이가 편지와 선물을
거절하겠다고 하자 완전히 자제심을 잃고 동요하는 것처럼 보였
다. 그는 린세이에게 동정에 호소하는 표시를 하며 조선어로 빠르
게 말했다. 만일 린세이가 계속 거절한다면 자신의 목이 잘리고
내장이 찢겨 열릴 것이라는 몸짓을 하며, 거듭 린세이의 손을
잡으며 머리를 거의 땅에 닿을 정도로 숙였다.

린세이는 그에게 이 문제가 만족스럽지 못하게 취급되었음을
지적했다. 자신들이 원했던 식량을 공급받을 때까지 공무에 대해

서는 단 한 마디도 듣지 않을 것이라고 덧붙였다. 린세이는 식량을 공급해주면 그 대가를 지불하고 싶다고 덧붙였다. 오 대인은 식량과 함께 편지를 받아주겠다고 약속해달라며 린세이를 설득하려 했다. 하지만 린세이는 분명하고 단호하게 어떤 약속도 거부했다. 오 대인은 무척 근심하고 낙담하는 것 같았다. 그는 계속해서 린세이와 회담하려 했다. 하지만 린세이는 "식량을 받고 나면 다른 문제를 의논하겠다"고 답했다. 마침내 오 대인 일행은 떠났다.

왜 통상을 두려워하는가

다음 날 10일 아침 로드 애머스트호로 식량이 왔다. 수송아지 두 마리, 인도 선원들을 위한 소금에 절인 생선 그리고 린세이 일행을 위한 많은 가축과 채소 등이었다.

　린세이는 현재로서는 이 나라 사람들과 통상관계를 확립하는 것은 가망이 없다며 포기했다. 하지만 그는 훗날을 위해 우호적인 인상을 남기고 싶었다. 만일 자신이 어떤 공적 문서도 없이 무례한 방식으로 편지와 선물을 돌려받는 데 동의한다면, 조선인 관리들은 영국인들의 평판을 깎아내릴 게 분명해 보였다. 린세이는 자신이 내린 결정을 지키기로 결심했다. 그는 "이 나라 사람들과 통상관계를 맺을 때 진실에서 벗어나지 않는 성격을 확립하는 것이 첫 번째 요점이다"라고 지적했다. 도덕적인 우월감은 차치하더라도, 중국과 조선의 외교관들은 어느 경우에도 거의 진실을 말하지 않았다. 그들은 속임수와 술책 면에서 우열을 가리기 힘들 만큼 호적수라고 린세이는 생각했다.

린세이는 여러 가지 사소한 이유 때문에 관리들, 특히 오와 대장이 서로 질투하고 있다는 것을 눈치 챘다. 그에게 묘안이 떠올랐다. 자신들과 관련된 진실하고 정확한 사실을 진술해서 국왕에게 보내 이 문제가 공적인 불명예가 되도록 하자는 것이었다. 이를 위해 귀츨라프는 한문으로 문서를 작성했다. 린세이는 사본을 네 장 만들어서 관리들이 배에 오를 때 그들에게 각각 한 부씩 나누어주기로 했다. 그들이 서로 질투한다면 그것이 공개될 수 있을지도 모른다고 생각했기 때문이었다. 다음은 귀츨라프가 작성한 문서의 전문이다.

국왕의 열람을 위한 문서.
공자는 '친구가 멀리서 찾아오면 즐거운 일이 아닌가'라고 말했습니다. 영국 선박이 수만 리 떨어진 먼 곳에서 편지와 선물을 싣고 찾아왔는데, 당신들은 기뻐해서는 안 됩니까?
우리 영국인들이 귀국의 변방인 장산(Chang-shan)에 도착했을 때, 우리는 평민들만 만났을 뿐 어떤 관리들과도 교류할 수 없었습니다. 그래서 우리는 거기에 머무르지 않고 녹도(Luh-taou)로 갔습니다. 거기서 관리들이 우리를 찾아와서 안항(Gan-keang)으로 들어가게 했습니다. 거기서 우리는 김과 이라는 관리들을 만나 우리의 문서와 선물을 전달하고 그것을 국왕께 보내달라고 정중하게

요청했습니다. 그들은 이것을 약속했습니다. 우리가 오랫동안
바다에 머물렀기 때문에 우리에게 필요한 물품을 공급해달라고
요청했습니다. 관리들은 그렇게 하겠다고 약속했습니다. 며칠 후
사절들이 배로 찾아와서 편지와 선물이 수도로 발송되었다고
알려왔습니다. 우리가 어떻게 의심할 수 있었겠습니까? 대리인으로
임명된 관리들이 계속해서 찾아와 우리 배에 관한 특별한 사항을
조사했고, 우리나라와 관련된 여러 가지 일을 물었습니다.

관리들은 이것이 국왕에게 보고할 정보라고 말했고, 명확한 답변이
내려올 것이라고 했습니다. 그들은 떠날 때마다 우리의 청원에 대한
답변을 조용히 기다리도록 우리에게 지시했습니다.

이제 수석 역관(chief heen-ta-foo)인 오가 우리 배로 찾아와서
다음 사항을 전했습니다.

첫째, 조선은 중국의 속국이며 중국 황제의 명령에 복종해야 한다.

둘째, 이 나라의 법은 중국을 제외하고 외국인과 통상하는 것을
금지하고 있으므로 관리들은 감히 국왕에게 그 내용을 보고할 수
없었다.

첫 번째 사항은 올바르지 않습니다. 여러분은 여러분 나라의 지위를
공연히 낮추고 있습니다. 왜냐하면 조선 왕국이 그 자신의 법률과
국왕에 의해 통치되고 있다는 것을 우리는 잘 알고 있기
때문입니다. 조선은 결코 외국 통치자의 명령에 복종하지
않습니다. 중화제국의 통계 문서에 따르면, 조선과 시암은
조공국일 뿐 그 이상은 아닙니다. 그러나 코친차이나와 시암은
조선과 마찬가지로 중국에 조공을 바치고 있지만, 우리는 이들

나라와 통상 관계를 유지하고 있습니다. 왜 조선과는 통상관계를
맺으면 안 됩니까? 우리는 또한 조선이 일본과 무역하고 있다는
것을 알고 있습니다. 그러나 여러분은 (조선이) 중국을 제외한 모든
외국과 무역하는 것을 법으로 금지하고 있다고 주장합니다.

고관들은 자신들이 감히 (국왕에게) 보고할 수 없다고 말합니다.
그러나 여러분 나라의 수도는 (이곳에서) 그리 멀리 떨어져 있지
않기 때문에 외국 선박이 도착했다는 이례적인 상황에 대해 국왕이
들을 수 없었다는 것은 납득하기 어렵습니다. 그리고 만일 국왕이
이 소식을 들었다면, 관리들이 그 상황을 보고하지 않았다는 것이
더 이상한 일입니다.

선물에 대해 말하자면, 여러분은 처음에는 공공연히 그것을
받았지만, 그 뒤로는 아무런 격식도 차리지 않고 그것을
거절했습니다. 그런 행동 때문에 여러분은 가장 선량한 의도로
찾아온 이방인들의 명예를 크게 훼손하고 모든 예의범절에
어긋나게 되었습니다. 관리들이 국왕과 의논하지도 않고 자신들의
책임 아래 그런 행동을 했다고 주장한 오 대인의 경우는 더욱
그렇습니다.

우리는 관리와 주민들에 대해 우호적인 감정을 품고 있습니다.
우리는 어떤 악의적인 의도도 없습니다. 왜 그렇게 우리가 여러분의
적인 것처럼 의심을 품고 우리를 대합니까?

우리가 물으면 여러분은 대답을 거절합니다.

우리가 마을로 들어가는 것을 금지하고, 사람들과 의사소통하는
것을 어떻게든 막으려고 합니다. 어제는 우리 배를 방문했다는

이유만으로 죄 없는 사람들이 처벌되었습니다. 우리는 이것이
우리의 명예를 손상하는 일이라고 생각하지 않을 수 없습니다.
우리는 선의의 증거로서 여러분들에게 여러 종류의 책들을
나누어주었습니다. 그 책들은 천문학, 지리학 그리고 역사에 관한
논문을 담고 있는데, 교육적이고 재미있습니다. 게다가 우리는
우리의 종교적인 교의와 참된 신과 예수의 계시를 담고 있는 책들을
주었습니다.

이 책들은 마음씨 착한 사람들이 주의 깊게 읽어본다면 가장 쓸모
있는 가르침을 담고 있습니다.

공자는 '사해 안의 모든 인류는 형제다'라고 말했습니다. 당신들은
이 가르침을 존중합니다. 그러나 당신들이 그것에 따라
행동한다면, 어떻게 외국인과 통상하는 것을 금할 수 있습니까?
아마 외국인과 주민들이 통상하는 것이 오랜 관습과 법에 어긋나는
일이라고 말할지도 모릅니다. 여러분들의 관습과 외국의 관습을
비교하고 어느 것이 더 좋은지 살펴보는 것이 좋지 않습니까?
그래서 만일 여러분의 관습이 가장 좋다면 그것을 유지하고,
그렇지 않다면 어떤 점은 변화시키는 게 더 유리할 것입니다.
아마 여러분은 '우리나라는 가난한데, 어떻게 당신과 교역할 수
있겠는가' 하고 말할지도 모릅니다. 이 점에 대해서 우리는 다음과
같이 답합니다. 이곳에서 우리나라 사람들과 교역하게 허락한다면
금과 은이 이 나라로 흘러들 것이고 정부의 수입은 늘어날 것이며
국가의 부와 번영은 급속히 증대할 것입니다.

이 때문에 중국과 일본은 외국 무역을 장려합니다.

왜 여러분들은 이웃 나라의 좋은 사례를 따르지 않습니까?

결론적으로 오 대인의 주장에 따르면, 고관인 김과 이는 늙고
어리석습니다. 그들이 우리를 이곳에 붙잡아둔 무지와 잘못된 행동
때문입니다. 여러분의 나라와 우리나라의 교의는 노인이 존경을
받아야 한다고 가르칩니다. 이 두 관리는 경험이 풍부하고 나라의
법을 잘 알고 있기 때문에 당국의 허가 없이 그렇게 행동하지
않았을 것입니다.

우리 외국인들은 여러 나라와 교역해봤지만, 이곳만큼 제약과
비밀이 많은 곳은 보지 못했습니다. 이는 쓸모없는 일입니다.
왜냐하면 우리는 여러분 나라에 대한 지도, 여러분 나라의 고대사와
관습에 대한 책을 가지고 있기 때문입니다. 이곳에 도착한 이후
우리는 근처 여러 곳을 방문했습니다. 우리는 모든 곳에서
몇 안 되는 가난한 주민들이 비천한 오두막에서 사는 것과,
나무와 숲은 풍부하지만 경작지는 거의 없는 것을 보았습니다.
이 나라와 이웃 왕국 사이에는 얼마나 큰 차이가 있는지!
이것은 외국과 교역하는 것을 금지하고 차단하는 데서 비롯된
것으로 보입니다. 이런 관습이 지속되는 한 이 나라는 이웃
나라보다 번영하고 발전하기를 기대할 수 없습니다.

마지막으로 앞으로 어느 영국 선박이든 식량이 필요해서
도착한다면 지체 없이 그것을 공급해주시기를 간절히 바랍니다.
불운을 만난 배가 이 왕국의 해안에 난파된다면 승무원들의 목숨을
구해주고, 따뜻하고 친절하게 대우하고, 그들을 북경으로 보내
거기서 고국으로 돌아갈 수 있게 해주기를 간절히 바랍니다.

그렇게 행동함으로써 여러분들은 국민들의 생명을 소중하게 여기는 대영제국의 통치자에게 은혜를 베풀게 될 것입니다. 어떤 일이 일어나더라도 이런 선행을 베풀기를 우리는 진심으로 바랍니다. 우리는 이제 아무 보람 없이 시간만 허비한 채 떠나려 합니다. 번영과 행복을 기원합니다.

서명: Hoo-hea-me(린세이) Kea-le(귀츨라프) 도광(Taoukwang) 12년 음력 7월 15일.[19)]

아, 이것이 우리의 법입니다

11일 아침 조선의 관리 네 명이 편지와 선물을 가지고 배로 찾아왔다. 린세이는 그들에게 각각 그 문서를 주었다. 그들은 조심스럽게 그것을 읽었다. 영리한 장군은 몇 번이나 소리 내어 읽고 그것에 대해 설명했다. 장군은 분명 불만족스러워하지는 않았다. 반대로 오는 무척 걱정하고 놀라는 것 같았다. 감시병들이 갑판 통로에서 배에 선물을 싣지 못하게 하는 것을 보고 특히 그랬다. 린세이는 자신이 이미 명확하게 설명했듯이 공적인 설명을 담은 편지가 없으면 선물과 편지를 돌려받아달라는 오의 간청을 단호하게 거절하겠다고 대답했다.

오후에 린세이 일행은 마을에 있는 관리들을 찾아가 자신들이 곧 떠날 것이라고 말했다. 그들은 린세이 일행을 최대한 정중하게 맞이했고 자신들의 바람을 들어달라고 말했다. 걱정하고 있는 것처럼 보이는 사람은 오뿐이었다.

다음 날인 12일 아침 로드 애머스트호가 돛을 감아올리고 있을 때 장군이 혼자서 찾아왔다. 오가 보냈기 때문이었다. 장군이 다른 관리들보다 린세이 일행에게 더 영향력이 있다고 생각했기 때문인 것으로 보였다. 오의 생각은 틀리지 않았다. 왜냐하면 변함없이 기분 좋고 신사 같은 그의 품행 때문에 린세이 일행은 그를 존경하고 선의를 가지고 있었기 때문이었다. 장군은 자신이 파견된 목적을 달성할 수 있으리라고 기대하지 않았다. 메시지의 요지를 설명한 후에는 다시 그 주제에 대해 언급하지 않았다. 그날 그는 전보다 훨씬 제약 없이 마음을 표현할 수 있는 것처럼 보였고, 그러한 상태로 린세이 일행과 헤어지는 것을 무척 유감스러워하는 것 같았다. 한번은 "당신들은 수만 리나 떨어진 먼 곳에서 선물을 들고 왔는데, 우리는 이렇게 무례한 방식으로 당신들을 대우했습니다. 고한, 고한(Kohan, Kohan, 아, 아), 그것이 우리의 법입니다"라고 썼다.

린세이는 중국인들이 조선 조정에 있는지 물었다. 그는 몇 명이 있었다고 답했다. 중국인들이 국왕으로 하여금 자신들과 통상하는 것을 거절하도록 개입했을지도 모른다고 린세이는 생각했다. 조선의 고대사에 대해 이야기하면서 린세이는 이 나라가 중국에 대해 독립적이라는 증거로 한 일화를 이야기했다. 만주 왕조가 시작될 때였다. 그들은 현재보다 더 조선에 영향력을 미치고 있어서 조선인들의 머리를 깎고 만주식 복장을 입도록 강요하려 했다.

조선인들은 용감하게 이를 거부했다. 그리고 만주족을 나라에서 내쫓았을 뿐만 아니라 요동(Leaou-tung)의 대부분을 파괴했다. 이 글을 읽었을 때 장군의 눈이 빛났다. 그는 몇 번이나 힘차게 "고취"(Kow-chee, 바로 그렇다) 하고 반복했다. 하지만 그는 곧 연필을 들고 "이것은 국가와 관련된 일입니다. 나는 그 상황을 모릅니다"라고 썼다.

린세이가 그와 다른 두 관리인 김과 이를 위해 술 몇 병을 해안으로 보내려 한다고 하자 그는 무척 감동했다. "우리가 이렇게 하찮게 당신을 대우했는데도 당신은 계속해서 우리를 친구로서 존중하고 선물로 경의를 표하다니! 고시, 고시(Ko-seih, Ko-seih, 애석합니다, 애석합니다!)"라고 말하며 사양했다. 그는 거의 눈물을 흘릴 뻔했다. 헤어질 때가 되자 린세이는 그에게 이렇게 확신시키려 했다. 자신들은 조선 정부의 행동 때문에 불만이지만, 그와 김과 이(그들은 비록 장군에 비해 무척 열등한 사람들이지만)가 늘 친절하게 대해주었기 때문에 항상 즐거운 마음으로 이때를 회상할 것이며, 이 의심 많고 거의 문명화되지 못한 조선에서 그가 좀 더 나은 운명으로 살아가기를 바란다고.

닻을 올린 로드 애머스트호는 남쪽으로 향했다. 조선의 다도해 밖으로 항해하면서 리즈 선장은 해도를 그렸다. 귀츨라프는 조선과 곧 통상할 가능성이 높다고 생각했다. 그가 보기에 조선은 자원이 풍부했다. 그리고 이곳은 영국의 상품이 필요했다. 이곳 주민들이 처음 본 옥양목과 양모, 직물 등을 언제나 변함없이 높이 평가하고 소중히 여겼기 때문이었다. 주민들은 조선에는 은이 전혀 없어서 정기적으로 유럽 상인들의 화물을 구입할 수는 없다고 귀츨라프 일행에게 믿게 하려 했다. 하지만 귀츨라프 일행이 보기에는 그렇지 않았다. 만일 이곳에 은이 없었다면 어떻게 조선의 국왕이 북경 조정에 그렇게 많은 은을 지불할 수 있었겠는가 하고 귀츨라프는 반문했다.

17일 린세이 일행은 켈파트 섬을 보았다. 이곳은 지금까지 본 다른 어떤 조선 땅보다 잘 경작된 것처럼 보였다. 린세이는 그곳을 방문하지는 않지만, 켈파트가 잘 경작되어 있고 조선, 일본, 북부 중국, 만주와 교역하기 좋은 곳에 위치하고 있다고 생각했다. 귀츨라프는 제주도에 상관을 세우면 일본, 조선, 만주, 중국과 통상하는 데 가장 편리할 것이라고 생각했다. '만일 그렇지 않다면, 이 섬이 선교 기지가 될 수는 없을까? 이렇게 중요한 곳에 포교 시설을 세움으로써 그 증오할 만한 폐쇄적 제도에 치명적인 일격을 가할 수 없을까?' 그는 '이 섬들은 기독교가 전혀 접근할 수 없는 곳은 아니다'라고 생각하며 조선 해안을 떠났다. 로드 애머스트호는 21일 설파(Sulphur) 섬을 지나쳤고, 22일 정오에는 류큐의 나파강(Na-pa-kiang) 만에 닻을 내렸다.

이국인과 교역하면 참수당한다

서해안에 나타난 로드 애머스트호는 당시 조선에 적잖은 소동을 일으켰다. 통상과 기독교 선교라는 로드 애머스트호의 목적은 당시 조선의 집권층으로서는 받아들일 수 없는 것이었다. 로드 애머스트호 사건에 대한 조선 측 기록은 꽤 풍부하게 남아 있는 편이다.

영국 상선이 맨 처음 서해안에 정박한 곳은 황해도 장연(長淵)이었다. 순조 32년(1832) 6월 21일(음력) 몽금포(夢金浦) 요망장(瞭望將, 높은 곳에서 적의 동정을 살피던 군사의 우두머리) 정호량은 조니진(助泥鎭) 만호 이민수에게 보고했다. "오늘 포구의 앞 바다에 어느 곳에서 왔는지 알 수 없는 당선(唐船, 중국 배) 한 척이 정박해 머물고 있습니다." 이민수는 무척 놀라서 곧 추포군졸(追捕軍卒, 적을 뒤쫓아 가서 잡는 군사)과 이교(吏校, 서리와 장교)를 보내 쫓아 보내게 했다. 당선은 닻을 올리고 서해 먼 바다로 빠르게 도망갔다. 황해수사 윤우현과 장연현감 김성익은 황해감사 김난순에게 "연해의 여러 곳에 당선이 출몰하는 것은 항상 있는 일이고, 이미 쫓아 보냈다"고 보고했다. 황해감사는 수영(水營)과 장연현, 조니진에 각별히 살피고 경계하라고 지시했다.

황해감사 김난순은 그후 조니진장(이민수)이 보고한 배가 의심스러웠다. 홍주(洪州) 고대도(古代島)에 정박한 이국선의 문정기(問情記) 가운데 이국선이 장산 등을 지나왔다는 내용이 있다는 말을 들었기 때문이었다. 그는 부하를 별도로 파견해서 여러 가지를 조사하고 캐물었다. 그때 당선이라고 말한 것이 홍주 고대도에 정박한 이국선의 생김새, 인물, 언어, 옷차림 등과 대략 비슷했다. 조사 결과 뜻밖의 사실이 알려졌다. 장연의 어민들이 이국인들과 생선과 책을 주고받으며 문답했고, 해당 진의 이교가 이양선을 쫓

로드 애머스트호가 나타났던 당시의 황해도 장연현 부근 지도.

아 보내기 위해 붓과 종이로 수작해서 문정했다는 것이었다.

　황해감사는 깜짝 놀랐다. 곧바로 이방인과 문답한 어민과 해당 진의 이교를 붙잡아 와서 일일이 실상을 조사해보았다. 조니진 아래에 사는 어민 김대백과 조천의 등은 다음과 같이 털어놓았다. 그들은 6월 20일 포시(晡時, 오후 3~5시)에 작은 배를 같이 타고 조니진에서 30리 떨어진 몽금포에서 고기잡이를 하고 있었다. 갑자기 큰 배 한 척이 서남쪽 먼 바다에서 다가와 중류(中流)에 닻을 내렸다. 멀리서 그 배를 보았는데, 길이가 10여 파(약 30미터)에 이르고 돛이 세 개였다. 조선 배도 아니고 당선도 아닌 것 같았다. 무척 의심스럽고 두려운 마음이 들어서 배를 돌려 피하려 할 때였다. 낯선 배에 탄 여러 사람들이 그 배에 딸린 협선(挾船)을 타고 마치 나는 것처럼 눈 깜짝할 사이에 쫓아왔다.

그 가운데 한 사람이 어민들의 배에 올라타서는 농어 세 마리를 보고 손으로 가리켰다. 어부들은 무섭고 두려워서 그들에게 물고기를 주었다. 이방인은 만년필(銀管自濡筆)과 당지(唐紙, 중국 종이) 한 장을 잘라서 문자를 써 보여주었다. 어부들은 모두 글자를 몰랐기 때문에 그들에게 답할 수 없었다. 이방인은 웃으며 손가락으로 장산(長山)을 가리켰는데, 지명을 묻는 것 같았다. 어부들은 겨우 '長山' 두 글자를 써서 보여주었다. 그는 어부들에게 책 한 권을 주었다. 어부들은 책을 읽을 줄 몰랐기 때문에 받아도 쓸모가 없었다. 그래서 외국인의 물건을 감히 사사로이 받지 않고 돌려주었다. 그러나 이방인은 끝내 돌려받지 않고 그 배에 던지고는 큰 배로 가버렸다.

어부들은 다음날 그 큰 배가 서남쪽 먼 바다로 돌아가는 것을 보았다. 그때 협선에 같이 탄 사람은 12명이었다. 두 명은 붉은 모자를 썼는데, 당모자(唐帽子, 중국 모자) 같았다. 한 사람은 백립(白笠)을 썼는데, 우리나라의 폐양자(蔽陽子, 햇빛을 가리는 모자) 같았다. 그 나머지 사람들이 입은 옷은 모두 중국인의 두자(兜子, 쓰개) 같았다. 옷 색깔은 검거나 파랬다. 옷의 생김새는 중국 옷 같았다. 배 가운데는 조총 두 자루, 자루 달린 환도 1파(把)가 있었다. 총의 생김새는 우리나라 총과 다르지 않았다. 끝이 짧은 배(稍短船)의 모양은 양쪽 머리가 모두 높고 바깥은 푸르고 안은 황색으로 기름을 칠한 것 같았다.

황해감사는 조니진의 추포별장(追捕別將, 적을 쫓아가 붙잡던 별장. 별장은 산성과 진, 포구, 보루, 작은 섬 등의 수비를 맡던 무관) 장지추, 군기감관(軍器監官, 무기를 감독하는 관리) 최종련, 형리 신몽열 등도 심문했다. 그들은 다음과 같이 증언했다. 지난 6월 21일 이른 아침에 작은 배 한 척이 조니진의 포구로 왔다. 배의 모양과 인물들이 모두 극히 수상해서 그들은 진장(鎭將, 각 도의 지방군대를 관할하기 위해 설치한 진영[鎭營]의 장관)에게 보고했다. 진장은 교졸(校卒, 관청에서 경호, 범법자 체포, 순찰, 형벌 시행 등을 맡은 말단 치안 담당자들)에게 총을 들고 따르게 했다. 배는 이미 해안에 정박해 있었고 사람들은 상륙하려 했다. 관리들은 급히 달려가 이방인들을 모래밭에서 만났다. 배에서 내린 사람들은 8명이었는데, 언어와 생김새가 이전에 본 당인과 달랐다. 관리들은 무척 놀라 글로 물었다.

"너희들은 어느 나라 사람이고 왜 이곳에 왔는가?"

그 가운데 한 명이 만년필과 당지 한 장을 잘라서 썼다.

"우리들은 대영국인(大英國人)이다. 물화를 교역하러 대청국(大淸國)에 가다가 풍랑을 만나 이곳에 이르렀다."

"너는 성이 무엇인가?"

"성은 호(胡)이다. 닭·오리·소·양을 사고 싶다."

"우리나라 법률은 무척 엄하다. 이국인과 물건 하나라도 바꾸는 것은 참수형을 받을 죄에 해당한다. 하물며 이국선이 와서 정박한 것이랴."

진장이 그들을 쫓아내려 할 때였다. 포구의 백성들 약 1백 명이 모여서 그들을 둘러쌀 기세가 되었다. 그들은 배로 되돌아가 큰 배가 정박한 곳으로 향했다. 그 큰 배는 진에서 멀리 떨어진 곳에 닻을 내리고 있었다. 그 배는 돛을 달고 먼 바다로 돌아가 끝내 간 곳을 몰랐다. 8명 가운데 5명은 각기 조총 한 자루, 자루 달린 환도 1파를 지니고 있었다. 그들은 홍전(紅氈)으로 만든 모자나 대나무 껍질로 만든 폐양자를 머리에 쓰기도 했다. 옷 색깔은 푸르거나 검었는데 중국의 것과 비슷했다. 협선은 길이가 4~5파(약 12~15미터)였다. 배의 바깥쪽은 청색으로 칠했고, 안은 살펴볼 수 없었다.

황해감사는 어민과 이교가 진술한 것이 의심할 바 없다고 판단했다. 하지만 물고기와 책을 주고받고, 어지럽게 글로 문답하고, 해당 진장이 대수롭지 않은 일처럼 다만 당선을 쫓아 보낸 것이라고 흐릿하게 말할 뿐 실정을 낱낱이 보고하지 않은 것은 그로서는 극히 놀라운 일이었다. 수사와 지방관은 바닷가 방비를 엄히 살피고 경계해야 했다. 그런데도 관하 지방에 있는 이양선을 쫓아 보낸 사례만 보고하고 자세히 조사하지 않은 것은 변방의 경계를 극히 소홀히 한 일이었다. 따라서 이번에 이양선이 소속 관하를 지나간 일에 대해 장연현감 김성익, 조니진 만호 이민수 등의 죄상을 조사하지 않을 수 없었다. 해당 관부에 수사 윤우현을 붙잡아 엄히 심문하게 하고, 해당 관청에 보고해 임금의 지시를 받아 처리하게 했다. 황해감사는 자신이 평상시에 군민을 점검해 바로 잡지 못하고 뒤늦게 임금에게 사실을 보고한 것이 황공해서 죄를 기다린다며 장계를 올렸다.

황해감사가 보기에 어민이 외국인과 사사로이 물고기와 책을 주고받고 이교가 제멋대로 필찰로 문답한 것은 우매한 소치였다. 해안 방비가 끊어질 염려가 있으므로 어쩔 수 없이 엄히 벌 주고 감영에 죄의 경중을 헤아려 다스리게 했다. 책자 한 권은 이단좌설(異端左說)과 유사하므로 민간에 그대로 둘 수 없어서 감영의 뜰에 가지고 와서 불태웠다. 국왕은 이 사건을 엄중하게 조사해서 처리하라고 지시했다.[20]

편지와 토산물을 바치다

이양선은 6월 25일 공충도(충청도) 홍주의 불모도(不毛島)를 거쳐 28일 고대도 안항(安港)으로 왔다. 홍주목사 이민회(이민회의 질병으로 후에 서산군수 이수익으로 교체), 공충수사(충청도 수사) 이재형, 수군우후 김영수, 경역관(京譯官, 서울에서 급파된 통역관) 오계순(7월 17일 도착) 등이 이양선을 조사하고 이방인들과 문답한 결과를 여러 차례 조정에 자세히 보고했다.[21]

이양선의 생김새는 외(瓜)를 쪼개놓은 것처럼 뱃머리와 꼬리가 뾰족했다. 배 길이는 30파(把, 약 90미터)이고 넓이는 6파(약 18

미터)였다. 삼나무 조각을 쇠못으로 박아 이어 붙이고 못대가리의 폭 사이를 기름 섞은 회로 발랐다. 물에 잠기는 기둥과 판자는 모두 구리쇠 조각을 붙이고 구리쇠 못으로 총총 박았다. 키도 구리로 둘러싸 선미 밖에 붙였다. 상하 삼판(杉板)에는 유리로 창문을 냈다. 좌우 삼판 위에 난간을 만들었는데, 판목(板木)으로 칸을 가로질러 꾸몄다. 뱃머리에는 취사장을 만들었다. 선미에는 배의 관원(船官)이 거처하는 방을 만들었는데, 지극히 화려하게 꾸몄다. 방 위에는 판자를 깔고 사방에 놋쇠로 난간을 만들었다. 뱃머리에는 사람의 형상을 만들어 기름 섞은 회로 발라 꽂았는데, 마치 멀리 바라보는 듯한 모습이었다.

긴 나무를 반쯤 눕게 꽂아 앞 돛의 끈을 매달았다. 선상(船上)의 허리 중앙에 닻이 닿는 곳을 만들었는데, 아래는 판자를 깔아 안정되어 흔들리지 않게 하고, 위는 장구 모양으로 해서 맷돌처럼 움직이게 만들고 놋쇠로 장식해 세워두었다. 닻줄은 철사로 꼬았는데, 크기가 서까래와 비슷했다. 배 양쪽 머리에는 각각 건령귀(乾靈龜, 나침반)를 설치하고, 배 좌우에는 쇠갈고리를 박아 돛 끈을 매달았다.

배 가운데 한 칸에는 검고 흰 염소, 닭, 오리, 돼지, 개를 기르는데 그 수를 헤아릴 수 없었다. 배 양쪽 머리에는 각종 색깔의 기를 꽂아 앞길의 물이 깊고 얕은 것을 쟀다. 관작(官爵)이 있는 자가 거처하는 문 앞에는 한 사람이 갑옷을 입고 칼을 차고는 온종일 지켜 서서 출입을 금하게 했다.

물 긷는 배 네 척을 항상 좌우에 매달아놓고 필요할 때는 물

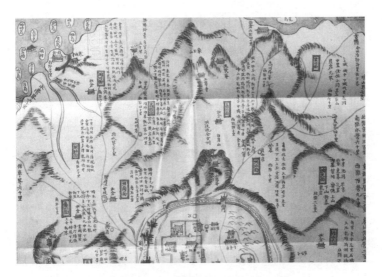

로드 애머스트호가 나타났던 당시의 충청도 홍주 지도.

에 띄워놓았다. 그 배들은 본판(本板)을 구리쇠로 만들었고 푸르
거나 검게 칠했다. 앞 돛대는 19파(약 57미터), 가운데 돛대는 22
파(약 66미터), 뒤 돛대는 16파(약 48미터)였다. 앞뒤와 가운데 돛
대는 각각 3층과 6층으로 수레바퀴 모양처럼 만들었다. 상층과 가
운데층에 놋쇠로 난간을 만들고 나무 대 둘을 가로로 붙여 사람이
들어갈 곳을 만들었다. 큰 활대(弓竹)는 언제나 3층 위에 걸어두었
다. 또 흰 삼승 돛(三升帆)을 3층으로 나누어 붙여 수시로 폈다 거
뒀다 했다. 돛끈(帆索)은 줄이 헝클어진 것처럼 드리웠는데, 간간
이 큰 가닥이 있었다. 또한 작은 끈으로 구름사다리 모양을 묶어
만들었다. 돛을 펼 때는 사람이 그 층 위에 올라가 폈다. 그들이
쓰는 그릇은 그림이 그려져 있었다. 동이(樽)와 병은 유리였고 수

저는 모두 은으로 만들었다. 배 안에 실은 무기는 환도 30자루, 총 35자루, 창 24자루, 대화포(大火砲) 8좌였다. 배 안의 위아래에 장치한 칸 수는 큰 것이 10칸, 작은 것이 20칸이었다.

배 안에 탄 사람들의 생김새는 더러는 분을 발라놓은 것처럼 희고 더러는 먹물을 들인 것처럼 검었다. 어떤 사람은 머리를 박박 깎았는데, 어떤 이는 정수리 앞까지는 깎고 정수리에서 조그만 머리카락 한 가닥을 따서 드리웠다. 그들은 서양 베(洋布)나 성성전(猩猩氈, 오랑우탄의 피로 물들인 검붉은 색 모직물), 삼승(三升)의 각색 비단을 입고 있었다. 저고리는 두루마기나 소매가 좁았고, 붉은 비단으로 띠를 두르기도 했다. 적삼은 단령(團領, 옷깃이 둥근 관복)과 비슷했는데, 소매가 좁기도 하고 넓기도 했다. 옷섶이 맞닿은 여러 곳에는 금단추를 달았다. 작위가 있는 사람이 입은 옷은 무늬가 선명했다.

이양선의 선주인 자작(子爵) 호하미(胡夏米, H. H. Lindsay)는 푸른 비단으로 만든 족두리 같은 것을 머리에 썼는데, 앞쪽은 검은 뿔로 장식했다. 그 밖의 사람들은 붉은 털로 짠 것이나 흑삼승(黑三升)으로 만든 것을 쓰고 있었다. 더러는 감투 모양이나 두엄달이(頭掩達伊, 추위를 막기 위해 머리에 쓰는 쓰개의 일종) 모양도 있었고, 풀로 짠 전립 같기도 했다. 버선은 흰 비단이나 백삼승(白三升)으로 만들기도 했으나 등에 꿰맨 흔적이 없었다. 신은 검은 가죽으로 만들었는데, 발막(發莫)과 같았다.

배에 실은 물품은 유리그릇 5백 개, 초(硝) 1천 짐(擔, 한번 등에 지고 나를 만한 분량을 세는 단위, 100근), 화석(火石) 20짐, 꽃무늬가 새겨진 베 50필, 칼 1백 개, 가위 1백 개, 납촉(蠟燭) 20짐, 등대(燈臺) 30개, 등롱(燈籠) 40개, 단추 1만여 개, 허리에 차는 칼(腰刀) 60개인데, 모두 값으로 따지면 은화 8만 냥이라고 했다.

이양선의 선주 호하미는 충청수사 이재형에게 편지를 바쳤다. 거기에는 "대영국 선주 호하미는 삼가 수군절도사 이 대인에게 아룁니다. 현재 영국 배가 여기에 이르렀는데, 문서와 아울러 미미하나마 조선국 대왕 전하께 받들어 올릴 토산물이 있습니다. 이에 간청하오니 관원을 보내 우리들을 응접하고 인도해서 조정에 문서를 받들고 가 아뢰게 해주신다면 위엄과 덕망이 적지 않겠습니다. 임진(壬辰) 33년 6월 27일 호하미 착서(着署)"라고 씌어 있었다. 호하미가 조선의 관리들에게 전한 편지와 예물 목록은 다음과 같다.

미미한 물품을 바쳐 올립니다. 삼가 바라건대
대왕천세폐하(大王千歲陛下)께서 은혜를 내리셔서 멀리 버리지
말아주십시오. 애석하게도 기묘한 진품(珍品)이나 성상께서
보배롭게 보아주실 만한 것이 없습니다. 오직 이것으로 삼가
공경하는 뜻을 펴고, 아울러 배에 싣고 온 물화의 견본을 보여드릴
따름입니다.
우단(大呢) 홍색 1필, 청색 1필, 흑색 1필, 포도색 1필.
우모(羽毛) 홍색 1필, 청색 1필, 포도색 1필, 종려색 1필, 황색 1필.
양포(羊布) 14필.
천리경(千里鏡) 2개.

유리그릇 6건.

꽃무늬를 새긴 금비녀(鈿叉) 6벌.

본국의 지리서 26종.[22]

무역 조약은 무슨 뜻인가

호하미는 관리들에게, 영국 국왕의 명을 받들어 조선과 공무역을
체결하고 싶다고 전했다. 그는 서양 베·우단(벨벳)·우모초(羽毛
綃, 새 깃털로 짠 얇은 비단)·유리그릇·시진표(時辰表, 시계) 등의
물건으로 조선의 금·은·동과 대황(大黃, 소화제에 쓰는 약초) 등
의 약재를 사고 싶다고 했다. 자작 호하미, 6품 거인(擧人, 중국의
과거 시험에서 향시에 합격한 사람) 수행원 갑리 출해리사(甲利 出
海李士, Charles Gützlaff)와 조선 관리들 사이에 다음과 같은 대화
가 오갔다.

> **공충수사 이재형** 너희들이 멀리 험한 바다를 건너느라 많은
> 괴로움을 겪었을 터인데, 물에 빠져 죽거나 병을 앓는 염려는
> 없었는가?
> **호하미** 죽은 일도 없고 병도 없었습니다. 귀국의 큰 관원이 먼
> 나라 사람을 예의로 대우하니 걱정이 없고 즐겁습니다.
> **이재형** 배 안의 나무나 식량은 떨어지지 않았는가?

호하미 나무, 닭, 소는 떨어져가고 채소뿐입니다.

두 사람의 대화는 우호적으로 시작되었다. 조선 관리는 먼 곳에서 찾아온 이방인에게 안부와 형편을 물었다. 화제는 외국인의 고국에 대한 이야기로 옮겨갔다.

이재형 너희들은 어느 나라 어느 지방에 살고 있는가?

호하미 우리나라 이름은 영길리국(영국) 또는 대영국이라 하고, 난돈(蘭墩, 런던)과 흔도사탄(忻都斯坦, 힌두스탄 곧 인도) 지방에 살고 있습니다.

이재형 너희들의 이웃 나라에 소영국(小英國)이 있어서 대영국이라고 하는 것인가?

호하미 그렇지 않습니다. 세 나라가 합해 하나가 되고 황상(皇上) 한 분이 주관하기 때문에 대영국이라고 하는 것입니다.

이재형 세 나라의 이름은 무엇 무엇인가?

호하미 영국, 애란국(愛蘭國, 아일랜드), 사객란국(斯客蘭國, 스코틀랜드)입니다.

이재형 황상 한 분은 누구를 말하는가?

호하미 우리 영국 임금입니다.

공충수사에게 영국은 낯선 나라였다. 대영국과 소영국의 차이를 물은 것은 이 때문이었다. 영국이란 나라의 정체를 파악하기 위해 그는 중국을 끌어들였다.

이재형　너희 나라에서도 대청(大淸)을 아는가?

호하미　북경(北京) 황제국(皇帝國)이라고 합니다.

이재형　해마다 서로 통상하며 가져다 바치는 것이 있는가?

호하미　청나라 사람들이 우리나라에 오고 우리나라 사람들이
대청에 가서 교역하는데, 두 나라가 고루 크고 세력이 같으므로
공물을 바치지 않습니다.

이재형　군신의 분별은 없는가?

호하미　흠차(欽差, 황제의 명령으로 보낸 파견인, 여기서는 영국
외교사절)가 우리나라에서 북경에 가도 계단 아래에서 머리를
조아리는 예식(叩頭禮)을 행하지 않습니다.

공충수사는 도대체 어째서 이들이 이렇게 먼 나라를 찾아왔
는지 궁금하지 않을 수 없었다.

이재형　무슨 일로 어느 곳을 가다가 어느 곳에서 언제 어떤 바람을
만나 여기에 왔는가?

호하미　이곳에 와서 귀국의 대왕 천세폐하께 문서를 바치고
공적으로 무역 조약을 맺고자 올해 2월 20일에 서남풍을 만나
동쪽으로 항해 왔습니다.

이재형　만일 여기에 도착하려고 했다면 바람에 표류한 것이
아니잖은가?

호하미　본래 뜻은 문서를 바치려고 가져온 것입니다.

이재형　문서는 너희 나라 임금의 명으로 온 것인가?

호하미 문서를 해설하러 온 것입니다.

이재형 무역 조약을 맺는다는 것은 무슨 말인가?

호하미 무역 조약을 맺으려면 서로 예의가 있는 것이어서 공적인
것이지 사적인 것이 아닙니다. 또한 공사(公司)의 사정은 오직
대왕의 성지(聖旨)를 기다리는 데 있습니다.

이재형 공사의 사정이란 무슨 일인가?

호하미 우의 있는 교역을 설립하는 것입니다. 이를 위해 예물이
배에 실려 있습니다. 화물 목록을 적은 문서를 가지고 위로
대관대인(大官大人)에게 바쳐 대왕 천세폐하께 아뢰어 그 비답(批答,
상소에 대해 임금의 의견을 간단히 그 문서의 여백에 기록하는 것)을
받으려 합니다.

이재형 교역한다면 무슨 물건을 요구하는가?

호하미 우리들은 양포(羊布), 우단, 우모, 초자(硝子, 유리), 유리
그릇, 시계 등의 물품으로 귀국의 금이나 은, 동과 대황 같은 약재,
그 밖의 다른 물화를 사고자 합니다. 우리들이 보고 마음에 맞아야
합니다.

이재형 우리나라는 본래 금, 은, 동이 나는 곳이 아니다. 그 나머지
다른 물화도 없다. 그러니 무엇으로 교역하겠는가?

호하미 귀국에는 진실로 좋은 물화와 보물이 많습니다. 귀국
대왕께서 우리와 매매하는 것을 윤허하신다면 귀국의 관원과
백성들이 좋은 의복을 입게 될 것입니다. 그러니 또한 좋은 일이
아니겠습니까? 지금으로서는 다만 산물 몇 가지를 가지고 가서
이것이 중국의 것과 같은 모양인지 알아보게 해주시기 바랄

뿐입니다.

이재형   이 배에 실은 물화는 얼마나 되는가?

호하미   금은으로 800냥[23]입니다.

이재형   그 물화는 너희 나라에서 나는 것인가?

호하미   그렇습니다.

이재형   어디에 쓰려는 것인가?

호하미   가는 곳마다 팔 수 있는 것으로서 이 지방에서도 팔려고
합니다.

영국인은 배를 집으로 삼는가

공충수사는 이방인들이 표류한 것으로 짐작하고 있었다. 하지만
뜻밖에도 그들이 왕에게 문서와 예물을 바치고 교역하기 위해 왔
다는 사실을 알고 깜짝 놀랐다. 그는 호하미의 교역 요청을 슬쩍
피하고 상대방에 대한 정보를 캐내기 위해 화제를 돌렸다.

이재형   선원은 모두 몇 사람이나 되는가?

호하미   67명입니다.

이재형   성명과 나이, 거주지는?

호하미   4품 자작 선장 호하미는 나이 30세로 난돈에 살고,
출해리사는 나이 32세로 난돈에 살고, 6품 거인(擧人) 의생(醫生)

하(何)²⁴⁾는 나이 29세로 난돈에 살고 있습니다.” (……)

이재형 자작이란 칭호와 거인이란 칭호는 무엇을 일컫는 것인가?

호하미 공(公)・후(侯)・백(伯)・자(子)・남(男)에서 자가 넷째가 되므로 4품 자작이라 한 것이고, 거인은 곧 문고(文考, 문서를 조사하거나 작성하는 사람)입니다.

이재형 마홍(馬興), 진주(陳舟), 손해(遜海) 등 여러 사람은 왜 성명이 서로 같은가?

호하미 형제처럼 여기는 사람은 성명을 같게 하는 것이 영국의 법입니다.

이재형 이 배는 공선(公船)인가 사선(私船)인가?

호하미 공선입니다.

이재형 배 이름은 무엇인가?

호하미 안리(安利, 로드 애머스트)입니다.

이재형 선표(船標)를 가지고 있는가?

호하미 있습니다.

이재형 관직을 가진 사람이 왜 배를 탔는가?

호하미 관리는 문서를 받드는데 왜 배를 타지 못합니까? 만일 민간인이라면 어떻게 감히 문서를 모시겠습니까?

이재형 관직이 있는 사람을 왜 선주(船主)라고 하는가?

호하미 배 전체를 주관하기 때문입니다.

이재형 무기는 무엇 하려고 배에 실었는가?

호하미 공선이기 때문에 무기를 실었습니다. 환도가 30자루, 총이 35자루, 창이 24자루, 대대포(大大砲)가 8문입니다.

이재형　너희 나라에도 활과 화살이 있는가?

호하미　없습니다.

이재형　영국 사람들은 배를 집으로 삼아 사는가?[25]

호하미　아닙니다. 집에서 삽니다.

이재형　무슨 곡식으로 농사를 짓는가?

호하미　대미(大米)와 오곡(五穀)의 농사를 짓습니다.

이재형　영국은 산이 많은가, 물이 많은가?

호하미　산이 많습니다.

이재형　영국 서울을 무엇이라 하는가?

호하미　난돈이라 합니다.

이재형　영국은 면적이 몇 리나 되는가?

호하미　중국과 같습니다.

이재형　난돈 성(城)은 얼마나 큰가?

호하미　75리입니다.

이재형　문무 관원은 얼마나 되는가?

호하미　몇백 명이나 됩니다.

이재형　영국왕의 성(姓)은 무엇인가?

호하미　함즉(咸卽, 윌리엄 4세)입니다.

이재형　영국에서 북경까지는 몇 리나 되며, 우리나라까지는 몇 리나 되는가?

호하미　북경과의 거리는 약 7만 리인데, 수로(水路) 4만 리에 육로 3만 리이며, 귀국과의 거리는 수로로 7만 리입니다.

이재형　너희 나라에서 우리나라까지 길이 먼데, 그 사이에 몇 개의 나라를 지나왔는가?

호하미 크고 작은 나라가 있습니다. 작은 나라는 자세히 알 수 없지만, 큰 나라는 하나는 법란(法蘭, 프랑스), 둘은 품송(品松, 프로이센), 셋은 아라사(鵝羅斯, 러시아), 넷은 오지리아(奧地里亞, 오스트리아)입니다.

이재형 올 때 지나온 곳의 나라 사람들을 보았는가?

호하미 본 곳도 있고 보지 않은 곳도 있습니다.

이재형 지나온 네 나라는 북쪽에 있는가, 남쪽에 있는가?

호하미 서남쪽이나 동남쪽에 있었습니다.

당시 서양 지리와 정세에 어두웠던 조선의 지방관은 조정에 올릴 보고서를 위해 이방인들에게 여러 가지를 꼬치꼬치 캐물었다. 대략 상대방의 정체를 파악하자 이번에는 그들이 조선인들과 어떻게 접촉했는지 묻기 시작했다.

이재형 여기 올 때 우리나라 국경을 몇 군데나 거쳤는가?

호하미 장산(長山), 녹도(鹿島), 동소도(東小島)를 지나왔습니다.

이재형 몇월 며칠에 장산에 이르렀는가. 장산은 어느 쪽에 있고 며칠이나 머물렀는가?

호하미 그곳은 북쪽에 있었고 항구 안에 반나절쯤 머물렀습니다.

이재형 장산 사람들을 보았는가?

호하미 어부 몇백 명을 보았습니다.

이재형 서로 말한 일이 있는가?

호하미   식량을 사려고 했으나 그들은 '작은 땅도 없다'고 말할
뿐이었습니다.

이재형   장산 항구 안에 인가가 얼마나 있던가?

호하미   알아보지 못했습니다.

이재형   그곳에 머물 때 왜 문서와 예물을 받들어 올리지 않았는가?

호하미   그곳에 대인이 없어서입니다.

이재형   녹도, 동소도에 이르러 며칠이나 머물렀는가?

호하미   6월 24일에 도착해서 4일 동안 머물렀습니다.

이재형   장산에서 녹도로 갈 때 몇 번이나 다른 곳에 머물렀는가?

호하미   고기 잡는 사람들이 써서 알려주었습니다.

이재형   장산에서 글을 써서 물은 사람의 성명은 무엇인가?

호하미   경솔한 일이 될 수 있으므로 묻지 않았습니다.

이재형   녹도는 또 어떻게 알았는가?

호하미   이곳에 온 뒤에 알았습니다.

이재형   이 배는 무슨 재목으로 어느 해에 만들었는가?

호하미   가시나무(桃木)로 7년 전에 만든 것입니다.[26]

대화가 끝난 후 조선 관리들은 배를 조사하려 했다. 영국인들
은 일제히 막고 서서 배 안에 드나들지 못하게 했다. "변정은 중요
한 일이어서 이렇게 하지 않을 수 없다"고 했지만, 그들은 끝내 따
르지 않았다. 물품 목록도 보자고 청했지만 역시 보여주지 않았
다. 그래서 재화와 살림도구가 얼마인지 자세히 알 길이 없었다.

책자를 던지고 달아나다

이양선은 7월 12일 서산의 간월도(看月島) 앞 바다에서 태안의 주사창(舟師倉) 앞 포구로 왔다. 배에 탄 사람들은 이 마을 백성들을 향해 지껄이듯 말하면서 물가에 책자를 던지고는 바로 배를 돌려 가버렸다. 그들이 던진 책은 모두 네 권이었다. 그 가운데 두 권은 갑(匣)까지 합해 각각 일곱 장이었다. 또 한 권은 갑까지 합해 12장이었고 또 한 권은 갑도 없이 겨우 네 장뿐이었다. 이 소식을 들은 고대도의 문정관은 영국인들에게 그런 일이 있었는지 물었다. 그들은 "이달 12일 묘시(卯時, 오전 5~7시)에 종선(從船)을 타고 북쪽으로 갔다가 바다 가운데서 밤을 새우고 13일 날이 밝기 전에 돌아왔다. 같이 간 사람은 7인이었다. 책자 네 권을 주었지만 받은 사람의 이름을 알지 못한다"고 대답했다.

영국인들은 조선 관리들에게 식량 · 반찬 · 채소 · 닭 · 돼지 등 필요한 물품 목록을 적은 문서 한 장을 써주면서 이것들을 달라고 요청했다. 관리들은 소 2두, 돼지 4구(口), 닭 80척(隻), 절인 물고기 4짐, 갖가지 채소 20근, 생강 20근, 파뿌리 20근, 마늘뿌리 20근, 고추 10근, 백지(白紙) 50권, 곡물 4짐, 맥면(麥麵) 1짐, 밀당(蜜糖) 50근, 술 1백 근, 입담배 50근을 들여보내 주었다.

조선 관리들은 이양선에 탄 사람들을 여러 차례 문정하면서 영국에 대한 많은 정보를 입수할 수 있었다. 영국의 풍속은 대대로 야소교(기독교)를 신봉해왔다. 중국과는 2백 년 동안 교역해왔는데, 크기가 같고 권세가 비등했으므로 조공도 바치지 않았고,

그 나라에서 북경에 가도 황제에게 머리를 조아리지 않는다고 했다. 청 황제는 먼 나라 사람들을 너그럽게 대해주려 했지만, 요즘은 관리들이 황제의 뜻을 잘 받들지 않으므로 황은(皇恩)이 외국인에게는 미치지 못하고 있고, 외국 상인은 관리의 횡포 때문에 무척 어려움을 겪고 있다는 이야기도 들었다.

조선 관리들은 영국인들이 바친 주문(奏文, 국왕에게 올리는 글) 1봉(封)과 예물 3봉을 굳이 거절하고 받지 않았다. 영국인들이 여러 차례 종선에 그것을 옮겨 싣고 왔으나 조선인 관리들은 그때마다 쫓아 보냈다. 하지만 끝내 단념하지 않고 강가에 실어다 두었다. 관리들은 어쩔 수 없이 주문과 예물을 우선 동임(洞任, 동리 일을 맡아보는 사람)의 집에 봉해 두고 엄하게 맡아서 지키도록 단속하고 상부의 처분을 기다리기로 했다.

영국인들은 조선 관리들에게 작은 책자 세 권과 예물의 물명도록(物名都錄, 물건의 이름을 적은 목록) 세 벌을 주었다. 책자 한 권과 도록 한 벌은 영문(營門, 충청감영)에 봉해 올리고, 또 한 벌은 수영(水營)과 병영(兵營)에 봉해 올렸다. 선표는 자획이 꼬불꼬불해서 거칠고 어지러웠다. 마치 그림과 같아 해득해서 모방해낼 수가 없으므로 베껴 올리지 못했다. 영국인들의 성명, 나이, 용모 등의 특징은 책으로 만들어 올렸다. 음식을 먹이고 물건을 맡아 지키는 절차를 더욱 단속해서 거행하게 했다. 실정을 문초하는 절차가 가장 시급한 일인데도 영국인들은 일문일답 외에는 지루하다며 눈썹을 찌푸리거나 손을 흔들며 묻지 말라고 했다. 이 사실을 보고받은 충청감사 홍희근은 홍주목사 이민회와 수군우후 김

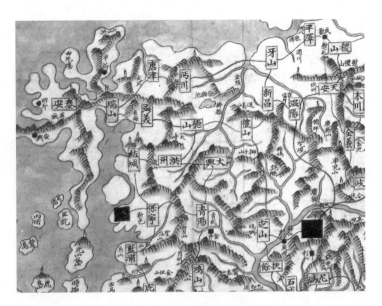

18세기 말에 제작된 충청도 지도.

영수를 파직하라고 조정에 장계를 올렸다.

　지금 (홍주목사와 수군우후가) 보고한 사연 가운데 그 사람들이
대답한 것을 보면, 평범한 표류선과는 다릅니다. 관계되는 일의
실정을 더욱 자세히 살펴야 하는데, 배 안의 물건들을 끝내
적발하지 못해서 법과 관례에 어긋납니다. 또한 실정을 문초하는
사연 가운데 마땅히 물어야 할 것을 묻지 않은 일도 많습니다.
이른바 주문과 예물은 서로 외교관계를 맺은 나라의 것도 아니고
명분도 없이 바치는 것이면 그들이 비록 굳이 받기를 청하더라도
조정의 처분이 있기 전에는 마음대로 받을 수 없다는 뜻으로 말을

좋게 해서 깨우쳐 일러 돌려주어야 할 것입니다. 그런데 두어 차례 왔다 갔다 하다가 마침내 동리 일을 보는 사람에게 봉해 두게 했습니다. 이것은 받아둔 것이나 마찬가지입니다. 일의 근본으로 헤아리면 천부당만부당합니다.

해당 수군우후와 홍주목사가 처음에 지체하고 일을 진행하지 못했는데, 비바람에 막혔기 때문에 늦어지고 일에 미치지 못한 것은 어쩔 수 없습니다. 하지만 다음번에 보고하는 사연이 모호하고 또한 매우 소홀합니다. 게다가 그 배를 먼저 고대도로 끌어다 정박시킨 것도 경솔한 짓이었습니다.

일이 끝나기를 기다려 죄상을 신문해서 다스릴 작정이었습니다. 하지만 그 사람들의 주문과 예물을 봉해 도로 전하지 못한 것을 잘못으로만 간주할 수 없을 뿐 아니라 변정에 관계되는 중요한 일이라 결코 그대로 두고 일이 끝나기를 기다리기가 어렵습니다. 그러므로 수군우후 김영수와 홍주목사 이민회를 먼저 파면하십시오.

그들이 책자 한 권과 예물도록 한 벌을 신의 영에 봉해 올린 것은 이미 그들의 사정을 기록해 보인 것이므로 굳게 봉해 비변사로 올려 보냈습니다. 물명도록 같은 것도, 다른 범상한 문자와 다르고 예물을 받는 것이 부당하다면 도록도 받아들이지 않는 것이 마땅합니다. 그러므로 원본을 도로 내려보내 그 사람들에게 돌려주게 하고, 따로 한 벌을 베껴서 비변사로 올려 보냈습니다. 그 사람들의 말 가운데 무역 조약의 설립과 주문, 예물 등이 있었습니다. 이보다 엄중한 일이 없는데다 또한 전에는 없던

예이므로 감히 함부로 논의해 청할 수 없습니다. 이에 낱낱이
임금께 아룁니다. 그들의 나이와 용모의 특징도 모두 책으로 만들어
조례대로 다음에 기록했습니다. 의정부에서 임금께 아뢰어
처리하도록 해야 합니다.

그 사람들의 대답 가운데 이미 장산 항구 안에 반나절 동안 머물며
식량 사는 일 등을 문답했고, 녹도 동쪽 작은 섬에도 갔다고
했습니다. 하지만 그 소재지를 자세하게 심문해서 기록하지 못하고
보고한 사연도 너무나 소홀해서 빠뜨린 것이 있어 다시 자세하게
탐문한 후 보고하게 했습니다. 배 안에 실은 물건도 다시 여러
가지로 간절하게 깨우쳐 일일이 조사해서 기록해 보고하도록 말을
만들어 신칙했습니다. 정탐하고 수직하며 음식물을 주는 일과
잡인을 금하는 등의 절차를 각별하게 거행해서 조금이라도 소홀히
하는 일이 없도록 하라는 뜻으로 더욱 타일렀습니다. 다시 신의
감영에 있는 부하 장수들을 보내 함께 입회해서 점검해 바로잡게
했습니다.[27]

조선은 외교권이 없다

비변사에서는 7월 9일 순조에게 이 사건의 처리 방침을 건의했다.
문정관들이 제후의 나라의 사례에 따라 다른 나라와 사사로이 교
역하지 못한다는 뜻을 타일러서 주문과 예물을 돌려줄 것, 유원지

의(柔遠之意, 먼 곳에 사는 백성이나 먼 곳에 있는 나라를 살펴서 어루만져 위로함)에 따라 음식을 제공할 것, 공충감사가 수군우후와 홍주목사의 파직을 청한 것은 사리에 마땅하지만 변정이 시급하므로 서울에서 파견한 관리를 기다려 일을 엄격하게 처리한 후 임금께 아뢰어 처리하겠다는 것 등이었다.

순조는 비변사가 건의한 대로 처리하라고 윤허했다. 서울에서 파견된 문정 역관 오계순의 보고서에는 영국 선박이 떠나던 당시의 정황이 드러나 있다. 오계순은 7월 17일 이른 아침 수군우후, 홍주목사와 함께 문서와 예물목록을 들고 영국 선박에 오르려 했다. 하지만 영국인들은 계단 입구에 늘어서서 오르지 못하게 막았다. 배에 오르는 일이 어렵게 되자, 문서와 예물을 되돌려주겠다는 뜻을 써서 보여주었다. 영국인들은 한 글자도 보지 않고 대답도 하지 않았다. 여러 차례 배에 오르려고 시도했지만, 그때마다 실패하고 말았다.

유시(酉時, 오후 5~7시)에 영국인들은 떠들썩하게 닻을 올리고 돛을 펼쳐 곧바로 서남쪽을 향해 떠났다. 조선 배가 급히 뒤쫓아 갔다. 하지만 영국 배는 날쌔고 조선 배는 느려서 점점 뒤떨어져 10리만큼 멀리 떨어졌다. 영국 배는 이미 큰 바다에 이르렀고 밤이 깊었다. 오계순이 탄 배는 작아서 큰 바다로 뒤쫓아 갈 수 없었다. 어쩔 수 없이 배를 돌려 돌아오고 말았다. 오계순은 조정에 다음과 같이 보고했다.

이 배는 틀림없이 바다 가운데에 있는 나라들의 행상하는 배일

것입니다. 우연히 우리나라 땅에 와서 주문과 예물로 교역을
시도해보려다 계획대로 되지 않자 물러가지 않을 수 없었을
것입니다. 다만 그 주문과 예물을 그대로 두고 간 것은 자못
의아합니다. 먼 곳에서 온 사람들의 속셈을 헤아리기는 어렵지만,
우리가 일을 처리하는 데는 마땅히 신중해야 하겠습니다. 그러므로
지방 문정관과 역관 등에게 일일이 수량을 확인해서 궤짝에 봉해
두게 하고, 우리들에게 준 책자를 빠짐없이 모아 본주(本州, 홍주)의
관아 창고에 보관하게 하고, 후에 책으로 만들어 보고하게 해야
합니다. 그 밖에 우리나라 사람들이 받은 서책은 불경한 물건이므로
또한 남김없이 모아 봉해두어야 합니다. 문정 역관은 철수하고 해당
섬 주민들이 여러 날 동안 음식물을 마련해서 바친 폐가 많을
것이므로 도신(道臣, 공충감사)은 각별히 조처해서 (민심이)
흩어지는 폐가 없도록 해야 합니다.[28]

한편 우의정 김이교는 이 사건을 중국에 알리자고 국왕에게
건의했다.

이번 영길리국은 비록 대국(중국)에 조공을 바치는 나라는
아니지만, 그들이 바친 책자로 보면 민월(閩越, 오늘날 중국
복건성)과 광주 등지로 왕래하는 상선이 1년이면 60, 70척을 밑돌지
않는다고 했습니다. 이번에 우리나라에 와서 정박한 사실이 혹
대국에 전해질 염려도 없지 않습니다. 그러니 우리나라에서 먼저
알려 후환을 막지 않을 수 없습니다. 승문원에서 사실을 낱낱이

들어 자문(咨文, 외교문서)을 짓게 해서 형편에 따라 (청나라) 예부에
들여보내야 하겠습니다.[29]

조정에서는 청나라 예부에 보내는 문서를 작성해서 북경으로
가는 황력 재자관(皇曆齎咨官, 중국에서 주는 책력을 받으려고 외교
문서를 가지고 가던 관원) 편에 보냈다. 이 문서에서는 영국 배가
조선에 찾아온 전후 사정을 소상히 보고한 후 조선 조정의 입장과
처리 과정을 알렸다.

(조선 조정의 관리들이 영국인들에게) 다음과 같이 알아듣도록 깨우쳐
타일렀습니다.
'번방(藩邦, 제후의 나라)의 사리와 체면으로는 다른 나라와
사사로이 교제할 수 없다. 더구나 우리나라는 예로부터 전복(甸服,
중국의 왕성 주위로부터 5백 리 떨어진 곳에서 1천 리 사이의 땅)과
가까이 있어 크고 작은 일을 모두 아뢰고 알려야 하므로 마음대로
할 수 없다. 그런데 너희들이 상국(上國, 중국)의 근거할 만한
문빙(文憑, 증거가 될 만한 문서)도 없이 지금까지 없었던 교역을
억지로 청하는 것은 매우 부당하다. 그러니 요구에 응할 수 없다.
지방관이 어떻게 서울에 있는 관아에 고할 것이며, 그곳에서는 또
어떻게 감히 위에 옮겨 아뢸 것인가?'
저들은 깨우쳐 타이르는 말을 듣지 않고 줄곧 간청했습니다. 앞뒤로
10여 일을 서로 실랑이하다가 올해 7월 17일 유시(酉時, 오후
5~7시) 무렵 조수를 타고 서남쪽으로 향해 갔습니다. 이 사실을

서면으로 자세히 아룁니다. 이에 의거해 사정을 살피기 바랍니다. 배와 수레가 통하는 곳에서 물건을 교역하는 것은 나라의 떳떳한 일입니다. 그러나 번신은 외교권이 없고 관시(關市, 국경 지대에서 열리는 시장)에서 수상한 말을 살피는 것이 나라를 지키는 변하지 않는 제도나 규칙에 속합니다. 소방(小邦, 조선)은 제 분수에 맞게 지켜나가는 도리를 아는 만큼 각별히 제후국의 법도를 지키고 있습니다. 해마다 으레 열리는 개시(開市, 국경 지대에서 열리는 공무역)에서도 반드시 황제의 칙서와 예부의 자문에서 지휘하는 것을 기다려서 행하고 있습니다.

이번에 영길리국은 지리상으로 동떨어지게 멀어 소방과는 수로(水路)의 거리가 몇만 리가 되는지 모르는 처지에 망령되이 이웃과 사귀는 것을 핑계하고 억지로 교역을 요구했습니다. 전혀 사리에 타당하지 않고 참으로 생각 밖의 일이었습니다. 공명정대한 원리와 법칙에 따라 처음부터 끝까지 굳이 청을 받아들이지 않고 막았으므로 저들도 더 이상 어쩔 수 없는 것을 알고 바로 돌아갔습니다. 교역에 관한 조항에 대해서는 더 말할 것이 없겠지만, 변정에 관한 일인 만큼 마땅히 상세히 보고해야 하겠기에 이렇게 자문을 올립니다. 귀부(貴部, 예부)에서 자문의 이치를 살펴 황제께 아뢰기 바랍니다. 이에 자문을 보냅니다.[30]

이 보고를 받은 청나라는 무척 흡족해했다. 청의 예부에서는 조선이 영길리국 일을 타당하게 처리했다며 크게 표창하는 문서를 내리고 융숭하게 포상했다. 《청사고(淸史稿)》에서는 "'영길리

상선이 조선 고대도에 들어와 통상을 요구했지만 이공(순조)이 이를 단호히 거절했습니다. 서로 대치하기 10여 일 만에 영선(英船)이 비로소 물러갔습니다' 라고 상주했다. 황제는 그의 성실함을 장려해 단필(緞匹)을 하사했다"[31]고 짧게 언급했다. 당시 청나라 예부에서 조선으로 보낸 문서는 다음과 같다.

영길리 상선이 그 나라에 있으면서 교역을 하고자 했지만 그 나라의 지방관이 '번신은 외교권이 없다' 고 하고 여러 차례 깨우쳐 상선이 비로소 물러갔다. 그 나라 국왕이 부지런하고 착실하게 번강(藩疆, 제후국)을 지켜 대의를 크게 밝히고 바른 도리에 의거해 법을 받들어 처음부터 끝까지 변함이 없었다. 그 성심이 착하고 기특하므로 후한 상을 내려야 마땅하겠다. 이에 그 나라 국왕에게 단단(短緞) 2필, 섬단(閃緞) 2필, 금단(錦緞) 2필, 소단(素緞) 4필, 수자단(壽字緞) 20필을 내려 칭찬해 권장하는 뜻을 보인다.[32]

이렇게 로드 애머스트호는 목적을 달성하지 못한 채 조선을 떠났고, 조정에서는 이양선과 접촉한 관리들을 엄벌에 처했다. 충청감사 홍희근은 관할 지방의 관리 감독을 소홀히 했다는 이유로 추고(推考, 벼슬아치의 죄를 심문하고 그 죄상을 살핌)당했고, 충청수사 이재형, 홍주목사 이민회, 수군우후 김영수는 문정을 늦추고 사건 처리를 잘못한 책임을 지고 파직당했다.[33] 또한 조정은 중국에 사건의 내력을 밝힘으로써 조선이 중국의 승인 없이는 외국과 함부로 외교 관계를 맺지 않는다는 사실을 알렸다. 일본 학자 하라다 다마키(原田環)에 따르면, 로드 애머스트호 사건 이후 조선 정부는 조선이 청의 속국이라는 것을 방패삼아 서양의 개국 압력에 대처하게 되었다고 한다.[34]

그런데 귀츨라프가 심은 감자는 어떻게 되었을까. 일설에 따르면, 귀츨라프 일행이 서해안을 떠난 뒤 모두 파헤쳐지고 말았다고 한다. 외국의 식물을 경작할 수 없다는 게 그 이유였다.[35] 감자는 귀츨라프가 조선에 심은 때보다 10여 년 전에 우리나라에 들어왔다. 순조 때인 1824~1825년 사이에 청나라에서 이식되었는데, 1847년(헌종 13)에는 경기, 충청, 강원도 지방에 보급 재배되어 고구마(1763년 조선통신사 조엄이 쓰시마에서 종자를 가져옴)를 능가했다고 한다. 우리나라 기후에 적합하고 추운 지방에서도 잘 자랐기 때문이었다.[36]

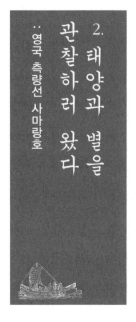

2. 태양과 별을 관찰하러 왔다
:: 영국 측량선 사마랑호

1840년대에 들어서면 '이 양선의 시 대'라고 부를 수 있을 만큼 조선 해역 에 이양선이 자주 출몰했다. 이 무렵이 되면 조선과 서양의 관계는 단순한 접 촉을 넘어 폭력 사태로까지 발전해갔 다. 로드 애머스트호가 물러난 이후 또 다시 조선 해역에 나타난 것은 영국 선박이었다.

총을 쏘고 소를 빼앗다

1840년(헌종 6) 10월 4일 대정현감 강계우와 모슬포(摹瑟浦) 조방 장(助防將, 주장[主將]을 도와 적의 침입을 방어하는 장수) 조석제 가 제주목사 구재룡에게 급보를 올렸다. 국적을 알 수 없는 배 두 척이 동남쪽 큰 바다에 나타났다는 내용이었다. 제주목사는 대정 현감과 조방장에게 가서 자세히 살펴보고 보고하라고 일렀다. 대정현감은 다음과 같은 놀라운 소식을 전했다.

그 배는 모슬포 앞 가파도(加波島)에 점점 다가왔습니다. 먼저
진장(鎭將)에게 그 배가 머문 곳을 알아내게 했습니다. 그 배에 탄
사람 13명이 여섯 조각으로 된 작은 종이를 우리 배에 던졌습니다.
거기에는 (그들이) 대영국인이며 음식물을 사려고 한다는 등의
어귀가 있었습니다. 그 사람들의 모습과 옷 모양은 기괴했습니다.
모두 머리카락을 잘랐고 옷은 좁고 작았습니다. 그들은 각각 양쪽에
환도를 차고 조총 한 자루를 지니고 있었습니다. 각 배에는 돛대가
세 개 세워져 있었습니다.
현감이 문정하러 그 섬으로 향할 즈음 홀연 포성이 일어났습니다.
두 배에 탄 약 40여 명이 작은 배 4척에 나누어 타고 그 섬에
내렸습니다. 그들은 공적으로 비축한 소를 총과 칼로 도살하고 소를
얽어맨 줄을 끌고 가기도 했습니다. 현감이 그 행동거지를 보고
비상히 용기를 내서 물에 익숙한 군사를 나누어 섬으로 향해 나가게
했습니다. 하지만 그들이 연이어 대포를 쏴 앞으로 나갈 수
없었습니다. 노를 돌려 진으로 돌아오자 날아온 포탄 여러 발
가운데 하나가 진 옆에 떨어졌는데, 그 크기가 동그란 바가지
같았습니다. 그들은 조금 있다가 사로잡은 소를 배에 싣고 서쪽으로
향했습니다.[37]

제주목사는 급히 비장(裨將)을 파견해서 그 배를 찾고 소를
점검하게 했다. 하지만 그 배는 이미 멀리 가버리고 없었다. 가파

도 장부에 올라 있는 소 가운데 아홉 마리가 없어져버렸다. 제주목사는 조정에 올린 장계에서 이 사건을 보고한 후 관리들의 책임을 물었다.

대정현감과 모슬포 진장은 포 소리를 듣고 두려워서 그들과 문정하지도 못하고 막아내지도 못했습니다. 그 추악한 무리가 빈 섬에서 못된 행실을 하게 했으니 놀랍고 괴로운 일입니다. 또한 그들이 던진 글을 보면 비록 말을 알아들을 수 없더라도 글을 써서 화답할 수 있었는데, 그들을 따라가 쫓아내지 못하고 도망가게 했습니다. 변정을 소홀히 한 죄로 논하면 용서하기 어렵습니다. 강계순을 우선 파면하고 해당 관청에서 그 죄상을 밝히도록 임금께 아뢰어 조치해야 합니다. 신도 두려운 마음으로 죄를 기다립니다.[38]

제주목사의 보고를 받은 비변사에서는 헌종에게 다음과 같이 건의했다.

오랑캐의 배가 바다에 출몰하는 것은 (그들의) 본디 교활한 버릇입니다. 오랫동안 해이해진 바다 군졸 때문에 모욕을 당하지 않도록 방비를 튼튼히 하라고 책망하기 어렵습니다. 하지만 온 섬의 포구와 항이 사변에 대비하는 매우 중요한 땅이므로 경비하는 방도를 바로잡고 통제해야 할 것입니다. 더구나 저들은 40여 명에 지나지 않는데, 어찌 먼저 스스로 두려워해서 달아나기까지 했겠습니까? 변정에 관계되는 일이므로 그대로 둘 수 없습니다.

해당 목사 구재룡은 평상시에 경계하지 않은 잘못이 있으므로
파직하고 해당 관부에 나처(拿處, 중죄인을 의금부로 잡아다 처벌하는
일)해야 합니다.[39)]

중국에 서양 물건이 넘쳐납니다

이 사건은 조선 측 기록만 남아 있을 뿐이어서 전모를 파악하기
어렵다. 그런데 사건이 일어나기 전인 그해 3월 중국에 사신으로
갔던 서장관 이정리가 중국의 정세를 탐문하고 보고서를 올렸다.
거기에는 당시 중국이 처한 곤경과 영국에 대한 중요한 정보가 담
겨 있었다. 이정리는 1839년(헌종 5) 10월 24일 정사 이가우, 부사
이노병과 함께 북경에 갔다가 이듬해 3월에 돌아왔다. 이정리에
따르면, 중국에는 서양 선박이 싣고 온 물건이 넘쳐나고 은화가
고갈되고 있으며 민간에는 사치하는 풍속이 널리 퍼지고 있었다.
아울러 기독교와 영길리의 소식도 전했다.

나라에서는 사교(邪敎, 기독교)가 민간에 물들어서 걱정이 점점
커지고 있습니다. 그래서 요 몇 해 이래로 엄중히 금지해서
천주당을 모두 헐어 없애고 서양 사람도 쫓아 보냈다고 합니다.
신이 사람을 보내 살펴본 결과 들은 바와 같았습니다. 이때부터
사교의 근거를 엄중히 끊는 것을 틀림없이 기약할 수 있을

것입니다. 이것은 다행한 일입니다.

하지만 악라사관(鄂羅斯館, 러시아 사절단이 머물고 있는 회동관)에는
아직도 도상(圖像, 천주상)이 있습니다. 광동 오중(澳中, 오문) 땅은
서양 선박이 머무는 곳이 되어서 서양인의 왕래가 무상하고
사서(邪書)가 민간에 널리 흩어져 있어서 모두 거두어 불태울 수
없습니다. 또한 일종의 사교(邪敎)가 있는데, 대개 서양과 같습니다.
재화가 유통되고 남녀가 혼잡합니다. 염탐하고 체포하라는 명령을
당보(塘報, 명·청 때 수도에서 지방으로 띄우는 연락 보고 문서)에서
자주 볼 수 있지만, 뿌리를 뽑는 것이 여전히 미진합니다.

영길리국은 서양과 천주사교(天主邪敎)를 같이 배웠습니다. 광동
바다에 왕래하며 중국 문자를 배우고 중국 의복을 본받아
입었습니다. 그 화기(火器)가 교묘하고 지독합니다. 해외의
홍모(紅毛)와 여송(呂宋, 필리핀) 여러 섬이 다 이미 그 가르침을
따라 배웠다고 합니다. 바닷가의 간사한 백성이
길잡이가 되었습니다. 처음에는 바다에서 교통하며 무역하려
했지만 중국에서 굳게 허락하지 않았습니다. 이 때문에 크게
노여움을 일으켜서 해마다 변경에 와서 어지럽힙니다. 올해는
황제의 명으로 특별히 친근한 중신(重臣)을 보내 변경을 자세히
조사해서 잘잘못을 밝히게 했습니다. 이제는 (영길리국이) 복건에서
대만으로 옮아 들어갔다고 합니다.

몇 년 전에 충청도 홍주에 찾아온 영길리(1832년 로드 애머스트호
사건)는 우리나라와 서로 사귀고 교역하기를 바랐지만 우리나라가·
굳게 허락하지 않아서 수 개월 만에 사서(邪書)를 던지고 갔습니다.

이것도 걱정스럽습니다. 마땅히 바닷가 수령에게 해안 방비를 엄격하게 하도록 해야 합니다. 만약 수상한 배가 가까운 바다에 오면 낱낱이 살피고 급히 보고한 후에 바로 쫓아내 머물지 못하게 해야 합니다. (그들이) 가까운 곳에 이르면 점차 사교에 물들 우려가 있습니다.[40]

한편 수석 통역관(首譯) 김상순도 문견별단(聞見別單, 정사 · 부사가 장계를 쓴 다음에 별지에 덧붙여 써서 아뢰는 간단한 형식의 글)을 바쳤다. 그는 중국의 천주교 탄압과 함께 아편의 폐해도 보고했다.

중국에 들어온 서양인이 사교를 전파해서 사람의 마음을 빠져들게 하고 아편을 가지고 와서 몸과 목숨을 상하게 하고 있습니다. 어리석은 백성들이 그 해독을 입고 있습니다. 처음에는 다른 사람에게 이끌리지만 계속되면 사설(邪說)에 물들어서 심지어는 가산을 탕진하고 생명을 해쳐도 뉘우쳐 고치는 것도 알지 못합니다. 황제가 진노해서 수 차례 유지(諭旨)를 내려 엄히 금단하고 있습니다. 위로는 조정의 관리부터 아래로는 군민(軍民)에 이르기까지 이것으로 죄를 얻은 자가 수만 명 아래로 내려가지 않습니다. 천주당 또한 허물게 했지만, 장벽이 견고하고 지붕이 단단하고 굳세서 가을부터 겨울까지 가도록 아직도 공사가 끝나지 않아 비용이 무척 큽니다.[41]

아편을 불태우다

그 무렵 중국에서는 무슨 일이 일어나고 있었던 것일까. 영국은 중국에 파견했던 외교 특사 애머스트가 임무에 실패하자, 1834년 다시 네이피어(William John Napier)를 파견했다. 당시 영국에서는 자유무역주의가 득세하고 있었다. 그 여파로 그해에 동인도회사의 중국 무역 독점권이 폐지되었다. 이제 영국과 중국의 관계는 특허회사 대 정부의 관계에서 정부 대 정부의 관계로 바뀌었다. 영국 정부가 초대 중국 무역 감독관으로 파견한 인물이 바로 네이피어였다.

네이피어는 1834년 7월 25일(양력) 군함을 타고 황포(黃埔)까지 가서 상선으로 바꿔 탄 후 광주에 도착했다. 그는 당시 양광총독(兩廣總督)이었던 노곤에게 공문을 보냈지만, 노곤은 문서 형식이 전례에 어긋난다며 수정을 요구했다. 네이피어가 이를 거절하자, 노곤은 영국 상관을 봉쇄해버렸다. 네이피어는 어쩔 수 없이 광주에서 철수하고 마카오로 들어갔지만, 그해 10월 1일 병사하고 말았다.

영국 정부는 네이피어 후임으로 2대 감독관 데이비스(John Francis Davis, 재임 1834~1835년)와 3대 감독관 로빈슨(George Best Robinson, 재임 1835~1836년)을 임명했다. 이들은 소극적인 정책을 펴서 광동에 있는 영국 상인들의 불만을 샀다. 영국 외상 파머스턴(Viscount Palmerston, 1784~1865)은 로빈슨의 후임으로 찰스 엘리엇(Charles Elliot)을 무역 총감독관으로 임명하고 그에게 전권을 위임했다.

파머스턴은 엘리엇에게 "중국과 평화롭게 통상 관계를 맺는 것이 정부의 희망이다. 하지만 이 평화정책을 광동에 왕래하는 영국 상인들이 반대할 뿐더러 보통의 수단으로는 상무(商務)를 발전시킬 수 없을 것으로 생각한다"[42]고 훈령했다. 엘리엇은 중국 정부의 태도가 변하지 않는 것을 확인하고 "대등한 권리를 얻으려면 무력을 쓸 수밖에 없다"[43]고 본국 정부에 보고했다. 이 보고를 받은 영국 정부는 1837년 11월 동인도 함대 사령관 메이트랜드 소장(Sir Frederick Maitland)에게 중국으로 이동하라고 명령했다.[44]

이렇게 영국과 중국 사이에 전운이 높아갈 무렵 무력충돌의 도화선이 된 것은 바로 아편 문제였다. 영국 동인도회사의 주 수입원은 중국의 차였다. 영국의 주력 상품인 모직물 수출은 부진한 데 비해 차 수입이 증가하면서 막대한 은이 중국으로 흘러들어갔다. 무역 적자가 심각해지자 동인도회사가 은 대신 찾아낸 것이 바로 아편이었다. 동인도회사는 인도에서 아편을 재배해 이를 중국에 수출함으로써 무역 적자를 해소하고 막대한 무역 흑자를 거둘 수 있었다.

아편은 당나라 때부터 아랍 상인을 거쳐 중국으로 들어왔지만 주로 약재나 보약으로 사용되었다. 1557년 마카오를 점거한 포르투갈 상인이 인도 고아에서 아편을 들여온 이후 중국의 아편 수입량은 점차 늘어갔다. 명과 청은 아편을 약재로 취급해 정식으로 세금을 징수하기도 했다. 17세기 이후 아편이 점차 퍼져가자 청의 옹정제는 1729년에 아편 흡연 금지령을 내렸다. 영국은

1727년부터 중국에 아편을 들여오기 시작했다. 무역 이익이 막대해지자 영국 정부는 1773년 동인도회사에 아편의 전매권을 부여했고 1797년에는 아편 제조의 특권을 주었다.[45]

아편 수입이 증가하자 중국 사회는 극도로 피폐해져갔다. 1838년에는 아편 수입량이 연간 4만 상자에 이르렀다. 한 상자에는 보통 약 133파운드에 이르는 아편이 들어 있었다고 한다. 아편 흡연 습관은 관청의 서리와 군인들 사이에 널리 퍼졌다. 심지어 황실의 환관이나 시위대까지 포함되어 있었다. 1830년대 초기까지 아편 상용자 수는 2백만 내지 1천만 명을 헤아렸다고 한다.[46] 1770년 이후 정부에서 여러 차례 금연령을 내렸지만, 관리들의 묵인과 방조, 밀수 성행 때문에 실효를 거두지 못했다. 아편 수입은 중국에 심각한 재정위기를 초래했다. 막대한 은이 해외로 유출되고 세금이 체납되었다.

중국 관료들 사이에 위기의식이 확산되면서 도광제도 아편을 엄금하겠다는 방침을 굳혔다. 도광제는 1838년 12월 31일 당시 호광총독(浩廣總督)이었던 임칙서(林則徐, 1785~1850)를 흠차대신(欽差大臣, 청나라 황제가 중요 사건을 처리하기 위해 임시로 임명한 관리)으로 임명하고 광동 수군을 지휘하게 했다. 임칙서는 이듬해 3월 10일 광주에 도착해서 아편을 몰수하고 영국의 아편 밀수 상인 덴트(Lancelot Dent)를 체포하라고 명령했다. 이어 그해 6월 3일부터 25일까지 수거한 아편 2만 상자를 호문(虎門)의 모래사장에서 불태웠다. 엘리엇은 무력으로 이 문제를 해결하자고 본국 정부에 건의했다.

道光十九年(1839) 林文
即公督兩廣到如
燒查洋商所藏之鴉
片盡焚於海口。
後有泊舟燒片長沙灣
十三省公所燒片共萬
入奇英以復三萬二百
退之時全則燒片
船之北是五月
遷之退口日。片
政已樂顧成用燒片
人嘉斎除烟嘉

임칙서가 영국의 아편을 압수해
불태우는 장면을 그린 그림.

이렇게 양국 사이에 사태가 험악해지고 있을 때 뜻하지 않은 불상사가 일어났다. 1839년 7월 7일 향항(香港, 홍콩)의 첨사취(尖沙嘴)에서 영국 선원이 술에 취해 중국인 임유희를 타살하고 만 것이다. 임칙서는 범인을 인도하라고 요구했지만, 엘리엇은 이를 거부하고 본국 법에 따라 죄인을 처벌하기로 했다. 임칙서는 마카오에 있는 영국 선박이나 영국인에 대한 식료품 공급을 중단시키고 영국인이 고용한 중국인을 모두 철수시켰다. 영국인들은 광동에서 마카오로 점차 밀려났고, 8월에는 향항으로 집결했다.

때마침 8월 31일 영국의 동인도 함대 사령관 메이트랜드가 파견한 볼레이지호(Volage)가 도착했다. 9월 4일 영국군은 중국군에게 처음으로 포격을 가했다. 11월 3일에는 천비(穿鼻) 해상에서 또 다시 무력 충돌이 일어났다. 임칙서는 1840년 1월 5일 모든 영국 상선의 진입을 금지하고 다른 나라 상선이 사사로이 영국 상인의 상품을 운반할 수 없도록 지시했다. 그해 2월 영국 정부는 조지 엘리엇(George Elliot)을 전권대표 겸 원정군 사령관으로 임명했다.

그해 6월 21일 원정군 해군 사령관 브레머(J. G. Bremer)가 기함 웰슬리호(Wellesley, 대포 74문 장착)를 타고 마카오에 도착했다. 그는 "28일부터 광주 입구에 있는 모든 수로를 봉쇄한다"고 공고했다. 이 포고문은 로버트 모리슨의 아들 존 모리슨이 번역했다. 28일에는 원정군 총사령관인 엘리엇이 멜빌호(Melville)를 타고 마카오 앞 바다로 왔다. 당시 영국 원정군은 대포 540문을 장착한 군함 16척, 동인도회사의 무장 증기선 1척, 수송선 27척, 육해군 4천 명[47]에 이르렀다.

원정군은 주력부대를 이끌고 북상해 7월에는 하문항(廈門港)을 봉쇄하고 정해(定海)에 이르러 영파(寧波)를 봉쇄했다. 8월에는 대고(大沽) 백하(白河) 입구에 도착해서 중국 곡물 운반선을 억류했다. 중국과 영국 사이에 담판이 벌어졌지만 성과는 없었다. 영국군은 1841년 1월 천비를 점령하고 2월에는 광주성 밖까지 이르렀다. 5월에는 광주에서 정전협정이 맺어졌다. 광주에서는 반영투쟁이 일어났고, 영국 정부는 중국과 협상하는 데 불만을 품었

아편전쟁 당시 영국 함대가 청나라 선박을 격파하고 있다.

다. 4월에는 엘리엇이 소환되고 포틴저(Henry Pottinger)가 임명
되었다.

　포틴저는 8월에 마카오에 도착한 이후 파상 공격을 감행했
다. 9월에는 진해(鎭海)와 영파를 함락시키고 이듬해 1842년 5월
에는 항주(杭州)의 사포(乍浦)를 점령했다. 뒤이어 상해(上海)와 진
강(鎭江)을 함락시키고 8월에 남경으로 진입했다. 중국군은 산발
적인 저항을 전개했지만, 영국군의 조직적인 전략과 우세한 화력
을 당해낼 수 없었다.

　결국 1842년 8월 29일 중국 흠차대신 기영(耆英)과 영국 전권
대표 포틴저는 영국 군함 콘월리스호(Cornwallis)에서 남경조약을
체결했다. 중국은 영국에 배상금을 지불하고 홍콩을 할양하며 광
주·복주(福州)·하문·영파·상해 등 5개 항구를 개항해야 했

다. 뒤이은 추가 조약에서는 5퍼센트의 협정 관세, 영사재판권 인정, 최혜국 대우 등의 조항이 덧붙여졌다. 중국은 이어 1844년 7월 3일에 미국과 망하조약(望厦條約)을, 1844년 10월 24일에는 프랑스와 황포조약(黃埔條約)을 체결했다. 프랑스는 황포조약으로 기독교의 내지(內地) 포교권을 얻었다.[48] 제1차 아편전쟁의 결과 중국은 서양의 반(半)식민지 단계로 접어들었다.

아편이 만연하는 중국

조선 조정은 불완전한 행태로나마 대륙의 정세를 탐문하고 있었다. 매년 몇 차례씩 북경에 파견된 연행 사절은 국왕에게 구두나 문견별단이라는 형식의 문서로 중국의 내정을 보고했다. 그러나 이들의 정보는 한계가 있었다. 사신들은 북경에서 활동하는 데 제약이 많았고 교제의 범위도 한정되어 있었다. 하지만 사신들은 개인적인 접촉이나 실제 견문, 그리고 당보(塘報)나 경보(京報) 등 중국 측 기록을 통해 나름대로 상세한 정보를 입수할 수 있었다.[49] 청과 정식 국교를 맺지 않고 나가사키를 통해서만 통상관계를 유지하고 있던 일본과는 달리, 조선은 중국에서 새롭고 정확한 정보를 얻을 수 있는 입장이었다.[50]

　　조선 사신들의 중요한 정보원 가운데 하나였던 청의 당보는 정부의 관보 성격을 띤 신문이었다. 주로 황제의 유지나 신하들이 올렸던 장주(章奏)에 대한 조정의 답변, 그 밖에 조정의 지시 사항들을 초록하고 인쇄해서 지방의 각 성으로 전달해주었다. 당보의 배포 범위는 극히 제한되어 있었다. 중앙에서 지방 정부나 관서의 책임자에게 내려 보내는 공보용 공문서의 성격에서 크게 벗어나지 않았다.

청의 경보는 민간인들이 설치한 보방(報房)에서 인쇄되어 일반 백성들에게 판매된 신문이었다. 말하자면 영리를 목적으로 발행된 상업적 신문이었다. 경보에는 궁정의 소식, 관리의 임명·승진 등의 인사, 황제의 칙령이나 공고, 여러 신하들의 주의(奏議, 신하가 황제에게 올리는 글) 또는 보고 등이 게재되었다.

북경 성내에서는 송보인(送報人, 배달원)들이 등에 남색 천을 걸치고 양 어깨에는 신문낭(新聞囊)을 둘러메고 다니면서 경보를 배달하거나 판매했다. 그들은 신문낭의 하얀 천 위에 검은 먹으로 '京報'라고 쓰인 표지를 들고 다녔다. 북경에서 가까운 주현에는 이틀마다 한 번씩 경보를 보냈고, 천진 등 북경에서 약간 먼 지역에는 5일에 한 번씩, 보정부(保定府) 등 그 다음으로 먼 곳에는 대략 10일에 한 번씩, 그리고 아주 먼 지역에는 한 달에 한 번씩 한 달치 경보를 모아두었다가 한꺼번에 발송했다.[51]

중국의 아편 문제는 1830년대부터 조선 조정에 보고되고 있었다. 1832년(순조 32) 10월 20일 동지사로 북경에 갔던 서장관 김경선은 당보에서 황제가 어사 마광훈에게 내린 교령을 읽었다. 관병들의 아편 흡연을 엄금해야 한다는 내용이었다. 김경선은 연행록인 《연원직지》에서 이 글을 직접 인용하고 있다.

교령(敎令)을 내려 아편 피우는 일을 엄중히 금지시킨 적이 여러 번
있었다. 그러나 그 풍습이 그치지 않는 것은 오래된 습관을 서로
따르기 때문이기도 하지만, 실상은 각 성의 큰 관리들이 힘껏
조사해 살피지 않았기 때문이다.

근래 월성(광동)·민성(복건) 등의 병사들 가운데 아편을 피우는
자가 더욱 많고, 장교들 중에서도 아편을 피우는 자가 적지 않다.
그들은 서로 이끌어 못된 짓을 본받되 예사로 생각하고 괴이한
일이라 여기지 않는다. 근력이 피로해지고 업무가 해이하게 된 것은
주로 이 때문이다. 연주(連州)의 병사들이 잔약해서 일을 그르치던
것과 같은 일로 말하면 더욱 한탄스럽다.

국가에서는 군병을 설치해서 백성을 보호하고 있다. 군대에서는
모두 굳센 군사를 육성해서 무사할 때는 사람마다 적개심을 품게
하고 유사시에는 군사마다 간성(干城)의 구실을 해서 무기를 들고
불의의 변에 대비해야 근심이 없을 것이다. 그런데 이 아편 때문에
변방순초(邊防巡哨, 국경을 돌아다니면서 적의 사정이나 정세를
살핌)가 유명무실해서 한 성에 쓸 만한 군사가 세 명도 못 되는
지경에 이를 것이다. 다시 무슨 일을 이루겠는가?

민성·월성에 이미 이런 풍습이 있으니 각 성도 그럴까 싶다. 각
직성(直省)의 독무아문(督撫衙門)은 육군과 수군을 통틀어 단속하고,
각 영(營)의 변무(弁務)는 각각 자신을 바르게 하고 하인배를
거느려서 감히 옛 버릇을 답습하지 말아야 한다.

이번에 엄한 금령을 내린 뒤에도 장교가 사사로이 아편을 피우면
곧 해당자를 잡아 공고문을 내걸고, 병사가 사사로이 아편을 피우면

곧 해당 병사를 잡아 죄를 다스리고, 아울러 해당 장교까지도
처벌할 것이다. 그래야 임무를 저버리지 않을 것이다. 만약
느슨하게 다룬다면 다시 옛 버릇이 되살아날 것이다. 한 번
감찰어사(監察御史)의 탄핵을 받거나 혹은 남아 있는 아편이 많으면
파직하고 잡아다 문책할 것이다. 해당 독제(督提)에게
정서인(丁胥人) 등과 함께 심문하고 법률을 살피고 문서를 작성해
갖추어 아뢸 것이다. 파면당한 관리의 재산과 살림도구는 조사해
봉하라.[52]

김경선은 아편연(鴉片煙)이 서양에서 나온 것이라고 전했다.
그는 민간에서 떠도는 아편의 엽기적인 재배 방법도 소개했다. 양
기(陽氣)가 순수한 남자를 죽여서 그 고혈로 담배를 재배해 고약
을 만들어 먹는다고 했다. 어떤 사람은 "양귀비를 약에 타서 달여
먹으면 정신이 수습되어 어릴 적 일까지 기억에 떠오른다. 하지만
힘줄과 뼈가 느슨하게 풀어지고 기운과 피가 감소되어 오래지 않
아 곧 죽는다. 그러므로 여러 번 금했는데도 끝내 그치지 않는다"
고 했다고 한다.

1837년 3월 사은사(謝恩使, 중국에서 조선에 은혜를 베풀었을
때 이를 보답하기 위해 수시로 파견한 임시 사절)로 갔던 서장관 이
원익은 조정에 올린 글에서 근래 중국에서 은값이 오르고 귀해진
것은 아편 때문이며 어사 주성렬 등이 아편을 엄금하도록 주청했
다고 보고했다.[53]

이듬해 1839년 10월에 동지사로 갔던 서장관 이시재는 중국

조정에서 아편 대책을 둘러싸고 허내제의 이금론(弛禁論)과 황작자의 엄금론이 나왔지만, 결국 엄금론이 받아들여졌다고 전했다.[54] 당시 온건파였던 허내제는 아편을 합법적으로 수입해서 지방관의 감시 아래 은의 유출을 막고 국내에서 아편을 재배해서 아편 밀수를 막자고 제안했다. 반면 강경파였던 황작자는 아편 흡연자를 중죄로 다스려 사형에 처해야 한다고 주장했다.[55]

중국과 영국의 무력충돌

조선 조정에서 영국과 중국의 무력 충돌 사실을 처음 언급한 것은 1840년(헌종 6) 8월 25일이었다. 이날 헌종은 그해 3월에 사은사로 북경에 갔다가 돌아온 정사 완창군 이시인과 서장관 한계원을 희정당에서 만났다.

> 헌종 그 나라 안에 근년에 난리가 일어났다는 설이 있는데 들어보았는가?
> 이시인 신이 돌아올 때 과연 그 설이 있었습니다. 하지만 정말인지는 모르겠습니다. 돌아오는 길에 병사를 소집하는 움직임이 있는 것 같았습니다.
> 헌종 군사의 수는 얼마였는가?
> 이시인 그 수는 자세히 알지 못하지만, 관동병(關東兵)이라고

말하는 것 같았습니다.

헌종 난리가 일어난 곳은 어느 땅인가?

이시인 연길리국(延吉利國)이라고 말하기도 하는데, 이것 또한 맞는지 모르겠습니다. 대략 남쪽 변방 근처로 황성(皇城, 북경)에서 3천 리쯤 떨어진 곳이라고 합니다.[56]

이정리의 보고와 이시인의 견문을 통해 조선 조정에서는 영국과 중국 관계의 일단을 짐작하고 있었다. 그 무렵 제주도에서 영국 선박이 나타나 소를 약탈해 가는 사건이 일어났다. 해당 관리들의 파문 외에는 별다른 조치가 없었던 것으로 보이지만, 조정 내에 어느 정도 서양 세력에 대한 의구심이 퍼져가고 있었을 것이다. 이듬해 1841년(헌종 7)에 드디어 제1차 아편전쟁의 소식이 날아들었다. 1840년 10월에 동지사로 북경에 갔던 서장관 이회구는 이듬해 3월 19일 문견사건을 올렸다.

영길리국인이 (중국에서) 교역을 불허한 일로 지난해 6, 7월 사이에 재앙을 일으켜 바다를 넘어 침범해 왔습니다. 먼저 정해현의 성을 함락시키고 이제는 강소, 산동, 직예, 봉천 등지를 점거해서 세력이 매우 커졌습니다. 12월 사이에는 호문 바다를 통과해서 관병을 많이 상하게 하고 재화를 약탈하고 부녀를 간음했습니다. 강을 파서 길을 내고 포대를 건축해서 겉으로는 화해를 구한다고 하지만 더욱 창궐하고 있습니다.[57]

그날 헌종은 춘당대에서 정사 박회수, 부사 조기영, 서장관 이회구를 만나 "대국에서 일이 있다고 하는데 과연 그런가?" 하고 물었다. 박회수는 "영길리국이 난을 일으켰는데, 신이 돌아올 때 그것이 평정된 것을 보지 못했습니다. 대단히 근심할 데까지는 이르지 않았지만 소요가 적지 않았습니다"라고 아뢰었다.[58] 1841년 12월 6일에도 국왕과 대신들 사이에 중국의 사태가 화제에 올랐다.

> **헌종** 영길리국이 요즘 토평되었다고 하니 다행이다.
>
> **판부사 조인영** 기백(箕伯, 평안도 관찰사)과 만윤(灣尹, 의주 부윤)이 장계한 사연은 이미 아뢰었습니다. 전쟁에서 승리했다는 것은 해전을 말합니다. 해전의 승패는 전선 몇 척을 말한 데 지나지 않습니다. 바닷가에 오랑캐 선박의 왕래가 무상하다고 하는데, 정확한 정보는 아직 자세히 탐지하기 어렵습니다.[59]

영국이 토평되었다는 말은 중국과 영국 사이의 정전 협정이나 임시 화약이 잘못 전해진 것으로 보인다. 기백과 만윤의 장계 내용이 무엇인지는 알 수 없지만, 당시 조정에서 사신들의 공식 보고와는 다른 경로로 중국 소식을 접하고 있었음을 알 수 있다. 의주는 중국과 국경을 맞대고 있는 지리적 이점 때문에 중국 소식이 풍부하게 전해졌다. 또한 만윤은 중국의 중요한 정세가 실려 있는 경보를 구입해서 중앙으로 올려 보내기도 했다.[60]

1842년(헌종 8) 4월 9일 동지사로 중국에 다녀온 서장관 한밀리와 수역 오계순은 영이(영국인)가 광동, 절강, 복건 등을 점거하고 있고, 여러 곳의 총병 제독 등이 힘써 싸워 영이 천여 명을 목 베고 선박 수십 척을 침몰시켰다고 보고했다.[61] 재자관 이방(李塄)은 그해 12월 4일 남경조약 소식을 비변사에 보고했다. 그는 "8월 양강총독 기영이 영이와 통상장정을 맺고 예의와 이치를 헤아려 처리해서 그 나라로 돌아가게 했다. 산해관과 고교보(古橋堡)를 지키는 군사도 철수해 돌아가게 했다"[62]고 전했다.

1843년 3월 29일 서장관 조봉하는 "영이의 난이 요즘 거의 가라앉았다. 복건과 절강 사이가 점차 평안하고 고요해졌다"며 "광동의 바다 근처 땅에 각종 영이가 있는데, 홍귀자(紅鬼子), 흑귀자(黑鬼子), 백귀자(白鬼子)라고 불린다"[63]고 알렸다. 이날 동지정사 흥완군 이정응은 중국 사정을 묻는 국왕에게 "침범해 빼앗는 폐가 없다"고 답했다.[64]

1844년 2월 6일 서장관 서상교는 "앞서 영길리는 광동 한 곳에서만 교역하는 것을 허락했는데, 한 번 소요가 일어난 후부터 동남 연해 지방이 거의 편히 쉴 수 없어 강화하게 되었다. 특히 복건, 절강과 강소의 상해현에서 교역을 허락해서 그들의 마음을 기쁘게 했다. 옛날에는 한 곳에서만 교역했는데, 지금은 네 곳이 되었다. 이렇게 바뀐 뒤부터 근심이 없어지고 안팎이 모두 편안해졌다"[65]고 보고했다.

1845년 3월 28일 헌종은 사행에서 돌아온 동지정사 흥완군 이정응에게 물었다. "그 나라 안에 별일은 없는가?" 이정응은 무사하다고 답했다.[66] 하지만 서장관 윤찬은 이와는 달리 심각한 상

황을 보고하고 있었다. 그는 영이가 아직도 광동, 복건, 절강 등의
바닷가 땅을 점거하고 있고 중국 조정을 협박해서 조약을 맺고 막
대한 이익을 거두고 있으며, 조정에서는 기미책(羈縻策, 이민족에
게 자치를 인정해 간접적으로 지배하는 정책)을 쓰고 있지만, 재화
가 점차 고갈되고 민생이 괴로워하고 있다, 따라서 유식자들 가운
데 근심하고 탄식하지 않는 자들이 없다고 전했다.[67]

《해국도지》가 들어오다

그런데 이정응 일행의 사행은 역사적으로 중요한 의미가 있었다.
부사 권대긍이 위원(魏源, 1794~1856)의 《해국도지(海國圖志)》를
들여와 조선의 선진적 지식인들에게 중요한 영향을 미쳤다. 권대
긍은 1844년 10월 26일 동지정사 흥완군 이정응, 서장관 윤찬 등
과 함께 서울을 출발해 북경으로 갔다가 이듬해 3월 28일 귀환했
다. 《해국도지》 초간본 50권은 1842년에 중국 양주(楊州)에서 간
행되었다. 이후 1847년에는 증보판 60권이 양주에서, 1852년에
는 다시 증보판 100권이 고우(高郵)에서 출판되었다.[68]

《해국도지》는 아편전쟁의 산물로서 당시 아편 문제의 해결사
로 나섰던 임칙서와 밀접한 관련이 있었다. 도광제는 아편 문제를
해결하기 위해 1838년 12월 31일 당시 호광총독이었던 임칙서를
흠차대신으로 임명했다. 임칙서는 1832년 강소순무(江蘇巡撫)로

재직하고 있을 때, 중국 연안을 정찰하기 위해 18일 동안 상해에 정박하고 있던 로드 애머스트호를 축출한 경험이 있었다. 린세이와 귀츨라프가 조선으로 출발하기 전의 일이었다.

임칙서는 1839년 3월 10일 광동에 도착한 후 먼저 외국의 사정을 탐문하기 시작했다. 그는 광주와 마카오 등지에서 외국인들이 출판한 각종 신문과 잡지를 비롯해 상업에 대한 정보와 선교에 관한 팸플릿, 서양의 역사와 지리를 소개하는 서적을 수집했다. 중국인 통역관 원덕휘와 미국인 보텔호(William Botelho) 등이 영문 잡지나 책을 중문으로 번역해주었다. 임칙서는 이런 조력자들의 도움으로 서양인 바텔(Vattel)의 《각국율례(各國律例, Law of Nations)》 가운데 '한 국가가 외국 무역을 통제할 수 있는 권리' 부분과 머레이(Hugh Murray)의 《사주지(四洲志, Encyclopedia of Geography)》(런던, 1834년 발행) 등의 책, 마카오에서 발행되던 《오문월보(澳門月報)》를 읽었다. 그는 당시 중국 지식인으로서는 보기 드물게 국제법과 서양 사정을 폭넓게 배울 수 있었다. 《오문월보》에 따르면, "중국 관부는 오만하고 이민족에 대해 살피려 하지 않았다. 오직 임칙서만이 광주에 온 이후 국제 사정에 대한 지식이 크게 진보했다"고 한다.

위원은 임칙서의 막역한 친구로서 그의 추천으로 양광총독 대리였던 유겸(裕謙, 1793~1841)의 막료로 일하고 있었다. 임칙서는 1840년 9월 28일 대영 외교에 실패한 책임 때문에 면직되었고, 이려(伊犁)로 귀양을 떠나라는 황제의 명령을 받았다. 그는 귀양지로 향하면서 위원을 만났다. 그리고 광주에서 수집한 외국의 자료와 《사주지》를 넘겨주었다. 위원은 이들 자료와 자신이 수집한 자료를 토대로 《해국도지》를 집필했다.[69] 《해국도지》는 당시 중국에서 발행되고 있던 영자 신문들, 예컨대 《광동 레지스터(The Canton Register)》(1827년 창간), 《광동 프레스(The Canton Press)》(1835년 창간), 《차이니스 리포지터리(The Chinese Repositary)》(1832년 창간) 등을 풍부하게 인용하고 있다.[70]

《해국도지》는 서양과 동양의 종교와 역법부터 군함, 대포, 망원경 등에 이르기까지 세계 각국의 지리와 역사를 소개하고 있다. 위원은 "양이의 장점을 배워 양이를 제압하자!"(師夷之長技以制夷)고 외쳤는데, 중국 근대사상 최초로 서양에서 배우기를 제의한 사람 가운데 하나로 평가받는다. 그는 "외이(外夷)를 제압하려면 반드시 먼저 이(夷)의 실정을 알아야 하고, 이의 실정을 알려면 반드시 먼저 역관(譯館)을 세워 이의 서적을 번역해야 한다"고 주장했다. 그에 따르면, 양이의 장기는 세 가지였다. 첫째는 전함(戰艦), 둘째는 화기(火器), 셋째는 군사를 기르고 훈련하는 방법(養兵練兵之法)이었다.[71] 《해국도지》의 선진적인 사상은 훗날 중국의 양무운동과 조선의 개화운동 그리고 일본의 개국에 영향을 미쳤다.[72]

권대긍이 《해국도지》를 가져왔다는 사실은 고종 때의 학자 허전(1792~1886)의 《성재집(性齋集)》에 기록되어 있다. 허전은 "사야(史野) 권상서(權尚書, 권대긍)가 사신 일로 연경에 가 이 책을 얻어 돌아왔다. 헌묘(憲廟, 헌종)가 이를 듣고 바치도록 해서 열람하고 어필(御筆)로 그 함(函)에 제(題)를 써서 돌려주었다"[73]고

했다. 이규경의 《오주연문장전산고》에 따르면, 당시 영의정 조인영과 혜강 최한기도 《해국도지》를 소장하고 있었다고 한다.[74) 이로 미뤄보면 당시 국왕부터 재야 학자에 이르기까지 《해국도지》를 읽고 있었다는 것을 알 수 있다.

친절한 주민과 적대적인 외국인들

이처럼 중국에서 무력 충돌이 일어나고 새로운 사상이 싹트고 있을 무렵, 조선에 또다시 이양선이 나타났다. 1845년 6월 제주도 우도에 온 영국 군함 사마랑호(H. M. S. Samarang)였다. 에드워드 벨처(Edward Belcher, 1799~1877) 함장이 이끄는 사마랑호는 1845년 6월부터 8월까지 제주도와 거문도를 항해하면서 우리나라 남해안을 정밀 탐사했다. 사마랑호에는 오아순(吳亞順)이라는 중국인 통역관이 타고 있어서 조선인과 필담을 나눌 수 있었다. 또한 동승했던 군의관 애덤스(Arthur Adams)는 박물학에 조예가 깊은 인물이었다. 그는 조선 남해안의 식물 46종, 조류 26종, 어류 7종, 곤충 19종, 거미 14종, 조개 29종, 해파리 2종을 소개하고 조선어 어휘 558개를 채집했다. 1850년에는 《The Zoology of the Voyage of H. M. S. Samarang》을 단독 출판하기도 했다.

　벨처 함장은 1799년 캐나다의 노바 스코샤(Nova Scotia)에서 태어났다. 1812년 영국 해군에 입대했고, 1825년에는 비치

(Beechy)가 지휘하는 블로섬호(Blossom)에서 3년 동안 측량 장교로 근무했다. 1830년부터 1833년까지 아프리카 북부와 서부해안을 측량하기도 했다. 1836년에는 측량선 설파호(Sulphur)를 타고 남북 아메리카 대륙의 태평양 연안을 측량하고 1839년 말에 태평양을 가로질러 귀국길에 올랐다. 1840년 10월 싱가포르에 도착하자 중국 광동으로 출격하라는 지령을 받았다. 그는 1년 동안 아편전쟁에 참가한 후 1842년 7월 영국으로 귀환했다.

1843년 1월 13일(양력) 벨처는 사마랑호를 타고 영국을 출발했다. 영국 정부는 그에게 1842년 남경조약으로 열린 중국의 해안과 항구 그리고 수로를 탐사하라고 지시했다. 그해 9월 15일 홍콩에 도착한 벨처는 중국에 파견된 전권대사로부터 광동 이북의 중국 영토에 일체 접근하지 말라는 지령을 받았다. 중국을 자극하지 않도록 하기 위해서였다. 벨처는 원래 계획을 수정해서 싱가포르, 보르네오, 필리핀 등을 측량한 다음 1845년 4월 1일 다시 홍콩에 도착했다. 그해 5월 9일 다시 홍콩을 출항해 류큐를 탐사한 다음 조선 해역으로 향했다. 1847년 12월 영국으로 귀환한 벨처는 이듬해에 4년 동안의 탐사 여행기인 《Narrative of the Voyage of H. M. S. Samarang, during the Years 1843~1846》(전2권)을 영국 해군성에서 펴냈다.[75] 이제 벨처의 여행기를 따라가보자.[76]

사마랑호는 1845년 6월 21일 류큐를 떠나 25일 아침 6시 무렵 켈파트 섬(제주도)의 남쪽 만에 정박했다. 선원들은 상륙하기 위해 텐트와 장비를 준비했다. 곧 어부들과 주민들이 모여들었다. 그들은 더 적당한 곳으로 보이는 곳에 상륙하라고 몸짓을 했다.

벨처 일행은 그들에게 주의를 기울이지 않았다. 주민들 가운데 한 사람이 작은 보트의 이물에 그의 어깨를 대고 밀어냈다. 다른 사람들은 더 왼쪽으로 떠나거나 상륙하라고 손을 흔들고 있었다. 중국인 통역관은 그 상황을 이해할 수 없었다. 벨처는 부하들에게 배를 대라고 지시하고, 머스킷총을 들고 해안으로 뛰어내렸다. 선원들도 무기를 들고 그를 뒤따라 내려서 그 언덕을 차지했다. 주민들은 곧 그들을 함부로 대해서는 안 된다는 것을 깨달았다.

나이 든 사람들 가운데 한 사람이 한문을 아는 것처럼 보였다. 그는 이방인의 방문 목적이 무엇인지 글을 써서 물었다. 중국인 통역관은 "태양의 고도를 재고 땅을 측량하기 위해서"라고 설명했다. 그는 그 뜻을 이해하지 못하는 것 같았다. 주민들은 벨처 일행의 작업을 방해하지 않았다. 태양을 측정하는 신비한 방법이 주민들에게 강력한 효과를 발휘했는지 모른다고 벨처는 생각했다. 주민들은 선원들이 물을 나르고 텐트를 세우는 것을 친절하게 도와주었다.

벨처는 이 섬의 이름이 무엇인지 몇 번이나 확인하려 했지만, 오초산(O-tcheou-san, '조선'을 말하는 듯함)이라는 것밖에 알 수 없었다. 방문객들이 늘어나고 다루기 힘들어지자, 벨처는 보초를 세우고 주민들의 접근을 막았다. 벨처 일행을 둘러싼 주민들은 불결했고 호기심 때문에 무례하기까지 했다. 벨처는 얼굴이 하얀 외국인이 무기를 쓰지 않고도 주민들의 건방진 행동을 벌할 수 있다는 것을 가르쳐주었다. 해질 무렵 보초병의 숫자를 두 배로 늘렸다. 그들은 텐트 주위를 삼엄하게 경계했다. 만에는 거룻배

(barges)가 정박해 있어서 어떤 공격이라도 물리칠 수 있었다.

연기가 피어오르는 언덕

자정이 막 지났을 무렵이었다. 벨처는 비명과 고함소리에 깜짝 놀라 일어났다. 곧 주민들이 손에 횃불을 휘두르며 다가왔다. 거룻배 두 척은 즉시 행동할 준비가 되어 있었고, 머스킷총 18정이 장전된 채 적의 접근을 기다리고 있었다. 많은 사람들은 싸움을 벌일 태세였지만, 벨처는 주민들이 자신들을 공격할 의사가 없다고 생각했다. 나중에 벨처는 그 시각에 하급 관리 한 사람과 그의 무리가 큰 섬에서 이곳으로 상륙했고, 그 사실을 이방인들에게 알리는 것이 주민들의 의무라는 것을 알았다.

많은 머스킷총이 자신들을 향한 것을 본 주민들은 깜짝 놀라 황급히 물러났다. 그들은 얼마 후 흩어져 집으로 돌아갔다. 벨처 일행은 주민들이 빈틈없이 자신들을 감시하고 있다는 것을 알게 되었다. 높은 언덕 꼭대기에 있는 참호에서 경계병들이 움직이는 것이 보였고, 신호용 횃불이 계속 전달되는 것도 눈에 띄었다. 낮에도 연기가 피어올랐다. 젖은 짚이나 벼 껍질에 불을 붙여서 연기를 피우는 것 같았다.

선원들은 섬을 탐사할 준비를 마쳤다. 벨처는 대원들에게 주민들의 동의 없이 강제적인 수단을 사용하지 말라고 엄격하게 지시했다. 6월 30일 켈파트의 장관(Generals) 가운데 한 사람이 배로 방문할 것이라는 소식이 들려왔다. 정오 전에 큰 배 세 척이 다가오는 게 보였다. 가장 큰 배에는 수장(Chief)과 수행원들이 타고 있었다. 악대가 음악을 연주했다. 벨처가 지금까지 들어본 음악 가운데 최악의 불협화음이었다. 장관은 사마랑호의 갑판으로 올라왔다. 사마랑호의 장교와 경계병들은 예포 세 발로 그를 맞이했다.

장관은 체격이 아담했고 외모도 훌륭했다. 이마는 날카로웠고 눈은 작았지만 지적으로 보였다. 그는 꽤 편안해 보였고, 배의 이곳저곳을 돌아다니면서 호전적인 사람이 좋아할 법한 모든 것에 흥미를 느꼈다. 대포의 크기, 탄환의 무게, 닻줄, 주방의 조리 기구 등이 주로 그의 관심을 끌었다.

그는 배 안에 있는 양과 염소, 가축들을 보고 즐거워하며 마치 집과 같다고 말했다. 갑판 아래 선원들의 물건을 둘러보고는 감탄사를 연발했다. 또 다른 세계를 발견하고 몸을 떠는 것 같았다. 특히 선실에서 오르골 소리를 듣고는 무척 즐거워했다. 사탕과 와인 등을 먹고 난 그는 자기보다 더 높은 장관이 벨처가 큰 섬을 방문해주기를 바라고 있다고 전했다.

벨처는 장교들을 데리고 큰 섬으로 갔다. 육지에 오르자 지붕이 두 개 달린 군사용 텐트가 놓여 있었고 거기에 고급 관리가 앉아 있었다. 그는 앉아서 벨처를 맞이했다. 벨처는 격식 없이 그의 옆쪽 돗자리에 앉아서 영국식으로 악수했다. 고급 관리는 벨처에게 어디서 왔는지, 원하는 것이 무엇인지, 언제 어디로 갈 것인지

벨처가 만난 제주도의 한 관리.

등을 물었다. 벨처는 그에게 다음과 같이 답했다.

우리 국왕이 외국을 방문하도록 나를 보냈다. 우리 선박이 안전하게
항해할 수 있도록 해도를 수정하기 위해서다. 우리 선박이 외국
해안에서 난파하지 않으려면 외국의 섬들에 어떤 위험이 도사리고
있는지 아는 것이 중요하다. 이것을 적절하게 수행하기 위해서는
태양과 별을 관찰하고 여러 지점에서 섬을 측량해야 한다. 우리는
마을에 들어가거나 주민들을 방해하고 싶지 않다. 주민들이 우리가
세울 측표(測標, marks)를 건드리지 말도록 당신이 엄격한 금지령을
내려주기 바란다. 또한 우리의 작업이 모든 나라 사이에 존재할
조화를 해치지 않기 바란다. 우리의 목적은 일반적으로 인류의
이익을 위한 것이다. 당신은 내가 단지 우리 군주의 시종이 아니라
모든 나라의 시종이라는 것을 알아야 한다. 우리의 작업이 끝나면

즉시 조선으로 가서 통치자를 만나고 싶다. 그 다음 중국으로 돌아가는 데 필요한 물자를 보급받기 위해 일본을 방문할 것이다.[77]

그 관리는 벨처의 뜻을 명확하게 이해하는 것 같았다. 벨처의 요청에 동의하면서 주민들에게 명령을 내렸다. 관리는 대형 선박을 파견한 대영제국의 여왕이 얼마나 먼 거리에 있는지 알기 위해 세계 지도를 무척이나 보고 싶다고 정중하게 말했다. 벨처는 대도시에서 이 섬의 실질적인 통치자를 자신에게 소개해주면 지도를 주겠다고 약속했다. 고관은 벨처 일행이 고위 관료를 만날 수 없을 것이고 단지 용감한 군인들만 만날 것이라고 말했다. 그는 조선의 군인들에게 체포되지 말라고 벨처에게 주의를 주기도 했다.

모든 게 만족스러웠다. 벨처는 그 관리에게 사탕과 술을 대접했다. 그는 벨처 일행의 옷감과 제복 등에 호기심을 보였다. 벨처는 미리 플란넬 천, 면직물 등의 견본을 가지고 와서 소와 야채와 교환할 수 있는지 물어보았다. 이것도 만족스럽게 해결되어서 벨처 일행은 떠날 준비를 했다.

그런데 뜻하지 않은 불상사가 일어났다. 호기심 많은 군중들이 몰려와서 벨처 일행을 밀치고 있었는데, 거의 경비병의 통제를 벗어나고 있었다. 그 가운데 한 사람이 장교 한 사람에게 지나친 호기심을 표시했다. 장교는 화가 나서 그 사람을 거칠게 몰아냈다. 조선의 경비 책임자가 즉시 호기심 많은 조선인을 붙잡아 곤장을 쳤다. 벨처가 나서서 이 사건을 말리려 했지만, 그 사람은 10여 대를 맞은 후에야 풀려났다.

관리를 인질로 잡다

다음 날 벨처 일행은 섬을 탐사하기 시작했다. 군 감시병들은 상당한 거리를 유지한 채 벨처 일행의 행동을 주시하고 있었다. 그들은 벨처 일행이 주민들과 자유롭게 접촉하는 것을 막았다. 벨처 일행이 포대나 군사 기지로 다가갈 때마다 군기와 창 등이 보였지만 어떤 접촉도 일어나지 않았다. 섬의 몇몇 지역에서는 독립적인 수장의 통제가 있었는지 벨처 일행의 작업을 도와주거나 방해하기도 했다.

탐사 작업을 한 지 3일째 되던 날 벨처는 한 수장을 만났다. 25세 가량 되어 보이는 젊은 남자로 무척 호감을 주는 인물이었다. 그는 벨처 일행이 작업하는 곳으로 찾아와서 장비를 살펴보고 그들에게 우호적인 명령을 내렸다. 벨처가 보트에서 잠을 자려 한다는 것을 안 그는 자기 집을 쓰도록 했다. 그는 벨처 일행이 더 편안하게 머물도록 집을 비우고 벨처의 부하들이 경계를 서도록 허락했다.

하지만 벨처는 그의 초대를 거절했다. 탐사대의 지휘자로서 자신만의 장소를 쓰는 호사를 꺼렸고, 자신이 그 집에 머물러 있으면 보트 안에 있는 장교들이 부당한 오해를 할 수도 있기 때문이었다. 벨처의 부하들은 경계를 게을리 하지 않았고, 밤에 횃불이 타오르는 모습을 보고 더욱 경계심을 늦추지 않았다. 부하들이 무기를 들고 경계했기 때문에 벨처는 편히 쉬지 못했다.

다음 날 아침 그 젊은 수장은 벨처를 아침 식사에 초대했다.

벨처는 그 호의를 또다시 거절했다. 그 수장은 작은 광주리를 배로 날라주었는데, 벨처가 초대를 거절할 경우에 대비해 준비한 것이 틀림없었다. 그는 벨처에게 음식을 같이 먹자는 몸짓을 했다. 흰 금속 그릇과 사기 안에 생선, 야채, 오이 절인 것, 쌀, 술 등이 담겨 있었다. 벨처 일행의 몇몇 사람은 이것조차 만족스러워하지 않았다.

정오 무렵 그 수장은 배를 타고 벨처 일행이 작업하는 곳으로 찾아왔다. 그는 섬의 고위 관리가 벨처에게 소를 선물로 보냈다고 전하면서, 벨처가 그 관리를 방문해주기 바란다고 말했다. 바구니와 음식 그릇을 거두어 돌아가면서 그는 사마랑호를 찾아오겠다고 약속했다. 그날 오후 4시 무렵 소를 실은 보트가 사마랑호로 다가왔다. 사마랑호는 육지에서 1마일 정도 떨어진 거리에 정박하고 있었다.

다음 날 이른 아침, 격식을 차린 아침 식사에 초대한다는 전갈이 왔다. 도시에 있는 고위 관리가 벨처 일행을 초대했다. 사마랑호는 수장들이 방문하기에는 너무 먼 곳에 정박해 있었다. 벨처는 배를 해안 가까운 곳으로 옮기고, 무장한 수병을 포함해 약 30명을 뽑아서 도시의 해안에 상륙했다. 장교 여섯 명도 뒤따랐다. 깃발을 든 군대를 포함해 수천 명의 사람들이 벨처 일행을 맞이하러 나와 있었다. 젊은 수장은 관리들 사이에서 보이지 않았는데, 군대의 우두머리들이 자신들을 속이고 회피하는 것처럼 보인다고 벨처는 생각했다.

마침내 돗자리가 깔리자 관리들과 벨처는 자리에 앉았다. 말

벨처 일행이 제주도에서 만난 관리들.

과 수행원의 숫자 등에 대해 서로 이야기를 나누었다. 말들이 길 떠날 준비를 하고 있었다. 관리들 사이에 뭔가 불편한 기색이 보였다. 관리들과 도시 사이에 여러 차례 사자들이 들락거렸다. 적어도 한 시간 정도 지체한 후 벨처 일행을 맞이할 준비가 되었다는 소식이 왔다. 벨처의 주장에 따라 장교들은 말에 올라타고 수병들은 어깨에 무기를 든 채 동쪽 문으로 나아갔다. 문은 닫혀 있었고, 성벽 위는 사람들로 가득 차 있었다. 벨처는 잠시 미심쩍었지만, 이 섬의 도시에 들어가서 수장과 친교를 맺고 미래에 조선과 교섭할 가능성을 타진하고 싶었다.

얼마 후 연락이 왔다. 이 도시의 수장이 벨처 일행에게 최대한의 경의를 표하고 싶으며, 육지 쪽에 있는 큰 문으로 맞아들이고 싶다는 내용이었다. 벨처는 1.5마일(2.4킬로미터) 정도 돌아서 육지 쪽 대문으로 향하는 큰 도로에 이르렀다. 그는 이것이 자신들을 체포하기 위한 음모일지도 모른다고 의심했다. 이미 군사들은 만일의 사태에 대비해 공격할 태세를 갖추고 있었다. 이 도시는 사마랑호의 대포 사정거리 안에 있었고, 해안에 있는 보트는 야포 4문과 불화살로 무장되어 있었다. 또한 소수 정예병이 그의 명령을 기다리고 있었다. 그러므로 이 사람들이 적대적인 행위를 할 만큼 어리석지는 않을 것이라고 벨처는 생각했다.

큰 문으로 향하는 길에는 군대가 열을 지어 있었다. 길 왼쪽에는 창을 든 군사들이, 오른쪽에는 화승총 48정과 횃불을 든 군사들이 서 있었다. 앞으로 튀어나온 성벽 위는 사람들로 가득 차 있었다. 벨처 일행을 전멸시키는 데는 한줌의 조약돌만으로도 충분할 것 같았다. 마침내 대문에 이르자 회의가 열렸고 사자가 도착했다. 사자는 그렇게 무장한 많은 사람들이 도시에 들어가는 것을 받아들일 수 없으며 그들의 법에도 어긋난다고 말했다. 벨처는 이 문제가 이미 협의가 끝난 사항이기에 더 이상 협상하지 않겠다고 관리들에게 통고했다. 그때 벨처는 이곳의 군사력이 얼마나 형편없는지 경멸해주는 것이 필요하다고 생각했다.

벨처는 부하들을 반대 방향으로 돌려세웠다. 무장한 수병 가운데 절반은 앞에 세웠고, 중앙에는 장교들을 배치했으며, 나머지는 후위에 두었다. 그는 전진하라고 명령했다. 벨처 일행은 침착하게 횃불 사이를 헤치고 투석 범위에서 벗어나 나아갔다. 벨처는 고립된 관리 한 사람을 인질로 붙잡았다. 벨처는 그가 자신들을 안전한 곳에 인도하느냐의 여부에 따라 그의 생명이 달려 있다고 알려주었다. 벨처 일행은 서쪽 벽을 따라서 여유 있게 나아갔고 마침내 해안에 이르렀다.

대포와 총을 발사하다

벨처는 행진해 오면서 수병들이 말하는 것을 들었다. 한 사람이 "우리를 숨 막히게 할 만큼 사람이 많았어" 하고 말하자, 다른 사람이 차갑게 받았다. "터무니없군. 수병 한 사람당 겨우 2백 명밖에 되지 않았어." 벨처 일행이 2백 야드(약 18킬로미터)쯤 지나왔을 때, 도리깨 모양의 무기를 든 군사들이 주둔해 있는 것이 보였다. 이 무기를 한번 휘두르기만 해도 자신들의 머스킷총은 쓸모가 없을 것 같았다. 그것은 수병들이 찬 단검보다 더 우수해 보였다. 이 군사들 사이를 지나 벨처 일행은 보트가 정박한 곳으로 무사히 돌아왔다.

이곳에서 벨처는 수장 가운데 한 사람을 불러 글을 써서 보여 주었다. 자신이 이곳 수장들의 행동을 부끄럽게 생각하고 있고, 그들을 더 이상 존경할 수 없다고 했다. 이 편지를 받은 그들은 벨처를 새로이 초대했다. 아침 식사가 준비되어 있고 수장들이 기다리고 있으며 원하는 대로 바다로 향하는 문이 열려 있으니 들어와도 좋다는 것이었다. 이런 상황에서 그들의 환대를 받아들이는 것은 영국의 명예를 떨어뜨리는 것이라고 벨처는 생각했다. 벨처는 통역관에게 다음과 같은 말을 적어서 수장에게 전하도록 했다.

켈파트 수장들의 나쁜 조언이나 겁먹은 조언 때문에 내가 최고 관리에게 개인적으로 마땅한 경의를 표하지 못하도록 방해받은 데 대해 유감스럽게 생각한다. 이미 일어난 모든 사건에도 불구하고,

우리 쪽에서 그렇게 우유부단하게 행동하지 않는다는 증거로서 최고 수장과 수장들 그리고 수행원들이 몇 명이든 상관없이 사마랑호에 오른다면 기꺼이 받아들이겠다. 우리는 우리 배에서 당신들의 지위에 맞게 맞아들이겠다. 오후 3시까지 답변을 기다리겠다.[78]

곧 답신이 왔다. 자신들의 체면이 깎였다는 내용이었다. 더 이상 대화할 필요가 없다고 판단한 벨처는 사마랑호로 물러갔다. 벨처는 이 섬에는 자신들에게 적대적인 세력이 있고, 그들은 군인 일 가능성이 높다고 확신했다. 벨처 일행이 도시를 방문하기 전 날, 해안 근처에 있는 요새 도시를 지날 때 대포 한 발이 벨처의 작은 보트 방향으로 발사되었다. 대포는 보트에서 멀리 떨어진 곳에 떨어졌다.

벨처는 이것이 자신들을 환영하기 위해 발사된 것이거나 우발적인 발포일지도 모른다고 생각했다. 따라서 거룻배 한 대가 다가오고 있다고 신호하는 것 이상은 아니라고 판단하고 대포가 발사된 지점에서 곧 물러났다. 두 번째 대포가 발사되었다. 포탄은 벨처 일행의 머리 위를 날아갈 만큼 가까운 곳을 지나갔다. 이번에는 의도적인 것이 분명했다. 벨처는 에스파냐인들이 그렇게 하듯이 '포에는 포로' 6파운드의 포를 되돌려주었다.

벨처가 도시에서 돌아왔을 때, 소형 감시선(cutters)을 지휘하고 있던 2등 항해사 리처드가 그 동안 일어난 사건을 보고했다. 리처드는 한 지점에 신호기를 세워두고 돌아왔다. 마침 부하들이 아침 식사를 할 시간이었다. 부하 가운데 한 사람을 보내 그 신호기를 지키게 했다. 그는 닻을 내리고 승무원들이 식사를 하도록 했다. 그 후 얼마 지나지 않아 주민들이 떼로 다가와서 신호기를 지키고 있는 부하를 절벽에서 바다로 밀어내려 했다. 리처드는 제시간에 맞춰 상륙해서는 주민들의 행동을 제지할 수 없다고 생각했다. 그는 주민들을 위협하기 위해 그들의 머리 위로 머스킷총을 발사했다. 주민들은 그것을 비웃으며 가져온 횃불로 선원의 옷을 불태우려 했다. 더 이상 지체할 수 없었다. 리처드는 대포와 머스킷총을 발사해서 그들을 흩어지게 했다. 무리 가운데 가장 앞에 있던 사람이 상처를 입었을 것이다.

벨처가 그곳에 도착하자 주민들은 뒤로 물러갔다. 이것은 주민들이 벨처 일행을 괴롭히거나 그들이 세워둔 측표를 방해하려는 마지막 시도로 보였다. 리처드는 주민들에게 대포를 발사한 행동이 정당하다고 생각했다. 이전에도 주민들이 측표를 파괴했을 때, 수장들이 "이미 우리가 주민들에게 충분히 경고했기 때문에, 당신들이 그들에게 포를 발사할 것"을 바란다는 것을 리처드는 알고 있었다.

벨처 일행이 섬의 남쪽에 이를 때까지 아무 일도 일어나지 않았다. 연료가 바닥났기 때문에 벨처는 작은 무인도처럼 보이는 곳에서 연료를 보급하려 했다. 그곳은 안전하지는 않았지만 정박하기에 편리했다. 작고 평평한 섬이어서 식수를 보급할 수 있었다. 벨처는 그곳을 주요 주둔지로 삼기로 결정했다. 그 섬 주위에는 성벽으로 둘러싸인 도시가 있었고 많은 기들이 보였다.

벨처가 그곳에서 주둔한 지 얼마 지나지 않아 마을의 수장들이 찾아왔다. 그들은 우호적인 교섭을 바라고 있었다. 벨처는 그들에게 사탕, 케이크, 술, 부채, 종이, 그림, 봉투, 초산 국왕(Emperor of Tcheousan, 조선 국왕)의 초상화 등을 선물로 주었다. 이 무리 가운데는 젊은 수장 혹은 민간인이 있었는데, 그는 곧 벨처 일행과 우정을 나누게 되었다. 그는 벨처가 신분을 표시하는 모자(state hat)를 얻을 수 있도록 힘쓰겠다고 약속했다. 중국인 통역을 통해 많은 필담을 나눈 뒤 그는 벨처의 배를 방문하겠다고 약속했다.

그 수장은 와인을 마셨기 때문인지 돌아갈 때 뱃멀미를 심하게 하는 것 같았다. 세계 지도, 망원경 등을 살펴보는 것을 볼 때 그는 잘 교육받았고 매우 지적인 인물이었다. 그는 최고 수장(Examiner)이 그 지도를 요청한 사실을 알고 있는 것 같았고, 그것을 그에게 가져다주면 좋겠다는 뜻을 내비쳤다. 벨처는 이때를 놓치지 않았다. 그와 동쪽 섬에서 다시 만날 때 모자와 다른 흥미로운 것을 가져온다면 망원경과 세계 지도를 얻을 수 있을 것이라고 약속했다.

벨처는 그에게 멜론, 오이, 오렌지, 왕귤나무, 중국 자두, 서양 호박, 겨자, 개구리자리(Cress), 양상추 등의 씨앗을 주었다. 그는 더 많은 것을 요청했다. 제약학에 대해 알고 있는 것 같았다. 그는 벨처에게 스트리키네(Strychnos, 맹독성 알칼로이드로 흥분제로 쓰임)의 표본을 내놓았는데, 중국에서 그것을 얻었다고 알려주었다. 그는 유럽 선박이 스트리키네를 중국으로 가져온 사실을 알고 있었다. 벨처는 그가 어떻게 이 사실을 알게 되었는지 확인하려 했고, 그가 중국을 방문했을지도 모른다고 생각했다. 젊은 수장은 그것을 부인했다. 하지만 그가 조선의 주요 도시 가운데 한 곳에 있었고, 일본과 중국 선박이 그곳을 방문했다는 사실을 인정했다. 그는 그곳의 지명을 알려주려 하지 않았고, 벨처가 그것을 알까 두려워했다.

벨처는 사마랑호에 사람을 보내 스트리키네를 가져오라고 지시했다. 그는 그것을 바탄(Batan)의 가톨릭 신부에게 받았다. 그는 이것을 관리에게 주면서 더 많은 정보를 얻으려 했다. 하지만 저녁이 가까웠고, 밀정처럼 보이는 다른 사람이 있어서 대화는 중단되었다. 거기 있던 사람들은 중국인 통역관이 중국의 궁정 언어를 구사하고, 게다가 오랑캐로 불리는 벨처 일행을 도와주는 것을 보고 무척 놀라는 것 같았다.

섬 사람들은 그때까지 영국인들이 중국과 거래하고 있는 것을 모르고 있었다. 영국이 중국에 조공을 바치지 않는다고 통역관이 말했을 때 그것을 의심스러워했다. 통역관은 중국이 영국에 항복했고, 광동에서 배상금으로 6백만 달러를 지불했으며, 더구나 중국이 전쟁에 패배해 남경에서 2천4백만 달러(남경조약에서 중국이 영국에 지불하기로 한 배상금은 2,100만 원이었다)를 지불했다는 것도 알려주었다. 섬 사람들은 통역관이 자신의 나라에 대해 믿을 수 없는 말을 한다며 그를 무척 나쁜 사람이라고 불렀다.

문명의 흔적이 없는 거문도

7월 14일 벨처 일행은 섬 탐사를 모두 끝냈다. 벨처는 어떤 유럽인도 이 섬에 상륙하거나 조사한 적이 없을 것이라고 생각했다. 그는 동쪽 섬(우도)을 영국 수로국장의 이름을 따서 '뷰포트 섬' (Beaufort Island)이라고 명명했다. 여러 지점에서 이 섬의 산 정상 (한라산)을 관측한 결과 높이가 6,544피트(1995미터, 실제 높이는 1950미터)에 이르렀다. 이 산은 '오클랜드 산'(Mount Auckland)으로 기록되었다. 벨처는 켈파트가 화산섬이고 조선의 유형지 가운데 한 곳일 가능성이 크다고 생각했다.

7월 15일 벨처는 잠시 켈파트를 떠나 북쪽으로 키를 돌렸다. 조선의 군도를 향한 '발견의 여행'길이었다. 다음 날 아침 8시 무렵, 벨처 일행은 암초를 만나 오후 3시 무렵에야 간신히 빠져나올 수 있었다. 갑작스런 파도 때문에 선원들과 장비가 거의 물에 젖어버렸지만 얼마 후 새로운 섬들을 향해 나아갔다. 세 개의 섬들 (거문도)이 보였다. 두 섬은 컸고 한 섬은 작았다. 배는 바깥쪽 만에 정박했다.

7월 17일 벨처는 섬을 탐사하는 일에 착수했다. 섬에는 마을이 네 개 보였고, 주민들 가운데 군인들은 없는 것 같았다. 마을의 노인들이 이곳의 유일한 권력자처럼 보였다. 벨처는 영국 해군성 차관을 기리기 위해 이곳을 '해밀턴항'(Port Hamilton)이라고 이름 붙였다. 북쪽으로 더 올라가자 측량하기에 가장 좋은 곳이 있었다. 그곳에서는 수백 개의 섬들이 시야에 들어왔다. 벨처는 이곳에 안전하게 배를 정박시켰다. 장교 한 사람에게 그곳 정상에 신호용으로 원추형 물건을 세워두고 텐트를 치도록 지시한 다음 '미지의 땅'을 탐사하기 위해 무장 보트를 타고 출발했다.

북쪽으로 10마일 정도 가자 조선의 본토로 짐작되는 곳이 나왔다. 벨처는 그곳에서 정부 관리를 만날 수 있을 것이라고 믿었다. 이곳에서 4일 동안 탐사했지만, 신선한 물과 강을 찾을 수 없어서 다시 배로 돌아왔다. 마을의 노인들에게 얻은 정보에 따르면, 벨처 일행은 아직도 군도의 바깥 섬에 머물고 있을 뿐이었다. 노인들은 적어도 20일 안에는 주요 관리들이 있는 곳에 갈 수 없을 것이라고 일러주었다. 또한 그때쯤이면 벨처가 군대와 대포를 만나게 될 것이라고 암시했다.

벨처는 주민들에게 크기가 다양한 영국식 갈고리, 칼, 가위, 바늘 등을 주었다. 하지만 높은 지위에 있는 사람을 두려워해서인지 아니면 그것의 참된 가치를 알지 못해서 그런지 그것들을 받으려 하지 않았다. 한두 번 주민들은 그들의 술을 내놓았다. 벨처는 답례로 와인을 주었다. 그들은 와인을 소중하게 여기는 것 같았고, 최대한 조심스럽게 와인 병을 가져갔다. 그것이 가치 있는 것이라고 여기는 것 같았다. 벨처 일행이 와인 병을 바다에 던져버리는 것을 본 주민들은 깜짝 놀랐다. 주민들은 그것을 도로 주워와서 수장이나 가장 가까운 친구에게 보물로 날라다주었다.

벨처는 주민들과 접촉하는 동안 몇 가지 사실을 알아냈다. 그들은 처음에는 자신들의 상륙을 거세게 반대하다가 후에는 친밀하게 대했다. 이 행동에는 우유부단함과 동요가 있는 것 같았다.

어떤 보이지 않는 원천 때문에 주민들이 두려워하는 듯했다. 통역관이 물을 때마다 주민들은 이곳을 초산(T-cho-san)이나 오초산(O-tcheou-san)이라고 불렀다. 벨처의 조사에 따르면, 브로턴이 초산항이라고 부른 곳은 이곳에서 멀지 않은 곳에 있었다. 브로턴은 주민들의 대답을 잘못 이해한 것이 거의 확실했다.

벨처는 이 섬에서 어떤 문명의 흔적도 발견할 수 없었다. 식량이 얼마 남지 않아서 다시 켈파트로 돌아가야 했지만, 벨처는 섬에 몇 시간 동안 더 머물면서 조사했다. 이 섬은 켈파트와 조선 본토에서 멀리 떨어져 있었기 때문에 이곳에서 주민들이 자신들을 적대시하리라고는 꿈에도 생각하지 않았다. 하지만 벨처 선장이 북쪽의 깊은 만에 상륙하려 하자 어부들은 그의 상륙을 반대하며 승무원들에게서 머스킷총을 낚아채려 했다. 승무원들의 강경한 태도 때문에 어부들은 곧 물러났고, 수장들이 벨처의 작은 보트로 다가왔다. 통역의 중재로 모든 것이 잘 처리되었다.

이런 작은 충돌은 위험할 수도 있었다. 어느 한쪽에서 조금만 폭력을 사용하면 목숨을 잃을 수도 있었다. 감정이 가라앉은 군중들은 즐거워했다. 떠나기 전에 주민들은 자신들의 술이 담긴 병을 가져왔고, 벨처 일행은 그것을 맛본 후에 와인을 답례로 준 다음 그 섬을 떠났다.

모자도 없고 편지도 없다

벨처가 켈파트로 돌아왔을 때, 남겨두고 갔던 측표들이 아직도 서 있었다. 비나 가축이 쓰러뜨린 측표는 교체되어 있었고, 흰색으로 칠한 돌들도 이전 장소에 정돈되어 있었다. 벨처는 이것을 보고 기뻤다. 이곳에도 자신들에게 적대적이지 않은 사람들이 있다는 것을 뜻하는 것이었다.

큰 섬에서 온 관리 한 사람이 벨처를 기다리고 있었다. 그는 수장이 다른 쪽 해협에서 방문해주기를 기다리고 있다고 알려왔다. 하지만 벨처는 현재 있는 곳을 떠날 수 없었다. 그는 해군 대위 한 사람을 파견해서 작별의 예식을 치르고 나가사키로 보낼 편지가 있으면 그것을 받아 오라고 지시했다. 또한 예전에 만난 두 친구들이 자신에게 약속했던, 신분을 표시하는 모자에 대해 물어보라고 일러주었다. 그 모자를 주면 망원경을 보낼 것이고, 그렇지 않으면 망원경을 줄 수 없다는 것도 덧붙였다.

그런데 회신은 단호했다. 모자도 없고 편지도 없다는 것이었다. 그들은 작별 인사와 함께 잘 여행하기 바란다고 했다. 하지만 벨처가 그들이 제공한 아침 식사에 응하지 않은 데 대해 불만을 표시했다. 수장의 통역관이 벨처가 있는 곳으로 다가와서 설명했다. 그 모자와 깃털은 벨처가 입은 장교 군복의 견장과 마찬가지로 존귀한 신분을 나타내는 것이고 오직 고위 권력자들에게만 수여되는 것이라고 했다. 통역관은 벨처가 주는 물건을 최고 관리 (Examiner)가 국왕에게 바칠 것이라고 내비쳤다.

벨처는 조선의 섬들을 떠나면서, 1816년 알세스트호가 방문한 이후 이곳의 법과 사람들의 관습에 어떤 변화가 있었다고 기록했다. 그 여행기의 저자(홀)가 조선 주민들의 감정이나 동기를 오해하지 않았더라면, 그는 조선에 상륙하거나 주민들과 의사를 소통했을 것이다. 벨처는 자신이 유능한 중국인 통역관의 도움을 받으며 조선인들과 교제한 것을 가장 예의바른 행동이었다고 묘사했다. 벨처는 그들의 마을에 들어가고 싶어 하지 않았고, 해안선을 따라가는 데만 자신의 임무를 한정했다. 또한 자신이 접근하는 데 동의하는 고위 관리들만 만났다.

벨처 일행의 보트가 해안에 접근할 때마다 주민들은 가축 떼를 안으로 몰아넣었다. 가축을 잃어버릴지도 모른다는 두려움 때문이었다. 이곳에는 외국인들을 자신들의 마을로 들어오도록 허락하는 것에 관한 법률이 있는 게 틀림없었다. 켈파트에는 상황에 따라 적절한 주의 아래 방문객들의 작업을 즐겁고 편안하게 해줄 수 있는 권력자들이 존재할 가능성이 무척 높았다.

언젠가 한번 벨처는 배에 실을 재목으로 소나무를 베어도 좋다는 허락을 받았다. 하지만 세 번째 소나무를 베어 배에 실은 후 담당관리는 동의를 철회했다. 그 결과에 따른 두려움 때문이 아니라, 한 노인이 그 나무를 껴안고 도끼를 비난하며 그것이 그의 '아이'(child)라고 말했기 때문이었다. 틀림없이 그것은 그의 사유재산이었다.

또 다른 점에서 벨처는 홀의 여행기와 다른 점을 알게 되었다. 마을의 우두머리들, 군대 장교들 그리고 민간인들은 중국어로 씌어진 문자를 이해하고 있었다. 그들은 보트가 상륙할 때마다 영국 장교에게 중국 문자로 쓴 종이를 보여주었다. 통역관에 의하면 거기에는 "무슨 일로 왔는가?"라고 적혀 있었다.

북쪽 도시에서 소들과 함께 큰 종이 두 장이 왔다. 중국 문자로 적힌 편지였다. 그 편지는 공식 문서처럼 보였다. 물에 젖지 않도록 칠해져 있었다. 벨처는 귀국한 후에도 그 편지를 가지고 있었다. 국왕의 그림(picture, 도장)이 그려진 그 편지는 벨처에게 보내는 것이었다. 그것도 중국 문자로 씌어 있었다. 벨처는 그 내용이 무엇이었는지는 여행기에서 밝히지 않았다.

벨처는 8월 1일 제주도를 떠나 일본으로 향했다. 사마랑호는 8월 6일 나가사키로 가서 측량을 허가하고 땔감과 물을 공급해줄 것을 요청했다. 다음 날 7일 나가사키 부교는 측량을 거절하고 땔감과 물만을 허락했다. 하지만 벨처는 이를 무시하고 나가사키 앞의 작은 섬에 상륙해 천체를 관측했다. 8일 나가사키 부교는 사마랑호에 땔감과 물, 식량을 보내주고는 다시 찾아오지 말라고 전했다. 사마랑호는 그날 나가사키를 떠났다.[79]

벨처는 조선의 남해안을 측량하고 해도 세 장을 남겼다. 그의 여행기와 지도는 1885년 4월 15일 영국 극동함대가 거문도를 불법 점령하는 빌미가 되기도 했다.

벨처의 여행기를 읽다 보면, 그가 꽤 호전적인 인물이라는 인상이 짙다. 그가 중국에서 아편전쟁에 참가했다는 점, 하멜이 붙잡혔던 제주도에 왔다는 점, 그리고 홀의 기록을 통해 조선인들이 이방인들에게 적대적이라는 선입견을 가진 점 등이 그의 행동에

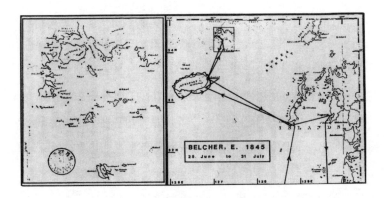

벨처가 작성한 조선 남해 해도.

영향을 미쳤을 것으로 보인다. 홀의 조언대로 그는 조선인과 대화
할 수 있는 중국인 통역관을 데리고 왔다. 하지만 그에게 조선인
들은 여전히 미개하고 의심 많은 사람들로 비쳤을 뿐이다.

돌을 쌓고 제사를 올리다

사마랑호가 제주도에 온 사건은 조선 측 사료에 꽤 풍부하게 기록
되어 있다. 《헌종실록》에는 이 사건의 개요가 간략하게 서술되어
있다.

> 이 달(1845년 6월)에 이양선이 호남 흥양(興陽)과 제주의 바다
> 가운데에 출몰 왕래했다. 스스로 대영국의 배라 하면서 이르는

섬마다 희고 작은 기를 세우고 물을 재는 줄로 바다의 깊이를 재며 돌을 쌓고 회를 칠해서 그 방위를 표시하고 세 그루의 나무를 묶어 그 위에 경판(鏡板)을 놓고 벌여 서서 절하고 제사를 지냈다. 역학통사(譯學通事)가 달려가서 사정을 물었다. (그들은) 이름을 적은 종이(錄名紙)와 여러 나라 지도, 종려나무로 만든 부채(棕櫚扇) 두 자루를 던지고는 돛을 펴고 동북쪽으로 갔다.[80]

이 사건의 자세한 경과는 지방관들이 조정에 올린 장계에 실려 있다. 5월 20일(음력) 제주도 정의현 우도 동장(洞長) 윤광언은 정의현감 임수룡과 수산진장(水山鎭將) 고후철에게 알 수 없는 배 한 척이 우도에 닻을 내렸다고 알렸다. 윤광언은 이양선에 탄 사람들과 다음과 같은 대화를 나누었다.

문 너희들은 무슨 일로 여기에 왔는가?
답 산의 경치를 보고 땅을 그리려고 왔다.
문 배 안에 실은 것은 무슨 물건인가?
답 군선의 무기일 뿐이다.[81]

윤광언의 보고를 받은 정의현감과 수산진장은 제주목사 권직에게 이 사실을 알렸다. 그 사람들 가운데 30여 명이 작은 배 세 척에 나누어 타고 먼저 배에서 내렸다. 그들은 세 곳에 천막을 쳤다. 그 가운데 두 사람은 상에 걸터앉았다. 다른 사람들은 요패(腰佩, 허리띠에 장식으로 주렁주렁 늘어뜨린 긴 패물)와 환도를 차고 각각 조총을 들었다. 총 끝에는 칼날 세 개가 달려 있었다. 그들은 좌우로 늘어서서 보초를 섰다.

얼마 후 본선에서 작은 배 두 척이 나와 칼로 익숙하게 노와 새끼(繩索)를 만들고 섬을 두루 돌아다니며 측량했다. 백 보마다 돌을 모아 회를 바른 다음 그 위에 3척(90센티미터)쯤 되는 쇠못을 집어넣고 제사를 지냈다. 그들은 제 마음대로 언덕에서 내려와 땅을 재고 돌을 쌓아 변방을 놀라게 했다. 또한 대포 소리가 끊이지 않았다.

정탐하러 간 통사 등의 보고에 따르면, 섬에는 4명만이 머물고 있었다. 어떤 사람은 머리카락이 검고 어떤 사람은 붉었는데, 마치 양털 같았다. 머리에는 마치 우리나라의 동로기(銅爐器, 놋쇠로 만든 화로 그릇) 같은 것을 쓰고 있었다. 위아래로 입은 옷은 겉은 검고 안은 희었는데, 폭이 매우 좁았다.

그 배는 앞뒤가 평평하고 낮았다. 돛대는 세 개였다. 가운데 돛대가 가장 높았고 돛대마다 3층 횡목(橫木)이 가로질러 있었다. 좌우 삼판(杉板)에는 구멍 수십 개를 뚫었고 구멍마다 각각 대포가 놓여 있었다. 인물과 배 모양이 모두 처음 보는 것이었다. 말과 글로 문답할 수 없어서 돌아왔다. 정의현감과 수산진장은 군사를 뽑아서 바닷가를 지키게 하고, 이방인들이 쌓은 돌 하나라도 헐어 부수지 못하게 했다.

5월 26일 왜 역학 김계진과 이인화가 통사 안재득을 이끌고 외국 배 안으로 들어갔다. 그 사람들 가운데 76명이 작은 배 4척에 나누어 타고 포구 근처로 왔다. 그들과 만날 즈음 상관 6명이

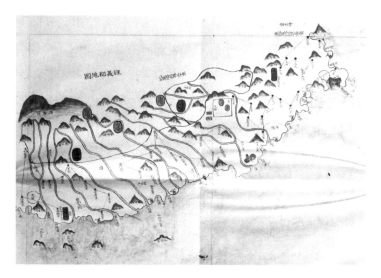

당시의 제주도 정의현 지도.

옥색 종이 25장, 옥색 흑전 3단, 가위 2자루, 접었다 폈다 할 수 있게 만든 작은 칼 2자루, 수정잔 1좌(坐), 유리병 2개, 놋쇠로 땜질한 통 1통, 연필 2지(枝) 등을 들고 왔는데, 폐물(幣物) 같았다. 국법이 엄중해서 사양하며 받지 않았다. 하지만 이방인들은 분개하는 표정이 뚜렷했다. 어쩔 수 없이 잠시 받아두었다.

여기는 조선 탐라인가?

통사가 그들과 문정했는데 처음에는 홍모국(紅毛國)이라고 하고 대영국이라고도 했다. 그 가운데 한문을 아는 자가 한 명 있었다. 그는 머리카락을 뒤로 땋아 늘어뜨리고 있었고, 얼굴과 옷이 다른 무리와 달랐다. 통사는 무척 의아해서 다시 물었다. 그는 자신이 대청국 광동성(廣東省) 향산현(香山縣) 사람으로 성은 오(吳) 이름은 아순(亞順)이며, 돈을 받고 고용되어 있다고 말했다. 조선인 관리들은 그와 다음 날 다시 만나기로 약속했다. 하지만 그 배가 떠나서 만날 수 없었다. 통사는 문정기와 배를 그린 것을 우선 봉해서 제주목사에게 올렸다. 배 안의 물건들은 찾아 살펴보지 못했다. 당시 조선 통사 안재득과 중국인 통역관 오아순 사이에는 다음과 같은 대화가 오갔다.

문 너희들은 어느 나라 어느 지방 사람인가?
답 우리들은 홍모국(紅毛國) 사람이다.
문 몇 년 몇 월 며칠에 출범했고 어느 곳으로 가서 어떻게
이곳으로 왔는가?
답 올해 4월 4일 광동에서 출범해 여송국(呂宋國, 필리핀)으로
갔다. 거기서 10일 동안 머무르다가 출범해서 류큐국으로 갔다.
이곳에 와서는 산의 그림을 그리려 했을 뿐이다.
문 광동에서 출범했다고 했는데, 광동은 홍모국에 속하는 곳인가?
답 광동은 대청국에 속한다.
문 홍모국의 배로 대청국 광동에서 출범한 것은 무슨 까닭인가?
답 홍모의 배가 광동에 오는 것은 늘 있는 일이다. (이 사람들이)
모두 (광동에) 이르자 나를 불러서 30일치 품삯을 주고 통사로

삼았다.

문 너는 통사를 맡았다고 했는데, 대청국 광동 사람인가?

답 그렇다.

문 광동은 현(縣)의 이름인가, 읍의 이름인가?

답 대청국 광동성(廣東省) 광주부(廣州府) 향산현(香山縣) 사람이다.

문 너의 성명과 나이를 써라.

답 성은 오(吳), 이름은 아순(亞順), 나이는 24세이다.

영국인이 물었다: 이 섬은 무슨 섬이고 이 산은 무슨 산인가?

답 이 섬은 조선 남도(南島)이고, 이 산은 남산(南山)이다.

그가 물었다: 여기는 조선 탐라(耽羅)가 아닌가?

답 남도 외에는 달리 부르는 것이 없다.

그가 물었다: 전주(全州) 소속 제주(濟州)가 아닌가?

답 남도 외에는 달리 부르는 것이 없다.

그가 물었다: 너희들 어사(御史)는 누구인가?

답 아래에 있는 사람은 감히 대원수의 성과 이름을 말하지 않는다.

이 대화를 들어보면, 당시 벨처 일행은 조선의 지리를 잘 알고 있었던 것으로 보인다. 제주를 탐라라 부르고 제주가 행정구역상 전주 소속이라는 것까지 알고 있었다.

문 이 산에 와서 그림을 그린다고 했는데, 무슨 뜻이 있는가?

답 우리들은 표류해 온 것이 아니다. 홍모국 황제가 파견한 배를 타고 여러 지방에 가서 보고 그림을 그린다.

문 작은 배를 타고 흩어져 가는 곳마다 탑을 쌓고 기를 꽂고 표를 두었는데, 무슨 까닭인가?

답 본래 황제의 명을 받들어 여러 산을 그리는데, 가는 곳마다 경치 좋은 곳에 탑을 쌓고 기를 꽂고 하늘에 빌며 그림을 그린다.

문 너희들 배에는 몇 사람이나 탔는가?

답 2백 명이다.

문 너희들 배에 탄 사람들은 모두 병이 없는가. 땔감과 식량도 부족하거나 떨어질 염려는 없는가?

답 배에 탄 사람들은 모두 병이 없고, 땔감과 식량도 있다.

문 너희들은 공문(公文)과 조표(照票, 관청에서 발급하는 증명서)를 내보여라.

답 사선(私船)은 조표를 쓰지 않는다.

문 여러 나라의 법에는 말할 것도 없이 공선과 사선 모두 공문과 조표가 있는데, 사선이라고 해서 조표가 없다는 것은 의심스럽다.

답 홍모국만은 공문과 조표가 없다.

문 선주의 성명은 무엇인가?

답 홍모국 사람은 성이 없고 이름은 강도(嗃叨)이다.

문 홍모국은 어느 나라인가? 이름을 들어보지 못했다.

답 때로는 홍모국이라 부르고 대영국이라고도 한다.

문 너희들 배에는 실은 짐이 많은데, 무슨 물건인가?

답 그저 군사용 대포, 화약, 식량 외에는 달리 없다.

문 우리 섬의 대원수가 부장군(副將軍)을 보냈다. 너희들이 온 근본

원인을 자세히 물은 후에 많은 상을 내릴 것이다. 내일 이른 아침 너희들 상관(上官) 5명이 너희들 작은 배를 타고 어디로 오겠는가?

답 우리들은 배 위에서 기다리겠다. 너희 관선이 우리 배로 오면 우리 관리가 너희 관리를 만나겠다.[82]

추악한 무리들이 행패를 부리다

5월 27일 이양선은 돛을 펴고 닻을 거두어 제주 별방진(別防鎭) 아래로 향했다. 다음 날에는 별방진 아래 어등포(魚登浦) 바깥 바다에 정박했다. 그들은 돌을 쌓아 회를 바르고 제단을 설치해서 향을 사르고 죽 늘어서 절을 올린 후 본선으로 돌아왔다. 다시 출발한 배는 조천진(朝天鎭) 아래 함덕포(咸德浦) 앞 바다에 잠시 머물렀다. 이어 작은 배 5척이 연안으로 향해 가서 전과 같이 돌을 쌓고 제단에 절했다. 크고 작은 배들이 앞서거니 뒤서거니 하면서 서쪽 연안으로 갔다.

29일에는 이양선이 돛을 올리고 화북진(禾北鎭) 아래 건입포(健入浦) 앞 바다로 가서 닻을 내렸다. 30일 문정할 때 청나라 통역은 조선 백성들이 돌에 표시한 기호를 훼손하거나 깨뜨린 것에 대해 항의했다. 조선인 문정관은 우리나라 백성들이 전에 보지 못한 표시여서 제 뜻대로 훼손한 것이라고 해명했다. 이양선에 탄 사람들 81명은 쇠로 만든 갑옷을 입고 손에는 총을 들고 허리에는 환도를 차고 여러 차례 대포를 쏘았다. 그리고 작은 배 4척에 나누어 타고 각각 홍기(紅旗)를 세우고 육지에 내렸다. 그들은 갑옷을 입고 무기를 들었는데, 시위하려는 것 같아서 극히 괴패(乖悖, 도리나 이치에 어긋나 엇됨)했다. 조선인 관리들은 그들에게 무기를 버리고 오라고 전했다.

이양선에 탄 사람들은 무기를 버리라는 이야기를 듣고는 도리어 의심하고 겁을 먹었다. 일제히 작은 배에 올라타고 곽우포(郭友浦) 앞 바다에 머물러 있었다. 그러고는 얼마 후 곽우포를 떠나 대정 땅으로 넘어가 험한 여울을 지나 멀리 떨어진 섬 위로 올라갔다. 거기서도 동쪽 연안에서 한 것처럼 돌을 쌓고 회를 발랐다. 제주목사 권직은 대정현감 한정일과 제주판관 송익렬에게 힘써 이양선을 지키게 하고 자세히 조사하도록 타일렀다.[83]

6월 2일 이양선은 차귀진(遮歸鎭) 아래 죽도(竹島) 앞 바다에 정박했다. 바다에 머무르고 있는 큰 배에서 작은 배 4척이 나와 죽도에 들어가서 대포를 쏘아댔다. 먼 나라 밖의 추악한 무리(遠外醜類)가 섬 곳곳을 돌며 돌을 쌓고 때때로 포를 쏘는 것은 무척 놀라운 일이었다. 죽도에서 나온 배는 도원포(桃源浦)에 다시 닻을 내렸다. 선원 13명이 작은 배를 타고 배에서 내렸다. 그들은 나무 세 그루를 묶어 그 위에 경판(鏡板)을 두고 여럿이 죽 늘어서서 제사를 지냈다.

4일에는 종선 4척이 모슬포 아래 마라도(麻羅島)로 향해 가서 저물도록 본진으로 돌아오지 않았다. 차귀진장 김응종은 그들이 떠났는지 살펴보기 위해 부하 군사를 뽑아 가벼운 배에 태워 보냈다. 이양선은 조선 군사들이 탄 배가 다가오는 것을 보고 계속 대포를 쏘며 멀리 동남쪽 큰 바다로 향했다. 5일에는 마라도에 들어간 종선 4척 가운데 3척이 먼저 정의현 호도(虎島)로 향했고, 큰 배가 뒤따라갔다. 6일에는 이국인 30여 명이 작은 배를 타고 섬에 내렸다. 어떤 사람은 섬 모양을 살피고 어떤 사람은 나무를 베어 태웠다. 또한 석탑에 흰 물감을 바르고 제사를 지내며 절했다.

10일에는 크고 작은 배들이 앞서거니 뒤서거니 하며 우도로 돌아왔다. 이방인들은 돌아오자마자 바로 육지에 내려 전에 설치한 천막으로 들어갔다. 11일에는 통사가 우도로 가서 그들이 산천을 그린 곡절과 중국의 연호를 쓰지 않은 까닭을 물었다. 그리고 그들에게 조선의 국법을 깨우쳐주었다. 그들은 통사에게 이른바 녹명지 봉한 것과 여러 나라의 지도, 종려나무로 만든 부채 두 자루를 던져주고는 돛을 올려 바로 동북쪽 큰 바다로 향했다. 제주 목사 권직은 조정에 다음과 같이 보고했다.

그 배가 어느 나라 사람의 것인지는 아직 모르지만, 배의 생김새와 사람 모양을 볼 때 경자년(1840)에 대영국인이라 칭하며 와서 소와 가축을 도살하고 배에 싣고 바로 가버린 것과 차이가 없습니다. 언어와 문자가 서로 통하기 어렵고 생김새가 급하고 사나웠습니다. 이른바 청나라 통사라는 자와 필담을 나누었는데, 반드시 상관의 지휘를 들은 후에 글을 썼습니다. 그가 답한 것은 지극히 거칠고 어지러웠으며 진정과 거짓을 헤아리기 어려웠습니다. 포를 쏘고 칼을 휘둘러 우리나라 사람을 두렵게 했는데, 이것은 의심과 겁을 내도록 행동한 것입니다. 그들은 무척 험상궂고 모질었다고 합니다. 대선은 바다 가운데 길게 서 있었고, 종선은 나는 새처럼 빨리 왕래해서 추격하려 해도 붙잡을 수 없었습니다. 그들을 호랑이 우리에 집어넣으려 했지만 도리어 개천에 풀어놓은 물고기처럼 되었습니다.[84]

제주목사 권직은 변방의 경비를 소홀히 한 죄로 정의현감 임수룡, 제주판관 송익렬, 대정현감 한정일을 파면하고, 각 진장과 역학 통사 등을 엄히 다스릴 것이라고 알렸다. 또한 이방인이 준 녹명지와 종려나무 부채를 찾아내 조사한 다음 문서로 작성하고 모두 봉해서 비변사로 올렸다.[85] 제주 지방관들은 전라감사 김경선에게도 사건 보고를 올렸다. 당시 제주도는 전주에 있던 전라감사의 관할이었다. 전라감사는 조정에 다음과 같이 보고했다.

이번 이양선은 거의 세 읍의 포구와 물가에 출몰했고 이순(二旬, 20일)이나 머물렀습니다. 그런데도 문정한 글이 무척 거칠고 조잡합니다. (그들이) 심지어 천막을 설치하고 순경(巡更, 밤에 도둑이나 화재 따위를 경계하기 위해 돌아다니는 것)을 돌며 포를 쏘고 칼을 휘두른 것은 단지 흉하고 사나운 데 그치지 않습니다. 그 진정과 거짓 또한 극히 헤아리기 어렵습니다. 반드시 예전처럼 홀연히 사라져버리기 때문에 찾아 조사하기도 어려울 것입니다. 변정을 소홀히 한 것을 근심하지 않을 수 없습니다. 정의현감 임수룡, 제주판관 송익렬, 대정현감 한정일은 파직할 수 없지만,

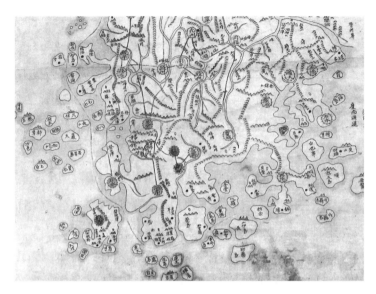

사마랑호가 조선을 방문할 당시의 전라도 지도.

해당 관청에 그 죄상을 아뢰어 처리해야 합니다.[001]

청나라에 보낸 외교문서

이양선은 6월 22일 무렵 전라도 장흥부(長興府) 평일도(平日島) 동
송리(東松里)에도 나타났다. 하지만 미처 문정하기도 전에 다음
날 돛을 펴고 떠났다. 조선 군사들이 급히 배를 띄워 추격해서 난
바다에 이르렀다. 비바람이 남쪽에서 거세게 몰아쳐서 점차 간 곳

을 모르게 되었다.[87]

그해 7월 5일 좌의정 김도희는 제주도와 흥양에 출현한 이양선 사건을 어떻게 처리할지 국왕에게 밝혔다. "변방의 경비를 엄격하고 시급히 해야 하고, 해안의 방어는 더욱 살피고 신중해야 합니다. 이번 이양선은 예사로운 표류선과 다른데, 그 문정 등이 마디가 끊어지고 정탐하고 지키는 일을 조금이라도 늦춘 것을 용서할 수 없습니다." 그는 제주목사 권직을 감봉하고, 세 고을의 수령은 제주목사의 보고를 기다려 죄상을 감안해 처리하고, 전라감사 김경선은 추고하자고 건의했다. 또한 이양선이 문정할 때 남겨놓은 여러 가지 물건은 그대로 제주도로 돌려보내 봉해두어 혹시 모를 뒷날의 증거로 삼자고 했다. 그는 또한 이 사건을 중국에도 알리자고 말했다.

이번 표류선은 거의 한 달 가까이 세 고을에 두루 정박했지만,
자세하게 문정할 수 없었습니다. 번인(番人, 서양인)의 자취와
흔적은 멀리서 미루어 헤아리기 어렵습니다. 일찍이 선조(先朝,
순조) 임진년(1832)에 영국 배가 홍주에 와서 정박한 일이
있었습니다. 곧 돌아갔지만 그때 그 사유를 밝혀 중국 예부에
자문을 전했습니다. 그 뒤 경자년(1840)에 또 저들의 배가 제주에
와서 정박한 일이 있었지만, 잠깐 왔다 빨리 가서 일이 매우
번거롭기 때문에 버려두고 논하지 않았습니다.
이번은 임진년의 일보다 더 오랑캐의 사정을 헤아릴 수 없었습니다.
문정하는 가운데 청나라 통사가 있었다고 합니다. 사전에 염려하지

않을 수 없습니다. 임진년의 전례에 따라 역행(曆行) 편에 예부에 자문을 전하고, 황제의 명령으로 광동의 서양 선박이 머무는 곳에 황제가 몸소 타일러 금단하도록 청해야 합니다.[88]

좌의정의 말에 따라 조선 정부는 청나라 예부에 외교문서를 보냈다. "영국 선박이 여러 차례 국경 안에 정박해서 산을 측량하고 바다를 재며 문답하는 가운데 교역하자는 말이 있었다"는 취지였다. 황제는 기영(耆英)에게 다음과 같이 지시했다. "영국 공사에게 자세히 알아보고, 영국이 이미 체결된 조약을 준수할 것을 곡진한 말로 깨우쳐주어 다시는 어떤 군선도 해상을 떠돌며 소요를 일으키지 않도록 하라."[89]

기영은 영국 측에 "조공국은 청의 일부가 아니므로 청이 조선에게 타국과 통상하는 것을 강요할 수 없다. 그러나 조공국은 독립국이 아니므로 스스로 통상을 시도할 수도 없다. 여하튼 조선은 너무나 가난해서 (영국이) 조선과 무역하는 것은 아무런 이익이 없을 것이다"라고 설명했다고 한다.[90]

조선은 일본에도 사마랑호 사건을 알렸다. 그해 9월 15일 좌의정 김도희는 희정당에서 헌종을 만난 자리에서 다음과 같이 말했다.

일본은 (우리나라와) 강화한 이래 변정에 관계되는 일이 있으면 서로 통보하고, 종적을 헤아릴 수 없는 이양선일 경우 더욱 엄히 막아 변방의 걱정을 함께 돌보았습니다. 그뿐만 아니라 혹

AN EMBASSY
Sent by the EAST-INDIA Company, of the
UNITED PROVINCES
to the
GRAND TARTAR CHAM or EMPEROVR of
CHINA

1665년 네덜란드 암스테르담에서 발행된 《동인도회사 중국기》의 삽화.
조선이 중국의 지배를 받는 것으로 묘사되어 있다.

프로테스탄트 선교사로는 처음으로 조선을 방문했던 귀츨라프의 아시아 항해지도.

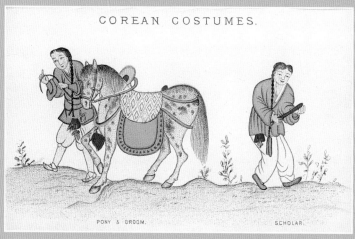

COREAN COSTUMES.

PONY & GROOM.   SCHOLAR.

COREAN COSTUMES

PRIVY COUNCILLOR & WIFE.   KING & QUEEN.

영국인 선교사 존 로스의 책에서 묘사된 조선인의 모습.

1816년 조선의 해안을 탐사한 영국인들이 소청도에서 만난 주민들의 모습.

프랑스 파리 외방전교회가 펴낸 책에 묘사된 프랑스인 순교자들.
1839년부터 1866년까지 조선에서 처형된 프랑스 신부 12명의 이름과 초상이 그려져 있다.

청나라 도광제. 아편 문제를 해결하기 위해 임칙서를 발탁했다.

19세기 중국의 아편굴.
영국은 인도에서 만든 아편을 중국에 수출하고 막대한 은을 가져갔다.

아편전쟁 중 유럽 연합군과 청군이 전투를 벌이고 있다.
1857년 영국과 프랑스 함대는 청나라 광주를 점령한 후 천진까지 진군했다.

사법(천주교)이 전파될까 염려해서 여러 번 이 때문에 서계(書契)가 왕복했습니다. 그것은 《동문휘고(同文彙考)》에 실려 있습니다.

이번에 양선(洋船)이 순식간에 출몰한 것은 비록 그 요령은 알지 못하지만 무척 기이합니다. 신의로 교린(交隣, 이웃 나라와 사귐)하는 의리로서 사실에 의거해 서로 통보해야 할 듯합니다. 또 그들이 알고도 통보하지 않았다고 우리에게 책망한다면 대답하기 어려울 것입니다. 혹 그 배가 저들의 땅으로 옮겨 가서 저들이 먼저 통보한다면 우리로서는 떳떳하지 않을 것입니다. 신의 생각으로는 예조에서 이양선이 왕래한 상황을 상세히 갖추어 동래 왜관에 서계를 보내고 동무(東武, 일본의 바쿠후)에게 소식을 알리게 해서 변경의 방비를 경계하도록 하고 전약(前約)을 이행한다는 뜻을 보이는 것이 좋을 듯합니다.[91]

추사 김정희의 천주교 비판

한편 사마랑호가 제주도에 왔을 때 추사 김정희(1786~1856)도 그 사건을 목격했다. 김정희는 1840년 9월부터 1848년 12월까지 9년 동안 제주도 대정에 위리안치(圍籬安置, 중죄인이 외부와 접촉하지 못하도록 울타리를 둘러싼 정배지 안에 가두는 것)되어 있었다. 당시 안동 김씨 세도를 공격했던 김상도와 연결되었다는 무고를 받고 조정에서 축출당했던 것이다.[92] 김정희는 사마랑호 출현 당시 제주도의 정황을 동생 김명희에게 전했다.

지난 20일 이후에 영길리의 배가 정의(旌義)의 중도(中島)에 와서
정박했다. 그곳의 거리는 여기서 거의 2백 리나 된다. 저들의 배는
별 다른 일 없이 다만 한번 지나가는 배였을 뿐이다. 그런데도 이
때문에 제주도 전역에 소요가 일어났다. 지금까지 무려 20여 일
동안이나 진정되지 못하고 있다. 주성(州城)은 마치 한 차례 난리를
겪은 듯하다. 그런데 이곳에서는 가까스로 백성들을 타일러서
다행히 주성과 같은 지경에는 이르지 않았다. 경득(景得, 집안의
하인)을 즉시 내보내려고 했다. 하지만 이 소요 때문에 뱃길이 막혀
있다가 이제야 비로소 배를 출항시킨다고 한다. 방금에야 급하게
포구로 내려갔다. 때에 미쳐 당도할지 알 수 없어 무척 마음이
쓰인다.[93]

김정희의 증언으로 볼 때, 당시 제주도 백성들이 사마랑호의
출현을 얼마나 두려워하고 있었는지 짐작할 수 있다. 그럼에도 김
정희는 서양세력이 조선에 침입해 올 것을 크게 걱정하지 않았다.
오히려 천주교를 엄히 단속하고 민심의 동요를 막는 데 힘써야 한
다고 주장했다. 그는 영의정 권돈인에게 보낸 편지에서 다음과 같
이 말했다.

번박(番舶)들이 남북으로 출몰하는 것은 깊이 걱정하지 않아도 좋을
듯합니다. 1년에 1만 척에 가까운 (번박의) 배들이 출항해서 천하를

두루 떠돌아다닙니다. 그런데도 중국에서는 모두 이들을 대수롭잖게 봐버립니다.

최근 영이(英夷) 사건(아편전쟁을 말함)의 경우는 특히 별도의 사단(事端)이 있기 때문에 그렇게 된 것입니다. 하지만 우리에게는 피해가 미치지 않을 것입니다. 또 그 배 10여 척이 과연 영이(英夷, 영국)입니까, 불란서(佛蘭西, 프랑스)입니까, 반아(班呀, 에스파냐)입니까, 포도아(葡萄亞, 포르투갈)입니까, 단응(單鷹)입니까, 쌍응(雙鷹)입니까? 어느 나라 배인지는 분간할 수 없지만, 결코 한 나라의 배는 아닐 것입니다. 설령 분간이 된다 해도 정처 없이 언뜻 재빠르게 가버린 것을 또 어떻게 처리하겠습니까. 사정을 물어보지 못한 것을 걱정스럽고 답답하게 여기는 것은 혹 괴이할 것이 없을 듯도 합니다. 하지만 중국에서는 외국의 수천 수백 척에 대해서도 모두 하나하나 사정을 물었습니까? 이 또한 걱정할 일이 아닙니다. 또 이 배들이 이렇게 왔다 간 사실을 이제야 비로소 알아차린 것입니다.[94]

김정희는 사마랑호가 제주도에 왔을 때 남겨둔 지도를 본 것 같다. 어떤 경로로 영국 선박의 지도가 김정희 손에 들어왔는지는 알 수 없지만, "지난번 영이가 남겨둔 지도로 살펴보건대, 그 지도를 베낀 것이 최근인지 오래 전인지 모르겠지만, 최근에 만든 것임은 의심할 여지가 없었습니다"라는 대목이 나온다. 이 지도에는 중국과 일본의 국경이 매우 자세하게 그려져 있었다고 한다. 김정희는 영국 선박이 조선 국경의 동서남북을 수 차례나 돌았을 것이라고 짐작했다.

김정희는 그 지도를 보고 크게 놀라 망연자실했다. 하지만 서양 선박이 우리에게 관심이 없었기 때문에 지금까지 그들의 소식을 듣기 어려웠을 것이라고 단정했다. 따라서 그들이 우리나라를 잠깐 스쳐지나간 것은 큰 근심거리가 아니라는 것이 김정희의 판단이었다. 그의 근심은 오히려 다른 데 있었다.

저의 어리석고 옅은 식견으로는 따로 깊이 근심스러운 일이 있습니다. 그것은 저 번박이 아니라 바로 우리나라 사람들이 공연히 소동을 벌여 심지어 농사를 폐하고 도망가는 지경에 이른 것입니다. 그런데도 위로는 방백(方伯, 관찰사)부터 아래로는 주쉬(州倅, 지방 수령)·현서(縣胥, 지방 아전)에 이르기까지 모두 함께 소동만 벌일 뿐입니다. 누구 하나 백성들을 어루만져 위로할 뜻이 없습니다. 그래서 그들을 뿔뿔이 흩어지도록 내버려 두었습니다. 그들이 떠돌다 굶어 죽는 일이 바로 앞에 닥쳤는데도 돌볼 줄을 모르고 한갓 번박에만 탓을 돌립니다. 마치 '내 잘못이 아니라 흉년이 들었기 때문이다'는 말과 같습니다. 저는 '계손(季孫)의 근심거리가 전유(顓臾)에 있지 않고 소장(蕭墻) 안에 있을까'(걱정거리가 먼 데 있지 않고 가까운 데 있다는 뜻) 염려됩니다. 지금 당장 백성들의 소동을 없애도록 꾀하는 것이 바로 제일가는 계책입니다. 그런데 묘당(廟堂, 의정부)에는 여기에 생각이 미치는 사람이 있는지 모르겠습니다. 백성들에게 소동이 없어진다면 비록 번박 천만 척이 나타난다 하더라도 무슨 걱정할 것이 있겠습니까.

말을 하자니 무척 통탄스럽습니다. 가생(賈生)의 장태식(長太息, 한나라 때 가의가 한 문제에게 올린 글에서 국가의 일을 걱정하며 한숨을 길게 쉬었던 데서 나온 말)에 그칠 것이 아닙니다.[95]

김정희는 제주도 유배에서 풀려나 서울에 돌아온 후 위원의 《해국도지》를 읽은 것으로 보인다. 그는 권돈인에게 보낸 편지에서 서양 선박이 국경을 넘어올 경우를 대비해 《해국도지》의 선박 기술을 배우자고 말했다.

《해국도지》는 필수적인 책입니다. 나에게는 마치 다른 집의 여러 가지 보배와 같습니다. 홍박(紅舶, 서양 선박)이 혹 국경을 넘어올 경우에는 국경 방비를 튼튼히 하자(重門擊柝)는 뜻에서 또 어찌 (이 책을) 작게 여길 수 있겠습니까. 나라의 형세를 살피는 자들은 이를 모방해서 시행할 수도 있을 것입니다. 저 같은 사람은 번번이 마음이 거칠어서 자세하게 보지 못하니 무척 한탄스럽습니다. 비록 그 배의 제도를 모두 알 수는 없다 해도 돛을 다루는 한 가지 기술은 충분히 모방해서 시행할 만합니다. 그런데 여기에 마음을 쓰는 사람이 그토록 하나도 없단 말입니까.[96]

김정희는 《해국도지》에 소개된 서양의 기술을 배우자고 주장하면서도 그 책에 나온 천주교설은 신랄하게 비판했다. 그는 이상적에게 보낸 편지에서 천주교 서적을 중국에 소개한 "서광계 · 이지조 같은 일종의 사당(邪黨) · 귀괴(鬼怪)의 무리들이 억지로 사교의 방언(方言)을 번역해서 감히 중국의 '천'(天)자와 맞서게 하려" 하고 있으며, 또한 "어리석은 백성들을 속이고 혹하게 해서 무궁한 앞날에 해독을 끼치고 있"다고 비판했다.[97] 서양의 기술은 배우되 서양의 정신(종교)은 배척해야 한다는 입장이었다.

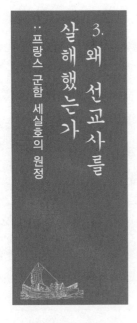

사마랑호가 조선을 떠난
이 듬 해 인
1846년(헌종 12)에는 프랑스 군함이 조
선 서해안에 나타났다. 표류선도 탐험
선도 아니었다. 1839년(헌종 5) 기해박
해를 응징하기 위해 나타난 프랑스 원
정 함대였다. 먼저 기해박해의 경과를
살펴보자.

앞에서 살펴본 것처럼, 브뤼기에르 신부는 조선의 초대 주교
로 임명되어 조선으로 향하다 1835년 병사했다. 그 후 그의 뒤를
이어 1836년에는 파리 외방전교회 소속의 프랑스 신부 모방
(Pierre Philibert Maubant, 1803~1839)과 샤스탕(Jacques Honoré
Chastan, 1803~1839)이, 이듬해에는 조선 천주교구 2대 주교로
임명된 앵베르(Laurant Marie Joseph Imbert, 1796~1839) 신부가
조선 천주교 신자들의 인도로 조선에 밀입국했다.

조선에 들어온 모방 신부는 외방전교회의 방침에 따라 조선
인 성직자를 양성하려 했다. 그는 최양업, 김대건, 최방제를 선발
해 1836년 12월에 마카오로 유학 보냈다. 당시 마카오에는 성바

조선에 밀입국해서 선교하다 처형당한 앵베르, 샤스탕, 모방 신부.

오로 학원이 있었다. 이곳은 중국인과 일본인 성직자를 양성하는 동아시아 포교의 거점이었다.[98] 그러나 최방제는 열병에 걸려 유학 중이던 1838년에 사망하고 말았다.

사학죄인은 금수만도 못하다

1839년 기해년에 대대적인 천주교 탄압이 시작되었다. 그해 안동 김씨 세력이 주춤하는 사이 헌종의 외가였던 풍양 조씨 세력이 점차 조정의 실권을 장악하기 시작했다. 1839년 봄부터 천주교 교인들이 속속 체포되었다. 그해 3월 5일 우의정 이지연은 대왕대비 김씨에게 천주교도 탄압을 건의했다.

요즘 들으니 두 포도청에 붙잡힌 사학죄인들이 수십 명에 이른다고 합니다. 추조(秋曹, 형조)로 옮겨간 자도 있지만, 그들은 모두 죽음에 이르도록 그 교에 빠져 잘못을 뉘우치고 깨닫는 자가 매우 적다고 합니다. 이 무리들은 아비를 없다 하고 임금을 없다(無父無君)고 해서 오랑캐나 금수만도 못합니다. (……) 떳떳한 사람의 길이 무너져서 습속이 차차 이에 물든 것은 물론 (중국에서 일어난) 황건적, 백련교도의 근심을 생각하지 않을 수 없습니다. 생각건대 신유년(1801)에 사학을 다스린 후 이 무리들이 마음을 고치고 몸을 바꾼 듯해 그대로 내버려두었습니다. 하지만 숨어서 뿌리를 펴고 때에 따라 싹을 틔워 씨 밑에 또 씨를 생기게 해서 오늘에 이르러 다시 크게 넝쿨을 뻗게 되었습니다. (……) 이에 이르러 일의 정세는 더욱 갈퀴로 할퀴는 듯합니다. 모든 것을 베어버리고 깎아서 더불어 사는 길과 사람을 죽이는 의리를 엄격히 밝혀야 하겠습니다.[99]

대왕대비 김씨는 이렇게 답했다.

이른바 사학이라는 것이 요즘 갑자기 퍼지고 있다는 말을 듣고 나도 은연중 두려운 마음이 들었다. 그래서 앞으로 이를 철저히 뿌리째 뽑아버리는 길을 묻고자 했다. 이제 대감이 말하는 것을 들으니 참으로 놀랍다. 무엇 때문에 사람을 사람이라 하겠는가. 이는 곧 떳떳한 윤리가 있기 때문이다. 그런데 한번 그 교에 물들면 윤리를 끊어버린다니 말이 되는가. 사람의 떳떳한 정은 살고 싶어 하는 것이다. 이미 한번 그 교에 끌려들면 죽음으로써 영광을 삼는다 하니, 오랑캐인들 어떻게 여기에 이를 것인가.

만일 그들을 널리 뒤져내서 끝까지 죽여버리지 않는다면 곧 나라가 나라로 될 수 없을 뿐 아니라 사람의 무리도 장차 없어지고 말 것이다. 신유년의 옥사가 비록 좀 지나쳤다고 말할지라도 이제 생각하면 오히려 그물에 샌 부분이 있어서 이렇게 된 것이다. 이번에는 전보다 더욱 심하고 성하다 한다. 엄격하고 시급하게 잡아내서 풀을 베고 뿌리를 뽑는 길을 취하도록 하라.[100]

이런 조정의 명에 따라 수많은 천주교도가 체포되어 심문을 받았다. 그해 7월 4일 배교자 김순성이 밀고하면서 이튿날인 5일에 앵베르 주교, 유진길, 정하상 등이 체포되었다. 29일에는 모방 신부와 샤스탕 신부도 충청도 홍주에서 체포되어 서울로 압송되었다. 8월 14일에 형조의 상소에 따라 사학죄인 앵베르, 모방, 샤스탕 신부가 한강의 새남터에서 효수되었다. 다음 날에는 유진길, 정하상도 모반부도(謀反不道)의 죄목으로 서소문 밖에서 사형을 당했다.

한편 기해박해가 일어난 사실을 몰랐던 파리 외방전교회는 앵베르 주교를 돕기 위해 페레올(Jean Joseph Ferréol) 신부와 메스트르(Ambroise Maistre) 신부를 조선에 파견했다. 1839년 조선으로 가라는 명령을 받은 페레올 신부는 이듬해인 1840년 1월 23일 마카오에 도착했다. 그는 몽고 지방으로 와서 조선으로 입국하려 준비하고 있었다. 하지만 당시 국경의 경비가 강화되고 있어서 결국 조선으로 입국하는 데는 실패했다.

김대건, 조선전도를 그리다

1841년 프랑스의 국왕 루이 필립(Louis Philip)은 아편전쟁 소식을 듣고 에리곤호(Erigone)와 파보리트호(Favorite) 등 군함 두 척을 중국에 파견했다. 중국에서 프랑스의 이권을 탐색하고 나아가 류큐와 조선 원정까지 염두에 둔 것이었다. 해군 중령 세실(Cecile)이 이끄는 에리곤호는 1841년 12월 8일(양력) 마카오에 닻을 내렸다. 세실은 파리 외방전교회의 리부아(Libois) 신부에게 조선인 통역관을 소개시켜 달라고 부탁했다. 그때 마카오에 있던 신학생 김대건과 메스트르 신부는 에리곤호에, 최양업은 해군 소령 파즈가이끄는 파보리트호에 탔다. 에리곤호는 1842년 6월 27일 양자강어귀에 이르렀고, 파보리트호는 8월 23일 오송항에 도착했다.[101] 영국과 청나라 사이에 남경조약이 체결되면서 전쟁은 끝난 상태였다. 세실은 동승했던 신부와 신학생들을 내려놓고 마카오로 돌아갔다.

최양업과 프랑스 신부들은 몇 차례 조선 입국에 실패하자 마카오로 돌아갔고 김대건만 조선으로 입국하게 했다. 김대건은 1845년 1월 15일 우여곡절 끝에 조선에 들어왔다. 그는 조선에 돌아와 있는 동안 〈조선전도(朝鮮全圖)〉를 작성한 것으로 보인다. 그해 4월 7일자 편지에서 마카오 주재 파리 외방전교회 극동지부장 리부아 신부에게 조선지도와 여러 가지 물건을 보낼 예정이라는 대목이 나온다.

김대건의 지도와 물건은 1846년 12월 무렵 조선으로 입국하

김대건의 조선전도.

려던 메스트르 신부와 최양업에게 전해진 것으로 보인다. 메스트
르 신부는 1847년 상해 주재 프랑스 총영사였던 몽티니
(Montigny)에게 이 지도를 전해주었다. 몽티니는 1853년 귀국하
는 길에 지도를 가져갔고, 2년 후인 1855년 그것을 파리 국립도서
관에 기증했다. 김대건은 외국인과 선교사들에게 미지의 나라였

던 조선을 소개하고 특히 선교사들의 입국을 돕기 위해 지도를 제
작했다. 이 지도에는 북쪽의 국경지대와 해로가 자세하고 정확하
게 그려져 있다.[102]

한편 앵베르 주교의 후임으로 3대 주교에 임명된 페레올 신
부와 새롭게 조선으로 들어가기 위해 합류해 있던 다블뤼(Marie-
Antonio Nicolas Daveluy) 신부는 김대건의 편지를 받고 1845년 7
월 무렵 마카오에서 상해로 향했다. 김대건은 1845년 8월 17일
상해 근처에서 페레올 주교에게 안수례(按手禮, 성직 임명 의식)를
받고 조선인으로는 최초로 신부가 되었다.

그해 8월 31일 페레올, 다블뤼, 김대건은 라파엘호(Raphaél)
를 타고 상해에서 조선으로 향했다. 라파엘호는 9월 28일 제주도
해안에 닿았다. 당시 제주도는 얼마 전 사마랑호의 출현으로 인한
소란이 가라앉지 않을 무렵이었다. 훗날 다블뤼 신부는 "그 후 알
아보니 영국 배 한 척이 조선 남방에 나타난 일이 있었다. (조선)
정부는 그 사건을 중대시해서 서울 부근과 모든 포구에서 배를 만
나는 대로 엄밀히 수색하고 있었다. (……) 그때 만일 우리가 (제주
도로) 들어갔더라면 무수한 고초를 당했을 것이다. 그러나 천주께
서 우리를 보호하셨다"[103]고 그때를 회상했다. 라파엘호는 제주도
를 지나 10월 12일 은진군 강경리 나바위(羅岩)에 이르렀다. 신부
들은 상복으로 몸을 가린 채 어둠을 틈타 무사히 상륙했다.

수도 한양에 온 페레올 주교는 만주에 머물고 있던 메스트르
신부와 최양업을 조선에 입국시킬 방법을 찾았다. 의주 쪽의 국경
을 거쳐 오는 길은 감시가 엄해서 불가능했다. 결국 해로를 찾기

로 했다. 페레올은 김대건 신부에게 바닷길을 알아봐 달라고 부탁했다. 김대건은 황해도 조기잡이 철을 이용하기로 했다. 해마다 음력 3월부터 조기들이 연평도 부근으로 북상하면 중국 선박들이 떼를 지어 몰려왔다. 하지만 정부에서는 해안 초소를 엄중히 감시하며 중국 선박의 출입을 통제하고 있었다.

김대건은 1846년 5월 5일(음력) 백령도 부근에서 중국 선박에 접근했다. 그 배에 페레올 주교의 편지와 자신이 쓴 편지, 조선지도 두 장, 황해도 연안의 섬들을 그린 지도 등을 전해달라고 부탁했다. 하지만 얼마 후 일이 틀어지면서 5월 12일(양력 6월 5일) 김대건 신부는 체포되고 말았다. 옹진군수는 김대건의 취조 내용을 황해감사에게 알리고, 황해감사는 5월 20일(양력 6월 13일) 조정에 보고했다. 다음 날 조정의 중신회의에서는 김대건을 서울로 압송해 오라고 지시했다. 그 무렵 천만뜻밖에 프랑스 함대가 서해안에 나타나는 사건이 일어났다.[104]

조선의 죄를 따지겠다

프랑스 신부 3명이 조선에서 처형당했다는 소식이 프랑스 정부에 보고되었다. 조선인 신도들이 북경의 천주교당에 알린 것이었다.[105] 프랑스 정부는 프랑스 선교사의 학살 책임을 묻기 위해 주(駐)중국·인도양 해군기지 사령관 세실 제독에게 조선 해역으로 출동하라고 지령했다. 세실은 1846년 5월 15일(양력) 마카오의 클레오파트르호(Cleopatre)에서 본국의 해군·식민성 장관에게 자신의 계획을 밝힌 편지를 보냈다.

본인의 계획은 소함들을 결집시킨 후 이들과 함께 조선 해역으로 가서 조선 정부와 통신을 주고받을 길을 모색하는 것입니다. 그런데 조선은 오래 전부터 아래와 같은 사유로 프랑스 군함의 방문을 약간 불안하게 기다리고 있습니다. 즉 여러 해 전에 종교박해가 있었습니다. 대비가 이끄는 정파가 기독교인을 옹호하던 정파를 전복시키고 조선교구 주교인 앵베르 주교와 그와 같은 프랑스인 신부 2명을 다수의 조선인 천주교 신자와 함께 처형했던 것입니다. 본인이 수집한 정보에 따르면, 이 같은 만행은 조선의 법에 어긋나는 처사입니다. 조선의 국법은 중국의 법처럼 외국인이 조선 왕국에 잠입하는 것을 금하지만, 한편 조선 영토 내에서 범법행위로 체포된 모든 자는 국외로 추방하되 그 신체를 해치지 않고 충분한 필요품을 지급하도록 허용하고 있습니다. 만약 이것이 사실이라면 우리나라 사람들에게 해를 끼친 범법 사실이 있었다는 결론이 나오며 따라서 해명을 요구할 여지가 있습니다. 이는 좀 더 조사해야 할 사건이며 본인이 이것을 시도할 생각입니다. 본인은 조선인과 맺은 친분관계를 이용해(만약 친분관계를 맺을 수 있다면) 기독교인들의 처우를 개선하고 이들에 대한 입법 기준으로서 중국 황제가 최근에 공포한 법령을 조선 정부가 채택하도록 할 생각입니다.[106]

'중국 황제가 최근에 공포한 법령'이란 1844년 10월 24일 프랑스와 중국 사이에 체결된 '황포조약'을 말한다. 이 조약은 프랑스인이 중국 내지(內地)로 돌아다니는 행위를 금지했다. 하지만 이를 어기는 자가 내지에 들어가더라도 조약을 체결한 양국의 우호를 유지하기 위해 어떤 방법으로도 체포한 프랑스인을 구타, 상해 또는 학대하는 것을 명백히 금지한다(제23조)고 규정했다. 선교사의 내지 포교를 예상하고 그 신체의 안전을 보장한 것이었다. 1844년 12월 28일 황제는 천주교를 인가한다고 발표했다. 1845년 11월 22일에는 모든 서양 국민이 동등한 입장에서 자국의 종교를 예배할 것이라고 선언했다.[107]

세실 제독은 1846년 10월 12일 마닐라의 클레오파트르호에서 조선 원정의 경과를 본국의 식민성 장관에게 자세히 보고했다.[108] 세실 제독은 5월 20일 클레오파트르호를 타고 마카오를 떠났다. 도중에 빅토리외즈호(Victorieuse), 사빈호(Sabine)와 합류한 후 7월 31일 나가사키를 떠났다. 8월 2일 해질 무렵 제주도 남쪽을 통과하고, 다음 날 오후 소흑산도(Alceste)에 이르렀다. 이 섬은 높고 험했으며 가시덤불로 덮여 있었다. 경사진 곳에도 경작지가 있었다. 섬 북쪽에서 멀지 않은 곳에 작은 섬이 있었고, 바위들이 흩어져 있었다. 세실 함대는 소흑산도에서 동북쪽으로 약 40마일 지점에서 육지를 발견했다. 영국 지도에는 이곳이 Modest(홍도)라고 표기되어 있었다. 세실 함대는 이 섬 너머 훨씬 동쪽에서 몇 개의 군도를 발견했다.

세실 함대는 밤새 북쪽으로 항해했다. 비바람이 불어서 날씨

당시의 전남 나주 흑산도
지도.

가 사나웠다. 얼마 후 날이 새자 북동쪽, 동북쪽으로 전진해 원산
도(Havre Majoribank) 항구 남쪽 조선 군도의 마지막 섬들과 북쪽
의 격렬비도(Clifford) 사이를 지났다. 해안에 가까워지자 수심은
계속 얕아졌고 해저에는 철회색 모래가 깔려 있었다. 조선 땅과
평평한 산이 뚜렷이 보였다. 하지만 지도에는 섬들이 무질서하게
기재되어 있었고 많은 섬들이 빠져 있어서 혼란스러웠다.

　세실 함대는 가능한 한 우현(右舷) 밧줄을 바짝 조이고 있었
지만, 3시 무렵 안개가 수평선을 덮고 육지는 시야에서 사라졌다.
예상보다 바람이 강했다. 빅토리외즈호는 뱃머리의 삼각돛이 부

서졌고, 사빈호도 삼각돛 두 개를 잃었다. 바람이 남서풍으로 바뀌자 이 바람을 탄 세실 함대는 길산도(I. Hutton)라 불리는 군도 가까이에 이르렀다. 하지만 섬의 위치가 바람을 막기에 적당하지 않아서 외연도(I. Wai-iendo) 동북쪽에 정박했다.

프랑스인을 해치면 재앙이 닥칠 것이다

8월 6일 세실 제독은 원산도 항구를 서쪽에서 가리고 있는 섬들에 접근했다. 섬들 사이의 통로를 발견하는 일은 생각처럼 쉽지 않았다. 세실은 위험한 항해보다는 알세스트호와 리라호가 입항했던 남쪽 통로를 찾아가기로 결정했다. 세실 함대는 길산군도를 끼고 돌아서 육지와 길산군도 사이로 진입했다. 마침내 육지에 접근했다. 함대는 그날 밤이 되기 전에 진흙이 많은 모래바닥 위 해상에 정박했다.

8월 7일 아침 조선 배 60여 척이 남쪽 통로와 세실 함대 사이를 가로막고 있는 게 보였다. 이 배들은 전투 태세로 배치된 것 같았다. 마치 한 지휘관의 지시에 따라 행동하고 있는 것처럼 통일적이고 규율 있게 움직이고 있었다. 지금까지 단독으로 항해하는 범선 몇 척밖에 보지 못했던 세실로서는 이처럼 큰 선단이 출현한 것이 더욱 엄청나 보였다. 세실 선단이 항구로 진입하려 하자 조선인들은 적대적인 시위로 입항을 저지하려는 것 같았다. 밤새 외연도 꼭대기에 신호가 올랐다. 세실은 만일의 사태에 대비하기 위해 함대에 전투준비를 명령했다.

해류의 흐름에 따라 조선 선박들이 두 대열로 갈라서 좌우현으로 지나갔다. 마치 세실 함대를 포위하려는 듯했다. 배 위에는 사람들이 그리 많지 않았다. 선체가 크기는 했지만, 전쟁을 벌이기 위해 준비한 것처럼 보이지는 않았다. 세실은 혹시 기습하기 위해 병사들을 숨겨놓은 것은 아닐까 생각했다. 그는 사빈호를 선두로 하고 빅토리외즈호를 후미에 두어 통제가 쉽도록 배치했다. 다른 범선보다 속력이 훨씬 빠른 배 두 척이 빅토리외즈호에 다가와서 그 동작을 흉내 내는 것 같았다.

본인은 그 같은 만용에 크게 놀랐습니다. 이 백성들이 유럽 함선의 위력과 능력을 알지 못한 것으로밖에는 달리 설명할 도리가 없었습니다. 우리는 단지 세 척뿐이었고, 저들은 60척이나 되었으니 어떻게 성공할 것을 의심했겠습니까? 마침내 바람은 가볍고 시원한 북풍으로 변했습니다. 그러자 모든 배들이 바람을 뒤에 받으며 우리와 육지 사이를 통과해 남쪽으로 항해했습니다. 그때서야 본인은 이 배들이 원산도 항구에 집결해 북동 계절풍의 첫 바람을 기다렸던 것이고, 지금 계절풍이 불기 시작하자 그들의 목적지로 향해 떠나는 것이라고 확신하게 되었습니다. 여러 사람들은 한바탕 전투를 해보고 싶어 했습니다. 하지만 그들의 기대는 어긋났고 공연한 소동만 부리다 끝났습니다.[109]

세실 제독은 포구 어귀에 접근해보려 했다. 하지만 날씨와 지형적 조건 때문에 더 이상 전진하지 못했다. 결국 다음 날 만조를 기다릴 수밖에 없었다. 승무원들은 오랜 항해와 역경에 지쳐가고 있었고, 이 항구에 굳이 배를 대야 할 동기도 없었다. 목적을 실행하기 위한 시간도 많지 않았다. 결국 세실은 간단히 서신으로 통보하기로 마음먹었다. 서신을 전달할 곳은 어디든 상관없었다. 게다가 조선 해역을 지나오면서 뜻밖에 풍랑을 만난다면 얼마나 위험한지 알 수 없었다. 세실은 이 모험적인 항해를 가능한 한 빨리 끝내는 것이 신중한 태도라고 생각했다.

세실 함대는 바질 홀 만을 탐사하는 데 나머지 시간을 할애했다. 해안을 따라 남진하면서 외연도 근처의 첫 정박지로 되돌아갔다. 세실은 이 섬에 사람들이 살고 있고, 조선 재상에게 보낼 서신을 부탁할 만한 관리가 있을 것이라고 생각했다. 1846년 8월 8일자[110]로 작성된 세실의 서한은 다음과 같다.

고려국 보상대인 고승(高麗國輔相大人高陞)

대불랑서국(大佛朗西國) 수사제독(水師提督)

흠명도인도여도중국각전선원수(欽命到印度與到中國各戰船元帥)

슬서이(瑟西爾, 세실)는 죄 없이 살해된 것을 따져 묻는 일 때문에

알립니다.

기해년에 불랑서인(佛朗西人)인 안묵이(安默爾,

앵베르)·사사당(沙斯當, 샤스탕)·모인(慕印, 모방) 세 분이

있었습니다. 이 세 분은 우리나라에서 큰 덕망이 있다고 여기는

인사인데, 뜻밖에 귀 고려에서 살해되었습니다. 대개 이 동방에서 본수(本帥, 세실)는 우리나라의 백성을 돌보고 지키는 것이 직분입니다. 그러므로 전에 와서 그 세 분의 죄가 무슨 조목에 해당되어 이렇게 참혹하게 죽어야 했는지 따져 물었습니다. 귀 고려의 율법은 외국인이 국경으로 들어오는 것을 금지하는데, 그 세 분이 국경을 넘어왔으므로 살해했다고 했습니다.

하지만 본수가 살피건대, 혹 한인(漢人) · 만주인 · 일본인으로서 귀 고려 땅에 함부로 들어가는 자가 있더라도 데려다 보호했다가 풀어 보내 국경을 나가게 하는 데 지나지 않으며, 몹시 괴롭히고 해치는 등의 일은 없었습니다. 그런데 어찌하여 한인 · 만주인 · 일본인을 대우하듯이 그 세 분을 대우하지 않았는지 묻겠습니다.

귀 고려의 중임(重任)을 맡은 대군자(大君子)는 우리 대불랑서 황제의 인덕을 알지 못하실 것입니다. 하지만 우리나라 백성은 고향에서 만만리(萬萬里)나 떠나 있더라도 결단코 황제에게 버림받아 그 은혜로운 덕택을 함께 입지 못하게 될 수는 없습니다. 우리 황제의 융숭한 은혜는 널리 퍼져서 우리나라의 사민에게 미칩니다. 그러므로 천하만국에 우리 백성으로서 다른 나라에서 살인이나 방화 같은 그른 짓을 하고 나쁜 짓을 하는 자가 있어 사실을 심사해 죄를 다스렸으면 또한 따져 물을 수 없을 것입니다. 그러나 우리 백성에게 죄가 없는데도 남이 가혹하게 해친 경우에는 우리 불랑서 황제를 크게 욕보인 것이어서 원한을 초래하게 될 것이 틀림없다는 것을 아셔야 합니다.

대개 본수가 묻고 있는 우리나라의 어진 인사 세 분이 귀 고려에서 살해된 일은 아마도 귀 보상(貴輔相, 조선의 재상)께서 곧 회답하실 수 없을 것으로 생각합니다. 그러므로 내년에 우리나라 전선(戰船)이 특별히 여기에 오거든 귀국에서 그때 회답하시면 된다는 것을 거듭 아시기 바랍니다.

본수는 우리나라 황제께서 그 사민을 덮어 감싸는 인덕을 다시 귀 보상께 고합니다. 이제 이미 귀국에 밝혔거니와 지금 이후 우리나라 사민을 가혹하게 해친다면, 귀 고려는 반드시 큰 재앙을 면할 수 없을 것입니다. 만일 재앙이 일어난다면 위로는 귀국의 국왕부터 아래로는 대신·백관에 이르기까지 모두 다른 사람에게 원망을 돌릴 수 없고, 오직 자기가 불인(不仁)하고 불의(不義)하며 무례한 것을 원망할 수 있을 뿐일 것입니다. 이를 아시기 바랍니다.

구세(救世) 1천 8백 46년 5월 8일.[111]

내년에 다시 오겠다

8월 9일 세실은 파리 외방전교회 소속 포카드(Theodore Auguste Forcade, 1816~1883) 신부와 중국인 전교회장 아우구스틴(Augustine), 그리고 장교 한 명을 상륙시켰다. 조선의 재상에게 보낼 서한을 외연도 관리들에게 전달하기 위해서였다. 아우구스틴은 통역관으로서 세실의 서한을 한문으로 번역하고 조선인들과 필담을 나눌 수 있었다. 세실은 모든 상황에 대비하기 위해 무장한 보트를 대기시켰다. 포카드 일행에게는 함대에서 너무 멀리 떨어지지 않도록 지시했다.

포카드 일행은 육지에 도착하자 곧 조선인들에게 둘러싸였다. 조선인들의 태도에는 악의가 없어 보였다. 잠시 후 옷을 잘 차려 입은 몇 사람이 도착했다. 포카드 일행의 요청에 따라 섬의 수령이 다가왔다. 그들 사이에는 다음과 같은 필담이 오갔다.

"우리 함대장께서 조선 국왕의 재상에게 전달하고자 하는 서한이 여기 있다. 이 편지는 어김없이 재상에게 전달되어야 한다. 그렇지 않을 경우 귀국에 큰 불행이 닥칠 것이다."
"우리 섬은 관아에서 멀리 떨어져 있으므로 이 같은 임무를 맡기 어렵다."
"당신네들이 수도와 멀리 떨어져 있지 않다는 것을 잘 알고 있다. 때때로 육지 관리들과 통신을 주고받고 있으니 그들에게 부탁해서 이 편지를 전달할 수 있을 것이다."[112]

세실의 보고서는 양측의 대화를 간략하게 줄이고 말았지만, 왕조실록에는 당시 외연도 주민과 포카드 일행 사이에 오간 대화가 자세히 기록되어 있다.

프랑스인 귀도(貴島)의 이름은 무엇인가?
외연도인 외연도이다. 귀선(貴船)은 어느 나라 어느 고을에 속해 있는가?

프랑스인 이 배는 대불랑서국에 속한 전선이다. 황제의 명으로 인도 각 지방과 중국에 온 3호(號) 가운데 대선(大船)이며, 위에는 원수가 있다. 황제의 명으로 귀 고려국에 왔다. 알릴 일이 있어서다.

외연도인 인도 지방이라면 왜 여기에 왔고 알릴 일이란 무엇인가?

프랑스인 인도 지방에 왔을 뿐만 아니라 또한 특별히 황제의 명으로 여기에 왔다.

외연도인 뱃사람은 얼마나 되고 혹 병은 없는가?

프랑스인 모두 870명이고 큰 병은 없다.

외연도인 뱃사람은 왜 그리 많은가?

프랑스인 사람 수가 많다고는 할 수 없다. 이는 전선이기 때문이다.

외연도인 왜 전선인가?

프랑스인 이는 대불랑서 황제의 배다. 장사하러 온 것이 아니다. 장사하는 것이라면 우리나라 민가(民家)의 배이다. 원수가 문서 한 봉을 가지고 있다. 귀국의 보상(輔相)에게 보내는 것이다. 번거로워서 혹 잘못해 보내지 않으면 뒷날 귀 고려에 큰 재앙이 있을 것이다.

외연도인 문서는 무슨 문서인가?

프랑스인 문서에는 인신(印信, 도장이나 관인)과 봉호(封號, 왕이 봉해 내려준 호)가 있다. 귀 보상이 열어 보면 자연히 알 것이다.

외연도인 이 섬은 아득한 바다 가운데 있고 관문(官門)은 멀리 천리나 떨어져 있으므로 서로 통하기가 매우 어렵다.

프랑스인 여기에서 관문까지는 그리 멀지 않다. 자연히 왕래가 있을 것이니 반드시 보내야 한다. 그렇지 않으면 또한 불편한 일이

있을 것이다.[113)]

수령은 거듭 편지를 받는 것을 거절했다. 포카드 일행은 더이상 지체하지 않고 수령의 무릎에 서한을 놓고 보트로 돌아왔다. 하지만 보트가 출발하기도 전에 서한이 되돌아왔다. 장교는 세실의 명령대로 미리 준비한 상자에 서한을 넣어서 물이 닿지 않은 바위 위에 내려놓았다. 보트가 멀리 떠나서야 조선인들은 이 서한을 집어들었다. 이 보고를 받은 세실은 서신이 제대로 전달될지 의심스러웠다. 그래서 다른 곳에 가져다 놓기 위해 편지를 여러장 복사하게 했다. 곧 작은 배가 사람들을 가득 싣고 클레오파트르호로 다가왔다.

세실은 조선인들이 승선하지 못하도록 막을까 잠시 생각했다. 그는 자신이 보낸 서신 때문에 곤경에 빠진 책임자들이 이를 되돌려 주러 온 줄 알았다. 하지만 세실은 조선인들이 배에 오르도록 허락했다. 만일 이들이 상자를 되돌려줄 경우 그것을 그들의 배 의자 뒤에 못을 박아 고정시켜 되돌려 보내려고 결심했다.

세실은 주민 대표 6명을 회의실에서 맞이했다. 그들은 옷이 깨끗했다. 류큐에서 보았던 비굴함은 조금도 없는 겸손한 태도였다. 조선인들의 복장에서 유별나게 눈에 띈 것은 직경이 1미터나 되는 커다란 모자였다. 일행 가운데 4명은 지방 유지라고 했고, 나머지는 한문을 아는 청년들로 통역하러 온 것이었다. 회의는 필담으로 진행되었다. 세실은 조선의 작은 섬 서민들 가운데서 이처럼 정중한 옷차림을 갖추고 학식이 높은 사람을 발견하고 무척 놀랐다.

　세실의 요구가 한문으로 작성되면 그 종이는 조선인들 가운데 한 사람의 손에 넘어갔다. 그는 조금도 주저하지 않고 조선어로 명료하게 읽었고, 일행끼리 서로 의논한 다음 회답을 조선어로 작성하면 통역관이 한자로 번역해 세실 측에 전달했다. 회의는 오래 끌지 않았다. 자신의 메시지가 재상에게 전달될 것을 확인한 세실은 회의를 마쳤다. 세실 함대가 출범 준비를 하는 동안 조선인들은 포카드 신부와 함께 다른 배를 방문했다. 그들이 떠난 후 세실 함대는 닻을 올렸다. 클레오파트르호에서 조선인들과 세실 사이에 오간 대화도 왕조실록에 기록되어 있다.

　　프랑스인　너희들은 무슨 일로 와서 무엇을 묻는지 써 보이기 바란다.
　　조선인　좌정한 뒤에 자세히 묻겠다.
　　프랑스인　네 분만을 청하니 1층에 내려가 앉기 바란다. 원수께서 여러 분이 무엇을 자세히 물으려는지 묻는다.
　　조선인　이곳은 아주 먼 해도(海島)이므로 아까 준 문서는 보내기가 무척 어렵다. 그러니 어떻게 하겠는가?
　　세실　부탁한 문서를 즉각 보낼 필요는 없다. 고려의 도성에서도 즉각 회답하는 글을 보낼 필요는 없다. 뒷날에 반드시 전선이 와서 글을 받고 사정을 완전히 할 것이다. 다만 기회가 오거든 곧 빨리 도성에 보내면 될 것이다.
　　조선인　그렇다면 이 섬에 머무를 것인가, 귀국으로 돌아갈 것인가?

세실 즉시 돌아갈 것이다. 내년에 다른 배가 글을 받으러 올
것이다.

조선인 글을 받고 사정을 완전히 한다는 것을 여기에 자세히
썼는지 알 수 없다.

프랑스인 그 말은 명백하지 못하니 다시 쓰기 바란다.

조선인 문서에서 말한 것은 무슨 뜻인가?

세실 우리는 5만 리 밖에서 여기로 왔다. 여러분이 괴로움을
당하는 것을 바라지 않는다. 다만 부탁한 문서를 귀국의 도성에
보내기만 바랄 뿐이다. 회답하는 글은 후에 전선이 받을 것이다.
나머지는 말할 것이 없다.

조선인 무엇 때문에 회답하는 글을 전선이 와서 받는다는 것인가?

프랑스인 원수가 이곳에 오래 머무르면 반드시 너희들에게 누를
끼치게 될 것이다. 이제 원수는 돌아가고 내년에 다른 전선이
여기에 와서 일을 끝낼 것이다. 원수는 먼저 들러서 문서를
넘겨주는 일을 맡은 데 지나지 않는다.

조선인 내년에 다른 전선이 여기에 오는 것은 무엇 때문인가?

프랑스인 지금은 모른다. 내년에 귀 보상이 회답하면 곧 알 것이다.

조선인 이 섬은 땅이 험하고 물결이 높아서 오래 머무를 수 없다.
언제 배를 띄우겠는가?

프랑스인 땅이 험하고 물결이 높은 것은 방해되지 않는다. 원수는
오늘 닻을 올리고 떠날 것이다.

조선인 원수가 떠나면 귀선(貴船) 3척도 같이 돌아가는가?

프랑스인 그렇다.

그들은 곧 돛을 걸고 떠났다.[114]

세실 함대는 외연도를 떠나 남쪽으로 회항하면서 조선 해안을 측량했다. 세실은 외연도 남쪽의 외딴 섬을 발견하고 사빈호의 함장 이름을 따서 게랭 섬(I. Guérin, 어청도)이라고 이름 붙였다. 8월 10일에는 홍도와 흑산도를 지나 조선 해역을 벗어났다. 사빈호에 타고 있던 프랑스 수로 측량기사 폰시에(Laroche Poncié)는 조선 해역의 지도를 작성해서 세실 제독에게 바쳤다. 그는 "우리가 이 군도를 탐색했다고 하기에는 아직 요원한 이야기입니다. 우리는 다만 기왕에 탐색된 (지도의) 점에 몇 개를 더 첨가했으며, 몇 개 다른 지점들의 위치를 확인하고 우리 후계자들을 위해 조금 더 앞서서 푯말 몇몇 개를 꽂은 데 지나지 않습니다"[115]라고 세실에게 보고했다.

나는 것처럼 빠른 이국선들

세실 함대가 출현한 사실은 차례차례 조선 조정에 보고되었다. 1846년 6월 13일 술시(戌時, 오후 7~9시)에 어느 나라 배인지 알 수 없는 이양선 3척이 충청도 홍주의 외연도 북쪽 근처 앞 바다를 지나갔다. 외연도 동장은 곧 원산진(元山鎭)의 수군우후 김원희에게 달려가 이 사실을 알렸다. 6월 14일 신시(申時, 오후 3~5시)에

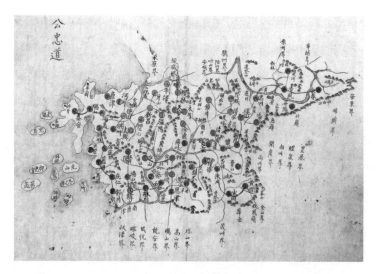

《동국지도》에 수록된 충청도 지도.

는 이양선이 장고도(長古島) 뒤 바다에 왔다. 장고도 동임(洞任, 동의 공무를 맡은 사람) 강원대도 김원희에게 급히 달려가 알렸다. 김원희는 충청수사 정택선에게 이 사실을 보고하고는 즉시 문정하러 달려갔다.

충청수사 정택선은 이양선이 왔다는 소식을 듣고 무척 놀랐다. 그는 김원희에게 어느 나라 배가 무슨 까닭으로 표류해 왔고, 표류한 사람의 성명은 무엇이고, 사람 수는 얼마나 되며, 배에 실은 물건은 무엇인지, 배의 크기는 얼마나 되는지 등을 소상하게 기록해서 보고하고 표류인을 보살피고 잘 지키라고 일렀다. 또한 홍주목사 서승순에게는 표류선이 도착한 곳에 밤새워 달려가 우후 김원희와 함께 문정하고 표류인을 맡아서 지키고 음식물을 주는 등의 절차를 착실하게 거행하라고 엄히 타일렀다. 충청수사는 앞으로 사실의 전말을 끊이지 않고 계속해서 알리겠다고 충청감사 조운철에게 보고했다.[116)]

수군우후 김원희는 6월 15일 묘시(卯時, 오전 5시~7시)에 문정하러 떠나 그날 신시(申時, 오후 3시~5시)에 장고도에 도착했다. 하지만 망망대해에는 배 한 척도 보이지 않았다. 그는 장고도 동임 강원대에게 자세히 캐물었다. 강원대는 이양선이 그날 오시(午時, 낮 11시~13시)에 일제히 돛을 올렸는데, 돛이 모두 흰색이어서 마치 흰 구름이 뜬 것처럼 동남쪽으로 향해 달려가 간 곳을 모른다고 전했다.

김원희는 동민들을 이끌고 높은 곳에 올라가 바라보았다. 멀리 배 세 척이 떠 있는 게 보였다. 해가 저물어서 다음 날 날이 밝기를 기다려 다시 바라보았다. 그 배들은 홀연 홍주 용도(龍島) 아래 떠 있었다. 김원희는 급히 용도로 건너갔다. 하지만 이양선은 돛을 내걸고 서남쪽 바다 밖으로 향했다. 마치 나는 것처럼 빨랐다. 이양선은 오시에 다시 용도 아래 연도(煙島) 위로 떠 왔다. 유시(酉時, 오후 5시~7시)에는 바로 남쪽 먼 바다로 향해서 간 곳을 볼 수 없었다. 이처럼 이양선의 종적이 헤아리기 어려웠기 때문에 김원희는 문정을 할 수 없었다.[117)]

홍주목사 서승순은 6월 16일 해시(亥時, 오후 9시~11시)에 원신진에 도착했다. 이튿날 사시(巳時, 오전 9시~11시)에 이양선이 외연도 바깥 바다 황도(黃島)에 출몰했다. 이양선은 마치 갈매기가 뜬 것처럼 보였다. 그 형세가 나는 새 같아서 형상을 헤아리기

어려웠다.[118]

6월 17일 묘시(오전 5~7시)부터 술시(오후 7~9시)에 이르기까지 머나먼 바다에 역풍이 불고 파도가 거셌다. 배들이 왕래하기가 어려웠다. 이양선은 어디서 머물고 어디로 갈 것인지 정해져 있지 않은 듯했다. 이양선의 행동거지도 헤아리기 어려웠다. 황도 밖은 곧 서해 큰 바다로 파도가 세차게 일어나서 본래 조선의 배가 지나는 길이 아니었다. 그래서 김원희와 서승순은 쫓아가 정탐하고 싶었지만 어쩔 도리가 없었다. 또한 해가 저물어서 이양선의 형체와 그림자를 헤아릴 수 없었다. 날이 밝기를 기다려 바라보니 이양선 세 척이 어제 왕래한 곳에 떠 있었다. 닻을 내릴 기세인 것 같아 쫓아가서 정탐하려 했다.

6월 18일 사시(巳時, 오전 9시~11시)에 김원희와 서승순은 이양선이 떠 있는 곳으로 향해 갔다. 이양선은 황도 바깥 바다에서 일시에 돛을 펼치고 서북쪽 바다로 향해 갔다. 미시(未時, 오후 1시~3시)에는 배를 돌려 바로 서해 큰 바다로 향해 갔다. 그들은 쫓아가 정탐하려 했지만 어쩔 도리가 없어서 머물러 바라보기만 했다.

6월 19일 홍주 외연도 주민 최광득이 보령에 있는 충청수영으로 달려왔다. 그는 작은 상자 하나와 닥나무 종이 한 조각을 가지고 있었다. 그에 따르면, 어제 미시(未時, 오후 1시~3시)에 이양선 3척이 외연도 앞 바다에 와서 상자를 내주었다. 닥나무 종이 한 조각은 이양선에 탄 사람들과 섬 주민이 사사로이 서로 문답한 것이었다.

충청수사 정택선은 그 말을 듣고 무척 놀라고 두려웠다. 마땅히 철저하게 조사하고 상자를 되돌려주어야 했다. 문정관 홍주목사 서승순, 수군우후 김원희에게 넘겨서 그것을 처리하게 했다. 이방인과 섬 주민이 문답하던 정황과 절차를 듣고, 멋대로 이방인의 물건을 받을 수 없다는 뜻을 깨우쳐 돌려보내게 했다.[119]

6월 22일 인시(寅時, 오전 3시~5시)에 외연도 주민 최광득이 김원희와 서승순에게 상자를 가지고 갔다. 김원희와 서승순이 자세히 사정을 캐물어보았다. 최광득은 지나가는 배의 격군(格軍, 사공의 일을 돕는 수부)으로 일의 전말을 자세히 알지 못했다. 그가 대략 전해준 이야기는 다음과 같았다.

6월 18일 아침이었다. 이국인 13, 14명이 작은 배에 타고 섬에 내렸다. 그들은 모두 머리카락을 자르고 머리에는 전립과 같은 것을 쓰고 있었다. 옷은 소매가 짧고 폭이 좁았다. 어떤 사람은 상의가 검은색이고 하의는 흰색이었고 어떤 사람은 상하의 모두 흰색이었다. 마을의 남녀가 거의 모두 놀라 얼굴빛이 변하고 소리내 울부짖었다.

마을 사람 가운데 김흥방과 훈장으로 있는 이가(李哥)가 나섰지만 이방인들과 언어가 통하지 않았다. 이국인들이 먼저 글을 써서 보였다. 김흥방과 이가는 글로 써서 답했다. 조금 후 이국인들은 상자를 내주고 배에 올라 돌아갔다. 김흥방과 이가는 상자와 문답서를 봉해 넣고 외연도 별장 정봉조에게 전해주고 관에 알리게 했다.

사사로이 이국인과 문답하다

홍주목사와 수군우후는 문서와 상자를 받고 무척 놀랐다. 문서는 이국인과 섬 사람이 문답한 것이었다. 상자는 어떤 나무로 만들었는지 알 수 없었지만, 길이가 목척(木尺, 나무로 만든 자, 영조척의 속칭)으로 9촌 5푼(약 28센티미터)이고, 넓이는 5촌 2푼(약 15센티미터), 높이는 2촌 9푼(약 9센티미터)이었다. 장식은 없고 자물쇠도 없었다. 흰색 당지(唐紙)로 상자 안팎이 발라져 있었다.

상자를 열자 덮개 겉의 한가운데에 먹으로 '고려국보상대인고승(高麗國輔相大人高陞)'이란 아홉 글자가 씌어 있었다. 안에는 옥색 당지 한 장이 봉해져 있었다. 종이의 길이는 8촌 7푼(약 26센티미터), 넓이는 4촌(12센티미터)이었는데, 단자(單子, 부조나 선물 등 남에게 보내는 물건의 품목과 수량을 적은 종이) 모양으로 만들어져 있었다.

튼튼하게 봉한 겉봉투 한가운데는 차지게 달라붙은 것이 있었는데, 마치 밀랍 조각 같았다. 색은 구릿빛 같았고, 생김새는 거북 같았다. 넓이는 도장 모양으로 옛날 돈과 같았다. 튼튼하게 붙여진 가장자리에는 그림 같은 글이 있었다. 그 가운데는 전자(篆字) 같은 글자와 그림이 있었는데, 구불구불해서 알 수 없었다. 겉봉 뒷면 한가운데 또 '高麗國輔相大人高陞'이란 아홉 자가 씌어 있었다. 종이봉투의 두께는 옛날 돈 1푼쯤 되었다.

홍주목사와 수군우후는 먼저 함부로 봉투를 뜯는 게 두려워 그대로 간직해두었다. 상자 모양과 상자 안에 있는 봉지와 그림을 그려 봉한 견본, 외연도 섬 주민이 사사로이 문답한 기록을 베껴서 충청감사에게 봉해 올렸다. 홍주목사와 수군우후는 우선 최광득의 목에 칼을 씌워 가두었다. 섬 주민이 즉시 관에 보고하지 않고 사사로이 문답하면서 마침내 먼저 상자를 받고 마음대로 돌려보낸 죄를 물은 것이었다. 그리고 김흥방과 훈장 이가, 별장 정봉조, 두민(頭民, 동네에서 나이 많고 학식이 높은 사람) 김윤길을 붙잡아오게 했다. 표류인과 문답한 곡절과 표류선이 왔다 간 사실의 전말을 밝히기 위해서였다.[120] 충청감사 조운철은 조정에 장계를 올렸다.

> 그 배 세 척은 이미 여러 날이나 형체와 그림자를 보이지 않아서 어느 곳에 멈추어 정박했는지 알 수 없습니다. 바닷가 읍진(邑鎭)에 더 자세히 살펴보라고 공문을 보내고 그 사람과 문답한 외연도의 여러 사람을 빨리 붙잡아 와 사실을 조사하게 했습니다. 이른바 문답기는 문정관이 관여한 것이 아니고 섬 주민이 사사로이 문답한 것입니다. 지극히 번거롭고 주상께 올리기에는 극히 자질구레합니다. 하지만 변정에 관련되므로 따로 가다듬어 책으로 만들고, 상자와 상자 안의 종이, 그것을 그린 그림을 문정관이 보고한 바에 의거해 튼튼히 봉해서 비변사에 올립니다. 상자는 외연도 동임 집에 임시로 두어 착실하게 지키라는 뜻으로 엄히 타일렀습니다.
> 상자와 서봉(書封)은 (그들이 우리와) 통신하는 나라가 아니고 또한 이름 없는 물건이므로 참으로 마땅히 물리쳐 받지 않아야 했습니다.

하지만 그럴 틈이 없었고 무지한 섬 주민이 이미 물리쳐 받지 않을 수 없어서 수영으로 받아와 문정관에게 보냈습니다. 그 배가 이미 가버리니 마침내 돌려줄 길이 없어졌습니다. 그러므로 어쩔 수 없이 임시로 법에 따라 지키게 하고 조정의 지시를 기다립니다.[121)

조정에서는 이 사건에 관련된 지방관을 엄하게 처벌했다. 그 해 7월 14일 의금부의 건의에 따라 충청수사 정택선, 홍주목사 서승순, 충청 수군우후 김원희는 각각 장1백대에 처하고 관직을 삭탈했으며 공을 1등씩 감했다.[122)

김대건을 처형하라

한편 그 무렵 감옥에 갇혀 있던 김대건은 세실 함대가 조선에 들어왔다는 사실을 알게 되었다. 그를 심문하던 관리들이 김대건에게 프랑스 함대가 서해안에 들어왔다는 것과 세실의 서한 내용을 알려주었다. 이 소식을 들은 김대건은 일이 잘 풀리면 살 수 있을 것이라고 생각했다. 그는 같이 갇혀 있던 교우들에게 "우리는 사형을 당하지 않을 것입니다"라고 말했다. 교우들은 "무슨 증거가 있습니까?" 하고 물었다. 김대건은 "프랑스 배들이 조선에 와 있고, 주교님(페레올)이나 안 신부님(다블뤼)이 틀림없이 우리의 처지를 그들에게 알릴 것입니다. 나는 함장을 알고 있으니 그가 틀

림없이 우리를 석방시켜 줄 것입니다"라고 대답했다.[123] 김대건은
1846년 8월 26일(양력) 숨어 있던 페레올 주교에게 몰래 편지를
보냈다.

(저를 심문하던) 관장은 프랑스 것으로 보이는 군함 3척이 외연도
근처에 정박하고 있다고 제게 말해주었습니다. '그들은 불국
황제의 명을 받고 와서 조선에 큰 불행이 닥쳐온다고 다짐하면서
떠나갔지만 한 척은 아직도 조선 근해에 있다.' 조선 정부는 겁에
질려 있는 것 같습니다. 1839년에 순교한 프랑스 사람 3명의
죽음을 기억하고 있기 때문입니다. 이 배들이 왜 왔는지 아느냐고
제게 물었습니다. 저는 아무것도 모르지만 프랑스 사람들은 이유
없이는 아무 해도 끼치지 않으므로 조금도 두려워할 것이 없다고
대답했습니다. 저는 프랑스의 세력과 그 정부의 관대함을
말해주었습니다. 그들은 그 말을 믿는 것 같습니다. 하지만 그들이
프랑스 사람 3명을 죽였는데도 보복을 당하지 않았다는 것을
내세웁니다.[124]

김대건은 이 편지를 쓴 지 3일 후인 8월 29일 다음과 같은 추
신을 덧붙였다.

저는 오늘 프랑스 배들이 조선에 왔다는 확증을 얻었습니다. 그들은
우리를 쉽게 구해낼 수 있습니다. 하지만 위협만 하고 그대로
돌아가버리면 조선 포교지에 큰 해를 끼치고 저도 죽기 전에 무서운

형벌을 당하게 될 것입니다.[125]

김대건의 예측은 정확했다. 그해 7월 15일(음력) 조정에서는
중신 회의가 열렸다. 그날의 의제는 세실의 서한과 김대건의 처리
문제였다.

헌종 ·불랑국의 글을 보았는가?
영의정 권돈인 보았습니다. 그 글에는 자못 위험한 말로 사람의
마음을 두렵게 하는 뜻이 있었습니다. 그들은 먼 바다에 출몰해서
그 사술(邪術)을 빌어 인심을 선동하며 어지럽힙니다. 이것은
이른바 영길리와 함께 모두 서양의 무리입니다.
헌종 김대건의 일은 어떻게 처치할 것인가?
권돈인 김대건의 일은 한 시각이라도 용서할 수 없습니다. 스스로
사교에 의탁해서 인심을 속여 현혹했습니다. 그가 한 짓을 밝혀보면
오로지 현혹시키고 선동해 어지럽히려는 계책에서 나왔습니다.
그는 사술뿐만 아니라 본래 조선인으로서 본국을 배반해서 다른
나라 땅을 범했습니다. 스스로 사학이라 칭했고, 마치 위험한 말로
사람의 마음을 두렵게 하는 듯합니다. 생각하면 모르는 사이에 뼈가
오싹하고 쓸개가 흔들립니다. 그를 법에 따라 벌하지 않으면 구실을
찾는 단서가 되기에 알맞고 또한 약하게 보일 것입니다.
헌종 처분해야 마땅하다. 이재용의 일로 말하더라도 추후에
들으니, 이재용은 실제로 그런 사람이 없고 바로 현석문이 이름을
바꾼 것이라 한다. 이제 현석문이 이미 잡혔으니 이른바 이재용을

어느 곳에서 다시 잡겠는가?

권돈인　이른바 이재용이 성명을 바꾸고 성 안에 출몰한다 하는데, 뒤쫓아 가서 잡아야 참과 거짓이 가려집니다. 포도청의 일도 말이 되지 않습니다.

헌종　처분해야 마땅하다. 내년 봄에 반드시 소요가 있을 것이다.

권돈인　내년 봄을 기다리지 않고 지금도 소요가 있습니다. 항간에 자못 사설(邪說)이 많습니다. 이것은 오로지 그 글을 보지 못했기 때문에 이런 의혹에 현혹되는 것입니다. 바라건대 빨리 그 글을 내려서 사람마다 보게 하십시오. 그런 뒤에야 절로 의혹을 풀 수 있을 것입니다.

헌종　내 생각으로는 중국 황제에게 알리는 것이 좋을 듯하다. 임진년(壬辰年, 1832)에 영길리의 일 때문에 알린 일이 있는데, 이것과 다를 것이 없을 듯하다.

권돈인　이것은 임진년과 차이가 있습니다. 영길리의 배가 홍주에 와서 정박했을 때는 10여 일이나 머물렀습니다. 그들이 교역 따위의 말을 했지만 사리에 의거해 물리쳤습니다. 또 곧 정상을 묻고 그 동정을 상세히 탐지했으므로 황제에게 아뢰기까지 했습니다.

이번에 불랑선(佛朗船)이 먼 바다에 출몰했을 때는 섬 백성을 위협해서 사사롭게 문답하고, 그 상자와 문서를 반드시 바치게 하려고 말끝마다 반드시 황제를 칭탁했습니다. 이것은 이를 빙자해 공갈할 계책을 삼은 데 지나지 않을 따름입니다. 어떻게 이처럼 허황된 말을 황제께 아뢸 수 있겠습니까? 몇 년 전에 양인을 죽였을

때 아뢰지 않았는데, 이제 갑자기 이 일을 아뢰면 도리어 의심받을
염려가 있습니다. 바깥에서는 혹 이런 의논이 있지만, 신의
생각으로는 (중국에) 알리는 일은 실로 온당하지 못합니다. 다만
의논들이 어떤지 모르겠습니다.

헌종 과연 의심받을 염려가 없지 않다. 반드시 조선 사람으로서
(불랑서인과) 서로 맥락이 통하는 자가 있을 것이다. 그렇지 않으면
저들이 어떻게 살해된 연유를 알겠는가. 또 어떻게 어떤 해에 어떤
일이 일어났다는 것을 알겠는가?

권돈인 한번 사술이 유행한 뒤부터 점점 물드는 사람이 많습니다.
이번에 불랑선이 온 것도 반드시 부추기고 유인했기 때문이
아니라고 할 수 없습니다. 모두 내부의 변입니다.[126]

나는 천주를 위해 죽는다

현석문은 현계흠의 아들이었다. 현계흠은 프로비던스호가 동래
용당포에 왔을 때 그 배에 올랐고 1801년 신유박해 때 순교했다.
현석문은 기해박해 때 몸을 숨기고 교우들을 돌보았다. 앵베르 주
교는 순교하기 전에 그에게 조선 교회를 맡겼다. 숨어 다닐 때는
이재용이란 이름을 썼다. 현석문은 기해박해가 가라앉자 순교 자
료를 모아 《기해일기》라는 순교자 전기를 편찬하기도 했다. 몇 번
이나 교우를 북경에 파견해서 성직자와 연락하고 김대건 신부가

상해로 건너가던 때에도 동행했다. 현석문은 1846년 7월 10일 체포되어 포도청 감옥에 갇혔다.[127]

　7월 25일 헌종은 사학죄인 김대건을 효수하라고 명했다. 김대건은 이튿날 26일 한강 새남터에서 순교했다. 판관이 일어서서 사형 선고문을 낭독하자 김대건은 군중을 향해 외쳤다. "내가 외국인들과 교섭한 것은 내 종교를 위해서였고 내 천주를 위해서였습니다. 나는 천주를 위해 죽는 것입니다."[128] 현석문도 효수형을 선고받고 7월 29일 새남터에서 사형당했다. 왕조실록에서는 김대건을 이렇게 기록했다.

　　김대건은 용인 사람이다. 나이 15세에 달아나 광동에 들어가서
　　양교(洋敎)를 배웠다. 계묘년(1843, 김대건이 상해에서 사제 서품을
　　받고 조선에 돌아온 것은 1845년 음력 9월 12일이었다)에 현석문 등과
　　결탁해 몰래 돌아와 서울에서 교주(敎主)가 되었다. 이해(1846년)
　　봄에 해서(海西)에 가서 고기잡이하는 중국 배를 만나 광동에 있는
　　서양사람에게 글을 부치려 하다가 그 지방 사람에게 잡혔다.
　　처음에는 중국 사람이라 했지만 마침내 일의 처음과 끝을 사실대로
　　고했다.
　　포청에서 한 달에 걸쳐 힐문했다. 그는 말하는 것이 교활했다.
　　양박(洋舶)이 강한 것을 믿고 협박해서 "우리나라에서 마침내 그
　　교(敎)를 금할 수 없을 것이다. 은전(銀錢)을 흘어서 서울과 지방에서
　　흔하게 쓰는 재화는 다 양한(洋漢, 서양인)이 책중(柵中, 책문의
　　밀무역)에서 실어 보낸 것이다"라고 말했다. 또 "바다 바깥의 여러

나라 말에 능통하므로 신부로서 각국을 위해 통역한다"고 스스로
말했다. 이때에 이르러 현석문과 아울러 벌했다. 현석문은
신유년의 사악한 무리로 처형된 현계흠의 아들이다.[129]

이규경은 《오주연문장전산고》에서 이 사건을 다음과 같이 기
록했다.

금상(今上, 헌종) 12년(1846) 병오년(청나라 도광 26년) 7월 초순에
호서(湖西)의 홍주목 외연도에 거대한 선박 한 척이 와서 정박했다.
사정을 알아보니, 대불랑서국 사람이라고 했다. 그들은 궤짝
하나를 내놓으며 "문서는 궤짝 속에 있으니 조정에 올리시오"라고
했다. 목사가 처음에는 받지 않고 여러 차례 따져 묻자 배를 띄워
달아났다. 목사와 수군절도사가 그 궤짝을 비변사에 올렸다.
자세히 사정을 물어보지 못하고 달아나게 했다고 해서 모두
파면되었다. 그 궤짝에 들어있던 문서는 세상에 돌아다녔다.
이제 그 문서를 살펴보니 한자로 썼다. 또 문장도 익숙한 솜씨여서
중국에서 널리 쓰이는 공문(公文)과 유사한 점이 있었다. 저들 중에
반드시 한문과 한자를 익힌 자가 있을 것이다. 저들의 문서에 쓰인
날짜가 모두 맞았는데, 어떻게 9만여 리나 떨어져 있는 외국의 일을
눈으로 직접 본 것처럼 자세히 알 수 있는 것일까. 반드시 중국
연경(燕京)의 천주당과 오문을 통해 알았을 것이다.
기해년에서 병오년까지는 8년의 간격이 있다. 그런데 이렇게
뒤늦게 알고 찾아와 따지는 것은 그 나라가 뱃길로 몇 년이 걸려야

비로소 중국에 도달하는 먼 거리에 있기 때문이다. 그 문서의 뜻을 살펴보면, 무한한 복선이 깔려 있어서 평범하게 표류된 자들의 행위가 아니다. 그러니 뒷날의 문제가 없을지 어찌 알겠는가.[130]

이규경은 또한 "서양과 중국 그리고 우리나라는 마치 암내 난 소와 말이 서로 짝지으려 해도 가까이 할 수 없는 것과 같은 거리인데, 배를 타고 와서 정박했으니 매우 기이한 일이다. 동양과 서양이 서로 왕래한다 해도 그 문자나 언어는 서로 통하기 어려운데, 우리나라에 들어온 수사(修士)들이 중국의 경전을 환히 익혀서 마치 전세(前世)부터 약속이라도 한 것 같은가 하면, 중국에서도 서양의 글자 23자를 해득해서 이리저리 문장을 형성하니 아름다운 일이다"[131]고 평했다.

악천후로 좌초한 프랑스 함대

세실 함대가 조선을 떠난 지 1년 후 서한에 공표한 바대로 조선 왕국의 회신을 받기 위해 프랑스 함대가 다시 조선으로 찾아왔다. 세실 제독은 본국으로 소환되었기 때문에 중국·인도양 해군기지 분함대장(分艦隊長) 라피에르(Lapierre) 해군 대령이 조선 원정의 책임을 맡게 되었다. 1847년 1월 14일(양력) 마닐라의 클레오파트르호에 타고 있던 세실은 본국의 식민성 장관에게 다음과 같은 편지를 보냈다.

1846년 8월 8일자 문서에 대한 회답을 조선에 요구하러 올해 배 한 척이 조선에 갈 것이라고 긍정적으로 예보했습니다. 여기에서도 본인은 시간에 쫓겼습니다. 본인을 그곳에 가게 한 종교문제는 예상한 대로 교섭하지 못했습니다. 하지만 계획적으로 모호하게 작성한 문서가 해석에 많은 폭을 남겨놓은 만큼 조선인들의 정신에는 구두 회의보다 더 큰 영향을 미치리라 기대합니다. 선교사들에 대한 보호는 순전히 정신적인 방법에 따른 것이어야 한다는 게 본인의 생각이므로 큰 곤경에 빠졌을 것입니다. 프랑스에서 그렇게 먼 해역에 소함이 되돌아온다는 것은 큰 효과가 있을 것입니다. 조선인들은 아무리 먼 곳에 있어도 프랑스 국왕이 그의 백성을 절대로 포기하지 않는다는 명백한 증거를 볼 것입니다. 이 생각은 또한 위정자들의 머리에 크게 작용해 기독교인들에게 유리하게 돌아갈 것이 확실합니다. 왜냐하면 그들의 해안에 4척의 배가 와 있으면 그 위력이 인정된 국가와 손해보는 일을 하기 꺼릴 것이기 때문입니다. 6월 말경 마카오에서 배가 출범하면 좋은 계절에 현지에 도착할 수 있을 것입니다. 이같이 각하께서 만일 그것이 유용하다고 판단하시면 기항지 함대장에게 각하의 의도를 통보하는 데는 아직 시간이 있습니다.[132]

본국 정부의 지시에 따라 그해 7월 모함 라 글루아르호(La

Gloire, 함장 라피에르)와 소함 라 빅토리외즈호(La Victorieuse, 함장 리고[Rigault de Genouilly])가 광동에서 조선으로 가기 위해 준비하고 있었다. 라피에르가 7월 22일(양력) 본국의 식민성 장관에게 띄운 편지에 따르면, 이번 출항의 목적은 "조선에서 우리 선교사들에게 어떤 사태가 벌어지고 있는지 알아보는 것"[133]이었다. 그런데 뜻하지 않게 반가운 손님들이 라피에르를 찾아왔다. 메스트르 신부와 조선인 최양업이 그들이었다.

메스트르와 최양업은 육로로 밀입국하려는 계획을 단념하고 해로를 찾아보려 했다. 김대건이 체포되고 조선 국경의 경비가 강화되었기 때문이었다. 그들은 1847년 1월에 홍콩으로 가서 조선 입국 계획을 세우고 있었다. 때마침 라피에르가 조선으로 간다는 소식을 듣고 그를 찾아갔다. 라피에르는 흔쾌히 그들을 데리고 가겠다고 약속했다.[134] 글루아르호에는 세실과 함께 조선에 갔던 포카드 신부(이때 그는 일본 교구장으로 임명되어 있었다)와 중국인 아우구스틴도 타고 있었다.

라피에르 함대는 7월 28일 마카오를 떠나 중국 동해안과 대만을 항해한 후 8월 9일 제주도를 지났다. 소흑산도를 지나 북상하면서 일군의 섬들이 시야에 들어왔다. 날은 흐리고 안개가 짙게 끼어 있었다. 강풍이 불면서 글루아르호의 돛 두 개가 차례로 찢어졌다. 섬에 가까워지면서 수심은 급격하게 얕아졌고 조수도 강했다. 글루아르호는 진흙바닥을 기고 있었다. 모든 돛을 올리고 좌현으로 꺾어 빠져 나가려고 하다가 그만 좌초하고 말았다. 수심은 낮아지기 시작했다. 빅토리외즈호의 운명도 비슷했다. 빅토리외즈호는 글루아르호의 북동쪽에서 좌초했다.

다음 날인 8월 11일 바람은 차고 조류는 거셌다. 바다는 풍파가 심했다. 빅토리외즈호는 갯벌에서 꼼짝달싹하지 못한 채 서 있었다. 승무원들이 빅토리외즈호를 움직여보기 위해 모든 수단을 써보았지만 결국 실패했다. 게다가 승무원 두 명마저 익사하고 말았다. 작은 보트로 빅토리외즈호에 밧줄을 얽어매고 움직여보려 했지만 허사였다. 보트마저 좌초하고 말았다. 그 사이 글루아르호에는 물이 점점 스며들고 있었다. 리고 함장은 라피에르에게 신호했다. 빅토리외즈호에 물이 가득해서 키는 분해되었고 갑판의 대들보마저 부러질 위험에 놓여 있다는 것이었다.

8월 12일 아침 두 차례 조수가 밀려들면서 물은 글루아르호의 갑판 난간까지 차올랐다. 라피에르는 철거 작업을 지시했다. 20마일 지점쯤 떨어져 있는 섬에 하역 중대를 보내서 무기와 탄약, 곡사포, 환자가 된 나이 어린 수부들을 옮기게 했다. 식량과 횡목, 돛을 보내 텐트도 치게 했다. 하루 종일 보트가 섬과 함대 사이를 오가면서 사람과 식량을 날랐다. 물탱크마저 바닷물이 스며들어 섬에서 물을 날라 와야 했다. 다음 날 라피에르는 모든 승무원들에게 철수하도록 지시하고 자신도 배를 떠났다. 승무원들은 두 척의 배에서 가져온 돛 조각으로 만든 천막 속에 자리를 잡았다.

고국에서 속만 앓은 최양업

조선인들은 이방인들이 왜 이곳에 왔는지 알아보기 위해 서둘러 천막으로 찾아왔다. 라피에르는 쌀을 구하기 위해 협상했다. 주민들은 매일 조금씩 물을 날라다주었다. 라피에르가 그들에게 대가를 치르려 했지만 그들은 거절했다. 주민들은 경계심이 많고 만사에 느렸다. 이방인들이 이곳에 눌러앉으려는 게 아닌지 두려워하는 것처럼 보였다. 라피에르는 주민들에게 중국 해안까지 갈 수 있는 배 두 척을 요청했지만, 쉽게 해결되지 않았다. 결국 영국 선박이나 미국 선박을 구하기 위해 보트 두 척을 상해에 보내기로 결심했다.[135]

1847년 8월 27일자 상해 주재 영국 영사 올콕(Ruthurford Alcock)의 편지에 따르면, 라피에르가 8월 19일과 20일에 파견한 보트 두 척은 26일과 27일 상해에 무사히 도착했다. 라피에르 함장은 승무원 560명을 조선의 한 섬에 자리 잡게 하고 대포 4문, 소총, 권총, 총검류, 50일분 식량 등을 건졌다고 알렸다.[136]

영국함 에스피글호(Espiegle, 함장 톰슨[Thompson])와 대덜루스호(Dadalus, 함장 수해[Suhae]), 차일더스호(Childers) 등 3척은 조선에서 난파된 프랑스 승무원들을 구하기 위해 8월 31일 상해에서 출발, 9월 5일 조선에 도착했다. 이들 구조선들은 난파당한 승무원들을 세 척에 나누어 태우고 9월 12일 저녁에 조선을 떠났다. 9월 23일 밤 대덜루스호는 홍콩에, 에스피글호와 차일더스호는 상해에 도착했다.[137] 프랑스 선원들은 9월 28일 영국 증기 전

함 벌처호(Vulture) 편으로 홍콩을 떠나[138] 10월 3일 저녁에 마카오에 도착했다.[139]

한편 이 사건으로 미묘한 입장에 처한 것은 조선인 최양업이었다. 프랑스 사람들과 조선 사람들의 회담에서는 최양업이 항상 통역을 맡았다. 그는 한문으로만 조선 관리와 그 부하들과 대화했다. 자신의 신분이 드러날 것을 두려워했기 때문이었다. 하루는 최양업이 관리에게 조선에 천주교인들이 있는지, 그리고 국왕은 그들을 아직도 박해하는지 물었다. 그 관리는 모두 그렇다고 대답했다. 또한 천주교인은 만나는 족족 모두 사형에 처해 그 사교의 무리를 뿌리 뽑기로 결정했다고 덧붙였다.[140] 최양업은 1847년 9월 30일 상해에서 레그레구아(Legrégoir) 신부에게 보낸 편지에서 당시 상황을 이렇게 전했다.

우리는 이 섬에서 한 달 이상 텐트 생활을 하고 있습니다. 그러는
동안 한양의 한 관리가 다녀갔습니다. 인근 읍내의 관리들은 매우
친절했고 잘 대접해주었습니다. 그들은 부족함 없이 풍성하게
음식을 구해주었고 우리가 중국으로 갈 수 있도록 작은 배와 식량,
그 밖에 필요한 것들을 보내주었습니다.
하지만 조선 관리들은 세실 제독의 편지에 대해서는 아무런 회답도
보내지 않았습니다. 만일 라피에르 함장이 편지에서 이 사정을
분명히 썼더라면 그들은 틀림없이 답을 보냈을 것입니다.
라피에르 함장은 우리가 머물고 있는 이곳 전라도의 감사에게
편지를 보냈습니다. 함장께서는 그 편지에서 특별히 음식과 배를

청했지만 서신의 회답을 요구한다는 말은 적극적으로 하지
않았습니다. 그러므로 세실의 편지에 대한 답은 없었지만 라피에르
함장이 청한 물품 같은 것은 다 들어주었습니다.

우리가 이렇게 오랫동안 조선 근해에 머물러 있었습니다만 교우는
한 명도 나타나지 않았습니다. 내 동포들의 얼굴을 보고 말을
들으면서 말할 수 없는 위로를 넘치도록 많이 받았습니다.[141]

라피에르 함대가 중국으로 떠날 때 최양업은 라피에르 함장
에게 자신은 고군산에 남겠다고 간청했다. 하지만 라피에르는 동
의하지 않았다. 최양업이 이곳에 혼자 남았을 때 어떤 위험이 닥
칠지 몰랐기 때문이었다. 결국 최양업은 그렇게 그리워하던 조국
을 떠나 상해로 돌아갈 수밖에 없었다.[142]

배 구멍에서 연기를 토하다

라피에르 함대의 난파 사건은 다시 한 번 조선을 소란스럽게 했
다. 1847년(헌종 13) 6월 30일(음력) 신시(申時, 오후 3시~5시)에
고군산진(古群山鎭) 요망감관(瞭望監官, 적의 동정을 살피는 감관.
감관은 궁가나 관아에서 금전·물품 따위를 출납 보고하고 공사를 감
독하던 관리) 윤승규는 고군산 유진장(留鎭將) 조경순에게 이양선
출현 사실을 보고했다. 돛대를 세 개 단 이양선 두 척이 고군산진

의 경계 밖 부안화도(扶安火島) 깊은 바다 만경신치(萬頃薪峙) 무영구미(茂永仇味)에 표류해 왔다는 것이었다. 조경순은 문정하기 위해 장리군인(將吏軍人)과 함께 바로 달려갔다.

다음 날 인시(오전 3시~5시)에 조경순은 표류선이 머물고 있는 곳에 도착했다. 두 배는 서로 멀리 떨어져 있었다. 두 배에 탄 사람들은 각각 작은 배 10여 척에 타고 고군산진의 관할 지역인 신치 깊은 바다 무영구미로 향해 왔다. 조경순은 글을 써서 문답했다. 두 배는 불란서국 배로, 화약과 포를 싣고 중국 북쪽 변방으로 가다가 바람을 만나 표류해 왔다고 답했다. 수백 사람이 모두 창과 칼을 들고 해안을 가리고 서서 물어도 잘 대답하지 않았다. 조경순은 장리(將吏)에게 각별히 지키게 했다.

두 배 가운데 한 척은 풀밭에 있었는데, 물이 배에 가득 찼다. 다른 한 척 역시 풀밭에 있었는데, 배에 실은 짐을 막 부리고 있었다. 문정할 틈이 없었고 짐을 점검해 조사할 수도 없었다. 풍랑이 그치지 않아 선체를 잠시 살펴볼 수도 없었다. 또한 이방인 수백 명이 작은 섬에 표류해서 끌고 당기고 가로막아서 그 거행이 한결같지 않았고 어떻게 조치해야 할지 알 수 없었다. 조경순의 보고를 받은 전라감사 홍희석은 만경현령 박종진, 부안 · 고부군수 서형순, 검모포 만호 윤익변, 전라우수사 이장희 등에게 각별히 살펴보라고 지시했다.[143]

《고군산연혁사(古羣山沿革史)》에도 당시 정황이 기록되어 있다. 요망감관이 고군산진 병방 군관 조경순에게 보고했다. "이양선이 서해에서 신치 바다로 향해 옵니다. 작은 산 덩어리처럼 크고 꼬리에 작은 배를 달았습니다. 배 위의 튀어나온 구멍에서 연기를 토합니다. 마치 날아가는 기구처럼 빠릅니다." 이 기록에 따르면, 당시 라피에르 함대는 증기선이었던 것으로 보인다.

군관 조경순은 감관의 말을 듣고 바로 간시대(看視臺)로 올라가 보았다. 감관의 말처럼 이양선이 신치 바다 물가에 댔다. 각 봉수대에 전령해서 즉시 저녁 봉화를 올리라고 지시했다. 조경순은 급히 병사들을 이끌고 달려갔다. 다음 날 멀리 바라보자 이양선 선체가 물속으로 가라앉았다. 백 명이 작은 배를 타고 신치산(薪峙山)에 내렸다.[144]

7월 2일 먼동이 틀 무렵 고군산 유진장 조경순은 이양선이 표류한 곳으로 갔다. 그들과 다시 문정했다. 이방인들은 어제 문정할 때 사람 수가 6백여 명이라고 했는데, 그날은 7백여 명이라고 답했다. 또 어제 문정할 때는 물건이 화약뿐이라고 했는데, 그날 해안에 가득 쌓아둔 것은 거의 무기였다. 이방인들은 "우리는 굶어 죽을 지경이다. 각 사람이 각 곳에 흩어져 음식을 빼앗겠다"고 말했다. 조경순은 그 말을 듣고 모골이 송연했다. 불쌍한 섬의 빈궁한 백성들이 이 말을 들으면 편안한 마음으로 생업에 종사할 수 없을 것이었다. 섬 주민들은 변경을 지키는 군진에 살고 있어서 형편이 참으로 가련했다.[145]

6월 30일 만경현령 박종진은 신치의 이양선을 살펴보기 위해 떠났다. 바람이 거세서 7월 3일에야 그 배들이 표류한 곳에 도착할 수 있었다. 한 척은 신치 풀밭에 절반이 묻혀 있었다. 집물과 돛대, 돛베는 이미 신치산 아래 남쪽 기슭에 부려놓았다. 그 배에

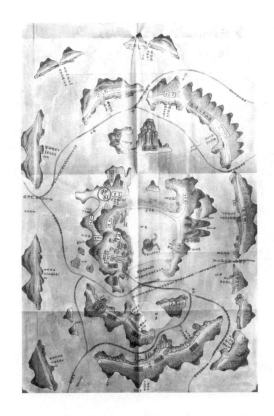

당시의 만경현 고군산진
지도.

서 약 10리쯤 떨어진 거리였다.

선체의 길이는 대략 30여파(90미터), 넓이는 7파(21미터)였다. 이물과 고물에는 물을 빼는 작은 끝이 있는데, 높이가 5파(15미터)였다. 성가퀴(雉堞, 성 위에 낮게 쌓은 담)처럼 생긴 난간 좌우에는 각각 구멍이 열 개 있었다. 각 구멍마다 대완구(大碗口, 조선 시대 대포의 일종)가 놓여 있었다. 작은 것은 작은 밥그릇처럼 둥그렇고, 큰 것은 작은 바가지 모양이었다. 그 아래는 모두 동철로

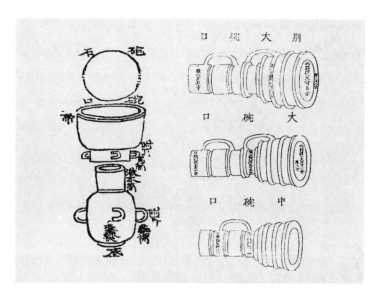

조선시대 박격포의 일종인 완구(碗口)류.

입혀져 있었다. 키는 철로 만들었다.

　다른 한 척은 화도 깊은 바다에 떠 있었다. 길이는 대략 40여
파(120미터), 넓이는 8파(24미터)였고, 난간과 대완구, 철환은 다
른 배와 같았다. 그 아래는 모두 물에 잠겨 있어 살피지 못했다.
돛대는 길이가 20여파(60미터)였다. 짐물 역시 이미 부려놓은 상
태였다. 종선은 15척이었다. 큰 것은 길이가 8, 9파(24~27미터),
넓이는 2, 3파(6~9미터)이고 작은 것은 길이가 4, 5파(12~15미
터), 넓이가 2여 파(6미터)였다. 어떤 것은 물가에 있고 어떤 것은
기슭 위에 두었다.

조선의 배를 빌리고 싶다

이국 사람들은 대략 6, 7백 명 가량이었다. 배 안에 있는 사람을 빼고 모두 신치산 아래 모래밭으로 왔다. 그들이 머문 곳에는 서양 비단으로 폭을 이어 만든 막이 있었다. 큰 막은 네 곳, 작은 막은 여섯 곳이었다. 막마다 50, 60명 또는 30, 40여명이 무기를 들고 사방을 지키고 있었다.

집물로는 의복, 그릇과 진기한 놀이갯감 등이 쌓여 있었다. 그 밖에 기치(旗幟), 창검, 대완구, 조총, 화약, 궤, 화약포대 등이 있었다. 어떤 사람은 화약을 찧고, 어떤 사람은 환도를 갈고 있었다. 또 막을 설치해서 쇠못 등을 만들려고 했다. 신치산 위에 또 막 하나를 설치했는데, 10여 명이 오르내리고 있었다. 높은 곳에서 적의 동정을 살펴 바라보는 것 같았다.

그 사람들은 생김새가 모두 건장했다. 머리는 붉고 눈은 파랬다. 어떤 사람은 머리를 깎고 구레나룻이 있었다. 어떤 사람은 머리카락과 구레나룻을 모두 깎았다. 어떤 사람은 머리에 공단(孔緞, 감이 두껍고 무늬가 없는 비단)을 쓰기도 하고 전(氊)을 쓰기도 했다. 어떤 사람은 노란 풀 같은 것을 이어 꾸미거나 철판을 녹인 것 같은 것을 썼다. 또 어떤 사람은 쟁반 같은 전립을 썼다. 옷은 공단, 서양포, 전(氊) 등으로 만들었다. 상의는 여인의 저고리 같았다. 하의는 전대(허리에 두르는 넓은 띠) 같았는데, 단추로 여몄다. 발에는 모두 기름칠한 가죽을 신었는데, 발막신과 같았다.

만경현령이 주사(主事, 사무를 주장하는 사람)를 찾아 글로 물었다. 그들의 땅은 태서국(泰西國)이라 일컫고 국명은 불란서였다. 올해 6월 17일 대청 광동성에서 출항해 회문(回文)을 받으러 왔다고 답했다. 또 식량이 부족해서 쌀을 요청한다고 했다. 만경현령은 상급 관청에 보고해서 처분을 기다리겠다고 써 보였다. 그들은 화난 눈을 크게 뜨고 심지어 창과 칼을 붙잡고 들어 올려 두견이 울음소리를 냈다. 기록하기 어려울 만큼 극도로 절박한 처지인 것 같았다.[146]

《고군산연혁사》에 따르면, 이때 통역관으로 나온 사람은 청국인 이약망(李若望)과 장포등(張沛嶝)이었다. 그들은 옷이 서양 사람과 다르고 얼굴 생김새가 조선인과 비슷했다고 한다. 이약망은 중국인 아우구스틴, 장포등은 최양업 신부인 것으로 보인다.

이국인들은 만경현령에게 봉서 한 장을 상급 관청으로 보내고 싶다고 했다. 현령은 외국인이 사사로이 바치는 글을 받는 것은 법에 어긋나는 것이라고 하며 처음에는 받지 않았다. 그러자 그들은 당장 창검으로 화내는 기색을 내비쳤다. 만경현령은 어쩔 수 없이 받았다. 그는 전라감사 홍희석에게, 이미 봉서를 받아 법을 어겼으므로 상사(上使, 상급 관청이 하급 관청에 명해 죄인을 잡아오게 하는 것)를 기다린다고 보고했다.

전라감사는 이국인들에게 조금씩 양미(糧米, 양식으로 쓰는 쌀)를 공급해주어 그들을 안심시키는 것이 사리에 맞을 것이라고 조정에 보고했다. 양미를 간청한 이국인들은 굶주리고 고달픈 기색이 매우 심했기 때문에 격식이 되어 있는 관례를 굳게 지키기 어려웠다. 또한 만경현령 박종진은 앞뒤를 헤아리지 못하고 경솔했다. 이양선을 문정하는 일이 무척 급한데도 시간을 늦추고 3일에야 도착했다. 또한 처음에는 봉서 한 장을 물리치다가 마침내 받았다. 전라감사는 서봉(書封)을 다시 내려 보내 그들에게 돌려주게 했다. 그리고 만경현령을 우선 파면하고 그 죄상을 해당 관청에서 국왕에게 아뢰어 처리하게 하자고 건의했다.[147] 라피에르가 전라감사에게 보낸 글은 다음과 같았다.

대불란서국 수사총병관(水師總兵官) 납별이(拉別耳)는 조회(照會, 듣거나 알아본 사항이 본디의 것과 대조해 일치하는지 여부를 확인함)할 일 때문에 알립니다. 살펴건대 본국에서 파견한 전 수사제독(水師提督) 슬서이(瑟西耳)는 이 바다에 온 각 전선을 거느리는 원수였는데, 지난해에 이곳에 와서 귀국의 보상대인(輔相大人)에게 공문을 바치고 이듬해에 배를 보내 와서 회문을 받기로 했다고 합니다. 그런데 뜻밖에도 본총병(本總兵)이 이 임무를 맡게 되었습니다.

본총병은 불란서국과 대청국이 이미 만년(萬年)에 걸쳐 서로 친밀하게 지내도록 정한 것을 잘 알고 있습니다. 이 때문에 배 두 척이 곧 영광스럽게 개선할 때 호의로 와서 회문을 받아 본국에 복명하려고 전 수사제독이 갔던 곳으로 가던 길이었습니다. 그런데 뜻밖에 어귀에 들어가지 못하고 일찍이 사나운 바람에 부수어졌습니다. 본총병은 어쩔 수 없이 이곳 가까운 섬의 민가에서 떨어진 곳의 바닷가에 잠시 수병, 관리, 병사와 아랫사람을 다스리는 인원을 두고서 구제해주기를 바랍니다.

지금 사람은 많고 물은 모자랍니다. 양식은 태반이 바닷물에 빠져 사라졌습니다. 귀국에서 먼 나라의 파괴된 배에 탄 사람을 늘 너그러이 예로 대우하고 구제해주는 것을 절실히 생각하고 물과 양식을 도와주기 바랍니다. 거듭 살펴주시기 바랍니다. 배 두 척을 삯 내어 본총병의 사신으로 하여금 대청국 상해로 가서 다른 배를 삯 내 와서 이곳의 부서진 배들에 탔던 인원들을 싣고 본국으로 돌아갈 수 있다면 그 고마운 은덕이 그지없을 것입니다. 삯 낸 배와 먹을 것을 도와준 값은 공도(公道)로 보내 갚을 것입니다. 귀국에서 지금 배를 많이 삯 내 이 어려움을 당한 뭇사람을 싣고 일제히 상해로 간다면 더욱 편리하겠습니다.

하루라도 일찍 삯 낼 수 있다면 하루라도 덜 머물며 귀국에 누를 끼치지 않을 것입니다. 또한 우리 불란서 황제는 반드시 귀국에서 그 나라의 인원을 환난 가운데서 구조한 은혜를 생각할 것입니다. 본총병도 귀국과 영구히 친밀하게 지내기를 간절히 바랍니다. 이 때문에 귀도사(貴道使)에게 조회하니 살피시기 바랍니다. 위와 같이 고려국 전라도사대인(全羅道使大人)에게 조회합니다.

구세(救世) 1천 8백 47년 8월 13일, 도광(道光) 27년 7월 3일.[148]

유원지의를 베풀어야 한다

7월 6일 만경현령 박종진, 부안군수 서형순, 검모포만호 윤익변 등은 이양선을 문정하러 신치로 갔다. 프랑스인들은 통역관 두 사람에게 총병(라피에르)의 뜻을 글로 써 보였다. 총병은 관원과 긴요한 사람 10명만 포장(布帳) 안으로 들어올 수 있고, 나머지 사람들은 모두 배에 올라야 맞이할 수 있다고 말했다. 그들의 말에 따라 관리들이 들어갔다. 의자에 기대 앉아 있던 프랑스인들은 일어나지 않은 채 관리들에게 각자 의자에 편히 앉도록 했다. 이번에는 칼과 검으로 위협하지 않고 유순했다. 그날 모래밭에서는 작은 배 3척이 만들어지고 있었다. 한 척은 새롭게 마련한 것이고, 두 척은 옛날 배를 개조한 것이었다.[149]

7월 9일 비변사는 표류해 온 양인들이 굶주려서 양식을 청하므로 마땅히 유원지의를 베풀자고 헌종에게 건의했다. 또한 이번에 온 사람들은 그 정상을 헤아리기 어렵지만, 예사로운 행상의 무리가 아닌 것 같으므로 역관 한 명을 따로 뽑아서 내려 보내자고 했다.[150]

7월 10일 우수군우후 이탁, 만경현령 박종진, 여산부사 성화진, 부안군수 서형순, 익산군수 권영규, 위도만호 차익현, 검모포만호 윤익변 등이 다시 문정하러 이양인들이 있는 곳에 도착했다. 이양인 가운데 통사 한 사람은 먼저 도착한 배 가운데 20명만을 장막 안으로 들어오게 했다. 그의 말에 따라 관리들이 들어가자 이양인 가운데 세 사람이 의자에 기대 앉아 있었다. 그들은 거만스럽게 남을 낮추어 보는 태도가 역력했다. 관리들은 필담으로 묻기 시작했다. 하지만 이양인들은 말을 주고받으려 하지 않았다. 관리들은 일의 근본이 변정에 관련되므로 이렇게 하면 부당하다고 여러 번 글로 써 보였다. 그러나 이양인들은 눈을 부릅뜨고 손을 흔드는 기색이 불순했고, 벼루를 거두어 자리에서 일어났다. 사납고 완고해 들으려 하지 않았다. 관리들로서는 도무지 그 뜻을 알 수 없었다.[151]

다음 날 7월 11일 묘시(오전 5~7시)에 우수군우후 이탁, 만경현령 박종진, 여산부사 성화진, 부안군수 서형순, 익산군수 권영규, 위도첨사 차익현, 검모포만호 윤익변 등이 다시 문정하러 갔다. 통사 한 사람이 배에 올라 글을 써서 보였다. 총병은 일이 있어서 응접할 틈이 없다고 했다. 관리들은 자신들이 수군절도사가 따로 보낸 관원이므로 예로 대우하는 것이 법례(法例, 법률을 적용하거나 시행할 때 근거로 사용할 수 있는 보기)이고 문답을 거절하는 것은 서로 공경하는 의리가 아니라고 전했다. 통사가 천막으로 가서 돌아와 말했다. 총병의 뜻은 6명만이 배에 내리기를 허락한다고 했다. 그의 말에 따라 관리들이 들어가 보자 조금 화평하고 성의 있게 접대하는 기색이 있었다.

이양인들이 바닷가 모래밭에 큰 천막 세 개를 세웠다. 하나는 총병이 머무는 곳이었다. 또 하나에는 알 수 없는 물건들을 쌓아 놓았는데, 조선인들이 들어가 보지 못하게 했다. 나머지 하나는 병으로 누워 있는 사람을 돌보고 치료하는 곳이었다. 총병이 앉아 있는 곳은 앞에는 탁자를, 깊은 곳에는 상을 늘어놓았다. 양서(洋書)가 몇백 권인지 알 수 없었다. 기완(器玩, 보고 감상하기 위해 모아두는 기구나 골동품 따위)인 듯한 유리정(琉璃晶), 옥, 금, 은, 연(鉛), 동이 서로를 찬란하게 비추고 있었다. 그 만든 모양이 기이

하고 교묘했다. 천리경, 자명종, 원숭이, 앵무새 등속은 헤아릴 수 없이 많았다.[152]

조정은 배를 빌리겠다는 이방인들의 요청에 대해 대책을 마련했다. 7월 14일 비변사에서는 "그들의 배가 얼마나 상했는지, 우리 배가 쓰기에 적당한지 여부를 멀리서 미루어 헤아릴 수 없습니다. 하지만 그들은 이미 돌아갈 배가 없어서 배를 빌리겠다고 청합니다. 유원지의에 따라 조운선 가운데 크고 튼튼한 것 몇 척을 골라 해당 도 근처에 정박해 기다리게 해서 그들이 자세히 살펴서 뽑아 쓰도록 해야 합니다"[153]라고 헌종에게 건의했다.

다음 날인 7월 15일 고군도·위도첨사 차익현, 검모포만호 윤익변 등이 어둑할 때 살펴보니 이국인들의 작은 배 가운데 새로 만든 2범선 한 척이 간 곳을 알 수 없었다. 여러 번 보았지만 보이지 않았다. 그들은 필시 이양선이 밤을 타서 몰래 떠난 것이라고 판단했다. 그들의 보고를 받은 수군우후 이탁, 만경현령 박종진, 고부군수 서형순, 여산부사 성화진, 익산군수 권영규 등은 이국인들이 있는 곳으로 달려갔다. 관리들이 거듭 힐문해도 그들은 끝내 자세하게 말하지 않고 어물쩍했다. 심지어 붓을 던지고 종이를 찢고 자리를 피하며 문정에 응답하지 않았다.[154] 그날 수군우후 이탁 등은 조정의 명에 따라 쌀 10석 15두를 이양선이 있는 곳에 날라주었다. 17일에도 양미 20석을 주었다.[155]

중국에서 배를 세내다

한편 서울에서 파견된 문정 역관 방우서[156]는 7월 17일 부안 지포(池浦)에 도착했다. 18일에는 배를 타고 신치산 아래 도착했지만 이미 날이 저물어 그곳에서 하룻밤 묵었다. 19일 오각(午刻, 오전 11시~오후 1시)에 방우서는 우수군우후 이탁 등과 함께 문정하러 갔다. 배가 해안에 도착하자 이국인들은 조선인들이 해안에 오르는 것을 막으며 관리만 오르도록 했다.

방우서는 각 관인과 함께 그 막으로 들어갔다. 이른바 원수라는 자는 의자에 앉아 있었다. 그의 좌우에는 4명이 앉아 있었고, 나머지는 모두 서 있었다. 그들은 일어서서 예를 차리며 방우서 일행을 맞이했다. 이국인들은 눈이 깊고 코가 높고 얼굴이 희고 붉어서 서양인이 분명했다. 통사는 종이와 붓을 들고 문답했다. 그는 앞머리를 깎았는데, 얼굴 모습과 행동거지가 중국인이 틀림없었다. 그의 필담을 보니 글이 서툴렀다. 수사와 양어(洋語)로 번역하는 것을 들으니 그들과 조선인 사이의 말을 주고받는 데 한가할 틈이 없었다. 아마 말이 막혀서 그들과 서로 잘 통하지 못하는 것 같았다.

방우서는 문정하러 갈 때 소 두 마리, 돼지 열 마리, 닭 50마리, 무 뿌리, 참외, 가지, 생강, 마늘, 파 같은 채소를 싣고 갔다. 이국인들과 문정할 때 그것을 말하자 그들은 공손해졌다. 가지고 온 것을 들여보내 주자 서로 시끄럽게 떠들며 크게 기뻐했다. 배를 빌리는 문제도 상의했다. 이국인들은 자신들이 이미 중국에 배

한 척을 보냈으며, 조선의 배는 작고 둔해서 빨리 돌아갈 수 없다고 말했다. 문정 분위기는 화기애애했다. 그들은 음식을 공급해준 데 대해 고마워하며 은으로 값을 지불하려 했다. 방우서가 이를 엄히 책망하자 그들은 감복했다.[157]

조정에서는 이국인들에게 조운선을 보내 그들이 돌아갈 수 있도록 조치했다. 성당창(聖堂倉, 함열)의 조운선 한 척은 7월 19일에 떠나 7월 23일에 도착했다. 군산창(群山倉, 옥구)의 조운선 3척은 20일에 떠나 같은 날 도착했다. 법성창(法聖倉, 영광)의 조운선 3척도 머지않아 보낼 예정이었다.[158]

7월 25일 우의정 박회수의 요청에 따라 조정에서는 전라감사 홍희석을 추고하고 5등을 감봉하게 했다. 이국인들에게 서봉을 받고 돌려주지 못했고 변경의 방비를 소홀히 한 죄를 물은 것이었다. 조정에서는 이국인들의 서봉을 베껴서 올려 보내라고 전라감사에게 지시했다. 그리고 승문원에서 서봉에 답하는 글을 지어 내려 보내게 했다.[159]

7월 26일 유시(酉時, 오후 5시~7시)에 이양선 두 척이 고군산진 관할 모과구미(毛果仇味)로 와서 닻을 내렸다. 한 척은 3범선, 하나는 2범선이었다. 고군산첨사 이동은 등이 달려갔다. 배 모양은 앞서 표류해 온 것과 다르지 않았다. 두 배에는 2백 명에 가까운 사람이 탔는데, 생김새와 옷 모양은 불란서인과 같았다. 하지만 말은 전혀 통하지 않았다.

고군산첨사는 진교(鎭校) 조경순을 신치의 막으로 보내 글로 물었다. 그 배는 영길리국 공선(公船)으로 자신들이 배를 보내 청해 온 것이라고 답했다. 모두 3척을 청했는데, 한 척은 그날 대청 강남성 상해현에서 도착할 것이었다. 앞서 병사 10명을 보냈는데, 한 명만 돌아왔다. 배 3척 가운데 두 척은 작아서 모두 실을 수 없으므로 귀국의 배를 쓰겠다고 했다.

다음 날 오시에 이양선 한 척이 또 왔다. 그들의 말은 앞서 들은 것과 조금도 다르지 않았다. 3척은 그들이 세내어 온 것으로 의심할 수 없었다. 전라감사 홍희석은 역관 방우서에게 지시했다. "그들에게 세 군데 조창의 배를 가려 쓰게 하고, 식량과 반찬은 다시 공급해주라."[160]

그날 미시(未時, 오후 1시~3시)에 문정역관 방우서가 이국인들에게 갔다. 그들은 흔쾌하고 공손하게 맞아들였다. 돌아갈 날짜를 묻자 4, 5일 사이라고 답했다. 그들은 소소한 짐물과 그 밖에 깨진 배의 설비들을 실어 가고 싶어 했다. 방우서는 조운선 한 척으로 짐을 싣고 가게 했다. 그들은 나머지 물건은 조선에서 쓰라고 제안했다. 하지만 방우서는 표류한 물건을 태워버리는 것이 이 나라의 법이라고 답했다. 그들은 그 자리에서 여러 이야기를 나누며 뜻밖이라고 이야기했다. 방우서는 조선의 법과 예를 들어 간신히 가로막았다. 그들의 말하는 기색과 주고받는 말이 평화롭지 못해서 무척 난감했다. 그들이 온순하다가도 갑자기 성을 내고 말을 듣지 않아서 언제나 평탄하지는 않았다. 한두 번 더 뜻을 보이자 그들은 원망하고 의심하는 기색이 없어졌다.

배 세 척이 더 왔으므로 사람 수도 더 늘어났다. 방우서는 백미 20석, 산 돼지 10마리를 제공해주겠다고 전했다. 그들은 쌀을

더 실을 수 없으므로 더 가져오지 말고, 소와 돼지, 소금과 채소 등을 받겠다고 말했다.[161]

7월 29일 방우서는 소 두 마리, 돼지 10마리, 닭 50마리, 떡과 쌀 5석, 무와 나물 2백 묶음, 파 2백 묶음, 마늘 2백본(本)을 따로 전해주기 위해 이국인들에게 갔다. 그들은 무척 고마워했지만 떡과 쌀은 실을 수 없다고 거절했다. 이방인들은 천막에 있는 집물을 작은 배에 실어서 고용해 온 큰 배에 계속 날랐다. 곧 돌아갈 뜻이 있어서 그렇게 바빴다.[162]

떠나가는 이방인

8월 3일 이국인들은 자명종 1좌(坐), 체경(體鏡, 몸을 비출 수 있는 큰 거울) 1좌, 봉서 1탁(度)을 가지고 와서 간호선(看護船)에 실었다. 진교 조경진은 감히 멋대로 받을 수 없다고 여러 차례 막았다. 하지만 그들은 고집스럽게 듣지 않았다.[163]

8월 3일 진시(辰時, 오전 7시~9시)에 방우서와 만경현령 등은 이방인들의 천막이 있는 곳으로 갔다. 그들은 방우서만 들어오게 했다. 방우서가 들어가자 원수가 일어나 맞이했다. 그는 먼저 귀국의 은택을 후히 입었다고 말했다. 그리고 곧 출발할 예정이므로 석별해야겠다고 전했다. 그의 태도는 온화했다. 방우서는 먼저 봉서를 받기 어렵다고 여러 차례 글로 써서 보였다. 원수는 귀국이 서신을 통하지 않는 것은 만국에 없는 일이라고 답했다. 그는 편지를 돌려받을 뜻이 없어 보였다. 방우서에게 체경 궤 안에 화상 그림이 들어 있다고 말했다. 방우서는 여러 차례 결코 받을 수 없다고 말했다. 그러나 원수는 마침내 궤를 깨고 꺼냈다. 방우서는 봉서와 물종 2건을 잠시 고군산진첨사 이동은에게 맡겨서 봉해두게 했다.

원수는 자질구레한 물건은 배에 다 실을 수 없으므로 깨진 배의 돛대, 변폭(邊幅, 피륙의 올이 풀리지 않게 짠 천의 가장자리 부분)은 잠시 이곳에 맡겨두고 훗날 운반해 가겠다고 말했다. 방우서는 이교(吏校, 중앙관청이나 지방의 각 관아, 군영에서 근무하던 하급 관리)에게 그것을 기록하게 해서 유치건기(留置件記, 맡아둔 물건의 이름을 적은 글)를 만들어 고군산진의 관가 건물에 거두어 간직할 계획이었다. 또 나중에 혹시 그것을 잃어버렸다고 할 수도 있으므로 후에 잡다한 이야기가 없도록 진장에게 표지를 한 후 주라고 지시했다. 도수건기(都數件記, 모두 합한 물건 수를 적은 글)가 나오면 이를 조정에 올려 보낼 계획이었다.

원수는 처음에는 다음 날 일찍 배에 오르겠다고 했다가 나중에는 가까운 며칠 사이 순풍을 기다려 떠나겠다고 말을 바꾸었다. 방우서는 소 10마리, 돼지 136마리, 닭 3백 마리, 미역과 조개, 물고기와 채소 등을 공급해주겠다고 전했다. 원수는 감격해서 일어나 여러 차례 머리를 숙이고 감사했다.

8월 4일, 날이 어두워질 무렵 이국인들은 일제히 배에 올랐다. 그리고 이튿날 동이 틀 무렵 배를 띄웠다. 배는 잠깐 사이에 시야에서 사라졌다. 그들이 맡겨둔 것은 크고 작은 장막이었다. 작은 장막 안에는 불과 목판 한 개와 하찮은 철물이 있었다. 마음대로 처분하라는 뜻이었다. 큰 장막 안에는 깨진 배에 있던 돛과 변폭, 목재, 노와 새끼, 포장(布帳), 작은 배 등이 있었다. 흙과 돌로 둘러싼 것이 봉표(封標, 능 터를 미리 정해 봉분을 하고 세우는 나무 표) 같았다. 방우서는 잡인들이 건드리지 않도록 하라고 지시했다.

그들이 남겨둔 물건은 다음과 같다. 큰 장막에 있는 것은 작은 배 3척, 유리등(琉璃燈) 8좌, 족상(足床) 19좌, 돛대, 장막대(帳幕竹), 대목물(大木物) 20개, 범폭(帆幅) 3건(件), 선삭(船索) 20태(駄), 대소목두(大小木頭) 100개였다. 작은 장막에 있는 것은 철물 3석, 목판 1개였다.[164]

8월 4일 비변사에서는 헌종에게 다음과 같이 아뢰었다. 이국인들이 전한 서봉을 지금에야 겨우 베껴 왔다. 이국인들이 전라도 감사에게 양식과 배를 요청한 내용이었다. 따라서 지난해의 글과 같은 예라고 볼 수 없다. 감사가 답서에서 그들이 바라는 대로 각별히 양식과 배를 베풀겠다고 하면 일이 온당할 것이다. 그들의 글 가운데 회문을 받겠다는 대목이 있었다. 이것을 결정하지 않으면 안 된다. 승문원에서 글을 지어 내려 보내서 문정관이 타일러 경계하게 해야 한다. 또한 감사의 답서도 지어서 내려 보내야 한다.[165]

8월 11일 비변사에서는 헌종에게 이양선의 사후 처리 문제를 건의했다. 전라감사 홍희석의 장계에 따르면, 고군산에 왔던 이양선은 이미 떠났다. 이른바 서봉은 그대로 둘 수 없으니 뜯어본 뒤에 글을 베껴서 본사(本司, 비변사)로 올려 보내게 해야 한다. 원본과 물건들은 우선 그 진장에게 봉해서 간수해두게 해야 한다. 두막(幕)은 봉해서 막고 유의해 지키게 해야 한다. 섬 백성이 한 달에 걸쳐 이방인들에게 물건을 대주느라 폐단이 많았을 것이다. 전라도에서 각별히 조치해서 백성들이 살 곳을 잃고 흩어지는 일이 없도록 해야 한다.

이번 일은 갑자기 임기응변하느라 잘못된 점이 많을 것이다. 시간이 늦어서 답서를 보이지도 못했다. 이국인들이 돛을 올리고 헛되이 돌아가며 물건을 남겨두었다. 뒷날을 걱정하지 않을 수 없다. 이국인들의 글 가운데 이미 대청국과 화친했다는 대목이 있었다. 그들은 마카오에 살도록 허가된 자들 가운데 하나일 것이다.

일찍이 임진년(1832)과 을사년(1845)에 영선이 와서 정박했을 때도 청나라 예부에 자문을 보낸 일이 있었다. 이번은 두 해에 비해 더욱 정상을 헤아릴 수 없는 일이 많았다. 괴원(槐院, 승문원)에서 전후 불란서인의 일과 기해년(1839)에 양인(洋人)에게 국법을 적용한 일을 알리는 자문을 지어 역행(曆行) 편에 부쳐 보내야 한다. 이어서 청나라 황제가 양광총독에게 명령해서 이국인들이 다시는 우리나라에 오는 폐단이 없게 해야 한다.[166]

선교사 살해는 정당하다

헌종은 비변사의 요청을 받아들였다. 조선 정부는 프랑스인들이
다시 찾아올 것이 두려워서 세실 함장의 편지에 답장을 보냈다.
서신은 북경을 거쳐서 마카오에 있던 라피에르 함장에게 전달되
었다. 또한 왕의 포고로 그 편지 내용을 전국에 알렸다. 라피에르
함장에게 보낸 편지가 조선에서 반포된 것과 같은 것인지는 알 수
없다.[167] 조선에서 반포된 편지는 다음과 같다.

> 지난 해 여름 이양선이 놓고 간 봉서함 하나를 우리나라
> 외연도민에게 받았다. 크게 놀라 열어보니 귀국 원수가 우리나라
> 보상(輔相)에게 보내는 서한이었다. 그 글은 다음과 같이 말했다.
> "안묵이(앵베르), 사사당(샤스탕), 모인(모방) 세 분은 우리나라에서
> 크게 덕망이 높은 인사들이다. 그들은 뜻밖에 고려에서 해를
> 입었다. 우리는 세 분의 죄가 무엇인지 따져 물으러 왔다. 고려의
> 율법은 외국인의 입경을 금하는데, 저 세 분이 입경했으므로 그들을
> 해쳤다고 한다. 그렇다고 해도 입경을 범한 한인(漢人), 만주인,
> 일본인은 호송해서 국경 밖으로 보내고 해를 가하지 않았다. 또한
> 만일 그 백성 가운데 타국에서 살인, 방화 같은 죄를 범하는 자가
> 있으면 자세히 조사해서 죄를 다스리지만 용서하지 않는다. 만일
> 무고한데도 학대받고 피해를 입은 자가 있으면 우리 불랑국을 크게
> 모욕한 것이다."
> 우리는 이에 대해 일일이 명쾌하게 말해야 하겠다. 일찍이

기해년(1839)에 우리나라에 이국인이 있었다. 그들이 언제 법을 어기고 들어왔는지는 모른다. 그들은 우리나라의 옷을 입고, 우리 언어를 배우고, 밤에 길을 걷고 낮에 숨어서 종적을 감추었다. 또한 우리나라의 흉악하고 사나운 무리, 반역자와 관계를 맺고 몰래 모반을 꾀했다. 그래서 마침내 붙잡아 법률을 적용했다.

그들의 내력과 성명을 물었다. 자신들은 서양국인으로 이름은 범세형(范世亨, 앵베르), 나백다록(羅伯多錄, 모방), 정아각백(鄭牙各伯, 샤스탕)이라고 했다. 편지에서 말한 것이 혹시 이 사람들이 아니겠는가. 그들에게 따져 물을 때 처음에는 불랑국인임을 밝히지 않았다. 비록 밝혔다 하더라도 우리는 귀국의 이름을 처음 들었다. 그러니 어떻게 귀국인임을 알고 우리나라에서 밀입국을 금하는 법을 적용하지 않았겠는가. 실제로 그들이 모습을 바꾸고 거짓 이름을 쓴 까닭은 밀입국하려는 데 있었다. 어찌 그것을 우연히 표류해 온 사람과 같이 볼 수 있었겠는가.

우리나라는 해변에 있어 종종 이국의 표류선이 와서 댄다. 아직 교통한 적이 없는 나라일지라도 위급한 어려움이 있으면 즉시 위로하고 옷과 양식을 주며 사람 편에 딸려 호송하는 것이 우리 국법이다. 귀국인이 표류해 온 게 아닌데 어떻게 표류해 온 한인, 만주인, 일본인처럼 우리나라에서 예로 대할 수 있었겠는가. 또 어떻게 귀국인임을 알아서 무고하게 해칠 수 있었겠는가.

대욕(大辱)이란 것은 더욱 놀랍고 괴이한 말이다. 태서(泰西)와 대동(大東)은 서로 수만 리나 떨어져 있고, 서계(書契, 외교문서)가 통하지 않으며, 배와 수레가 오가지 않는다. 그런데 어떻게 서로

간섭할 일이 있고 무슨 은혜와 원한이 있어서 그런 모욕을
주었겠는가.

여러분, 한번 생각해보라. 우리나라 사람이 모습을 바꾸고 법을
어기고 귀국에 들어가 몰래 은밀한 일을 행한다면 귀국도 이것을
논하지 않았겠는가. 또한 만일 한인, 만주인, 일본인이 지난번의
귀국인처럼 국법을 어겼다면 우리나라 국법대로 그들을 처리하지
않았겠는가. 몇 년 전에 우리나라 옷을 입고 우리나라에서 종적을
감추고 출몰한 대청인(1801년 신유박해 때 잡혀 사형당한 중국인
주문모 신부를 말함)이 있어서 우리 국법으로 다스렸다. 그러나
그것을 상국(上國, 중국)이 잘못을 따져 꾸짖지 않았다. 왜냐하면
상국 역시 우리 국법을 알고 있었기 때문이다.

생각해보시오. 설령 그때 귀국인이란 것을 알았다고 해도 그 소행이
방화, 살인과 같은 것만이 아니었으므로 그것은 이른바 스스로 죄를
저질러 사리에 몹시 어그러지게 된 것이다. 하물며 당초 어떤 나라
사람인지도 모르므로 우리나라의 간사하고 흉악한 범죄에
해당되어 극형에 처했다. 이런 사정은 두말할 필요 없이 명백한
것이다.

이제 회문을 받으러 온 것은 이상한 일이 아니다. 하지만 가만히
생각해보면 작년에 던져두고 간 글은 우리가 회답할 의무가 없었다.
두 나라 사이에 서로 공경하는 의리와 예의가 없기 때문이다. 또한
우리나라는 대청을 복종하고 섬기고 있으므로 다른 나라와 왕복할
경우 (대청에) 아뢰어 요청해야 한다. 이제 귀국의 회답을 대청에
아뢰어 허락받은 것이 아니므로 회답할 수 없다. 비록 우리나라

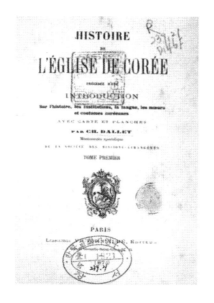

프랑스인 달레가 지은
《한국천주교회사》의 속표지.

재상을 통해 회답했을지라도 그 말뜻은 이런 것에 지나지 않을
뿐이다. 이처럼 사실을 널리 알리니 참작해 살피기 바란다.[168]

　　달레의 기록은 위의 글과 조금 다르다. 달레의 책에는 "우리
는 금년에 귀하들의 편지에 대한 답장을 받으러 귀하들이 오리라
는 것을 알고 있었습니다. 하지만 그 편지가 필요한 격식을 갖추
지 않고 전달되었으므로 우리는 거기에 답장할 의무가 없었습니
다. 이 사건은 일개 관찰사가 관여할 문제가 아닙니다"[169]라고 기
록되어 있다. 서신을 받은 라피에르 함장은 중국 정부를 통해 조
선에 답신을 보냈다. 이것은 프랑스와 조선 정부 사이에 정식으로
오간 최초의 공식적인 문서였다. 라피에르의 편지는 다음과 같다.

1848년 초에 불국 군함 한 척이 고군도에 남아 있는 것을 찾으러 조선에 갈 것입니다. 불국인들을 죽인 사실을 변명하기 위해 조선 정부가 제시한 이유들은 받아들일 수 없는 것들입니다. 앞으로 어떤 불국인이 조선에서 잡히면 그 사람은 북경으로 돌려보내야 할 것입니다. 달리 행동한다면 중대한 불행에 직면하게 될 것입니다.[170]

조선 국왕과 대신들이 라피에르의 편지를 읽었는지는 알 수 없다. 라피에르 함대가 조선을 떠난 후 얼마 정도 시간이 지난 그해 11월 25일, 헌종은 성정각(誠正閣)에서 전라좌도 암행어사 이교영과 전라우도 암행어사 유치숭을 만났다. 그들은 이양선이 머물던 곳의 민정을 시찰하고 돌아왔다.

헌종 이양선이 와서 정박한 곳을 보았는가?
유치숭 보았습니다. 고군산에 있었습니다.
헌종 그들을 보았는가?
유치숭 보았습니다.
헌종 소동은 없었는가?
유치숭 처음 문정할 때는 소동이 없지 않았지만 이제는 없습니다.
헌종 그들이 칼을 뽑았다고 하던데 사실인가?
유치숭 관리들이 자신들의 글을 받지 않는다고 하므로 그렇게 행동했습니다.[171]

먼저 적을 헤아려야 한다

한편 라피에르 함대가 출현한 사건은 유학자들이 척사론을 일으키는 한 배경이 되었다. 훗날 1860년대에 거세게 번져간 위정척사론은 이미 그 무렵부터 싹트고 있었다. 부사직(副司直) 성근묵이 조정에 올린 상소는 척사론의 원형을 담고 있다.[172] 라피에르 함대가 조선을 떠난 지 얼마 지나지 않은 그해 8월 9일 성근묵이 올린 상소를 간추리면 다음과 같다.

지난해 홍주에 온 이양선이 흉악한 글을 보냈다. 기해사옥 때 몰래 국경을 넘어온 양인을 목 베어 죽였는데, 우리가 자기네 나라 사람을 죽였다고 했다. 그 사연은 변명할 것도 없다. 우리나라 사람이 적을 숨겨준 자취는 이미 드러나서 하루도 용서할 수 없었다. 그런데도 적의 계략은 점점 더하고 재앙과 난리가 빚어졌다. 그래서 이번에 고군산에 양선(洋船)이 오게 되었다.

이것은 표류해 온 배이겠는가? 해적이겠는가? 우리나라는 그들을 표류해 온 배로 대우해서 마치 먼 데서 온 자처럼 회유했다. 이것은 임기응변하는 기묘한 대책이 아니다. 다만 우리의 속마음과 있는 그대로의 사실을 드러내서 우리가 본래 약한 것처럼 보였던 것이다. 적이 온 데는 반드시 까닭이 있을 것이다. 그들이 머무는 데도 반드시 믿는 바가 있을 것이다. 양인을 숨겨준 간사한 무리 가운데 반드시 그런 사람이 있을 것이다. 그들을 불문에 부치지 않았다면 천하고금에 어떻게 이런 일이 있겠는가?

우리가 적을 헤아리는 것이 도리어 적이 우리나라를 엿보는 것만 못하다. 한갓 사악한 술법에 속고 사악한 적에게 깔보이며 오직 요망스럽고 간사한 것이 스스로 사라지기만 바란다면, 장차 우리 소중화(小中華)의 온 고장은 함께 멸망해서 구제할 수 없을 것이다. 이 적은 방자하게 의리를 말하고 전에 없던 이단을 새로 만들어서 성인의 도를 위협한다. 이것은 중화와 이적, 인간과 금수가 갈라지는 큰 요점이다.

저 배들이 말처럼 바다를 마구 다니면 거의 범에 날개가 달린 것 같아 더불어 대적할 자가 없을 듯하다. 요사(妖邪)를 부리고 제 힘을 믿는데도 천하무적이라는 것은 전에 듣지 못했다. 요(妖)가 덕(德)을 이기지 못하고 사(邪)가 정(正)을 이기지 못하는 것은 천지의 변함없는 이치다. 어떻게 요순과 공자의 도가 바다 바깥의 요사한 적에게 욕을 당하는 일이 있겠는가? 오늘날 국왕이 몸가짐을 바로 하고 성학(聖學)에 힘쓰며 정론을 행한다면 양학과 사악한 무리는 두렵지 않을 것이다.

헌종은 성근묵의 상소를 가상하게 여겼다. "이양선이 해마다 오는 것은 매우 놀랍다. 이제 그대의 상소를 보건대, 사(邪)를 물리치는 말이 매우 절실하고 명쾌하다. 비류(匪類)가 들으면 마음을 고치고 자취를 감출 만하다"면서 조정에 나와 자신을 도와달라고 답했다.[173] 《철종실록》은 성근묵이 우계 성혼의 후손으로 그의 "문장은 사설(邪說)을 물리치는 데 엄격해서 정도를 호위하고 정학을 밝혔다"[174]고 평했다.

이규경은 라피에르 함대의 고군산도 난파 사건에 대해 관찬 기록과는 다른 이야기를 전한다. 그는 당시 사건이 한창일 무렵 전라감사의 장계를 본 사람이 전해준 말을 기록하고 있다. 당시 전라도에는 다음과 같은 말이 떠돌고 있었다고 한다.

이 배가 와서 정박한 뒤에 전하는 말로는 하늘에서 갑자기 격렬한 천둥과 벼락이 쳐서 삽시간에 배에 타고 있던 오랑캐들을 죽였다고 한다. 이것은 잘못 전해진 말이다. 대체로 호남의 바닷가 사람들이 이 일로 놀라고 두려워하며 오랫동안 어수선하고 안정되지 못한 데서 만들어진 말이다.[175]

이규경은 이 사건을 의심의 눈초리로 관찰하고 있었다. 그가 보기에 프랑스인들이 지난해에 받지 않겠다는 문서를 억지로 던지고 이듬해 다시 회답을 받으러 오겠다는 말을 남기고 간 것은 장차 난을 일으킬 조짐이었다. 또 이번에 도착한 프랑스인들이 많은 배에 무기를 싣고 와서 육지에 내려 막사를 치고 무기와 화약을 만든 것은 자기들의 힘이 세다는 것과 오래 머무르겠다는 뜻을 보이려는 것이었다.

또한 그들은 양식을 청하고 배를 빌려달라고 했으며 허다하게 이치에 맞지 않는 말을 했다. 그 뜻은 양식과 배에 있는 것이 아니라 우리를 한번 시험해보려는 것이었다. 만일 그들이 청한 것을 들어주지 않으면 위협하고 해독을 끼치기 위한 핑계로 만들려는 간사한 꾀였다. 남겨둔 배 가운데 하나는 섬에 움직이지 않게 해놓았다. 이는 중요한 시점에 일을 일으켜서 이를 빌미로 타고 넘어오기 위한 것이었다. 또 한 척은 바닷가에 놓아두었는데, 이는 무기가 소실되면 이것으로 트집 잡으려는 계책이었다.

　이규경은 조선 관리와 프랑스인 사이에 일어난 분쟁도 기록했다. 조정에서는 한참 뒤에 프랑스인들이 요청한 양식을 주었다. 그들은 이를 물리치고 받지 않으면서 "어떻게 너희 나라에서 주기를 기다려 먹겠는가" 하고 말했다. 그리고 봉서 한 통을 꺼내어 만경현감에게 주면서 조정에 올리라고 했다. 현감은 처음에는 거부하고 받지 않았다. 그러나 협박하므로 어쩔 수 없이 받아 감영에 올렸다. 감사는 함부로 문서를 받았다는 죄목으로 현감을 파면했다. 감사는 그 글을 돌려보내자고 조정에 청했다. 조정에서는 이미 날짜가 지났다며 대죄거행(戴罪擧行, 죄가 밝혀질 때까지 현직에 그대로 두고 일하게 함)하게 했다.

　또 오랑캐들은 부안현감에게 봉서를 올려 회답을 받게 했다. 부안현감은 "이 일 때문에 앞서 만경현감이 파직되었는데, 내가 어떻게 감히 따르겠는가" 하고 굳게 거절하며 받아들이지 않았다. 그 장군은 호통을 치며 죽이겠다고 위협했다. 부안현감은 두려워서 글을 받고는 사유를 적어 감영으로 보냈다. 전라감사도 이런 뜻과 함께 봉서를 조정에 올렸다. 봉서 가운데 화상(畵像) 3건이 있었는데, 감사는 이것을 숨기고 내놓지 않았다. 글의 내용도 숨겼다. 바닷가에 사는 백성들에 따르면, 그들이 여자를 많이 약탈해 갔다고 한다.[176]

굿으로 서양 도깨비를 쫓아야 한다

고군산도의 이양선 사건은 재미있는 일화도 남겼다. 호암 문일평은 당시 고군산도에서 일어난 일을 다음과 같이 전한다.

최초 불함이 신치도에 표몰할 때 그 근방 인민이 모두 환산(渙散, 뿔뿔이 헤어짐)하여 일대 난리가 난 것처럼 소동하였다가, 불인이 물러간 뒤에야 비로소 다시 모여들게 되었다 하거니와, 여기 우스운 이야기가 하나 있다. 불인이 물러갈 때 그 남겨둔 물품은 산더미같이 많았는데, 그것을 신치도의 진고(鎭庫)에 봉치(封置)하고 아주 주의하여 수호하더니, 하루는 그 진고에 간직한 궤중(櫃中)으로서 똑딱똑딱하는 기괴한 소리가 들린다. 그러나 이 똑딱 소리가 7일 동안이나 끊이지 아니하므로, 도민들이 그 소리를 듣고 모두 놀라서 서로 말하되, 전일에 왔던 양인들이 필시 도깨비를 떨쳐두어 우리 도민에 재해를 주려 함이니 굿을 해서 도깨비를 쫓는 수밖에 없다 하여, 상의한 결과 마침내 굿을 하게 되었는바, 과연 얼마 뒤에 똑딱 소리가 끊어짐을 보게 된 도민들은 굿의 영험을 자랑하였다 한다. 그러나 추후에 알고 보니 똑딱 소리 나는 것은 도깨비가 아니요 자명종이었다. 오늘날까지 이 사실이 그 섬사람의 웃음거리로 전해 온다 한다.[177]

이능화는 고군산도에 사는 노인들이 서로 전하는 이야기를 들려준다. 헌종 정미년(1847)에 불선이 조난했다. 상해에서 구조선이 와서 인원을 태우고 떠날 때였다. 불인들은 총포로 한 사람을 쏘아 죽이고 바닷가 모처에 묻었다. 섬사람들은 이것을 양총(洋塚)이라고 불렀다. 살해당한 사람은 아마 배의 요원(要員)일 것이다. 조난당할 때 남에게 허물을 돌려서 그를 죽였는데, 이는 책임 소재가 있기 때문이다.

몇십 년인지 알 수 없는 때가 지난 후에 갑자기 불인이 와서 그 무덤을 찾았다. 한 섬사람이 모성(某姓)의 조상 묘를 잘못 알려주었다. 불인이 바로 그 묘를 파서 두개골을 가지고 갔다. 후에 그 묘의 자손 등이 조상 묘에 성묘하러 왔다. 그런데 어떻게 이런 일이 있을 것인가. 힘껏 조사하고 널리 찾아본 후 불인이 조상 묘를 파 간 사실을 알게 되었다. 즉시 경성으로 달려가 불국 공사에게 조상의 유골을 돌려달라고 교섭했다. 하지만 끝내 그 뼈를 잃어버리고 말았다고 한다.[178]

역사학자 홍이섭도 이능화와 비슷한 이야기를 전한다. 그는 1949년 10월 16일부터 20일까지 전북 옥구군 관할 여러 섬을 탐사했는데, 고군산 현지에서 다음과 같은 이야기를 들었다. 당시 프랑스인들은 배를 잘못 부린 죄로 선장을 목 잘라 죽이고 장막터(프랑스인이 머물렀던 곳)에 묻고 갔다고 한다. 선유도(仙遊島) 진리(鎭里)에 사는 홍씨(57세)에 따르면, 그로부터 55년쯤 후에 프랑스인들이 시신을 찾으러 왔다. 때마침 만경에 사는 한모가 예전에 프랑스인의 묘 앞에 조상의 묘를 썼다. 당시 선유도의 노인 김치중이 가리키는 대로 프랑스인의 시신을 파 갔는데, 그만 잘못 바꾸어 갔다. 훗날 한모라는 사람이 자신의 조상 묘소에 성묘하러 왔다. 그런데 양인 무덤은 그대로 있고 자기네 무덤이 없어져버렸다. 한모는 재판까지 벌였지만 할 수 없이 그대로 주저앉았다고 한다.[179] 홍이섭은 어업조합에 비치된 필사본 《고군산연혁사》를 열람하고 이를 인용했다.

> 50년 후(1897년)에 해국(該國, 프랑스) 병선이 신치 바다에 도착했다. 배의 관리 1인, 헌병 2인, 조선인 통역관 1인이 진리에 다가와서 정미년의 문정 문적(文蹟, 문서와 장부)을 보여 달라고 했다. 그때 문정 문적을 군관청(軍官廳)으로 옮겨 보관했다는데 우청(右廳)에 불이 나서 모두 타버리고 (문적도) 불에 들어갔다고 했다. 당시 (프랑스인들이) 머물렀던 진지를 가리켜달라고 했다. 그때 군인 가운데 2인이 죽어 매장했는데, 그 무덤은 알 수 없고 진을 쳤던 곳에 때마침 두 무덤이 있었다. (프랑스인들은 그것이 그때) 그 무덤이라고 생각하고 파 갔다. 배미섬(夜味島)에 사는 한경삼은 (그것이) 고조와 증조의 양 무덤이라고 했다. 그러나 한경삼은 좋은 사람이 아니라(는 평이 있어서) 어찌 할 수 없이 논의를 폐기했다.[180]

이능화는 "근년(1928년 무렵)에 한 어부가 고군산 바닷가 모래밭에서 청동제 대포 1문을 습득해서 부안군청에 팔아 잘 보존했다고 한다. 이 역시 헌종 정미에 조난당한 불함(佛艦)의 유물이다"[181]고 전한다.

한편 1848년 9월(양력)에 다블뤼 신부가 쓴 편지는 라피에르 함대가 조선을 떠난 후 조선에서 어떤 결과가 일어났는지 잘 보여주고 있다.

이 나라에서는 외국 배를 끊임없이 보게 되는 것에 매우 기분들이
상합니다. '끊임없이'라고 하는 것은 프랑스 사람들이 두 번
왔는데, 일 년 내내 그들과 그들의 배 이야기밖에는 하지 않기
때문입니다. 프랑스 배가 수십 척 왔다고들 합니다. 마치 프랑스
해군 함정 전부가 조선 해안에 와 있는 것 같은 느낌입니다.
이번에도 우리 동포들이 떠나간 뒤에 천주교인을 마지막 한
사람까지 잡아가 씨를 말리라는 매우 엄중한 청원이 여러 차례에
걸쳐 임금님께 바쳐졌습니다.(부사직 성근묵의 상소를 말함) 박해가
임박한 것 같았으므로 서울 근처에 계시던 페레올 주교님이 성직
수행을 중단하고 얼마 동안 숨어 계실 수밖에 없는 지경이었습니다.
하지만 천주께서 불충한 자들의 노력을 억제하셔서 이 소문들은
흐지부지되고 말았습니다.
하지만 천주교에 대한 증오심은 사방에서 늘어났습니다. 어떤 교우
마을은 아무런 관헌의 명령이 없었는데도 포졸들과 근처
주민들에게 송두리째 약탈당했습니다. 페레올 주교님이 성사 집행
중에 비교인들에게 들켜서 당국에 고발되었습니다. 호출되어 간
신자들은 교묘하게 대답했습니다. 아마도 그들을 신문하던 관헌의
온화한 성품 덕택이었겠지만, 신자들의 답변이 받아들여졌습니다.
지방에서는 외국인과 천주교인이 유일한 화제였습니다. 이것은
지금까지도 나라 안에서 가장 큰 사건으로 모두가 여기에 관심을
가지고 있습니다. 사람들은 프랑스 배를 우스개로 '원잡이'라고들

부릅니다. 그 이유는 나라의 오랜 법률에 따라 어떤 고을의
앞바다에 외국 배가 닻을 내리면 그 고을의 원이 즉시 파직되기
때문입니다. 이제까지 외국 배가 온 것 때문에 직접 나타난
결과로는 그 소식을 전한 모든 사람이 관직을 잃는 것 외에 다른
것이 없었습니다. 금년에는 아무도 보지 못했으므로 프랑스
사람들이 다시 나타나지 않으리라고 생각합니다만, 사실 강력한
행동을 취할 생각이 없다면 다시는 모습을 나타내지 않는 것이 더
낫습니다. [182]

서양목이 성행해서 실업할 지경

라피에르 함장이 고군산에서 철수한 후 프랑스 선교사들은 프랑
스 함대가 조선 원정에 나서주도록 서신을 보냈다. 1847년 11월
26일(양력) 조선교구장 페레올 주교는 상해에 있던 라피에르 함장
에게 편지를 보냈다. 베이요네즈호의 함장 주리엥(E. Jurien) 해군
중령은 이 편지를 발췌해서 프랑스의 해군성으로 보냈다. 페레올
주교는 1845년 9월 김대건의 안내로 다블뤼 신부와 함께 충청도
강경에 밀입국했다. 그해 10월부터는 서울에서 선교활동을 하고
있었다.

　페레올 주교는 라피에르 함대가 조선에 도착했다는 소식을
듣고 조선의 교인들이 환호성을 질렀다고 전했다. 교인들은 프랑

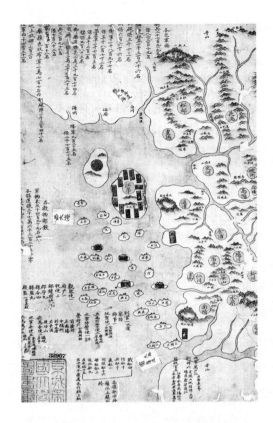

18세기에 제작된 경기도
지도 중 강화도 부분.

스인들을 기독교와 자유의 해방자이자 형제로 생각했기 때문이었
다. 페레올은 육로로 라피에르에게 편지를 띄웠지만, 그 편지가
도착하기 전에 라피에르 함대가 벌써 출발했다는 사실을 알게 되
었다. 그는 만일 프랑스 선박이 다시 온다면 원산도나 강화도가
적합할 것이라는 정보도 알려주었다. 특히 강화도는 수도로 접근
할 수 있는 곳이고, 수도로 가는 식량 수송선을 저지시키기 위해
서는 대포 한 방이면 족할 것이라고 귀띔해주었다.

만일 프랑스 선박들이 조선에 온다면, 또 그들이 우리를 돕고자
하는 뜻이 있다면, 그곳(강화도)에 얼마 동안 머물러 있어야 하며
또한 큰 힘과 단호함을 보여주어야만 할 것입니다. 만약 외국인들이
그 힘을 사용하지 않으면, 매우 우호적이고 평화적인 관계도,
(외국인들의 힘이) 강하다는 것을 납득하지 않는 어리석은
백성에게는 아무런 영향을 주지 못합니다. 아무런 힘의 과시도
결과도 뒤따르지 않는 위협은 (조선인들에게) 오만불손을 더하고
기독교인들의 이름에 증오를 더해갈 뿐입니다. 왜냐하면 왕과
관리들은 (기독교인들이) 외국인들을 불러들인다고 생각하기
때문입니다. 그리고 만일 프랑스인들이 다시 오는 것을 두려워하지
않았다면 그들은 이미 다시 학살을 시작했을 것입니다. 나는
그것(프랑스 군함의 도착)이 최후의 각의(閣議)에서 왕과 장관들을
(기독교인들을 학살하지 않도록) 만류한 유일한 이유였다는 것을
알았습니다. 우리들에게 죽음이 언제 닥쳐올지도
모릅니다(우리들을 위한 허약한 방비는 죽음입니다). (……)
만일 프랑스가 우리를 효과적으로 보호하고 싶다면 일은 더욱 쉬울
것입니다. 유럽의 항해자들은 거의 탐험되지 않은 조선의 바다를
틀림없이 두려워하고 있을 것입니다. 하지만 해안에 다가왔을 때
항해자들이 첫 번째 만나는 배를 붙잡아보면 족할 것입니다. 선장은
물길을 안내해줄 것입니다. 제가 위에서 말씀드린 강화도 동쪽에
정박하면 그들(유럽 항해자들)은 전 왕국에 명령할 수 있을
것입니다. (……) 만일 프랑스 정부가 우리들에게 종교의 자유를
얻어줄 의향만 있다면 아무런 대가 없이도 그것은 가능할 것입니다.

단호함을 표시함으로써 모든 것을 할 수 있습니다.[183]

페레올 주교는 추신에서 조선의 상업 정보도 알려주고 있다. "조선은 금광, 은광 기타 금속 광산이 풍부합니다. 왕은 철과 동의 채굴만을 허가하고 있습니다. 유럽의 직물은 이곳에서 매우 잘 팔리고 있습니다. 북경의 시장에서 큰돈을 치르고 들여오고 있습니다." 유럽인들에게는 귀가 솔깃한 내용이었을 것이다.

그런데 페레올의 정보는 사실이었을까. 여기서 당시 조선에서 서양 직물이 거래된 상황을 짚어보자. 2장에서 살펴본 것처럼, 인도산 서양포는 국왕을 비롯한 최상층을 위한 희귀품이었다. 17세기 초 명말 청초의 혼란과 청의 쇄국정책에 따라 중국과 인도양 일대의 통상은 오랫동안 단절되었다. 이 때문에 조선에서도 서양포는 거의 자취를 감춘 것으로 보인다.[184]

그 후 19세기에 들어와 조선 시장에 등장한 것이 '서양목'(西洋木)이었다. 1830년대 후반부터 조선과 청나라 사이의 무역은 조선의 홍삼과 중국의 서양목을 교환하는 것이 중심이었다.[185] 이 무렵 수입된 서양목은 영국과 미국 등 유럽산 포목이었다. 관찬기록에서는 '서양포'와 '서양목'이 같이 쓰이고 있는데, 이때의 서양포는 17세기 전의 서양포와 달리 유럽에서 생산된 직물을 뜻한다. 이양선의 관찰기록에서도 우리는 서양포나 서양목을 발견할 수 있다.

1837년(헌종 3) 비변사의 보고에 따르면, 서울 육의전의 청포전(靑布廛, 모자전) 상인들은 서양포를 목전(木廛, 백목전)에서 매매하지 못하도록 해달라고 간청했다고 한다.[186] 그해에 서양목의 판매권은 목전과 청포전에서 나누는 것으로 결정되었다.[187] 이로 미뤄보면 1830년대 후반부터 육의전에서 공식적으로 서양목이 판매되었다는 사실을 알 수 있다.

서양목의 소비량은 시간이 흐르면서 점차 늘어났다. 1844년 (헌종 10)에 지어진 〈한양가〉에는 "백목전 각색 방에 무명이 쌓였 어라. (……) 서양목과 서양주(西洋紬)라"[188]는 대목이 나온다. 페 레올 주교가 편지를 썼던 1847년(헌종 13) 무렵에는 중국에서 수 입되는 서양목 때문에 국내산 포목상들이 경영난을 겪을 지경이 었다. 1847년 비변사에서는 당시 시전의 상황을 다음과 같이 국 왕에게 보고했다.

> 백목전 상인들이 말하기를, 서양목이 나온 후 토산목(土山木)이
> 쓸모없어져서 실업할 지경이므로 북경에 왕래하는 상인이
> (서양목을) 사 오지 못하도록 금지하거나 그렇지 않으면 자신들의
> 시전에서만 판매할 수 있게 해달라고 합니다. 양목(洋木)이 해가
> 갈수록 몹시 성해서 토산은 세를 잃어가고 있습니다. 이를 염려하지
> 않을 수 없습니다. 전례에 따라 모자전과 함께 서로 판매하게 하고
> 다른 시전에서 서로 침해하는 폐단이 없게 해야 합니다.[189]

조선 시장에서 유럽의 직물이 잘 팔리고 있다는 페레올 주교 의 증언은 결코 빈말이 아니었던 셈이다.

조선 원정대를 파견하다

페레올 주교의 편지를 본국에 보고했던 주리엥 함장은 조선 입국을 계획하고 있었다. 그는 1848년 4월 6일(양력) 마카오에 도착했다. 4월 20일 본국 해군성에 보낸 편지에서는 조선 열도와 조선 해안이 프랑스의 이해관계에 중요한 곳이고, 글루아르호와 빅토리외즈호의 잔해를 거두어들이는 것이 '해군의 명예'에 관계되는 문제라고 주장했다. 그는 류큐 섬에서 조선 해안으로 가서 8월이나 9월 말경 조선 군도를 방문하겠다는 계획도 밝혔다.[190] 하지만 이 계획은 실현되지 못하고 말았다. 주리엥 함장은 〈중국과 인도양 해군기지에 관한 보고문서(1846~1850)〉에서 그간의 사정을 전했다.

> 본인은 1848년 4월 20일 글루아르호와 빅토리외즈호가 난파한
> 현장에 가 이 재난에서 남은 잔해를 거두기 위해 해군성에 허가를
> 요청해야 한다고 생각했다. 내 편지는 6월의 여러 가지 국내 사건이
> 한창일 때 프랑스에 도착해서 회답이 없었다. 나는 1849년 2월 6일
> 요청서를 다시 보내서 같은 해 6월에 공식적인 명령을 받았다.
> 그다지 대단치 않은 성과를 위해 내 승무원의 건강을 위태롭게 할
> 구조작업은 제3자를 시키거나 나 자신이 실시하지 말라는
> 것이었다.[191]

주리엥이 말한 것처럼 1848년 프랑스는 정치적 격변에 휩쓸

리고 있었다. 1848년 2월 25일 아침 임시정부는 공화국을 선포했다. 1830년 7월 혁명으로 세워진 루이 필립의 입헌군주제가 몰락하고 제2공화정이 실시되었다. 집권 공화파들은 급진적인 개혁을 추진했다. 보통선거제가 결정되고 출판의 자유, 노예제 폐지, 사형과 신체 구속 및 체형 폐지 등이 잇달았다. 하지만 보수적인 농민들과 급진적인 노동자들의 협공으로 공화정은 비틀거렸다.

그해 6월 23일부터 26일 사이에 파리에서는 폭동이 일어나 대규모 유혈 시가전이 벌어졌다. 12월 10일에 실시된 대통령 선거에서 나폴레옹 보나파르트의 조카인 루이 나폴레옹이 당선되면서 공화정은 실질적으로 사망 선고를 받았다. 나폴레옹 3세는 1851년 12월 군사 쿠데타를 감행하고 이듬해 12월 프랑스 제국의 황제로 등극했다.[192] 이런 국내 정치의 격동기 속에서 주리엥의 조선 원정 계획은 묵살될 수밖에 없었다.

하지만 프랑스 선교사들은 주리엥 함장에게 거듭 조선 원정을 요청하고 있었다. 페레올 신부는 상해의 메스트르 신부에게 편지를 보냈다. 그는 1848년 11월에 프랑스 함대가 조선으로 찾아올 것을 예상하고 배 두 척을 해안에 대기시켰다. 하지만 프랑스 배는 끝내 찾아오지 않았다. 메스트르 신부는 1849년 3월 1일 주리엥에게 보낸 편지에서 조선의 상태를 설명하며 원정의 절박함을 거듭 강조했다.

저는 이미 배가 난파된 장소로 사람을 파견했습니다. 파견원들은 거기서 배의 잔해를 보았고 지금 이 잔해를 조심스레 간수하고

있습니다. 저희들은 라피에르 씨가 보낸 편지에 대해서는 자세히
모릅니다. 단지 국왕 폐하와 장관 각하께 보냈던 상자가
반송되었고, 이 상자는 지금 버려진 물건과 같이 있다는 것만 알
뿐입니다.
사람들은 올해 프랑스인들을 기다렸고, 풍문이 그치지 않았습니다.
어떤 풍문들은 만약 더 이상 프랑스인이 보이지 않으면
기독교인들에게 복수하겠다고 위협하고 예고하는 것이었습니다.
또 다른 풍문들은 프랑스인들이 겁이 많고 어린애처럼 행동한다고
하는 것들입니다. 왜냐하면 만일 프랑스인이 이 나라에서 (기독교
포교의) 자유를 원한다면 왜 솔직하게 말하지 않으며 소리 높여
자유를 요구하지 않는 것인가? 만일 프랑스인이 자유를 원하지
않는다면, 이 나라를 혼란에 빠뜨리는 것 이외에 무엇하러 이
해안에 오는 것인가? 이처럼 프랑스의 처신은 모욕당하고
있습니다. (……)
우리의 왕(조선 국왕)은 국민에게 조금도 선정을 베풀지 않고 모든
사람에게 심한 원성을 사는 나쁜 인물입니다. 국민들은 왕의
난폭성을 없애버리기 위해 차라리 프랑스인들이 전쟁을 일으키는
게 좋을지도 모른다고 말할 지경입니다. (……)
이교도인과 당국은 기독교도와 프랑스인의 관계를 간파하고
기독교인들을 심히 위협하고 있습니다. 우리를 비난하는 치사한
벽보가 나붙었고, 저들은 왕에게 탄원서를 제출했습니다. 한마디로
불길한 징후뿐입니다. 한 관리는 제출한 탄원서에서 외국인들의
귀환을 막기 위해 예외 없이 기독교인을 몰살시키자고

청원했습니다. 또한 이는 당국자들의 바람이기도 합니다. (……)
모든 사람들은 프랑스국을 조사하며 외국 선박을 '관리 삼키는
자'라고 부릅니다. 이 나라의 관례에 따라 선박이 닻을 내리는 곳에
소속된 관리는 즉시 면직되어야만 한다는 이유도 바로 이
때문입니다. 도착한 배의 국적과 경로는 도착 소식을 전달하는 모든
사람의 파면 외에는 아무런 직접적인 효과도 없습니다.
현재의 왕은 국민에게 그런 것만큼 종교를 위해서도 아무런 선정을
원치 않습니다. 그는 외도만을 일삼으며 아무 데서나 참수하고
누구의 조언도 듣지 않는 이성 없는 젊은이입니다. 그는 자신의
일시적인 기분과 욕망만을 인식할 따름이며, 기분과 욕망을
만족시키기 위해 이 나라의 가장 신성한 관습을 멸시할지라도 아무
거리낌이 없습니다. 그 결과 그는 일반적인 분노를 일으켰습니다.
귀족과 평민, 부자와 서민 모두가 왕에 대한 불만으로 가득 차
있습니다. 어떤 이들은 변화를 원합니다. 아마도 변화를 원할지도
모르는 다른 이들은 그들의 지위를 잃어버릴까 두려워합니다. 모든
것이 비정상적인 상태에 놓여 있으며, 지위와 권위는 매매되고,
모든 이들은 할 수 있는 일에 급급할 따름입니다.[193]

메스트르 신부는 조선에 입국하기 위해 1849년 5월 초 서해
안의 백령도로 향했다. 페레올 주교가 교우들을 보내 맞이하기로
했지만 막상 그들을 맞이할 배는 없었다. 메스트르 신부는 선원들
의 강요에 밀려 어쩔 수 없이 다시 상해로 돌아올 수밖에 없었
다.[194] 1849년 5월 14일자 메스트르 신부의 편지에 따르면, 그는

라피에르 함장이 본국으로 귀환했다는 사실을 알게 되었다.[195]

그 무렵 조선 해안에는 기독교 포교와는 무관한 프랑스 선박들이 가끔 나타나고 있었다. 1849년 여름 프랑스 포경선 리앙쿠르호(Liancourt)는 동해에서 고래잡이를 하다 독도를 발견하고 리앙쿠르 암초라고 이름 붙였다. 이후 독도는 서양인들에게 리앙쿠르 섬으로 알려지게 되었다. 1851년에는 프랑스 포경선 나르왈호(Narwal)가 제주도 근해에서 좌초되었다가 구조되기도 했다.[196]

나르왈호의 난파 사건은 조선 측의 기록에도 나온다. 1851년 3월 24일(음력) 제주도 대정현 모슬진(摹瑟鎭) 앞바다에 정체를 알 수 없는 배 한 척이 서북쪽 바다에서 홀연히 나타났다. 그 배는 돛대가 세 개 달려 있었다. 배에 탄 사람들은 머리에 비단을 썼고, 푸르거나 붉은 색 옷을 입고 있었다. 그들은 각각 조총을 들고 있었다. 조선인들은 그들에게 찾아온 이유를 물었다. 그들은 자신들이 대법란서국(大法蘭西國) 사람이며, 상해현에서 대청인과 함께 물에서 잃어버린 사람을 찾기 위해 이곳으로 왔다고 답했다. 배에 먹을 것이 없어서 급히 식량을 청한다고 말했다.

조선인들은 이 나라의 법에서는 문정한 후 식량을 공급한다고 답했다. 양인은 청나라 사람들에게만 말할 뿐 조선 사람의 물음에는 답하지 않았다. 청나라 사람의 말에 따르면, 배에 탄 사람은 대청인이 11명, 난서인(蘭西人)이 23명이고 집물은 조총, 환도, 일용기명(日用器皿)밖에는 없다고 했다. 배에는 돌덩이(石塊)가 많이 실려 있었다. 배의 길이는 대략 20파(60미터), 넓이는 7파(21미터)이고 밖에는 푸른색이 칠해져 있었다.

조선인 관리들은 그들의 요청대로 백미 2석, 산 닭 10마리, 땔나무 10단(丹), 숯 2석(石)을 준비해주었다. 그들은 답례로 서양목 2단(端), 유리병 16개를 주었다. 그러나 식량은 우리나라에서 먼 나라 사람을 위로하는 전례에 따른 것이므로 보답하지 않아도 된다고 말하고 돌려주었다. 그들은 나는 것처럼 빠르게 돌아가면서 모래밭에 물건을 던지고 갔다. 어쩔 수 없이 대정현에 맡겨두고 훗날의 증빙을 삼도록 했다.[197]

달레는 당시 상해 주재 프랑스 총영사인 드 몽티니(de Montigny)가 조선에서 난파한 포경선을 구조하려 조선에 왔다고 기록했다. 프랑스 포경선 한 척이 조선 연해에 좌초했을 때 승무원들은 조선 관헌에 붙잡혀 위험한 처지였다. 몽티니는 서양식 중국 배를 세내서 영국인 두 사람을 데리고 프랑스 선원을 인도하러 왔다고 한다.[198] 제주도 모슬진에 나타난 프랑스 선박은 이것을 가리킨 것으로 보인다.

프랑스 신부의 밀입국

한편 메스트르 신부는 그 후에도 여러 차례 조선에 들어오려 했지만 번번이 실패하고 말았다. 1852년 8월(양력) 드디어 기회가 찾아왔다. 중국 강남 포교지의 예수회 신부 한 사람이 안내인을 자처하고 나섰다. 상해의 프랑스 영사는 엘로(Helot) 신부에게 난파선의 잔류물을 둘러보라고 위임하고 이 구실로 조선 선교사의 비밀 입국을 돕기로 했다. 중국 배는 나무 닻을 올리고 짚으로 만든 돛을 펼치고 고군도로 향했다.

험한 폭풍우를 헤치고 9일째 되던 날 메스트르 일행을 태운 배는 조그만 군도에 도착했다. 메스트르 신부는 고군산이 어딘지 알아보지 못했다. 메스트르 일행은 작은 섬에 내려서 고군도가 어디인지 물었다. 섬사람들은 "그런 섬은 알지 못한다"고 대답했다. 얼마 후 이 소식을 들은 판관(判官, 부안·고부군수 김직선)이 찾아왔다. 엘로 신부는 해안경비 관리(검모포 만호 김경호)에게 편지를 보이며 고군도를 가리켜달라고 청했다. 그 관리는 대답하지 않고 딴 문제로 넘어가려 했다. 엘로 신부는 그에게, 고군도를 알려주어야 하며 바로 그 장소에 가서야 자기가 위임받고 온 문제를 의논하겠다고 통고했다. 판관이 침묵을 지키자 엘로 신부는 고군도를 찾으려고 다시 배를 출발시켰다. 메스트르 신부는 배가 섬을 돌자 가파른 산비탈에 프랑스 난파자들이 만들었던 길을 알아보았다. 조금 더 떨어진 바다에 군함의 잔해물이 있었다.

이튿날 날이 밝자 메스트르 일행은 고군도에 내렸다. 전날 조사하러 나왔던 관리가 그들 곁으로 왔다. 이 관리가 고군도를 알려주지 않았으므로 엘로 신부도 이를 구실로 그가 배에 오르는 것을 거부했다. 해안 경비관은 다만 자기 나라의 풍습에 따라 예방하러 온 것이라고 말했다. 엘로 신부는 "그런 명목으로라면 내 배에 올라와도 좋소. 왜냐하면 그런 점에서는 우리도 남에게 조금도 지지 않기 때문이오. 하지만 당신은 일에 대해서는 말하지 말아야 한다는 것을 아시오. 나는 이제 당신의 도움이 없어도 내 임무를 수행할 수 있기 때문이오"라고 대답했다.

인사가 끝난 후 관리는 고군도의 작은 마을로 돌아갔다. 두 선교사는 해가 지자 육지에 가까운 곳에 배를 댔다. 8월 29일 날이 밝자 메스트르 신부는 초라한 조선 옷으로 갈아입고 배에서 내렸다. 힘센 중국인 네 명이 대나무로 돛대를 만들고 거적으로 돛을 달아 지시받은 해안으로 조용히 진전시켰다. 메스트르 신부는 작은 보따리를 등에 짊어지고 깎아지른 산길을 기어올라 빠르게 사라졌다.

엘로 신부는 중국 배에 그대로 남아 있었다. 해안 경비 관리가 다시 배로 찾아왔다. 엘로 신부는 냉정하게 그가 배에 오르지 못하도록 막았다. 그는 그곳을 떠나 큰 마을로 돌아갔다. 해가 떨어지자 해안을 따라 군데군데 불이 밝혀지고 감시가 계속되었다. 엘로 신부는 대리 공사 역할을 계속하기 위해 다시 고군도로 가서 닻을 내렸다.

조선의 판관은 부하 포졸 가운데 한 사람을 높은 관리로 꾸미고 임시변통으로 많은 수행원을 따르게 했다. 이튿날 50명 이상이나 되는 조선인들이 큰 배 세 척에 나누어 타고 엘로 신부가 있는 중국 배에 다가갔다. 조선인들의 배에는 깃발들이 펄럭이고 있었다. 거기에는 큰 한자로 "이 지방의 대관(大官)이 평화로운 질문을 하러 온다"고 씌어 있었다.

당시 중국 배에는 선원이 8명뿐이었다. 무기라고는 식칼밖에 없었고 배는 너비 3미터에 지나지 않았다. 엘로 신부는 자칭 조선의 고관을 배로 맞아들였다. 그 사람은 서기 6명과 통역을 데리고 오겠다고 청했다. 엘로 신부는 먼저 물었다.

"그대는 내게서 무엇을 알고자 하는가. 모든 것은 그대가 알고 있을 터이다. 내 위임편지로 설명이 되지 않았는가. 만일 그대가 관리라면 내가 맡은 사항밖에 할 수 없다는 것을 적어도 알 수 있을 것이다. 그런데 나는 난파선의 잔류물이 어떤 상태에 있는지 보았고 지금도 볼 수 있다. 내게는 이것으로 충분하다. 그대와는 이제 아무 볼 일이 없다. 그대는 사기꾼이지 관리가 아니다. 빨리 물러가라."

가짜 판관은 동료와 수행원을 데리고 이내 물러갔다. 그 후 여러 날 동안 엄중한 경계가 펼쳐졌다. 엘로 신부는 선원들에게 출발 준비를 마치게 하고 강남으로 향했다. 메스트르 신부는 10년 동안 조선에 접근하려 애쓰다가 드디어 페레올 주교와 다블뤼 신부를 만날 수 있었다.[199]

메스트르 신부의 밀입국 사건은 조선 조정에도 보고되었다. 1852년(철종 3) 7월 19일 오시쯤(오전 11~오후 1시) 부안·고부군수 김직선은 표류선이 비량도(飛梁島)에 도착했다는 보고를 받고 그곳으로 가고 있었다. 20리쯤 가까이 이르자 그 배는 갑자기 돛을 올리고 북쪽으로 갔다. 김직선은 그 배를 추격하라고 명령했다. 점점 거리가 가까워지자 '지방관이 왔다(地方官來到)'는 다섯 글자를 크게 써서 배 머리에 게시했다. 그 배에 탄 사람 가운데 하나가 살펴보고는 배를 돌렸다.

그들은 김직선을 배에 오르게 했다. 배에 오른 김직선은 예에 따라 문정을 했다. 그들은 전에 왔던 불란국 사람과 비슷했다. 그들은 처음에는 공손하게 말했다. 몇 년 전에 난파된 그 나라의 배와 맡겨둔 물건을 살펴보러 왔다고 했다. 하지만 문답이 오가자 동문서답하고 싫은 기색을 내비쳤다. 문답이 6단에 이르자 말하는 태도가 오만해졌다. 문답이 11단에 이르러서는 이른바 상좌라는 사람이 눈을 부릅뜨고 소리를 지르며 의자를 박차고 갑자기 일어나 협박하는 것 같았다.

김직선은 자리에서 일어나지 않고 그들을 진정시키며 붓을 들고 물었다. 그러나 그들은 돛을 들고 조선 배의 새끼줄을 끊고는 배를 출발시켰다. 김직선은 어쩔 수 없이 배에서 내렸다. 그 배는 북쪽으로 향해 갔다. 김직선은 장리(將吏)에게 높은 곳에 올라가 살펴보게 했다. 배는 신시(申時, 오후 3~5시) 무렵 만경 고군산 관할 신치에 돛을 내리고 머물 뜻을 보였다.

이른바 상좌라는 사람은 신장이 8척(약 240센티미터) 정도나 됐다. 얼굴은 붉고 눈은 푸르렀다. 머리카락은 앞을 잘랐고 뒤를 묶었다. 머리에는 베를 썼는데, 마치 초립(草笠) 같았다. 옷은 양포(洋布) 같은 것으로 만들었다. 상의는 진한 청색이고 배자(背子, 저고리 위에 입는 조끼 모양의 덧저고리)처럼 옷깃이 없었다. 통역하는 사람은 머리에 쓴 것과 옷 입은 것이 상좌와 같았다. 얼굴 생김새는 조선 사람과 다르지 않았다.

그들의 배에는 모두 11명이 타고 있었다. 판옥 안에 사람이 있는지 없는지, 물건을 실었는지 아닌지 물었지만 그들은 답하지 않았다. 문정하는 사이에 행동거지가 해괴망측해서 강하게 핍박할 수가 없었다. 다음 날인 7월 20일 묘시(卯時, 오전 5~7시) 무렵 이양선은 바람을 타고 돛을 올려 바로 서북쪽 망망대해로 향해 갔고, 더 이상 볼 수 없었다.[200]

조선을 식민지로 만들자

한편 라피에르의 난파 이후 프랑스는 조선을 잊은 것 같았다. 하지만 1850년대 중반이 되자 다시 조선 문제가 관심사로 떠올랐다. 1854년 9월 3일(양력) 프랑스 육군성 부제독은 상해에서 해군성 장관에게 다음과 같은 보고서를 띄웠다.

우리의 상선들을 보호하고 공해상에서 적들을 무찌르는 목적
이외의 일에 해군 기지의 함선들을 이용할 수 있는 전쟁
상황이라면, 저는 각하께 함선들을 조선 연안에서 사용하도록
제안하고 싶습니다. 1846년에 세실 제독이 실행했고 라피에르호의
사령관이 그 이듬해에 마찬가지로 계획했지만 불행히도
실행시키지 못했던 조선 정부에 대한 위협을 실현시키고자 합니다.
우리가 해군 분함대의 예산으로 무장할 수 있고 후에 필요에 따라
상해, 심포 등의 기지처럼 사용할 수 있는 선박 두 척을 구입할 수
있다면, 손쉽게 강화도를 점령할 수 있을 것입니다. 이 강화도는
경기도에서 수도까지 이어지는 강의 입구에 위치하고 있습니다.

선교사들의 말에 따르면, 이 섬 부근에는 아주 좋은 정박지가 있다고 합니다. 따라서 강화도를 방어하는 요새는 하나인데, 강력한 저항에 대처하기에는 허술하다고 합니다. 강의 입구를 겨냥하고 있는 단 한 문의 대포만이 식량 수송 대열을 가로막고 있을 뿐입니다. 그러므로 아마 조선의 왕은 강화도에서 일어날 모든 요구 사항들을 받아들일 것입니다.

이런 종류의 결과는 중국에서는 격한 감정을 일으킬 것이고, 필연적으로 이 제국과 좀 더 쉽게 협상할 수 있고 정치적, 상업적으로 좀 더 많은 이익을 얻을 것입니다.

이런 종류의 원정에 필요한 상세한 자료는 수로 측량을 통해 얻을 수 있을 것입니다. 또한 조선의 연안은 항해자들에게 더 이상 장애물이 되지 않을 것입니다.[201]

프랑스의 나폴레옹 3세는 1848년 2월 혁명으로 중단된 조선 문제를 해결하는 데 관심을 돌렸다. 프랑스 정부는 1853년에 영국과 함께 크림전쟁을 개시함으로써 대외 팽창 정책으로 전환하고 있었다. 나폴레옹 3세는 1855년 10월 19일 인도차이나 함대 사령관 게랭(Guerin)[202] 제독에게 긴급 지령을 내렸다. "조선의 산물, 자원, 사회상황 등에 관한 정확한 정보에 따라 앞으로 조선을 식민지화하기 위한 조건과 기회를 조사, 보고하라." 이 지령에는 1839년 프랑스 선교사 살해에 대한 해명이나 배상 요구는 전혀 없었다. 다만 조선에 식민지를 건설하기 위해 예비적인 정찰을 하라고 지시했을 뿐이다.[203]

19세기 초에 조선에서 제작된 해동여지도 중 함경도 부분.

이 비밀지령에 따라 해군소장 게랭 제독이 프리깃함 비르지니호(Virginie)를 이끌고 1856년(철종 7) 7월 16일 동해안 영흥만에서 출발해 남해안을 거쳐 서해안 덕적군도에 이르기까지 2개월 동안 조선을 탐험했다. 탐험을 마치고 중국에 돌아온 게랭 제독은 9월 30일 오송(吳松) 정박지에서 조선 해안 일대를 탐험한 결과를 해군국 식민성 장관에게 보고했다. 이 보고서는 두 부분으로 나뉜다. 첫째는 측량 보고서로, 수로 측량뿐만 아니라 도서의 발견 등을 자세히 기록했다. 둘째는 조선의 사회 상태에 관한 정보였다. 게랭은 연안 주민들과 여러 차례 만난 체험을 토대로 조선의 정치

적, 사회적 상황을 분석·비판하고 있다.[204]

게랭은 조선 원정에 나서기 전에 몇 가지 행동 방침을 정했다. 조선의 법과 관습을 존중할 것, 승무원들을 위해 물과 나무, 식량, 소를 구할 것, 물건을 받으면 값을 치를 것, 육지로 자유롭게 왕래할 것 등이었다. 그는 만일 조선인들이 자신의 요구를 거절한다면 자신의 뜻에 따르도록 하겠다고 결심했다. 모함 비르지니호에는 선교사인 무니쿠(Mounicou) 신부와 중국인 아퉁이 통역으로 동행하고 있었다.

1856년 7월 17일 비르지니호는 페추르 섬(Pecheurs, 안변 학포) 뒤에 닻을 내렸다. 곧 조선의 보트 한 척이 비르지니호로 다가왔다. 한 사람이 곧 대담한 걸음걸이로 비르지니호로 올라왔다. 그는 보통 사람들보다 큰 모자를 쓰고 있어서 신분이 높아 보였다. 그와 부하들의 태도로 볼 때 상관은 부하들에게 이국인의 병력과 조선에 온 이유를 조사하라고 지시한 것 같았다. 게랭은 흔쾌하게 모함을 상세히 보여주고 나서 자신의 필요와 요구 등을 설명했다. 조선의 관리가 상관에게 알릴 수 있도록 그들에게 말한 것을 종이에 한문으로 적어주었다. 그들의 대답은 애매하고 조심스러웠다. 그들은 서둘러 배를 떠났다.

게랭의 전속 부관은 몇 시간 후 무니쿠 신부와 아퉁을 데리고 육지로 갔다. 마을의 수령들이 마중 나와 있었다. 부관은 그들에게 예의를 갖추고는 자신의 요구와 결연한 의지를 표현했다. 마을에서 만난 사람들은 상관에게 알려서 새로운 지시를 얻을 수 있는 시간 여유를 얻으려 했다. 게랭은 소를 팔 수 있는지 24시간 안에 대답하라고 통첩을 보냈다. 하지만 조선인들은 이방인에게 소를 파는 일이 가장 큰 난관인 것 같았다.

게랭은 약속된 시간이 되자 상륙 중대 50명, 밧줄을 든 선원 30명을 보냈다. 그들에게 언덕에 숨어서 기다리게 한 뒤 신호를 보내면 소들을 해변으로 몰고 오도록 지시했다. 한편 비르지니호의 페리어(Perier) 대위는 무장 호위대를 이끌고 마을 수령의 대답을 기다리고 있었다. 그 사이 조선인 상관이 급히 달려와서 소를 팔지 않겠다고 단호하게 거절했다. 게랭이 신호를 보내자 상륙 중대원과 선원들이 출동했다. 몇 분 후 그들은 소 12마리를 해변으로 끌고 와서 기다리고 있던 큰 보트에 실었다. 그리고 그 대가로 1백 피아스터(Piastre) 은화를 관리의 발밑에 놓았다. 이 관리는 이런 이상한 거래에 놀라움을 금치 못했다.

시계를 훔친 소년

한번은 이런 일도 있었다. 페리어 대위가 영흥만에서 조선인들과 거래할 때였다. 그가 관리와 마지막 협상을 벌이고 있는 동안 한 조선인이 호위대 마지막 줄에 있는 해병 한 사람에게 모래 한 줌을 던졌다. 해병들은 이것을 무시했고 그 조선인에게 위협조차 하지 않았다. 그러나 조선인 관리는 그 사람을 잡아오게 했다. 그는 외국인의 발밑에 넘어뜨려졌고 그들 앞에서 대나무로 맞는 형벌을 받았다. 대위는 급히 이를 중단시켰다. 거기 모인 군중들은 모두 놀라워했다.

8월 15일 조선 해안을 탐사하던 중 큰 보트가 그랑 망다랭 블루 곶(Grand Mandarin Bleu) 끝에 정박했다. 보트가 그곳을 떠나려 할 때 나팔소리, 군중의 환호 소리와 함께 거대한 행렬이 나타났다. 말을 탄 조선 관리가 기와 창, 단검을 든 호위병을 화려하게 앞세우고 나타났다. 그의 뒤에는 무수한 군중이 따르고 있었다. 그는 기를 바닷가 경계에 꽂게 했다. 탐사를 맡은 프랑스 사관은 곡사포를 해안으로 겨누게 했다. 보트 젓는 사람 18명은 총과 칼을 들고 사관을 보호하기 위해 호위대를 형성했다.

이 광경을 본 조선의 기수들은 관리가 있는 쪽으로 후퇴했다. 프랑스 기는 관리가 굽어보는 조선 기 앞에 세워졌다. 프랑스 보초들은 회담의 안전을 위해 구경꾼들을 적당한 거리로 밀어냈다. 관리는 "당신들은 어디서 왔는가, 무슨 일로 여기 왔는가" 등을 묻고 "육지로 들어오면 안 된다"고 말했다. 사관은 미리 배 위에서 작성한 글로 회답했다.

"우리는 프랑스 사람들이다. 조선을 방문하러 왔다. 우리는 친구로 행동하는 자들의 친구이고, 우리를 나쁘게 대하는 이들의 원수이다. 선택은 너희가 할 것이다. 우리는 너희 행동을 모방할 따름이다."

회담은 한 시간이나 걸렸다. 그 사이 관리의 하인들이 우정과 친절한 접대의 상징으로 술과 소금에 절인 물고기를 가져왔다. 사관은 럼주를 대접했고 관리는 이를 흔쾌히 받아들였다. 회담이 끝나자 사관은 일어나서 관용의 예를 취했다. 하지만 그는 자신이 비겁하게 도망간다는 인상을 주지 않기 위해 큰 보트에서 여러 곳으로 총을 쏘게 했다. 그리고 관리가 있는 곳에서 2백 보쯤 떨어진 언덕 위에 올라가 진을 쳤다. 관리와 군중들은 깜짝 놀랐다. 하지만 군중들은 어떤 적대적인 표시도 하지 않았다.

프랑스 사관들이 카롤린 만(Caroline)에 상륙했을 때였다. 그들은 거기서 한 고관을 만났다. 그는 친절하게 사관 일행을 맞이했다. 처음에 이 관리는 모함을 방문하려 했다. 하지만 배가 출발해야 했기 때문에 관리를 맞이할 수 없었다. 이셉션 만(Ieception)에서 그 관리는 비르지니호를 방문했다. 게랭은 전속 사관에게 그를 영접하게 했다. 그는 전함을 구경하고는 기뻐하며 돌아갔다. 그가 떠난 지 두 시간쯤 후 게랭은 자신의 시계가 없어진 사실을 알았다. 관리를 수행한 사람들 가운데 한 명이 시계를 훔친 것이 틀림없었다.

게랭은 이 일 때문에 조선인 관리와 프랑스인 사이에 불화가 일어나는 것을 원하지 않았다. 하지만 전속 부관은 시계를 찾으러 가겠다고 간청했다. 게랭은 허락할 수밖에 없었다. 전속 부관은 몇몇 사관을 데리고 갔다. 그는 마을의 주민 한 사람을 강제로 끌며 관리에게 안내하도록 했다.

부관 일행은 관청 건물로 찾아갔다. 문에는 관리의 기가 그려져 있었고 그 옆에서 군사들이 야경을 서고 있었다. 관리는 급히 일어나 외국인 손님을 맞이했다. 수많은 하인들이 횃불을 들고 뜰을 비추고 있었다. 사관들이 사정을 말하자 관리는 무척 놀라고

조선 말의 화가 기산 김준근이 그린 풍속화.
관원이 죄인에게 곤장을 치고 있다.

분노했다. 그는 곧 부하들에게 명령을 내렸다.

15분쯤 지나자 한 젊은이와 나이 든 사람이 관리 앞에 끌려왔다. 나이 먹은 사람은 떨리는 손으로 시계를 들고 있었다. 그는 몇마디를 중얼거리며 용서를 구하는 것 같았다. 그는 범인의 아버지였다. 범인은 관리의 집 하인으로 15세 소년이었다. 그의 아버지와 형이 법에 따라 아들의 벌을 대신 받게 되었다. 사관들이 "도둑질은 부끄러운 죄이다. 프랑스에서는 엄하게 처벌받는다"고 하자, 관리는 "우리나라에서도 그렇다"고 말했다.

곧 판결이 내려졌고 소년은 묶여 땅에 던져졌다. 노처럼 생긴 널빤지를 든 소년의 아버지가 아들에게 매를 때릴 준비를 했다. 군중은 느리고 단조로운 노래를 되풀이했다. 그 후렴에 맞춰 아버지가 널빤지로 소년을 때렸다. 형벌이 계속되자 아버지는 널빤지를 떨어뜨렸다. 관리는 손짓으로 야경꾼들에게 지시했다. 아버지는 아들 곁에 넘어졌다. 형리가 아버지를 대신해서 소년을 치려

할 때 사관들이 중재에 나서 용서를 청했다. 관리는 주저한 끝에 마침내 용서했다.

형리와 죄인, 야경꾼들이 물러났다. 관리는 손님들에게 술과 소금에 절인 생선을 대접했다. 하인의 도둑질 때문에 외국인이 나쁜 인상을 받지 않도록 애쓰는 것 같았다. 그는 사관들에게 자신이 "이(李), 직위는 3품의 관리 감사"(충청감사 이겸재)라고 밝혔다. 사관들이 물러나려 하자 횃불을 든 사람 10명이 사관들 앞에서 길을 안내했다. 관리도 마을 밖까지 사관들과 동행하려 했다.

조선은 유럽 열강에 희생될 것

원산도에서는 프랑스인들이 소를 판 농부들에게 술과 담배, 비누를 주었다. 하지만 한 하급 관리가 그것을 차지해버렸다. 게랭의 관찰에 따르면, 조선의 관리들은 부당하게 세금을 징수하고 공포를 불러일으켰다. 하지만 프랑스의 보트 한 척만 나타나도 모든 것을 버리고 달아날 것이 분명했다. 반면 농민과 어부들은 프랑스인들을 전적으로 신뢰하고 가장 친절하게 대접했다고 한다. 보고서 끝에서 게랭은 조선의 상태를 이렇게 진단했다.

이렇게 분열되고 무력한 나라, 관리들이 군함 한 척 앞에서 떨거나 달아날 줄밖에 모르는 이런 나라는 처음으로 이 나라를 점령하려고 생각하는 유럽 열강의 야심에 희생될 것이 확실합니다. 중국은 오늘날까지 조선을 방어할 수 있었습니다. 하지만 중국은 현재 혁명의 무대가 되어 있고, 이 혁명으로 인해 이미 만주 해안이 러시아의 주(洲)가 되었습니다. 이런 사실 때문에 이후 조선과 중국의 종속 관계는 허구적으로 변할 것입니다.

저는 페테르부르크 정부가 오래 전부터 이 종주국(중국)과 속국(조선) 사이의 허약한 관계를 이용하려 하고 있다고 생각합니다. 조선은 동아시아의 중앙에 위치하고 있습니다. 조선의 수많은 인구는 지배관계에 변화가 생기면 러시아 정부에 이익이 될 것입니다. 조선은 광물도 풍부합니다(이것은 정보에 따른 것이고 저 자신이 확인하지는 못했지만 정확하다고 생각합니다). 이런 모든 이점은 경험에 근거하고 야심적인 러시아 정부의 주의를 끌게 되었습니다. 러시아 정부는 유럽과 마찬가지로 아시아 중부 지방에서 자신의 세력을 확장하는 데 목적이 있는 것 같습니다.

최근 러시아 선박이 조선에 출현하는 것은 조선 정복을 준비하는 일로밖에는 생각할 수 없을 것 같습니다. 러시아가 바로쿠타 만(Barrocouta)에 정착한 것은 그것을 실현하기 위한 제1보에 불과합니다.

그것을 막는 데는 한 가지 방법밖에 없습니다. 러시아의 조선 정복을 예방하고, 러시아인보다 앞서서 고유의 계획(프랑스의 조선 정복)을 실현하는 것입니다. 이 문제를 결정하는 것은 황제의 정부에 달려 있습니다.

계랭은 조선을 식민지화하기 위한 조건과 장래의 기회에 대한 자신의 견해를 밝혔다. 모든 식민지화는 그 나라를 군사적으로 점령하는 것이어야 한다. 보병 6천 명, 기마병 3백 명, 경포병(輕砲兵) 1개 중대면 조선을 점령하는 데 족할 것이다. 조선을 점령하는 데 가장 유리한 지점은 영흥이다. 영흥은 항해를 어렵게 하는 조류가 없고 토지가 비옥하며 안전하게 배를 정박할 수 있다. 또한 수도와 인접한 큰 강이 있다. 처음 몇 년 동안은 이 먼 시장에서 어떤 이득도 기대할 수 없을지 모른다. 하지만 이 나라에서 거둘 수 있는 수익과 자본이 풍부하기 때문에 원정의 대가를 보상할 것이다.[205] 계랭의 주장은 식민주의의 전형이었다.

하지만 프랑스 정부는 계랭의 보고서에 반응하지 않았다. 그 무렵 프랑스는 중국 문제에 신경을 곤두세우고 있었다. 1856년 2월 29일 프랑스 선교사 샤프들렌(Auguste Chapdelaine)이 중국 광서(廣西) 서림현(西林縣)에서 살해당하는 사건이 일어났다. 샤프들렌은 프랑스 외방선교회 소속으로, 1853년에 불법으로 서림현에 잠입해 선교활동을 벌이고 있었다. 그는 처음에는 지방 장관과 관계가 좋았지만 새로 부임한 지현인 장명봉(張鳴鳳)에게 체포되어 처형당했다.

프랑스와 중국이 맺은 황포조약에 따라 선교사들이 개항장에 교회를 짓고 선교활동을 하는 것은 가능했지만 내지로는 들어갈 수 없었다. 그런데 선교사들은 몰래 내지로 들어가 선교활동을 벌이고 있었다. 한편 그해 10월 8일 광동에서 애로호(Arrow) 사건이 일어났다. 영국은 10월 23일에 광주성을 공격했다. 제2차 아편전쟁이 일어난 것이었다. 나폴레옹 3세는 선교사 살해 사건을 계기로 중국에 원정군을 파견할 계획을 세우고 그로(Baron J. B. L. Gros)를 전권대사로 임명했다. 1857년 12월에는 영국·프랑스 연합군이 광동성을 함락시켰다.[206] 이런 국제 정세 때문에 프랑스의 조선 원정 계획은 당분간 보류될 수밖에 없었다.

창과 칼을 휘두르는 이방인들

비르지니호는 함경도부터 충청도까지 항해하면서 주민들을 협박하고 가축을 탈취했다. 이 사건은 다시 한 번 조선에 이양선의 위험성을 환기시켰다. 함경감사의 장계에 따르면, 1856년 6월 15일 무렵 안변(安邊) 학포(鶴浦)에 이양선이 찾아왔다. 이국인들은 민가의 소 13마리를 탈취하고 은전 104엽(葉)으로 소 값을 치르려 했다. 장리(將吏) 무리가 딱 잘라 거절하자 끝내 빈 배에 은전을 버리고 갔다고 한다.[207] 이는 페리어 대위가 페추르 섬에서 무장 대원을 이끌고 소 12마리를 몰고 왔다는 계랭의 기록과 거의 일치한다.

그로부터 한 달쯤 지난 뒤였다. 7월 13일 무렵 돛대 네 개를 단 이양선이 홍주 고대도(古代島) 뒤의 외장고도(外長古島)에 닻을 내렸다. 이양선에 탄 수백 명이 종선에 나누어 타고 육지에 내려 민가에 난입했다. 그들은 각각 무기와 창을 들고 소, 닭, 돼지를 빼앗는 등 해악이 끝이 없었다. 홍주목사 정재용은 이 소식을 듣고 문정하러 갔다. 동민들이 그간의 사정을 자세히 이야기했다. 13일 이방인 30여 명이 배 한 척에 타고 민가에 난입해서 닭, 돼지 등을 탈취하려 했다. 동민들은 만류하자 그들은 창과 칼을 휘둘렀다. 동민 가운데 편윤문이 왼쪽 옆구리를 칼로 찔렸는데, 다행히 즉사는 면했다고 했다. 홍주목사가 무척 놀라 몸소 살펴보았더니, 모두 사실이었다.

홍주목사는 부상자를 착실히 치료하라고 동민들에게 거듭 타이르고는 문정하기 위해 배에 오르려 했다. 그때 이국인 수백 명이 종선에 타고 마을에 내렸다. 그들은 각기 큰 환도 한 자루, 조총 한 자루를 들고 있었다. 조총의 끝에는 창칼이 꽂혀 있었다. 또 대환총(大丸銃) 3좌(坐)를 종선에서 싣고 와서 윤차(輪車)에 실어 육지에 내렸다. 동네 가운데 모래밭에는 장약(藏藥)을 묻어두었다. 그러고는 검을 뽑고 창을 휘두르며 민가에 난입해서 한 집도 거르지 않고 소, 돼지, 닭, 채소 등을 찾아다녔다.

그들은 소 18마리, 돼지 3마리, 닭 50마리, 채소 등을 찾아 빼앗았다. 홍주목사를 수행한 관리들이 이를 가로막았으나 어떤 사람은 총을 쏘고, 어떤 사람은 창검을 휘둘렀다. 여러 백성들이 이 광경을 보고는 모두 겁을 먹어 얼떨떨했다. 새가 놀라고 쥐가 숨었다. 소를 찾아낼 즈음 소 한 마리가 뛰어오르며 들판으로 달려갔다. 그들 가운데 한 사람이 총을 쏘자 그 소는 넘어져 죽었다. 관의 위엄으로도 그러한 행패를 금할 수 없었다.

한 동네가 이렇게 소란했기 때문에 홍주목사는 문정할 길이 없었다. 이방인들이 소와 돼지를 다 빼앗고 나자 소란이 가라앉았다. 홍주목사는 그들의 우두머리 3, 4명에게 글을 써 보이며 문정하려 했다. 그들은 홍주목사의 뜻을 옳게 여기며 따르려는 것 같았다. 홍주목사는 모래밭에 막을 설치하고 자문판(咨文板)을 걸었다. 하지만 언어가 통하기 어려워 글씨로 문정했다.

문　너희들은 멀리 큰 바다를 건너왔는데, 병에 걸리거나 물에 빠져죽는 고통은 없었는가?

답　옛날 말에 성품이 바르고 복된 사람은 하늘을 두려워하지 않는다고 했다.

문　땔감, 양식, 물은 떨어지지 않았는가?

답　먹을 것은 모자라지만 땔감과 물은 넉넉하다.

문　너희들은 어느 나라, 어느 지방에서 사는가. 무슨 일로 몇 월 며칠에 어느 곳으로 가다가 이곳으로 왔는가?

답　우리들은 불란서국 사람이다. 지난 2월에 아라사국을 공격하러 왔다. 중도에 아라사국이 스스로 화평을 구하므로 우리들은 각처에 가서 관찰하고자 할 따름이다.

문　불란서국과 아라사국은 어느 지방에 있고 무슨 까닭으로 공격하는가?

답　여러 말은 쓸모없다.

문　배에는 몇 사람이나 있는가?

답　병사는 6백 명, 선원은 2백 명으로 모두 8백 명이다.

문　성명, 나이, 거주지를 일일이 써 보여라.

답 어떻게 그렇게 기록하겠는가?

문 배의 이름이 무엇인지 말하라. 선표는 있는가. 배는 무슨
나무로 몇 년에 만들어졌는가. 공선인가 사선인가.

답 이 배는 국왕을 받들고 왔다. 배가 무슨 나무로 만들어졌는지
묻는다면 내일 알 수 있다.

문 국왕이 왔다고 말했는데, 국왕은 배에 있는가 귀국에 있는가?

답 배에는 없다.

문 배에는 관원이 있는가?

답 있다.

문 성명과 직위는 무엇인가?

답 배에 있는 대인(大人)은 납파리아(納玻里亞) 국왕 어전(御前)
두품 정대 본국 수로 제독(頭品頂帶本國水路提督)으로 성은
원(阮)이고 이름은 야릉(耶楞)이다. 일진대(一鎭臺)는 안덕(安德)이다.
삼도사(三都司)는 원회기(袁懷祺), 하문창(何文昌),
하영광(何榮光)이다.

문 납파리아 국왕 어전 두품 정대와 일진대, 삼도사는 무슨
명칭인가?

답 모두 관직이다.

문 제독, 일진대, 삼도사 다섯 명의 나이는 몇 살인가?

답 제독은 50세가 넘었고, 진대는 30세 이상, 삼도사 가운데 한
명은 30세, 너머지 두 사람은 20세 이상이다.

물건을 약탈하는 버릇

글로 문답하는 사이에 이방인들은 빼앗은 소 18마리, 돼지 3마리, 닭 53마리, 채소 등을 종선으로 싣고 간 후 그 값으로 은전 122원을 주었다. 홍주목사는 "우리나라 법에는 다른 나라 사람이 우리 땅을 지나가면 비록 물품을 선사하는 일이 있어도 대가를 받지는 않는다"고 써 보이고 되돌려주었다. 그들은 "우리 관원은 물건을 살 때 반드시 은량(銀兩)을 지급하라고 말씀하셨다. 우리는 여러 나라를 두루 돌아다니면서 은으로 물건을 산다. 그렇지 않으면 우리는 (여러 나라와) 관계없는 무리가 된다. 귀하가 기꺼이 거두어주기 바란다"고 말했다.

목사는 다시 "우리나라의 법은 지엄하고 무겁다. 만약 대가를 받는다면 지방관부터 문정관에 이르기까지 무거운 벌을 받게 된다. 이런 뜻을 귀 제독에게 고해라"라고 하면서 12번이나 글로 써서 돌려줄 뜻을 보였다. 하지만 이방인들은 끝내 돌려받지 않고 일제히 소매를 털고 일어났다. 만류했지만 끝내 듣지 않았다. 다시 그들의 큰 배에 가서 기필코 돌려주려 했지만 허락하지 않았다. 목사는 내일 일찍 만나겠다는 뜻을 써 보였다. 은전은 조선의 옛날 동전보다 조금 컸는데, 가장자리에 학 모양이 박혀 있는 것도 있고, 완자(完字) 모양이 찍혀 있는 것도 있었다. 은전에는 구멍과 자호(字號)가 없었다.

그들의 얼굴색은 흰 사람도 있고 검은 사람도 있었다. 어떤 사람은 머리카락을 완전히 잘랐다. 어떤 사람은 정수리를 깎아버리고 앞머리 위에 머리카락 한 가닥을 엮어 늘어뜨리기도 했다. 옷은 흑단(黑氈)이나 백양포(白陽布)를 입었다. 상의는 흑주의(黑周衣)나 적삼(赤衫)이었다. 옷깃이 합쳐지는 곳에는 금단추를 늘어뜨렸다. 소매는 모두 좁았다. 바지는 무척 좁았고 검거나 희었다.

선체는 멀리 바다 가운데 떠 있는 모습이 경강선(京江船) 두 척과 같았다. 큰 돛대 세 개가 절반쯤 허공에 떠 있는 것 같았다. 가운데 돛대가 가장 높았다. 그 사이에 4층 장목(長木)을 가로질러 꽂아 마치 십자(十字) 모양 같았다. 앞뒤의 돛대 두 개는 가운데 돛대보다 짧았다. 거기에도 3층 횡목을 끼웠다. 뱃머리의 돛대 하나는 가장 짧았는데, 반쯤 누운 모양 같았다. 돛대에 동아줄이 무수하게 나란히 매달려 있었다. 선미에는 청홍백(靑紅白)을 합친 기 한 개가 높이 꽂혀 있었다. 종선 6척은 오이를 깨뜨린 것 같았다. 안이 희고 밖은 검은 것도 있고, 안팎이 흰 것도 있었다.

이방인들은 각 섬에 무상하게 출몰했다. 포를 쏘고 민가를 찾아다니며 섬의 여인들을 겁탈하려 했다. 여인들은 모두 육지로 도피했다. 이 때문에 여러 섬이 모두 떠들썩했다. 홍주목사의 보고를 받은 충청감사 이겸재는 조정에 보고했다.

그 사람들이 상륙해서 폭력을 쓰고 강제로 빼앗고 사람을 상하게 하는 지경에 이르렀으니 몹시 놀라운 일이었습니다. 홍주목사가 그들과 문답할 때 먼저 이것을 힐문해야 마땅한데도 한마디 언급이 없었습니다. 해당 지방관과 우후, 별장 등은 일이 끝나기를 기다려 죄상을 심문해서 다스릴 생각입니다.[208]

충청감사는 이방인들이 보낸 은전은 반드시 돌려주고 주민들 가운데 상처 입은 자를 치료하라고 지방관들에게 지시했다. 또 이방인들이 먹을 것이 모자란다고 하므로 그들에게 음식을 접대하는 일은 법에 따라 거행하고 유원지의를 보이게 했다. 충청감사가 보기에, 이방인들이 소란스럽게 한 것은 놀랍고 탄식할 만한 일이었다. 하지만 은전을 대가로 보낸 것을 보면 서로 보답하는 뜻이 있었다. 또한 문답할 때 거주지와 성명을 말한 것을 보면 바다에서 노략질하는 무리는 아닌 것 같았다. 충청감사는 이방인들이 불란서국선이라고 말했으므로 문정 역관을 보내달라고 조정에 요청했다.[209]

7월 19일 비변사에서는 철종에게 다음과 같이 아뢰었다. 충청도 이양선은 지난달 안변에 표류한 무리와 같다. 그들이 약탈하는 버릇은 전에 없는 변괴이다. 은전을 전해준 것과 민가에 난입해서 겁주어 빼앗고 창과 칼을 휘둘러 백성을 상하게 한 것은 실로 용서할 수 없는 악습이다. 정상을 참작해보건대 이양인들이 물건을 사려고 하면 백성은 잃으려고 하지 않을 것이다. 그러므로 처음에는 소란을 일으키고 나중에는 대가를 지불할 것이다. 먼 곳에서 찾아온 사람들을 위로하는 일은 국경의 다툼에 적용되지 않는다. 이방인들이 던져준 은전은 기어이 돌려주어야 한다. 그들에게 식량과 음식을 주는 등의 절차는 예사로이 표류한 무리의 예에 따를 수 없다.

지방관들이 문정한 것을 살펴보면 분명하지 못한 점이 있다. 변정을 헤아려보건대 극히 소홀한 점이 있었다. 충청감사 이겸재와 충청수사 조태현을 추고해야 한다. 경역관을 보내달라고 요청한 것은 허락해야 한다. 이방인의 무리는 가고 머물고 온다. 그들을 막아 지키고 잡인의 접근을 금하고 높은 곳에서 적의 동정을 살피는 등의 절차를 엄히 경계해 삼가도록 충청감사와 충청수사에게 분부해야 한다.

철종은 비변사의 말을 따랐다.[210]

이양선은 7월 18일 장고도에서 돛을 올리고 서해로 떠나갔다. 이방인들은 끝내 은전을 되돌려받지 않았다. 이양선이 떠났기 때문에 그들이 오고가는 뜻을 힐문할 수 없었다. 조정은 원산별장 홍만원을 파면하고, 홍주목사 정재용, 수군우후 이동규는 대죄거행하게 했다. 또한 이양선이 태안 땅을 지나갔다는 보고를 받고도 몸소 문정하지 않은 죄를 물어 태안군수 오치영도 대죄거행하게 했다. 이방인들이 던지고 간 은전은 홍주목에서 잠시 맡아두게 했다.[211] 7월 29일 좌의정 김도희는 철종에게 이양선에 대한 의견을 아뢰었다.

요즘 이양선이 거의 해마다 거르지 않고 내왕합니다. 그들이 소,
돼지, 닭 등 가축을 약탈한 것은 전에 없던 악습입니다. 진실로
이양선의 출몰이 무상합니다. 홍주에 온 이양선의 행동거지를
날짜로 따져보면 안변에서 멋대로 행동한 것과 같습니다. 그들은
바다에 나타났다 숨었다 하는 무리에 지나지 않습니다. 은전으로
갚는 것을 보면 이유 없이 겁탈하는 것을 끊을 수 없습니다.
우리나라는 그들 나라와 외교관계를 맺지 않고 있습니다. 살 사람과

팔 사람이 아무 이의 없이 팔고 사는 것과 다릅니다. 그들과 물건을 주고받은 것은 진실로 뜻이 없습니다. 그들과 문정하는 일은 뜻이 제대로 통하지 않고 그들의 죄를 물을 수도 없습니다. 이양선이 육지에 오르는 것을 살피고 지키는 일을 더욱 엄히 단속하라는 뜻으로 삼남과 동북의 도수신(道帥臣, 관찰사와 수군절도사·병마절도사)에게 잘 타이르고 그들이 지방관들에게 알려주도록 해야 합니다.

바다 근처 두 고을의 백성들이 소, 돼지, 닭을 잃어버린 것은 이미 갚았습니다. 농민들이 실업하는 것을 불쌍히 여겨 어떤 방식으로든 공전(公錢) 가운데 구별해서 해당 백성에게 따로 값을 치르도록 처리하고 후에는 반드시 공곡(公穀)으로 회감(會減, 주고받을 것을 맞비기고 남은 것을 셈함)해야 합니다. 안변에서 올려 보낸 은전은 비변사에서 맡아두고, 홍주의 은전도 충청도 감영에서 수효를 맞춰보고 찾아와 따로 봉해서 움직이지 못하게 해야 합니다.[212]

철종은 다음과 같이 답했다.

이양선에 탄 사람들이 까닭 없이 육지에 내려서 가축을 겁탈하는 것은 우리나라 사람이 즐겨 교역하지 않기 때문인 것 같다. 한번 두번 민정이 시끄러운 것은 참으로 근심이 적지 않다. 이번에 충청도에서 (이국인들에게) 좋은 말로 두텁게 대우해서 그들이 구하는 것을 주었다면 유원지의에 해가 되지 않았을 것이다. 각별히 삼남과 동북의 도수신에게 바닷가 요해처를 방비하도록 공문을

보내 타일러 경계하게 하라. 두 고을 백성들에게 (이방인들이
빼앗은) 가축의 값을 지불하는 것이 내 뜻에 맞는다. 이에 의거해
행하라.[213]

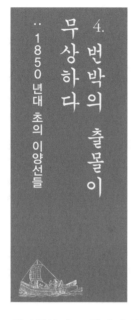

다시 헌종시대 말로 시간을 거슬러 가보자. 라피에르 함대가 다급히 철수한 이듬해인 1848년(헌종 14) 4월 이양선이 쓰시마에서 조선으로 향해 오고 있다는 소식이 올라왔다. 동래 왜관의 관수(館守)가 조선 관리들에게 알려왔다. 이양선 12척이 3월 4일부터 15일까지 쓰시마 남쪽에서 북쪽으로 향해 가고 있고, 이웃 나라의 의리에 따라 바로 이를 통고한다고 했다. 또 쓰시마의 봉행왜(奉行倭)가 관수에게 보낸 글, 이양선의 배 모양과 사람 모습을 그린 그림도 바쳤다.[214]

봉행왜는 일본 무가(武家) 시대에 행정 사무를 담당한 각 부처의 장관을 말한다. 관수는 쓰시마에서 파견한 동래 왜관의 최고 책임자로, 왜관을 총괄하고 두 나라의 외교를 관장하거나 조절하는 임무를 맡고 있었다. 또한 조선과 중국의 정보를 수집해 쓰시마에 보고해야 하는 의무가 있었다. 그 밖에도 조선과 일본 두 나라 사이에 오고 가는 외교 문서를 검사하기도 했다.

이양선의 소란은 사교를 퍼뜨리려는 뜻

3월 13일 비슷한 내용의 보고가 울산에서 조정으로 올라왔다. 조정에서는 삼남의 각 관아에 공문을 보내 해안 방비를 강화하라고 지시했다. 또한 쓰시마의 보고에 대한 답례로 동래부사로 하여금 따로 관수에게 고맙다는 문서를 전하게 했다.[215] 이때의 이양선들은 조선 해역으로 다가오지 않고 동해를 스쳐 지나간 것으로 보인다. 4월 15일 조정의 어전회의에서는 이 사건이 화제에 올랐다.

헌종   이번의 그 선박은 작년에 온 선박인 것 같다.

영의정 권돈인   확실하게 알 수는 없지만 그림에 그려진 배 모양을 보면 역시 그렇습니다. 그들이 10여 척이라고 했는데, 그것을 어떻게 다 믿을 수 있겠습니까. 그들이 남에서 북으로 갔다고 했는데, 그것이 어찌 반드시 우리나라로 향하겠습니까. 울산 병영에서 온 장계에도 이양선이 지나간 흔적이 있었습니다. 그것이 온 것도 괴이하지 않습니다.

헌종   만약 온다면 어떻게 해야 하는가.

권돈인   그들이 어떤 근거에서 온다는 것인지 말할 수 없지만, 장수가 지키고 있는데 어떻게 엄정하게 답할 수 있는 말이 없겠습니까.

헌종   우리나라에서 군사를 일으켜 먼저 벌할 뜻은 없는가.

권돈인   (그들이) 먼저 말썽을 일으키지 않는데, (우리가) 어떻게 먼저 가볍게 군사를 일으키겠습니까.

헌종   우리나라의 군사정책은 도무지 조심하지 않아서 잘못을
저지르고 미리 위험한 것을 방비하는 뜻이 전혀 없다. 이것이 가장
걱정스럽다.

권돈인   우리나라는 백성이 전쟁을 모른 지가 이미 수백 년입니다.
편안히 즐기는 것이 버릇이 되어 군사를 모릅니다. 군사업무는
제멋대로가 아닌 것이 없습니다. 각 도의 군적은 빈 장부가
되었습니다. 장정을 징집하는 벼슬자리는 돈을 거두는 일에만
매달려서 군사를 기르는 본뜻은 하루아침에 완전히 사라졌습니다.
모름지기 지혜로운 자가 있더라도 뒷갈망을 잘할 수 없을 것입니다.

헌종   그 배가 기어이 나오려고 해서 사단을 찾으려 한다면 (이것은)
참으로 무슨 뜻인가.

권돈인   우리나라에 오려면 깊은 바다를 건너야 합니다. 몇만 리 먼
땅은 본래 (우리와) 상관이 없습니다. 아마 악의가 있다고는 말할 수
없습니다. 해를 거르지 않고 와 소란을 일으키는 것은 단연코
사교를 널리 퍼뜨리려는 뜻입니다. 작년에 진작 그들에게 답서를
주지 않은 것이 이렇게 근심에 이른 것이라고 합니다. 이는 참으로
잘못입니다. 두 진이 대치해서 화살과 돌로 서로 공격할 때
우서(羽書, 군사상 급히 전하는 격문)를 왕래하는 것은 본래 거리낌이
없습니다. 그들의 말씨와 용모는 괴상한 점이 있었지만, 통역관의
말을 보니 그들이 돌아갈 때 감사하는 뜻이 많았다고 합니다.

헌종   그때 들으니 그 나라 왕이 감사하다는 말이 있었다.

권돈인   그렇습니다. 그들이 만약 몇 년 전 범세형(范世亨)의 무리
세 사람이 형벌을 받아 죽은 일로 말한다면 이것에 답하는 것은

어렵지 않습니다. 남의 눈을 피하려고 옷을 바꾸어 입고, 자취를
감추고, 몰래 넘어오는 사람은 나라에서 불령(不逞, 불평불만을 품고
제멋대로 행동함) 괴오(詿誤, 잘못되거나 그릇됨)의 풍속으로
얽어매서 감옥에 가두게 되고 반드시 죽여 용서하지 않습니다.

헌종   이 때문에 몰래 국경을 넘어오는 수는 따지지 않는다고 해도,
어느 나라 사람이라도 어떻게 벨 수 없겠으며 어떻게 그 나라
사람이라는 것을 알 수 있겠는가.

권돈인   몇 년 전에 김대건이 크고 작은 서양(酉洋)에 두루 횡행한
것은 안팎에서 호응하는 자취가 없지 않습니다.

헌종   불란서는 서양국인가?

권돈인   불란서와 영길리는 서양제국이라 통틀어 일컫고 모두
구라파 지방입니다. 몇 년 전 외연도에 온 서양 선박도 동일한
종류입니다.

헌종   이번의 그 배 가운데 조선인이 없다고 어떻게 알 수
있겠는가.

권돈인   그렇습니다.

헌종   광동에는 조선인이 많다고 한다.

권돈인   광동은 번박이 출몰하는 땅이므로 사교에 물들어 도망친
자들이 몰래 (국경을) 넘어가 몸을 맡기는 폐단이 많습니다.

헌종   그들의 배 척수가 많은데, 반드시 지나가다가 뒤떨어져서
우리 땅을 지날 수도 있고 또한 갈 수 있는 곳도 있는가?

권돈인   큰 바다에서 동쪽으로 향해 갈 수 있는 곳은 별로
없습니다.

헌종 혹시 빈 섬에 여러 사람이 모여 살 수 있는가?

권돈인 그런 것은 괴상할 것이 없습니다.[216]

헌종과 권돈인의 대화를 들어보면, 두 사람 사이에 미묘한 입장 차가 있다는 것을 눈치 챌 수 있다. 헌종은 이양선의 존재 자체를 걱정하면서 국방의 해이를 개탄하고 있는 반면, 권돈인은 이양선보다는 기독교의 위험성에 더 초점을 맞추고 있다. 같은 날 영의정 권돈인은 나라의 현실을 개탄하며 국정을 바로잡으라는 뜻의 상소문을 올렸다.

신은 바로 지금 일어난 사단 때문에 구구하게 힘쓰기를 바랍니다. 오늘날 나라의 정세는 위태롭습니다. 백성은 날로 곤궁해서 마치 도탄에 빠진 것 같고, 근심과 원망하는 소리가 안팎에 가득 넘칩니다. 모든 관직에 있는 자들은 백성을 구휼하지 않고 직무를 태만한 것이 풍습이 되어서 구제할 수 없습니다. 재물은 나라의 혈맥인데 백성의 살림은 날로 흩어지고 있습니다. 나라에는 의지할 바가 없어 나라와 백성이 모두 없어진다고 말할 수 있습니다. 어디서부터 손을 써야 할지 알 수 없으니 이것이 어찌 나라라고 할 수 있겠습니까? 쓰시마에서 알린 글이 어떻게 반드시 그렇다고 알 수 있겠습니까만, 변경의 일을 연구하려 해도 실로 미리 위험한 것을 방비하지는 않습니다. 오늘날 계략이 있는 자가 있다고 해도 어찌 지금 같은 어려움을 구할 수 있겠습니까. 이는 모두 신 등 정사를 의논하는

자가 불충해서 여기에 이르게 된 것입니다. 먼저 저부터 마땅히
엎드려 일을 그르친 벌을 받아야 할 것입니다.

옛사람이 말하기를, 백성을 편안하게 하고 재앙이나 우환을
염려하는 것은 덕을 닦는 일보다 좋은 게 없다고 합니다. 위에서
임금이 날마다 덕을 닦는데도 백성이 기뻐하지 않는 일은 아직
없었습니다. 아래에서 백성이 기쁜데도 나라에 환난이 있다는 것은
아직 듣지 못했습니다. 지금부터 경연을 자주 열어 빛으로 환히
빛나게 하시고, 자주 신하들과 만나 치도(治道)의 요체를 찾으시고,
여러 관리를 경계하고 권장해서 각자 맡은 바 일을 경계하게 해야
합니다. 목민관을 신중하게 택해 그 임무를 수행하면서 죄를 지은
자를 엄하게 법으로 다스리는데도 나라가 다스려지지 않고 백성이
편안하지 않을 수 있겠습니까. 나라가 다스려지고 백성이
편안한데도 변경을 튼튼하게 할 수 없고 도적을 방비할 수
없겠습니까. 이는 전하께서 쉽게 하실 수 있는 일에 지나지
않습니다. 깊이 유념하시기 바랍니다.[217]

이에 대해 헌종은 "여러 조목으로 힘써 말한 것이 간절하고
극진하다. 마음속에 간직해 잠시도 잊지 않겠다. 강학하는 일은
마땅히 더욱 유념하겠다"고 답했다.[218]

화살처럼 빠른 배들

그해 5월에는 함경도에 이양선이 나타났다. 5월 16일 단천부(端川府) 이진(梨津) 바다에 이양선 한 척이 지나가고 깊은 바다에 한 척이 떠 있었다. 같은 날 일신진(日新津) 바다에도 3범선 두 척이 지나갔다. 5월 26일에는 북청부(北靑府) 신풍진(新豊津)에 이양선 한 척이 지나갔다. 신창진(新昌津)과 장진(長津) 바다에도 이양선 한 척이 지나가서 관리들이 쫓아갔지만 가는 곳을 알지 못했다.

비변사에서는 이양선이 "대양을 지나는데 (지방관들이) 문정하지 못했으니 진실로 어느 나라 배인지 알지 못했습니다. 풍마(風馬)처럼 갑작스러워 미치지 못하는 땅이 있으니, 이는 오리와 기러기가 지나가는 흔적처럼 진실로 괴이하고 놀랍습니다"라면서 변방의 경계를 소홀히 한 죄로 남병사 이행교를 추고하자고 청했다. 또한 관동과 관북 두 도의 바닷가 고을에 이양선을 잘 정탐하도록 각별히 엄하게 타이르고, 삼남의 도수신에게도 공문서를 보내 경계해야 한다고 건의했다.

비변사는 울산과 단청에 나타나 회오리처럼 빨리 지나간 이양선이 쓰시마에서 운운한 배일지도 모른다고 판단했다. 이양선이 울산과 단청을 지나간 사실의 전말을 동래부사에게 가르쳐주고 그에게 분부해서 따로 왜관에 문서를 주어 관수가 쓰시마에 전하도록 해야 한다고 국왕에게 청했다.[219]

이양선의 출몰 보고는 다음 달에도 이어졌다. 6월 16일 묘시(卯時, 오전 5~7시)에 이양선 한 척이 함경도 경성(鏡城)의 다진(多

19세기에 제작된 함경도 단천 지도.

津) 바다 밖에서 북쪽으로 향해 갔다. 19일 진시(辰時, 오전 7∼9
시)에는 이양선 3척이 어대진(漁大津) 앞 바다에 나타났다. 한 척
은 어대진의 동쪽에, 한 척은 어대진과 이진 사이에, 한 척은 어대
진과 왕진(王津) 사이에 있었다. 그곳은 육지에서 4, 5백 리 밖이
나 떨어진 거리였다.

　어대진 해망장(海望將, 바다에서 적의 동정을 살피던 군사의 우
두머리)은 높은 곳에 올라 바다를 바라보았다. 이양선은 까마귀 머
리가 물속에 가라앉는 것 같았다. 배마다 돛대가 두 개인 것 같았
지만 자세히 분별할 수 없었다. 이양선들이 점점 북쪽으로 향해
사라지고 구름이 끼어 있어서 어디로 향해 가는지 알 수 없었다.
함경감사 이가우는 경성 판관과 남북 병사, 바닷가 각 읍과 진에
공문서를 띄워 기필코 이양선을 따라가 정황을 탐문해 보고하라

고 지시했다.[220]

6월 27일 사시(巳時, 오전 9∼11시) 무렵 함경도 무산(茂山)의 판진(板津)에서 백 리쯤 떨어진 곳에 이양선 한 척이 나타났다. 배의 색깔은 검은 구름 같고 크기는 둥근 산봉우리 같았다. 돛이 있는지 없는지는 멀리서 헤아리기 어려웠다. 판진의 해망장 김기룡 등은 진의 백성을 이끌고 배에 올라 쫓아갔다. 갑자기 구름과 안개가 일어나고 해가 질 무렵이라 어둑어둑해서 이양선이 어디로 향하는지 알지 못한 채 되돌아왔다.

7월 3일 진시에서 사시 무렵에는 이양선 한 척이 함경도 경성의 추진(楸津)과 명천(明川)의 황진(黃津) 사이 바닷가에 나타나 점점 남쪽으로 향해 가서 보이지 않게 되었다. 다진(多津)과 독구미진(獨仇味津)에는 다른 나라의 물건으로 보이는 나무 가래와 물통이 파도에 떠밀려오기도 했다.[221]

7월 8일 신시(申時, 오후 3∼5시)쯤 함경도 성진(城津)의 묘도(卯島) 동쪽에서 이양선 한 척이 나타났다. 군사들이 급히 쫓아갔지만 해가 지고 구름이 가려서 따라잡을 수 없었다. 다음 날 날이 밝기를 기다려 다시 살펴보았다. 이양선은 전날 떠 있던 남쪽의 큰 바다 위로 옮겨 갔다. 배 모습은 산 같았다. 돛대를 세 개 달고 있었는데, 가운데 돛이 가장 높았다. 돛은 모두 흰색이었다. 군사들이 급히 쫓아갔지만 그 배는 마치 나는 화살처럼 빨라서 따라잡을 수 없었다.

7월 9일 진시(辰時, 오전 7∼9시)쯤 이상한 모양의 3범선 두 척이 어대진의 동쪽 큰 바다 밖에 나타났다. 육지에서 멀리 떨어져 있어서 돛의 색은 자세히 알 수 없었다. 10일 진시와 사시 사이에는 다진의 남쪽에 이양선 두 척이 출현했는데 급히 남쪽으로 가는 것 같았다.

7월 13일 유시(酉時, 오후 5~7시)쯤 이양선 2척이 명천 하고사(下古社) 무시단(武矢端)에서 수백 리 떨어진 바다에 떠서 남쪽으로 향해 갔다. 돛은 세 개가 분명했다. 가운데 돛이 가장 높고 앞뒤의 돛대는 조금 낮았다. 모두 흰 색이었다. 구름이 끼어 있어서 길이와 넓이를 알 수 없었다. 군사들이 가볍고 빠른 배를 타고 쫓아갔지만, 그 배가 급히 남쪽으로 향해 가서 끝내 붙잡을 수 없었다.[222]

이양선의 수를 헤아릴 수 없다

조정에서는 함경감사 이가우를 박영원으로 교체했다. 8월 19일 신임 함경감사는 하직인사를 드리기 위해 성정각에서 국왕을 알현했다.

헌종 요즘 이박(異舶)의 왕래가 무상하다. 경(卿)이 본디 조치를 잘하는 것을 알기 때문에 이 일을 맡겼다. 각별히 대양(對揚, 임금의 명에 답해 그 뜻을 천하에 나타냄)하도록 하라. 이박이 왕래한 뒤에 잇달아 올라온 장계를 보았다. 언어와 문자가 서로 통하지 못해서

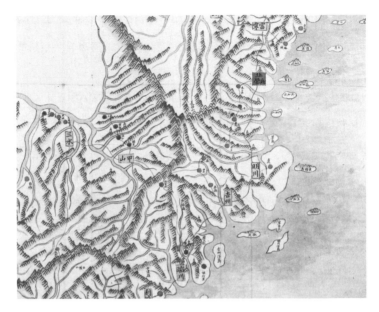

18세기 후반에 제작된 함경도 지도.

자세히 정상을 묻지 못했다. 이것이 어떻게 답답하지 않겠는가?

함경감사 박영원 이박은 참으로 답답합니다. 영흥·성진·길주 등을 지나간 배가 합해 세 척이라고 하지만 몇 척이 더 있는지 모릅니다. 이것도 언어와 문자가 서로 통하지 못하기 때문입니다. 언어와 문자가 서로 통하지 못하므로 문정이 허술하다고 해서 수령과 진장(鎭將)을 일일이 문책할 수도 없을 듯합니다. 이것도 답답한 일입니다.

헌종 그렇다.

박영원 지난해 (이양선이) 고군산에 와서 정박했을 때는 조정에 보고해서 양식을 주었기 때문에 여러 날 동안 지체되는 폐단이 있었습니다. 만약 이곳(함경도)에서 또 이런 일이 일어나면 거의 1천 리가 되는 먼 곳에서 조정의 지시를 기다리느라 시일을 늦추어 (그들에게) 노여움을 돋우게 될 듯합니다. 형편을 보아 먼저 (식량을) 주고 나중에 (조정에) 보고하는 것이 좋을 듯합니다.

헌종 그렇다. 거의 1천 리나 되는 먼 곳에서 어떻게 조정의 지시를 기다리겠는가. 어느 나라 사람을 물론하고 양식이 모자라서 그것을 요청한다면 어떻게 주지 않을 수 있겠는가?[223]

북쪽에서 이양선이 출몰해 소동이 일어날 무렵, 남쪽에서도 비슷한 사태가 벌어지고 있었다. 7월 12일 신시쯤 전라도 나주 지방 흑산진(黑山鎭)에 국적 불명의 큰 배 4척이 나타나 북쪽으로 향했다. 이양선은 망망대해에 멀리 떠 있다가 잠깐씩 숨었다 나타났다 해서 군사들이 추격할 수 없었다. 돛의 색깔은 조선의 배와 달랐다. 지방관이 문정하지 못했기 때문에 그것이 어느 나라 배이고 어떤 모양인지 밝히지 못했다.[224]

이처럼 헌종 말년부터 바닷가에 출몰하는 이양선의 수가 눈에 띄게 늘어났다. 그해 《헌종실록》에 "이해(1848) 여름·가을 이래로 이양선이 경상·전라·황해·강원·함경 다섯 도의 큰 바다에 출몰했는데, 널리 퍼져서 추적할 수 없었다. 어떤 것은 뭍에 내려 물을 긷기도 하고 어떤 것은 고래를 잡아 양식으로 삼기도 했다. 그 수를 셀 수 없이 많았다"[225]는 기사가 실릴 정도였다.

이듬해 1849년(헌종 15년)에도 이양선이 끊임없이 나타났다.

그해 3월 15일 좌의정 김도희는 헌종을 만난 자리에서 "번박이 출현한 이후 백성의 사정과 형편이 시끄럽고 어수선합니다. 바닷가 여러 읍이 다른 곳에 비해 더욱 심합니다. 때마침 이 기회에 소란을 진정케 하고 수령을 경계하기 위해 어사또를 파견해서 몰래 사정을 살피게 하는 것이 좋겠습니다. 합당한 사람을 가려 뽑아 보낼 것을 감히 우러러 고합니다"고 말했다.[226]

같은 날 김도희는 헌종에게 따로 이양선 대책을 상소했다. 그에 따르면, 거의 해마다 번박이 출몰해 오고 가는데 그해는 전해에 비해 두 배 가량 늘었다고 한다. 이양선이 갑자기 나타나는데다 재빨라서 지방관들은 문정조차 하지 못하고 있었다. 변방에서 경계를 소홀히 한 것은 무척 한심했다. 다만 사단이 일어나지 않는 것이 손가락으로 꼽을 정도였다. 참으로 우려할 만한 일이었다. 이양선 대책은 오직 안을 잘 다스린 다음 밖을 치는 내수외양(內修外攘)밖에 없다고 김도희는 강조했다.

> 옛날부터 백성을 보호하는 데는 내수외양보다 앞선 것이 없습니다.
> 내수외양하면 안으로 원기가 충실하고 바깥에서 사악한 것이
> 들어올 수 없습니다. 변방의 울타리를 굳고 튼튼하게 하면 도적이
> 침입할 수 없습니다. 만약 사리에 어두우면 반드시 사악한 것이
> 들어오고 도적이 침입할 것입니다.
> 돌아보건대 백성의 삶은 날로 괴롭고 고달픕니다. 전하께서는
> 하루도 빠지지 않고 백성을 딱하게 여기고 돌봐주시려고 합니다.
> 하지만 실제로 전하의 은혜나 혜택은 끝내 아래에 미치지 못합니다.

전하께서는 해마다 백성을 죽음에서 구제해주시지만, 환자마다
구휼하지는 못합니다. 이것은 오로지 방백과 수령이 전하의 명을
받들어 그 뜻을 백성에게 널리 알리지 못하고 백성을 어루만져
보호하려는 지극한 뜻이 없는 데서 말미암습니다.

전하께서 관리들이 백성의 재산을 탐하고 빼앗는 폐해를 깨달아
살피지 못하시는 것은 다만 그들이 지방에서 세금을 많이
거두어들이고 백성을 협박하고 괴롭히는 것을 남김없이 환히
비추어 아실 수 없기 때문입니다. 백성이 온통 춥고 굶주리고
넘어지는 근심이 있는데도 전하께서는 이를 들으실 수 없습니다.
백성이 병드는 실마리는 관리들이 낡은 인습을 버리지 않고 재물을
탐내서 백성을 편하게 하는 대책을 시행하지 않기 때문입니다.
그들은 백성을 편하게 하는 대책을 힘써 하지 않고 날마다
잊어버립니다.

이러면 어쩔 수 없이 인심이 흩어지고 국가의 근본은 흔들립니다.
안에서 근심거리가 일어날지도 모르고 심지어 바깥에서 도둑이
올지도 모릅니다. 진실로 관리들이 이를 반성해서 참된 마음을
받들고 참된 정치를 시행해서 백성의 삶을 편안하게 하고 그들의
생업을 즐겁게 하고 그들이 윗사람을 친밀하게 하고 연장자를
공경하면 여러 사람들의 마음이 성(城)을 이루고 나라의 힘이
영원히 굳게 될 것입니다. 모름지기 하루의 근심이 있더라도 이것에
대비하면 근심이 없고 일이 없을 것입니다.

이것은 높고 멀고 행하기 어려운 일이 아닙니다. 전하께서
뜻하신다면 그 효력이 나타날 것입니다. 과거시험장에서 이를 엄히

가르치면 전하의 뜻이 틀림없이 아래로 미치고 과거시험장의 어지러운 폐해도 없어질 것입니다. 선비들은 편히 놀며 즐기는 습관이 고질이 되어 있습니다. 이를 고치는 것도 전하의 뜻에 달려 있습니다.

김도희는 국왕에게 구체적인 실행 방법도 제안했다. 따로 여러 도의 관찰사와 장수들에게 거듭 알아듣게 타일러서 백성이 악정에 고생하는 일을 없애고 백성의 힘을 풀어주며 백성의 재산을 키우도록 할 것, 수령과 변방의 장수 가운데 누가 청렴하고 누가 탐욕스러운지, 누가 공적을 쌓고 누가 유능한지 품목을 갖추어 관리들을 임명하고 파면할 것, 이양선이 지나갈 때 반드시 문정하도록 엄중하게 처리할 것 등을 주문했다.[227]

조선인들의 목숨을 구해준 이양선

조정에서 이양선 문제가 논의되고 얼마 지나지 않아 또다시 이양선이 출몰했다는 보고가 지방에서 올라왔다. 그해 3월 22일부터 26일 사이에 흰 돛을 단 이양선 두 척이 장기현(長鬐縣) 사라포(士羅浦), 청하현(淸河縣)과 연일현(迎日縣) 사이, 흥해군(興海郡) 오봉대(烏烽臺), 기장현의 백기포(白碁浦)와 백항환포(白項環浦), 부산진 등을 지나는 것이 목격되었다. 두 척이 지나간 지 얼마 지나지 않아 이양선 72척과 6척이 기장현 남쪽에서 동쪽으로 향했다. 그 어느 곳에서도 이양선을 문정하지는 못했다.[228]

4월에는 경상도 백성이 표류하다가 서양 선박에 구출된 일도 있었다. 경상도 영해부(寧海府) 축산포동(丑山浦洞)에 사는 주민 정금준과 정응진은 장사하러 강원도 강릉 주문진으로 갔다. 그들은 4월 4일 함경도 홍원(洪原)에 사는 김치동의 배를 빌려 타고 4월 10일 울진으로 돌아오는 길이었다. 바다에서 갑자기 큰 바람이 불어 키와 돛대가 부러지고 상했다. 그들은 표류하다가 울릉도 북쪽에 이르렀다.

정금준과 정응진 두 사람은 거기서 섬처럼 거대한 배를 발견했다. 그들은 기를 흔들며 큰 소리로 목숨을 구해달라고 애원했다. 배에서 두 사람이 탄 작은 배 한 척이 내려와 점점 다가왔다. 그 배에는 좁쌀로 만든 떡 같은 물건이 나무통에 가득 담겨 있었다. 작은 배에 타고 온 사람들은 표류민들에게 그것을 먹이고 돌아갔다. 두 사람은 애타게 부르며 목숨을 빌었다. 그들은 다시 돌아와서 표류민들의 배에 줄을 매달아 끌고 갔다.

표류민들이 배에 올라 보니 배에는 28명이 타고 있었다. 배는 3범선이었다. 돛을 만든 포목은 서양 명주(西洋紬)였다. 배의 길이는 19파(57미터) 남짓, 넓이는 5파(15미터) 남짓이었다. 배 바깥에는 동철로 만든 쇳덩이를 늘어놓았다. 배의 구멍은 회로 발랐다. 배의 동아줄은 일년생 껍질로 만들었고, 배 곁에는 종선 6척이 걸려 있었다.

어떤 사람은 수염을 깎고 머리카락은 이마 부근까지 잘랐다.

윗옷은 조선 저고리 같았고 소매 끝은 여자의 소매와 비슷했다. 아랫도리에 입는 옷은 흡사 여자의 바지 같았다. 아래는 실로 꿰맸는데 모두 모직물이었다. 머리에는 서양 명주로 만든 쓰개를 쓰고 있었다.

배 안에는 나무통과 그릇이 많았는데, 감자, 고기기름, 물 등이 담겨 있었다. 아침과 저녁밥은 감자와 흰쌀을 섞어 만든 죽이나 조청(造淸, 묽게 곤 엿)에 흰 쌀밥을 섞은 것이었다. 그들은 표류민들에게도 그것을 주었다. 표류민 가운데 한 사람이 손과 이마가 아팠다. 그들은 옥병(玉瓶) 하나를 꺼내어 물을 기울여 이마에 바르고 콧구멍으로 냄새를 맡게 했다. 그리고 병이 곧 나았는지 알려 했다.

표류민들은 그들이 어느 곳에 살며 나라 이름은 무엇인지 한글과 한문으로 써 물었다. 그들은 모른다는 뜻으로 머리를 흔들며 말했는데, 전혀 알아들을 수 없었다. 4월 14일 표류민들은 삼척 이면진(耳面津)에서 전라도 상선을 만나 구제되었다. 19일에는 드디어 그들이 사는 축산포동으로 돌아왔다.[229] 4월 19일 부산첨사 조희풍은 돛대를 세 개 단 이양선 한 척이 부산진 남쪽 바다에서 동해로 향해 가는 것을 목격했다.[230] 표류민들을 구제해준 이양선이었을지도 몰랐다.

이국인을 붙잡아 가두다

그 무렵 함경도에서 이양선에 탄 외국인을 붙잡은 사건이 일어났다. 4월 9일 미시(未時, 오후 1~3시) 북청부(北靑府) 포청사(甫靑社) 신창진(新昌津)에서 이양선 한 척이 지나갔다. 신창진 요망장 전수언은 수십 명을 데리고 이양선을 추격했다. 그는 이양선을 따라잡고 문답했는데, 말을 전혀 알아들을 수 없었다. 배 위쪽은 검고 가운데는 희고 아래는 검게 칠해져 있었다. 배의 길이는 30여 파(약 90미터), 넓이는 15여 파(약 45미터)였다. 돛대는 네 개였는데, 가운데 돛이 가장 높았고 나머지 돛 세 개는 차차 작아졌다. 배 밑에는 종선 8척이 있었다. 길이는 3파(9미터), 넓이는 2파(6미터)로 푸른색을 칠했다.

배 위에 오고 가는 사람은 넉넉잡아 50, 60명이었다. 배의 높이는 태산 같아서 배 안에 있는 물건을 볼 수 없었다. 비단으로 수놓은 겉옷과 바지를 입은 사람도 있었고, 사슴 가죽으로 만든 겉옷과 바지를 입은 사람도 있었다. 머리에는 희거나 푸른 줄이 그려진 모자를 쓰고 있었다. 전수언 등이 배에 오르려 하자 이국인들은 들어오지 못하게 막았다. 그들은 전수언에게 문서 두 장, 버드나무 광주리 한 개, 책장서(冊張書) 두 장을 선물로 보내고는 바다 가운데로 향해 가서 곧 보이지 않았다.

이 사건의 보고를 받은 함경감사 박영원은 요망장 전수언 등의 보고가 거칠고 엉성한 것을 징계하도록 남병사 이행교에게 지시했다. 또 이방인들에게 받은 광주리 한 개는 북청부사 임기수에게 돌려보내서 맡아두게 했다.

　이틀 뒤인 4월 11일 이원현(利原縣) 유성리(榆城里) 요망장 이인담 등이 이원현감 유상렴에게 급히 달려와 알렸다. 그날 인시(寅時, 오전 3~5시)에 모양이 이상한 작은 배 3척을 붙잡았다는 것이었다. 이원현감은 문정하기 위해 급히 말을 몰아 유성리로 달려갔다. 이인담은 유성리에 도착한 이원현감에게 다음과 같이 보고했다.

　적의 동정을 살피기 위해 높은 곳에 세워둔 막 아래 소나무밭이 있었다. 갑자기 소나무 밭에서 나무 베는 소리가 들려왔다. 이인담 등이 급히 내려가서 살펴보았다. 나무를 베는 사람들이 있었는데, 우리나라 사람이 아니었다. 이인담 등은 이웃 백성들을 불러 모아 힘을 합쳐 그들 18명을 붙잡았다. 그들이 탄 배도 찾아내서 육지로 끌고 왔다.

　배는 북(梭, 베틀에 딸린 부속품의 하나. 날실의 틈으로 왔다 갔다 하며 씨실을 풀어줌. 방추) 같고 밑바닥이 뾰족했다. 배 안에는 철창이 많았다. 무기가 아니라 물고기를 잡는 기구였다. 배에는 비린내가 가득해서 재채기가 날 지경이었다.

　그들의 생김새는 퍽 낯설었다. 머리카락 길이는 5, 6촌(약 15~18센티미터)이었다. 얼굴색은 희거나 검었다. 뺨은 좁고 얼굴이 길었다. 눈빛은 파랬다. 고리같이 생긴 두 눈썹은 작고 넓었고, 코는 높이 솟아 우뚝했다. 뚱뚱한 가슴 아래에는 털이 많이 나 있었다. 갖가지 색깔의 모직물과 비단 등으로 저고리와 바지를 만들어 겹쳐 입고 있었다. 위아래 옷은 모두 단추로 맸다.

머리에는 가죽으로 만든 물건을 쓰고 있었는데, 놋쇠로 만든 거푸집 같았다. 왕골 풀이나 피륙으로 섞어 짠 것이었다. 몇 사람은 목에 가는 구슬을 묶었다. 좌우 귀에는 놋쇠로 만든 작은 고리를 늘어뜨렸다. 좌우 팔의 가운데 불룩한 부분에는 먹으로 문신이 새겨져 있었다. 물고기나 산, 배, 바위, 사람 모양이었다. 몸에 아무것도 새기지 않은 사람도 있었다.

그들에게는 철총 세 자루가 있었다. 한 자루는 구멍이 두 개였고, 두 자루는 구멍이 하나였다. 그들에게 총을 쏘게 해봤다. 조선과 달리 탄약을 장전한 후 화약심지를 쓰지 않고 삽시간에 손가락을 놀렸는데, 평상시 듣던 포성과 같았다.

이원현감은 붙잡힌 이국인들에게 여러 번 따져 물었다. 하지만 말이 달라서 어느 나라 사람인지 알 수 없었다. 글자를 써서 시험해보았지만 알아볼 수 없었다. 그들은 손으로 바다를 가리키고 손가락을 깍지 끼었는데, 돌아가기를 비는 몸짓 같았다.

백여 리쯤 되는 곳에 돛을 세 개 단 대선이 떠 있었다. 이원현감은 여러 차례 빠른 배를 보내 급히 노를 저어 쫓아가게 했다. 하지만 배는 순식간에 눈이 미치지 못하는 곳으로 피했다. 일의 형편을 생각해보면 같은 배에 탄 사람들이 육지에서 붙잡혔으므로 버리고 가지 않을 것 같았다. 이원현감은 이교 등을 불러와 각별히 주의해서 동정을 살피게 했다. 관원의 행렬이 여러 날 궁벽한 마을에 머물러 있으면 백성들에게 폐를 끼칠 뿐이었다. 이원현감은 붙잡은 사람들을 가두고 함경감사의 처분을 기다리기로 했다. 그날 함경감사 박영원에게 이방인들이 시험 삼아 쓴 문자를 베껴서 올려 보냈다.

함경감사 박영원은 이원현감의 죄를 물었다. 다른 나라의 배는 문정하기 전에 뭍에 내릴 수 없는 것이 조선의 법도와 양식이었다. 하지만 이원에서는 이국선이 느닷없이 스스로 뭍에 내렸다. 그 배를 일단 돌아가게 하고 문정하는 것이 사리에 마땅한데도 이원현감은 사람들을 붙잡아두고 핍박해서 읍에 가두었다. 유원지의를 크게 잃은 행위였다. 함경감사는 이원현감에게 포로를 풀어주고 본선으로 돌려준 후에 다시 문정하라고 지시했다.

함경감사가 보기에 이원현감 유상렴은 앞뒤를 헤아리지 않고 경솔했다. 관습으로 내려오는 전례에 어두웠기 때문에 참작해 용서하기 힘들었다. 함경감사는 우선 이원현감을 파직하고 그 죄를 해당 관청에 알려 처리하게 했다. 그리고 이국인들이 묵으로 그린 것 두 장, 그들의 모습을 그린 그림 두 장, 이원현감과 그들이 문답한 필적 한 장을 봉해서 비변사로 올려 보냈다.[231]

총에 맞아 죽은 조선인

1850년(철종 1) 2월에는 이양선이 발포해서 주민들이 사망하는 사태까지 일어났다. 2월 27일 강원도 울진현(蔚珍縣) 죽변진(竹邊津)에서 벌어진 일이었다. 그날 밤이 깊은 후 경비초소(候望幕) 아래에서 사람 소리가 들려왔다. 후망감관(候望監官) 남두칠은 후망군을 데리고 사람 소리가 나는 곳으로 갔다. 이상한 옷을 입은 사람 10여 명이 다가오고 있었다. 남두칠은 깜짝 놀라서 다급히 배에 올라 나는 듯이 노를 저어 갔다. 모래 언덕 위에 모양이 이상한 작은 배 한 척이 버려져 있었다. 남두칠의 보고를 받은 울진현령 김선경은 곧 죽변진으로 달려갔다.

울진현령은 이튿날 날이 밝기를 기다려 조사했다. 배는 앞뒤가 뾰족하고 가운데 허리는 조금 넓었다. 길이는 5파(15미터), 넓이는 1파(3미터)였다. 배의 밑바닥은 얼레빗처럼 둥글었다. 배 안팎은 푸른 회로 발랐는데, 물을 뿌렸는데도 축축해지지 않았다. 돛대는 한 개였다. 길이는 4파(12미터), 둘레는 1위(圍, 화로 따위를 세는 단위)였다. 노는 여섯 개였는데, 길이가 3파(9미터)였고 모두 주석(朱錫, 동납철)으로 위아래를 둘러쌌다. 범포(帆布, 돛을 만든 피륙)는 흰색이었다. 대자(帶子, 직물의 한 가지)처럼 실을 꼬아 좁고 두텁게 짰고, 쇠붙이로 만든 껍질처럼 두꺼웠다. 길이는 3파(9미터), 넓이는 1파(3미터)였다.

배 안에는 쇠로 만든 화살촉이 있었다. 화살촉은 나무로 자루를 만들었는데, 모두 10개였다. 몸체가 큰 손가락처럼 둥그렇고 촉끝은 평평한 숟가락처럼 넓었다. 화살촉은 가죽 주머니로 쌌는데, 풀어보니 칼날이 날카로워 감히 가까이 하지 못했다. 화살촉의 길이는 1파(3미터), 자루는 1파 반(4.5미터)이었다. 화살촉 자루는 큰 줄로 여러 차례 감겨 있었다. 자루 끝은 네모났는데, 크기가 팔만 했다. 고기 기름 냄새가 나는 것으로 보아 고래를 잡는 설비 같았다.

배에는 빛이 희고 얇은 중국산 종이 네 장과 책 한 권이 있었다. 그것을 조사하려 할 즈음 돛대가 세 개 달린 이양선 한 척이 동쪽 바다에서 나타났다. 돛은 고운 흰색이고 배 위는 흰 포장(布帳)으로 가렸다. 멀리서 보니 배는 산처럼 크고 막(帳)은 다락같이 높았다. 울진현령은 격군을 여럿 거느리고 후망선 한 척을 띄워 문정하러 갔다.

두 배 사이의 거리가 5리(약 2킬로미터)쯤 되었을 때, 이양선에서 쾌선 2척을 보냈다. 쾌선은 나는 듯이 노를 저어 나오며 총을 들어 쏘았다. 격군 김원산이 가슴에 총을 맞아 죽었고, 사노(私奴) 상인(尚寅)도 얼굴에 총을 맞아 죽었다. 울진현령 일행은 깜짝 놀라 돌아왔다. 쾌선이 쫓아오며 포를 쏘았다. 버려둔 배를 지키던 군사 최일철이 왼팔에 총을 맞았다. 최광철은 총알이 이마를 스쳐지나가 얼굴에 피가 흘렀다. 전가(田哥)는 왼쪽 귓가에 총알을 맞고 넘어졌다. 배를 지키던 군사와 주민들이 일시에 도망쳐 숨었다. 이양선에 탄 사람들은 버려둔 배 한 척을 거두고는 바람을 타고 바로 수평선으로 향해 갔다.

울진현령의 보고를 받은 강원감사 이겸재는 "요 몇 해 사이에 이선이 허다하게 내왕하는데, 저 같은 변은 아직 듣지 못했다"면서 바닷가 여러 읍에 각별히 경계하라고 거듭 타일렀고, 이국인들이 버려둔 중국산 종이 네 장과 책자는 굳게 봉해 비변사로 올려보냈다.[232] 3월 20일 철종은 조정 중신들과 만난 자리에서 말했다. "(강원감사의) 장계를 보니 이번 울진에서 (이양선을) 문정할 때 다친 사람이 무척 많다고 한다. 참으로 놀랍다."[233] 같은 날 영

의정 정원용은 철종과 대왕대비에게 이양선을 문정할 때 주의할
사항을 밝혔다.

봄여름 사이에 이양선이 오가고 있습니다. 요 몇 해 사이에
이양선이 출몰하지 않는 적이 없습니다. 이는 해안 경비와 변정에
관계됩니다. 높은 곳에서 적의 동정을 살피는 일과 (이양선이)
오가는 일을 보고하는 것은 참으로 소홀해서는 안 됩니다.
(이양선을) 문정하는 일은 바람을 만나 표류하는 배를 문답하는 예와
크게 다르지 않습니다. 어느 나라 사람들이 무슨 일 때문에 어느
방향으로 가는지 전혀 모르니 근심스럽고 답답합니다. 언어가
통하지 않고 문자가 다르니 어떻게 묻고 답하겠습니까. 이는 사리
밖의 일이니 형세가 어찌할 도리가 없습니다.
비록 그렇다고는 해도 만약 (이양선이) 우리나라 땅 가까이 배를
대고 육지에 오르면 그대로 내버려둘 수 없습니다. 멀리 바라보면서
손으로 뜻을 깨우쳐주고, 모이면 반드시 탐색해 살피고 엿보아 아는
것이 바른 길입니다. 만약 그들이 가까운 바다에 떠 있을 때
우리나라 사람이 배를 타고 너무 가까이 가서 경솔하게 행동한다면
그들이 의심하고 두려워서 방어하고 내쫓아 물리칠 것입니다.
(이양선에 탄 사람들이) 칼을 쓰는 것은 모두 참으로 형세가 그렇기
때문입니다.
며칠 전에 보낸 동백(東伯, 강원감사)의 장계 가운데 울진의
문정선에 탄 두 사람이 (총에 맞아서) 죽고 세 사람이 다친 일이
있었습니다. 이를 보면 그것이 (문정하는) 일에 도움이 되지 않고

헛되이 해치는 데 이른 것을 분명하게 알 수 있습니다. 그러니 결코 가볍게 범해서 황급히 행할 수 없습니다. 외딴 고을은 변방의 경비가 중요하기 때문에 이따금 이런 근심이 있습니다. 앞으로는 그 배가 가까이 대는 때 외에는 문정하지 않도록 해야 합니다. 하지만 이 때문에 적의 동정을 살피는 일을 소홀히 할 수 없습니다. 이런 뜻으로 바닷가 각 도와 도수신에게 깨우쳐주어야 합니다.

대왕대비는 영의정의 조언을 받아들였다. 그는 "이국선을 문정하는 일은 무척 중요하다. (이양선이) 먼 바다를 오가면 멀리 바라보라. 문정하기 위해 뒤쫓아 가면 그 사람들이 의심스러워서 방비할 마음으로 총 따위를 쏘게 된다. 앞으로는 그 배가 가까이 배를 대기 전에는 문정하지 말라. 또한 이 때문에 적의 동정을 살피는 일을 소홀히 할 수 없다. 이런 뜻으로 (바닷가 각 도와 도수신에게) 타일러 경계하게 하라"고 지시했다.[234]

육로로 돌아가고 싶다

이듬해 1851년(철종 2) 2월에는 전라도에 이양선이 출현했다. 2월 27일 이양선 3범선 한 척이 북쪽에서 고군산진 바깥 바다를 지나 왕등도(汪登島)로 향해 갔다. 고군산진 유진장 고인화가 장리와 군인을 데리고 달려가 자세히 살펴보았다. 이양선은 아득히 멀리 떨어져 있었고, 날이 저물려 했다. 고인화 일행은 배를 정돈해서 날이 밝기를 기다렸다.

다음 날 날이 밝기 전에 이양선에서 작은 배 3척이 나와 장척도(長尺島) 항구로 향했다. 유진장은 그 배를 쫓아갔다. 작은 배 3척은 이미 닻을 내린 상태였다. 사람들 10명이 기슭에 올라 물을 긷고 있었다. 고인화는 글을 써서 보였다. 낯선 사람들은 눈을 가리며 모르겠다는 몸짓을 했다. 말소리는 새가 지저귀는 것 같아서 받아 적을 수 없었다. 고인화는 손짓으로 여러 번 군진을 벌이겠다고 깨우쳐주었다. 그들은 바람을 만나 표류했으므로 물을 길어 급히 가겠다고 말하는 것 같았다.

이방인들은 머리카락이 붉고 눈은 파랬다. 머리카락과 수염은 잘랐는데 머리에 쟁반처럼 생긴 담전(毯氈)을 쓰고 있었다. 옷은 모직물이나 비단으로 만들었는데, 색깔이 여러 가지였다. 윗옷은 여인의 저고리 같았다. 아래옷은 전대(戰帒, 조선시대 무관들이 군복에 띠던 띠)같이 좁았고 단추로 여몄다. 발에는 모두 기름가죽(油皮)을 신었는데, 발막신 같았다. 끈으로 신발을 묶었다.

그들이 타고 온 작은 배 3척은 크기가 3파(9미터) 남짓이고 넓이는 모두 2파 반(7.5미터)이었다. 배의 머리와 꼬리는 모두 뾰족했다. 배의 색깔은 절반은 검고 절반은 희었다. 배에는 각각 철로 만든 무기 두 개, 물 긷는 통 한 개, 돛대 하나, 흰색 돛 등이 실려 있었다. 그들은 각각 배에 나누어 타고 돛을 들어 항구에서 빠져나갔는데, 화살처럼 빨랐다. 잠시 후 큰 배가 닻을 들어 올리고 서해로 향했다. 마치 흰 구름이 떠나는 것 같았다. 아득히 멀리 가서

곧 흔적이 없어졌다.[235]

얼마 후 전라도 영광군 홍농면(弘農面) 우포촌(牛浦村) 뒤 바다에 이양선이 왔다. 3월 1일 묘시(卯時, 오전 5~7시)쯤 영광군수 김덕근과 법성첨사 이명서가 이양선이 있는 곳으로 달려갔다. 배는 높이가 약 6, 7장(丈, 18~21미터)이었다. 영광군수 일행은 나무를 얽어 사다리를 만들고 간신히 기어올랐다. 배에는 모두 30명이 타고 있었다.

그들은 생김새가 이상했다. 눈동자는 모두 파랬고 머리카락은 아래로 드리웠는데, 땋지는 않았다. 수염은 없거나 짧았는데 대부분 자주색이나 누런색이었다. 머리에 쓴 모자는 자주색, 흑색, 청색, 백색 등 여러 색깔이었다. 저고리는 짧고 바지는 길었는데, 넓거나 트이지는 않았고 몸에 달라붙었다. 색깔은 붉거나 검었고 옷깃이 하나였다. 모직물이나 모포 종류로 만든 것이었다. 옥도 아니고 돌도 아닌 단추로 옷깃을 여미고 있었다. 발에는 구멍이 난 것을 신었는데, 버선과 신 같았다. 신 바닥에는 가죽을 붙였다.

배는 머리와 꼬리가 모두 높고 가운데는 둥글었다. 길이는 25파(75미터), 넓이는 7파(21미터), 높이는 8파(24미터)였다. 바깥 면에는 나무판을 붙였다. 물에 빠지는 부분은 모두 동철로 두루 싸고 작은 못을 많이 써서 여러 조각을 마주 이어 붙였다. 그 사이사이는 닳고 깨져 있었다. 동으로 두른 것 위에는 층마다 푸른색이나 흰 색으로 발랐다. 돛대는 각각 달랐다. 세 개는 배 위에 똑바로 서 있고, 한 개는 뱃머리에 옆으로 누워 있었다. 종선 6척은 배 위에 실려 있었다. 길이는 2파(6미터)나 3파(9미터)이고, 넓이는 각각 1파(3미터)였다.

영광군수와 법성첨사는 이국선에 탄 사람들을 모두 불러 모아 좌우에 서게 했다. 그들이 어느 나라 사람이고 무슨 까닭으로 이곳에 왔는지 글로 써서 물었다. 그 가운데 한 사람이 붓을 잡고 답했다. 글씨 생김새가 범서(梵書, 산스크리트 문자) 같기도 하고 전자(篆字) 같기도 했다. 우리나라에서는 이 글을 모른다고 써 보였다. 그가 글로 써서 답했지만, 언어가 통하지 않았다. 영광군수는 이국인들의 필적을 본떠 베껴서 전라감사에게 올렸다.

3월 2일 축시(丑時, 오전 1~3시)쯤 동풍이 불고 조수가 불어났다. 이양선 안에서 갑자기 소동하는 소리가 일어났다. 영광군수와 법성첨사는 이양선을 둘러싸고 지키게 했다. 하지만 이양선은 눈 깜짝할 사이에 닻을 거두고 돛을 올렸다. 그러고는 바람을 타고 물을 박차며 서쪽을 향해 떠나갔다. 그 형세가 마치 나는 것처럼 빨라서 우리나라 뱃사람들은 막을 수 없었다. 멀리 바라보니 바로 서해 큰 바다 밖으로 향해 가서 눈이 미치지 못해 살필 수 없었다.[236]

3월 3일 묘시(卯時, 오전 5~7시)에는 나주목 비금도(飛禽島) 서면(西面) 율내촌(栗內村)에 이국인 10명이 갑자기 들어왔다. 비금도 풍헌(風憲, 면이나 동리의 일을 맡아보던 벼슬아치) 양선규가 급히 달려갔다. 이국인들은 29명이었다. 문정하려고 했지만 말이 통하지 않고 글자가 달라서 어느 나라의 어느 지방 사람인지 알 수 없었다. 그들은 붉거나 검은 담전을 입고 있었다. 큰 배는 조각

마다 부서져서 예미포(曳尾浦)에 닿았고, 작은 배 3척은 세항포(細項浦)에 댔다.[237]

3월 7일 신시(申時, 오후 3~5시)쯤 목포만호 조건식이 비금도에 도착했다. 이국인 29명이 각각 칼을 들고 큰 배에서 깨진 판재를 가지고 와 작은 배 3척 곁에 삼판(杉板)을 하나 세우는 식으로 붙여 만들고 있었다. 목포만호는 여러 번 섬사람들을 보내 지키고 동정을 살피게 했다. 그들은 모두 담전을 입었는데, 붉거나 검은색이었다. 머리카락은 양털 같았다. 그들은 입으로 손바닥 위에 바람을 불고 손으로 서해를 가리켰다.

3월 9일 해시(亥時, 오후 9~11시)에 이국인들이 몽둥이를 들고 검을 뽑아서 둘러싸고 서서 성(城)을 만들었다. 그들은 사람을 해치려 했다. 목포만호는 놀랍고 두려워서 방어하려 했다. 그 사이에 9명이 작은 배 한 척에 타고 서해로 도망쳤다. 배는 날아가는 것처럼 빨랐다. 눈 깜짝할 사이에 가는 곳을 알지 못했다. 전라감사 이유원은 이국인 5명을 놓친 죄로 목포만호를 벌하고, 지방관과 수군우후에게는 남아 있는 20명을 잘 지키라고 지시했다.[238]

3월 11일 수군우후 최홍현과 나주·남평현감 이정현이 비금도에 도착했다. 이양선은 큰 바다의 한 모퉁이 모래 언덕에 있었다. 조수가 밀려날 때 미처 닻을 올리지 못해서 모래에 묻히고 배가 파도에 부딪쳐 깨진 것 같았다. 20명을 좌우로 불러 모아보니 모두 남자였다. 그들은 생김새가 이상했다. 눈동자는 푸르거나 노랬다. 머리카락은 뒤로 늘어뜨리거나 대머리였다. 수염은 굳세고 날카롭고 짧았다. 머리에는 담모(毯帽)를 썼는데, 색깔이 여러 가지였다. 저고리는 짧고 바지는 길었다. 조선의 옷처럼 넉넉하거나 넓지 않았다. 붉거나 검은 색으로 두 겹이나 홑겹으로 지었다. 옷감은 모두 담전 종류였다.

배에는 크고 작은 나무통이 들어 있었다. 큰 통은 비어 있고 작은 통에는 떡 조각과 쌀가루 등이 담겨 있었다. 수상한 흔적은 없었다. 작은 배 두 척은 길이가 각 4파(12미터), 넓이는 1파(3미터)였다.

관리들은 이국인들과 말이 통하지 않고 글자도 알 수 없었다. 그들이 어느 나라 사람이고 성명이 무엇인지 알 수 없었다. 이국인들은 손으로 배 모양을 만들고 돛대를 두 개 단 배를 부르는 시늉을 했다. 또 입으로 바람을 불고 배가 떠 가는 모습을 했다. 관리들은 종이에 돛대를 두 개 단 큰 배를 그려서 보였다. 이국인들은 옳다며 좋아했다. 수로를 버리고 육로를 따라 돌아가는 모습을 그려 보이자 그들은 서로 돌아보고 기뻐하는 기색이었다. 다음에는 손바닥을 모으고 머리를 조아리며 '호타 호타'(好他好他) 소리를 냈는데, 중국 말소리와 다르지 않았다. 관리들은 외국인들이 육지를 거쳐 돌아가는 것을 마음대로 처리할 수 없어서 상관의 지시를 기다리기로 했다.[239]

4월 1일 비변사에서는 비금도의 이양선 처리 문제를 국왕에게 알렸다. 이국인들이 손으로 배 모양을 만들고 입으로 바람 부는 시늉을 한 것은 배를 빌려 돌아가겠다는 뜻이 분명했다. 하지만 문정관이 배 그림을 그리고 육로를 보인 것은 경솔한 일이다. 나주 부근의 조창에 머물러 있는 조운선 가운데 튼튼한 배 한두 척을 비금도로 보내 이국인들이 골라 쓰게 해야 한다. 또 그들이 떠나기 전에 음식을 제공하고 보살펴주는 일에 조금이라도 소홀하지 말아야 한다. 철종은 비변사의 건의를 받아들였다.[240]

머리계, 머리계!

1852년(철종 3년) 12월에는 미국 선박이 처음으로 조선 해역에 나타났다. 홋카이도 부근에서 고래잡이를 하던 미국 포경선 한 척이 폭풍에 휩쓸려 경상도 동래부 용당포 앞 바다에 온 것이었다. 부산첨사 서상악은 이 사실을 경상감사 홍설모에게 알렸고, 홍설모는 이 사실을 곧바로 조정에 보고했다. 당시 조선에서는 이들이 누구인지 알 수 없었다. 다만 배에 탄 사람들이 "머리계"(아메리카)라고 수없이 반복했다는 사실만 기록에 남아 있다.

1852년 12월 21일 오시(午時, 오전 11~오후 1시)에 모양이 이상한 큰 배 한 척이 동래부 용당포 앞 바다에 표류해 왔다. 두모포 만호 정순민은 이양선을 살펴보러 다급히 노를 저어 갔다. 개운포 만호 최우륜도 곧 파견되었다. 그들은 이양선을 끌어들여 안전하게 정박시키려 했다. 하지만 이양선에 탄 사람들은 머리와 손을 내저으며 따르지 않았다. 어쩔 수 없이 그들의 뜻에 따라 그곳에 머무르게 했다.

뒤이어 부산첨사 서상악과 동래부사 유석환, 수군우후 장도

상이 용당포에 도착했다. 그들은 통역관을 이양선으로 파견했다. 훈도(訓導, 왜관의 왜인을 접대하고 변정을 전담했던 종9품) 김시경과 별차(別差, 동래와 초량의 장시에 파견되던 일본어 통역관) 김정구가 소통사(小通事, 하급 통역관) 김예돈 등을 데리고 배에 올라이양선 앞으로 나아갔다. 그 배에 탄 모든 사람이 일제히 나와 밧줄을 내려서 올라가는 것을 도와주었다.

배 모양은 극히 사치스러웠다. 사람들의 모습은 모두 괴상했다. 고슴도치처럼 산발한 머리에 담전과 흑칠한 가죽 모자를 쓰고 있었는데, 우리나라 전립과 비슷했다. 코가 높고 수염이 없었으며, 눈은 노랗거나 파란색이었다. 어떤 사람은 몸의 살을 찔러 문신을 새겼다. 입고 있는 옷은 흑갈색 담전이었는데, 모두 소매가 좁고 바지 차림이었다. 신발로는 구두를 신고 있었다.

배에 탄 사람은 모두 43명이었다. 그 가운데는 20세가량의 여자가 한 사람, 4~5세가량의 사내아이가 하나 있었다. 머리는 양털 같은 백색이었고 옷이나 생김새가 뱃사람들과 다르지 않았다. 그들은 조선인 통역관을 보자 거리낌 없이 웃으면서 맞이했다. 그러나 언어가 도무지 통하지 않았다. 글을 써서 나라 이름과 표류한 까닭을 물었지만 역시 통하지 않았다. 붓을 들어 글씨를 쓰도록 했는데, 구름 같기도 하고 그림 같기도 하며 전자도 아니고 언문도 아니어서 전혀 알아볼 수 없었다. 다만 배와 자신들을 가리키면서 "며리계(旀里界), 며리계" 운운할 뿐이었다.

그들 가운데 나머지 사람들과 생김새가 다른 두 사람이 있었다. 그들은 바로 왜인이었다. 통역관들은 왜인이 이선에 타고 있는 것이 이상해서 그들에게 자세히 물었다. "너희들은 일본 어느 섬 어느 지역에 사는 자들이기에 이 배에 같이 탔는가. 또 배에 탄 모든 사람과 말과 글이 통하지 않는데, 그들은 어느 나라 사람인가. 그들과 동승한 사정도 함께 고하라."

왜인 한 사람은 암길(巖吉)로 60세, 또 한 사람은 선길(善吉)로 35세였다. 그들은 통역관들에게 그간의 사정을 알려주었다. 두 사람은 모두 일본 삼하주(參河州, 오늘날 아이치 현[愛知縣])에 살고 있었다. 한 마을에 사는 작장(作庄), 송장(松庄) 등과 함께 넷이서 땔나무 장사를 하러 길을 떠났다. 지난해 11월 26일 네 사람이 한 배에 타고 본토에서 기이주(紀伊州, 오늘날 와카야마 현[和歌山縣]과 미에 현[三重縣] 남부 지방)로 향해 갔다.

올해 3월 27일 갑자기 풍랑이 크게 일어났다. 키가 부러지고 배가 파손될 즈음 큰 배 한 척이 나타나 그들을 구해주었다. 네 명이 함께 배에 올라 여기저기 전전하며 표류했는데 또다시 바다에서 큰 배를 만나 이 배에 타게 되었다. 파도에 떠밀려 남은 목숨을 겨우 구할 수 있었다. 이국선에 전적으로 의지하고 있지만 무척 두려웠다. 배에 탄 지는 오래 되었지만 그 배의 사정은 잘 몰랐다. 그 배에서는 고래 잡는 일 외에는 달리 하는 일이 없었다.

배의 길이는 25파(75미터), 높이는 8파(24미터), 폭은 5파(15미터)였다. 배 안에 침실을 꾸며놓았는데, 유숙하는 곳이었다. 첫 번째 돛대는 높이가 13파(39미터), 두 번째는 22파(66미터), 세 번째는 25파(75미터)였다. 돛은 3층 모양이었다. 배에 실은 물건으로는 대포 1좌, 조총 12자루, 마침(磨針, 나침반) 50개 등이 있었

다. 또한 쌀 12궤, 고래 기름 5통, 말안장 2건이 있었다. 가축으로
는 소가 각 1척(隻), 돼지, 개, 닭, 오리가 여러 마리 있었다.

　조선 통역관들은 왜인들과 그들의 물건을 배에 옮겨 실었다.
왜국인은 관례에 따라 왜관을 통해 돌려보내야 했다. 통역관들은
이양선과 이국인의 모양 그리고 이양선에 실린 물건을 그림으로
그려서 비변사로 올려 보냈다.[241] 1853년(철종 4년) 1월 1일 사시
(巳時, 오후 9~11시)에 용당포의 이양선은 닻을 올리고 남쪽 큰 바
다로 향했다. 잠깐 사이에 사라져버려서 어느 곳으로 가는지 알
수 없었다.[242]

　용당포에 도착한 이양선의 정체는 미국의 고래잡이 배였다.
당시 일본 홋카이도 해역은 포경업으로 유명했다. 미국은 1820년
부터 홋카이도 포경업에 종사하고 있었다. 1821년 홋카이도의 미
국 포경선 수는 6, 7척에 지나지 않았지만 1822년에는 30여 척에
이르렀다.[243] 용당포에 표류한 포경선은 사우스 아메리카호(South
America)로 616톤급이었다고 한다.

　조선인이 문정하러 배에 올랐을 때 언어가 통하지 않자 미국
인들은 "우리는 미국에서 왔다(We are from America)"라고 외치
면서 "아메리카, 아메리카"를 수없이 되풀이했다. 이 아메리카는
조선 문정관에게 '며리계'로 들렸다. 며리계는 곧 아메리카를 한
자로 옮긴 것이었다.[244]

　사우스 아메리카호에 타고 있던 일본인 두 명의 신상은 일본
의 기록에서도 찾아볼 수 있다. 미카와국(三河國) 아츠미군(渥美
郡, 오늘날 아이치 현[愛知縣] 아츠미 군)에 사는 이와키치(岩吉,

1851년 당시 66세)와 젠키치(善吉, 40세), 유지로(勇次郎, 21세), 사쿠조(作藏, 21세) 등 네 사람은 영구환(永久丸)을 타고 1851년 12월 2일 나고야에서 장유(醬油, 간장), 쌀, 땔감 등을 싣고 기주(紀伊州) 구마노(熊野, 오늘날 미에 현[三重縣])로 향하다가 악천후를 만나 표류했다.

영구환은 1852년 윤2월 26일 괌의 동북쪽 해상에서 미국 뉴베드퍼드(New Bedford)의 포경선 아이작 하우랜드호(Issac Howland, 선장 웨스트[West])에 구조되었다. 아이작 하우랜드호는 고래를 찾아서 세인트 로렌스 섬과 베링해를 지나 북극해로 나가고 있었다. 하우랜드호는 그해 9월 하와이의 호놀룰루에 입항했다.

유지로와 사쿠조는 아이작 하우랜드호를 타고 미국으로 가기로 했다. 이와키치와 젠키치는 처자가 있어서 북아메리카 낸터컷(Nantucket, 미국 매사추세츠 주 케이프코드 남쪽에 있는 섬)의 사우스 아메리카호로 옮겨 탔다. 사우스 아메리카호는 조선의 부산항에 들어왔다가 1852년 12월 19일 부산 주재 쓰시마 영주의 신하에게 인도된 후 나가사키로 이송되었다고 한다.[245]

제3부

러시아와
미국의 습격

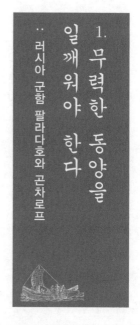

1850년대에는 영국 과 프랑스, 미국에 이어 러시아 이양선도 나타나기 시작했다. 게랭이 본국 장관에게 보고한 것처럼 러시아 선박은 1850년 대에 조선 해역을 넘나들면서 기회를 엿보고 있었다. 1852년 2월 20일(러시아력) 동부 시베리아 총독 무라비요프(Nikolai Muravyov)는 해군 대장 콘스탄틴(Constantine) 공에게 서한을 보냈다. 그는 중국과 일본이 영국과 미국의 식민지가 될 우려가 있고, 미국의 무장 함대가 일본에 파견될 것이라고 보고했다. 러시아 정부는 태평양의 러시아 진지를 강화하고 중국과 일본을 개항시킬 방안을 모색하고 있었다. 이를 위해 그해 4월 24일 '극동정책 기본문제 심의위원회'를 설치했다. 이 위원회는 그해 5월 7일 시종무관장 푸탸틴(Evfimi Vasilievich Putyatin, 1803~1883) 해군 중장을 극동의 전권사절단으로 파견하기로 결정했다.[1]

푸탸틴의 임무는 중국의 개항장 다섯 군데에서 러시아의 통상권을 획득하고 일본을 개항시키는 것이었다. 그에게는 전권대

조선과 일본에 파견된 푸탸틴 해군 중장.

사의 권한으로 여러 나라와 교섭할 수 있는 재량도 부여되었다.
그는 1852년 10월 7일 프리깃함 팔라다호(Pallada, 함장 운콥스키
[Unkovskij])를 타고 발틱해 연안의 크론슈타트(Kronshdadt) 군항
을 출발했다.[2]

　팔라다호는 그리스 신화에 나오는 전쟁과 승리의 여신 팔라
스 아테나(Pallas Athena)에서 이름을 따왔다. 1831년 11월 2일에
기공해 1832년 9월 1일 완성된 이 함선은 길이가 52.7미터, 폭은
13.3미터, 흘수(吃水, 배가 물 위에 떠 있을 때 물에 잠겨 있는 부분
의 깊이)는 4.3미터이고 함포 52문을 장착했다. 이 배는 당시 러시
아 함대에서 최상의 선재(船材)로 건조된 가장 아름다운 군함으로
꼽혔다.[3] 당시 러시아 해군은 범선만 보유하고 있었다. 푸탸틴 제
독은 1850년대에 이미 낡아버린 팔라다호를 자신이 탈 함선으로
선택했다. 배 안에 기도실이 있고 선체가 러시아 정교의 예식을

푸탸틴 제독 일행이 타고 왔던 기함
팔라다호를 복원한 모형.

마쳤기 때문이었다고 한다.[4]

　푸탸틴 함대는 기함 팔라다호와 증기선 보스토크호(Vostok,
'동방'이란 뜻, 함장은 림스키 코르사코프[Rimski Korsakov]), 포함
올리부차호(Olivutsa), 수송선 멘시코프공호(Kniaz Menshikov, 함
장은 해군 대위 푸루겔름[Furugelm]) 등 네 척으로 구성되어 있었
다. 보스토크호는 푸탸틴 함대의 유일한 스쿠너 증기선으로, 영국
에서 구입한 함선이었다. 지중해의 과일 무역에 취항할 목적으로
건조된 배로 원래 이름은 피어리스(Fearless)였다고 한다. 푸탸틴
은 이 배를 인수한 다음 보스토크로 이름을 바꾸고 극동 항해를
위해 선체를 개조했다. 구입비는 영화(英貨) 3,375파운드, 개조비
까지 합하면 총 5,380파운드가 투입되었다. 멘시코프공호는 러미
회사(露美會社) 수송선으로, 미국에서 구입한 배수량 290톤의 3범
선이었다.[5]

거문도에 집결한 러시아 함대

푸탸틴은 1853년 6월 18일 중국 광동에서 양광 총독 엽명침과 다섯 항구의 무역 문제를 교섭했다. 당시 엽명침은 청나라의 대외 관계 책임자였다. 푸탸틴은 영국, 미국, 프랑스 등 각국의 5항 통상권과 같은 권리를 러시아에도 부여하라고 요구했다. 하지만 엽명침은 단호하게 거절했다. 캬흐타(Kyakhta) 조약(1727년 청과 러시아 사이에 맺은 조약으로, 외몽고와 시베리아의 국경선을 확정했다. 북경에 러시아 공사관을 설치할 것, 북경에 러시아인 그리스 정교회 신부와 유학생을 체재하게 할 것, 무역을 위해 자유롭게 국경을 넘어도 좋다는 것 등을 인정했다) 이후 러시아가 캬흐타의 북방 무역권을 가지고 있기 때문에 굳이 남방 다섯 항구마저 개방할 수는 없다는 것이 그 이유였다. 한편 푸탸틴의 외교 교섭을 지원하기 위해 러시아 원로원(Senat)이 나섰다. 원로원은 중국과 러시아 사이의 공식 외교 채널인 청나라 이번원(理藩院, 중앙정부에서 청나라와 조공국 사이의 외교 사무를 관할하던 행정기관)으로 공문을 보냈다. 이 공문은 그해 6월 7일(음력) 북경 정부에 도착했다. 하지만 청나라 측은 캬흐타 무역체제를 들어 또다시 거절했다.

푸탸틴은 그해 8월 10일(러시아력) 일본 나가사키에 도착했다. 여기서 그는 최종 외교 목표인 대일 개항 교섭을 벌였다. 하지만 이른바 '흑선'(Black Ship)으로 불린 미국의 페리 제독과 경합하게 된다. 푸탸틴의 대일 교섭은 일본 관헌들의 지연 전술과 크림전쟁의 위험, 그리고 함대의 열세 등으로 페리 함대에 비해 뒤

개항 교섭을 위해 일본에 파견될
당시의 푸탸틴 제독. 의자에 앉아
있는 인물.

떨어질 수밖에 없었다.

　푸탸틴은 대일 개항 교섭을 잠시 중단하고 팔라다호의 수리와 정보 수집을 위해 1854년 2월 5일 나가사키항을 출발, 에스파냐령 마닐라로 향했다. 2월 28일부터 3월 11일까지는 그곳에서 머물렀다. 이때 푸탸틴은 캄차카로 올리부차호를 파견했다. 크림전쟁에 대비해서 캄차카 반도와 오오츠크해 연안의 러시아 기지를 방어하라고 지령했다. 보스토크호는 류큐 일대의 해도 작성을 위해, 멘시코프공호는 정보 수집을 위해 상해로 보냈다.

　한편 에스파냐 총독 파비아(Pavia) 장군은 72시간 이내에 퇴거하라고 팔라다호에 통고했다. 당시 크림전쟁 개전을 앞두고 에스파냐는 영국과 프랑스 측에 호의적인 중립을 지키고 있었다. 푸탸틴은 영국과 프랑스의 추격에 대비해서 야음을 틈타 3월 22일 출항했다. 푸탸틴은 마닐라에서 북상해 세 번째로 나가사키로 가던 도중 분산된 함대의 집결 장소로 조선의 해밀턴 항구, 즉 거문도를 지정했다. 한편 본대를 떠나 캄차카로 향하던 올리부차호는 독도를 발견하고 '메넬라이'(Menelai, 올리부차호의 흑해 함대 시절 이름)라고 이름 붙였다.

1854년 4월 2일(음력 3월 22일) 팔라다호와 보스트크호, 멘시코프공호는 거문도에 도착했다. 러시아인이 역사상 처음으로 조선 땅을 밟은 것이다. 러시아 함대는 4월 7일(음력 3월 17일)까지 거문도에 머물면서 섬 주민들과 만났다.[6] 거문도(현재 행정구역은 전남 여수시 삼산면 거문리)는 당시 전라도 흥양현(興陽縣) 삼도(三島)로 불렸는데, 1845년 사마랑호의 벨처 함장이 해밀턴항이라고 명명함으로써 유럽에 널리 알려지게 되었다.

당시 팔라다호에는 작가 이반 알렉산드로비치 곤차로프(Ivan Aleksandrovich Goncharov, 1812~1891)가 타고 있었다. 그는 19세기 러시아 문학계의 거장으로 《평범한 이야기》(1847), 《오블로모프》(1859) 등의 작품을 발표했다. 1852년부터 1854년까지는 푸탸틴의 전속 비서관(8등 문관) 자격으로 팔라다호를 타고 세계를 여행했다. 그의 공적 임무는 항해일지를 기록하고 러시아와 일본 사이의 협정 문서를 작성하는 것이었다. 하지만 이런 공식 업무와는 별도로 곤차로프는 여행기를 집필했다. 《전함 팔라다호》(1858년 발표, 전2권, 900여 쪽)가 그 결과물이었다. 이 여행기에는 30여 쪽의 조선 관찰기[7]도 들어 있다.

조선인의 모자는 얼마나 괴상한가

당대 러시아의 문호에게 조선은 어떤 모습으로 비쳤을까. 곤차로프의 기록을 따라가보자. 1854년 4월 2일(여행기에는 4일로 기록됨) 팔라다호는 마침내 해밀턴에 도착했다. 배가 닻을 내린 후 곤차로프는 남쪽으로 나가 해안을 바라보았다. 동료 선원들의 말에 따르면, 이곳은 무척 편리한 항구였다. 섬의 길이는 3마일(약 4.8킬로미터)이었다. 섬 자체가 바위 위에 얹혀 있고 군데군데 숲과 나무가 보였다. 보스토크호의 선장 코르사코프는 "이건 전원(田園)이 바다에 떠 있는 상자 같은데!"라고 말했다.

일행 가운데 몇 명이 상륙했다. 곤차로프는 멀리서 그들을 바라볼 뿐 조금도 마음이 설레지 않았다. 조는 듯한 만의 서쪽으로는 조선 사람들의 오막살이집이 군데군데 모여 있었다. 초가지붕만 보일 뿐이었지만 때때로 주민들이 거니는 모습도 눈에 띄었다. 그들은 두루마기처럼 보이는 흰 옷으로 몸을 감싸고 있었다. 곤차로프는 마침내 이 극동 지방에 속해 있는 마지막 민족을 볼 수 있었다.

팔라다호의 보트가 해안으로 향할 때였다. 곤차로프는 마을에서 아녀자들 한 떼가 쏜살같이 산 쪽으로 도망치는 것을 보았다. 그들은 두려운 표정을 짓고 있었다. 해안의 길목에는 남자들이 떼를 지어 모여 있었다. 그들은 몽둥이를 휘두르며 러시아인들이 마을에 들어오지 못하게 막았다. 러시아인들은 한자로 써 보였다. "부녀자들은 안심하라. 러시아인들은 해안을 조사하고 얼마

푸탸틴 제독의 비서관으로
팔라다호에 동승했던 러시아 작가
곤차로프.

동안 산책하기 위해 왔다." 조선인들은 통행을 방해하지는 않았
지만 되도록 러시아인들을 마을 밖으로 쫓아내려 고심하고 있었
다.

　당시 러시아 함대에는 통역관 두 명이 타고 있었다. 아와 쿰
(Otets Avva Kum, 1822~1871)은 러시아 정교회 신부로서 1830
년부터 1840년까지 북경 전도단의 일원으로 북경에 주재하며 중
국 연구서를 펴낸 인물이었다. 그는 당시 팔라다호의 사제로서 푸
탸틴 제독을 수행하고 있었다. 고시케비치(Antonovich
Goshkevich, 1814~1875)는 1839년 러시아 정교회 북경 전도단
학생으로 북경에 파견되어 중국어와 천문기상학을 전공한 다음
1848년 귀국했다. 외무성 아시아국에서 중국어 통역관으로 근무

하던 중 1848년 푸탸틴을 따라 일본을 방문했다. 이것을 계기로 일본어를 공부해서 훗날 러시아 최초의 《일로자전(日露字典)》을 편찬하기도 했다.

한 시간쯤 후에 곤차로프의 동료들은 노인 두 명을 데리고 돌아왔다. 그들 뒤로 조선 배 한 척이 따라왔다. 노인 3, 4명과 그 밖에 불결한 사람들이 여럿 타고 있었다. 그들은 흰 무명이나 풀잎으로 짠 헐렁한 웃옷을 걸치고 있었고 아래에는 내의 비슷한 것을 입고 있었다. 그 밖에는 전원이 웃옷과 똑같은 재료로 만든 널따란 바지를 입고 있었다. 곤차로프의 눈에 띈 것은 조선인의 모자였다.

> 가장 눈길을 끈 것은 그들의 머리 모양이었다. 그들은 머리를 류큐인처럼 전부 위로 빗어 올려 하나로 묶고 그 위에 모자를 썼다. 그 모자라는 것은 얼마나 괴상한 물건인가! 꼭대기는 겨우 상투가 감추어질 정도로 작고 그 대신 테두리는 마치 우산을 펼친 것처럼 넓었다. 모자는 갈대를 머리털같이 가늘게 짜서 만든 것이었다. 실제로 그것은 털로 만든 것처럼 보였다. 더욱이 빛깔이 검었다. 그들이 어째서 이런 쓸모없는 모자를 쓰고 있는지 도무지 알 수 없었다. 그것은 투명해서 비나 햇빛이나 먼지로부터 머리를 보호하지 못한다.[8]

조선인들은 류큐인을 많이 닮았다. 하지만 류큐인이 작은 데 비해 조선인은 체격이 튼튼했다. 수염은 대체로 길고 딱딱해서 마치 말 털 같았다. 많은 사람들이 구리테 안경을 쓰고 있었는데, 그것을 끈으로 머리에 매달아놓았다. 눈병 때문에 안경을 쓰고 있는 것 같았다. 모여든 사람들 가운데 눈병을 앓고 있는 사람이 많아 보였다.

러시아인들은 손님들을 식탁으로 초대했다. 홍차와 빵, 비스킷과 럼주 등을 대접했다. 그 후 한자로 필담을 나누었다. 조선인들은 무척 빨리 글을 썼다. 시선이 따라갈 수 없을 정도였다. 손님들은 러시아인들이 어느 곳의 야만인인지, 다시 말해 북쪽에서 온 것인지 남쪽에서 온 것인지 물었다. 통역관 아와 쿰 신부는 그들에게 말했다. 만약 암탉이나 야채, 또는 생선을 가지고 온다면 돈을 지불할 것이고 럼주나 삼베, 그 밖의 물건으로 교환해도 좋다.

한 노인은 글 쓴 쪽지를 손에 들고는 수탉처럼 뽐내며 우스꽝스럽게 점잔을 빼더니 마치 노래라도 부르는 것처럼 긴 소리를 내며 읽기 시작했다. 군데군데 러시아의 거지가 노래를 부를 때의 가락을 연상케 했다. 노인은 쪽지를 다 읽고 나서 답을 썼다. "귀중한 닭은 우리에게 없습니다." 하지만 이는 거짓말이었다. 곤차로프의 동료들이 마을에서 닭을 보았기 때문이었다. 한편 손님들은 빵을 먹고 차를 마셨다. 어떤 사람은 손가락으로 버터를 찍어 보았고 어떤 사람은 빵을 약간 물어뜯고는 나머지를 러시아인들의 입에 쑤셔 넣었다. 어떤 사람은 럼주를 연속으로 두 잔 마시고도 태연했다.

조선인들은 러시아인들의 상의나 하의, 장화 등을 만지고는 무척 마음에 들어하는 것 같았다. 라사(羅紗)를 손으로 쓰다듬는 사람도 있었다. 그들은 특히 러시아인들의 흰 피부색을 흥미로워했다. 계속 러시아인의 손을 붙잡고 눈을 떼지 않았다. 조선인들의 손은 대체로 거무스레했다. 신분이 높은 사람의 손은 깨끗했지만 노동자의 손은 그렇지 못했다.

통역관은 필담을 나누는 노인에게 되풀이해서 설명했다. 식량을 거저 달라는 것이 아니라 이러이러한 물건과 서로 물물교환을 하자. 노인은 다시 눈을 돌리고 잠시 동안 러시아인들을 바라본 다음 말했다. "뿌찌." 그것이 무엇을 의미하는지 한자로 써달라고 부탁하자 "不知"(모릅니다)라고 썼다. 그가 아직 자신들의 뜻을 이해하지 못하고 있다고 판단한 통역관은 옥양목, 럼주, 건빵 등을 가리켜 보였다. 노인은 "뿌찌, 뿌찌"라며 연신 고개를 끄덕거렸다.

이번에는 다른 사람에게 이야기를 걸어보았다. 주근깨가 있고 민첩하며 놀랄 만한 달필로 글씨를 쓰는 사람이었다. 그는 쓴 것을 읽고 난 다음 빵, 보드카 등을 표시한 단어를 하나하나 손으로 세어보더니 "뿌찌"라고 말했다. 다음 사람에게도 종이를 돌렸다. 그도 "뿌찌, 뿌찌"라며 무척 생각하는 듯한 표정으로 끄덕거렸다. 통역관은 다시 설명하려 했다. 노인은 오랫동안 주의 깊게 설명을 듣고 난 다음 뜻을 알아차린 것처럼 돌연 힘차게 손을 흔들었다.

러시아인들은 "아, 마침내 알아주었다"며 기뻐했다. 노인은 아와 쿰 신부의 옷소매를 잡고 붓을 든 다음 또다시 "뿌찌"라고 썼다. 러시아인들은 "어째 물건을 갖다주기 싫은 것 같은 눈치인데" 하며 더 이상 대화하는 것을 단념했다. 조선인들의 태도나 손님 접대 방식은 같은 중국 문명에 속해 있으면서도 일본인이나 류큐인보다 거칠어 보였다. 그렇지만 러시아인들은 아직 조선에서 지위가 높은 사람을 만나보지 못했다.

조선인들은 선실에서 그리스도의 화상(畵像)에 시선을 멈추었다. 이것이 누구냐고 묻자 가까스로 설명할 수 있었다. 그들은 자리에서 일어나 공손하게 성상에 고개를 숙이고 절을 했다. 이때 팔라다호에는 조선인 약 백 명이 모여들었다. 러시아인들은 사람들이 더 이상 들어오지 못하게 막아버렸다. 조선인들은 오랫동안 앉아 있다가 돌아갔다.

모든 것이 엉성하고 비참하다

하루는 러시아인들 가운데 6, 7명이 어느 마을로 들어갔다. 이번에는 곤차로프도 동행했다. 일행 가운데 두 사람이 새를 잡기 위해 엽총을 들었다. 또 한 사람은 쌍권총을 차고 있었다. 해안에 사람들이 빽빽하게 모여들었다. 그들은 러시아인들 주위에서 웅성대며 이방인들을 마을에서 멀리 하려고 애썼다.

조선인들은 러시아인들을 어떻게 할 수 없다는 것을 알아차렸다. 러시아인들을 마음대로 내버려두는 것보다 자진해서 안내하는 편이 낫다고 생각한 것 같았다. 러시아인들은 마을 안으로 들어가고 싶었지만 조선인들은 변두리 쪽으로 안내했다. 러시아인들은 그곳에서 두 발짝 넓이밖에 되지 않는 작은 길로 들어설 생각이 없었다.

러시아인들은 두 돌담 사이를 누비며 전진했다. 돌담은 고르지 못한 돌을 시멘트를 쓰지 않은 채 쌓아 올렸다. 담 너머로는 초가지붕 외에 아무것도 보이지 않았다. 돌담을 쌓는 것을 보면 류큐인과 많은 차이가 있어 보였다. 류큐인들의 돌담은 꼼꼼하고 끈질기고 질서 있고 또한 예술적이었다. 곤차로프는 거문도의 돌담을 이렇게 평했다.

> 이곳 돌담은 태만하고 조잡하며 무능했다. 조선인은 정말 노력을 싫어하는 것이 틀림없다. 우리들이 담 속을 들여다보려고 하거나 대문으로 들어서거나 했을 때 얼마나 큰 소동이 벌어졌는지 모른다. 그들은 몽둥이로 우리들을 저지하고 때로는 난폭하게 다루었다. 그러자 그에 대한 보복 수단으로 그들의 팔을 때렸더니 바로 점잖아졌다. 그들은 마치 물어뜯고 싶은 욕구에 사로잡혀 행인의 뒤를 쫓아가다가 그렇게는 하지 못하는 개와 같았다.[9]

곤차로프 일행은 좁은 길을 벗어나 밭으로 나와서 다시 언덕으로 오르기 시작했다. 조선인들은 마음을 놓은 것 같았다. 마을 사람들 대부분이 러시아인들의 뒤를 따랐다. 조선인들은 곧 친절해져서 편리한 샛길을 가르쳐주기도 하고 아름다운 경치를 보여주기도 했다. 밀과 보리를 심은 밭을 지나갔다. 군데군데 배와 동백나무 숲이 보였다. 나머지는 벼랑과 바위뿐이었다. 모든 것이 엉성하고 가난하고 비참했다. 주민들이 러시아인들에게 식량을 줄 수 없었던 것은 당연했다. 그들 자신이 겨우 아사를 면하는 상태였던 것이다.

섬 주민들은 바닷물에 쓸려 올라온 해초를 물에 담갔다 먹기도 하고 조개를 먹기도 했다. 주민들은 곤차로프 일행에게 스무 마리쯤 되는 생선과 물 네 통을 날라주었다. 한 노인은 호주머니에서 종이에 싼 말린 해삼을 꺼내 주었다. 일행은 답례로 푸른색 면직물 한 감과 안약 한 병을 주었다. 그의 아들이 눈병을 앓는다고 했기 때문이었다.

곤차로프 일행 가운데 사냥꾼이 새를 서너 마리 잡았다. 마을 해안에는 돗자리가 깔려 있었다. 그 위에 노인 두 사람이 앉아 있었다. 이미 배를 방문한 적이 있는 사람들이었다. 그들은 곤차로프 일행에게 앉으라고 권했다. 거의 모든 마을 사람들이 처음 보는 손님을 보기 위해 모여들었다. 주민들은 이방인들을 쳐다보고 웃옷과 머리와 몸에 손을 댔다. 한 사람은 곤차로프의 장화를 벗기고 그것을 한참 바라본 다음 양말, 우산, 모자 등도 훑어보았다.

아와 쿰 신부와 고시케비치가 한자로 필담을 시작했다. 노인들은 곤차로프의 동료들 가운데 한 사람에게 물었다.

"당신은 몇 살입니까?"

"30, 40세 정도입니다."

"실례지만 60, 70세 정도로 생각했습니다."

곤차로프는 이것이 동양적인 겉치레 인사라고 생각했다.

"'당신은 80세에 가깝지요? 나의 아버지나 아이들도 당신의 신세를 지게 되겠지요'라고 말하는 것은 알랑거리는 수작이다."

노인들은 이방인들이 오래 머물 것인지 물었다. "만약 오래 계신다면 우리들은 나라의 규칙에 따라서 정부의 이름으로 당신들을 대접해야 합니다." 통역관은 3일 후에 출발해야 하므로 그들의 대접을 받을 수 없다고 대답했다.

동양의 미개척지

4월 4일에는 불쾌한 사건이 일어났다. 곤차로프의 동료 가운데 세 사람이 해안으로 갔다. 주민들은 떼를 지어 그들을 둘러싸고 해안에서 앞으로 더 나아가지 못하도록 막았다. 심지어 그들을 위협하고 도랑에 밀어 넣으려고 했다. 곤차로프의 동료들은 팔라다호로 돌아와서 무장 선원을 데리고 다시 상륙했다. 비상수단을 쓸 필요가 있었던 것이다.

다음 날 아침에 노인이 찾아와서 긴 사과문을 썼다. 어제 생긴 일은 몹시 유감스럽게 생각한다, 당신들이 범인을 알아낼 수 없어 안타깝게 생각하고 있다, 만약 범인이 밝혀지면 그들을 엄중히 처벌하겠다는 내용이었다. 그리고 부디 화를 내지 말아달라고 당부했다. 그는 조선 사람이 사해지간(세상)의 사정에 무척 어둡다는 말을 변명으로 곁들였다. 러시아인들은 노인과 그를 수행한

당시의 전라도 흥양현 지도.

사람들에게 홍차, 보드카, 건빵을 대접하고 긴 이별의 인사를 나눴다. 러시아 함대는 4월 7일(음력 3월 22일) 오후 3시에 거문도를 떠나 나가사키로 향했다.

곤차로프는 거문도를 떠나면서 "우리들 주위의 수평선상 도처에 섬들이 산재해 있다. 조선에는 헤아릴 수 없을 만큼 섬이 많다. 조선은 아직도 항해가, 상인, 선교사, 학자들에게는 넓은 미개척지와 다름없다"[10]고 감상을 적었다.

당시 거문도는 행정구역상 전라도 흥양현에 속했고 군사업무는 발포진(흥양현내)에서 맡고 있었다. 거문도에 상주하는 관리는 없었다. 도민 대표인 남진익, 김성복, 박윤경, 정만렬 등 네 명은 홍양현에 이양선이 출현한 사실을 알렸다. 이 사실은 발포진에도 보고되었다.

주민들은 이양선의 수와 출입한 시간을 자세히 알렸다. 이들의 보고에 따르면, 이양선 한 척은 4월 2일(음력) 진시(辰時, 오전 7~9시) 무렵에 도착하고, 이어 같은 날 미시(未時, 오후 1~3시)에 두 척이 입항했다. 하지만 선단이 30리 밖에 정박했으므로 선적을 알 수 없었고, 이양선과 일체 교섭한 사실이 없다고 전했다. 물론 이런 보고는 허위였다. 정부의 문책을 피하기 위한 조치였을 것이다. 또한 섬이라는 지역적 특성 때문에 정보를 조작하는 일이 가능했을 것이다.

이양선이 기항했다는 급보를 받은 발포만호 이재호, 홍양·보성군수 윤규석, 홍양현감 윤치성, 전라좌수영 우후 최명호 등 행정·군사 관계자들은 현지로 급히 달려갔다. 하지만 러시아 함대는 이미 떠난 뒤였다. 당국은 끝내 러시아 함대가 기항한 사실을 알지 못했다. 이 사건으로 관할 군사 책임자인 발포만호 이재호는 장 80대와 직산현(稷山縣) 귀양의 문책을 당했다. 현지 출동을 늦추고 거문도로 가는 도중 초도(草島)에서 회항한 죄를 물은 것이었다.[11]

한편 거문도를 떠난 러시아 함대는 4월 8일(음력 3월 23일) 나가사키에 도착했다. 푸탸틴은 4월 14일(음력 3월 29일) 일본의 전권대사인 쓰쓰이(筒井)와 가와지 도시아키라(川路聖謨)에게 서한을 보냈다. 6월 말에 회담을 속개하기 위해 사할린의 아니와(Aniwa) 만에서 다시 만나자는 내용이었다. 그 후 다시 나가사키에서 출항했다.

푸탸틴은 한반도 동해안 전역을 실측하기로 마음먹었다. 그것은 유럽 어느 나라도 시도하지 못한 일이었다. 아직 얼음이 녹지 않은 타타르스키(Tartarskij) 해협을 지나기에는 시간이 이른데다 5월 중순까지 약 한 달 동안 영국과 프랑스 함대와 만나는 것도 피할 심산이었다.[12] 푸탸틴은 러시아 정부에 올린 보고서[13]에서 다음과 같이 말했다.

> 북방수역에서 얼음에 갇힐 것이 두려웠기 때문에 나는 봄이
> 찾아오기까지 1개월 동안 조선 동해안을 측량하고 무척 부정확한
> 그 연안의 지도를 수정하기로 했다. 날씨가 좋았기 때문에 우리는
> 0.5~4마일의 거리를 유지한 채 조선반도 동해안 전역을
> 통과하면서 측량했다. 이 측량으로 이제까지 제일 좋은 지도로
> 꼽혔던 아담 크루젠슈테른의 지도와 영국 해군성의 지도
> 〈조선반도(The Peninsular of Korea)〉 가운데 눈에 띄는 오류, 특히
> 연안의 경도 오차를 바로잡았다. 우리는 널따란 브로턴 만 안에서
> 후미(inlet) 한 곳을 발견하고, 작고한 라자레프(Lazarev) 제독의
> 이름을 따서 붙였다. 조선 연안 지도와 측량서는 해군대장 콘스탄틴
> 대공 전하(니콜라이 1세의 차남, 1827~1892)께 제출했다.[14]

크루젠슈테른(Adam Johann von Krusenstern)[15]의 지도는 〈태평양 지도(An Atlas of the Pacific)〉(1827)를 말한다. 이 지도는 러시아의 항해가 크루젠슈테른이 라 페루즈(1787), 콜네트(1789),

당빌이 그린 조선왕국
전도.

브로턴(1797), 맥스웰과 홀(1816) 등의 조선 관찰기를 토대로 당
빌(Jean Baptiste Bourguignon d'Anville)의 〈중국신지도첩(中國新
地圖帖, Nouvelle Atlas de la Chine)〉(1737)을 수정한 것이다. 프랑
스의 지리학자 당빌은 42도에 이르는 방대한 중국 지도를 편찬했
는데, 청나라 강희제의 명으로 프랑스 선교사들이 제작한 〈황여
전람도(皇輿全覽圖)〉(1718)를 바탕으로 그린 것이었다. 이 가운데
조선왕국 지도가 전도 형태로 포함되어 있었다. 1849년 영국 해

군성은 새로운 조선 지도를 발간했다. 이것은 크루젠슈테른의 지도에 새로운 자료를 보충한 것이었다. 이들 지도에는 조선의 해안선이 실제와 다르게 그려져 있었다.

팔라다호는 1854년 4월 20일 울산만에서 시작해 5월 11일 북위 43도 지점까지 북상하면서 조선 연안을 측정했다. 이때 만들어진 지도는 독도의 소유권을 입증하는 중요한 사료로 꼽힌다. 팔라다호의 장교들은 조선 동해안을 기록하면서 여러 곳의 지명을 새로 붙였다. 이 지명들은 이후 러시아에서 한국과 일본 지도를 만들 때 반영되었다. 그 가운데는 곤차로프의 이름을 딴 섬도 있었다. 함경도 마랑도(馬郞島)가 바로 그곳이다.[16]

팔라다호는 4월 18일(음력 4월 4일) 쓰시마 수역을 통과하고, 4월 21일(음력 4월 7일) 아침 5시 무렵 영일만(迎日灣)에 상륙했다. 당시 팔라다 함대에서 육군 일등대위 렙포포프(Levpopov)와 해군 소위 페시추로프(Peschchurov)는 조선 해안의 측량과 해도 작성을 담당했다. 해군 2등 대위 하레조프(Khalezov)는 천체 관측을 맡았다. 그리고 해군 소위 볼친(Bolchin)은 해안과 섬의 경치를 스케치했다.[17]

화장한 노파 같은 해안 풍경

다시 곤차로프의 여행기로 돌아가보자. 팔라다호가 영일만에 이르렀을 때 북쪽에서 순풍이 불고 있었다. 날씨는 따뜻하고 햇살이 비쳤다. 날이 새기를 기다려 보트 한 척이 해안에 접근했다. 해밀턴(거문도)의 주민들과 마찬가지로 이곳 주민들도 도망치거나 부질없이 뛰어다니고 있었다. 주민들은 해안에 떼를 지어 몰려나와서 이방인들을 통과시키지 않으려고 곤봉으로 버티고 있었다. 하지만 이방인들이 가지고 있는 총을 보자 길을 비켜주었다.

주민들은 종이에 한자로 썼다. "당신들은 어떤 사람들인가. 어느 나라, 어느 도시, 어느 마을에서 왔고 어디로 향하는가." 보트에는 중국어를 아는 사람이 아무도 없었다. 러시아어로 팔라다호의 이름과 연월일을 적어 보였다. 주민들은 손짓으로 물을 얻으러 왔느냐고 물었다. 아니라고 대답하고 서로 헤어졌다. 영일만은 팔라다호의 함장 이름을 따서 운콥스키(Unkovskij) 만이라고 이름 붙여졌다. 러시아인들이 영일만에 상륙한 사실은 조선 측 기록에 남아 있지 않다.

4월 24일(음력 4월 10일) 오후 3~5시경 러시아 함대가 강원도 양양부 초진(草津) 앞 바다를 지날 때였다. 갑자기 보트 한 척이 러시아 함대 쪽으로 다가왔다. 조선인 7명 정도가 타고 있었다. 모두 때 묻은 흰 웃옷과 셔츠 또는 조끼와 솜바지를 입고 있었다. 함대에서는 그들에게 올라오라고 신호했다. 그들이 막상 찾아왔을 때 승무원들은 실망했다. 중국어로 말하고 쓸 줄 아는 사람은 없었다. 게다가 모두 술에 취해 있었다. 선원들은 한데 모여서 조선인들에 대한 갖가지 감상을 이야기했다.

"리투아니아(발틱 3국 가운데 하나)보다 더 하군" 하는 소리가

당시의 경상도 영일만 지도.

들렸다. "리투아니아라니, 터무니없는 소리. 체르케스인(중앙아시아 코카서스 종족의 하나)보다 더 하단 말이야. 어떻게 생긴 백성들이야"하고 다른 선원이 말대꾸했다. 선원들이 조선인들에게 건빵을 나누어주자 그들은 떠나갔다. 그 가운데 한 사람이 나가면서 고시케비치를 얼싸 안고 키스했다. 고시케비치가 그에게 중국말로 이야기하려다 봉변을 당한 것이었다. 러시아인들은 한바탕 웃어버렸다.

곤차로프의 여행기에는 빠져 있지만, 러시아 함대는 4월 26일(음력 4월 12일) 강원도 통천군(通川郡) 금란진(金蘭津)에 정박해서 주민들과 물물교환을 했다. 4월 12일(음력) 이양선 한 척이 금란진에 머물고 있을 때였다. 구경꾼들 가운데 조문기란 사람이 글자 뜻을 알았다. 이방인들은 그와 필담한 후 그에게 붓 한 자루를 주었다. 이방인 가운데 한 사람은 주민 전학성이 쓴 갓을 잡아당겨 빼앗으려다가 갓이 찢어졌는데, 유리 거울 1면(面)으로 갚았다. 어떤 사람은 주민들이 손에 든 담배통을 보고 웃으며 빼앗고는 유리병을 던졌다. 책자 한 권도 주민들에게 던졌다. 어부들이 물고기를 주자 유리병 다섯 개, 놋쇠 단추 두 개를 던졌다. 통천군수 이붕구는 주민들이 이방인에게 받은 물건을 강원감사 오취선에게 올려 보냈다. 강원감사는 주민들이 법을 모르고 물건을 주고받았다며 경중을 따져 엄하게 다스리겠다고 조정에 보고했다.[18]

4월 27일(음력 4월 13일) 러시아 함대는 브로턴의 지도보다 더 북쪽으로 커다란 만이 펼쳐져 있는 것을 발견했다. 만의 중앙에 솟아 있는 벼랑에 접근해 닻을 내렸다. 바깥 바다는 이미 보이지 않았다. 사방의 해안이 이곳을 둘러싼 것이었다. 이곳은 함경도 안변부(安邊府) 화등해진(火燈海津)이었다. 점심을 먹고 난 후 5시가 지나서 곤차로프를 비롯한 일행 다섯 명이 해안으로 향했다. 그들은 사모바르(러시아에서 찻물을 끓일 때 쓰는 둥근 금속 주전자)와 어망 그리고 총을 가지고 갔다.

곤차로프 일행이 탄 보트는 높은 언덕 기슭의 모래 갯벌에서 멈추었다. 해안에는 어망이 쳐 있었다. 언덕 기슭에는 폭이 2알신(145센티미터) 정도인 시냇물이 흐르고 있었다. 해안 전체에 조개껍질이 흩어져 있었다. 마을 근처에는 소나무뿐만 아니라 지금까

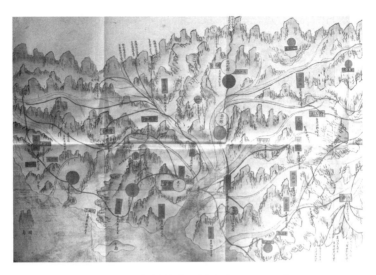

당시의 함경도 안변부 지도.

지 어느 곳에서도 보지 못했던 갖가지 나무들이 서 있었다. 곤차
로프는 이 해안 풍경을 보고 "아름답다. 그러나 기괴하다. 부자연
스럽고 망측하다. 그렇다. 마치 화장을 하고 좋은 옷을 걸친 노파
와도 같았다"고 묘사했다.

곤차로프 일행은 만조 때의 질퍽질퍽한 모래를 밟고 나무 밑
에 보이는 오두막으로 향했다. 주민들은 먼 곳에 모여 있었다. 그
가운데 네 명(한 명은 긴 지팡이를 짚은 노인이었다)은 근처 풀밭에
앉아 있었다. 이방인을 맞이하는 환영 절차라든가 인사말 같은 것
을 의논하고 있는 것 같았다.

곤차로프는 "어느 곳에서나 어린이들(구경나온 조선 군중들을
말함)이란 과장과 겉치레, 뽐내기를 좋아한다"고 적었다. 곤차로

프 일행은 그들을 대강 훑어본 다음 고개만 끄덕이고는 무심하게 해안을 따라 마을 쪽으로 향했다. 주민들은 곤차로프 일행을 야만스럽고 무례한 자로 인식한 것 같았다. 그들은 모든 긍지를 잃고 곤차로프 일행의 뒤에서 욕설을 퍼부으며 마을에 들어오지 말라고 신호를 보내면서 달려왔다.

곤차로프 일행은 마을로 들어갈 생각이 없었다. 다만 길이 막힌 해안가의 언덕까지 올라갔을 뿐이었다. 오막살이집은 해밀턴의 그것과는 달리 흙을 발라 만든 것이었다. 주민들은 곤차로프 일행의 뒤를 따라왔다. 곤차로프는 날카로운 필치로 조선인들의 특징을 묘사했다.

건강한 국민이다. 이들은 힘이 세고 거칠다. 얼굴과 팔은 불그스레한 갈색이다. 일본인 같은 상냥함이나 탐구심, 말주변 같은 것은 전혀 없다. 그렇다고 해서 류큐인처럼 소심하지도 않고 중국인과 같은 현명함도 없었다. 그들 사이에서 훌륭한 병사가 나왔으련만…….[19]

아와 쿰 신부는 종이에 한자를 써서 주민들에게 보여주었다. "우리 러시아인은 해안으로 산책을 나왔을 뿐이다. 당신들에게 시비를 걸지 않는다." 주민들 가운데 한 사람이 그것을 읽고는 다음과 같이 썼다.

러시아 여러분들, 무슨 일로 우리 땅에 오셨습니까? 바람이 돛을 몰고 왔습니까? 그리고 여러분들이 하시는 일은 만사가 다 순조롭습니까. 우리들은 천하고 보잘것없는 인간들입니다. 여러분들은 특별하고 지체 높으신 분들이라고 생각합니다.[20]

곤차로프 일행이 멈춰 서자마자 주민들이 둘러쌌다. 그들도 해밀턴의 주민들처럼 대단히 신기한 표정으로 러시아인들의 양복을 쓰다듬어보고 손과 머리, 발을 만지면서 저희들끼리 한참 소곤거리고 있었다. 곤차로프 일행은 그물을 쳐서 가자미와 해삼을 잡기도 하고, 총을 쏘아 새를 잡기도 했다. 저녁에는 훌륭한 요리가 곁들여졌다.

우리는 라서아국 사람이다

4월 13일(음력) 푸탸틴 함대가 안변 화등해진에 상륙했을 때, 러시아인들과 필담을 나눈 사람은 마을 주민 차종록이었다. 차종록이 먼저 물었다.

차종록 너희들은 어느 나라 사람이고 무슨 일로 이곳에 왔는가.
러시아인 라서아국(羅西亞國) 사람이다. 이 땅은 무슨 군인가?
차종록 함경도 안변부이다.
러시아인 지방관은 어느 곳에 있는가?

차종록 여기서 50리 떨어진 곳에 있다.[21]

러시아인들은 큰 소리로 웃으면서 품에서 문서를 꺼내 주었다. 상륙한 러시아인 여덟 명 가운데 두 명은 머리에 중의 장삼 같은 것을 쓰고 있었다. 색깔은 검거나 희었다. 머리 꼭대기 옆에는 검은 대모(玳瑁, 거문고의 줄을 거는 턱 안 복판에 붙인 노란 빛깔의 쇠가죽)로 반달처럼 생긴 것을 꽂아 붙였다. 위에는 청전(靑氈)을 입고 장막처럼 휘둘렀다. 허리는 놋쇠로 꾸며져 있었다. 아래에는 바지를 입었는데, 전면에 단추가 붙어 있었다. 여섯 사람은 서양단(西洋緞)으로 만든 저고리와 바지를 입고 있었다. 옷은 모두 검은색이었다. 위아래 옷 전면에는 단추가 달려 있었다. 머리에는 검은 색 모자를 쓰고 있었다. 러시아인들은 글을 써준 후에 다른 말을 하지 않고 배를 타고 떠나갔다.

조금 후 작은 배 한 척이 다가왔다. 배에는 남자 12명이 타고 있었다. 그 가운데 다섯 명이 상륙했다. 한 사람은 쇄눌(嗩吶, 목관 취주 악기의 일종) 모양의 물건(망원경)을 하나 가지고 있었다. 그는 높은 산등성이에 올라가 한 눈으로 사방을 바라보고 곧 언덕에서 내려왔다. 물에 들어가 받침돌을 드리운 다음 그 모습을 관찰하고 그림을 그리고 글씨를 쓰고 갔다.

배 안에 있던 남자 일곱 명은 주민들이 들고 있는 담뱃대를 보고 청색, 흑색, 백색 유리병 세 개와 서로 바꾸었다. 병을 바꾼 자는 신호상, 박몽철, 이응범 등 세 사람이었다. 러시아인들은 그 가운데 이응범에게는 은전 1푼을 더 준 후에 배를 타고 3범선으로 돌아갔다. 배는 삽시간에 돛을 달고 여도(女島)로 향해 떠났는데, 우레처럼 빨랐다. 안변부사 신태운은 주민들이 받은 유리병 3개, 은전 1엽을 함경감사 조병준에게 올려 보냈다.

4월 15일 이양선은 고원군(高原郡)에도 나타났다. 그날 신시(申時, 오후 3~5시)쯤 고원군 고도리(高道里) 이정(里正, 최말단 행정조직인 이의 책임자로 오늘날 이장) 조석권이 고원군수에게 달려와서 알렸다. 돛을 두 개 단 이상한 모양의 작은 배가 마을에 왔다는 것이었다. 고원군수 오긍진은 곧 고도리로 달려갔다.

그 배는 쇠못으로 대나무 조각을 이어 붙여 꾸몄다. 밖에는 가루와 기름을 발랐다. 안은 서양목(西洋木)으로 도배하고 기름을 발라 광채가 났다. 길이는 6파 반(19.5미터)이고 앞뒤가 조금 뾰족했다. 한가운데는 높이가 반 파(1.5미터)쯤 되고 옷을 짜는 북같이 생긴 돛대 두 개가 있었다. 노는 8개였다.

배에 탄 사람들 가운데 다섯 명은 머리에 족두리 같은 것을 썼는데, 흑공단(黑工緞)으로 장식하고 반달 모양 흑각(黑角, 검은색 무소 뿔)을 붙여 이마를 가렸다. 머리카락은 길게 깎아서 겨우 이마로 빗어 올렸다. 머리카락 색깔은 노란색이었다. 눈동자는 파랗거나 노랬다. 상의는 흑전 두루마기를 입었는데, 둥근 옷깃 끝에는 단추를 매달았다. 양 소매는 좁았다. 하의는 흑전 바지를 입고 발에는 검은 가죽신을 신었다. 나머지 사람들은 흰 서양단으로 머리를 싸맸다. 위에는 흰색 서양단 저고리를 입고 둥근 옷깃에는 단추를 매달았다. 아래에는 흰색 서양목으로 만든 바지를 입었는데, 생긴 모습이 상의와 같았다. 발에 신은 것도 마찬가지였다.

고원군수는 이방인들에게 이곳에 온 까닭을 물었다. 말소리가 흐리멍덩해서 분명하지 않았다. 글자도 모호해서 알기 어려웠다. 특별한 일이 있는 것이 아니라 그저 이곳에 왔을 뿐이라고 운운했다. 글로 써서 말하라고 해서 겨우 알게 되었다. 고원군수가 글을 한 장 써서 전해주자 이방인들은 푸른 전욕(氈褥, 털로 짠 깔개) 1건(件)을 받아달라고 요청했다. 고원군수는 사양하며 받지 않았다. 이방인들은 배를 돌려서 삼포(三浦) 밖 영흥포(永興浦) 쪽으로 나갔다. 노 여덟 개가 파도를 치는데, 마치 나는 것처럼 빨랐다. 고원군수는 이방인들이 써준 종이 한 장을 함경감사에게 올려 보냈다.[22]

피아노 소리에 놀라 자빠지다

4월 27일(러시아력) 저녁 9~11시 무렵 러시아 함대는 함경도 영흥부(永興府) 고령사(古寧社) 대암진(大巖津, 오늘날 영흥군 호도반도의 끝)에 정박했다. 이곳은 후에 송전만(松田灣)으로 불린 아늑한 내항(內港)인데, 푸탸틴은 옛 상사인 라자레프 제독의 이름을 따서 이곳을 라자레프항(Part Lazarev)이라고 명명했다.

다음 날 많은 조선인들이 러시아 함대로 찾아왔다. 한 사람은 객실에서 피아노 소리를 들었을 때 너무 놀란 나머지 마룻바닥에 자빠졌다. 당시 피아노를 연주했던 사람은 해군대장 라자레프의 아들 미샤 라자레프로 당시 13세였다. 미샤 라자레프는 해군 하사관으로 팔라다호에 탑승했는데, 음악에 재능이 있었다. 팔라다호의 함장 운콥스키는 그를 위해 자기 선실에 특별히 피아노를 마련해놓았다. 소년은 피아노 연주로 승무원들을 즐겁게 해주었다고 한다.

푸탸틴은 "온갖 징후로 볼 때 극동의 여러 나라처럼 조선인도 외국인과 교제하는 것을 금지당하고 있다. 하지만 우리가 방문했던 지방에는 일찍이 외국인이 찾아온 적이 없어서 우리가 주민들과 교제하는 것을 막기 위해 조선 정부에서 충분히 주의하지 않았다. 이 같은 부주의 때문에 조선인들은 자유롭게 프리깃함으로 찾아왔고 우리들의 상륙을 방해하는 일도 없었다"[23]고 본국에 보고했다.

5월 1일부터 곤차로프의 동료들은 매일 만의 수심을 측량하기 위해 배에서 내려갔다. 곤차로프는 일행을 따라가지 않았다. 그는 조선을 여행하는 데 심드렁했다. "여행은 책과 같은 것이다. 가장 마음에 드는 장소에서 멈추고, 다른 부분은 전체의 관련을 파악하기 위해 읽을 뿐, 달음질로 끝내도 그만인 것이다." 조선은 그에게 아무런 흥미도 불러일으키지 않았다.

이런 어린애들(미개한 조선 사람들)과 함께 있는 것은 지루하다.
(……) 한두 마을을 보고 한두 무리의 군중을 보고 그것으로 전부를 안 것처럼 되고 말았다. 틀에 박힌 것처럼 답답하게 밀집되어 있는 오막살이집과 집, 그 주변의 경작지 그리고 모든 사람들이 으레

18세기 말에 제작된
함경도 지도.

걸치고 있는 하얀색 폭넓은 윗도리, 스페이드의 에이스를 닮은 넓은
광대뼈와 코, 말 털처럼 텁수룩한 수염, 벌어진 입, 멀건 눈초리,
시(詩)를 쓰고는 길게 끌어가며 읽는 그 모습. 무엇 때문에 이곳에
오래 머무를 필요가 있겠는가.[24]

곤차로프는 팔라다호에서 꼼짝도 하지 않고 조선인과 동료들
을 냉담한 시선으로 관찰하고 있었다. 주민들은 여러 차례 팔라다
호로 찾아왔다. 그들은 러시아인들이 머물렀던 만이나 모든 해안,
곶, 섬, 마을 등의 이름을 자세하게 알려주었다. 또한 이곳이 왕의
고향이라는 것까지 가르쳐주었다. 영흥은 태조 이성계의 고향이
자 본궁(本宮)이 있었기 때문에 그렇게 말한 것이었다. 또 남쪽에

는 뱃길로 하루 정도 걸리는 곳에 커다란 교역장(동래 왜관을 말한 것으로 보임)이 있고 그곳에는 정부에 상납될 상품이 운반된다고 알려주었다.

러시아인들은 그것이 어떤 상품인지 물었다. 주민들은 소맥분, 쌀, 금속, 철, 금, 은, 기타 여러 가지 원료라고 대답했다. 자신들의 상품을 교환용으로 가져가도 좋은가 하고 물었을 때도 긍정적으로 답했다. 곤차로프는 일본인이나 류큐인, 중국인 같으면 어떤 일이 있어도 이런 것을 말하지 않았을 것이라고 단정했다. 조선인이 그만큼 정치적으로 무지하다는 증거였다.

조선인은 아직 경험을 통해 이런 것을 배우지 못하고 있다. 외적인 생활을 할 일이 없으므로 정치성을 기를 수가 없었던 것이다. 만약 이것이 사실이라면 그편이 좋은 일이다. 무난하고 신속하게 유럽에 접근할 수 있을 것이며, 그렇게 함으로써 자신을 재교육해야 하는 불가피한 과정의 제1보를 내딛는 것이 좋을 것이다.[25]

조선의 국민들은 교역에 많은 관심이 있는 것처럼 보였다. 주민들은 러시아의 유리 식기나 은단추, 도자기 등 눈에 띄는 모든 것에 놀라워했다. 프록코트에 시선을 집중했으며 라사를 쓰다듬고 장화를 만졌다. 갈대로 만든 커다란 모자를 내밀며 빈 병을 들여다보기도 했다. 곤차로프의 동료들은 모두 이 모자를 물물교환으로 입수했다.

곤차로프의 당번 수병이었던 파체예프는 곤차로프를 위해 모자 한 개를 얻어주었다. 곤차로프는 그런 짓을 하지 말라고 신신 당부하고 그것을 선창에 매달아버렸다. "모든 사람이 다 있는데 당신만 없지 않습니까." 그는 고집을 부리며 모자를 못에 걸었다. 은제 파이프와 갈대로 만든 담뱃대도 많이 교환했다. 조선인들에 게 식량을 구하자 그들은 잠시 생각하더니 다시 예의 "뿌찌"를 연 발하고는 겨우 닭 세 마리를 가져왔다. 소도 아니고 양도 아니고 돼지도 아닌 닭을.

러시아인들에게 돌을 던지다

3일째 되던 날, 강으로 간 곤차로프의 동료들은 말을 타고 어부들 을 거느린 장관같이 생긴 인물(고원군수 오긍진)을 만났다. 러시아 인들은 그에게 홍차를 권하고 라사를 선물하려 했다. 하지만 그는 감사하다면서도 사양했다. 상관의 허가 없이는 받을 수 없고, 이 나라의 법률은 엄해서 외국인들에게 선물을 받아서는 안 된다고 설명했다. 푸탸틴이 만난 유일한 조선 관리는 고원군수 오긍진이 었다. 이 회견 장면을 푸탸틴의 보좌관인 포세트(Poset)는 자세하 게 기록했다.

우리들은 엷은 턱수염을 길게 기른, 현명하지만 의심 많은 표정을 짓고 있는 한 노인을 만났다. 그는 병풍을 두르고 땅 위에 직접 깔아놓은 늑대 가죽 위에 앉아 있었다. 그의 앞에는 벗어놓은 신발, 담뱃대와 쌈지, 먹과 붓 그리고 부채가 놓여 있었다. 우리들도 같이 땅바닥에 주저앉아 차례로 그에게 악수를 청했다. 그는 처음에는 어떻게 대처해야 할지 모르는 듯했다.

우리들은 그를 초대했다. 그는 대답하기 전에 '당신들은 무슨 목적으로 대해(大海)에서 이런 깊은 내륙까지 왔느냐'고 물었다. 우리들은 미지의 땅을 보고 싶은 호기심과 조선 정부에 보내는 서한을 하구 마을 사람에게 건네준 일을 설명하고 거듭 초대하겠다는 뜻을 전했다.

그는 우리 초대에 응했다. 쾌속정에 탔을 때 그의 호기심은 대단했다. 제독은 그를 잘 대접하면서 몇 가지를 물었다. 그는 분명한 대답을 꺼렸다. 실수를 두려워하는 눈치였다. 우리는 그에게 라사 천 한 감을 선사했다. 그는 그런 엷은 천으로 만든 옷을 가지고 싶지만 선물은 받을 수 없다고 거절했다. 노인은 돌아갈 때 다음 날 군함을 방문하겠다고 약속했다. 하지만 그는 오지 않았다.[26]

그날 석양 무렵에 불상사가 일어났다. 주민들이 러시아인들 가운데 한 사람이 수심을 측량하고 있던 근처 해안에 모였다. 그리고 갑자기 보트에 돌을 던지기 시작했다. 러시아인들은 주민들을 향해 공포를 쏘았다. 하지만 주민들은 총포에 대해 전혀 모르는 것 같았다.

다음 날 아침 러시아인들은 전날 일어난 사건을 설명하도록 요구하는 글을 마을에 전달했다. 조선인들은 석양 무렵에 답장을 가지고 왔다. 러시아인들에게 용서를 바란다는 내용이 들어 있었다. 돌을 던진 것은 분별없는 소년들의 짓이었다고 밝혔다. 하지만 곤차로프는 그것이 거짓말이라는 것을 알았다. 돌을 던진 사람은 수염을 기르고 머리털을 굵은 다발로 묶고 있었다. 곤차로프는 이 나라의 진짜 소년들은 자기 나라 여자처럼 머리카락을 한가운데로 나눠 늘어뜨린다는 것을 알고 있었다.

팔라다 함대의 고관들이 조선인들의 답장을 다 읽을 때쯤이었다. 돌연 동료 일행이 돌아왔다. 10로리(露里, 약 15미터) 밖까지 강을 거슬러 올라갔다가 돌아온 것이었다. 그들은 무척 동요하고 있었다. 그들이 겪은 사건은 다음과 같았다.

그들이 어떤 해안으로 다가갔을 때였다. 그곳에는 많은 주민들이 모여 있었다. 그들 가운데 몇 명이 종이쪽지를 보이면서 러시아인들에게 가까이 오라고 신호했다. 러시아인들은 무슨 일인가 하고 다가갔다. 주민들은 종이쪽지를 건네주지 않고 한 사나이를 데려왔다. 그리고 그 사나이를 땅바닥에 앉히고는 삽자루 같은 몽둥이로 치기 시작했다. 잠시 후에는 방금 몽둥이로 치고 있던 바로 그 사나이를 꿇어앉히고는 다른 사람들이 그를 치기 시작했다. 러시아인들은 이 희극을 정말 어리석은 짓이라고 생각하며 그곳을 떠났다.

그때 매를 맞던 사나이 가운데 한 명이 러시아인들의 뒤를 쫓아왔다. 그는 선원 가운데 한 명을 붙들고 군중 쪽으로 끌고 갔다. 그리고는 그를 사방팔방으로 끌고 다니기 시작했다. 다른 선원들이 달려들어 곧 그를 물리쳤다. 조선인들은 이 선원들도 습격해 왔다. 선원들이 억센 힘으로 민첩하게 몇 명인가를 붙들고 쳤으므로 조선인들은 물러나버렸다.

러시아인들이 보트에 오르려고 할 때였다. 느닷없이 주민들이 돌과 납덩이(어망추)를 던지기 시작했다. 일행 가운데 몇 사람은 상처를 입고 피를 흘렸다. 러시아인들도 주민들을 향해 새 사냥용 총을 쏘았다. 아마도 한 사람에게는 상처를 입힌 것 같았다. 이 사건으로 공격이 조금 멈추기는 했지만 주민들은 이방인들이 떠날 때까지 계속 돌을 던졌다.

다음 날 아침 일찍 무장한 러시아인들이 대형 쾌속정 한 척과 보트에 올라타고 사건이 일어난 장소로 향했다. 마을에는 노인들만 남아 있을 뿐 주민들은 아내와 재산을 가지고 도망치고 없었다. 러시아인들은 노인들에게 사건의 설명을 요구했다. 그들은 공손히 설명해나갔다. 몇몇 악당이 군중을 선동해서 폭동을 일으켰지만 자기들로서는 그들을 진압시킬 수 없었다, 그러니 우리를 벌주지 말아달라, 어린애가 저지른 일에 부모의 책임은 없다는 등의 말로 간청했다.

노인들은 다시 "범인은 상처를 입고 있다. 그 가운데 한 사람은 치명상인 것 같다"고 말했다. 이것으로 그들은 이미 벌을 받고 있다고 덧붙였다. 러시아인들은 노인들에게 보복할 수 없었다. 하지만 우선 모든 일을 제쳐놓고 이 나라의 수도에 편지를 보내서 사건 내용을 설명할 필요가 있었다.

조선에 개항을 요청하다

푸탸틴 제독도 이 사건을 기록으로 남겼다. 푸탸틴의 기록은 곤차로프의 것보다 간략하지만 정확한 편이다. 팔라다호의 장교와 수병이 탄 보트가 한 조선인 마을에 접근했을 때였다. 조선 군중이 무엇을 오해했는지 돌을 던지면서 습격해 왔다. 이에 맞서 보트에서 엽총을 발사했다. 조선인 두세 명이 부상을 입었다. 그렇게 하지 않고는 돌팔매질을 막아낼 길이 없었다. 수병 두 명이 돌에 맞아 크게 다쳤다.

이튿날 푸탸틴은 무장병을 인솔하고 사건 현장으로 찾아갔다. 마을의 어른들에게 설명을 요구했다. 그들은 용서해달라고 빌면서 이 사건은 망나니 몇 사람이 어른들에게 의논도 하지 않고 군중을 부추겨 한 짓이라고 설명했다. 푸탸틴은 러시아 측에는 아무런 잘못이 없었다고 못 박았다. 그는 장교와 수병들에게 해안에 접근할 때 신중하고 온화하라는 엄명을 내렸다. 부하들은 이 지시를 잘 지켜서 그 마을에 들어가지 않은 채 보트를 저어 가고 있었다. 그때 주민들이 손짓으로 부하들을 불러들인 것이었다.

나는 이 사건이 어떻게 일어났는지 중국 문자로 기술한 문서를 조선의 서울에 전달하게 하기 위해 그것을 이곳 아닌 다른 지방에 남겨야겠다고 생각했다. 이 지방의 벼슬아치들이 사건을 왜곡시켜 보고함으로써 앞으로 우리나라가 이웃 나라와 어떤 관계를 맺을 경우 우리 국민에 대해 좋지 않은 오해를 남길 염려가 있다고 생각했기 때문이었다. (……)

나는 그들의 정부에 문서를 보내면서 러시아인과 통상할 것을

제안했다. 또 회답을 요구하면서 여름에 다시 오겠다고 약속했다.

정치적 정세 때문에 이 제안을 실현시킬 수는 없었다. 하지만 나는

될 수 있는 한 빠른 기회에 교섭을 재개하는 것이 유효할 것이라고

생각했다.[27]

푸탸틴이 조선 정부에 보낸 서한은 푸탸틴이 러시아어로 기
초한 것을 통역관 아와 쿰 신부와 고시케비치가 한문으로 번역한
것으로 보인다.[28] 푸탸틴이 개항을 요청한 서한은 세 통이었다.
한 통은 1854년 5월 9일 함경도 안변에서 조선인 차종록에게 보
냈고, 그 다음은 이틀 후인 5월 11일 고원과 영흥에서 고원군수
오긍진이나 영흥의 주민에게 보냈다. 마지막으로는 5월 20일 두
만강 하구(당시 행정구역으로는 조산보 서수라[造山堡 西水羅], 오늘
날 함경북도 웅기 근처)에서 보냈다.

이 서한은 러시아 정부가 조선에 보낸 최초의 개항 요청일 뿐
만 아니라 전 유럽 국가 가운데 최초의 것이었다.[29] 거문도의 유
학자 귤은(橘隱) 김유(金瀏, 1814~1884)[30]의 문집 《해상기문(海上
奇聞)》에 이 서한이 실려 있다. 어떤 경로로 이 서한이 김유에게
전해졌는지는 알 수 없지만, 국내에 남아 있는 유일한 기록이다.

대라서아(大羅西亞) 어전대신(御前大臣)

동해수사장군(東海水師將軍)은 글로써 고함.

대조선 지방관 태하(台下),

귀 동국(貴東國, 조선)이 원래 서쪽 나라와 통하지 않은 것은 동서의 사이에 서로 교섭이 없기 때문입니다. 근년에 중국은 이미 다섯 항구를 열고 나라 사이에 물화를 교역할 장정(章程)을 세워서 여러 나라가 뒤를 이어 왕래하고 있습니다. 그러나 바다를 건너는 데는 풍향(風向)에 따르지 않을 수 없어 때에 따라서는 귀국의 주변을 피해 가기 어렵습니다.

우리 라서아는 나라 땅이 매우 넓은데다 중국과 서로 교섭하는 까닭에 몇 사람의 관원이 늘 중국의 서울에 머물러 있다는 것을 귀국의 관원과 상인이 모두 알고 있습니다.

귀국의 북쪽 경계는 곧 라서아의 동남쪽 경계로서 물길로 사흘 거리에 불과합니다. 본국 배가 때로는 귀국의 항구에 이르러 혹시 손상당해서 수리하거나 물자를 요청하지 않는다고 단정할 수 없습니다. 엎드려 바라건대 귀국에서는 굳이 거절하지 마시고 필요한 물자를 공급해주신다면 반드시 약조대로 대가를 지불하겠습니다. 이를 위해 청나라 정부에 알려서 귀국의 대헌령(大憲令, 임금)께 보고하게 했습니다.

일본 같은 나라는 현재 여러 항구를 열어서 라서아 배가 모두 정박합니다. 그런데 귀국은 왜 이것을 본받지 않고 어렵게 여깁니까? 이는 이미 좋은 뜻이 있어서 두 나라 사이의 우호적인 관계를 오래도록 굳게 하려는 것입니다. 귀국의 대헌령께서는 물리치지 말아주시기를 간절히 바랍니다.[31]

러시아 기록에 따르면, 이 서한은 1854년 5월 25일자(러시아력)로 푸탸틴이 당시 러시아 제국의 외무차관겸 아시아국장인 세냐빈(L. G. Seniavin)에게 보낸 보고서에 실려 있다. 서한의 요지는 1854년 가을 영흥만을 다시 방문할 때까지 조선 측이 전권대신을 임명해서 러시아와 협상하자는 것이었다. 이것은 김유의 문집에 실려 있는 내용과 거의 일치한다.

조선 정부는 북경에서 일어난 (국제) 관계들을 통해 러시아인들이 중국과 우호적인 관계를 맺고 오랫동안 중국의 수도에 살아왔다는 것을 알아야 한다. 또 러시아가 유라시아 대륙의 모든 북쪽 지방을 차지한, 세계에서 가장 큰 나라들 가운데 하나라는 것도 알아야만 한다.

오늘날 러시아인들은 동해의 조선 국경에서 2, 3일 항해 거리보다도 멀지 않은 곳에 살고 있다. 러시아 배들이 물과 식량을 공급받기 위해, 그리고 폭풍우를 피하고 배를 수선하기 위해 조선의 항구에 자주 나타나게 될 것이라는 사실을 조선은 모르는 것 같다. 러시아인들은 항상 위의 물품을 구하기 위해 은이나 다른 물건을 지불할 것이다. 일본인들에게 개항되었지만 러시아 선박에게는 닫힌 조선 항구를 지키는 것은 시의에 적절하지 못할 것이다. 나는 대조선 정부가 나의 제의를 무시하지 않고 러시아와 조선 두 정부 사이에 우호적인 관계가 수립될 수 있기를 희망한다.[32]

러시아가 조선 국경에서 2, 3일 항해 거리만큼 가까운 곳에

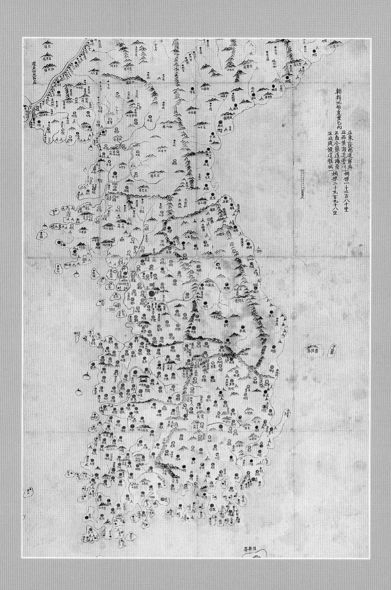

18세기에 제작된 조선전도.

18세기 초 일본에서 활동했던 독일인 의사 지볼트는 일본으로 난파해 온 조선인들을 만나
다양한 자료를 수집했다. 지볼트의 책에서 한국인을 묘사한 그림.

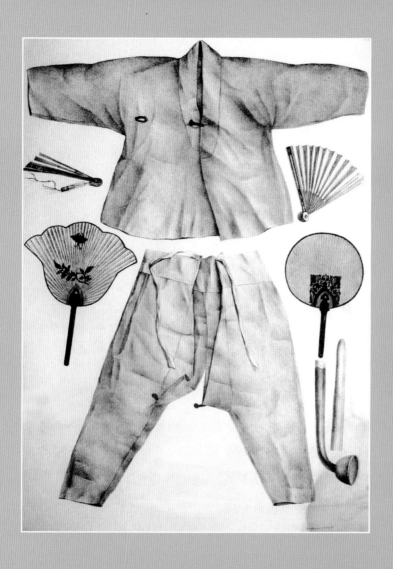

지볼트의 책에 실린 조선인의 옷과 생활용품들.

지볼트의 책에 묘사된 한국인의 생활 풍속도.
한국인이 아열대에 살며 피부가 검은 것으로 그려져 있다.

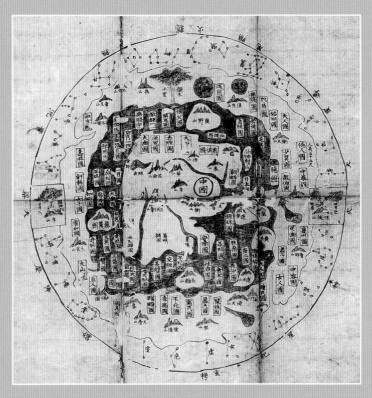

18세기 초에 조선에서 제작한 천하도.
중국이 한가운데 그려져 있다.

일본인들의 그림 속에서 다양하게 묘사된 페리 제독.
한결같이 공포를 자아내는 얼굴로 그려져 있다.

개항기 일본의 요코하마 풍경.

1872년 일본은 미국과 맺은 불평등조약을 개정하고
서양의 문물을 견학하기 위해 사절단을 파견했다.

있다고 한 것은 러시아가 연해주를 불법 점령했기 때문이었다. 1850년 러시아의 네벨스코이(Nevelskoj)는 중국 영토인 흑룡강 하구에 니콜라옙스크 초소를 구축하고 연해주와 사할린이 러시아 영토라고 선언했다. 1853년에는 연해주와 사할린이 러시아 영토라는 사실을 외국 선박에 경고하라고 각 초소에 명령했다. 연해주 땅이 법적으로 러시아 영토가 된 것은 1858년 아이훈(愛琿) 조약에 따라 중국과 러시아의 공동 관리를 거쳐 1860년 북경조약이 체결된 뒤이다. 푸탸틴이 말한 것은 네벨스코이의 실력행사로 연해주 지역을 점유한 사실을 가리킨 것이었다.[33]

원래 푸탸틴이 조선 개항을 시도한 것은 그에게 위임된 외교의 주목적이 아니었다. 그것은 타타르 해협의 해빙을 기다리기 위한 항해상의 임시조치였다. 하지만 그는 조선의 여러 지역을 기항하는 동안 조선의 정치적, 지리적 중요성에 착안하고 외교 행동을 벌인 것으로 보인다. 만약 크림전쟁이 일어나지 않았다면 푸탸틴 제독은 약속대로 조선과 계속 접촉하려 했을지도 모른다. 푸탸틴의 조선 접촉은 중앙정부에서 입안한 것이 아니라 전권사절인 그가 영국과 프랑스를 의식한 독자적인 전략 판단에서 시작된 것이지만, 뒷날 러시아의 한반도 정책에 영향을 미쳤다.[34]

마을 사람이 총에 맞아 사경을 헤매다

한편 푸탸틴이 영흥만에서 일어난 무력 충돌 사건에 대해 조선의 지방관에게 보낸 항의문서도 김유의 문집에 실려 있다.

> 대라서아국 어전대신 동해수사장군.
> 대조선국 지방관 태하,
> 이곳에 찾아온 것은 대라서아의 병선입니다. 배 위에는 대포
> 50문과 병사 5백 명을 싣고 있습니다. 배는 본국 땅으로 가는 도중
> 이곳에 잠시 정박했을 뿐입니다. 해를 끼칠 뜻은 조금도 없고
> 인심을 동요시키지도 않습니다.
> 그러나 어제 우리가 이곳에 당도하자 이곳의 간민(奸民)이 사람을
> 해칠 뜻으로 돌을 던져서 우리를 해치려고 했습니다. 우리는 곧
> 형벌로써 엄히 책(責)했습니다. 본 고장의 수장은 어디에 있습니까?
> 이를 위해 고시합니다.
> 갑인년(철종 5년, 1854) 4월 일.[35]

양측의 무력 충돌 사건에 대한 조선 측 기록은 곤차로프의 여행기에서 서술된 것과는 사뭇 다르다. 1854년 4월 10일 3범 이양선 한 척이 양양부 초진을 지나갔다. 이양선은 간성(杆城) 고성군(高城郡)을 지나 13일 영흥부 고령사(古寧社) 대강진(大江津)에 이르렀다. 15일에는 소선 한 척이 영흥 말응도(末鷹島)에 떠 있었다. 배에는 5, 6명이 타고 있었다. 그들은 포를 쏴서 오리를 잡거나 먼

산을 바라보며 그림을 그렸다. 배와 사람 모습이 모두 수상했다. 문천군(文川郡) 북진(北津) 요망장 김연갑이 배를 타고 가까이 가서 탐문했다. 그들은 노를 돌려 바로 영흥으로 향해 갔다.

16일 덕원부 용성진(龍城津) 요망장교 박제민과 색리(色吏) 홍종원 등은 덕원부사 오택선에게 달려가 다음과 같이 보고했다. 이상하게 생긴 대선 한 척이 영흥 문천(文川)과 서도(芽島) 사이에 떠 있다. 종선 한 척은 용성진 관할지역인 마암진(馬巖津)에 이르렀다. 배에 탄 두 명이 상륙해서 방황하는데, 물건을 찾는 것 같았다. 주민들이 높은 곳에 올라가 그들을 바라보았다. 산 위에서 우연히 흙과 돌이 무너져 떨어졌다. 깜짝 놀란 이방인들이 조총을 한 방 쏘았다. 마을 사람 이춘항이 오른쪽 갈비뼈에 총을 맞아 사경을 헤맸다.

덕원부사 오택선은 그들의 말을 듣고 무척 놀라 문정하러 마암진으로 달려갔다. 이춘항은 이미 죽고 이양선도 간 곳이 없었다. 요망장리(瞭望將吏)가 그간의 사정을 이야기했다. 부사가 도착하기 전에 또다시 종선 한 척이 상륙했다. 산에 오른 40명 가운데 9명이 동네 안으로 함부로 뛰어들어 봉서 한 장을 건네주었다. 그들은 각각 조총을 한 자루씩 들고 있었다. 봉서를 준 후 곧바로 배를 타고 북쪽으로 가서 문정할 수 없었다. 덕원부사는 봉서를 굳게 봉한 후 함경감사 조병준에게 올려 보냈다.

16일 이양선 소선에 탄 사람들은 고령사 대강진으로 왔다. 그들은 수향(首鄉) 장한종, 수교(首校) 천윤학, 수리(首吏) 김무득 등에게 편지 한 통을 주고 지방관에게 전해달라고 했다. 장한종 등은 우리나라에서 금하므로 받을 수 없다며 돌려주었다. 이국인들은 봉한 것을 열어서 내용을 보여주었다. 그 말뜻은 안변에서 받은 글과 차이가 없었다. 장한종 등은 그들을 따라 대선으로 올라갔다.

배의 길이는 40파(120미터)쯤이고 폭은 6파(18미터)쯤이었다. 물 위에 뜬 배의 높이는 3장(丈, 9미터)이고 가라앉은 부분은 몇 장인지 알 수 없었다. 이물에는 두 마리 용을, 고물에는 봉학(鳳鶴)을 그렸는데, 모두 황금으로 칠했다. 배의 안과 밖은 기름을 바른 것 같았다.

배에는 돛 세 개가 줄을 이어 늘어서 있었다. 돛의 길이는 15파(45미터)쯤이었다. 가운데 돛은 조금 높았고 좌우 돛은 조금 낮았다. 돛은 흰색 서양목으로 만들었다. 갑판에는 지남철 한 개, 거울 두 개가 있었다. 배는 둥근 쟁반처럼 생겼다. 배의 양쪽에 수레 1좌가 있었는데 덮개가 없었다. 바퀴는 철로 만들었고 수레 길이는 2파(6미터)쯤이었다.

배는 3층이었다. 제1층 좌우 뱃전에는 구멍 30개가 뚫려 있고 대포가 설치되어 있었다. 밖으로 나온 포 구멍은 나무 자(木尺)로 5촌(15센티미터)쯤이었고, 둘레는 1척 5촌(45센티미터)쯤이었다. 포의 길이는 1파 반(4.5미터)쯤이었다. 포의 머리는 동이(地盆)처럼 생겼고 둘레는 3척 5촌(105센티미터)쯤이었다.

제1층에는 3, 4칸 정도 되는 집을 지었다. 동남쪽 벽에는 모두 유리로 창을 만들었는데, 능화지(菱花紙, 마름꽃의 무늬가 있는 종이)로 덮었다. 방 안에는 단장한 널빤지로 만든 걸상 다섯 개가 놓여 있었다. 걸상은 전단(氈緞)으로 덮었다. 방 안에는 바둑판 같은 것(피아노를 말함)이 1좌 있었는데, 마치 거문고에서 나는 것 같은 소리를 냈다.

제2층에는 3칸 방이 있었다. 모두 유리로 창을 만들었다. 전단으로 싼 걸상 세 개가 있었다. 방 안에는 각각 화상(畵像)이 있었다. 이방인들은 그것이 황상불불(皇上佛佛)의 화상(그리스도상)이라고 말했다. 방 안은 무척 밝고 깨끗했다. 사람이 없는 것처럼 텅 비어서 조용했다. 좌우 뱃전에는 구멍이 32개 설치되었는데, 대포는 1층과 같았다. 대포는 모두 합해서 52문이었다.

가운데 층 한 칸에는 조총과 칼 등이 있었다. 조총은 백여 자루였다. 칼 50여 자루에는 양날이 달려 있었다. 가운데 층 다섯 칸에는 사람이 사는 곳을 지었다. 유리로 창을 만들었는데 무척 밝았다. 창의 휘장은 어떤 것은 비단으로 짰고 어떤 것은 비단을 수놓았다. 또 야장(冶匠), 목석장(木石匠) 같은 것도 있었다.

제3층 칸에도 사람이 사는 곳을 지었다. 책 읽는 사람도 있었다. 글자 모양은 범어도 아니고 언문도 아니어서 알 수 없었다. 양을 기르는 칸, 돼지·닭을 키우는 칸도 있었다. 음식을 익히고 차리는 곳도 있었다. 땔나무는 쓰지 않고 화탄(火炭)만 썼다.

우두머리 가운데 한 사람은 털로 만든 작은 갓 같은 것을 머리에 쓰고 있었다. 그 밖에 여러 사람은 족두리나 거푸집 덮개처럼 생긴 것을 머리에 썼는데, 전단으로 쌌다. 머리카락은 길게 잘라서 겨우 이마를 덮었다. 옷은 흑전(黑氈)이나 흑공단(黑貢緞), 흰 서양목 등으로 만들었다. 위에 입은 옷소매는 우리나라 여인이 입는 저고리 같았다. 아래에 입은 것은 바지 같기도 하고 바지가 아닌 것 같기도 했다. 다리와 정강이에 꼭 붙었고 단추가 달려 있었다. 발에는 검은 가죽신을 신었다.

대선에는 노가 없었다. 조선인들은 노가 없는데도 어떻게 배가 갈 수 있는지 알 수 없었다. 당시 장한종 등이 탔던 배는 푸탸틴 함대의 증기선 보스토크호였던 것으로 보인다. 종선은 4척이 있었는데, 사람 생김새와 옷차림은 모두 대선에 탄 사람들과 같았다. 그들은 여러 바다와 포구에 떠서 물고기를 잡고 날짐승을 쏘는 것 같았다. 배는 나는 것처럼 빨라서 쫓아갈 수 없었다. 사람들 수효는 자세히 헤아릴 수 없었지만 2백 명쯤 되는 것 같았다.

장한종 등은 이방인들에게 이곳에 온 까닭을 물었지만 새가 시끄럽게 지저귀는 것 같아서 도무지 알아들을 수 없었다. 글로 써서 묻자 대라서아국(大羅西亞國)이라고 써서 보여주었다. 그 나라가 어디에 있는지 다시 물었다. 북방에 있다고 써 보여주었다. 그들이 온 까닭은 말하지 않았다. 그들은 공우(公牛) 하나, 모우(母牛) 하나를 얻고 싶다고 했다. 이는 암수 소를 말하는 것 같았다. 나라에서 금하는 것이므로 허락할 수 없다고 답했다.

이국인들의 태도는 호의적이었다. 그들은 장한종 일행에게 술과 안주를 대접했다. 술 맛은 맑고 차가웠다. 색은 조금 붉었다. 안주는 은(銀) 향이 그윽한 떡이었다. 의자를 끌고 와서 앉게 했는데, 그 태도가 무척 은근했다.

외국인과 몰래 교역하는 것을 금하자

그날 해질 무렵 종선 한 척이 물고기를 잡으러 내포(內浦)로 들어
왔다. 포구의 백성들이 막으려 했다. 이국인들은 화를 낼 뿐만 아
니라 의심과 두려움 때문에 여러 차례 화포를 쏘았다. 억지사(憶
只社)에 사는 이흥순, 율산리(栗山里)에 사는 신여빈, 용전리(龍田
里)에 사는 정상권 등이 얼굴과 어깨에 상처를 입었다. 다행히 상
처가 깊지는 않았다. 하지만 율산리에 사는 이치모는 얼굴에 총을
맞고 즉사했다. 총알은 납으로 만들었는데, 크지는 않았다. 벼 같
은 구리 가루가 땅에 떨어져 있었다. 이양선은 그날 오시(午時, 낮
11~13시)쯤 돛을 올렸는데, 어디로 가는지 알 수 없었다.

이양선은 18일 신시(申時, 오후 3~5시)쯤 정평부(定平府) 동
안진(東安津)을 지나 북쪽으로 향했다. 배는 나는 것처럼 빨라 문
정할 수 없었다. 그날 신시 무렵 함흥부 화도진(花島津)에도 이양
선이 나타났다. 함흥판관 김재헌이 조사하러 달려갔다. 하지만 그
가 도착하기 전에 이양선은 북쪽으로 향했다. 함흥판관은 높은 곳
에 올라가 바라보았다. 이양선은 나는 것처럼 빨라서 얼마 후 보
이지 않았다.

함흥판관은 화도리(花島里) 이존(里尊, 마을에서 지위나 나이가
높은 사람) 김문석에게 자세히 물었다. 그에 따르면, 18일 신시쯤
이양선 한 척이 화도진으로 다가왔다. 구름과 안개에 가려서 배
모양은 자세히 볼 수 없었다. 대선에서 종선 한 척이 내려와 나루
에 댔다. 배 안에 탄 13명이 일시에 상륙했다. 그 가운데 11명은

철총을 가지고 있었다. 총 끝에는 3릉(稜, 전답을 헤아리는 단위) 3촌(9센티미터) 쯤 되는 짧은 창이 꽂혀 있었다.

해는 이미 지고 어두워졌다. 불을 피워 사람 모습을 살펴보았다. 눈은 노랗고 코는 높았다. 붉은 머리카락을 가위로 잘라 늘어뜨렸다. 머리에는 거푸집 같은 것을 뒤집어썼다. 위아래 옷은 모두 검은 색이었다. 발에는 가죽으로 만든 끈이 많은 신을 신었다. 배의 길이는 거의 6파(18미터), 폭은 거의 3파(9미터)였다. 배는 검은색 칠을 바른 것 같았다. 그날 밤 4경(오전 1~3시)쯤 대선에서 포를 쏘았다. 13명은 일시에 배에 올라 떠나갔다. 동이 터서 멀리 바라보자 대선도 멀리 가고 없었다.

억지사의 도윤(都尹, 면의 행정업무를 맡던 관리)은 함흥판관에게 다음과 같이 보고했다. 내해리(內海里)에 사는 조석명은 물고기를 잡으러 바다로 나갔다가 이양선과 마주쳤다. 이양선에 탄 사람들은 조석명을 손으로 불러서 줄을 내려주었다. 조석명은 줄을 타고 배에 올랐다. 배의 넓이는 헤아릴 수 없었다. 배는 동철로 꾸몄다. 배 안에 탄 사람은 몇 명인지 알 수 없었다. 창과 총을 들고 있는 사람도 있었다. 이국인들은 조석명에게 술과 떡을 권하고 필담을 나누었다. 조석명이 밖으로 떠나려고 하자 책자 3권, 기화통(起火桶, 성냥) 한 개를 주었다. 조석명은 그것을 들고 와서 억지사 도윤에게 바쳤다. 함흥판관은 억지사 도윤이 바친 책자 3권, 기화통 한 개, 필담 1봉과 화도리 이존이 바친 필담 1봉을 굳게 봉해서 함흥감사에게 올려 보냈다. 함흥감사 조병준은 조정에 장계를 올렸다.

(지방관들은) 이양선의 동정을 살피고 말과 글로 좋은 뜻을 깨우쳐주어야 합니다. 그들이 온 까닭을 묻는 것은 변정을 엄히 하는 일이고 먼 데서 온 사람들을 위로하는 뜻입니다. 잡다한 무리들이 높은 곳에서 적의 동정을 살펴본다고 칭하고 산에 올라갔다가 흙과 돌이 무너져서 그 무리들에게 화를 불러일으키고 우리 사람들이 죽고 상했습니다. 무척 놀라운 일입니다. 요망장리가 언행을 삼가 조심하지 못한 것은 무척 통탄할 일입니다. 그들을 신의 병영으로 붙잡아오게 하고 무거운 형벌로 다스릴 것입니다.

지방관 영흥부사 임백수, 덕원부사 오택선은 말이 옳지 못하고 경계해서 삼가지 못했습니다. 그 죄상을 따져 경계하지 않을 수 없습니다. 비변사에 아뢰어 처리하게 합니다. 변경을 살피고 지키는 일은 따로 남북병사(南北兵使)와 바닷가 각 읍과 진에 잘 타일러 경계하게 했습니다. 이국인들이 준 책자 3권, 서첩 1봉, 필담 2봉, 기화통 한 개는 비변사에 올려 보냅니다.[36]

4월 27일 비변사에서는 함경감사의 장계에 따라 영흥부사와 덕원부사를 잡아다 심문하고 처벌하자고 국왕에게 건의했다. 이 양선이 무상하게 오고 가서 전례와 같이 문정할 수 없는 것은 괴상한 일이 아니었다. 하지만 포구의 백성이 탄환에 맞아 죽기까지 한 것은 전에 없었던 일이었다.[37]

6월 4일 의금부에서는 국왕에게 관리들의 형량을 보고했다. 덕원부사 오택선, 영흥부사 임백수는 법률에 따라 각 태형 50대를 가하되 속전(贖錢, 죄를 면하기 위해 바치는 돈)을 거두어야 한다. 그들을 현직에서 해임하고 따로 관직을 제수해야 한다. 철종은 오택선의 공을 1등 감하고, 임백수는 공의(功議, 공신이나 그 자손의 범죄에 대한 형벌을 감하는 규정)를 1등 감하라고 지시했다.[38]

6월 12일에는 대사헌 강시영이 국왕에게 상소를 올렸다. 백성들이 외국인과 사사로이 교역하는 것을 근절해야 한다는 취지였다. 강시영의 상소를 간추리면 다음과 같다. 요즘 관북(함경도) 바닷가에 이양선이 정박할 때 포구 마을의 어리석은 백성들이 가끔 물건을 교역한다고 한다. 이선이 처음 바다 어귀에 이를 때, 그들을 맞아들여 접대하는 데는 모두 일정한 규칙이 있다. 그들에게 집물을 수리하게 하고 양찬을 선사해주는 일은 반드시 조정의 처분을 기다려야 한다.

일찍이 조정에서는 백성들이 외국인들과 교역하는 것을 가벼이 허락하지 않았다. 이번에 북쪽 백성들이 스스로 교역한 일은 뒷날의 근심이 적지 않다. 백성들은 교역한 물건이 사소하다고 제멋대로 말하는데, 점차 많아지지 않는다고 어떻게 알겠는가. 또한 이양선이 이미 돌아갔다고 제멋대로 말하는데, 뒷날 다시 오지 않는다고 어떻게 알겠는가. 관북 바닷가 여러 읍에 이양선이 정박할 때 다시는 감히 몰래 교역하는 폐단이 없도록 해당 관청에 명해서 엄히 타일러야 한다.

대사헌의 상소를 읽은 철종은 "상소문 끝에 덧붙인 일을 들으니 무척 놀랍고 두렵다. 조금이라도 법의 기율이 있다면 어떻게 이와 같은 일이 어렵지 않게 용납될 수 있겠는가? 해당 감사에게 이 사실을 엄히 조사한 뒤에 보고하게 하라"[39]고 답했다.

부패한 민중을 소생시켜야 한다

한편 러시아 함대는 영흥만에서 5일간 머문 후 5월 2일(음력 4월
18일) 북상했다. 5일에는 만주 해안이 시작되는 곳에 도착했다.
이날 배를 타고 있던 조선인들이 팔라다호로 올라왔다. 텁수룩하
고 검게 탄 조선인 두세 명이 곤차로프의 선실을 들여다보았다.
아우성과 소음이 배 안에 가득했다. 한 사람은 푸탸틴의 부관 포
세트 소령의 은 스푼을 훔쳐서 자신의 넓은 바지 속에 감추었다.
러시아인들은 스푼을 빼앗고 도둑의 머리를 붙잡아 선실 밖으로
끌어냈다. 5월 9일 마침내 국경의 강 '따이만'(두만강)이 보였다.
러시아 함대의 조선 여행은 이로써 끝났다.

곤차로프는 작가적인 통찰력과 함께 편견으로 가득한 서양인
의 시선으로 중국인, 일본인, 류큐인, 조선인을 서로 비교·평가
하고 있다. 그의 관찰에 따르면, 이들 네 국민은 용모와 성격, 사
고에서 공통점이 많았다. 하지만 한편으로는 헤아릴 수 없는 음영
의 주름 때문에 여러 모로 서로 다른 특성도 지니고 있었다.

곤차로프는 중국인이나 일본인이 '황폐한 전답'과 같았다고
평가했다. 그들은 메말라서 손도 대지 못할 지경이었다. 중국인은
이 국민들 사이에서 맏형 같은 존재였다. 그들은 동생들에게 문명

을 나누어주었다. 하지만 이 문명이 도대체 어떤 것인지, 어느 수준에 머무르고 있는지, 또는 어떻게 노쇠해서 오늘에 이르기까지 동남아시아와 일본 열도의 수많은 사람들에게 그 힘을 마비시키고 있는지 독자들은 모를 것이라고 단언했다.

무엇으로 이 말라빠진 밭을 소생시킬 수 있을 것인가. 이 부패한 민중을 다시 소생시키기 위해서는 어떤 종류의 새로운 힘이 필요할 것인가. 우리들의 작은 유럽 대륙에서 낡은 과일 즙이 발효했을 때 얼마나 많은 변화가 밀어닥쳤던가. 얼마나 많은 혈관이 보다 신선하고 젊은 혈액을 흡수했는지 떠올려주기 바란다. 그리고 보스포루스에서 아랍 만에 이르기까지 죽은 듯이 잠들어 있는 무력한 동양을 일깨워주기 위해 지금 우리 주위에서 어떤 일이 일어나고 있는지 관찰해주기 바란다. 이 거대한 동양의 인구 앞에 이것은 무엇을 뜻하는 것일까? 어쨌든 이 작업은 진행되고 있다. 그러나 그 작업은 험난해서 아직까지는 이렇다 할 결과를 낳지 못하고 있다. 그 작업은 썩어 문드러진 낡은 뿌리와 잡초를 뽑아버리는 일부터 시작되었다.[40]

이 글에는 서구인의 오만과 편견이 그대로 드러나 있다. 당시 유럽인들의 전형적 사고 가운데 하나는 '문명화의 사명'이었다. 계몽된 서양 문명이 잠들어 있는 무지몽매한 동양을 문명화하고 깨우쳐주어야 한다는 오만한 논리였다. 곤차로프도 이런 미망에서 자유롭지 못했다.

곤차로프가 조선 여행기를 냉담하게 기술하고 있는 데 비해 다른 동행자들은 조금 달랐다. 보스토크호의 선장 림스키 코르사코프는 맨 처음 거문도에 도착했을 때, "이곳의 모든 것은 더 이상 뭐라 말할 수 없을 만큼 내 취향에 꼭 맞았다"고 감탄했다. 그의 관찰에 따르면, 거문도는 경치가 빼어나고 물도 깨끗하고 맑았다. 조선 정부와 관리들의 배타적인 분위기와 달리 주민들은 자신들에게 무척 호의적이었다. 보스토크호가 수심이 얕은 곳에서 바닥에 닿아 곤경에 빠졌을 때 주민들이 성심껏 도와주었다고 한다.

팔라다호의 부선장 포세트의 조선에 대한 인상도 긍정적이었다. 조선인들은 무척 근면해 보였다. 검은 땅이든 붉은 사질토이건 상관없이 밭은 꼼꼼하게 정리가 잘 되어 있었다. 팔라다호의 선원들이 주민들에게 식량을 달라고 했을 때, 그들은 거절했다. 뿔 달린 가축은 밭을 경작해야 하고, 닭은 시간을 알려주기 때문에 그들에게 필요하다는 게 그 이유였다. 조선인들은 외국인을 처음 보았는데도 최고로 환대해주었다. 그들은 근면했다. 다른 아시아 민족들, 그 가운데서 특히 일본인보다 훨씬 도덕적이었다. 그는 조선인들의 단점도 꼬집었다. 조선인들이 폴리네시아인들처럼 중독에 빠지지는 않았지만, '곡류로 만든 보드카'를 지나치게 좋아한다고 지적했다.[41]

팔라다호가 조선에 들어올 무렵 유럽에서는 크림전쟁이 일어나고 있었다. 크림전쟁은 팔레스타인의 성지 관할권 문제로 촉발되었다. 하지만 그 이면에는 러시아가 지중해와 중동으로 팽창하는 데 대한 공포가 도사리고 있었다. 1853년 7월 러시아는 오토만 제국의 경계에 있는 도나우강 연안의 공국을 점령했다. 오토만 제국은 러시아에 전쟁을 선포했다. 영국과 프랑스는 오토만 제국과 연합군을 결성하고 반격에 나섰다. 1854년 9월 연합군은 러시아의 크림 반도에 상륙해 세바스토폴을 포위했다. 결국 프랑스 나폴레옹 3세 주도로 파리조약(1856년 3월 30일)이 체결되었다.[42]

크림전쟁이 끝난 후 푸탸틴은 다시 외교 사절로 나섰다. 중국과 국경 협상을 벌이기 위해서였다. 그는 1857년 7월 13일 증기선 아메리카호를 타고 니콜라옙스크를 출발, 동해를 지나 남해를 가로질러 천진으로 갔다. 그 도중인 8월 1일에는 거문도에 기항했다. 푸탸틴의 두 번째 방문이었다. 푸탸틴은 니콜라옙스크를 출발하기에 앞서 예하의 함대 캄차달호(Kamchadal) 등에 지령을 내렸다. 사할린에서 생산된 석탄을 거문도에 하역하라는 것이었다. 푸탸틴이 독단적으로 거문도에 러시아 저탄소를 설치하기로 결정한 것이었다.

푸탸틴은 거문도 주민들을 회유해서 저탄소 설치 허가를 받아냈다. 이미 1854년 거문도를 방문했을 때, 그는 거문도에 조선 정부의 행정권이 침투하지 못하는 허점을 간파하고 있었다. 거문도 주민들에게 일단 허가를 받아낸 그는 다시 천진으로 갔다. 천진에서 외교 교섭을 벌일 때 청나라는 러시아 국서를 접수했다. 이례적인 일이었다.

푸탸틴은 바라던 목적을 달성하고 일단 상해로 갔다가 다시 천진으로 귀환했다. 그 다음에 다시 상해로 가는 길에 거문도에 들렀다. 이때는 9월 20일 무렵으로 추정된다. 하지만 캄차달호는 석탄을 싣고 오지 않았다. 푸탸틴의 저탄소 설치 계획은 허사로 돌아갔다. 그는 할 수 없이 나가사키로 갔다. 원래 그의 목적지는 상해였다. 당시 아메리카호에는 24시간분의 석탄밖에 없었다. 연료 문제 때문에 결국 상해행을 포기하고 석탄을 보급받기 위해 나가사키로 긴급 입항한 것이었다. 이때 푸탸틴은 러일조약의 미흡한 부분을 보완하는 추가 조약을 맺었다.[43]

2. 검은 연기와 총성

∴ 구로후네와 일본의 근대

곤차로프가 조선을 떠나 일본에 머물고 있을 때, 마닐라에서 프랑스 주교가 말한 것이 그의 귓전에 남아 있었다. 프랑스 주교는 자신 있게 말했다. "일본은 머지않아 개항할 것입니다. 대포의 힘을 빌려서 말입니다. 여러분, 대포의 힘을 빌려서."[44] 프랑스 주교의 이 예언은 정확하게 맞아 떨어졌다.

이국선을 격퇴하라

1840년에 시작된 아편전쟁은 영국의 승리로 막을 내렸다. 이때 체결된 남경조약으로 청나라는 영국에 홍콩을 할양하고 광동, 상해, 복주, 하문, 영파 등 5개 항구를 개항했다. 청의 패전 소식은 일본에도 전해졌다. 에도 바쿠후는 1842년 7월 신수급여령(薪水

給與令)을 내렸다. 조난이나 표류 등으로 일본 연안에 닿은 외국 선박에게는 땔감, 물, 식료품 등을 주어 돌려보내라는 법령이었다. 이는 일본 외교정책의 전환을 뜻했다. 청나라의 전철을 밟지 않기 위해 외국과 분쟁을 피하되 그동안 군비를 충실히 해서 서양에 대항한다는 전략이었다.[45]

그 전에 에도 바쿠후의 이양선 대응책은 강경했다. 18세기 말부터 일본 연해에는 영국 선박이 자주 나타났다. 19세기 초에는 일본 정부를 놀라게 한 사건이 일어났다. 1808년 8월 네덜란드 국기를 단 군함 한 척이 나가사키에 정박했다. 이를 조사하기 위해 다가간 네덜란드 상관원 두 명이 인질로 붙잡혔다.

조사 결과 이 배는 영군 군함 패튼호(Phaeton)로 밝혀졌다. 패튼호는 3범선으로 대포 38문을 장착했고 승무원 350명이 타고 있었다. 본국의 명령으로 나가사키항의 네덜란드 선박을 나포하기 위해 입항한 것이었다. 패튼호는 물과 식량을 요구하며 나가사키 항구에서 네덜란드 선박을 수색한 뒤 출항했다. 당시 나가사키의 행정 책임자는 마쓰다이라 야스히데(松平康英)였다. 그는 패튼호를 저지하지 못한 책임을 지고 자살했다.

패튼호 사건 후에도 영국 선박은 일본 근해에 자주 나타났다. 1818년 5월에는 영국인 골든(Golden)이 우라가(浦賀, 요코하마의 가나가와[神奈川])에 들어와 통상을 요구했다. 1824년 5월에는 영국 포경선이 히타치(常陸, 오늘날 이바라키 현[茨城縣]의 북동부 지방)에 들어와 식량과 연료를 요구하다 나포되기도 했다.

에도 바쿠후는 1825년 2월 "이국선은 두 번 생각할 필요 없이 물리치라"는 외국선 격퇴령을 내렸다. 네덜란드와 중국 국적의 선박 이외에 일본 연안에 접근하는 모든 외국 선박은 이유를 불문하고 격퇴하고 승무원이 상륙했을 때는 체포하라는 명령이었다. 에도 바쿠후로서는 외국 선박이 불법으로 들어와 주민들에게 기독교를 전파하지 못하도록 막을 필요가 있었다.

1837년에는 '모리슨호 사건'이 일어났다. 그해 6월 미국 선박 모리슨호(Morrison)가 우라가에 입항했다. 모리슨호를 일본에 파견한 것은 중국 광동의 미국 무역회사였다. 일본인 표류민 7명을 송환한다는 명분을 내세워 통상을 요구하고 미국 선교단의 포교 기회를 열기 위한 시도였다. 일본 정부는 외국선 격퇴령을 적용해 모리슨호를 포격했다. 모리슨호는 별다른 성과 없이 중국으로 돌아갈 수밖에 없었다.[46]

아편전쟁 후 일본에 대한 개항 압력이 점차 높아가고 있었다. 1844년 7월 네덜란드 사절단을 태운 군함이 나가사키에 들어왔다. 사절단은 네덜란드 국왕 빌렘 1세(Willem I)의 국서를 바쿠후에 전했다. 네덜란드 국왕은 청이 아편전쟁에서 막대한 피해를 입었다는 사실을 지적하고 일본이 이런 불행한 사태를 피하려면 네덜란드에 개국하라고 권했다. 바쿠후는 이듬해 1845년 6월 개국 권고를 거절하는 답서를 네덜란드 국왕에게 보냈다. 당시 일본에서 네덜란드 국왕의 국서는 철저하게 비밀에 부쳐졌다.

1845년 7월에는 영국 측량선 사마랑호가 나가사키로 들어왔다. 벨처는 측량 허가와 연료, 식량을 요구했다. 뒤이어 1846년 윤5월 미국 동인도 함대 사령관 비들(James Biddle, 1783~1848)

이 군함 두 척을 이끌고 우라가로 들어왔다. 그는 통상 조약 체결을 요구했다. 바쿠후는 그에게 속히 돌아가라고 회답했다. 통상의 의사가 전혀 없다는 것을 분명히 한 것이다. 6월에도 프랑스의 인도차이나 함대 사령관이 나가사키에 입항했다. 그는 연료 공급과 난파선 구호를 요청했다. 이처럼 외국 선박의 개국 요구가 잦아지자 일본 정부는 긴장했다. 1847년 2월 고메이(孝明) 천황은 바쿠후에 칙서를 내렸다. 관동 연안의 경비를 강화하라는 지시였다.

1852년 6월 나가사키의 네덜란드 상관장 쿠르티우스(Jan Hendrik Donker Curtius)는 동인도 총독의 서한을 바쿠후에 전했다. 동인도 총독은 이 서한에서 일본이 쇄국정책을 고집하는 것은 불가능하므로 먼저 네덜란드와 통상 조약을 체결하는 것이 바람직하다고 조언했다. 총독의 서한에는 '별단풍설서'(別段風說書)가 첨부되어 있었다. 이것은 나가사키에 주재하는 네덜란드 상인들이 바쿠후에 제출한 보고서로 해외 정보가 담겨 있었다. 아편전쟁 후부터 네덜란드 상인들은 별도로 자세한 보고서를 제출했다.

당시 풍설서에는 중요한 정보가 담겨 있었다. 내년에 미국 사절이 통상을 요구하러 일본에 올 것이고 그때 미국이 일본에 무엇을 요구할지 적혀 있었다. 바쿠후는 전례에 따라 네덜란드의 통상 요구를 묵살했다. 풍설서도 극비에 부쳤다. 로주(老中, 에도 바쿠후에서 쇼군에 직속해 정무를 총괄하고 다이묘를 감독하던 바쿠후 최고의 직책)와 일부 다이묘(大名, 바쿠후 정권 시대에 1만석 이상의 독립된 영지를 소유한 영주), 그리고 해안 경비 책임자에게만 보였을 뿐이었다.

대통령의 친서를 전하러 왔다

풍설서의 예견은 적중했다. 이듬해 1853년 7월 8일(양력) 미국 동인도 함대 사령관 페리(Matthew Calbraith Perry, 1794~1858) 준장이 이끄는 군함 4척이 에도 만의 우라가 앞바다에 나타났다. 페리 함대는 프리깃함 미시시피호(Mississippi)와 기함 서스케하나호(Susquehana) 등 증기선 두 척, 슬루프형 포함 플리머스호(Plymouth), 새러토가호(Saratoga) 등 범선 두 척으로 구성되어 있었다.[47]

페리는 1852년 3월 24일 동인도 함대 사령관에 임명되었다. 동인도 함대는 당시 미국 해군에서 가장 막강한 선단으로 꼽혔다. 함대는 증기선 서스케하나호를 필두로 총 11척의 군함으로 이루어져 있었다. 페리는 1852년 11월 24일 미시시피호를 타고 노포크항을 떠났다. 그의 손에는 필모어(Millard Fillmore) 대통령이 서명한 신임장과 일본 천황에게 보내는 대통령의 친서 등이 들려 있었다.[48]

페리 함대는 1853년 4월 7일 홍콩에 도착했다. 그곳에서 대기하고 있던 서스케하나호, 플리머스호, 새러토가호, 서플라이호(Supply)가 페리 함대에 합류했다. 광주에서는 영국인 선교사 윌리엄스(S. Wells Williams) 목사가 통역관으로 합류했다. 당시 광주에는 일본인 표류민 17명이 있었다. 페리는 그들을 태우고 일본 해역으로 들어갈 구실을 삼았다. 윌리엄스 목사는 1837년 모리슨호를 타고 일본에 들어온 적이 있었다. 페리 함대는 5월 류큐의

페리 제독의 사진.

나하(那覇)에 도착해 해역을 측량했다. 6월에는 오가사와라 군도
(小笠原 群島, Bonin Islands)를 거쳐 7월 8일(음력 6월 3일) 드디어
우라가에 도착했다.

　페리 함대는 처음부터 호전적이었다. 다짜고짜 작전 태세를
취하면서 일본 관리들을 긴장시켰다. 일본 선박은 곧 페리 함대를
포위했다. 한 일본 관리가 페리 제독과 면담할 것을 요구했다. 하
지만 페리는 딱 잘라 거절했다. 그 관리가 부지사(副知事)급 인물
이어서 격에 맞지 않는다는 게 그 이유였다. 페리는 부관 콘티
(Contee)에게 관리를 접대하게 했다.

　그 다음 날 우라가 지사가 직접 나서 페리에게 회견을 요청했
다. 하지만 이번에도 페리는 퇴짜를 놓았다. 자기와 대등한 각료
급 대관(大官)을 파견하면 면담에 응하겠다고 고집했다. 전날과
마찬가지로 부관이 우라가 지사를 만났다.

페리 함대의 기함이었던 서스케하나호.

두 차례 회담에서 부관 콘티는 페리의 의중을 일본 관리에게 전했다. 미국은 우호적인 사명을 띠고 일본에 왔다. 미국 대통령의 친서를 전달할 일본의 대관을 파견하라. 만약 그렇지 않을 경우 병력을 동원해 상륙작전을 벌인 다음 친서를 전달하겠다. 그야말로 이는 협박에 가까웠다. 일본 관리들은 미국 함대가 나가사키로 이동하면 협상에 나서겠다고 응수했다. 일본 국법에 따르면 모든 외국 교섭은 나가사키만으로 한정되어 있었다.

페리는 7월 11일 벤트(Silas Bent) 대위가 이끄는 미시시피호를 출범시켰다. 우라가 만 일대를 측량하기 위해서였다. 우라가 지사는 국법에 어긋나는 행위라며 강력하게 항의했다. 하지만 벤트 대위는 측량을 강행했다. 그는 우라가 지사가 일본 법에 복종하는 것처럼 자신은 미국인이기 때문에 미국 법을 따라야 한다고 우겼다. 같은 날 페리는 함대에게 에도 만 쪽으로 이동하라고 지시했다. 우라가 지사는 서스케하나호에 올라와서 그 까닭을 따져 물었다. 페리는 좀 더 안전한 정박지를 찾아 이동한다고 답했다.

바쿠후에서는 긴급회의가 열렸다. 우선 미국의 국서를 받아 놓은 뒤 대책을 강구하자는 쪽으로 의견이 모아졌다. 해안 방비가 허술한 상황에서 전쟁이 벌어지면 승산이 없을 것이라는 현실적 판단 때문이었다. 미국과 일본의 정식 회담 장소는 우라가 근처의 구리하마(久里浜)로 결정되었다.

7월 14일 페리 제독은 구리하마에 상륙했다. 그는 전 함대를 해안에 일렬로 배치하고 언제라도 함포 사격이 가능하도록 대기하라고 지시했다. 무장한 해병 약 400명이 페리 제독을 엄중히 경호했다. 페리가 상륙할 때 함대에서는 함포 13발이 발사되었다. 당시 구리하마 연안에는 일본군 약 5~7천 명이 배치되었다. 기병대, 포병대, 보병대, 궁술대가 모두 동원된 병력이었다.[49]

페리는 일본 관리들에게 필모어 대통령의 국서를 건네주었다. 필모어는 "우리 증기선은 캘리포니아에서 일본까지 18일밖에 걸리지 않는다"며 미국의 힘을 과시했다. 그리고 일본인들이 미국인과 무역할 수 있도록 허용해줄 것, 난파한 미국 선원들을 친절하게 대접해줄 것, 지나는 미국 선박에 연료를 보충해줄 것 등을 요구했다.[50]

페리는 일본에 오래 머물지 않았다. 에도 만 측량을 마친 뒤 구리하마를 떠나 7월 17일에는 중국으로 돌아갔다. 그는 일본 관

페리 함대에 소속되었던 서플라이호.

리들에게 미국 대통령의 국서에 대한 바쿠후의 회답을 받으러 이
듬해에 다시 올 것이라고 통고했다.

바다에 떠 있는 화산

페리 함대가 에도 만에서 머문 시간은 겨우 9일에 지나지 않았다.
하지만 페리 함대의 출현은 일본 사회를 거대한 격변의 소용돌이
속으로 몰고 간 시발점이었다. 작가 시바 료타로(司馬遼太郞)는 역
사소설 《료마가 간다》에서 페리 함대의 역사적 의의를 다음과 같

이 요약했다.

이 가에이(嘉永) 6년(1853) 6월 3일, 즉 미국 동인도 함대가
내항하는 순간부터 일본의 역사는 돌변하여 바쿠후 말기의
풍운시대에 돌입한다. (……)
'마치 괴물로 변한 고래 같군.'
벼랑 가까이 기어나가 바다에 떠 있는 네 척의 구로후네를
내려다보면서 (료마는) 혀를 내둘렀다. (……)
네 척의 구로후네가 느닷없이 우라가 앞바다에 내렸던 닻을 올리고
에도를 향해 돌진하기 시작한 것은, 나중에 안 일이지만 측량
때문이었다.
그런데 당시에는 공격해 오는 것으로만 알았다.
바쿠후의 각료를 비롯하여 연안을 지키던 여러 한(藩)의 경비진,
그리고 에도 시민은 간이 콩알만 해질 정도로 놀라 피난 가느라
정신이 없었다.
물론 구로후네의 진의는 단지 측량에만 있는 것이 아니었다.
시나가와가 보이는 곳까지 접근하여 일본인들을 위협하기 위해
요란하게 함포를 쏘아댔던 것이다. 더 이상 외교가 아니라
공갈이었다. 페리는 일본인들을 꽤나 깔보고 있는 듯했다.
이 시나가와 앞바다에서 발포한 몇 발의 포성처럼 일본의 역사를
크게 바꾼 것도 없다.
바쿠후가 겁에 질려 개국을 결심하게 된 것은 이때부터였고,
전국에서 지사들이 맹렬하게 궐기하여 개국 반대와 외국인 배척

등을 주장하는 양이론이 검은 연기처럼 치솟기 시작한 것도
이때부터였다. 동시에 근대 일본의 출발도 이 함포가 불을 뿜은
순간부터 비롯되었다고 할 수 있다.[51]

당시 일본 사람들은 서양 배를 '구로후네'(黑船)라고 불렀다.
선체가 검게 칠해져 있었기 때문이었다. 당시 사람들에게는 마치
용이 큰 바다를 건너가는 것처럼 보였다고 한다.[52] 특히 검은 연
기를 뿜어내는 증기선은 강한 인상을 남겼다. 처음 증기선을 본
일본인들은 불타는 화산이 바다에 떠 있는 것으로 생각했다.[53]

페리 함대가 처음 에도 만에 들어왔을 때 주민들의 첫 번째
반응은 놀라움과 호기심이었다. 후지마 류안(藤間柳庵)이란 인물
의 목격담은 그 예 가운데 하나다. 그는 가나가와 현 치가사키 시
(茅ヶ崎市) 해안에 살고 있었다. 그의 생업은 운송업으로, 에도와
고향 항구를 왕복하며 여러 가지 물자를 나르고 있었다. 그는
1853년 6월 7일(양력 7월 12일) 우연히 페리 함대를 목격했다.

나는 6일 후지사와(藤澤)에서 친구를 만났다. 그곳을 지나
(우라가에서) 하룻밤 묵었다. 다음 날 7일 서쪽의 우라가 높은
언덕에 올랐다. 망원경으로 한번 바라보자 아묵리가(亞墨利加,
아메리카) 배 4척이 떠 있었다. 그 가운데 두 척은 소선이었다.
좌우로 창이 열려 있었다. 철포 통의 내부는 길이 40여 칸, 폭은 12,
13칸 정도였다. 두 척은 대선으로 흑선이었다. 철포의 창과
익차(翼車, 외륜)가 보였다. 마치 배 위에 집을 지은 것 같았다.

불(火)의 본보기 같은 종류, 모두가 하얗다. 예를 들면 눈 속의 성곽을 바라보는 것과 다름없었다. 길이 60여 칸, 폭 18, 19칸, 증기선이라고 부른다. 이 배가 나아가려고 할 때는 석탄을 태워서 좌우의 익차를 돌린다. 그 속도는 일시에 20리를 달린다고 한다. 연기는 검은 구름 같다.[54]

후지마는 흑선의 크기, 대포의 모양, 외륜(익차)의 방법(방향), 연기가 오르는 광경 등을 자세하게 증언하고 있다. 특히 흑선의 거대함에 놀란 듯이 흰 연기를 토하며 달리는 흑선을 "눈 속의 성곽을 바라보는 것과 다름 없었다"고 쓰고 있다. 또한 흑선이 석탄을 사용해서 2시간(일시)에 약 8킬로미터(20리)를 달린다며 그 속도에 놀라고 있다.

근대 주권국가의 상징 '구로후네'

페리 함대의 내항은 일반인들에게 강렬한 인상을 남겼다. 그것은 서양 여러 나라의 거대한 군사력과 공업화의 실태를 상징했다. 일본이 근대화를 향해 걸어간 것은 훨씬 뒤의 일이지만, 페리 함대를 눈으로 맞닥뜨린 사람들은 무의식적으로 일본이 나아가야 할 길을 느끼고 있었다.[55]

페리가 우라가에 입항했다는 소식이 에도에 전해지자, 계층을 막론하고 모두가 심한 충격을 받았다. 《속태평연표(續泰平年表)》에는 당시 소동이 다음과 같이 기록되어 있다.

우라가 지역 진영으로부터 낮과 밤을 가리지 않고서 파발마가 급히 달려왔다. 대도시 에도의 번화한 거리는 순식간에 수라장으로 변했다. (사람들은) 온갖 무기와 도구를 다 끄집어냈다. 시중의 옛 갑옷 파는 가게에서는 진바오리(陳羽織, 갑옷 위에 입던 소매 없는 짧은 겉옷), 코바카마즈키(小袴付, 무인들이 겉에 입는 주름 잡힌 바지), 사리유우(蓑笠, 도롱이와 삿갓) 등을 늘어놓았다. 단야(鍛冶, 대장일)를 업으로 하는 사람들은 집집마다 갑옷과 칼 그리고 창을 두드렸다. 무기를 파는 가게에서는 옛 무기를 쌓아놓았는데, 그 가격이 평시의 배나 되었다. 해변에 집이 있는 사람들, 노인과 아이들 그리고 여인들이 피난가기 위해 가재도구를 날랐다. 그토록 넓었던 도시의 거리도 분주하고 어지러워져서 발 들여놓을 곳이 없었다. 게다가 헛소문이 퍼져 끓어오르고 사람들의 마음은 흉흉해 조용해지지 않았다.[56]

떠도는 말들은 거리에 비례해 과대 포장되어 파문을 점점 더 크게 만들었다. 한 기록에 따르면 "개 한 마리가 짖자 수많은 개들이 짖어대는 식으로, 군함 4척과 미국인 5백 명이 에도 시가에서는 군함 10척과 군사 5천 명으로 늘어났다. 그 소문이 교토에 닿을 무렵에는 군함 100척과 군사 10만 명으로 늘어났다. 사람들은 모두 코오난노에키(弘安の役, 1281년 몽고군의 일본 침략)를 떠

올렸다. 요란하고 시끄러운데다 온갖 뜬소문이 다 돌아서 사람들은 마치 솥이 끓어오르는 것처럼 어수선하고 소란스러웠다"[57]고 한다.

페리 함대의 출현은 그 전의 경우와는 질적으로 달랐다. 러시아와 영국 선박이 일본 연안 부근을 위협하긴 했지만, 일회적이거나 온건했다. 페리 함대가 출현했을 때 조정과 재야는 긴박감을 느끼고 있었다. 검은 배는 자신들의 요구가 받아들여지기 전까지 바다 위에 며칠씩이나 정박해 있었다. 그것은 일본인들에게 기분 나쁜 위용이었다. 바로 강고한 조직력과 계획성, 단호한 외교방침을 갖춘 근대 주권국가의 상징으로 비쳤다. 아편전쟁에 대한 간접지식을 통해 상상해보고 두려워하던 사태가 바야흐로 눈앞의 현실로 나타났던 것이다.[58]

페리는 엄격한 훈련을 강조하는 철저한 원칙주의자였다. 또한 미국의 영향력을 다른 지역까지 확대해야 한다고 믿는 팽창주의자였다. 멕시코 전쟁(1846~1848)에 승리하고 캘리포니아와 오리건을 흡수한 미국이 이제 아시아로 진출한다는 것은 그에게 너무나 당연한 일로 보였다. 그런 그에게 1852년 초 동인도 함대를 지휘하라는 명령과 함께 일본 개항의 임무가 주어졌다. 늘 임무수행에 철저했던 페리는 일본으로 가기 전 일본에 관한 책들을 널리 찾아 읽어보았다. 다른 미국인들과 마찬가지로 그도 일본인들을 '유약한 반미개인'으로 생각하고 있었다.[59]

미국이 일본에 페리 함대를 파견한 데는 까닭이 있었다. 일본 북해도 해역은 포경업으로 유명했다. 미국은 1820년부터 홋카이

페리 함대가 도착했을 때 당황하는 모습이 역력한 일본 무사들.

도 해역의 포경업에 뛰어들었다. 1821년만 해도 미국 포경선은 6, 7척에 지나지 않았지만, 1822년에는 30여 척으로 훌쩍 늘었다.[60] 미국의 고래잡이업자, 증기선업자, 조선업자, 상인들은 오랫동안 일본을 개항시키기 위해 로비활동을 벌여왔다. 특히 뉴욕의 중개 상인 아론 파머(Aaron Palmer)는 여러 해 동안 일본 개항을 타진 하기 위해 워싱턴을 움직여보려고 힘쓰고 있었다.[61]

당시 미국은 세계 최대의 포경 어업국이었다. 일본 근해의 포 경업은 최전성기를 맞이하고 있었다. 경유는 기계류의 윤활유와 취화용(炊火用)으로 미국 산업혁명을 떠받치고 있었다. 하와이 제 도는 포경선의 기항지로서 번창했다. 일본에서 피난항을 구하자 는 선박업자들의 목소리도 높아가고 있었다.[62]

미국이 태평양 연안에 진출할 무렵에는 원양 항로에 점차 증기선이 도입되고 있었다. 또한 아편전쟁으로 증기선들이 중국 연안으로 취항하게 되었다. 그런데 태평양 횡단 항로를 운행하는 미국 해운업자들에게는 절실한 문제가 있었다. 중계지점에 석탄 공급소를 확보하는 것이었다. 미국인들은 태평양 항로의 중간 지점에 위치한 일본에 석탄이 풍부하고 좋은 항구가 있다고 믿었다. 이것이 미국에서 일본에 개국을 요구한 주요 동기가 된 것은 당연한 일이었다.[63]

쇄국정책에 종지부를 찍다

페리 함대가 일본에 출현할 무렵 국제 정세는 미국에게 유리하게 돌아가고 있었다. 페리가 일본에 왔던 1853년 유럽에서는 터키가 러시아에 선전포고하면서 크림전쟁이 시작되었다. 이듬해 영국과 프랑스 두 나라가 참전한 이 전쟁은 1856년까지 계속되었다. 아시아에 진출해 있던 러시아, 영국, 프랑스 3국은 유럽에서 교전상태에 놓여 있었다. 이 때문에 일본의 개국 과정은 대외적으로는 주로 일본과 미국의 외교적 절충으로 진행되었다.

당시 페리의 내항은 바쿠후가 예기한 대로였다. 하지만 기한부로 회답을 해야 하는 상황은 전혀 예기치 못한 사태였다. 더구나 페리의 요구를 수용하는 것은 200여 년에 걸쳐 지켜 내려온 쇄국 방침을 포기하느냐 마느냐 하는 중대 기로였다.

　바쿠후는 미국 대통령의 국서를 일본어로 번역한 다음 각 다이묘에게 내려 보내 기탄없이 의견을 말하라고 지시했다. 미국의 개항 요구에 응하지 않으면 전쟁이 일어날지도 모른다는 강한 위기감 때문이었다. 더구나 바쿠후로서는 그에 대해 아무런 대안이 없었다. 바쿠후의 명에 따라 다이묘, 다이묘의 가신 등은 바쿠후에 건백서(建白書)를 올렸다. 건백서는 오늘날 전해지는 것만으로도 약 800통에 이른다고 한다. 대부분의 의견은 쇄국을 유지해야 한다는 것이었다.

　건백서를 접수한 바쿠후는 1853년 12월 해역 방어령을 발포했다. 당시 바쿠후의 대책은 다음과 같았다. 이듬해에 페리가 다시 와도 통상 요구를 수락하라는 요구에 응하지 않는다. 연해의 방비가 충분하지 않으므로 가능한 한 평온하게 대처한다. 만일 상대방이 전쟁을 시작할 경우에는 맞아 싸울 수 있도록 준비한다. 이것은 바쿠후 스스로의 힘으로는 페리의 요구를 물리칠 수 없다는 것을 인정하는 것이나 마찬가지였다.

　한편 중국으로 귀환한 페리의 동인도 함대는 예상보다 빨리 일본으로 키를 돌렸다. 1853년 11월에 러시아와 프랑스 함대의 움직임이 심상치 않았다. 프랑스 함대의 프리깃함 콘스탄틴호(Constantine)는 갑자기 비밀 지령을 받고 마카오를 출항, 서태평양으로 이동했다. 때마침 러시아 함대도 상해에 도착했다. 심상치 않은 이야기가 흘러나왔다. 러시아 함대가 나가사키를 방문해서 일본 천황과 조약 체결 협상을 시도할 것이고, 심지어 러시아 함

요코하마에 상륙한 페리 일행과 응접소.

대 사령관이 페리 제독에게 대일 공동조치를 제안하리라는 정보
였다.

　페리는 프랑스와 러시아 함대의 움직임이 신경에 거슬렸다.
혹시나 일본 개항의 주도권을 프랑스와 러시아에 빼앗기지 않을
까 조급해진 페리는 즉시 일본행을 단행하기로 결정했다. 그는
1854년 1월까지 나하로 동인도 함대를 집결시키라고 지시했다.
페리 함대는 1854년 1월 15일 홍콩을 출발했다. 광동을 거쳐 1월
21일에는 류큐의 나하에 도착했고 1월 24일까지 함대 집결을 완
료했다. 페리 함대는 마케도니아호(Macedonia), 반달리아호
(Vandalia), 사우댐프튼호(Southampton), 렉싱턴호(Lexington),
서스케하나호, 미시시피호, 포화탄호(Powhatan) 등 군함 7척으로
짜여졌다. 당시 전 미국 함대의 4분에 1에 해당하는 규모였다.[64]

페리 함대에 소속되었던 포화탄호.

　페리 함대는 1854년 2월 11일 우라가에 도착했다. 미국과 일본의 회담 장소는 요코하마(橫浜) 근처의 가나가와였다. 제1차 일본 방문 때와 마찬가지로 회담 장소 근처에는 양측의 병력이 배치되어 삼엄한 경비를 펼쳤다. 일본 천황은 하야시 아키라를 수석으로 한 특별위원 5명을 임명하고, 미국 함대와 미국 대표를 우호적으로 영접하라고 명했다. 페리는 수병과 해병 약 500명의 호위를 받으며 회담장소로 상륙했다.

　2월 10일 드디어 미일 회담이 시작되었다. 오전 11시 30분경 페리는 약 30명의 부하와 함께 응접소로 들어갔다. 페리 함대에서는 예포 57발을 발사했다. 페리는 많은 예물을 가지고 왔다. 미합중국 지도와 연안 지도, 조류도감, 물산기(物産記), 농기구와 종자 등이었다.

2차 회담은 2월 19일에 열렸다. 그에 앞서서 2월 15일 일본 대표단도 미국에 답례품을 보냈다. 답례품은 보트 24척에 가득 실려 미국 배로 옮겨졌다. 미국 대표단은 즉시 약 4분의 1로 축소한 모형 기관차, 탄수차(炭水車), 객차 각 1량을 조립하고 원형 궤도도 부설했다. 증기선을 시운전하자 일본인들은 눈이 휘둥그레졌다. 페리는 《일본원정기》에서 당시 풍경을 이렇게 전한다.

객차는 지극히 공들여 만든 세공(細工)이었지만 고작 여섯 살 난 아이를 태울 수 있는 작은 것이었다. 그래도 일본인은 어떻게든 타보지 않으면 만족하지 않을 듯이 지붕 위에 두 다리를 벌리고 올라탔다. 위엄을 바로잡은 대관이 시속 20마일의 속도 때문에 헐겁게 된 긴 옷을 바람에 펄럭거리며 둥근 궤도 위를 빙빙 돌고 있는 모습은 적잖이 익살맞은 볼거리였다.[65]

미국 측은 일본 대표단 앞에서 전신기도 실험했다. 실험을 위해 임시 막사를 짓고 1마일 정도 떨어진 응접소 사이에 전선이 깔렸다. 일본인들은 기꺼이 가설 공사를 거들었다. 실험이 시작되자 영어와 네덜란드어, 일본어가 순식간에 전선을 타고 전달되었다. 그것을 본 일본인들은 놀라움을 금치 못했다. 사람들은 매일 기사에게 실험을 해달라고 졸라대고는 싫증내지도 않고 지켜보았다고 한다. 페리는 "그것은 계몽이 불완전한 국민에 대해 과학과 진취적인 정신의 성과를 의기양양하게 보이는 것이었다"고 말했다.

2월 26일 세 번째 회담에서도 일본 측은 답례품을 준비했다.

포화탄호에서 벌어진 연회의 모습.

칠기와 자기, 견직물과 종이 등 거의 대부분이 미술 공예품이었
다. 《일본원정기》의 표현에 따르면, 그것은 "거의 일본인의 본능
이라고도 생각할 수 있는 예의 정연한 질서"로 배열되어 있었다.
일본 측은 따로 함대용으로 쌀 200섬과 닭 300마리를 선사했다.
쌀을 나르기 위해 씨름꾼(力士)이 동원되었다. 한 사람이 두 섬을
나르는 괴력을 발휘하자 미국 측은 깜짝 놀랐다. 건장한 수병이
힘겨루기에 도전했지만 무게 때문에 비틀거렸다고 한다.[66]

　　4차에 걸친 미일 회담 결과 그해 3월 31일 미일 화친조약(가
나가와 조약)이 조인되었다. 이 조약에서는 조인과 동시에 시모다
(下田)를, 1년 후에는 하코다테(箱館)를 개항할 것을 규정했다. 두
항구에서는 미국 선박이 필요한 물품을 구입할 수 있었다. 이는
뒷날 통상 개시의 발판이 되었다. 또한 편무적인 최혜국 대우 조

항도 명문화되었다. 미국인에게 주어지지 않는 권리를 다른 외국인이 획득했을 때는 즉시 미국인에게도 이를 적용한다는 것이었다. 이 불평등 조항은 훗날 미일 수호통상조약(1856)에 그대로 이어졌다. 그 밖에 표류민의 구조에 관한 조항, 부득이한 경우에는 조인일로부터 18개월이 지난 후 시모다에 미국 관리가 체류하도록 허락한다는 조항도 들어 있었다. 일본은 이 조약으로 200년 이상 지속된 쇄국정책에 종지부를 찍기 시작했다.

일본을 개항시킨 페리는 미국에서 영웅 대접을 받았다. 미국 의회는 페리에게 2만 달러에 이르는 특별 보너스를 지급하기로 결정했다. 뉴욕 상인들은 그에게 은식기를 선물했고 보스턴 상인들은 메달을 걸어주었다. 심지어 페리의 대통령 후보설까지 나돌았다고 한다.[67]

미일 화친조약이 체결되면서 일본의 개항은 돌이킬 수 없는 추세로 흘러갔다. 뒤이어 같은 해 10월 14일 바쿠후는 영국 동인도함대 사령관 스털링(James Stirling) 소장과 영일 화친조약에 조인하고 영국에 시모다·하코다테항을 열었다. 10월 23일에는 네덜란드에도 시모다와 하코다테를 개항하고, 이듬해 1855년 1월 30일에는 네덜란드 상관장 쿠르티우스와 화친조약을 맺었다. 또한 2월 7일에는 러시아 해군제독 푸탸틴과 러일 화친조약에 조인하고 시모다·하코다테·나가사키를 개항했다. 이들 3국과 맺은 조약은 모두 미일 화친조약에 준한 것이었다.[68]

요구를 거절하면 전쟁이 일어날 것이다

화친조약은 통상조약을 맺기 위한 사전 포석이었다. 일본과 통상조약 교섭에 적극적으로 나선 것은 미국이었다. 1856년 8월 미국 총영사 해리스(Townsend Harris, 1804~1878)는 네덜란드인 통역관 휴스켄을 데리고 시모다로 와서 교쿠센지(玉泉寺)를 영사관으로 삼았다. 이는 미일 화친조약 조인 후 18개월이 지난 뒤에는 미국 관리가 시모다에 체류할 수 있다는 조약에 바탕을 둔 것이었다. 이때부터 바쿠후와 해리스 사이에 통상조약 체결을 둘러싼 절충이 시작되었다.

이와 때를 같이해서 나가사키에 있는 네덜란드 영사 쿠르티우스는 바쿠후에 서한을 보냈다. 그는 영국 사절이 통상 요구를 위해 곧 홍콩에서 나가사키로 갈 것이라고 알렸다. 만약 일본이 이를 거부하면 전쟁이 일어날 것이므로 외국에 널리 통상을 허락하는 것이 좋겠다는 조언도 덧붙였다.

바쿠후의 정책 결정을 맡은 로주는 쿠르티우스의 서한을 심사숙고했다. 먼저 이 서한에 대한 의견을 정리한 후 바쿠후 관리들에게 제시하고 의견을 올리도록 했다. 로주의 의견서는 크게 세 가지로 요약할 수 있다. 먼저 외국의 통상 요구를 거절하는 것이 불가능한 만큼 오히려 일본 쪽에서 적극적으로 해외 무역의 이익을 구하는 쪽이 시세에 맞는다는 게 로주의 기본방침이었다. 하지만 아직 미숙한 일본의 항해술로는 해외를 두루 항해할 수 없었다. 따라서 외국에 통상을 허락한다면 구리를 비롯한 국산품이 해외로 유출될 염려가 있다는 점을 지적했다. 마지막으로 일본에 손실을 끼치지 않는 무역 방법을 찾아 올리라고 당부했다.

이듬해 1957년 2월 쿠르티우스는 다시 바쿠후에 서한을 보냈다. 그는 당시 중국의 정세를 알렸다. 1856년 10월 광동에서 비롯된 애로 전쟁(제2차 아편전쟁)에서 영국 · 프랑스 연합군이 청나라에 승리하고 있다면서 일본이 외국과 통상을 계속 거부한다면 일본도 청과 같은 운명에 빠질 것이라고 거듭 경고했다.

쿠르티우스의 경고에 위기감을 느낀 로주는 바쿠후 관리들에게 외국인을 예의로 대하도록 지시했다. 또한 외국과 통상을 개시할 때 일어날 문제점을 해역 방위 담당자에게 알렸다. 로주의 외교 방침도 정해졌다. 통상 요구를 거절당한 외국이 침략해 오는 사태를 방지하기 위해 외국과 자주적으로 통상을 맺을 것, 외국 무역은 바쿠후의 통제 아래 영주 계급이 이익을 독점할 수 있도록 한다는 것이었다. 바쿠후가 구상한 외국 통상이란 결코 자유무역이 아니었다.

바쿠후는 자신들의 외교 방침을 관철하기 위해 선례를 만들려고 했다. 영국, 러시아, 네덜란드 3국과 맺은 화친조약이 모두 최초에 체결된 미일 화친조약의 내용에 준한다는 경험이 있었기 때문이었다. 이런 외교 선례의 상대국으로 선택된 나라가 네덜란드였다. 네덜란드는 이미 쇄국 기간 동안 나가사키에서 바쿠후의 통제 아래 무역을 계속해왔다. 바쿠후는 먼저 조약안을 만들고 이를 네덜란드어로 번역해서 제시한 다음 절충했다. 이런 과정을 거쳐서 1857년 10월 16일 일본과 네덜란드 사이의 추가조약이 나가사키에서 조인되었다. 이것은 실제로는 일본이 외국과 맺은 최초의 통상조약이었다.

이 조약에서 규정된 무역 형태는 자유무역과는 거리가 멀었다. 바쿠후가 나가사키와 하코다테에 설치한 회소(會所, 에도 시대의 상업거래소)에서는 네덜란드 상선이 싣고 오는 상품을 독점 구입했다. 바쿠후는 이것을 국내 상인에게 입찰제로 판매했다. 구입 가격과 입찰 가격 사이의 차액은 회소의 수입, 곧 바쿠후의 수입이 되었다. 네덜란드 상선의 수와 무역액을 제한해왔던 규정은 이 조약으로 철폐되었다. 제14조에는 "일본 국법이 금지하는 아편은 일본인에게 일체 넘기지 못함"이라고 규정되어 있는데, 아편전쟁의 교훈에서 배워온 것이었다. 이 조항은 그 뒤 다른 나라들과 맺은 통상조약에도 그대로 적용되었다.

뒤이어 10월 24일에는 러일 추가조약이 체결되었다. 일본과 네덜란드의 추가조약에 준한 것이었다. 바쿠후는 12월 이 두 추가조약을 조인했다는 것과 이 조약이 앞으로 외국 여러 나라와 맺게 될 통상조약의 기준이 된다는 것을 국내에 포고했다.

자본주의 시장에 포섭되다

그동안 시모다에서는 미국의 총영사 해리스와 바쿠후의 절충이 계속되고 있었다. 해리스는 대통령 피어스(Franklin Pierce)의 국서를 쇼군에게 전하기 위해 에도로 가겠다고 요구했다. 또한 새로운 조약 체결도 주장했다. 미일 화친조약에 정해진 최혜국 대우 조항에 따라 네덜란드와 동등한 권리를 획득하기 위한 것이었다. 1857년 6월 17일 미일약정(美日約定, 시모다 협약)이 조인되었다.

이 조약에서는 나가사키의 개항, 미국 부영사의 하코다테 체류, 미국과 일본 화폐의 등가 교환 등이 규정되었다. "일본인이 미국인에게 불법을 저질렀을 경우에는 일본 법률에 의해 일본의 재판관이 이를 벌하고, 미국인이 일본인에게 불법을 저질렀을 경우에는 미국의 법률에 따라 총영사 혹은 영사가 이를 벌한다"(제4조)는 영사재판권 조항도 들어 있었다.

그해 10월 바쿠후는 해리스에게 에도로 올라오도록 허가했다. 해리스는 12월 7일 에도 성에서 쇼군 도쿠가와 이에사다(德川家定)와 만나 피어스의 국서를 전했다. 이어 로주 홋타 마사요시(堀田正睦)와 담판했다. 이 담판에서 해리스의 발언 요지는 다음과 같았다.

미국은 일본에 대해 영토적 야심이 없다. 미국 정부는 청국과 전쟁을 벌이는 영국·프랑스 동맹에 가담하지 않았다. 영국은 대만에 야심을 품고 있고 프랑스는 조선에 욕심을 내고 있다. 만약 청이 영국·프랑스 연합군과 강화하지 않으면 청은 양국에 의해 분할될 것이다. 미국은 육해군의 사관과 조선 시설을 일본에 제공하고 일본의 방어력을 강화하는 데 협력할 것이다. 만약 일본과 서양 국가 사이에 분쟁이 일어날 때는 미국이 자진해서 조정자의 역할을 맡겠다.[69]

해리스의 태도는 강경했다. 바쿠후는 해리스와 나눈 대화 사본을 여러 관리와 다이묘에게 제시하고 의견을 구했다. 앞으로 어떻게 논의할 것인가, 해리스의 요구를 어떻게 생각하는지 알려달라는 것이었다. 대부분의 다이묘들은 해리스의 요구를 받아들이지 않을 수 없다는 의견을 내놓았다.

그 후 바쿠후는 해리스에게 1858년 1월부터 통상조약 회담을 개시한다고 통고했다. 그동안 다이묘의 의견을 묻는다는 이유로 바쿠후는 해리스에게 회담 연기를 요청해왔다. 시모다의 부교 이노우에 기요나오(井上淸直)와 메스케(目付, 에도 바쿠후에서 고관들의 위법과 부정을 감시하던 무사의 직명) 이와세 다다나리(岩瀨忠震)가 외교 전권으로 임명되었다. 1월 18일 해리스와 일본 전권 사이에 최초의 회담이 열렸다. 이때 해리스는 미일 수호통상조약과 무역장정의 원안을 제시했다.

이번에는 바쿠후 쪽이 수동적이었다. 네덜란드나 러시아의 경우와는 달랐던 것이다. 이노우에와 이와세는 네덜란드·러시아와 맺은 추가조약에 따를 것을 주장했다. 회소의 통제에 따른 무역만을 허용하겠다는 입장이었다. 하지만 자유무역을 강경하게 요구하는 해리스를 설득시키지는 못했다. 바쿠후로서는 외국과 전쟁을 피하기 위해 해리스의 요구를 정면으로 거절할 수 없었다. 1858년 2월 말 자유무역을 규정한 미일 수호통상조약안과 무역장정안은 거의 해리스의 원안대로 결정되었다.

바쿠후의 입장은 난처해졌다. 자유무역을 허용할 경우 국내의 비판 여론이 들끓을 것은 뻔했다. 바쿠후는 묘안을 짜냈다. 조정(천황)에 통상조약의 칙허를 얻으려고 한 것이다. 국내의 비판적 의견을 무마하기 위해 천황의 권위를 이용할 심산이었다. 하지만 뜻밖에도 천황이 바쿠후의 요청을 거부함으로써 사태는 복잡하게 꼬여갔다.

그 무렵 바쿠후는 미일 수호통상조약의 조인 시기를 결정해야 했다. 조정의 칙허 문제로 언제까지나 조약 시기를 늦출 수는 없었다. 바쿠후로서는 외국의 속국이 되는 것을 막고 막번 권력을 유지하기 위한 임기응변의 방편이 통상조약이었다. 바쿠후는 해리스에게 조인 기일을 다시 연기해달라고 요청했다. 하지만 해리스는 바쿠후의 태도를 비난하며 조약 조인을 독촉했다. 조약 조인의 권한도 없다면 외교 권한은 바쿠후가 아니라 정부에 있다며 바쿠후를 압박했다.

바쿠후는 해리스에게 1858년 9월 4일을 조인 기일로 정한다고 통고했다. 그해 7월 23일 미국 군함 미시시피호가 시모다에 입항했다. 미시시피호 사령관은 해리스에게 중국 정세를 보고했다. 영국과 프랑스 연합군이 광동과 천진을 점령함으로써 애로 전쟁이 일단락되고 6월에 청과 러시아 · 미국 · 영국 · 프랑스 4개국 사이에 천진조약이 맺어졌다는 소식이었다. 천진조약은 중국에 새로이 11개 개항장을 설치할 것, 아편 수입의 합법화, 외교관의 북경 체류와 중국 내륙 여행의 자유 등을 규정했다. 1842년에 체결된 남경조약보다 더 불평등한 조항이었다.

해리스는 7월 27일 시모다에서 가나가와로 왔다. 그는 애로 전쟁 소식을 전하면서 바쿠후를 협박했다. 중국에 있던 영국과 프랑스의 대함대가 가까운 시일 안에 일본으로 내습해서 무력으로 일본에 불리한 조약 체결을 강제할 것이다, 그 전에 미국과 통상조약을 맺으면 자기가 나서서 이에 준한 조약을 맺도록 두 나라를 설득할 것이다, 따라서 즉각 통상조약에 조인하라는 것이었다. 결국 바쿠후는 7월 29일 가나가와에서 미일 수호통상조약과 무역조항에 조인했다.

이 조약에서는 먼저 정식 국교 개시와 함께 두 나라의 수도에 공사를, 개항장에는 영사를 주재시킬 것을 명문화했다. 개항장은 가나가와, 나가사키, 하코다테 등 3개 항에 이어 니가타(新潟), 효고(兵庫, 오늘날 고베)를 추가하고, 에도와 오사카에서 시장을 열 것을 규정하고 있었다. 개항장에서는 미국인의 거류를 인정하고, 개시장에서는 상거래를 행할 때만 체류하는 것이 허락되었다.

두 나라 사이의 무역 형태는 자유무역으로 규정되었다. "일본인과 미국인 쌍방이 물건을 사고파는 일 모두 장애를 받지 않으며, 그 지불 방법 등에 대해서도 일본 관리가 이에 입회하지 않는다"는 것이었다. 수입 관세의 자주권이 없는 관세율 협정제도도 포함되었다. 1857년 미일약정의 영사재판권 조항과 1854년 미일 화친조약의 편무적 최혜국 조항도 그대로 적용되었다. 관세협정제도, 영사재판권, 최혜국 조항 등 3항은 불평등 조약의 전형적인 조항이었다.

미일 화친조약과 마찬가지로 미일 통상조약도 후속 조약의 물꼬를 틔워주었다. 1858년 8월 18일에는 네덜란드, 8월 19일에는 러시아, 8월 26일에는 영국, 10월 9일에는 프랑스와 각각 수호

통상조약(안세이[安政] 5개국 조약)이 체결되었다. 모두 미국과 체결한 불평등 조약의 내용에 준한 조약이었다. 이듬해인 1859년 7월부터 가나가와, 나가사키, 하코다테 등 세 항구에서 5개국 사이에 무역이 개시되었다. 이에 따라 일본은 세계 자본주의 시장으로 포섭되어갔다.[70]

'서양 따라잡기' 시대로 질주하다

일본이 바깥 세상에 문을 연 과정은 중국과 퍽 달랐다. 19세기 중엽 일본에 대한 서양의 압력은 점잖은 편이었다. 전쟁도 일어나지 않았고 영토도 빼앗기지 않았다. 게다가 밀무역도 없었다. 페리의 일본 원정 동안 양쪽에는 인명 피해가 전혀 없었다. 우여곡절이 없지는 않았지만 양국의 통상조약은 책상에 둘러앉아 조용히 협의되었다.

그런데도 일본의 반응은 중국보다 훨씬 빨랐다. 해리스와 협약을 맺은 지 10년도 채 지나지 않아 일본에서 바쿠후 정권이 무너지고 메이지 정권이 들어섰다. 1세기 동안이나 지속되었던 모든 봉건제도가 그 뒤 10년 안에 폐기되었다. 일본은 일련의 놀라운 개혁에 착수하면서 곧 근대 열강의 반열에 올라섰다.[71] 일본의 사상사가 마루야마 마사오는 개국의 의미를 다음과 같이 평했다.

개국이라는 의미에는 자신을 바깥, 즉 국제사회에 여는(開) 동시에 국제사회에 대해서 자신을 국가(國)=통일국가로 선을 긋는다(劃)는 양면성이 내포되어 있다. 그런 양면의 과제에 직면한 것이 아시아의 '후진'(後進) 지역에 공통된 운명이었다. 그 운명에 압도되지 않고 그것을 자주적으로 타개한 국가는 19세기에는 일본뿐이었다.[72]

하지만 일본은 개국의 후유증에 시달려야 했다. 서양 여러 나라와 통상 조약을 체결한 후 일본 사회는 거대한 혼돈으로 빠져들어갔다. 수출이 늘어나면서 국내 소비 물자가 부족하자 물가가 치솟았다. 계급투쟁이 격화되면서 막번 권력의 민중 지배체제가 밑바닥에서부터 흔들리기 시작했다. 또한 천황의 칙허를 얻지 않은 채 개항한 바쿠후의 처사를 비판하는 세력이 조정과 결합해갔다. 조정에서 바쿠후를 거치지 않고 다이묘에게 직접 정령을 내리는 사태가 일어나기도 했다. 막번 권력은 점차 해체의 길을 걷고 있었다.[73]

하지만 바깥의 압력에 따라 문호를 열고 외국과 통상조약을 체결하면서 일본은 환골탈태의 시대로 질주하게 된다. 일본의 이른바 '서양 따라잡기'는 페리 함대의 출현 이후부터 본격화되었다. 특히 국방 분야의 성과가 두드러졌다.

바쿠후는 1855년 나가사키에 해군 전습소(傳習所)를 열었다. 네덜란드에서 기증받은 외륜 추진의 목조 코르벳선 '간코마루'(觀光丸, 배수량 780톤, 1850년 건조, 원명은 슨빈[スンビン])가 연습함으로 활용되었다. 교관은 네덜란드 해군 대위 페르스 라이켄과 슨

페리의 우라가 내항 이듬해에 탄생한 서양식 범주 군함 '오오마루'.

빈호의 승무원들이 맡아 바다와 육지의 실지 훈련과 항해, 조선, 측량, 포술, 수학 등을 가르쳤다. 근대 일본의 해군을 창설한 가쓰 가이슈(勝海舟), 에노모토 다케아키(榎本武揚)를 비롯한 바쿠후의 신하와 여러 번의 무사들도 입학했다. 1859년 폐쇄될 때까지 해군이나 정계, 재계의 지도자가 이곳에서 배출되었다.[74]

페리의 내항 이후 바쿠후에서 뼈저리게 느낀 것은 해군력의 열세였다. 개항 이후 일본의 해군력 강화와 전함 건조 속도는 눈부셨다. 바쿠후는 1853년 9월 '대선 건조 금지령'을 해제하고 우라가에 조선소를 설립했다. 그와 동시에 9월부터 군함 제작이 시작되었다. 8개월 후인 1854년 5월 군선 '오오마루'(鳳凰丸, 추정 배수량 550톤)가 완성되었다. 당시 일본의 기술력으로 볼 때 경이

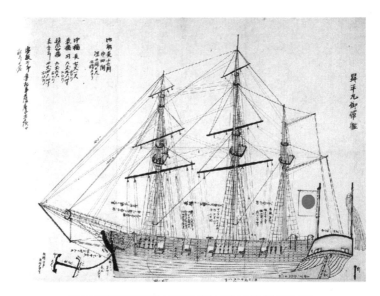

사쓰마 번에서 독자적으로 건조한 서양식 범주 군함 '쇼헤이마루'.

적인 속도였다. 오오마루는 일본 최초의 서양식 범선이었다.

　같은 무렵 유력한 번 가운데 하나였던 사쓰마 번(薩摩藩)도 1854년 범선 '쇼헤이마루'(昇平丸, 추정 배수량 370톤)를 건조했다. 네덜란드의 조선서(造船書)를 참고로 해서 만든 것이었다. 미토 번(水戶藩)도 에도의 이시가와지마(石川島)에 조선소를 짓고, 바쿠후의 의뢰에 따라 1856년 범선 '아라히마루'(旭日丸, 추정 배수량 750톤)를 제작했다. 이들은 모두 목조의 서양식 범주 군선으로, 일본인이 독자적으로 건조한 것이었다.

　그 무렵 유럽에서는 이미 증기선 시대가 무르익고 있었다. 1856년에는 영국의 철제 증기선 '파샤'(3,700톤)가 대서양 항로에 취항해 북대서양을 9일 1시간 45분, 평균 속력 13.8노트로 횡단하고 있었다. 기계공업의 기반이 없던 일본에서 철제 선체와 증기기관을 제조하는 것은 지난한 일이었다. 하지만 사쓰마 번은 1855년에 에도에서 서양서를 참고로 해 증기기관을 시험제작하는 데 성공했다. 그리고 이를 소형선 '운코마루'(雲行丸)에 탑재하고 시나가와(品川) 해안에서 시험 주행했다.

1855년 바쿠후는 스크루 추진의 목조 코르벳함 두 척을 네덜란드에 발주했다. 이것이 일본 조선사에서 유명한 '간린마루'(咸臨丸, 배수량 625톤)와 자매함 '초요우마루'(朝陽丸)였다. 간린마루는 1860년 미일 통상조약을 비준하기 위한 외교사절의 수행함으로 미국에 파견되었다. 기념비적인 이 항해에서 간린마루는 무사히 태평양 횡단에 성공해 샌프란시스코에 도착했다. 이들 바쿠후 말기의 증기군함은 엔진 바깥에 범장(帆裝)도 갖추고, 기주(汽走)와 범주(帆走)를 병용했다.

해군력을 유지하려면 군함 수리와 부품 제조를 위한 공장이 필요했다. 바쿠후는 나가사키 해군 전습소를 개설하는 동시에 나가사키 제철소 건설 계획을 추진하면서 네덜란드에 협력을 요청했다. 1857년 나가사키의 아쿠노우라(飽ノ浦)에 제철소가 착공되었다. 건설 기자재는 네덜란드에서 운반되었다. 1861년에는 제철소의 제1기 건설 공사가 끝났고, 대장간, 선반, 주물을 작업하는 세 공장이 완성되어 마침내 근대적 조선소가 출발했다. 1866년에는 최초의 일본산 증기 군함인 '치요다가타'(千代田形, 배수량 138톤)가 완성되었다.

1862년 바쿠후는 네덜란드에 증기군함 한 척을 발주하는 동시에 에노모토 다케아키, 사와 다로자에몬(澤太郎左衛門), 우에다 도라키치(上田寅吉) 등 유학생 6명을 네덜란드로 파견했다. 주문한 군함의 건조 과정에 입회해서 여러 가지 선진 기술을 습득하는 것이 목적이었다. 또한 바쿠후와 유력한 번은 서양에서 중고 선박을 구입해 해군력 증강을 꾀하기도 했다.[75] 이처럼 일본은 동아시아 삼국 가운데 가장 앞서서 바다로 뻗어나갈 준비에 박차를 가하고 있었다.

개국 사실을 조선에 알리다

일본은 서양에 개국한 사실을 조선 조정에 알렸다. 각 나라에 중대한 일이 일어나면 서로 알린다는 교린 원칙에 따른 것이었다. 쓰시마 번은 철종 11년(1860) 일본이 서양 5개국과 자유무역을 체결하게 된 사실을 동래부로 통지했다.

> 경신(庚申, 1860) 쓰시마주가 4국 통상에 관한 일로 아뢰는 글.
> 예조참판 앞,
> 아래와 같이 아룁니다. 노서아 · 불란서 · 영길리 · 아묵리가 네
> 나라가 근년에 여러 차례 우리나라에 건너와 통상하기를 간절히
> 바랐습니다. 그들이 본래 바란 뜻을 헤아리고, 그들의 정성스러운

사정을 살피니 가련한 바가 있었습니다. 유원의 도(柔遠之道) 또한 폐할 수 없었습니다. 이에 각각 그들의 청을 허락해서 그들이 바라는 것을 받아들였습니다. 사교(기독교)를 튼튼하게 막을 것도 엄히 타일렀습니다. 이번 일 때문에 미혹됨이 없도록 귀국에 보고합니다. 이는 동무(東武, 에도 바쿠후)의 특별한 명령입니다.[76]

이 쓰시마 번의 외교문서는 세 가지 점에서 눈길을 끈다. 첫 번째는 5개국의 무역 대상국 가운데 네덜란드를 빼고 러시아, 프랑스, 영국, 미국 등 네 나라만을 거론한 것이다. 이미 네덜란드가 나가사키의 데지마에서 통상하고 있었기 때문에 새롭게 통상 관계를 맺은 네 나라만 거론한 것으로 보인다. 둘째, 서양 5개국의 압력 아래 자유무역을 허가한 사실을 은폐하고 마치 에도 바쿠후가 회유정책의 일환으로 개국한 듯이 표현하고 있는 점이다. 세 번째는 기독교 금지를 강조하고 있는 점이다.[77]

쓰시마 번의 서계는 조선 조정에 보고되었다. 동래부사 정헌교는 조정에 올린 장계에서 '관백 승습 고지 차왜'(關白承襲告知差倭)의 말을 인용해 보고했다. '관백 승습 고지 차왜'란 1858년 도쿠가와 이에모치(德川家茂)가 정이대장군(征夷大將軍)에 취임한 사실을 알리러 파견된 외교 사절을 말한다. 차왜는 "노서아 · 불란서 · 영길리 · 아묵리가 등 네 나라가 폐방(弊邦)과 통화(通貨)한 까닭으로 이를 각별히 서계를 갖추어 별폭(別幅)으로 드립니다"고 말했다. 철종 11년(1860) 8월 8일 비변사에서는 국왕에게 회답하는 서계를 지어서 속히 내려 보내자고 건의했다.[78]

조선 정부는 쓰시마 번의 서계를 수리했다. 조선과 일본 사이의 교린관계에 기초를 둔 유사시의 긴급 연락으로 받아들인 것이었다. 조선 정부는 바로 회답 서계를 보냈다.[79) '예조참판 답서'로 명시된 서계는 일본에서 "4국과 통상한 일이 유원의 도에 해가 되지 않"는다며, "사교를 굳게 막는 일은 일본이 스스로 금제(禁制)가 있으므로 바르게 할 것"이라고 밝혔다.[80)

일본이 서양 4국(실제는 5국)과 자유무역을 허가한 사실을 둘러싸고 쓰시마 번과 조선 정부 사이에 오간 서계에서 눈길을 끄는 대목이 있다. 일본이 기독교 문제를 엄중하게 대처하면 일본과 서양 사이에 통상하는 것은 유원의 도에 부합되는 것으로서 용인될수 있다고 조선 정부가 언급하고 있는 점이다. 조선 정부는 이 단계에서는 서양 여러 나라를 양이(攘夷)의 대상으로는 간주하지 않았던 것이다.

하지만 머지않아 조선 정부의 자세는 변했다. 서양 여러 나라를 양이의 대상으로 간주하게 되는데, 이 전기가 된 것은 철종 12년(1861년) 3월 27일(양력 5월 6일) 동지겸사은행(冬至兼謝恩行)의 정사 신석우의 보고였다. 앞으로 살펴보겠지만, 이 보고에 따라 영국·프랑스 연합군이 북경을 점령하고 영국·프랑스와 청나라 사이에 체결된 조약에서 아편 무역이 공인되고 기독교 포교의 자유가 명기된 사실이 조선에 알려졌다.

조선 정부는 기독교와 무역 문제를 분리해서 서양에 대응하는 것은 불가능하다고 판단했던 것으로 보인다. 이 결과 신석우의 보고 이후 조선 정부는 서양과 통상하는 것을 극도로 경계했다.

조선 정부가 쓰시마 번의 서계를 수리한 것은 북경조약(1860) 체결 소식을 듣고 심각한 위기의식에 빠져들기 직전의 일이었다.[81]

1850년대에 일본은 서양 열강의 압력에 굴복하고 마침내 개국했다. 일본이 개국한 1850년대는 세계 자본주의의 확립기였다. 지리적으로도 세계시장이 거의 전 지구를 뒤덮고 있었다. 그 마지막 고리가 일본의 개국이었다. 남은 것은 봉건 조선뿐이었다. 일본은 세계 자본주의 시장에 단숨에 편입되었다. 스스로 개국한 것이 아니라 외래 자본주의의 군사적 위협 앞에 종속적으로 편입되었다. 하지만 다른 나라와 달리 서양 열강의 무력 점령 없이 평화적으로 개국했다.[82]

일본의 개국에는 몇 가지 유리한 조건이 작용하고 있었다. 19세기 중엽 서양 열강이 동아시아에서 가장 중시한 나라는 막대한 자원과 인구를 가진 중국이었다. 이에 비하면 일본의 비중은 무척 낮았다. 외압이 가해지던 시기도 교묘했다. 1850년대는 식민지 확장에 열중하던 열강의 힘이 분산되고 있었다. 게다가 세포이의 반란(1857~1859), 태평천국의 난(1850~1864) 등의 반침략 투쟁이 전개되면서 열강의 침략이 어느 정도 느슨해지고 있었다. 뿐만 아니라 당시는 아직도 세계 자본주의가 산업자본주의 단계에 머물고 있었다. 동아시아의 전 지역이 식민지 내지 반식민지로 전락했는데도 오직 일본만이 간신히 독립을 유지하게 된 데는 이런 여러 가지 요인이 작용하고 있었다.[83]

3. 표류민에게 유원지의를 베풀자

∴ 미국 포경선 투 브러더스호

다시 조선 해역으로 눈길을 돌려보자. 팔라다호의 내항 이후에도 이양선은 끊임없이 출몰했다. 1854년 팔라다호와 1856년 비르지니호의 내항 사이에 낀 1855년에는 미국과 영국 선박이 조선에 나타났다.

1855년(철종 6) 미국인이 처음으로 조선 땅을 밟는 사건이 일어났다. 앞서 1852년 12월 동래 용당포에 표류했던 미국 포경선은 조선에 나타난 최초의 미국 선박이었지만, 조선에 상륙하지는 않았다. 미국인이 처음 조선에 상륙해서 조선인과 만난 때는 1855년 6월(음력)이었다. 미국 포경선인 '투 브러더스호'(Two Brothers)에서 탈출한 미국인 선원 네 명이 동해안에 표류해 왔는데, 조선 주민들이 이들을 구해주었다. 당시 조선 기록에는 '이국인'이라고만 표기되었을 뿐 이들의 국적은 알지 못했다.

표류 외국인을 북경으로 보내다

먼저 조선 측 기록을 살펴보자. 1855년 5월 19일 술시(戌時, 저녁 7~9시) 무렵이었다. 강원도 통천군 임도면(臨道面) 남애진(南涯津) 앞 바다에서 홀연히 소선 한 척과 몇몇 사람이 나타났다. 배는 돌에 부딪혀 부서졌다. 간신히 헤엄쳐서 배를 땅에 대고 기어 육지에 오른 사람은 네 명이었다. 지난 며칠 동안 남애진에는 장맛비가 하루도 그치지 않았고 풍랑도 거셌다. 악천후에 바닷가 땅이 무너져서 주민들은 모두 놀라 벌벌 떨 지경이었다. 주민들은 바다를 지나는 상선이 침몰한 것으로 생각했다.

남애진 존위(尊位, 마을의 어른이 되는 사람) 김철이, 후망감관 이완백 등은 주민들과 함께 난파선이 있는 곳으로 급히 달려갔다. 처음 보는 이국인이었다. 그들의 생김새는 모두 괴상했다. 어떤 사람은 크고 어떤 사람은 작았다. 그 가운데 한 사람은 머리카락이 검었는데, 머리카락 길이는 3촌(9센티미터)쯤이었다. 얼굴색은 반은 붉고 반은 희었다. 수염은 짧았고 콧대는 높았으며 눈동자는 파랬다.

이국인들의 오른쪽 어깨 위에는 닻줄 모양의 문신이 새겨져 있었다. 상의 안에는 흰색 무늬의 저고리를, 바깥에는 푸른 모직물을 입었다. 아래에는 검은색 바지를 입었다. 옷에는 모두 단추가 달려 있었다. 머리에는 검은 전립을 썼고, 검은색 가죽 신발을 신었다. 수염과 흉터가 없는 사람도 있었다.

그들과 문답하려 했지만 서로 말이 통하지 않았다. 이국인들

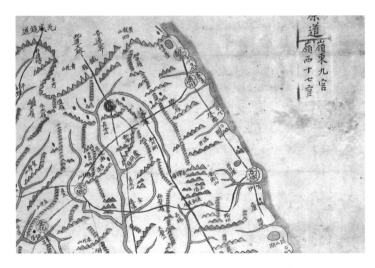
19세기에 발간된 《동국지도》에 실린 강원도 통천 부근 지도.

은 말할 때 뱁새나 두견이가 떼지어 시끄럽게 지저귀는 소리를 냈다. 한자와 한글을 써 보이며 필담을 나누려 했지만 문자를 알기 어려웠다. 이국인들은 다만 손발과 입, 눈을 움직여 형용할 뿐이었다.

그들은 몸짓으로 여러 가지를 말하려 하는 것 같았다. 포구 근처의 큰 배를 가리키면서 세 손가락을 높이 쳐들어 3범선 모습을 만들었다. 갈고리를 던져 고래 잡는 모습을 보이고, 입을 모아 숨을 내불어 세찬 바람의 모습을 나타냈다. 손을 들어서 뒤집기도 했다. 배가 뒤집어진 것을 말하는 듯했다. 몸을 모래 위에 뉘여 눈을 감고 다리를 뻗었는데, 사람이 죽는 시늉이었다. 땅을 파 옷을 묻고 눈물 흘리며 우는 몸짓도 했다. 아마 동료가 물에 빠져 죽은 사실을 뜻하는 것 같았다. 남쪽을 가리키면서 발을 들고 걷는 모습도 표현했는데, 고국으로 돌아가고 싶다는 뜻을 나타내려 한 것 같았다.

6월 21일 통천군수 이붕구는 급히 말을 달려 남애진에 도착했다. 회양(淮陽)에서 목매어 죽은 정배죄인의 시신을 검사하고 돌아오는 길에 급보를 받고 달려간 것이었다. 그는 우선 이국인들에게 음식을 주고 엄히 지키도록 지시했다. 그리고 깨진 배에서 건져 올린 물건을 일일이 점검했다. 판목(板木)은 조각조각 깨지고 부서졌다. 지남철 한 개, 철로 만든 도끼 한 개, 당지(중국 종이)에 한글도 아니고 범어도 아닌 글로 적은 책자 5권, 옷 등은 숫자를 헤아려 봉해두었다. 통천군수의 보고를 받은 강원감사 이공익은 역관을 파견해서 문정할 일과 배를 만들어 호송하는 문제 등을 처리해달라고 비변사에 요청했다.[84]

6월 2일 비변사에서는 국왕에게 통천에 표류한 이양선 처리 문제를 건의했다. 이국인들과 언어와 문자가 통할 수 없었지만 배가 부서진 것이 분명하므로 문정 역관을 즉시 파견해서 자세히 조사한 후에 그들을 육로나 수로로 되돌려 보내도록 결정해야 할 것이라고 청했다.[85]

비변사의 제안에 따라 이국인을 조사하기 위해 문정역관이 통천으로 파견되었다. 문정역관이 조정에 올린 보고서에 따르면, 이국인들과 언어와 문자가 통하지 않아서 그들이 어느 나라 사람인지 알 수 없었다. 시험 삼아 그들에게 배에 올라타는 몸짓을 했다. 그들은 손을 흔들며 말을 달리는 기세를 만들어 보이고 모두 머리를 끄덕였다. 풍파가 두렵고 겁나서 육지로 가기를 바라는 뜻 같았다.

6월 13일 비변사에서는 표류인을 중국으로 들여보낸 전례를 들면서 문정역관이 그들을 데리고 와서 육로로 중국에 보내도록 하자고 국왕에게 청했다.[86] 같은 날 비변사는 이국인 처리 문제를 좀 더 자세히 보고했다.

(이국인들에게) 새 옷을 만들어 지급하고 아침저녁으로 음식을 주어 그들이 착실히 거행하게 해서 조정의 유원지의를 보여야 합니다. 상국(청나라)으로 보낼 때는 큰길 근처의 쇄마(刷馬, 지방에 배치했던 관용 말)를 이용해야 합니다. 잡인의 접근을 금하고 호송하는 등의 일은 따로 타일러야 합니다. 여러 도를 지날 때는 별정차원(別定差員, 특별한 임무를 맡겨 파견하던 벼슬아치)이 차차 인도해서 경성에 올려 보내고, 그들을 만부(의주)로 보내 북경으로 들여보내야 합니다. 그들이 가진 물건 또한 쇄마로 바꾸어 나르고, 깨지고 상한 배는 그들이 보는 곳에서 모두 불태워야 합니다. 문정역관이 (그들을) 이끌고 호송해서 올라오게 해야 합니다. 괴원(槐院, 승정원)에서는 사유를 밝힌 외교 문서를 작성하게 해야 합니다. 호송해 오는 역관을 재자관으로 임명해서 (청나라로) 들여보내야 합니다.[87]

6월 중순 무렵 통천에 표류했던 이국인들은 홍제원으로 올라 왔다. 조정에서는 전례에 따라 그들에게 새 옷을 지급하고 다시 문정하게 했다. 또한 의주에 연락해서 미리 봉성(鳳城, 봉천)의 장군에게 알리도록 했다.[88] 7월 2일 비변사의 보고에 따르면, 비변사 낭청(郎廳)과 역관이 홍제원에서 이국인과 문정했다. 하지만 언어와 문자가 통하지 않아서 그들의 성명과 거주지는 알 수 없었다. 전례에 따라 그들에게 음식을 대접해주고 하룻밤 묵게 한 후 떠나보내게 했다.[89]

화기국인의 문자와 인물을 베껴 그리다

이렇게 미국 포경선원들은 조선인들에게 구출되어 서울을 거쳐 북경으로 호송되었다. 서로 언어가 통하지 않았기 때문에 그들이 조선에 머무는 동안 두 나라 사람들 사이에는 정상적인 의사소통이 불가능했다.

　그런데 그들이 서울에 머물고 있을 때의 정황을 짐작할 수 있는 자료가 일제 식민지 시대 때 발견되었다. 《신동아》 1935년 10월호에 석당(石堂)의 〈70년 전의 외국어 문헌〉이란 글이 발표되었다. 석당은 통천에 표류했던 당시 미국인과 조선인의 필담 내용, 미국인이 쓴 영문 알파벳 26자와 영어 단어 10개, 화공이 그린 외국인의 모습 등이 담긴 양화첩(洋畵帖)을 소개하고 있다. 이 양화첩은 훗날 분실된 것으로 보인다. 석당의 글은 다음과 같다.

철종 6년(서력 기원 1855) 을묘(乙卯) 하월(夏月)에 미국함(米國艦)
1척이 강원도 통천 해안에 표착하여 그 배에 탔던 선원 4인이
읍졸(邑卒)의 호의로 구조를 받아 경사(京師, 서울)에까지 호위되어
왔다가 군왕의 어명으로 그 후 조선 사절에게 딸려 연경(燕京,
북경)에까지 호송된 사실이 있었다.

이것은 사료문헌에 실려 있는 것도 아니고 최근에 경성 시내 모씨
집의 가전지물(家傳之物)인 소책자 양화첩이 발견되었는데 그것을
마침 동아일보사 조사부에서 사들여 보관하게 되었다. 필자 우연히
그에 적힌 기록 속에서 진기(珍奇)스러운 몇 가지를 보고 퍽
재미있다고 느낀 바 있어 이에 몇 마디를 적어 이 글을 읽는
여러분과 함께 웃어볼까 합니다. (……) 미인(米人)으로서 또는
미국선(米國船)으로서 우리 땅에 처음 온 것은 무론(毋論) 통천에
표착한 이 배에 왔던 성명 부지(不知)의 이 4인일 것이다.

대체 이 사람들은 어디에서 발항(發航)을 하였기에 통천에 들르게
되었나? 지금 생각하면 아마 이 사람들은 미주(米洲) 동태평(東太平)
연안에 살던 사람들로서 북양 방면으로 출어를 나왔다가 폭풍 같은
것을 만나 『베-링』 해협을 지나 『캄차카』 반도를 돌아 『오호츠크』
해를 통하여 화태(樺太, 사할린) 남단을 거쳐 동해를 횡단하여 우리
땅 통천 해안에 표착된 듯싶다.

그러나 그 당시는 이 사람들이 대체 하국인(何國人)인가 하는 것이
큰 의문이 있었다. 이 책에 적힌 바에 의하면 대략 이렇다. 연경
왕래를 많이 한 역관(지금의 통역관)들을 불러다 보이었으나 한
사람도 알아내는 사람이 없으므로 그 당시 태서(泰西, 서양) 문헌을

많이 장서한 윤협(尹峽), 이종원(李種元) 양씨가 이 4인을 찾아가서 그들에게 근세해도환기(近世海圖實紀) 등 태서(泰西) 풍속도(風俗圖)를 내서 보여주었더니 그들은 그 그림 중에 첨모(簷帽, 챙 달린 모자)를 쓴 인물과 화기국(花旗國)을 보고는 매우 반가운 표정을 얼굴에 나타내며 손짓을 하여 기뻐하는 형상을 하였었다. 허나 이리하여 이 사람들이 비로소 미국인인 것이 판명되었다. 그러므로 이 양씨는 이 4인의 족적을 어슴푸레하게나 후인에게 알려주고자 서생(書生)을 시켜 이들의 전신을 사생(寫生)하고 또한 그들에게서 미문(米文) 26자와 단어 몇 마디를 말 시켜 그대로 초음(初音)하는 동시 그 말을 번역까지 하여 이 책을 만들어 놓았다고 한다.

더욱이 우스운 것은 그들의 글씨를 본떠 쓴 영자(英字)와 단어다. 그 중에 제일 눈을 끄는 것은 R자를 백성 民자와 같이 본뜬 것과 Z자를 "새乙"자 모양으로 써 놓은 것이다. 그 외에 붓(筆)을 부라시(Brush, 刷字)라고 번역한 것, 이것은 물론 그 사람들에게 모필(毛筆)을 보이고 그들이 부르는 대로 받아 쓴 것이다. 또 그들이 American을 어메리컨이라고 발음한다 하여 미리견(米利堅)이라고 취음(取音)한 것도 퍽 주의할 만하다.

한자 또는 조선 글로 이 외에 그들이 부르는 대로 단어를 취음하기에 퍽 애를 쓴 형적(形迹)이 보이는 것은 여간(如干)한 자미(滋味)가 아니다.

이 몇 줄의 문적(文跡)이 사료에 이렇다 참고는 못될 것이나 이들 4명의 미인이 우리 동해안에 표착되었던 것을 기록하였다가

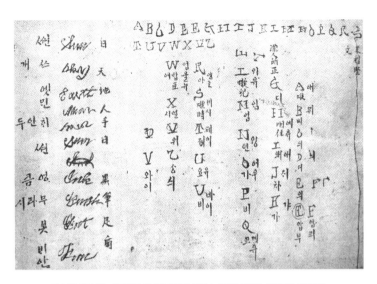

조선에 표류한 미국인이 쓴 알파벳과 한글 표기(《신동아》 1935년 10월호).

후인에게 알려준 것이 퍽 고맙고 이 미문자(米文字)가 우리에게
이만큼 오래 전부터 알려졌다는 것이 또한 적으나마 가치 있는
것이라고 하지 않을 수 없는 것이다.[90]

이 글에 실린 사진을 보면, 알파벳 26자와 영어 단어 9개가
실려 있다. 미국 선원들이 발음하면 윤협, 이종원이 미국인의 음
을 한글과 한문으로 받아 적은 것으로 보인다. 알파벳은 이렇게
표기되어 있다.

A애, B뷔, C싁, D디, E의, F압픠, G디, H에츄, I애·왜, J
지·차, K갸·가, L이·유, M임·엄, N잉·연, O어우, P비, Q게
유, R아호아, S이시, T태이, U유·요, V바이·비, W업을뉴, X얼

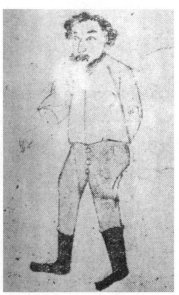

미국인 선원을 그린 당시 그림(《신동아》 1935년 10월호).

시, Y와이, Z숭쉬.

영어 단어는 다음과 같다.

Sun썬 · 日, Sky쓰개 · 天, Earth엣 · 地, Man믠 · 人, Hand힌안두 · 手, Ink엉큼 · 黑, Brush부라시 · 筆, Foot봇 · 足, Fan비안 · 扇.

이 글에는 미국인 선원들을 그린 그림 두 장도 실려 있다. '미리견'이란 글이 씌어 있는 그림에는 챙 달린 모자를 쓰고 내복과 바지에 장화를 신은, 수염이 텁수룩한 사람이 보인다. '영길리'란 제목의 그림에는 모자를 쓰지 않은 채 텁수룩한 머리카락과 수염이 달리고 내의와 바지, 장화를 신은 사람이 그려져 있다. 당시 사람들이 외국인들을 어떻게 바라보았는지 엿볼 수 있는 희귀한 그림들이다.

선장의 학대에 시달리다 탈출하다

한편 미국 이양선원들은 청나라에 들어간 후 어떻게 되었을까. 청나라 정사인 《청사고》에서는 "함풍(咸豊) 5년(1855년) 조선국에서 미국의 난민 네 명을 호송해 북경에 도착했다. 황제는 그들을 강남으로 보내 양강총독에게 넘겨 조사하도록 명하고 그 나라의 상선에 태워 돌려보내게 했다"[91]고 기록되어 있다.

1856년 2월 14일(함풍 6년 정월) 양강총독 이량(怡良)은 병부에서 외교문서를 받았다. 조선 국왕의 특사가 조난(遭難) 양이(洋夷) 네 명을 조선에서 북경까지 호송해 와서 예부에 인도했다는 내용이었다. 예부는 역관을 통해 양이를 심문했다. 그 결과 그들이 화기국인(花旗國人, 미국인)이라고 밝혀졌다. 그들은 토머스 맥콰이어(Thomas McQuire, 20세, 필라델피아 출신), 에드워드 A. 브레일리(Edward A. Brailey, 18세, 매사추세츠 출신), 데이비드 반스(David Barnes, 20세, 오하이오 출신), 멜빌 켈시(Melville Kelsey, 23세, 뉴욕 출신) 등 네 명이었다.[92] '화기국'은 중국 광동 사람들이 미국을 부르는 호칭이었다. 미국 선박들이 화기, 즉 성조기를 건 데서 비롯된 것이었다.[93]

예부는 네 사람을 병부로 이송했다. 병부는 난이지례(難夷之例)에 따라 양강총독 이량에게 그들을 인계하면서 엄히 문정한 후 상해까지 호송하라고 지시했다. 만약 상해나 다른 항구에 교역하기 위해 입국하는 미국인이 있으면 그들 편에 인계해서 본국으로 돌아가도록 조처하게 했다. 양강총독은 병부의 지시대로 상해까지 호송하는 책임을 맡았다.

양강총독은 병부에서 인계받은 양이 네 명을 상주부(常州府)로 송환하면서 즉시 소송태도(蘇松太道)에게 보내서 이들을 감독하게 했다. 양강총독은 호도(護道) 남울문(藍蔚雯)에게 자세한 보고를 받았다. 역관을 통해 다시 문정해본 결과 그들은 화기국인이고, 양이 교역선의 선원들이었다. 이 교역선은 중국과 무역거래를 하는 상선이었다. 그들은 해상에서 폭풍을 만나 조난되었지만, 조선 당국에 구제되어 북경으로 송환되었다는 것이다. 화기는 곧 미리견으로, 당시 5개 개항장에서 청나라와 교역하고 있었다.

당시 상해 지방에는 청나라와 통상업무를 관장하는 이목(夷目, 양이[洋夷]의 두목으로서 교역장 내에서 질서를 유지하고, 교역장 밖에서는 양이의 계도를 책임지고 있었기 때문에 이목이라 불렸다)이 주재하고 있었다. 그래서 유원인(柔遠人)하는 천자의 지극한 뜻을 받들어 이들 조난 양이를 미국 이목(여기서는 상해 미국 영사)에게 인도해서 본국으로 귀환하게 했던 것이다.

당시 상해 영사 머피(Robert C. Murphy)는 청 당국으로부터 미국 선원 4명을 인도받았다. 그는 선원들에게 진술 조서를 받았고, 마시(W. L. Marcy) 국무장관에게 〈상해 영사 공문서〉를 작성,

보고했다. 이들 기록을 토대로 1952년 얼 스위셔(Earl Swisher)는 〈1855년 조선 · 북경에서 미국인 4명의 모험〉이란 논문을 발표했다. 이 논문을 통해 우리는 미국 조난 선원들의 전후 사정을 자세하고 정확하게 알 수 있다.

1854년 6월 13일(양력) 미국 포경선 '투 브러더스호'는 뉴잉글랜드에 있는 코네티컷의 뉴베드퍼드항(New Bedford)을 떠나 일본으로 향했다. 투 브러더스호의 선장은 차일즈(John Childs)였다. 이때만 해도 아직 파나마 운하가 개통되기 전이었다. 투 브러더스호는 남미 최남단의 혼 곳(Cape Horn)을 회항해서 북태평양으로 항진한 다음 쿠릴 열도를 거쳐 홋카이도로 항해했다. 베드퍼드를 출발한 지 1년 만에 홋카이도에 도착한 투 브러더스호는 쓰가루해협(津輕海峽, 일본 혼슈와 홋카이도 사이의 해협)을 통과해 동해로 진입했다.

그런데 투 브러더스호의 차일즈 선장은 배 이름에 걸맞지 않게 포악한 인간으로 악명이 높았다. 그는 선원 4명을 동물처럼 취급했다. 당시 선원 4명은 10대 후반에서 20대 초의 청년들이었다. 그들은 베드퍼드항을 출발해서 홋카이도에 이르기까지 1년 동안 선장에게 온갖 학대를 당했다. 특히 급식 문제는 선원들을 폭발 직전까지 몰아갔다. 허기진 선원들이 불평하면 선장은 로프나 쇠사슬로 처벌했다. 음식 불평을 하면 굶겨 죽이겠다는 협박도 서슴지 않았다. 선원 맥콰이어는 "선장은 우리를 구타했고, 우리에게 옷마저 지급하지 않았다"고 주장했다. 반스는 "나는 소란을 피웠다는 죄목으로 수부실에 감금되어 태형을 받았다"고 증언했다.

선장의 학대가 날로 심해지자 선원들은 향수병에 시달렸다. 네 청년은 생지옥 같은 배에서 탈출할 계획을 세웠다. 1855년 6월 26일 자정에 선원 4명은 보트를 타고 탈출하는 데 성공했다. 6일 동안 정처 없이 해상을 방황하다가 돌연 강풍에 휩쓸렸다. 그들은 원산 영흥만(Broughton) 근해에서 표류했다.

선원들은 연안에 닿자마자 상륙했다. 뜻밖에도 그곳 주민들은 그들을 따뜻하게 대접했다. 비록 말은 통하지 않았지만 오랜만에 느껴보는 인정어린 대접이었다. 그들이 상륙 후 처음 머문 곳은 통천군의 타타르 마을(Tartar Town, 남애진을 가리키는 듯함)이었다. 이 마을에서는 약 30일 동안 묵었다. 맥콰이어는 "마을 주민들은 해안으로 나와서 우리를 맞이했고 그들의 집으로 데려가서 우리들을 친절하게 대접해주었을 뿐만 아니라 옷과 음식을 후하게 주었다"고 말했다. 반스도 "조선인은 우리를 인간적으로 대우했다"고 증언했다.

격동의 중국 대륙을 목격하다

한 달 후 미국인 선원 네 사람은 조선 관리를 따라 북경으로 송환되었다. 조선인 호송관 이진이가 그들을 의주까지 호송했다. 그들은 의주에서 만주의 호송인에게 넘겨졌다. 켈시는 "우리는 물을 마시고 싶었지만 그들은 마시지 못하게 했다. 우리는 호송인과 싸웠다. 그는 우리를 때렸다"고 말했다. 만주에서는 조선만큼 후대 받지 못했지만, 대체로 인간적인 대우를 받았다고 진술했다. 산해 관에서는 청나라 정부 관리가 그들을 넘겨받았다. 그들도 역시 미 국인 선원들을 친절하게 대우했다.

미국 선원들은 난생 처음 청나라 수도 북경을 보았다. 청나라 관리들은 그들을 '러시아 정교회 · 언어학교'로 보냈다. 그곳은 북 경 동북쪽에 있는 라마 교회당 근처였다. 러시아 정교회는 1727 년 캬흐타 조약에 따라 설치되었다. 청과 러시아 사이의 교역과 외교 관계를 수행하기 위해 어학을 교육하고, 1684년에 설립된 러시아의 대청 무역회사인 알바진 회사와 러시아 이주민을 도와 주는 것이 주요 임무였다.

러시아는 유럽 열강 가운데 제일 먼저 청나라와 국교를 맺었 다. 1689년 네르친스크 조약에 따라 러시아의 관영 상인들은 정 기적으로 북경을 왕래했다. 민간 상인은 주로 청나라와 러시아의 국경 부근에서 교역했다. 네르친스크 조약에 따라 러시아 세력은 이미 청나라에 깊숙이 침투하고 있었다. 1719년 러시아는 국경에 영사관을 개설하려 시도했지만 청나라 정부는 도망자 문제를 들 어 거절했다. 1729년 캬흐타 조약이 체결되면서 북경에 러시아 외교 사절이 주재하게 되었다. 이와 동시에 러시아는 북경에 러시 아 정교회를 설립하고 교목을 파견했다. 또한 어학연구생을 훈련 하는 어학학교도 열었다.

당시 러시아는 구미 열강 가운데 청나라와 가장 특수한 관계 를 맺고 있었고, 경제적, 정치적 특권을 향유했다. 상해 주재 미국 영사 머피는 "미국인 선원들에게 베푼 러시아인의 친절은 특기할 만한 일이다. 특히 러시아인은 청제국에 와 있는 다른 구미 열강과는 비교할 수 없을 만큼 특권을 누리고 있다. 심지어 러시아는 학생 10명이 재적하고 있는 대학까지 운영하고 있다"고 말했다.

미국 선원 네 명은 러시아 정교회에서 약 20일간 머물렀다. 시내 출입은 허용되지 않았다. 러시아 당국은 예부를 통해 청나라 황제에게 미국 선원들의 신병 처리 문제를 건의했다. 상해 주재 미국 영사에게 이들을 인도해달라는 것이었다. 황제는 이들을 상해로 송환하도록 허락했다. 황제는 북경에서 상해까지 호송할 책임을 병부에 지시했다.

10월 30일 병부는 미국 선원 네 명을 상해까지 호송했다. 그들이 북경에 입성한 지 20일 만이었다. 북경에서 상해까지는 약 2개월이 걸렸다. 달구지나 배를 타거나 걸어서 가기도 했다. 여행 기간 동안 미국인들은 급식과 물이 부족해서 심한 고생을 겪었다. 중국인 호송관에게 심한 학대를 받기도 했다. 반스는 "북경에서 상해에 이르기까지 중국 본토는 고도로 개발, 경작되어 있어서 생산물이 풍부했고 인구도 조밀했다. 우리는 대도시를 수없이 통과했다"며 목격담을 들려주기도 했다.

12월 22일 양강총독 이량은 미국 선원 네 사람을 상해 주재 미국 영사 머피에게 인계했다. 이로써 투 브러더스호에 탔던 선원 네 명의 파란만장했던 모험은 끝났다. 이들은 미국인으로서는 처음으로 북경에 입성했다. 또한 북경에서 상해로 가는 도중 대운하를 통과하면서 태평천국의 난으로 시달리고 있던 근대 중국의 역사적 변화상을 자세히 관찰할 수 있었다. 하지만 불행하게도 이들은 식자 계층이 아니었고 중국어도 몰랐다. 미국인으로는 최초로 조선과 중국 대륙을 여행했던 진기한 체험을 기록으로 남기지도 못했다. 다만 상해에서 미국 상해관에 인도된 후 간단한 조서만 남겼을 뿐이다.[94]

문신을 새긴 뱃사람들

1850년대 중반의 이양선들

미국인 선원들이 북경으로 호송된 지 얼마 지나지 않아 조선 동해안에 또다시 이양선이 출현했다. 이번에도 포경선으로 보이는 선박이었다. 1855년 8월 4일 신시(申時, 오후 3~5시)에 이양 3범선 한 척이 함흥부 운전진(雲田津) 앞 바다에 나타났다. 운전진 망해장 김승현은 즉시 함흥판관 김재헌에게 알렸다.

함흥판관은 급히 말을 달렸다. 운전진에 도착할 즈음 이미 밤이 깊어 어두웠다. 날이 밝기를 기다려 배를 타고 가려 할 때였다. 이양선에서 종선이 나와 나루로 다가왔다. 다섯 명이 배에 타고 있었고 나머지 두 사람은 뭍에 올랐다. 김재헌은 두 사람을 손으로 불렀다. 먼저 말로 문정했지만 그들은 알아듣지 못했다. 그들의 말소리는 금수의 소리 같기도 하고 새가 지저귀는 것 같기도 했다.

김재헌은 필담을 시도했다. 그들이 어느 나라 사람이며 무슨 일로 이곳에 왔는지를 물었다. 종이와 붓을 내주고 손으로 가리키

제3부 • 러시아와 미국의 습격 615

며 그들에게 쓰라고 몸짓을 했다. 그들이 쓴 글자는 한자도 아니고 한글도 아니었다. 마치 물과 구름을 그린 것 같아 알 수 없었다. 술과 밥, 복숭아와 배, 연초 등을 대접하자 기쁘게 받아 먹고 여러 차례 머리를 끄덕였다. 감사하는 뜻 같았다.

김재헌은 이방인들과 함께 종선을 타고 대선으로 올라갔다. 배 길이는 20여 파(60미터), 넓이는 7파(21미터)쯤이었다. 돛은 흰 서양 비단으로 만들었다. 3범은 길이가 각 20장(60미터)쯤이었다. 종선은 7척이었는데, 6척은 대선 안에 두고 한 척은 물 위에 떠 있었다. 배에 탄 사람들은 32명이었다. 배 안의 안방에도 사람의 흔적이 있는 것 같았다. 하지만 그들이 허락하지 않아서 들어가보지 못했다.

배에 탄 사람들의 생김새는 기묘했다. 붉거나 노란 머리카락을 이마에 늘어뜨렸다. 얼굴색은 희거나 검었고 눈은 깊고 노랬다. 코는 높고 뾰족했다. 머리에 쓴 관은 거푸집 같았다. 옷은 서양 비단으로 지었는데, 파랗거나 노랗고 검은 색도 있었다. 배 안에는 철창 12개가 있었다. 고래를 잡을 때 쓰는 것 같았다. 사람들은 5촌(15센티미터)쯤 되는 조총 한 자루를 각각 품안에 지니고 있었다. 나무 단지 20여 개에는 고래 기름도 담겨 있었다.

김재헌은 다시 문정을 시도했다. 이방인들은 창을 들고 물을 찌르는 몸짓을 했다. 고래를 잡는 모습이었다. 말소리가 난해하고 문자도 통하지 않았다. 탐문해도 더 이상 알아낼 수 없을 것 같았다. 김재헌은 배에서 내려 뭍으로 돌아왔다. 그 배는 6일 묘시(卯時, 오전 5~7시)에 남쪽 바다로 떠나갔다. 점차 아득한 바다 가운데로 들어가 형체와 그림자가 없어졌다.

　김재헌은 이양선 조사 보고서를 남병사 이근영에게 올렸다. 8월 14일 이근영이 조정에 보낸 장계에 따르면, 함흥 운전진에 나타난 이양선은 해마다 오가는 고기 잡는 무리 같았다. 배 안에는 고래잡이 도구가 있었고 고래 기름을 담은 나무 단지도 있었다. 외국 선박이 포구 가까이 배를 댔으므로 관리는 자세히 살피고 문정하는 일을 소홀히 할 수 없었다. 함흥판관은 이국인들의 글자가 난해하고 말소리를 알아들을 수 없어서 정탐할 길이 없었다고 보고했다. 사정이 그렇다고 해도 변정에 극히 소홀하고 빠진 바가 많았다. 이근영은 바닷가 각 읍에 각별히 경계해서 살피라고 지시했다.[95]

기이하게 생긴 뱃사람들

함흥에서 이양선이 사라진 지 얼마 지나지 않아 남쪽 동래에도 이국 선박이 나타났다. 이번에는 영국과 프랑스 선박이었다. 게다가 중국인까지 타고 있었다. 1855년 8월 13일 미시(未時, 오후 1~3시) 무렵이었다. 동래의 구봉(龜峯) 봉수군 곽돌쇠는 오륙도 밖에 흰 돛을 단 이양선 4척이 떠 있는 것을 발견했다. 그는 즉각 부산첨사 이현서에게 이 사실을 알렸다. 부산첨사는 부산진 제2전선장(戰船將) 김도순을 보냈다. 뒤이어 부산첨사, 동래부사, 좌수영

우후가 급히 노를 저어 용당포로 다가갔다. 3리(약 1.2킬로미터)쯤 떨어진 곳에 이양선 4척이 닻을 내리고 있었다.

다음 날 14일 오시(午時, 오전 11~오후 1시)에 훈도 현학로, 별차 현응만, 소통사 최흥엽 등이 문정하러 첫 번째 이양선으로 다가갔다. 배에 탄 사람들이 일제히 나와 동아줄을 내려주었다. 훈도 등은 줄을 타고 올랐다. 이양선의 생김새는 지극히 정교하고 사치스러워 보였다. 문정관들은 이양선의 생김새를 장황하게 묘사했다.

배의 길이는 31파(93미터), 넓이는 8파(24미터), 높이는 10파(30미터)였다. 삼판(杉板)으로 짜인 바깥 면 위의 절반은 곳에 따라 듬성듬성 횟가루를 발랐고, 아래 절반에는 동철(銅鐵)을 조각조각 이어 붙였다. 배는 5층으로 나뉘어 있었다. 1층 좌우에는 각각 대포 6좌, 중앙에는 대포 4좌가 배치되어 있었다. 생김새는 마치 대나무 통 같았다. 대포는 길이가 2파(6미터), 둘레는 1파(3미터)였는데 각각 쇠밧줄로 걸어놓았다. 조총 22자루도 있었다. 조총의 몸체와 길이는 우리나라 조총과 비슷했다. 뱃머리는 나무로 장식되어 있었다. 넓이는 4촌(12센티미터)으로 마치 망새(鴟尾, 전각·문루 등 전통 건물의 용마루 양쪽 끝머리에 얹는 기와) 같았다.

돛은 모두 4개였다. 앞의 제1돛대는 길이가 12파(36미터), 제2돛대는 23파(69미터), 제3돛대는 26파(78미터), 제4돛대는 21파(63미터)였다. 제3돛대에서 제4돛대에 이르기까지 모두 3층 모양이었다. 두 개의 활대로 간가(間架, 집의 칸살을 얽은 것)를 만들었는데, 누인 삼 껍질로 만든 줄 512장으로 4면을 줄지어 매달아 거미줄처럼 이어져 있었다. 무명으로 만든 풍석(風席, 돛을 만드는 데 쓰는 돗자리) 18건은 각각 돛대의 간가 위에 말려서 걸려 있었다. 쇠닻은 5좌였다. 닻줄 1장은 시우쇠(正鐵, 무쇠를 불려서 만든 쇠붙이)로 고리를 잇대어 꿴 쇠사슬로 만들었는데, 길이가 175파(525미터)였다. 물 긷는 소선 6척은 각각 길이가 3파(9미터), 폭과 높이는 각 1파(3미터)였다. 배의 삼판 가에는 따로 굽은 난간을 연결하는 밧줄을 걸어두었다.

제2층 좌우에는 1층과 마찬가지로 각각 대포 13좌를 두었다. 칸칸마다 장롱처럼 꾸민 것이 여덟 곳이나 있었다. 모두 유숙하는 곳이었다. 그 바깥에는 유리를 붙여 봉창처럼 만들었다. 큰 풀무와 쇠를 부어 만드는 기구도 있었다. 제3층에는 밥솥 6좌, 쌀궤 15좌, 물 긷는 통 15좌가 보였다. 양 2척(隻), 개 2척이 각 외양간에서 편안히 사육되고 있었다. 그 밖에 사기그릇, 놋그릇, 수저 등은 일일이 다 조사할 수 없었다. 제4층에는 밥솥 5좌, 쌀궤 8좌, 물 긷는 통 13좌가 있었다. 또한 암탉과 수탉 합해서 7수(首), 오리 3수가 각각 홰에서 살고 있었다. 제5층 앞면에는 땔나무를 쌓았고, 뒷면에는 물통 12좌를 두었다.

뱃사람들의 생김새는 하나같이 기이했다. 키는 크지도 작지도 않았다. 머리는 묶어서 늘어뜨려 더부룩하고 부수수해 보였다. 모직물이나 무명실로 짠 천, 또는 가늘게 베로 짠 왕골을 쓰고 있었는데, 조선의 전립 같았다. 코는 높다랗고 수염은 없었다. 눈동자는 노랗거나 파랬다. 팔뚝에 침으로 문신을 새긴 사람도 있었다. 옷은 모두 검은 모포와 붉은 색 모직물을 입고 있었다. 상의 홑저고리 안에는 반베(斑布, 감색의 실과 흰 실을 섞어 짠 수건 감의 무명)를 걸쳤고, 하의 홑바지는 속옷 같았다. 옷깃이 합해지는 곳은 단추로 이었다. 모두 검은 가죽신발을 신고 있었다.

선격은 540명이었고 여인은 없었다. 이방인들은 조선인들을 웃으면서 맞았다. 두 나라 사람들이 자리를 마주하고 앉았지만 서로 말이 통하지 않았다. 필담을 나누려 했지만 그들은 답하지 않았다. 이방인들에게 붓을 당겨 글을 쓰게 했다. 붓대는 버드나무였고, 붓 끝은 버드나무 숯으로 만들었다. 그들이 쓴 글자는 구름 같기도 하고 그림 같기도 해서 알아볼 수 없었다. 그들이 책을 보여주었는데, 한글도 아니고 한자도 아니었다.

남경과 영길리는 서로 통상한다

한 사람이 성큼성큼 걸어서 조선인들 앞으로 나왔다. 앞머리는 깎고 뒷머리는 길렀는데, 중국인 같았다. 그는 잘 쓴 글씨로 '英吉利國'이란 네 글자를 썼다. 드디어 말이 통하는 사람을 만난 셈이었다. 조선인과 중국인 사이에 다음과 같은 필담이 오갔다.

중국인 나는 본래 남경사람이다. 함풍(咸豐) 4년(1854) 3월에 이 배에 고용되었다. 소, 양, 닭, 명아주, 과일 등을 무역하러 올해 6월 초 1일 배를 타고 6월 18일 일본국 장기도(나가사키)에 도착했다.

7월 초 4일에 배를 타고 이곳으로 왔다.

조선인 4선이 모두 영길리국 배이고 이 배들이 장사하러 간다면 한 배의 선격이 왜 이렇게 많은가. 배에서 장사에 쓸 물건은 무엇인가. 선격 가운데 다스리는 두령은 몇 사람이 있는가. 그의 성명은 무엇인가. 각각의 성명과 나이 그리고 4선의 배 이름을 하나하나 써서 보여라.

중국인 4척 가운데 3척은 영길리국 배이고, 한 척은 불란서국 배이다. 배는 모두 몸체가 크고 선구(船具)를 수리할 일이 많다. 또한 공장야주(工匠冶鑄)의 물건도 있다. 장사하는 큰 배는 모두 이와 같다. 배 가운데 먹을 것은 밥이나 떡, 사탕이 있을 뿐이다. 두령은 각 배에 한 명씩 있다. 내 이름은 주흥(朱興)이다. 나는 본래 나그네로 여기저기 떠돌아다니는 일꾼이다. 수많은 사람의 이름과 나이는 왜 알려고 하는가? 영길리국의 3척 가운데 한 척의 이름은 남경(南京), 두 번째는 흑신(黑身), 세 번째는 화선(火船)이고, 불란서 배의 이름은 없다.

조선인 영길리국은 어느 지방에 있는가. 수로는 몇 리이고 어디로 향해 가는가.

중국인 영길리국과 불란서국은 모두 서방에 있다. 수로의 이수(里數)는 멀어서 지나가는 길을 자세히 알 수 없다. 무역하는 것은 거의 처음이다. 각각 본국으로 돌아갈 예정이다. 다른 세 척에서 쓰는 언어와 문자는 모두 이 배와 같다. 내가 함께 가서 그들을 위해 자세히 답하겠다.

중국인 주흥과 조선인 관리들은 물 긷는 소선을 타고 두 번째 배가 닻을 내린 곳으로 갔다. 뱃사람들이 모두 나와 줄을 내려주었다. 줄을 붙잡고 올라가 배를 측량하고 짐물을 검사했다. 배 길이는 30파(90미터), 넓이는 7파(21미터), 높이는 8파(24미터)였다. 배의 층과 시렁, 사람의 생김새, 의복 제도는 첫 번째 배와 같았다. 배의 바깥은 검은 색으로 발라져 있었다.

배에는 선격 541명이 타고 있었다. 대포 25좌, 조총 25자루도 보였다. 배 안에는 밥솥 15좌, 물 긷는 통 20좌, 쌀 궤 25좌 등 취사기구뿐 아니라 양 7척, 개 3척, 오리 10수 등 동물들도 있었다. 나머지 사기그릇, 놋쇠그릇, 수저 등은 다 조사할 수 없었다.

세 번째 배는 길이가 25파(75미터), 넓이는 8파(24미터), 높이가 7파(21미터)였다. 배의 층과 시렁, 사람들의 생김새와 의복은 첫 번째 배와 같았다.

네 번째 불란서 배는 길이 15파(45미터), 넓이 10파(30미터), 높이 13파(36미터)였다. 배의 모습과 사람들의 생김새, 의복은 영길리국의 배와 같았다. 조선인 관리들은 다시 주흥과 문답했다.

조선인　남경 사람이 무슨 까닭으로 영길리국선의 고용살이꾼이 되었는가. 불란서국선은 무슨 까닭으로 같이 가게 되었는가?

주흥　나는 정처 없이 떠돌아다니면서 뱃일을 생업으로 삼아왔다. 남경과 영길의 배는 서로 통화(通貨)가 왕래하므로 이 배에 고용되었다. 이미 두 번 짐을 실어 운반했다. 불란서국선은 올해 6월 처음 배가 출발하는 길에 우연히 서로 만나 이곳에 오게 되었다. 다른 사정은 없다.

부산첨사는 부산진 제2전선장과 개운포 · 두모포 만호 등에게 이양선을 각별히 지키도록 했다. 그날 묘시(卯時, 오전 5~7시) 무렵, 이양선 4척은 닻을 올리고 오륙도 바깥 바다에 머물렀다. 3척이 진시(辰時, 오전 7~9시)에 먼저 앞으로 나아가고, 한 척은 사시(巳時, 오전 9~11시)에 앞으로 나아가 차차 동쪽으로 향하며 깊은 바다로 들어가 자취가 완전히 사라졌다. 이양선이 사라진 후 부산첨사가 돌아왔다. 부산첨사의 보고를 받은 경상감사 김학성은 동래에 왔던 이양선이 상선으로서 우연히 도착한 것이라고 조정에 보고했다.[96]

외국인에게 닭을 팔다

1855년에는 특히 영국 선박이 조선 해역에 자주 나타났다. 조선 측 기록에는 남아 있지 않지만, 영국 선박들은 동해안을 여러 번 탐사했다. 영국 함선 호네트호(Hornet)는 독도를 측량했다. 호네트호의 함장 포사이스(Charles Codrington Forsyth)는 독도를 '호네트 섬'(Hornet Island)이라고 명명했다. 존 킹(John W. King)이 편집한 《차이나 수로지(China Pilot)》(1861년 영국 해군성 수로부 발행)에는 다음과 같이 기록되어 있다.

H. M. S. 호네트호는 1855년에 독도를 호네트 섬이라고 이름
붙였다. 선장 포사이스는 호네트 섬의 위치를 북위 37도 14분, 동경
131도 55분이라고 기록했다. 그곳은 거칠고 메마른 두 개의
바위섬이다. 서북서쪽에서 동남쪽까지는 1마일(1.6킬로미터) 정도
떨어져 있다. 두 개의 바위는 약 1/4해리(463미터) 떨어져 있지만
분명히 암초로 서로 연결되어 있다. 바다에서 약 41피트(12.3미터)
정도 솟은 서쪽 섬은 설탕 덩어리 같다. 동쪽 지점은 더 낮고
평평하다. 바다는 깊고 섬들은 서로 가까이 접근해 있어 보이는데,
바로 일본해(the sea of Japan)를 거쳐 하코다디(Hakodadi,
하코다테를 말하는 듯함)를 향해 가는 배들의 항로에 위치해 있다.[97]

영국 전함 시빌호(Sybille)는 그해 4월 대한해협 서수도
(Broughton Channel)를 지나면서 이곳의 수로 사정을 본국에 알
렸다. 콘스탄틴호도 6월에 대한해협을 지나면서 수로를 조사한
결과를 해군성에 보고했다.[98] 이어 그해 여름 영국 측량선 사라센
호(Saracen)는 거문도(Port Hamilton)를 측량하고 거문도 항박도
를 작성했다. 사라센호의 리처즈(John Richards) 함장은 조선과
일본 해역을 탐사한 자료를 바탕으로 1855년 11월 영국왕립학회
중국지부에 논문을 발표하기도 했다.[99]
앨런은 1855년 "영국선 실비아호(Sylvia)가 부산에 기항. 존
(H. C. St. John) 함장은 한 토착민이 닭을 외국인에게 팔았다는 죄
로 태형 받는 장면을 목격함"[100]이라고 기술했다. 하지만 이는 오
류로 보인다. 해양사가 김재승은 실비아호가 조선에 온 것은 1875

19세기에 발간된 《해동여지도》에 실린 독도 부근 지도.

년이었다고 바로잡았다.

김재승에 따르면, 1875년 영국 해군 측량선 실비아호는 일본과 조선해역을 탐사했다. 실비아호의 존 함장은 자신의 항해기 《일본 항해록(The Wild Coast on Nipon)》(1880년 에든버러 간행)의 제12장에서 조선에 관한 내용을 기록했다. 존 함장은 부산포에서 이방인들에게 닭을 팔았다는 죄목으로 조선 주민들이 태형을 받았다고 기술했다. 이는 그가 부산포에 기항해서 조선인들과 직접 만났다는 증거다. 그는 또한 1878년 거문도에도 기항한 적이 있었는데, 거문도의 전략적 가치를 높이 평가하면서 영국이 다른

서구 열강보다 먼저 거문도를 점령해야 한다고 강조했다.[101]

이듬해 1856년에도 이양선은 끊이지 않고 조선 해역에 등장했다. 그해에만 경상남도 동래, 황해도 풍천과 장연 등에 이양선이 나타났다. 1856년 3월 23일 경상좌병사 심한영은 조정에 장계를 올렸다. 그는 동래부 용당포에 이양선이 출현했다는 보고를 받고 지방관과 함께 달려갔다. 이양선에 접근하자 뱃사람들이 줄을 내려주었다. 배의 모습은 극히 정밀하고 사치스러웠다.

이양선의 길이는 28파(84미터), 넓이는 5파(15미터), 높이는 7파(21미터)였다. 배는 3층으로 만들어져 있었다. 1층 좌우에 각각 대포 5좌와 조총 15자루가 있었다. 생김새는 조선의 것과 같았다. 돛은 3개였다. 2층 좌우에 각각 대포 13좌가 설치되어 있었다. 2층과 3층에는 칸칸마다 장롱처럼 꾸민 것이 8곳이나 있었는데, 모두 자는 곳이었다. 그 바깥에는 유리창을 만들었고, 안에는 푸르고 붉은 색깔로 그림을 그렸다.

뱃사람들의 생김새는 하나같이 기괴했다. 두발은 묶은 머리를 늘어뜨려 더부룩했다. 머리에는 모직물이나 무명실로 짠 천을 썼는데, 조선의 전립 같았다. 코가 높고 수염이 없었으며, 눈동자는 파랗거나 노랬다. 팔에 문신을 새긴 사람도 있었다. 옷은 모두 검은 모포와 붉은 색 모직물을 입었다. 상의는 달라붙는 저고리, 하의는 꽉 끼는 바지였다. 옷깃이 합해지는 곳을 단추로 이었고, 모두 검은 가죽신발을 신었다. 선격은 모두 150명이고 여인은 없었다.

그들은 조선인 관리를 웃으면서 맞이했다. 말이 통하지 않아

18세기 말 영국
해운회사의 주식 증서.

서 그들에게 글을 쓰게 했다. 글자 모양은 구름이나 그림 같았는
데 한글도 아니고 한자도 아니었다. 손짓을 하고 입으로 소리를
냈지만, 그 뜻을 알 수 없었다. 그들이 어느 나라의 어느 지방 사
람들인지 끝내 알 수 없었다.

　배 모양과 사람들의 생김새는 전해에 왔던 영길리국 배와 같
았다. 조선인 관리들이 과일과 채소 등을 주자 머리를 끄덕였는데
감사의 표시 같았다. 그들은 갑자기 하늘과 바다를 가리키고 사람
을 향해 손을 흔들었다. 조선인들이 배에서 내려가기를 재촉하는

뜻이 분명했다. 언어가 달라서 다시 물어볼 도리가 없었다. 오래 머물게 하며 문정할 수 없었다. 머지않아 배는 떠나갔다.[102]

이 배는 홍모국의 무역선이다

그해 8월에 또다시 용당포에 이양선이 나타났다. 8월 1일에 두 척이 동래부 용당포 앞 바다로 다가왔다. 동래부사 서당보가 달려가자 배 두 척이 해안에서 3리(약 1.2킬로미터)쯤 떨어진 곳에 닻을 내리고 있었다. 동래부사는 훈도와 별차 등을 데리고 문정하러 첫번째 배가 닻을 내린 곳으로 다가갔다. 뱃사람들이 줄을 내려주어서 곧 배에 올랐다.

배에 탄 사람들은 모두 괴상했다. 키는 크기도 작지도 않았다. 두발은 모자 털처럼 늘어뜨렸는데, 누렇거나 붉은 색깔이었다. 코는 높고 수염은 없었다. 눈동자는 파랗거나 노랬다. 팔뚝에는 침으로 글자를 새겼다. 머리에는 모직물이나 무명으로 만든 것을 썼는데, 전립 같았다. 파랗거나 검은 색 옷을 입고 있었는데 상의는 홑저고리, 하의는 홑바지를 입었다. 모두 모직물 같았다. 옷깃이 합해지는 곳은 단추로 이었고, 모두 검은 가죽신발을 신었다. 선격은 200명이고 여인은 없었다.

이방인들은 조선인 관리를 맞이해 자리를 마주하고 앉았다. 말이 통하지 않아서 필담을 나누었다. 그들의 글자 역시 한글도 아니고 한자도 아니었다. 그런데 이방인들 가운데 7명은 옷과 생김새가 다른 사람들과 달랐다. 문자를 깨달아 아는 것 같았다. 그들에게 필담으로 성명과 나이, 거주지, 표류해 온 사정을 물었다. 그들은 임대(林大, 18세), 정사(鄭四, 20세), 유삼(劉三, 17세), 황지(黃之, 19세), 용도(容到, 25세), 장양(張樣, 22세), 장광(張廣, 37세)이었다. 임대는 "우리 7명은 모두 남경 광동 사람이다. 함풍 6년(1856) 2월 28일 이 배에 같이 타고 광동으로 돌아가다 바람을 만나 이곳으로 왔다"고 썼다.

조선인 너희들은 모두 남경 사람인데 무슨 까닭으로 이 배에 탔는가. 이 배는 어느 나라 배이고 배 이름은 무엇인가. 무슨 일로 어느 곳으로 가는가.

임대 이 배는 홍모국선이다. 남경에서 무역하므로 함께 싣고 널리 돌아다니면서 장사하는 것 외에는 따로 다른 일은 없다. 배 이름은 '자자가타'(孜剌歌打)라고 한다.

조선인 남경과 홍모국 사이의 수로는 몇 리나 되는가?

임대 서로 거리가 멀어서 이수(里數)는 알 수 없다. 같이 탄 사람 수는 모두 200명이다.

조선인 장사하러 다닌다고 말했는데, 포와 총 등은 무슨 일에 쓰는가. 같이 온 배 한 척은 이 배와 함께 가는가. 이 밖에 배 몇 척이 같이 가는가?

임대 대포는 물이 얕은 곳을 만날 때 배를 앞으로 나아가게 하는데 쓴다. 조총은 방어하는 방편으로 삼아 싣고 있다. 나머지 한 척

외에 한 척이 있어 모두 3척이 동행한다.

배 모양은 정밀하고 사치스러웠다. 배의 길이는 19파(57미터), 넓이는 6파(18미터), 높이는 7파(21미터)였다. 배 가운데에는 3층의 간가가 있었다. 1층 좌우에는 각각 대포 6좌와 조총 20자루가 있었다. 2층에 장롱처럼 꾸민 것이 8곳이었는데, 모두 자는 곳이었다. 그 바깥에는 유리를 붙였고 안에는 푸르고 붉은 색을 발랐다. 3층에 있는 외양간에서는 양 7척, 개 2척, 닭 8수를 사육하고 있었다.

조선인 관리들은 이국인들에게 과일과 채소 등을 주었다. 이국인들은 머리를 끄덕이고 손을 바로 해 보였다. 감사하는 뜻 같았다. 관리들은 손을 흔들어 내려갈 뜻을 보이자 그들은 일제히 와서 읍하며 작별하는 몸짓을 지었다.

첫 번째 배에서 내린 관리들은 두 번째 배가 닻을 내린 곳으로 다가갔다. 배에서 내려준 줄을 타고 배에 올랐다. 첫 번째 배처럼 이국인들이 웃으면서 관리들을 맞았다. 생김새와 옷도 다르지 않았다. 선격은 600명이고 여인은 없었다. 그들의 언어와 문자도 역시 알 수 없었다. 그 가운데 한 사람이 붓을 잡고 글을 써서 보였다. "나는 남경 광동 사람이다. 성은 팽(彭), 이름은 우(友)이고 나이는 26세이다. 장사하러 이 배에 같이 탔다. 이 배는 홍모국선이다." 그 배가 떠난 날짜와 같이 탄 사정을 묻자 모두 임대가 글로 답한 것과 같았다. 관리들은 첫 번째 배의 경우와 마찬가지로 과일과 채소 등을 준 후 배에서 내렸다.

마을을 약탈하다

같은 날 또 다른 이양선 한 척이 용당포로 다가왔다. 8월 3일 동래 부사는 부산첨사, 훈도와 별차 등과 함께 문정하러 그 배가 닻을 내린 곳으로 다가갔다. 이번에도 줄을 타고 배에 올랐다. 이국인 들은 기쁘게 웃으며 그들을 맞이했다. 생김새, 옷 등은 먼저 온 배 의 경우와 같았다. 앞서와 마찬가지로 언어가 통하지 않았다. 그 가운데 한 사람의 생김새와 옷은 다른 사람과 달랐다. 그가 문자 를 아는 것 같아 필담을 나누었다. 그가 사는 곳과 성명, 나이, 표 류해 온 사정을 물었다. 그는 "나는 남경 광동 사람으로 성은 정 (鄭), 이름은 수(秀), 나이는 34세이다. 올해 2월 28일 이 배에 같 이 타고 다른 배 두 척과 함께 출발했다. 널리 돌아다니다가 광동 으로 돌아가려 할 때 뜻하지 않게 이곳으로 왔다"고 써 보였다.

> 조선인 너희들은 남경 사람인데 무슨 까닭으로 이 배에 같이
> 탔는가. 이 배는 어느 나라 배이고 배 이름은 무엇인가. 무슨 일로
> 왔고 어느 곳으로 가는가.
> 정수 이 배는 홍모국선이다. 남경과 통화하므로 같이 탔다. 장사를
> 업으로 삼고 있다. 3척 가운데 앞선 배는 이름이 있지만 다른 배는
> 이름이 없다.
> 조선인 배에 있는 사람은 몇 명쯤인가. 먼저 온 두 배에 나누어
> 탔는가. 남경 사람 8명과 너희들은 같은 마을에 사는 자들인가?
> 정수 우리들은 9명이고 광동부 사람이다. 나와 팽우는 장사하기

위해 각 배에 나누어 탔다. 임대 등 7명은 한 배에 타고 널리
돌아다니면서 매매하다가 광동으로 돌아가려 한다. 이 배에는 원래
모두 400명이 같이 탔다.

조선인　동행한 3척 가운데 관리가 같이 탄 배가 있는가. 광동과
홍모 사이의 길은 몇 리인가?

정수　이 배들은 장사하는 사선이므로 관리는 없고 두령이 두 명
있다. 이수는 멀어 자세히 알 수 없다.

그 나머지 사정도 여러 번 글로 물었는데, 임대가 답한 것과
다르지 않았다. 배의 길이는 32파(96미터), 넓이는 7파(21미터),
높이는 7파였다. 제1돛대의 길이는 13파(39미터), 제2돛대는 19
파(57미터), 제3돛대는 14파(42미터)였다. 삼판 사이에는 횟가루
를 바르고 동철로 둘러쌌다. 돛대의 3층 간가를 줄지어 이은 모습
은 모두 앞에 온 배와 같았다. 풍석 9건은 둘둘 말아 돛 위에 걸어
두었다. 소선 6척은 삼나무 가에 묶어 두었다. 배에는 쇠닻을 맨
둥근 줄 한 장, 대포 8좌, 조총 20자루가 실려 있었고 장롱처럼 꾸
민 것이 8곳 있었다. 또 밥솥 8좌, 쌀궤 20건, 물통 15건과 양 2척,
개 3척, 닭 4수, 오리 1수가 있었다. 나머지 물건은 다 조사할 수
없었다. 조선인 관리들은 과일과 야채 등을 공급해준 후 배에서
내렸다.

문정이 끝나자 이양선 3척은 돛을 달고 남쪽 바다로 떠나갔
다. 조선인 관리들은 이양선의 길이와 폭, 높이, 파수(把數), 배에
탄 사람의 이름과 물건 수 등을 기록한 문서를 책자로 만들어 비

당시의 황해도
장연현 지도.

변사로 올려 보냈다.[105]

　용당포에 이양선이 머물고 있을 무렵 황해도 풍천에도 이양선이 나타났다. 용당포의 이양선과는 달리 황해도 풍천에서는 조선인과 충돌하는 불상사가 일어났다. 그해 8월 4일 황해도 풍천부 상선리(上船里) 포동(浦洞) 바깥 바다에 돛대를 네 개나 단 큰 배 한 척이 떠 있었다. 그 배는 포동으로 다가와 정박했다. 20여 명 가까운 사람들이 배에서 내려 상륙했다. 그들은 가죽 전립이나 두

건을 쓰고 있었다. 희거나 검은 옷을 입고 있었는데, 어느 나라 사람인지 불분명했다.

이방인들은 곧바로 근처 포구 마을로 가서 닭과 돼지를 잡았다. 포구 주민들이 황급히 나와서 그들을 막았다. 하지만 이방인들은 조총에 꽂은 단창을 어지럽게 휘두르며 찔러 죽일 태세였다. 포구 주민들은 이 광경을 보고 놀랍고 두려워 달아났다. 이방인들은 비어 있는 세 집에 들어가 가축과 물건을 약탈했다. 닭 3수, 돼지 1구, 놋쇠사발 3좌, 낫 5개, 숟가락 14개, 젓가락 2쌍, 남자 겨울옷 2건, 여름옷 2건, 동전 5전을 거두어 곧 배에 올랐다. 이양선은 조수를 타고 금세 바다로 사라졌다.

포동의 두민은 즉시 황해감사 김연근에게 이 사실을 알렸다. 황해감사는 8월 13일 조정에 올린 장계에서 이번 이양선이 전례와 다르다고 보고했다. 이양선에 탄 사람들은 묻고 싶어도 머물지 않았고 뒤쫓아 가고 싶어도 미처 미치지도 못해서 떠났다. 그는 수사와 바닷가 읍진에 잘 타일러서 정탐하게 했다.[104]

풍천을 떠난 이양선은 남쪽 장연에도 나타나 물건을 약탈했다. 8월 8일 무렵 장연현 범곶포(凡串浦)에 이양선에서 내린 사람 15명이 마을로 난입했다. 그들은 손에 창검을 들고 무리를 지어 주민들을 위협하고, 닭 10수, 돼지 1수, 놋쇠사발 1개, 제사 때 수저를 담는 놋그릇 1개를 빼앗았다. 사람을 해칠 마음은 없었는지 물건만 훔친 다음 곧 먼 바다로 사라졌다.[105] 범곶포에서 서남쪽에 위치한 쾌암포(快巖浦)에서는 주민들의 닭을 빼앗고 은전 3엽을 던져놓고 떠나갔다. 은전은 민가에 봉해서 보관해두었다. 조정

에서는 이국인들에게 물건을 빼앗긴 주민들에게 그 값을 지불하도록 지시했다.[106]

제4부

근대 바다로 잠입한

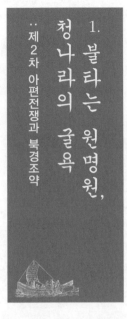

1. 불타는 원명원, 청나라의 굴욕

:: 제2차 아편전쟁과 북경조약

그 무렵 중국은 혼미를 거듭하고 있었다. 안으로는 태평천국의 난(1850~1864)이 대륙을 휩쓸고 있었고, 밖으로는 제2차 아편전쟁에 패하면서 서양 열강에 또다시 무릎을 꿇었다. 이제 제2차 아편전쟁의 경과를 살펴보자.

남경조약을 체결하고 돌아간 포틴저는 "하나의 새로운 세계를 열어놓았다. 이 세계는 너무나 넓기 때문에 랭커스터의 모든 공장 생산물은 그 나라 한 성의 옷감을 공급하기에도 부족하다"고 공언하면서 영국 산업 자본가들을 열광과 흥분의 도가니로 몰아넣었다.[1] 하지만 이 호언장담은 그리 오래 가지 못했다. 영국의 대중국 무역은 지지부진했다. 아편무역은 더욱 확대되었지만, 영국산 면제품 수출은 답보 상태였다. 1850년 영국의 대중국 수출 총액 가운데 60퍼센트는 아편이었고, 수입 총액의 84퍼센트는 차였다.[2]

중국 정부의 외교 자세도 영국으로서는 불만족스러웠다. 중국 정부는 항구를 열어 외국과 통상할 뿐 유럽 여러 나라와 대등한 외교관계를 맺으려 하지 않았다. 외국인들은 개항장 부근에서 거류지를 세울 수는 있었지만, 중국인들이 밀집해 있는 성 안으로 들어가는 것은 허용되지 않았다. 중국 관리들은 유럽 여러 나라 영사들의 회견 신청에 좀처럼 응하지 않았다. 그뿐만 아니라 광동에서는 배외운동이 거세게 일어나고 있었다. 영국은 무력을 써서라도 중국과 정식 외교관계를 맺기로 결정했다.[3]

전쟁의 빌미가 된 애로호 사건

전쟁의 빌미가 된 것은 애로호 사건이었다.[4] 당시 청나라 선박 가운데 일부는 홍콩에 선적을 등록하고 영국 국기를 달면서 여러 항구를 자유롭게 출입하고 있었다. 이 배들은 불법적인 행위로 악명을 떨치고 있었다. 몰래 아편무역을 벌이는가 하면 주민을 꾀어서 파나마 운하 건설의 노예 노동자로 팔아넘기기도 했다. 광동 주민들 가운데는 관헌의 눈을 피해 외국의 배로 도망치는 사례도 적지 않았다.

1856년 10월 8일(양력) 중국 관헌이 광동 해상에 정박하고 있던 애로호에 들이닥쳤다. 그 무렵 악명 높았던 해적 이명태 등을 은닉한 혐의로 임검을 실시한 것이었다. 관헌들은 애로호에서 중국인 해적 용의자 12명을 체포하고 영국 국기를 철거했다. 당시 애로호는 영국 국기를 달고 있었지만, 선장과 선원 한 명을 제외

차를 재배하는 중국 농민들.

한 선주와 선원들 모두가 중국인이었다. 게다가 애로호의 홍콩 면허장 등록 기간은 이미 9월 26일자로 만료되어 있었다.

　애로호 사건은 사소한 에피소드에 지나지 않았다. 하지만 빌미를 기다리고 있던 영국으로서는 절호의 기회였다. 10월 12일 광주 주재 영국 대리영사 파크스(Harry S. Parkes)는 양광총독 엽명침에게 체포된 중국인을 즉시 석방할 것, 검문할 때 영국 국기를 모독한 데 대해 서면으로 사과할 것 등을 요구했다. 엽명침은 정면으로 반박했다. 애로호는 청나라 선박이고 체포된 중국인 선원은 해적 혐의가 있으므로 석방할 수 없으며, 수색할 때 영국 국기를 모욕한 사실도 없다고 맞섰다. 양측이 몇 차례 교섭한 끝에 14일에 엽명침이 아홉 명을 석방하고 영국 영사관으로 보냈다. 하지만 파크스는 이들을 받아들이지 않았다. 자신의 요구가 완전히 충족되지 않았다는 이유를 내세웠다.

　파크스는 21일 엽명침에게 최후통첩을 보냈다. 48시간 이내에 12명 전원을 석방할 것, 서면 사과와 재발 방지 등을 요구했다. 만일 그렇지 않으면 영국 해군이 실력행사에 나설 것이라고 경고했다. 엽명침은 사태 악화를 막기 위해 22일 우선 12명 전원을 관리에게 호송시켰다. 파크스는 호송해 온 관리의 직급이 낮다며 꼬투리를 잡고 접수를 거절했다. 다음 날인 23일 영국 해군 소장 세이모어(Michael Seymour)는 군함 20척과 군사 2,000명을 이끌고 광주성을 공격했다. 광동에서는 배외감정이 격화되었고 외국인 거류지가 불태워졌다. 영국군은 본국에 증원군을 요청했다. 이로써 제2차 아편전쟁의 막이 올랐다.

　한편 1856년 2월에는 프랑스 선교사가 살해되는 사건이 일어났다. 프랑스 선교사 샤프들렌은 프랑스 외방전교회 소속으로 1853년에 불법으로 광서 서림현(西林縣)에 잠입, 선교활동을 벌이고 있었다. 그는 처음에는 지방관과 우호적인 관계를 맺었다. 하지만 1856년 2월 29일에 신도 25명과 함께 새로 부임한 서림지현 장명봉에게 체포되어 처형당했다. 프랑스 대리 공사 쿠르시(Comte de Courcy)는 배상금 지불과 책임자 처벌을 요구했지만, 엽명침은 이를 거부했다. 나폴레옹 3세는 선교사 살해사건을 계기로 중국에 보상을 받아내겠다는 뜻을 영국에 통보하고 원정군 파견 계획도 알렸다. 이를 계기로 영국과 프랑스 연합군이 조직되었다. 두 나라는 중국을 무력으로 위협해 새로운 이권을 확보하려

했다.

영국은 1857년 4월에 캐나다 총독을 역임한 엘긴(Earl of Elgin)을 전권대표로 임명했다. 원정군은 7월 말에 홍콩에 도착했다. 마침 인도에서 세포이 항쟁이 일어나자 원정군은 이를 평정하고 다시 홍콩으로 왔다. 한편 프랑스도 노련한 외교가인 그로를 전권대표로 임명했다. 프랑스군도 10월에 홍콩에 도착했다. 전권대표로 리드(William B. Reed)를 파견한 미국은 군대 파견에는 동의하지 않았지만 외교적으로 적극 지원하겠다고 약속했다. 러시아는 푸탸틴을 파견해 청나라 정부에게 국경 문제를 상의하자고 제안했다. 하지만 청나라가 교섭에 응하지 않자 영국과 프랑스에 접근했다.

1857년 12월 12일 영국 · 프랑스 연합군은 모든 원정 준비를 끝냈다. 엘긴과 그로는 양광총독 엽명침에게 외국인이 광주성에 입성하도록 허락할 것, 애로호 사건의 손해를 배상할 것, 서림사건에 관련된 지방관을 처벌할 것 등을 요구했다. 하지만 엽명침은 이를 무시했다. 엘긴과 그로는 다시 24시간 이내에 회답하라는 최후통첩을 보냈다. 하지만 엽명침은 이번에도 회답하지 않았다.

결국 12월 23일 영국 · 프랑스 연합군은 광동을 포격하고 다음 날 광주성을 함락했다. 엽명침과 광동순무 백귀는 포로가 되었다. 엽명침은 캘커타로 호송되어 그곳에서 죽었다. 후에 한 광동인은 엽명침을 '싸우지도 강화하지도 지키지도 죽지도 항복하지도 도망가지도 못했다'(不戰不和不守不死不降不走)라고 비꼬았다. 영국 · 프랑스 연합군은 광주를 함락한 후 더 이상 전쟁을 확대하지 않고 연합군 위원회를 통해 광주를 관리했다. 영국의 파크스와 할웨이(Thomas Hollway), 프랑스의 세네(F. Martinean de Chenez) 등 3인 위원회는 백귀를 괴뢰로 내세워 1860년에 북경조약이 체결될 때까지 3년 동안 광주를 다스리게 했다.

광주를 점령한 영국·프랑스 연합군은 목적을 달성하기 위해 북상하기로 결정했다. 이 계획을 미국과 러시아에도 통보했다. 미국과 러시아도 이들과 행동을 같이 하겠다고 나섰다. 1858년 12월 16일 영·프·미 3국(러시아는 당시 상해 영사를 설치하지 않았으므로 미국이 대행했다)의 주상해 영사는 소주(蘇州)에 있는 강소순무 조덕철에게 외교문서를 정부에 전해주도록 요구했다. 여기에는 외국 공사의 북경 상주, 개항장 증가, 자유여행 허가, 선교 허가와 기독교도 보호 등의 요구사항이 포함되어 있었다.

4국은 모두 1859년 3월 말 이전에 흠차대신을 상해로 보내 담판에 응하도록 중국 정부에 요구했다. 담판에 응하면 광주점령군을 철수하고 광주성을 반환하겠지만, 응하지 않으면 북상해서 전쟁을 확대하겠다고 위협했다. 이때 미국은 망하조약을 개정할 것을, 러시아는 흑룡강을 중국과 러시아의 새로운 국경으로 정하자고 요구했다.

천진조약을 체결하다

하지만 청나라 조정은 아직도 사태의 심각성을 깨닫지 못하고 있었다. 청은 양강총독인 하계청(何桂淸)을 통해 4국에게 각각 조정의 입장을 회답했다. 영국, 프랑스, 미국 등 3국 공사는 광주로 돌아가 신임 양광총독인 황종한과 협의할 것, 러시아는 5항구 통상과는 무관하므로 흑룡강으로 돌아가 흑룡강 장군과 협의하도록 하라는 것이었다.

4국 공사는 청의 태도에 불만을 품었다. 1959년 4월 영국은 10여 척, 프랑스는 6척, 미국은 3척의 군함을 이끌고 북상해 대고에 도착했다. 엘긴은 바로 천진으로 들어가려 했지만 그로의 반대로 중지했다. 4월 24일 4국 공사는 전권대신을 대고로 보내 담판하라고 청나라 정부에 요구했다. 이 요구서는 26일 북경에 도착했다. 28일 함풍제는 직예총독(直隸總督) 담정양을 흠차대신으로 임명하고 대고로 가서 담판하게 했다. 하지만 영국과 프랑스 공사는 담정양이 전권 자격이 없다며 회담을 거절했다. 미국과 러시아는 두 나라 사이를 조정한다는 구실로 중재에 나섰다.

영국·프랑스 연합군은 청나라 정부를 위협하기 위해 대고 포대를 공격하고 천진 교외로 진격했다. 그리고 중국 최고위 대신 두 명을 신속히 파견해 담판에 응하도록 요구하는 한편 이틀 안에 회신이 없으면 북경으로 진격하겠다고 경고했다. 청나라 정부는 부랴부랴 내각대학사(內閣大學士) 계량, 이부상서(吏部尙書) 화사납을 전권대신으로 임명해서 천진으로 보내 담판하도록 했다. 청

북경의 성에서 전투를 벌이는 청군과 연합군.

나라는 1859년 6월 13일과 18일에 미국, 러시아와 천진조약을 체결하고, 26일과 28일에는 영국, 프랑스와 천진조약을 체결했다.

천진조약은 외국 공사의 북경 상주와 평등예절, 서양인을 만이융적(蠻夷戎狄)이라고 부르지 말 것, 우장(牛莊)·등주(登州)·담수(淡水)·한구(漢口)·구강(九江)·남경(南京)·진강(鎭江) 등을 새롭게 개항할 것, 기독교의 중국 내지 포교의 자유와 외국인의 내지 여행의 자유를 허용할 것, 외국 상선과 군함이 양자강 연안의 개항장을 운항하도록 허가할 것, 관세의 감액, 배상금(영국에 400만 냥, 프랑스에 200만 냥) 지불 등을 규정했다.

영국, 프랑스, 미국, 러시아 4국은 청과 천진조약을 체결하면서 1년 안에 북경에서 비준서를 교환해야 한다고 못 박았다. 하지

당시 천진에 있던 황궁의 모습.

만 함풍제는 외국 공사가 북경에 상주하는 것을 바라지 않았다. 대신 계량과 화사납을 상해로 보내 영국과 프랑스 신임 공사가 중국에 오면 상해에서 비준서를 교환하도록 지시했다. 또 양광총독 황종한을 외교직에서 해임하고 하계청을 흠차대신으로 임명한 후 외교 업무를 맡도록 했다. 이 밖에도 영국·프랑스 군대가 다시 공격하는 것을 막기 위해 흠차대신 승격림심으로 하여금 대고 일대를 방어하게 했다. 하계청에게는 엘긴에게 상해에서 비준서를 교환하도록 요구하라고 지시했다.

하지만 영국과 프랑스는 북경에서 비준서를 교환하자고 고집했다. 1858년 초 영국은 신임 공사 브루스(F. W. A. Bruce)를, 프랑스는 신임 공사 부르불롱(M. de Bourboulon)을 파견했다. 브루스는 1859년 4월 말 홍콩에 도착했다. 그는 5월 중순에 부르불롱과 함께 계량에게 통고했다. 앞으로 북상해서 비준서를 교환하겠다는 것이었다. 이때도 함풍제는 외국 공사가 북경으로 오는 것을 바라지 않았다. 하지만 이미 사태는 걷잡을 수 없었다. 함풍제는 어쩔 수 없이 한발 양보하되 조건을 달았다. 수행원은 10명 이내로 제한하며 무기를 휴대하지 말 것, 비준서 교환 이후에는 즉시 돌아갈 것, 대고를 거치지 말고 북당(北塘)을 경유해서 북경으로 들어올 것 등을 요구했다.

하지만 영국과 프랑스는 끝까지 대고를 고집했다. 영국 해군 제독 호프(James Hope)는 6월 17일 대고에 도착했다. 당시 대고 해구에는 장애물이 설치되어 있었다. 호프는 공사가 천진으로 들어갈 수 있도록 3일 이내에 장애물을 치우라고 요구했다. 하지만 청군은 이를 받아들이지 않았다. 청나라 정부에서는 다시 공사들에게 백하(白河)를 경유하도록 요구했다. 영국과 프랑스가 대고를 고집하면서 결국 양군이 무력으로 충돌했다. 이 전쟁에서 영국·프랑스군이 패배했다. 청은 방어 준비가 튼튼했던 반면 영국·프랑스군은 수적으로 열세였다. 이 전쟁으로 영국 군함 4척이 격침되었고 사상자도 많았다.

함풍제는 이 소식을 듣고 20년 이래 없었던 쾌사라며 기뻐했다. 영국 집권당(휘그당)은 청나라를 군사적으로 보복하겠다고 결정했다. 10월 영국 외상 러셀(John Russell)은 브루스에게 영국 정부의 강경한 방침을 알렸다. 영국 해군이 본국에서 출발, 먼저 대고와 천진을 점령할 것이며, 북경으로 진군할 것인지 여부는 다시 결정하겠다는 것이었다.

청군이 궤멸되다

한편 미국 공사 워드(John. E. Ward)가 7월 28일 북경에 도착했다. 그는 청의 요구대로 북당을 경유했다. 하지만 삼궤구고의 예를 거절했기 때문에 함풍제를 알현하지는 못했다. 그는 대신 계량에게 국서를 전해주었다. 8월 16일 청과 미국의 조약 비준서가 북당에서 교환되었다. 영국인들은 훗날 미국의 독자적인 행위를 비난했다.

대고 전쟁에서 패한 영국과 프랑스는 대규모 원정군을 파견했다. 영국군 병력은 군사 13,225명, 군함 41척, 병력 수송선 143척이었고, 프랑스군 병력은 6,300명, 함선 60여 척이었다. 영국의 전권은 엘긴이, 프랑스는 여전히 그로가 전권을 쥐었다. 그랜트(J. Hope Grant)와 몽토방(Montauban)은 각각 영국·프랑스 원정군 사령관이었다. 연합군은 1860년 7월에 화북의 집결지인 대련(大連)과 연태(煙台)에 도착했다. 이들은 전년의 참패를 참작해 북당으로 상륙하기로 했다. 8월 1일 연합군은 아무런 저항 없이 북당을 점령했다.

당시 북당은 승격림심의 정예군이 방어하고 있었다. 하지만 전군이 거의 궤멸되었다. 8월 23일에는 천진도 함락되었다. 함풍제는 급히 계량을 흠차대신으로 삼아 천진으로 파견해 화의를 요구했다. 엘긴과 그로는 천진의 개항, 배상금 증액, 북경에서 비준서를 교환할 것 등의 조건을 내세웠다. 청은 이를 받아들일 수 없다는 뜻을 표했다.

영국·프랑스 연합군은 계속 진군했다. 통주(通州)까지 위험하게 되자 청의 태도는 누그러지기 시작했다. 조정은 이친왕(怡親王) 재원, 병부상서(兵部尙書) 목음을 흠차대신으로 파견했다. 그들은 각 조항의 내용을 결정하는 권한을 부여받았다. 통주 회담에서는 배상금의 현금 지불, 군대를 수행한 비준서의 교환 등 화의 조건에 타협했다. 하지만 연합군은 북경으로 들어가 황제를 배알하고 국서를 올려야 한다는 새로운 조건을 제기했다. 담판은 결렬되었다. 당시 함풍제는 "국체를 지키기 위해 어려운 것을 받아들일 수는 있다. 하지만 황제를 만나 국서를 올리려면 반드시 중국 예절에 따라 궤배(跪拜)의 예를 해야만 허락할 수 있다"고 말했다.

담판이 결렬된 후 재원 등은 영국의 화의 대표인 파크스 등 39명을 인질로 잡고 북경에 감금했다. 파크스 등의 오만한 언동이 청나라 사람들을 격분시켰던 것이다. 연합군은 곧바로 진격을 개시했다. 연합군이 통주를 함락하고 북경에 임박하자 청은 함풍제의 이복동생인 공친왕(恭親王) 혁흔을 흠차대신으로 삼아 화의에 나서게 했다. 함풍제는 서태후와 함께 북경 서쪽 교외에 있는 이궁(離宮) 원명원(圓明園)을 떠나 열하의 이궁(1708년 창건)으로 몽진했다.

연합군은 1860년 10월 6일 원명원을 점령했다. 북경에 남아 있던 대신들은 우선 파크스 등 8명을 석방했다. 하지만 13일 북경에 입성한 연합군은 중국 황제의 약속 위반과 배신을 응징한다며 원명원을 불태우고 적지 않은 보화를 탈취해 갔다.

원명원은 1709년 강희제가 황태자(뒷날의 옹정제)에게 하사한 이궁이었다. 옹정제부터 도광제 시대에 이르기까지 확장과 수리를 거듭했다. 원명원은 원명원, 장춘원(長春園), 만춘원(萬春園) 등 3원으로 이루어져 있어 원명삼원(圓明三園)이라 부르기도 하는데, 그 밖에도 주위에 많은 원을 거느리고 있었다. 건물 약 200동으로 이루어졌을 만큼 규모가 컸을 뿐 아니라 경치도 뛰어났다. 역대 황제들은 여름과 가을에 이곳에서 피서하면서 정무를 처리했다.

원명원은 처음부터 금원(禁苑)이었기 때문에 원명원에 대한 중국인들의 기록은 거의 없다. 당시 연합군에 참전한 외국인의 기록을 통해 원명원의 모습과 규모를 대략 짐작해볼 수 있을 뿐이다. 엘긴은 "그것은 지극히 정교한 장식품으로 만든 영국의 공원과 같다. 헤아릴 수 없이 많은 아름다운 건물에 시계, 동기(銅器) 등 중국의 진귀하면서도 아름다운 골동품이 가득 차 있었다"고 전했다.

청 제국의 영광을 상징하던 원명원은 이국 병사들에 의해 불태워졌고 금은보화는 탈취되었다. 프랑스군 사령관 몽토방은 그로에게 보낸 글에서 "원 안의 진귀한 보물들은 200차에 실어도 다 운반할 수 없다"고 말했다. 한 병사는 원명원을 하루 만에 다 불태울 수 없었기 때문에 부대가 야영하면서 그 다음 날도 이어서 불태웠다고 증언했다. 당시 북경에 있던 《타임스》 기자의 계산에 따르면, 당시 원명원에서 약탈·파괴된 재산은 600만 파운드에 가까웠다고 한다. 그로는 한 병사의 주머니 안에 2만 프랑에서 심지어 1백만 프랑어치의 보물이 들어 있었다고 증언했다. 원명원을 불태울 때 그 자리에 있었던 고든(Gordon)은 원명원을 떠날 때

폐허가 된 원명원의 잔해.

한 사람당 45파운드 이상을 약탈했다고 말했다.[7]

오랑캐의 이미지가 바뀌다

함풍제는 북경을 떠나면서 공친왕에게 뒷일을 지시했다. 영국과 프랑스의 요구를 받아들일 것, 천진조약의 비준서를 교환하고 그들이 신속히 북경을 떠나도록 할 것, 북경 상주 문제를 의논할 것 등이었다. 공친왕은 1860년 10월 24일과 25일에 영국, 프랑스와 각각 북경조약을 체결했다. 북경조약에는 천진조약을 인정하는 것 외에 다음과 같은 사항이 추가되었다. 천진의 개항, 중국 노동자의 출국 인정, 구룡반도를 영국에 할양할 것, 금교 조치로 국가에 귀속된 구(舊)천주교 재산의 반환, 천진조약에 합의된 배상금에 800만 냥을 추가할 것 등이었다.

한편 러시아는 제2차 아편전쟁이 일어나기 전에 청과 아이훈 조약을 체결했다. 1858년 5월 시베리아 총독 무라비요프는 흑룡강 장군 혁산을 위협해 아이훈(璦琿)에서 조약을 체결했다. 흑룡강 좌안을 러시아령으로 할 것, 흑룡강으로 흘러들어오는 우수리강 우안과 태평양 연안의 지역을 공동으로 관리할 것, 흑룡강·송화강·우수리강의 항해권은 양국의 선박만이 누리며 이 세 강의 주민은 서로 교역할 것 등이 주요 내용이었다. 이 조약으로 흑룡강 이북의 60여만 제곱킬로미터 땅이 러시아로 넘어갔다.

또한 1858년 6월 13일 푸탸틴은 계량·화사납과 천진조약을 체결했다. 연합군을 물러나도록 조종한 공로를 내세운 결과였다. 이 조약으로 러시아인들은 상해·영파·복주·하문·광주 등지에서 중국과 무역할 수 있는 권한을 획득했다. 1860년에 영국·프랑스 연합군이 북경을 함락하고 북경조약을 체결하자 러시아에서 파견한 이그나티예프(Nikolai P. Ignatiev)는 11월 14일에 공친왕과 북경조약을 체결했다. 이 조약으로 중국과 러시아 공동으로 관리하기로 되어 있던 우수리강(烏蘇里江) 이동의 연해주 지역 40만 제곱킬로미터의 땅이 러시아로 넘어갔다. 러시아는 이를 계기로 블라디보스토크(Vladivostok, 러시아어로 '동방의 지배'란 뜻)를 건설했다. 그 결과 러시아는 조선과 직접 국경을 맞대게 되었다.

영국·프랑스 연합군은 북경을 점령한 후 3주일 정도밖에 주둔하지 않았다. 하지만 연합군은 중국인들에게 깊은 인상을 남겼다. 그때까지만 해도 대부분의 중국인들에게 서양인은 '이'(夷)에 지나지 않았다. 이는 문화적으로 중국인과 확연히 구별되는 존재였다. 성품이 금수와 같고 신의가 없다는 것이 이의 이미지였다. 중국에서 화이(華夷)를 구분하는 표준은 혈통이 아니라 문화였다. 아직 중국 문화에 동화되지 못한 존재가 바로 이였다.

그런데 영국·프랑스 연합군의 행동은 오랑캐의 이미지와는 달랐다. 북경조약을 체결하기 위해 예부로 가던 엘긴의 행렬을 보고 "행군 대오는 물고기를 꼬치에 꿴 것 같았다. 앞 열은 큰 깃발을 들고 뒤 열은 작은 깃발을 들고 있었다. 보병은 한 줄이 10명씩 두 줄로 20명이 한 대오를 이루고, 기병은 한 줄이 5명씩 두 줄로 10명이 뒤따랐다. 보병과 기병 사이에는 간격이 있었다. 보병이 많고 기병은 적었다. 보병과 기병은 선두에서 후미까지 30미터 정도였는데, 보무가 가지런했다"고 관찰한 기록이 남아 있다. 연합군의 군기도 중국인들에게 눈길을 끌었다. 어떤 사람은 연합군이 "줄을 맞추어 서행하는데, 화기나 군기가 우리 것과는 비교가 되지 않았다. 더구나 그 기율은 우리가 그들에게 미치지 못한다"고 감탄했다.

이처럼 서양인에 대한 잘못된 인식은 연합군의 북경 점령으로 조금씩 깨져갔다. 일부 서양 군인들은 중국인들에게 행패를 부리기도 했다. 하지만 그때까지 막연하게 오랑캐라며 무조건 서양을 무시하던 중국인들의 태도는 연합군의 엄격한 기율을 보고 바뀌어갔다.

외교의 격도 달라졌다. 그때까지 중국의 대서양 교섭인 '이무'(夷務)는 광주나 상해 등지의 변강(邊疆) 대신이 맡았다. 하지만 연합군이 북경을 점령하면서 조정의 중추요직 인사가 직접 북경에서 담판했다. 이에 따라 서양에 대한 인식은 좀 더 구체화되었다. 공친왕은 영국 공사 엘긴, 프랑스 공사 그로, 러시아 공사 이그나티예프 등을 몇 차례 직접 만났다. 그는 함풍제에게 연합군이 이전처럼 성질이 사납고 교만하지 않다고 상주했다.[6]

2. 도깨비처럼 걷거나 달리다

:: 철종 말년의 이양선들

중국에서 제2차 아편전쟁이 한창이던 1850년대 말부터 조선 해역에서는 이양선 출몰 사건이 부쩍 잦아졌다. 1859년에는 영국 상선 애서아말호(愛西亞末號)가 동래에 나타났다. 그해 5월 9일 흰색 돛을 세 개 단 이양선 한 척이 동래 용당포 앞 바다에 닻을 내렸다. 경상좌수사 조희원은 이 사실을 즉시 통제사 심낙신에게 보고했다. 통제사는 신속히 문정하고 보고하라고 엄히 타일렀다.[7]

5월 11일 훈도 김계운, 별차 이종무는 소통사 김정렬·이완수·추맹풍·김응상 등을 데리고 이양선으로 다가갔다. 배에서 세 사람이 나타나 관리들에게 줄을 내려주었다. 문정관들은 줄을 타고 올랐다.

배 안에 있는 사람들은 하나같이 괴상했다. 머리카락은 더부룩했고, 눈동자는 파랗거나 노랬다. 팔뚝에 침으로 글자를 새긴 사람도 있었다. 머리에는 비단이나 모직물로 만든 것을 썼는데, 전립 같았다. 홑저고리와 홑바지는 모두 전단으로 만든 것이었다. 옷깃이 합해지는 곳은 단추로 이었고, 모두 검은 가죽신발을 신었다.

우리는 식량을 사러 왔다

배에는 모두 130명이 타고 있었는데, 여인은 없었다. 그들은 조선 관리들을 웃으면서 맞았다. 편안하게 자리에 앉아 대화하려 했지만 말이 통하지 않았다. 그래서 그들에게 글을 쓰게 했다. 글자 모양은 구름이나 그림 같았는데, 한글도 아니고 한자도 아니었다. 그들 가운데 무리와는 다른 두 사람이 있었다. 옷도 달랐고 생김새도 괴상하지 않았다. 필담을 아는 듯했기 때문에 문정관들은 그들에게 따로 글을 써서 물었다. 첫 번째 사람은 성은 오(吳), 이름은 월당(月堂)으로 나이는 28세였다. 두 번째 사람은 주화(周華)로 18세였다.

오월당   우리 둘은 남경 지방 상해원(上海院) 사람이다. 함풍 9년(1859) 4월 1일 이 배에 함께 타고 장사하러 만주로 가다가 바람을 만나 표류했다. 먹을 것을 사러 뜻하지 않게 여기로 왔다.
문정관   너희들은 남경 사람이라고 했는데, 무슨 까닭으로 (이 배에) 같이 타게 되었는가. 이 배는 어느 나라 배이고 배 이름은 무엇인가. 만주는 어느 나라 어느 지방인가. 사려는 것은 무엇인가. 먹는 것은 또 무엇인가.

오월당 이 배는 대영국선이다. 남경은 이 나라와 통상하고 있다. 상해원의 관장이 나를 영국 통역관장으로 파견했다. 그들과 함께 같이 타고 두루 돌아다니면서 시중드는 것이 나의 일이다. 널리 돌아다니며 장사하는 것 외에 다른 일은 없다. 배 이름은 애서아말(愛西亞末)이다. 만주는 남경의 속읍이고 북쪽 변경 지방이다. 사고 싶은 것은 소, 닭, 채소이다. 먹는 것은 밥이나 엿 종류이다.

문정관 남경과 대영국, 상해원과 남경, 만주와 상해원 사이의 거리는 수로로 얼마인가. 상해원의 관장은 몇 사람이고, 배의 두령은 몇 사람인가. 같이 탄 사람은 몇 사람인가.

오월당 상해원과 남경 사이의 수로는 800리, 대영국 사이의 거리는 6만 리, 만주 사이의 거리는 2천5백 리이고, 육로로는 모두 통하지 않는다. 관장은 한 사람이 있다. 배에 같이 탄 사람은 우리 두 사람과 함께 130명이다. 두령은 한 사람인데, 성은 화(華), 이름은 첩(疊)이다. 그 밖에 다른 사람의 성명은 모두 알 수 없다.

문정관 선상(船商)을 업으로 삼는다고 했는데, 포와 총은 왜 실었는가. 이것 외에 동행하는 배는 몇 척인가.

오월당 대포는 물이 얕은 곳을 만나면 (배를) 밀어내는 데 쓴다. 조총은 해상에 널리 다니면서 방어하기 위한 방편으로 삼는다. 이 배 외에 한 척이 동행한다.

문정관들은 그 밖에도 여러 차례 글로 사정을 물었지만 오월당은 답하지 않았다.

　배는 매우 크고 사치스러웠다. 배의 길이는 20파(60미터), 넓이는 5파(15미터), 높이는 6파(18미터)였다. 배 가운데는 3층 간격(間隔)이 있었다. 1층 좌우에는 각각 대포 10좌, 대철환(大鐵丸) 260개, 조총 20개가 설치되어 있었다. 포와 조총은 조선의 것과 비슷했다.

　2층에는 장롱처럼 생긴 곳들이 있었는데 자는 곳이었다. 그 바깥에는 유리를 붙여 봉창처럼 만들었다. 그 안에 푸르고 붉은 것을 발랐는데 그림 같았다. 밥솥 6좌, 쌀궤 18좌, 물 긷는 통 12좌, 자명종 5좌가 보였다. 3층의 외양간에서는 개 3척, 닭 15수, 고양이 1척을 기르고 있었다.

　문정관들은 이방인들에게 과일과 채소 등을 전해 주었다. 그들은 머리를 끄덕이고 손으로 감사하다는 뜻을 표시하는 것 같았다. 손을 흔들며 배에서 내릴 뜻을 보이자 그들도 손으로 작별하는 몸짓을 했다. 배에서 내린 문정관들은 동래부사 김석에게 이국인과 이양선을 그린 그림을 바쳤다. 또 이양선에 땔나무와 물을 들여보내고 지켰다. 애서아말호는 머지않아 신초량(新草梁)으로 옮겨 갔다.

오랑캐의 일은 헤아리기 어렵다

문정관들의 보고를 받은 통제사 김낙신은 지방관들의 죄를 물었다. 동행하는 배가 어느 곳으로 가서 비단이나 은으로 사고 파는지 자세히 고하지 않았고, 여러 번 따져 물어야 하는데도 그렇지 않았기 때문이었다. 문정을 소홀히 한 죄 때문에 훈도 등은 곤장을 맞았다. 수호장(守護將) 등도 엄하게 처벌받았다. 이국선이 제멋대로 왜관이 지척인 곳에 배를 대도록 했기 때문이었다.[8]

애서아말호가 초량에 머물 때 중국인 오월당은 조선 통역관에게 물품을 지급해주도록 요청하는 글과 물종건기(物種件記, 물품 종류를 기록한 문서)를 전해주었다. 물종건기에는 암송아지 2척, 닭 250척, 생선, 야채, 백지(白紙) 200장, 인삼, 녹용 5대(對), 갓 4항(項), 사슴가죽 2쌍, 인삼뿌리 30전, 소금에 절인 물고기 300근(觔), 달걀 1천 7백 척, 흰엿 200근 등이 적혀 있었다. 그 가운데 인삼과 녹용은 나라에서 금하는 물건이었기 때문에 관리들은 이양선의 요청을 거절했다.

애서아말호는 초량에서 미포(尾浦)로 옮겨 갔다. 미포에서는 일부 선원들이 육지에 상륙했다. 그들은 작은 배에 나누어 타고 포구에 내려와 물을 길어 배에 실었다. 산에 올라 지형을 그리기도 했다. 그런데 17일에 불상사가 일어나고 말았다. 그날 날이 저물 무렵 애서아말호의 선원들은 조선인들을 강제로 배에 오르게 했다. 개운포 배리(陪吏, 고을의 으뜸 벼슬아치나 지체 높은 양반이 출입할 때 따라다니던 아전이나 종) 유준범, 두모포 배리 김두순, 홍석복 등 세 사람이 배에 올랐다. 선원들은 이양선을 지키던 배를 쫓아버리고 그들을 밤이 깊도록 내려 보내지 않았다.

관리들이 오월당에게 항의하자 곧 풀어주었다. 관리들은 이양선에 붙잡힌 세 사람에게 밤을 지낸 사정을 물었다. 오월당은 그들에게 "왜 녹정물종(錄呈物種)에 대해 회답이 없느냐"고 물었다. 그들은 "우리들은 배를 지키고 잡인을 금하는 일을 맡고 있으므로 이번 일은 아는 바가 없다"고 답했다고 한다.[9]

5월 28일 조정은 애서아말호에서 요청한 물품을 지급해주라고 결정했다. 비변사에서는 임금에게 다음과 같이 건의했다. 이양선에서 구하는 여러 종류의 물건은 뒷날 폐단이 있을 염려가 있으므로 갑자기 허락할 수 없다. 하지만 약재, 반찬거리 등은 유원지의에 따라 반드시 거절할 필요는 없다. 그들이 요청한 물건을 알맞게 마련해주어야 한다. 3현령(懸鈴, 옛날의 지급 통신)으로 지방관들에게 알려주는 것이 좋겠다.[10]

다음 날 조정에서는 애서아말호 사건이 화제에 올랐다. 철종은 희정당에서 도제조(都提調) 박회수, 제조(提調) 김위, 부제조(副提調) 심승택를 만났다.

철종 며칠 전에 대영국의 표류선이 우리나라 땅에 와서 댔다는 장계가 있었다. 그들이 요청한 물건은 그리 많지는 않지만, 한번 허가해주기 시작하면 뒷날의 폐단이 일어날까 걱정스럽다.

도제조 박회수 성교(聖敎)가 지당하십니다. 문정 후에 식량을 지급하는 것은 전례가 있습니다. 그들이 구하는 물품은 뒷날의 폐단에 관련되므로 마땅히 엄한 말로 거절해서 물리쳐야 합니다. 그들처럼 떼를 지어 다니며 약탈을 일삼는 도둑의 무리는 보통의 일처럼 꾸짖을 수 없습니다. 그들이 만약 거리낌 없이 방자하게 흉악한 일을 일으킨다면 도리어 국체(國體, 나라의 체면)를 잃게 됩니다. 유원지의에 따라 그들이 청한 것을 허락해 주십시오. 몇 년 전에 불란서국의 표류선이 정박할 때도 청하는 바가 있었습니다. 해당 도에서 법에 근거해서 주지 않자 크게 갈등을 일으켰습니다. 조정에서는 그들에게 준비해줄 것을 허락하도록 아뢰었습니다. 전의 표류선에서 청한 것은 땔나무와 식량, 채소, 과일 등에 지나지 않았습니다. 이번에 그들이 청한 물건을 보니 수가 많을 뿐만 아니라 인삼, 녹용, 소까지 있었습니다. 그것이 버릇이 될까 두렵습니다. 하지만 이미 허락해 주기로 했으니 어떻게 서로 견주어서 더하거나 덜할 수 있겠습니까?

철종 표류선의 무리에게 허락하면 몹시 책망하기 어렵다. 관장을 빙자해서 갑자기 백성의 재산을 빼앗았는데, 그 버릇이 더욱 미워할 만하다.

박회수 이번에 대선이 닻을 내린 곳은 이양선의 출몰이 잦은 지역입니다. (그들이) 백성들의 재산을 빼앗는 일은 미워할 만합니다.

철종 그들의 관장이 어떻게 이런 행동을 하는가?

박회수 그들의 관장을 어떻게 사람의 도리로써 책망할 수 있겠습니까. 그들의 글과 언어가 자세히 해석할 수 없으므로 전부터 이선이 왕래할 때는 반드시 대국인(청나라 사람)이 끼어 있습니다.

이번에도 성이 오(吳)인 사람이 배에 있으면서 글자를 통해
제멋대로 폐습을 저지른다고 합니다.

철종   그들이 산천을 그리기도 하고 높은 곳에 올라가 멀리
바라보는 것은 무척 도리에 어긋난다.

박회수   이번뿐만 아니라 근년에 이선이 정박하면 매번 높은 곳에
올라서 그림을 그립니다. 오랑캐의 일은 헤아리기 어렵습니다.[11]

거문도와 부산을 측량하다

동래에 출현한 애서아말호의 정체는 영국 군함 악테온호
(Actaeon, 그리스 신화의 사냥꾼 악타이온)였다. 1855년 크림전쟁
때 영국 함대는 타타르 만에서 러시아 함대를 나포하려 했다. 하
지만 수로를 몰랐기 때문에 실패하고 말았다. 그 후 영국 해군성
에서는 타타르 만과 조선 해역의 수로를 조사하러 악테온호와 도
브호(Dove)를 출동시켰다.

악테온호는 대포 26문을 장착한 구식 전함이었다. 베이트
(Bate) 함장이 지휘하고 1백여 명이 승선했다. 도브호는 악테온호
의 부속선으로 60마력의 기관이 장착된 소형 증기범선이었다. 함
장은 불록(C. Bullock)이고 승선 인원은 30명이었다. 1856년 11월
17일(양력) 포츠머스항을 출항한 악테온호와 도브호는 이듬해 8
월 10일에 홍콩에 도착해 1858년 천진조약이 체결될 때까지 전쟁

에 참가했다. 1857년 베이트 함장이 광동에서 전사하자 웨이드 (John Wade)가 악테온호를 지휘했다.

웨이드 일행은 천진조약이 체결된 이후 3년 동안 상해를 중심으로 수로 조사 업무를 맡았다. 1859년 5월 2일 상해를 출발한 악테온호는 5월 6일 거문도에 도착했다. 약 2주일 동안은 제주해협을 비롯해 남해안 일대를 조사했다. 5월 18일에는 거문도를 떠나 쓰시마를 거쳐 6월 9일 부산에 도착했다. 부산에서 조사를 마친 후 6월 21일에는 다시 동해로 나아갔다. 울릉도를 조사하고 타타르 만과 일본 연안을 거쳐 다시 11월 23일 부산에 들러서 상해에 도착했다. 1860년 주로 중국 연안인 발해를 조사했고 1861년에는 일본 남부와 조선 서남부 해안을 탐사했다. 악테온호는 그해 12월 영국으로 돌아갔고, 도브호는 중국 함대에 남아서 수로 조사 업무를 계속했다.

웨이드는 거문도와 부산 일대를 정밀하게 측량했다. 그 밖에 간이측량으로 대부분의 해도 원도를 작성했다. 다음의 해도 15종 가운데 14번만 불록이 도면으로 그렸고, 나머지는 웨이드가 작성해서 해군에 보고했다. 부산항 측량 결과로 인해 1840년에 브로턴의 측량을 바탕으로 작성된 〈부산 항박도〉가 전면 개편되었다. 추자군도는 이때 처음으로 별칭이 붙었다. 악테온호와 도브호에서 작성한 해도는 다음과 같다.

1. 삼태도 및 소흑산도에서 추자군도(Hydrographer Group and Ross Is. to Bate Group with plan of Hydrographer Group)

2. 수중관도(Mauru Is.)

3. 소흑산도(Ross or Alceste Is.)

4. 소흑산도에서 쓰시마(Ross Is. to Tsu-shima)

5. 조도포에서 거문도(Murray Sound to Port Hamilton)

6. 거문도에서 역만도 및 상백도(Nan How Group(P. Hamilton) to Farmer Is. and Castle Is.)

8. 쓰시마에서 울릉도 및 삼도(三島)(TsuSima to Matusima and Minosima)

9. 부산항(초량해) 및 부근(Tsau-liang-hai or Chosan Harbor and approaches)

10. 부산항 북부 해안(Coast north of Tsau-liang-hai)

11. 부산-일본군 주둔지(동래왜관)(Tsau-liang-hai-Japanese Military Settlement)

12. 울릉도(MatuSima or Dagelet Is.)

13. 울릉도 북부 수심도(MatuSima-Soundings north of)

14. 욕지도에서 부산 및 쓰시마(Observatory Is. to Tsau-liang-hai or Chosan Harbor and Tsushima)(불록이 작성)

15. 제주도에서 쓰시마 및 고토(五島)(Quelpart to Tsu-sima and Goto Is.-Soundings-)

이 해도들 가운데 15번만 1861년에 작성되었고, 나머지는 1859년에 완성되었다. 도브호를 지휘했던 불록은 1861년부터 서펜트호(Serpent) 함장으로 승진한 후에도 우리나라 주변 해역의 조사 업무를 계속했다. 악테온호의 경리사관 블래크니(W. Blakeney)는 악테온호와 도브호의 조사 활동을 기록해서 1902년 에 출판하기도 했다.[12]

웨이드는 부산항뿐만 아니라 그 주변 해안선까지도 측량했다. 1860년 영국 해군에서 발행한 〈초량해(브로턴의 조선항)와 부근 조선 해안(Tsau-liang-hai〈Chosan Harbour of Broughton〉 with the adjacent of Tchao-Sian)〉에는 영도가 섬으로 표기되었고, 주민들의 말을 빌려 부산을 초량해(Tsau-liang-hai)로 표시했다. 웨이드는 〈부산항 북부의 해안선〉과 〈부산의 일본군 주둔지역〉도 대략도로 작성했는데, 1871년 6월 30일 영국 해군 수로부에서 〈조선 다도해(Korea Archipelago)〉란 이름으로 출판되었다. 여기에도 부산이 초량해로 표기되었다.[13]

중국 황제가 피신한 것이 사실인가

한편 1859년 악테온호와 도브호는 동래 용당포에 나타나기 전에 거문도에 머물고 있었다. 그때 거문도의 유학자 김유는 이들과 필담을 나누었다. 김유의 문집 《해상기문》에는 김유와 중국인 통역관의 대화가 기록되어 있다. 다음은 1859년 4월 4일(음력) 김유와 중국인 통역관 오열당(吳悅棠, 《일성록》에는 吳月堂으로 기록됨)이 나눈 대화다.

김유　어느 나라 배입니까?

오열당　대영국 배입니다.

김유　배 안의 여러 분은 모두 별고 없으십니까?

오열당　덕택에 모두 건강합니다.

김유　당신의 복장은 저 사람들과 다른데, 혹시 중국 사람이
아닙니까?

오열당　맞습니다.

김유　현재 어느 곳에 사십니까?

오열당　송강부(松江府) 상해현(上海縣)입니다.

김유　당신의 성명은?

오열당　성은 오(吳), 이름은 열당(悅棠)입니다.

김유　무엇 때문에 이 배에 같이 타셨습니까?

오열당　우리가 저 사람들과 통상한 지 10년에 가깝습니다.

김유　이제 어느 나라를 향해 가십니까?

오열당　조선으로 향해 왔습니다.

김유　무슨 일로?

오열당　지방을 구경하러 왔습니다.

　낯선 배가 조선 해안으로 찾아왔을 때, 승무원들의 안부와 국
적 등을 먼저 묻는 것은 관습에 가까웠다. 관리가 아니었던 김유
의 문정 태도도 여기에서 벗어나지 않았다.

　김유　감히 묻습니다. 함풍황제(咸豊皇帝, 청의 문종)께서

어가(御駕)를 바닷가 지방으로 옮기셨다는데, 사실입니까?

오열당 그렇습니다.

김유 바닷가 어느 쪽으로?

오열당 천진입니다.

김유 천진은 어느 쪽에 있습니까?

오열당 북경 동쪽 바다 어귀입니다.

김유 북경에서 남경 사이의 이수(里數)는 얼마입니까?

오열당 5천 5백 리입니다.

김유 천덕왕(天德王, 태평천국의 난을 일으킨 홍수전)의 백성은 모두 장발(長髮)했습니까?

오열당 그렇습니다.

김유 당신이 머리에 쓴 관(冠)은 무엇이라고 부릅니까?

오열당 소모(小帽)라고 합니다.

김유 배 안에 자명금(自鳴琴, 태엽의 힘을 이용해 저절로 소리가 나는 악기)이 있습니까?

오열당 있습니다.

김유 얻어 들을 수 있습니까?

오열당 좋습니다. 그러나 놈이 방금 식사를 하고 있어서 시킬 수 없습니다.

김유 놈이란 누구를 말하는 것입니까?

오열당 하인입니다.

김유 어느 날 배가 떠날 예정입니까?

오열당 3, 4일 후에 떠납니다. 14년 전에 대영국의 배가 이곳에 온 일이 있습니까?

김유 그렇습니다.[14]

김유는 고루한 유학자가 아니었던 것으로 보인다. 그는 중국 대륙의 아편전쟁과 태평천국의 난에 대해 어느 정도 소식을 듣고 있었던 것 같다. 오열당이 말한 14년 전 일이란 1845년 6월부터 8월 사이에 제주도와 거문도를 찾아왔던 사마랑호를 말하는 듯하다. 김유는 1859년 5월 12일 도브호의 중국인 통역관 시유신(柴維新)과도 필담을 나누었다.

김유 어느 나라 배입니까?

시유신 대영국 배입니다.

김유 사선입니까?

시유신 병선입니다.

김유 배 이름은 무엇입니까?

시유신 도부선(道夫船, Dove)입니다.

김유 선주의 성명은?

시유신 북록갈(北祿葛, Bullock)입니다.

김유 당신은 중국 사람입니까?

시유신 영파(甯波) 사람입니다.

김유 영파(甯波)는 영파(寧波)입니까?

시유신 그렇습니다.

김유 영파는 절강(浙江) 땅이 아닙니까?

시유신   그렇습니다.

김유   절동(浙東, 절강의 동쪽)에 속합니까, 절서(浙西, 절강의 서쪽)에
속합니까?

시유신   절동입니다.

김유   당신은 영국에 간 적이 있습니까?

시유신   가지 못했습니다.

김유   성명은 어떻게 되십니까?

시유신   성은 시(柴)이고, 이름은 유신(維新)입니다.

김유   당나라 시소(柴紹, 당 고종 때의 명신으로 곽국공(霍國公)에
봉해졌다)의 후예입니까?

시유신   맞습니다. 세충(世忠)의 후손입니다.

이 필담으로 미뤄보면, 김유는 중국의 지리와 역사에 밝은 편
이었다. 당시 지식인들은 유교적 교양과 역사적 지식이 풍부했다.
때로는 우리나라의 지리와 역사보다 중국의 지리와 역사에 더 정
통하다는 것을 자랑하기도 했다.

김유   이제 어느 나라를 향해 갑니까?

시유신   만주를 향해 갑니다.

김유   무엇 때문에?

시유신   그 나라 왕을 만나보려는 것입니다. 여기에서 만주로
가려면 어느 쪽으로 향해 가야 합니까?

김유   만주는 대청국의 본거지인데 당신은 이것을 아십니까?

시유신　알고 있습니다.

김유　만주는 막북(漠北, 고비사막 북쪽의 땅)에 있습니다. 여기에서
길을 떠나 동해의 경계를 향해 가서 다시 북쪽으로 들어가야
합니다.

시유신　길의 이수는 얼마나 됩니까?

김유　나도 알지 못합니다. 그러나 육로로 계산한다면 5천 리보다
짧지는 않을 것입니다. 당신은 몇 살입니까?

시유신　스물두 살입니다. 나는 절강성(浙江省) 영파부(寧波府)의
업현(鄞縣) 사람입니다. 아홉 살 때 그들에게 불려가서 아홉 해 동안
지내고 돌아왔습니다. 그 때문에 영국 문자는 알지만 중국 문자는
배운 지 겨우 반 년이라 잘 알지 못합니다. 나의 부모 형제 처자는
모두 강남 상해현에 있습니다. 우리 아버지는 의생(醫生)이고 형은
무거(武擧, 청나라 때 무향시[武鄕試]에 합격한 사람)이며 나는
통사(通事, 통역)입니다.

　시유신의 이력은 이채롭다. 그가 아홉 살 때 누구에게 어디로
불려갔는지는 명확하지 않지만, 9년 동안이나 영어를 배웠다는
말은 퍽 흥미롭다.

김유　천덕왕(天德王) 홍수천(洪秀泉, 全의 오자)은 땅을 얼마나
얻었습니까?

시유신　그는 이미 죽었습니다. 금릉(金陵), 진강(鎭江), 강서(江西)
등의 지방을 차지한 데 지나지 않습니다. 장국량(張國梁, 樑의 잘못)

어른을 아십니까?

김유   알지 못합니다.

시유신   장국량은 도원수로서 이미 천덕왕을 깨뜨리고 현재 금릉(남경)을 포위하고 있습니다.

김유   대영국 땅은 바라보기에 불과 같다는데, 사실입니까?

시유신   맞습니다.

김유   기후는 어떻습니까?

시유신   매우 덥습니다.

김유   여기서 영국까지 물길로 얼마나 됩니까?

시유신   영국은 남쪽에 있습니다. 중국 사람들은 홍모라고 부릅니다. 여기서 거리가 4만 4천 리입니다.

김유   영국 왕의 성과 이름은 무엇입니까?

시유신   성은 갈(葛), 이름은 영길리(英吉利)입니다.(당시 영국 국왕은 빅토리아 여왕[Victoria, 재위 1837~1901]이었다) 지난 해 12월에 영국 병선 2백 척이 천진에 와서 황제를 뵙고자 했습니다. 하지만 황제가 만나지 않았으므로 영국 왕이 크게 노해서 원한을 품고 병선 2백 척으로 북경을 향해 150리를 진격했습니다. 황제가 할 수 없이 만나보고 마침내 각국의 통상을 허락했습니다. 지금 강남 송강부의 상해현에는 10여 나라가 오가며 통상하고 있습니다.

김유   그 나라 이름을 글로 써서 보여주시기 바랍니다.

시유신   영국(大英), 불란서(佛蘭西), 화기(花祺, 미국), 하란(荷蘭, 네덜란드), 동양(東洋, 필자의 착오), 서양(西洋, 필자의 착오), 일본, 아라사(俄羅斯, 러시아), 백두(白頭, 미상) 등이며 연(煙)을 팔고

중국을 분할하려는 서구 열강을 묘사한 풍자화.
독일이 중국이라고 적혀 있는 케이크를 자르며 영국을 바라보고 있다.

청나라 말기 보수파의 중심이었던 서태후.
그녀는 광서제가 개혁정책을 펴려 하자 정변을 일으켜 이를 중단시켰다.

제2차 아편전쟁 당시 북경에서 전투를 벌이고 있는 프랑스군과 청군.

프랑스는 인도차이나 반도에서 영토 확장에 나서면서 청나라와 충돌했다.
1883년 복주 앞바다에서 프랑스 함대가 청나라 함대를 향해 포격하고 있다.

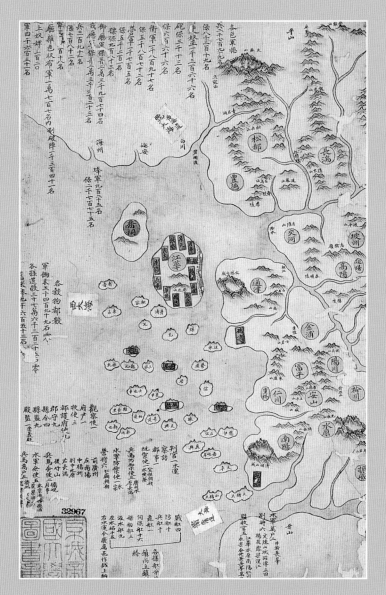

18세기에 조선에서 제작된 《해국지도》 중 강화도 부근 지도.

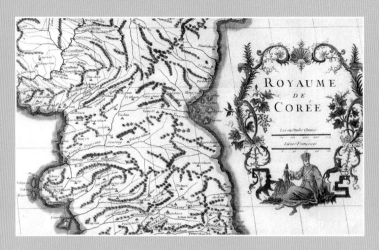

프랑스의 지리학자 당빌의 조선전도. 지도 오른쪽에 산삼을 쥔 노인이 그려져 있다.

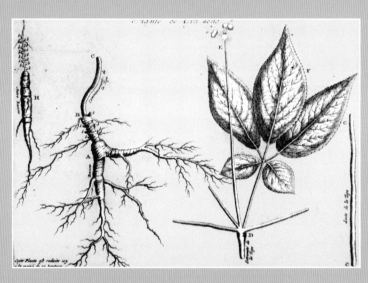

1711년 프랑스 선교사 자르투 신부가 그린 조선의 산삼.
산삼은 서양 사회에서 신비의 영약으로 인식되고 있었다.

개항기 일본 항구의 모습.
서양에 문을 연 일본은 급속히 근대화되었다.

1872년 일본 최초로 문을 연 군마 현의 제사 공장.

조선 침략을 논의하고 있는 일본의 정한파 정치인들.

청일전쟁 당시의 치열한 전투 장면.

태평천국의 난을 일으킨
홍수전.

있습니다.

김유 연이라면 아편연을 판단 말입니까?

시유신 맞습니다.

김유 배 안에도 이 약이 있습니까?

시유신 영국 사람들은 피우지 않습니다.

김유 약의 성질은 어떻습니까?

시유신 예리하고 차가운 것(利寒)입니다.

김유 영국은 서양의 구라파(歐巴)에 속합니까?

시유신 아닙니다.

오월당과 필담할 때와 마찬가지로 김유는 시유신에게 중국 정세를 탐문하고 있다. 김유는 홍수전이 사망했고, 장국량이 태평천국군을 포위하고 있으며, 서양인이 아편을 중국에 판매하고 있다는 새로운 정보를 알게 되었다. 하지만 이는 부정확하거나 잘못된 정보였다. 천덕왕은 반청 비밀결사인 삼합회(三合會)의 지도자 가운데 한 명이었던 홍대전(洪大全)을 말하며, 태평천국군의 최고 지도자인 홍수전과는 다른 인물이다. 홍수전은 천왕(天王)이었고 1864년에 사망했다. 장국량은 1857년 태평천국군의 수도인 남경을 포위했던 청군의 장수였다.

석탄불로 바퀴를 움직인다

김유 저 작고 동그란 금 빛깔의 물건은 무엇이라고 부릅니까?

시유신 시계(時鷄, 오늘날의 시계)입니다.

김유 값은 본디 얼마입니까?

시유신 80냥입니다.

김유 시계로 헤아려본다면 현재 우리나라 시간은?

시유신 진시 끝과 사시 처음(辰末巳初, 오전 9시 무렵)입니다.

동국(東國, 조선)에서는 무슨 돈을 씁니까?

김유 상평통보란 돈을 씁니다.

시유신 상평이란 왕호(王號)입니까, 국호(國號)입니까?

김유 별다른 뜻은 없고 늘 고루 쓴다는 뜻입니다.

시유신 우리 선주의 관계(官階)는 3품입니다.

김유 관복(官服)은 다른 데가 있습니까?

시유신 금실로 소매의 선을 두르고 금·은으로 관의 앞면을 장식했습니다.

김유 중국 글자와 외국 글자를 나란히 쓴 것은 무슨 책입니까?

시유신 영국 사람이 중국말을 배우는 것입니다. 조선의 부녀자들은 발이 큽니까 작습니까?

김유 부녀자의 말을 꺼내는 것은 어찌 된 일입니까? 이것은 마땅히 묻지 말아야 하고 대답하지도 말아야 합니다.

시유신 (부끄러운 듯이) 중국의 부녀자들은 발이 작습니다. 배 안에 《삼국지》 한 질이 있습니다.

김유 그것은 성탄외서(聖歎外書, 성탄은 명말·청초의 문예비평가 김위[金喟]의 자. 김성탄이 《수호지》등을 비평한 《성탄재자서[聖嘆才子書]》를 말하는 듯함)가 아닙니까?

시유신 맞습니다.

김유 나도 일찍이 읽어보았습니다.

김유와 시유신이 각각 상대방의 시계와 상평통보에 대해 문답하는 대목도 흥미롭다. 김유에게 시계가 궁금했다면, 시유신은 조선의 화폐가 무엇인지 알고 싶어 했다. 아마 영국인들의 주문을 받고 물어봤을 것이다. 여자의 발을 주제로 한 두 사람의 대화는 미묘한 입장 차를 드러냈다. 김유는 그 주제 자체를 불온하게 여겼던 반면, 시유신은 중국의 전족 풍습을 부끄러워하고 있었다.

시유신 이 배는 하루에 1천 2백 리를 갑니다.

김유 그와 같이 빠른 데는 무슨 묘리(妙理)가 있습니까?

시유신 배 밑에 두 바퀴가 있기 때문입니다.

김유 그 바퀴는 저절로 움직이는 것입니까?

시유신 배 안에서 석탄불 기운을 써서 배 밑의 물 기운과 합세해 힘을 일으키게 됩니다. 그 바퀴가 자연히 돌아서 배가 화살처럼 빨리 갑니다.

김유 배의 밑바닥이 막혀 있는데, 어떻게 기운이 통할 리가 있겠습니까?

시유신 배 밑에 칠묘(七妙, 프로펠러)가 통합니다.

김유 그 바퀴 모양은 *와 같습니까?

시유신 ✖와 같습니다. 봉황성(鳳凰城, 만주 요녕성에 있는 봉천성의 일명)은 어디에 있습니까?

김유 요동의 경계에 있습니다. 영국은 천주교를 숭상합니까?

시유신 오직 불란서만 숭상합니다.

김유 서양 여러 나라에서 남쪽으로 영국에 이르기까지 문자가 모두 같습니까?

시유신 같지 않습니다.

김유 어떻게 다른지 써서 보여주시기 바랍니다.

시유신은 1, 2, 3, 4, 5, 6 등의 글자를 써 보이며 영국 글자는 이렇고 불란서 글자는 이렇다고 말했다. 김유가 언제 출발하는지 묻자, 시유신은 그날 오후에 배가 떠난다고 대답했다.[15] 두 사람의 대화에서 증기선의 작동 원리를 말하는 대목은 눈길을 끈다. 새로운 서양 과학 문물을 설명하면서 묘리와 기운 같은 동양의 전통적 개념이 등장하고 있었다.

이양선이 나타나면 주민들은 고통받게 마련

거문도와 동래를 지나 타타르 만까지 올라갔던 악테온호와 도브호는 1859년 겨울에 다시 동래에 나타났다. 1859년 10월 29일 사시(巳時, 오전 9~11시)에 흰색 돛을 세 개 단 이양선 한 척이 남쪽 어귀 바다에서 오륙도로 왔다. 신시(오후 3~5시)에는 또 한 척이 남쪽 어귀 바다에서 절영도(絕影島) 앞 바다로 표류해 왔다. 오륙도에 표류한 배는 미시(오후 1~3시)에 신초량 앞바다에 닻을 내렸고, 절영도에 표류해 온 배도 뒤어어 신초량에 닻을 내렸다. 황령산(荒嶺山) 봉수군 이두경과 부산첨사 이종정 등은 이 사실을 동래부사 정헌교에게 알렸다.

동래부사는 부산진의 2전선장(二戰船將) 김재인, 두모포만호 함재천 등을 신초량으로 파견했다. 뒤이어 개운포만호 손홍인도 떠나보냈다. 훈도 현학로, 별차 이본수 등도 문정관의 뒤를 따르게 했다. 11월 1일 문정관과 훈도, 별차 등은 문정하기 위해 이양선이 머물고 있는 곳으로 다가갔다.

문정관들은 통역관 네 명을 데리고 첫 번째 배가 닻을 내린 곳으로 전진했다. 뱃사람들이 사다리를 내려주었다.

배에 탄 사람들은 모두 130명이었고 여인은 없었다. 이국인들은 문정관들을 보고 영접하며 앉았다. 말이 통하지 않아서 필담했다. 그들이 쓴 글자는 구름 같고 그림 같았는데, 한글도 한자도 아니었다. 그들 가운데 옷과 생김새가 다른 두 사람이 있었다. 문정관들은 그들과 대좌했다. 첫 번째 사람은 성은 오(吳), 이름은 월당(月堂)으로 28세였다. 두 번째 사람은 성은 주(周), 이름은 화(華)로 18세였다.

오월당　우리 두 사람은 남경 상해원 사람이다. 함풍 9년(1859) 4월 1일에 장사하러 이 배에 함께 탔다. 배 한 척은 사방을 두루 돌아다니다 바다에서 서로 잃어버렸다. 5월에 바람을 타고 떠다니다 이곳을 지나게 되었다. 6월에는 남경과 만주로 가는 동행선과 서로 만난 후 비단과 모직물을 교역했다. 7월에는 일본국 상관도(箱館島, 하코다테)에서 거래를 마치고 돌아가는 길에 바람을 만나 표류했다. 먹을 것을 사고 싶다.
문정관　너희들은 남경 사람이라고 했는데, 무슨 까닭으로 같이 타게 되었는가. 이 배는 어느 나라 배이고 배 이름은 무엇인가. 상관도는 일본 어느 지방에 있는가. 먹을 것으로 무엇을 사고 싶은가.
오월당　이 배는 대영국선이다. 남경에서 통화하므로 상해원의 관장이 나를 대영국의 통역관으로 파견했다. 여기에 함께 타고 두루 돌아다니는 것이 나의 일이다. 배 이름은 애서아말이다. 상관도는 일본의 어느 지방에 속하는지 모른다. 사고 싶은 것은 소 4척, 닭 200척, 계란 2천개, 채소 20단, 파 100근, 백미 100근, 선어 500근, 땔나무 100단이다.

문정관 이 물건들은 갑자기 허락하기 어렵다. 남경과 대영국, 상해원과 남경, 만주와 상관도 사이의 수륙로는 각각 몇 리인가. 상해원의 관장은 몇 사람인가. 배에는 두령이 몇 사람이나 있는가. 같이 탄 사람은 몇 명인가.

오월당 상해원과 남경의 거리는 수로로 800리, 대영국의 거리는 수로로 6만 리, 만주와 상관도의 거리는 수로로 3천 리이고 육로는 모두 통하지 않는다. 상해원의 관장은 한 사람이다. 배의 두령은 성은 화(華), 이름은 첩(疊)이다. 배에 같이 탄 사람은 우리 두 사람과 함께 모두 130명이다.

문정관 이 배는 상선인데 왜 포와 총을 싣고 있는가. 같이 정박하고 있는 배도 동행하는 것인가.

오월당 대포는 물이 얕은 곳을 만났을 때 쏘아서 배를 나아가게 하는 데 쓴다. 조총은 방어하기 위한 것이다. 같이 정박한 배는 동행하는 배이다.

오월당은 문정관들에게 되도록 빨리 물건을 사고 싶다고 간절히 말했다. 배는 극히 정교하고 사치스러웠다. 배의 길이는 20 파(60미터), 넓이는 5파(15미터), 높이는 6파(18미터)였다. 삼판의 위 절반은 듬성듬성 회를 발랐고, 아래 절반은 동철로 이어 붙였다. 배 가운데는 3층 간격이 있었다. 1층 좌우에는 각각 대포 10

좌, 대철환(大鐵丸) 260개, 조총 20자루가 있었다. 포와 조총은 조선의 것과 같았다.

돛은 3개였다. 제1돛대의 길이는 10파(30미터), 제2돛대는 14파(42미터), 제3돛대는 9파(27미터)로 모두 4층을 이루었다. 네모난 대나무 3개로 간가를 만들고 누인 삼 껍질로 만든 줄이 거미줄처럼 무수히 이어져 있었다. 무명 풍석 15건은 돛대 간가 위에 말린 채 걸려 있었다. 쇠 닻 3좌를 단 닻줄 1장은 길이가 80파(240미터)였다. 물 긷는 소선 7척은 길이 4파(12미터), 높이와 넓이는 각 1파(3미터)였다. 좌우 삼나무 가에는 따로 굽은 난간을 만들어 줄로 이었다.

제2층에는 칸칸마다 장롱 같은 것 8곳이 있었는데, 모두 유숙하는 곳이었다. 바깥에는 유리를 붙여 봉창처럼 만들었다. 안은 푸르고 흙색을 발랐는데, 그림 같았다. 밥솥 6좌, 쌀궤 18좌, 물 긷는 통 12좌, 자명종 5좌가 있었다. 그 나머지 사기그릇, 놋쇠그릇, 수저 등은 모두 조사할 수 없었다. 제3층에는 개 3척, 닭 18수, 붉은 참새(黃雀) 3쌍을 외양간에서 기르고 있었다. 문정관들이 그들에게 생선과 과일 등을 주자 머리를 끄덕이고 손으로 고맙다는 뜻을 표시하는 것 같았다. 손을 흔들며 배에서 내리려 하자 그들은 작별하는 모습을 나타냈다.

문정관들은 두 번째 배가 닻을 내린 곳으로 나아갔다. 배에서 내려준 줄을 타고 올라가자 첫 번째 배처럼 영접했다. 옷과 생김새도 마찬가지였다. 48명이 같이 탔고 여인은 없었다. 언어와 문자가 통하지 않았는데, 그 가운데 한 사람의 생김새와 옷이 오월당과 같았다.

주선　나는 남경 광동 사람으로 성은 주(周), 이름은 선(仙)이고 나이는 25세다. 이 배는 대영국선이다.

문정관　당신은 광동 사람인데 언제 무슨 까닭으로 이 배에 같이 탔는가. 어느 곳으로 가다가 여기로 왔는가. 배 이름은 무엇이고 무슨 일을 업으로 삼는가. 배에 두령은 몇 사람이나 있는가. 남경과 광동은 수로로 각각 몇 리나 되는가. 관장은 몇 사람이 있는가.

주선　광동과 영국은 서로 통화한다. 통역과 장사하러 올해 4월 1일 이 배에 같이 타고 첫 번째 배와 함께 출발했다. 중간에 나누어 떠가다가 6월에 만주에서 서로 만났다. 비단과 모직물을 무역해 싣고 떠나 상관도에서 돌아가는 길에 표류했다. 배 이름은 도부이다. 두령은 한 사람이고 성은 발(㪍), 이름은 나객(羅客)이다. 광동과 남경의 거리는 수로와 육로로 6백 리이고 관장은 한 사람이다.

문정관들은 그 밖의 여러 가지 사정을 글로 물었지만 주선은 더 이상 대답하지 않았다. 배의 길이는 15파(45미터), 넓이는 4파(12미터), 높이는 3파(9미터)였다. 삼판의 위 절반은 흑칠로 완전히 발랐고, 아래 절반은 동철로 둘러쌌다. 가운데에는 2층 간격이 있었는데, 제1층 좌우에는 각각 대포 6좌, 대철환 170개, 조총 18자루가 있었다.

제1돛대의 길이는 7파(21미터), 제2돛대는 10파(30미터), 제3돛대는 5파(15미터)로 3층 모양이었다. 두 개의 활대로 간가를 만들어 줄지어 매달았다. 누인 삼 껍질로 줄을 만들었고, 무명 풍석은 말아서 걸었다. 쇠닻 3좌, 시우쇠로 고리처럼 만든 줄 한 장은 길이가 53파(159미터)였다. 물 긷는 소선 4척은 길이가 4파(12미터), 높이와 넓이는 1파(3미터)로 삼나무 가에 매달려 있었다. 제2층에는 칸칸마다 장롱이 있었는데, 기거하는 곳이었다. 밥솥 3좌, 쌀궤 10좌, 물 긷는 통 8좌, 대장장이의 화로(大冶爐) 2좌, 개 2척, 닭 13수 등이 있었다. 그 나머지 잡물은 다 조사할 수 없었다.

문정관들은 전례에 따라 이국인들에게 물고기와 과일 등을 주고 배에서 내려왔다. 배와 이방인들의 모양은 수본(手本, 공사 [公事]에 관한 일을 상관에게 보고하던 자필 서류)으로 본떠 그렸다. 경상감사 홍우길은 조정에 장계를 올렸다. 이번에 표류해 온 대영국선 가운데 한 척은 그해 5월에도 표류해 왔는데 다시 표류해서 무척 수상했다. 전에 그들이 요청한 것들을 마련해주라는 지시가 내려왔으므로 유원지도에 따라 이번에도 물건을 주겠다는 내용이었다. 경상감사는 이양선의 선체와 사람 모습을 그린 도본, 배에 탄 사람들의 이름, 집물의 수효를 책자로 만들어 비변사에 올려 보냈다.[16]

바닷가에 이양선이 나타나면 그곳 주민들은 고통을 겪게 마련이었다. 유원지의를 위해 이국인들에게 여러 가지 물품을 제공해야 하는데, 그때마다 주민들은 물품을 조달하고 그것을 배로 날라야 했다. 애서아말호가 떠난 후 동래에 암행어사 심이택이 파견되었다. 그의 장계에 따르면, 초량에서 애서아말호와 문정할 때 백여 냥이 들어갔다. 하지만 그 경비를 모두 관에서 지불했기 때

문에 민폐를 끼치지 않았다. 동래부사 정헌교는 청렴결백해서 모범으로 삼을 만했다고 한다.[17]

화륜으로 배를 움직이다

애서아말호가 떠난 지 얼마 지나지 않은 이듬해 1860년 봄 다시 동래에 영국 선박이 나타났다. 이번에는 영국 선박 남백로호(南白老號)였다. 그해 윤3월 15일 신시(申時, 오후 3~5시) 무렵 흰 돛 세 개가 달린 이양선 한 척이 신초량 앞바다에 닻을 내렸다. 동래부사 정헌교는 부산첨사 신태선, 좌수영우후 민병호, 개운포만호 한범조, 훈도 현학로, 별차 이본수 등에게 이양선을 잘 지키고 신속히 문정하라고 지시했다.

다음 날 16일 문정관들은 통역관 두 명과 함께 이양선이 닻을 내린 곳으로 다가갔다. 그들은 이국의 배에서 내려준 줄을 타고 올라갔다.

배에 탄 사람들은 모두 110명이었고 여인은 없었다. 서로 앉아서 말을 나누려 했지만 말이 통하지 않았다. 필담도 시도했지만 그들은 답하지 않았다. 그들 가운데 옷과 생김새가 다른 한 사람이 있었다. 문정관들은 그에게 따로 글을 써서 물었다. 그는 "나는 성은 양(楊), 이름은 복성(福星)으로 나이는 24세이다. 본래 대청의 남경 상해 사람이다. 함풍 10년(1860) 윤3월 초1일 이 대영국선에 타고 장사하러 말을 사서 일본으로 향하다 바람결에 떠서 이곳으로 흘러왔다. 우리는 은자(銀子)가 있어서 말을 사고 싶다"고 말했다.

> **문정관** 당신은 상해 사람인데 무슨 까닭으로 이 배에 같이 탔는가. 배 이름은 무엇인가. 두령은 몇 사람인가. 선주는 누구인가. 대영국과 상해, 상해와 남경 사이의 거리는 각각 몇 리인가. 상해 관장은 몇 사람인가. 말은 본래 사고파는 법이 없다. 먹는 것은 무엇인가.
>
> **양복성** 상해와 영국은 통화하고 왕래하므로 이 배에 같이 탔다. 선호는 남백로(南白老)이다. 선주는 성은 괴(魁), 이름은 내철(乃鐵)로 이 배의 두령이다. 상해와 남경은 수로로 800리, 영국까지 거리는 수로로 6만 리이다. 육로는 모두 통하지 않는다. 상해에는 관장이 한 사람 있다. 먹는 것은 미곡(米穀)이다.
>
> **문정관** 장사한다고 말했는데, 총과 포 등의 물건은 왜 싣고 있는가. 동행하는 배는 몇 척인가.
>
> **양복성** 두 척이 서양으로 향한다. 대포는 물이 얕은 곳에서 배를 움직이는 기구이고, 조총은 방어하는 물건이다.

문정관들은 이방인들에게 음식물을 베풀어주었다. 양복성은 말을 사고 싶다고 간절히 말했지만, 아래에서 제멋대로 허락할 수 없다는 뜻으로 깨우쳐주었다. 배는 무척 크고 사치스러웠다. 배의 길이는 35파(105미터), 넓이는 5파(15미터), 높이는 6파(18미터)였다. 삼판 위 절반은 흑칠로 발랐고, 아래 절반은 동철로 쌌다. 배 가운데에는 3층의 간가가 있었다. 제1층 좌우에는 대포 3좌, 대철환 80, 90개, 조총 40자루, 환도 40자루가 있었는데, 우리나라 것과 만든 모양이 같았다.

제1돛대의 길이는 10파(30미터), 제2돛대는 12파(36미터), 제3돛대는 8파(24미터)였다. 모두 활대 세 개로 4층 간가를 만들었는데, 누인 삼 껍질로 만든 줄이 무수히 매달려 있었다. 무명 풍석 15건은 각각 간가 위에 말려 걸려 있었다. 쇠닻 3좌를 매단 쇠 닻줄 2장은 길이가 각각 19파(57미터)였다. 물 긷는 소선 6척은 길이가 각각 4파(12미터), 높이와 넓이는 각 1파(3미터)였다. 좌우 삼판으로 굽은 난간을 만들었는데, 밧줄을 매달아두었다.

제2층에는 칸칸마다 장롱처럼 생긴 8곳을 만들었는데, 모두 기거하는 곳이었다. 밥솥 6좌, 쌀궤 12좌, 물 긷는 통 12좌, 자명종 5좌, 화로 2좌, 철소거(鐵繰車, 고치로 실을 켜는 물레) 2좌 등이 있었다. 철소거는 화륜(火輪)이라고 했는데, 그것으로 배를 움직였다. 그 밖에 비단·모직물과 사기, 놋그릇, 수저 등은 다 조사할 수 없었다. 제3층에서는 개 2척, 양 2척, 닭 4수를 외양간에서 기르고 있었다. 문정관들이 그들에게 물고기와 과일을 주자 머리를 끄덕이고 손을 흔들었다. 고맙다는 뜻 같았다. 곡물과 반찬거리는 예에 의거해 주었다. 문정관들이 배에서 내려가자 작별하는 몸짓을 보였다.

경상감사 홍우길은 조정에 장계를 올렸다. 이번 대영국선은 바다를 왕래하며 장사하는 배로 바람 때문에 표류해 왔다. 그들이 말을 사고 싶다고 했지만 나라에서 금하므로 엄격하게 물리쳤다. 하지만 식량은 지급해주었다. 이양선을 잘 지키도록 좌수사와 동래부사에게 잘 타일러 경계하게 했다. 선체와 사람, 집물 등의 모습은 문서로 작성해서 비변사에 올려 보냈다.[18]

남백로호의 출현 사건 때문에 통제사 심낙신은 심문을 받았다. 이양선을 문정한 장계를 4월 6일에 봉해서 올렸는데, 25일 무렵에야 조정에 도착했기 때문이다. 승정원에서는 "변정등문(邊情登聞, 변방의 정세에 관한 사실이나 사건을 임금에게 아룀)은 더욱 긴급한데도 이처럼 지체되었습니다. 무척 놀라운 일입니다. 소홀한 것을 경계하지 않을 수 없습니다. 청컨대 엄중히 심문해야 합니다"고 철종에게 건의했다. 철종은 이를 재가했다.[19]

참새처럼 지저귀는 표류민들

남백로호가 동래에 머물고 있을 무렵, 전라도 영암의 추자도에서 영국 선박이 난파한 사건이 일어났다. 1860년 윤3월 8일부터 10일 사이에 추자도 부근에 동풍이 거세게 불었다. 14일 무렵 이양선 한 척이 바람과 물결에 밀려 모래톱에 정박했다가 산산이 부서졌다. 배의 절반은 기울어졌고, 절반은 물에 빠져 있었다. 별장 천찬조, 둔장(屯長, 변경지역의 수비군 가운데 하나) 김순철은 곧 영암군수 이희선 등에게 이 사실을 알렸다.

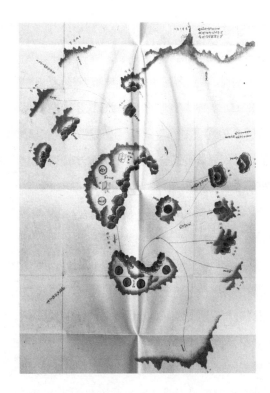

당시의 전라도 영암
추자도 지도.

15일 동틀 무렵 한학 김중희가 이국인들이 머물러 있는 곳에 도착했다. 뒤이어 우수군우후 박재인, 영암군수 이희선, 어란포만 호 김종희 등도 왔다. 바다에 가까운 동쪽 방향의 들판에 천막 7개가 설치돼 있었다. 왼쪽 가에는 배의 돛을 뒤집어 넓게 펴서 만든 천막 5개가 세워져 있었다.

이국인들은 머리카락이 흩어져서 부수수했는데, 색깔이 붉거나 노랬다. 눈은 까마귀처럼 둥그렇고 깊었다. 코는 검의 마루(釰脊)처럼 높았다. 말소리는 새와 참새가 지저귀는 것 같았고, 요괴나 산도깨비처럼 걷고 달렸다. 머리에는 조선의 전립 같은 흑전모(黑氈帽, 조선시대 부녀자들이 외출할 때나 말을 탈 때 쓰던 모자)나 우립(雨笠, 비를 피하기·위해 쓰던 갓) 같은 갈모(藤帽, 비가 내릴 때 갓 위에 덮어 쓰던 복장으로 우산처럼 생겼다)를 쓰고 있었다. 그들이 어느 나라 사람들인지 알 수 없었다. 그들은 모두 30명이었다. 오른쪽 가의 천막에 있는 사람들은 앞 머리카락을 깎았고, 뒤에는 땋은 머리를 머리뼈에 묶어 두르고 검은 모자를 썼는데, 모두 20명이었다. 그들은 대청 사람인 것이 분명했다.

문정관들은 그들을 손으로 불러 글을 써서 물었다. 그들은 대청인이었다. 앞에서 말한 30명은 대영국인이라고 했다. 대영국인은 통상하러 항상 강남성 상해현에 머물고 있으므로 청인들도 그 배에 고용되었다. 장사하러 일본으로 갔다 돌아오는 길에 이곳에 표류해 왔다고 답했다. 대영국인 가운데 말이 통하는 자가 있는지 물었으나 문자가 달라서 청인도 말이 통하지 않는다고 답했다. 청인은 말이 둔하고 어리석으며 무식했다. 그 가운데 진정화(陳鼎和), 진아신(陳阿信)이 겨우 글자를 쓸 수 있었다. 하지만 그들의 답도 어지럽고 흐릿했다. 문정관들은 그들과 필담했다.

문   너희들은 어느 지방 사람인가.
답   같은 배에 탄 51명 가운데 30명은 홍모국 소속의
     대영국인이다. 우리 21명은 본래 함풍 황제의 백성으로 각각
     절강성, 강남성, 강소성 등지에 살고 있다.
문   몇 년 몇 월 며칠에 무슨 일 때문에 어느 곳으로 가다가 이곳에

표류해 왔는가.

답　우리는 생업을 위해 본년 정월 초9일 대영선을 조득(租得, 세내얻음)했다. 강남성 상해에서 출발해 13일 외일본(外日本, 나가사키를 말하는 듯함)에 이르렀다. 상해로 돌아가려고 3월 17일 일본에서 출발했다. 윤3월 초5일 밤에 이곳으로 표류해 왔다.

문　배 몇 척이 이곳에 표류해 왔고, 몇 척이 깨졌는가.

답　우리들이 탄 것은 4범선 한 척이고 이미 깨졌다. 수행하는 작은 배 4척 가운데 한 척도 깨졌다. 3척만이 완전해서 바닷가에 있다.

문　너희들은 만 리에서 떠돌며 흔들렸는데, 질병에 걸리거나 사망한 재난은 없었는가.

답　우리 청인 21명 가운데 한 사람이 표류해 올 때 물에 빠져 죽고 시체가 물에 떠서 어디로 갔는지 모른다. 두 사람은 지금 천막 안에 병으로 누워 있다.

문　죽은 사람의 성명, 나이, 거주지를 써서 보여라.

답　성명은 전아이(錢阿二)이고 나이는 34세로 절강성 영파부(寧波府)에 산다.

문　병든 사람은 누구인가. 증세는 어떤가.

답　주경래(朱慶來), 여장계(余章桂) 두 사람이고, 짐작컨대 냉열병(冷熱病) 같다.

문　대영국선은 무슨 까닭으로 강남성에 있는가.

답　그 나라는 도광(道光) 25년(1845)에 통상하기 시작했고, 상해에 공관을 설치했다. 항구 가운데 그 배가 끊이지 않고 무척 많다.

문　하려는 일은 무엇인가.

답 매매하는 것이다.

문 조득(租得)은 세득(貰得, 세내 빌려 얻음)의 뜻인가.

답 그렇다.

문 공관을 설치한 것은 무슨 뜻인가.

답 그들은 상해에 대옥(大屋)을 짓고 우리나라와 매년 통상한다.
또한 은을 상관(上官)에게 주고 북경으로 수송한다.

문 표류할 때 혹 잃어버린 물건이 있는가.

답 물건을 잃어버린 것은 그 수를 알 수 없다. 나는 사고팔 은전과
덮개 달린 옷상자가 있었는데, 물에 떨어져 찾기 어렵다.

문 너희들이 상해에서 배에 실은 물건은 어떤 종류인가.

답 양포(洋布)와 생강(姜黃), 약재, 대토연(大土煙), 영성(另星,
수효가 적어 보잘것없음)한 물화다.

문 대토연은 어떤 물건인가. 영성은 또 무슨 뜻인가.

답 대토연(아편을 말하는 듯함)은 본래 대영국에서 온 것으로 불을
켜서 피울 수 있다. 우리 대청에서 돈이 있는 사람도 피울 수 있다.
영성은 잡물이다.

문 혹시 남아 있는 물화가 있는가. 또 은은 보여줄 수 있는가.

답 이미 일본국에 팔았다. 은은 모두 물에 떠내려가서 잃어버렸다.

문 상해는 지명인가.

답 본래 강남성에 속한 현의 이름이다.

문 너희들이 일본에 가서 통화할 때 어느 곳에서 머물러 있는가.

답 일본에는 청인 공관이 있고 영인 공관도 있다.

문 외일본(外日本)은 무엇을 말하는가.

답 일본에는 지명이 셋 있다. 내일본(內日本), 중일본(中日本),
외일본(外日本)이다.

문 대영인 가운데 우리와 언어 문자가 서로 통할 수 있는 자가
있는가.

답 전혀 없다.

문 너희들은 대영인과 언어가 통해서 일을 물을 수 있다. 너는
그들에게 글로 써서 보여주어 물어야 한다.

답 예, 예.

표류선은 함부로 움직일 수 없다

문정관들은 청나라 사람 진정화·진아신의 통역을 거쳐 영국 사
람들과 필담을 주고받았다.

문(영국인) 이 산의 지명이 무엇인가.

답(문정관) 조선국 전라도 영암군 추자도이다.

문(문정관) 이 배는 무슨 일 때문에 몇 년 몇 월 며칠에 상해에
이르러 너희들을 싣고 왔는가.

답(영국인) 이 배는 상해현 이명행(利名行)에 항상 머물면서 생업을
삼고 있다.

문 이명행은 무엇을 말하는가.

답 항구다.

문 선주는 누구인가.

답 대영인(大英人) 안리신(晏利臣)이다.

문 이 배에는 선표와 공문이 있는가.

답 상해현 대옥(大屋)에는 대영인이 있으므로 거기서 맡아둔다.

문 대영인 가운데 혹시 병에 걸리거나 사망한 자는 없는가.

답 모두 완전하다.

문 당신이 표류한 곳의 산 위에 꽂아 놓은 홍기(紅旗)는 무슨
뜻인가.

답 만일 대영 상선이 지나가면 천리경으로 비추어 보고 이곳에
와서 서로 구해주고 함께 돌아가려는 뜻이다. 이것은 대영인의
선상규칙이다.

문 대영인의 물건을 배치한 막 안에서 눈앞에 드러낸 것은 이미
살펴 조사하도록 허락했는데, 이면에 거두어 깊이 간직한 것은 성낸
기색을 띠며 열어 조사하는 것을 불허했다. 이는 무슨 뜻인가.

답 그것과 대마(大馬)는 모두 볼 필요가 없다. 따로 더 조사할 수
없다.

문 너희들의 배가 이미 깨지고 상했는데, 어느 길을 따라 돌아갈
것인가.

답 만약 천석(千石)을 실을 수 있는 큰 배 두 척을 주면 수로를 따라
모두 상해로 돌아가겠다.

문 배는 지금 막 상급 관청에 급히 보고해서 처분을 기다려
주겠다. 이 뜻을 대영인에게 말로 깨우쳐주라.

답 상급 관청에서 결정하는 것은 언제 들을 수 있는가. 여기에
오래 머물러 있어 마음이 답답하다.

문 여기서 수도까지는 수로와 육로로 2천 리에 가깝다. 가서
돌아오는 날짜는 확실히 가리킬 수 없다. 조금 기다려야 한다.

답 오래 머물기 어렵다. 우리는 소선 3척이 있다. 2, 3일 사이에
먼저 이 배를 상해에 보내겠다. 대영선을 만나 데려올 수 있으면
일동과 함께 돌아가겠다.

문 표류선이 우리 땅에 도착하면 상급 관청에서 결정해 일을
마치기 전에 함부로 움직일 수 없다. 국법이 무척 엄하다. 잠시
안심하고 기다려라.

답(청인) 저 대영인은 예의와 법도를 알지 못한다.

문 너희들에게 알맞은 옷과 매일 먹을 음식을 보내주겠다. 이런
일은 먼 데서 온 사람을 편안하게 대접하는 우리나라의 법에서
나오는 뜻이다. 너는 (이런 뜻을) 각자에게 널리 알려라.

답 무척 고맙다.

필담을 마친 문정관들은 이양선의 상태와 물건을 조사하기
시작했다. 배는 이미 산산이 부서졌다. 완전한 것이 하나도 없었
다. 마치 도끼로 베고 쪼갠 것 같았다. 깨진 배에서 나온 물건들이
물가에 쌓여 있었는데, 수백 짐(負)을 헤아렸다. 여섯 조각을 붙인
목판 한 개는 양 끝이 닳아 없어졌고, 몇 조각이 떨어져나갔는지
알 수 없었다. 물건이 남아 있는 곳으로 가서 균척(均尺)으로 재보
았다. 삼판으로 만든 노는 모두 깨져 있었다. 대그릇 두 개는 여석

(碇石)에 매달려 바다에 떠 있었다. 쇠닻 한 개는 언덕에 놓여 있었다. 작은 배 3척은 온전하게 남아 있었다. 배에는 붉은 기(영국 국기)가 꽂혀 있었다. 청·홍·백 삼색으로 만들었는데, 각 색깔마다 서로 간격이 있었다. 이것은 바다에서 멀리 보이게 하는 항로 표지 같았다.

문정관들은 문정기와 부서진 배를 측량한 그림, 각 사람들에게 지급한 물건 등을 문서로 작성해서 전라감사 임긍수에게 바쳤다. 전라감사는 물에 빠져 죽은 청인 한 명을 여러 도에 지시해서 찾아보도록 했지만 끝내 찾을 수 없었다. 청인 가운데 병에 걸린 두 사람은 잘 치료해주도록 잘 타일렀다.

그 후 며칠 지나지 않은 21일 작은 배 3척은 추자도를 떠났다. 어란포만호 김종희가 급히 달려가 조사했다. 3척은 바람을 타고 화살처럼 번쩍하는 사이에 바다로 가버렸다. 어란포만호는 형세가 미치지 못해서 그들을 추격할 수 없었다. 청인 19명, 대영인 5명이 천막에 남아 있었고, 청인 한 명, 대영국인 25명은 물건을 싣고 달아나버렸다. 조잡하고 무거운 물건과 산 위에 꽂은 표기(標旗), 천막과 범포 등은 그대로 있었다.

어란포만호는 청인 진정화에게 다른 사람들이 밤을 무릅쓰고 몰래 돌아간 곡절을 물었다. 진정화는 그들이 먼저 상해로 가서 대영선과 교섭해 곧 돌아와 나머지 사람들을 데리고 갈 것이라고 대답했다. 어란포 만호는 남아 있는 사람들과 도망간 사람들이 지닌 물건을 문서로 작성하고 수정해서 비변사에 올려 보냈다.[20]

한편 조정에서는 4월 10일 추자도의 표류선을 후하게 대접하라고 지시했다. 추자도의 이양선은 표류해 온 배여서 다른 말썽이 없었기 때문이었다. 표류인들이 큰 배 두 척을 빌려주도록 요청했는데, 조운선 가운데 가장 빈틈없이 완전하고 튼튼한 배 두 척을 그들이 있는 곳 근처에 옮겨 대서 선택하도록 했다. 또한 그들에게 매일 먹을 것을 후하게 지급하라고 지시했다.[21] 그 후 추자도의 이양선이 어떻게 되었는지는 알 수 없다.

3.

양귀가 쳐들어온다

:: 북경함락과 조선의 위기의식

1860년은 조선 역사에서 중대한 전환기였다. 안팎으로 조선을 위기의식으로 몰고 간 사건들이 폭발했다. 중국에서는 영국·프랑스 연합군이 북경을 함락하고 황제의 별궁을 불태우며 북경조약을 체결했다. 일본은 서양에 개국한 사실을 조선 정부에 알려 왔다. 조선에서는 전염병이 창궐했고 수운 최제우가 동학을 창도했다.

조선 정부는 제2차 아편전쟁 소식을 알고 있었다. 연행사신들의 보고를 통해서 태평천국의 난이나 서양 열강의 동정에 관한 정보를 입수하고 있었다. 하지만 조정은 태평천국의 진압에 더 관심을 기울였을 뿐 서양 열강의 움직임에 대해서는 별다른 주의를 기울이지 않고 있었다. 그런데 1860년 12월 초 영국·프랑스 연합군이 북경을 함락하고 황제가 열하로 피난했다는 소식이 전해지자 사태는 반전되었다. 조정은 공황상태로 빠져들었고, 백성들은 피난 보따리를 쌌다.

중국 황실이 불탔습니다

북경 함락의 비보를 전한 것은 재자관 김경수였다. 1860년 9월 11일 김경수는 책문[22]을 통과했다. 13일 영송관(迎送官, 조선 사신을 인도해 가는 청나라 관원) 보(保)와 함께 길을 떠나 23일에는 산해관(山海關)에 도착했다.

김경수에게 산해관 풍경은 을씨년스러워 보였다. 시전(市廛)과 객점(客店)은 황량하고 길에는 행인이 없었다. 길을 지나면서 보고 듣는 것이 날로 수상했다. 여러 번 그 까닭을 물었는데, 놀라운 이야기를 듣게 되었다. 황제가 열하로 거둥하고, 외국군(洋賊)들이 성 안에 있고, 토비(土匪, 태평천국군)들이 날로 성해서 도로가 통하기 어렵다는 소식이었다.

25일 김경수 일행은 뜻밖의 변을 당했다. 그날 오경(五更, 오전 3~5시)에 하늘이 맑았다 흐려졌다. 보루 사이에서 갑자기 떼강도 8명이 나타났다. 그들은 각각 날카로운 창과 칼을 들고 김경수 일행을 둘러싸 위협하고 약탈했다. 김경수 일행은 갖가지로 애걸해서 간신히 화를 면했다.

27일 아침 해가 돋을 무렵 김경수 일행은 삼하현(三河縣)에 도착했다. 호송군(護送軍)을 삼하현으로 파견하자 지현(知縣)은 "적비(賊匪) 때문에 황성(皇城)의 9문 가운데 서직문(西直門)으로만 통할 수 있다. 비록 통주(通州)를 경유하지 않는다 해도 순의현(順義縣)에서 돌아 들어가야 한다. 요즘 이곳은 모두 적의 소굴이어서 북경으로 갈 길이 없다. 잠깐 며칠 동안 여기에서 전발(專撥,

특별히 사람을 뽑아 적정을 탐지해 연락하게 하는 것)의 회보(回報)를 기다려라. 다시 길이 열리기를 기다려 길을 떠나라"고 말했다.

김경수 일행은 어쩔 수 없이 며칠간 삼하현에 머물렀다. 사행의 정해진 기한이 박두해서 다시 길을 재촉했는데, 객점마다 텅텅 비어 있었고 인적을 찾기 어려웠다. 연경 근처 작은 보루에 도착해서 빈 객점으로 들어갔다. 가지고 온 양식으로 막 점심밥을 지으려 할 즈음 삼하현에서 파견한 사람이 돌아오고 있었다. 그를 만나 회보를 자세히 들었다. 외국군의 태반이 어제 성을 나오고 남은 무리들이 내일 돌아가므로 그믐날 해질 무렵 문이 열릴 것이라고 했다. 김경수 일행은 어쩔 수 없이 통주에서 묵었다.

10월 1일 김경수 일행은 북경에 도착했다. 대사(大使, 정식 사절), 통역관 등과 함께 예부로 출두해서 자문을 바쳤다. 다시 주객사(主客司)에 출두해 삼배구고두의 예(三拜九叩頭禮)를 행하고 시헌서 큰 1본(本)과 작은 1백 본을 받아 남소관(南小館)으로 돌아왔다. 11월 8일에는 예부와 주객사에 출두해 상(賞)을 수령하고 정선사(精膳司)에 출두해서 잔치를 받았다. 17일 김경수 일행은 북경에서 출발해 22일 산해관으로 나왔다. 팔리보(八里堡)에서 소통사 최의현에게 수본을 주어 먼저 떠나보냈다. 김경수가 보고한 당시 중국의 사정은 다음과 같았다.

대영(大英, 영국), 대법(大法, 프랑스), 아라사(俄羅斯, 러시아), 아미리(亞美理, 미국) 등 4국의 양이들은 흑괴자(黑鬼子), 광만자(廣蠻子), 조주용(潮州勇) 등 수만 명을 고용했다. 양이들은 7월 7일 천진과 대고의 사이로 와서 승격림심과 여러 번 대전을 벌였다. 몇 차례 공방을 거듭하다가 거의 성을 함락하기에 이르렀다. 8월 4일에는 통주 장가만(張家灣)으로 와서 승격림심과 서로 싸웠다. 양이들은 그 마을을 도륙하고 그 촌에서 옥백(玉帛)과 미녀 수천 명을 빼앗아 갔다. 7일에는 점차 팔리교(八里橋)로 들어갔고 관병은 패해 돌아갔다. 양이들이 말을 달려 황성 동쪽을 막자 황제는 서직문(西直門) 한 길만을 열었다.

황제는 8일 숙친왕(肅親王) 화풍, 정왕(鄭王) 단화, 상서(尚書) 숙순 등과 시위하는 신하들을 이끌고 열하로 거둥했다. 성을 지키는 것은 공친왕 혁흔과 대신 계량, 항기, 주조배 몇 사람뿐이었다. 태평천국군이 기회를 틈타 일어나서 양이를 도왔다.

23일에는 도적들이 원명원, 만수산(萬壽山), 서산(西山) 등에 쳐들어와 궁전과 사실(私室)을 모조리 불태웠다. 어고(御庫)와 민재(民財)를 약탈했는데, 몇천만 냥인지 헤아릴 수 없었다. 수레 8백여 량(輛)에 싣고 갈 만큼 약탈품이 많았다고 한다. 적의 기세가 갈수록 거세져서 황제는 어쩔 수 없이 양이들의 소원에 따라 강화할 수밖에 없었다. 29일 공친왕은 양이를 성 안으로 들어오게 하라고 예부에 지시했다. 영국의 액이금(額爾金, 엘긴), 법국의 갈라(葛羅, 그로), 미국의 위렴(衛廉, 리드), 아라사의 보(普, 푸탸틴) 등 수만 명이 각 왕부(王府)에 머물렀다. 임인년(壬寅年, 1842)에 체결한 옛 조약을 고쳐 다음과 같은 새로운 조약(북경조약)을 맺었다.

천주교를 전수하고 학습하는 자를 보호하고 금하지 말 것, 각 항구와 지방에서 편리한 대로 통상할 것, 서양인이 거주하는 곳에 조계지를 설치할 것, 예배당·의원·무덤을 설치하고 해치지 못하게 할 것, 서양인에게 입힌 상업의 손해와 군수경비로 은 8백만 냥을 징수할 것, 50만 냥을 우선 지불하고 150만 냥은 광동의 상세(商稅)로 금년 안에 지불할 것, 6백만 냥 역시 각 항구의 상세로 6년 안에 지불할 것, 각 항구의 통상·왕래·거주·상세 등의 절차는 편리한 대로 할 것 등이었다.

9월 11, 12일에는 상정조약(商定條約)을 맺었다. 우선 지불해야 하는 은 2백만 냥을 모두 지불할 때까지 서양인 한 사람을 패자부(貝子府, 공친왕의 궁전) 안에 머물게 했다. 또한 10여 명이 황성에 남아서 수시로 왕래하며 사무소를 개설하는 일과 천주당에 관련된 사무를 맡아 보기 시작했다. 그 나머지는 27일부터 30일까지 천진 해구로 돌아갔는데, 포를 쏘고 군악을 울리며 대오를 지어 성을 나갔다. 그동안 중국인을 죽이거나 재물을 빼앗는 폐가 없었다. 양인들 가운데 절반은 중국에 머물고 나머지 절반은 중국을 떠나 다음 해 봄에 북경으로 되돌아와 조약을 맺을 것이라고 했다.[23]

양적은 말로 표현할 수 없는 별종

재자관 김경수가 지급편으로 중국 정세를 보고한 문서는 조선 조정을 발칵 뒤집어놓았다. 그해 3월과 8월에 중국에 다녀온 동지사와 진하사은사의 보고를 받은 조정은 안심하고 있었다. 사신들은 지난해 영이(英夷)가 청군에 패해 물러갔고, 올해 들어서도 영길리선이 연해에 출몰하지만 승격림심 장군을 중심으로 방비태세를 잘 갖추고 있다고 보고했다.[24] 하지만 김경수의 보고는 이와는 전혀 달랐다.

앞에서 살펴본 것처럼 그해 8월 무렵 조선 조정은 일본이 문호를 개방하고 외국과 통상하고 있다는 외교 문서를 받은 터였다. 게다가 동양의 최강국이라고 믿었던 중국이 서구 열강에게 패배해 황실의 별궁이 파괴되고 북경이 함락당했다는 소식은 조선의 지식인들과 조정으로서는 충격이었다. 또한 서양과 연결된 서학은 유교의 윤리 질서를 파괴하는 위협적인 사상이었을 뿐만 아니라, 그 뒤에는 군함까지 거느리고 있다고 생각되었기 때문에 국가의 존립마저 위태로울 수 있었다. 상하 군민 사이에는 일종의 위기감마저 감돌았다.[25]

조정은 사태의 심각성을 깨닫고 대응책을 마련했다. 김경수의 수본이 전해진 후인 12월 9일 비변사는 열하문안사(熱河問安使)를 파견해 황제를 위문하자고 상소했다.[26] 문안사 일행으로는 정사 이원명(후에 조휘림으로 교체), 부사 박규수, 서장관 신철구가 결정되었다. 문안사 파견안이 결정된 다음 날 철종은 대신들을 불러 대책을 의논했다.

철종 며칠 전 재자관의 수본을 보았다. 중국의 일은 참으로 걱정스럽다. 천하를 장악한 거대한 나라인데도 오히려 적을 당하지 못했으니 그들(양이)의 무력이 날쌔고 사나운 것을 넉넉히 알 수

있다. 생각건대 연경은 우리에게 이와 입술의 관계와 같다. 연경이
위태로우면 우리나라도 어찌 편안하겠는가. 또 그들이 강화라고
하는 것은 교역에 관한 것뿐만 아니라, 멸륜패상(蔑綸悖常, 예의와
도덕을 함부로 어기고 짓밟음)의 술(術, 기독교)을 사해에 전염하고자
한다고 들었다. 그러니 우리나라도 그 해를 면할 수 없게 되었다.
하물며 (그들의) 선박이 우수해서 순식간에 천리를 갈 수 있을
정도라고 하지 않는가. 그렇게 되면 장차 어찌할 것인가. 대비책을
강구하지 않을 수 없다. 경의 생각은 어떤가.

좌의정 조두순 성교가 지당하십니다. 신이 여러 해 전부터 우려한
것도 바로 이 일입니다. 그것을 미리 준비해서 막는 데는 따로 다른
대책이 없습니다. 반드시 먼저 내수(內修, 안으로 나라를 굳건히
다스림)한 후에 외적을 막을 수 있습니다. 내수의 술은 하나는
재력이고, 둘은 병력입니다. 이는 하루 아침과 하루 저녁 사이에 할
수 있는 것이 아닙니다. 한해 두해 점차 한 가지씩 성취해가야
견실한 데 이를 수 있습니다. 봄과 가을마다 (군사를) 조련하는 것은
본래 늘 행하는 일입니다. 우리나라 사람의 인심은 떠들썩하고
자질구레한 것을 좋아합니다. 그래서 매번 임시변통으로 그치고
맙니다. 이번에는 자질구레하고 떠들썩하게 해서 내버려 물리칠 수
없습니다. 고서(古書)에서는 무기를 고치고 식량을 쌓는 것이 바로
오늘의 급무라고 말합니다. 미리 준비해서 막는 방법은 신 등이
마땅히 힘과 마음을 다할 것입니다. 만약 조금이라도 할 수 있는
일이 있으면 초기(草記, 서울 각 관아에서 정무상 중요하지 않은
사항을 사실만 간단히 적어 임금에게 올리는 일)하거나 직접 뵙고 일에

따라 아뢰겠습니다.

철종 대국이 저렇게 심하게 곤욕을 당하고 있는데, 우리나라가
어찌 무사하겠는가?

조두순 천하의 큰 나라가 이적(夷狄)이 되고 소추(小醜)가 되고
욕을 당하는 일은 역사상 아직 듣거나 보지 못했습니다.

철종 양적과 이적의 무리는 그 형상을 말로 표현할 수 없는
별종이다.

조두순 이른바 양적이란 것은 곧 《사기》에 나오는 서역
대진국(大秦國, 로마) 밖의 종족으로서 중국이 (그들에게) 욕을
당하는 것은 천지의 운수입니다.

철종 그렇다.

조두순 어제 대신들과 만난 자리에서 지시하신 것(열하문안사를
파견하자는 결정)은 참으로 경축할 일이었습니다. 성상께서 몸소
먼저 스스로 몸을 닦고 언행을 삼가시면 백성들이 태만하거나
소홀하지 않고 분발할 것입니다. 또 성상의 뜻이 잠깐 사이라도
끊이지 않으면 천번 만번 (성상을) 우러러 경축할 것입니다.[27]

이 대화에서 국왕이 가장 우려한 것은 서양 열강이 무력으로
조선에 기독교를 강요할지도 모른다는 사태였다. 이미 선교사를
박해하고 반기독교 정책을 강력하게 펴고 있던 조선으로서는 그
것이 가장 큰 근심으로 부각되었다. 하지만 조두순은 내수를 한
뒤에야 외적을 막을 수 있다는 도덕론으로 귀결하고 말았다.

양귀와 비적이 쳐들어올지도 모른다

샤를 달레는 《한국천주교회사》에서 중국의 북경 함락 사태에 대한 조선의 대응 방안을 다음과 같이 기록했다. 조선은 1860년 말 무렵 서양 군대의 원정 소식을 처음 알았다. 사람들은 "양귀(洋鬼)들이 많은 배를 타고 와서 수천 수만의 군대로 천자의 나라에 침입하려고 한다"고들 말했다. 조정은 매우 불안해했다. 꽤 높은 직위에 있는 한 무관은 나라에서 직면하고 있는 세 가지 위험과 최선의 방어책에 대한 의견서를 영의정에게 올렸다.

첫 번째 위험은 중국 황제가 서양인에게 패해서 조선으로 피신해 오거나 적어도 동북 국경지대에 있는 만주 요새에 가기 위해 조선의 북쪽을 통과하지 않을까 하는 것이었다. 그 무관은 황제가 어떤 길로 들어올 수 있을지 검토한 후 다음과 같은 결론을 제시했다. 모든 통로에 방어 공사를 하고 그곳에 군대를 보내야 한다. 황제가 이 굉장한 전쟁 준비에 놀라서 감히 조선 땅에 발을 들여 놓지 못하게 해야 한다.

첫 번째보다 더 큰 두 번째 위험은 나선국(羅禪國, 러시아)에 정착한 비적들이 침입할지도 모른다는 것이었다. 그곳은 조선과 만주 사이에 있는 삼림과 불모지로 꽤 넓은 지역이다. 예전에는 이 지역이 명목상 조선에 속해 있었지만 두 나라 사람들 사이에 중대한 알력이 그칠 때가 없고 살인사건이 자주 일어났다. 하지만 중앙 정부는 그것을 막지도 벌하지도 못했다. 조선 정부는 지난 세기 말 무렵 이 지방에서 주민들을 철수시키고 조선 사람들이 그

조선의 옷을 입은 서양인 선교사.

곳에 가서 사는 것을 금했다. 그때부터 중국인 협잡꾼들이 마음 놓고 그곳에 정착했다. 조선의 도둑들과 암살자의 무리가 재판소와 관장들을 피해 그 협잡꾼들과 합류해서 거의 야만적인 도당을 이루고 있었다. 기회가 오면 그 약탈자들이 통과하는 것을 막기 위해 두세 군데 산에 요새들을 세워야 한다. 그렇지 않으면 조선의 북도(北道)는 병화와 유혈의 도가니가 될 수 있었다.

끝으로 가장 큰 위험은 서양인들의 침입으로, 모든 사람의 정신을 몹시 번거롭게 할 것이었다. 서양인들이 나타나는 곳마다 여러 가지 불행한 일이 일어날 것이다. 나라가 멸망하고 지극히 번

영한 도시가 파괴되며, 풍속이 퇴폐하고 고약한 종교와 타락한 풍습이 퍼져갈 것이었다. 무관은 이렇게 덧붙였다.

그러나 저들이 두려운 것은 바다뿐입니다. 저들의 총이 우리 것보다 더 큰 것은 사실입니다. 하지만 모든 군대에는 활이 하나도 없습니다. 우리 궁수(弓手)들 앞에서 그들이 어떻게 견뎌내겠습니까. 저들의 군대가 이동하는 것을 가로막을 것이 아무 것도 없는 평평한 나라에서는 (저들이) 몇 번 승리할 수도 있었을 것입니다. 하지만 산이 많은 우리나라에서는 우리가 군사를 조직하고 서울로 오는 길에 몇 군데 요새를 세우도록 유의한다면 저들을 쉽게 물리칠 것입니다. 남쪽에는 동래에 요새를 만들고, 서쪽에는 남양(수원)과 부평과 저들이 이미 몇 해 전에 나타난 일이 있는 인천에 요새를 세워야 합니다. 서울에서 아주 가까이 강 건너에 있는 강화도의 가장 높은 산에 성채를 지어야 합니다. 저들의 배는 너무 커서 강을 쉽게 거슬러 올라올 수 없습니다. 예전에는 저들의 배가 2, 3척밖에 없었습니다. 지금은 적어도 10척은 가지고 있는 모양입니다. 하지만 몇천 명의 군사로 우리를 대단히 위태롭게 하지는 못합니다.

끝으로 이 무관은 서교(기독교)가 남도에 널리 퍼져 있다면서 자신이 제시한 모든 조치를 서양 신부들 몰래 시행해야 할 것이라고 강조했다. 서양 신부들이 자신의 동포들에게 알릴 수 없게 하는 것이 중요했다. 이 계획은 대신과 백성들에게 호의적인 반응을 얻었다. 이 무관은 포장(捕將)으로 임명되었다. 하지만 머지않아 중국인 수십만 명이 전사했다는 소문이 연거푸 전해졌다.[28]

서양과 통하면 나라가 위태롭다

달레가 인용하고 있는 무관의 장계는 관찬기록에는 남아 있지 않다. 김유의 《해상기문》에는 〈훈련도감 천총 윤섭이 오랑캐를 막는 방략을 논함(訓練千摠 尹燮 論禦夷方略)〉이란 글이 실려 있는데, 글의 논지로 볼 때 달레는 이 글을 참고한 것으로 보인다. 윤섭은 당시 강력한 주전론자로 명성이 높았던 인물이다.

윤섭은 "청국의 흥망은 미리 헤아려 알 수 없다. 하지만 대세로 논한다면, 만약 중원을 잃으면 세(勢)가 반드시 동쪽 요심(邀瀋, 요양과 심양)으로 물러나고 우리나라에 물자를 요구하게 마련이다"며 논의를 시작한다. 그는 북방에서 청국이 길을 빌릴 것을 빙자해서 우리를 엿볼 가능성을 자세히 검토하고 그에 따른 방어책을 개진했다. 적이 압록강을 건너 만포(滿浦)에서 백산(白山)을 경유해 희천(熙川), 영원(寧遠)으로 향할 가능성이 가장 높았다. 그는 "백산에서 적을 섬멸하는 방책을 세우고, 영원은 앉아서 지키며, 정평에서는 기회에 따라 대응한다면 (……) 이는 함정을 파서 짐승을 기다리는 방도"라고 분석했다. 서양 오랑캐를 어떻게 대비할 것인가.

우리나라는 비록 3면이 바다로 막혔지만 예로부터 다른 나라 배가 정박하는 것을 보지 못했다. 근자에 와서 이상한 배가 자주 출몰한다. 서양의 여러 나라 가운데 영국과 불란서가 가장 강대하고 또 성품이 만족할 줄 모른다. 넓은 바다를 두루 돌아 이르는 곳마다 처음에는 이(利)로써 유혹하고 나중에는 위세로써 협박한다. (……) 서양과 통하면 나라가 위태로워지는 것은 온 천하가 다 아는 바다. 사해(四海) 안에서 모두 재화가 통하고 그 가르침을 행해서 재앙과 패망이 미치기에 이르러서도 감히 거절하지 못하는 것은 특히 그 기술의 교묘함과 대포의 위력을 두려워해서 어름어름 구차하게 목전의 편안함만을 취하다가 마침내 그 해독을 입은 것이다. 이것이 어찌 속이 빈 자가 독한 풀을 삼키는 것과 다르겠는가. (……) 이제 이미 서양과 불화가 일어나서 형세가 사귀느냐 끊느냐 하는 사이에 있다. (서양과) 교통하는 날에는 나라에 재앙을 끼칠 것은 이루 형용해 말하기 어렵다. 또 선현이 애써 이단을 배척하는 것은 다만 이 백성이 금수의 지경에 빠질까 두려워하기 때문이다. 이제 만약 그 교학을 허락한다면 후세까지 해독이 미칠 것이다. 이것은 지혜 있는 자나 어리석은 자를 논할 것 없이 매 쏘는 것을 보는 것보다도 쉽다. 어찌 목전에서 구차하게 편안한 것을 위해 국가의 큰 계책을 소홀히 하겠는가.

윤섭은 서양 오랑캐를 방어할 대책으로 해전보다는 육지 방위에 힘쓰고 국내의 내통을 막아야 한다고 강조했다.

우상 앞에서 절하는 조선인의 모습.
서양인들은 조선인은 종교가 없으며 우상을 섬길 뿐이라고 생각했다.

홍이는 천하에 대포로 강성함을 과장해서 매번 평지에서 뜻을
얻었다. 아라사에서 뜻을 얻지 못한 것은 높은 뫼와 고개가 중첩해
있기 때문이었다. 우리나라는 비록 작지만 산과 물이 첩첩이 둘러
있어서 군진이 늘어설 5리의 터전이 없고 수레 백 량이 벌려 설
땅이 없다. 오랑캐의 말은 달리기 어렵다. 서양의 대포는 어디에다
놓겠는가. 그들은 활과 화살이 없다. 손 안의 장기는 단지 반
자(尺)의 단총인데, 그 사정거리는 30보의 먼 곳에도 미치지 못한다.
또 군사의 행렬도 기울어진 땅에는 발을 붙이지 못하니 참으로
천하의 약한 도적이다. 우리나라는 오랫동안 평화를 누려서 군사

시설과 장비가 흐트러져 느슨해지고 황폐해졌다. 서울과 지방의
군사가 비록 전법에 밝지 못하다 하더라도 험한 곳에 의거해
요해처(要害處)를 지켜서 도적을 막는다면 비록 어리석은 지아비와
어린아이라도 족히 쓸 만하다.
그들은 배가 크고 우리는 배가 작으므로 수전(水戰)에서는 맞서서
겨루기 어렵다. 그러나 (그들이) 육지에 내린 뒤에 우리가
천험(天險)의 요해를 굳게 지킨다면 그들이 어떻게 만 리 밖에서
양식을 운반해서 반드시 기약하기 어려운 싸움을 결행할 것인가.

윤섭은 또한 방어책 가운데 하나로 국내의 적을 역이용할 계
략도 제안했다.

근래에 사학(천주교)이 호남과 호서 사이에 크게 유행하고 있다.
우리나라 사람으로서 그들의 간첩이 된 자가 없지 않을 것이다.
그들은 반드시 '우리나라는 군비를 늦추어서 방비하지 않으므로
뭍에 내려 깊이 들어와도 꺼릴 것이 없다'고 말할 것이다. 이때를
틈타 남몰래 서로 약속하고 상대방의 계략을 역이용한다면 이것이
어찌 병가에서 말하는 이른바 '적으로 인해 승리하는 것'이
아니겠는가.[29]

윤섭의 건의가 조정에서 받아들여졌는지는 확인할 길이 없
다. 하지만 당시 서양의 침입에 대비해야 한다는 목소리가 있었다
는 것은 주목할 만한 사실이었다.

한편 1861년 1월 18일 열하문안사로 뽑힌 사신 일행은 하직 인사를 하러 국왕을 만났다. 철종은 그들에게 중국의 동태를 자세히 살피고 돌아오라고 당부했다.

철종 이번 사행은 황성(皇城)에 일이 있어서 보내는 것이다. 다른 때와 달리 경 등을 보내는 것은 내 마음이다. 참으로 변고에 관련되므로 반드시 잘 돌아와야 한다. 황성의 적비가 가까이 왔는지 어떤지 알 수 없다. 먼저 돌아오는 (사신) 편에 자세히 탐지해서 빨리 보내라. 그러면 중국의 상황을 알 수 있고 경 등의 안부도 알 수 있다.

정사 조휘림 삼가 보고 들은 대로 아뢰겠습니다. 책문에 들어간 후 특별한 사건이 있으면 문서로 보고하겠습니다. 먼저 (북경에서) 오는 자(사신)가 있으면 곧 뒤쫓아 보내겠습니다.

철종 황성도 멀다고 하는데, 황성보다 더욱 멀리 가는구나. 이번 사행은 다른 때와 달리 더욱 어려울 것이다. 반드시 잘 돌아와야 한다.

조휘림 신은 못나고 어리석은 사람인데, 전임 사절의 명을 받았습니다. 이번 사행은 더욱 중요합니다. 어떻게 감당해낼지 알지 못하겠고 밤낮으로 근심하고 두렵습니다.

부사 박규수 신은 부사의 임무를 맡았는데, 감당하기 어려울까 근심하고 두렵습니다.

서장관 신철구 신은 서장관의 임무를 맡았는데, 성교를 잘 이어받을 수 있을지 황공하기 그지없습니다.[30]

피난 행렬이 꼬리를 물다

서양 열강이 중국 북경을 함락했다는 소식은 조선 조정뿐만 아니라 민심을 걷잡을 수 없는 혼란으로 몰아넣었다. 재자관 김경수의 보고는 어느덧 대궐 밖으로 흘러 나왔다. 한 입 두 입 건너는 사이 중국의 변고는 부풀려지고 와전되었다. 중국에서 아직도 전쟁이 벌어지고 있다는 풍문이 떠돌았다. 대국의 천자가 열하로 몽진했다면 연합군은 반드시 천자를 추격할 것이다. 천자는 벌판뿐인 만주보다는 피신하기에 알맞은 조선으로 건너올 것이다. 자칫하면 막강한 군대가 서울까지 닥칠지도 모를 일이었다. 이런 공포 때문에 사람들은 두려움에 떨었다. 장안에는 느닷없는 피난 행렬이 꼬리를 물었다.[31]

열하문안사가 떠난 지 얼마 지나지 않은 1월 29일, 조정 중신 회의가 열렸다. 이날 국왕과 대신들은 민심의 동요가 심상치 않다는 사실을 걱정하면서 대책을 의논했다.

철종 요즘 들으니 민심이 소동해서 낙향하는 자가 많다고 한다. 틀림없이 확실한지는 모르겠지만, 조정의 신하 가운데도 (낙향하는 자가) 있는 것 같다. 이는 나라를 배신하는 신하로서 벼슬에 오르려고 하지 않는 무리이다. 이런 일은 들리는 대로 논죄해야 한다.

약원도제조(藥院都提調, 좌의정) 박회수 성교가 이렇게 지엄한데도 조정의 신하 된 자가 어떻게 그럴 이치가 있겠습니까.

철종 모름지기 단단히 타일러 경계하게 해야 한다.

박회수 우리나라 풍속은 움직이는 것을 좋아해서 스스로 발꿈치를
자릅니다. 말이 잘못 전해져서 소동을 일으키는 일이 많습니다.
근래 북경에서 일이 일어난 이후 더욱 와자하고 떠들썩합니다. 모두
근거 없이 떠돌아다니는 말로 일어난 것입니다. 백성은 정해진 뜻이
없고 진정시키고 안정시킬 수 없습니다. 이른바 낙향하는 자는 장차
어디로 갈 것입니까. 곧 부랑하면서 일을 즐겨하지 않는 무리에
지나지 않습니다. 조정의 신하로서 어떻게 이처럼 무식하고
망령되고 도리에 어긋난 행동을 하겠습니까.

철종 이번의 소요는 혹시 대국의 일 때문에 그런 것인가.

박회수 대국의 일은 의거할 만한 실마리가 없지 않습니다. 하지만
황제의 수레는 한북(漢北)에 있고 황성이 비고 흩어진 것은 실로
(재자관이 보낸) 보고서에는 없는 일입니다.

철종 그렇다.

박회수 이는 이와 입술과 같은 염려가 없지 않습니다. 서울 안의
소요는 반드시 이것으로 말미암은 것 같은데 날로 심해집니다.

철종 서울 안의 민심은 보지 않아도 본 것 같은데, 하물며 지방의
민심이야 어떻겠는가.

박회수 들으니 지방의 민심은 서울보다 오히려 더하다고 합니다.
만약 한결같이 진압하는 정책을 쓰지 않으면 어떻게 그릇 전해진
소문을 금할 수 있겠습니까.

철종 민심을 진압하는 방책으로는 감사와 수령 가운데 쓸 만한
인재를 고르는 일보다 나은 것이 없다. 이제부터 감사와 수령

가운데 백성을 잘 다스린 자는 임기가 끝나도 그대로 두어야
(민심을) 억눌러 진정시키는 효과를 거둘 수 있다.

박회수 하교(下敎)가 여기에 이르렀으니 이는 참으로 백성의
복입니다. 지금 보건대 백 가지 천 가지 일에서 병폐 없는 것이
있겠습니까. 만약 가장 큰 폐단을 묻는다면 수령과 관찰사를 자주
바꾸는 일입니다. (수령과 관찰사가) 이미 스스로 바뀔 것을 알고
있고 서울의 아전과 백성이 모두 이처럼 (수령과 관찰사가 바뀌기를)
기다리니 모름지기 (선정을) 베풀어 시행하려 해도 할 수
있겠습니까. 오직 가는 이를 전송하고 오는 이를 맞이하는 일이
폐단이 될 뿐입니다. 이조와 병조판서가 모두 경연에 참석해서 몸소
성교를 받들어 모시고 마땅히 각별하게 대양(對揚)해야 합니다.

철종 이전의 대양도 지극한 데가 없지 않았지만, 이번에는 마땅히
전보다 더욱 각별히 해야 한다.

박회수 백성을 편안하게 하는 근본은 (민심을) 진정시키는 데 있고,
진정시키는 방책은 어떻게 하루아침에 되겠습니까. 성벽을 둘러싼
해자를 고쳐 쌓고, 무기를 고치고, 곡식을 쌓는 일은 모두 목마른
때에 땅을 파는 일과 다르지 않습니다. 빈말이라도 인심을 유지하는
것이 상책이고, 학문을 권장하고 정사에 힘쓰는 것은 하책입니다.
참된 마음으로 백성을 구제하는 것이 위와 아래에서 서로 힘쓰는
길입니다. 옛날의 이름 높은 선비는 난리가 닥치면 반드시 내수를
말했습니다. 이는 진실로 근본을 아는 의논입니다. 이제부터
날마다 경연을 열어 강의하고 신하를 불러 만나고 상의하시면
백성은 감격하고 소란하던 인심은 스스로 가라앉아 그칠 것입니다.

철종 학문을 닦고 연구하는 것은 진실로 (내수의) 근본이다. 어떻게 헛되이 읽는 데 그칠 것인가. 정령을 내려서 시행한 후에야 그 근본을 알 수 있다.[32]

국왕과 좌의정의 대화로 미뤄보면 당시 조선이 얼마나 큰 충격에 휩싸였는지 짐작할 수 있다. 조정 신하부터 일반 백성에 이르기까지 가상의 난리를 피해 낙향하는 자들이 줄을 이었다. 이런 민간의 공포와 동요를 가라앉힐 방안으로 제시된 것은 인재등용과 내수외양뿐이었다. 샤를 달레는 당시 조선의 민심을 다음과 같이 전하고 있다.

서울에서 시작해 전국으로 번진 엄청난 공포와 심각한 경악을 말하는 것은 불가능한 일일 것이다. 모든 일이 중단되었다. 부자나 넉넉한 집안들은 산골로 도망쳤다. 제일 먼저 피신한 사람 가운데 하나는 위에 말한 의견서를 만든 사람이었다. 그는 자기의 목숨을 안전하게 하려고 관직을 사임했다. 대신들은 그들의 부서를 감히 떠나지 못하고 아내와 자녀와 보물들을 서둘러 떠나보냈다. 높은 관직에 있는 관리들은 (천주교) 신자들에게 겸손하게 보호를 부탁했다. 위험한 날에 대비해 종교 서적이나 천주교상, 십자가를 장만하려고 교섭을 벌였다. 어떤 관리들은 공공연히 이런 천주교의 표지들을 허리에 차고 다니기까지 했다. 포졸들은 그들이 모인 자리에서 제각기 천주교인들을 수색하는 데 조금이라도 협력한 것과 그들에게 고문을 가한 것을 변명했다. 온 백성이 이성을 잃을

만큼 당황한 것 같았다.[33)]

아편을 팔려는 계략

김경수의 보고 이후 중국의 정세를 정확하게 보고한 것은 동지겸 사은행 정사 신석우였다. 그는 1860년 10월 22일 조선을 떠나 이 듬해 3월 27일에 돌아왔다. 그는 북경에 도착하기 20여 일 전인 1860년 12월 1일 책문을 출발한 후 도중에 재자관 김경수를 만났 다. 김경수의 수본을 받아 적은 터라 그간의 중국 정세를 자세히 파악했고, 이어서 북경에 도착해서 현지 사정도 확인할 수 있었 다.[34)] 3월 27일 철종은 흥정당(興政堂)에서 정사 신석우, 부사 서 형순, 서장관 조운주를 만났다.

> **철종** 먼 길에 무사히 돌아왔는가.
>
> **신석우** 하늘이 도와서 무사히 돌아왔습니다.
>
> **철종** 중원의 적비(태평천국군)는 어떤가. 인심은 어떤가. 듣고 본 대로 자세히 말하는 것이 좋겠다.
>
> **신석우** (……) 양이가 억지로 화친하게 하고 외적이 점점 성해서 황제의 수레가 쫓겨 갔습니다. 천하가 어지럽지 않다고 말할 수는 없습니다. 하지만 성궐(城闕)·궁부(宮府)·시장·민가는 예전처럼 편안합니다. 군사들은 성채에 주둔해 있는데, 정돈되어

태연합니다. 적이 가까운 성에 숨어 있어도 방어하는 데 침착하고
여유가 있습니다. 이는 민심이 일에 앞서 소란스럽게 하지 않고
조정의 계략도 기한을 두어 어렵거나 답답하지 않기 때문입니다.

철종　중국이 양이와 화친했는데, 틀림없이 무력을 써서 억지로
화친하게 한 것이다. 이는 사교를 선포하고 아편을 팔려는
계략이다. 아편은 그 나라 사람이 쓰지 않는데 중국인에게 쓰게
하니 무슨 뜻인지 모르겠다.

신석우　중국이 화약(和約)을 허락한 것은 어쩔 수 없는 형세
때문입니다. 영국과 프랑스의 화약서(英法和約書, 북경조약서)를
보면 미루어 헤아릴 수 있습니다. 중국이 물리치는 사교를 배워
익히게 한 것, 중국이 금하는 양약(洋藥, 아편)의 교역을 허락한 것,
그 밖에 약조한 것은 모두 양이가 편한 바대로 한 것입니다. 그 힘에
굴복하고 강제로 화친한 것을 알 수 있습니다.

철종　그 조약서는 나도 보았다. 양이는 황성에 몇 사람이나
있는가.

신석우　(……) 2백 명이라고도 하고 1백 명이라고도 해서 그 수를
자세히 알 수 없습니다.

철종　황제는 아직도 열하에 있는가. 열하로 몽진한 것은 무슨
뜻인가.

신석우　정초에 내린 황제의 조서에 따르면, 2월 13일 황궁으로
돌아오고, 2월 25일 잔치를 베풀고, 3월 2일에 동릉(東陵)에
참배하고, 곧 피서 산장에 묵는다고 합니다. 신 등은 2월 6일
북경을 떠났으므로 환궁하는 것은 보지 못했습니다. 마음이 무척

울적하고 답답했습니다.

봉황성에서는 성을 수비하는 군대로 온 경보(京報)를 보았습니다.
2월 7, 8일에 나온 황제의 조서에는 이번에 환궁할 때 왕공(王公)과
대신들이 남석조(南石槽)에서 임금의 환궁을 맞이한다는 등의 말이
있었습니다. 뒤이어 (황제가) 환궁한 것은 틀림없이 확실하고
의심할 바 없습니다. 이제 생각해보니 (황제가) 능에 참배하고
열하에서 돌아왔을 것입니다. 열하는 황제가 때때로 사냥하는
곳입니다. 황제의 수레가 때때로 순행하는 것은 의심스러운 일이
아닙니다. 우리나라 사람들에게 그 왕래가 근심스럽거나 기쁜 것은
구례(舊例)를 깊이 알 수 없어서 그렇습니다. 대체로 중국은
근심하거나 걱정할 때에도 이처럼 가지런하고 한가합니다.
우리나라는 한 모퉁이에 있는 고요하고 평화로운 땅입니다. 어떻게
겨우 풍문을 듣고 서로 선동하겠습니까.
지금 근심하는 것은 두 가지 설이 있습니다. (하나는) 양이가 이미
황성에 가득 찼으므로 혹시 그 기세로 동쪽(조선)을 침범할지도
모른다는 것입니다. 신은 반드시 그렇지는 않다고 말합니다.
그들은 교역하는 것을 일로 삼는데, 우리나라는 바꿀 만한 재보가
없습니다. 그러니 무슨 까닭으로 가볍게 남의 나라에 들어올
것입니까. 다만 사교에 물들거나 양약을 복용하는 무리가 몰래 잘못
끌어들이면 그들이 오지 않는다고 보장하기는 어렵습니다.
(둘째로) 남비(태평천국군)가 번성해서 (우리나라에) 가까운 성에
미치면 혹시 우리의 서쪽 변방을 어지럽힐지도 모른다고 말합니다.
신은 반드시 그렇다고는 말하지 않습니다. 황성은 본디 (방비가)

튼튼하고 요동과 심양의 방비는 굳셉니다. 어떻게 가볍게 깨뜨려 넘어올 수 있겠습니까. 다만 국경의 관문 안팎을 왕래하며 서로 부르고 대답하는 무리가 있으면 또한 무사함을 보장하기 어렵습니다. 그러니 근심할 것은 나라 안이지 바깥 도적은 아닙니다.

지금의 방책으로는 앞서서 소요를 일삼거나 전혀 변하지 않아도 옳지 않습니다. 마땅히 서둘지도 말아야 하고 천천히 해서도 안 됩니다. 변경을 엄히 방비하고 군비를 고쳐야 합니다. 모름지기 우리 백성에게 믿음을 주고 두려움을 없게 하면 천하에 난리가 일어나도 나라 안은 스스로 편안할 것입니다.

철종 관찰사와 수령 가운데 쓸 만한 인재를 고르는 일은 바깥의 업신여김을 막는 방책이다. 언제라도 그렇게 해야 하지만 지금은 더욱 급한 일로 삼아야 한다. (군사를) 훈련하고 (사람을) 모아 점검하는 등의 절차는 곧 군비를 고치는 것이지만 문서를 작성해 갖추는 것은 무척 답답한 일이다. 이에 교시를 내리겠다.[35]

당시 조정에서는 태평천국군과 서양 세력이 청나라뿐만 아니라 조선까지 직접 위협할 수도 있다는 위기감이 감돌고 있었다. 하지만 위기에 대한 대처 방식은 전과 크게 다르지 않았다. 근심거리는 나라 안에 있고 외적이 아니라는 신석우의 주장이 그것을 잘 보여준다. 조두순이나 박회수의 결론과 크게 다르지 않은 셈이었다. 신석우의 주장 밑바닥에는 종주국인 청을 조선의 방파제로 삼으려는 생각이 엿보인다. 국경의 방비를 제외하면 청과 더 긴밀한 관계를 맺는 것이 대외 정책의 중심이었다. 이것은 서양의 충격에 대응하기 위해 조선이 청과 사대관계를 강화하는 것을 의미했다.[36]

김경수와 신석우의 중국 정세 보고는 조선왕조가 양이(攘夷)로 가는 계기를 마련했던 것으로 보인다. 이때 알려진 북경조약의 내용 가운데는 조선왕조가 금기시하는 아편무역과 기독교 포교의 자유가 공인되고 있었다. 서양과 중국의 교역이 아편무역과 기독교의 포교까지 포함하고 있다는 사실을 조선 조정은 금방 알 수 있었다. 양이가 조선을 함부로 침입하지는 않을 것이라고 하면서도 사교를 믿고 양약을 먹는 무리가 내통하면 안심할 수 없다고 한 신석우의 주장은 내수외양의 전형이었다. 개항 전에 이미 내수외양론이 조정에서 깊이 논의되고 있었던 것이다.[37]

조선이 사대하는 정성은 감탄스럽다

한편 1861년 6월 19일 철종은 희정당에서 사신 임무를 마치고 돌아온 열하문안사 일행을 만났다. 국왕은 이미 신석우 일행의 보고를 통해 중국의 사정을 알고 있었지만, 문안사 일행에게 좀 더 정확한 중국 소식을 들을 수 있었다.

철종 중국의 형편은 어떠한가? 듣고 본 대로 자세히 말하는 것이 좋겠다.

조휘림 (……) 각 성에 적비(태평천국군)가 창궐한 지 10여 년이나 됩니다. 그 사이 혹 승전하는 때가 있다 해도 거추(巨魁, 태평천국군의 우두머리)는 아직도 자리를 점거하고 있습니다. 창졸간에 무찔러 없애기는 어렵지만, 총독에 적합한 인물을 임명해서 방어가 무척 견고합니다. 적도 병졸을 거두어 지키고 있는 형편이라 다시는 감히 침략하지 못할 것입니다. 길을 막고 물건을 강탈하는 도적 떼는 각 해당 지부(知府)에서 더욱 엄히 금하고 단속합니다. 이미 붙잡힌 자는 법에 따라 베고, 흩어져 도망가는 자는 (그들이 가는) 방향을 살피고 남모르게 엿보아 큰 길 근처가 맑고 깨끗합니다.

양이는 왕래하는 데 거리낌이 없고 관문에서는 (그들을) 조사하지 않습니다. 제멋대로 교역하고 시장에서는 세금을 거두지 않습니다. 소요를 일으키는 사단이 별로 없기 때문에 도성의 백성은 처음에는 자못 의심하고 두려워했지만, 시간이 지나자 점차 익숙해져서 안심하고 보아도 대수롭지 않게 여기는 것 같습니다. 민가와 시장은 옛 모습과 다름없이 마음을 놓고 있습니다. (양이들은) 조금도 소동을 일으킬 뜻이 없습니다.

철종 양이가 왕래하는 것을 눈으로 직접 보았는가. 황성에 거처할 건물을 많이 지었다고 하는데 정말 그런가.

조휘림 양이는 일정한 때가 없이 왕래해서 눈으로 직접 보았습니다. 온 가족을 이끌고 오는 자도 있고 집을 사서 살고 있는 자도 있습니다. 이른바 천주당은 세 곳이 있는데, 지금 막 건물을 다시 짓고 고친다고 합니다.

철종 우리나라 땅의 농사 형편은 어떤가.

조휘림 (……) (황제는) 이번 특별 사행에 대해 격식을 깨는 은상(恩賞)을 내렸습니다. 황제가 특별히 (조선 사신에 대해) 예를 두텁게 한 것을 헤아릴 수 있습니다. 또 (중국) 조정의 신하가 전하는 바에 따르면, (황제는) "이번에 다른 나라에서는 사신을 보내지 않았는데, 유독 조선에서만 사신을 보냈다. 이는 옛날에 홀로 천자를 알현하려는 뜻과 같다. 한결같은 마음으로 (조선이 중국에) 사대하는 정성은 깊이 감탄할 만하다. 참으로 예의의 나라다"라고 말했다고 했습니다.

철종 이처럼 어렵고 위험한 때에 사대하는 도리로서 어떻게 한 번쯤 문안하는 예를 하지 않을 수 있겠는가? (중국에) 조공하는 나라가 얼마인데, 특별 사신을 보낸 나라가 정말 없었는가.

조휘림 조공하는 나라가 얼마나 되는지는 신도 자세히 알지 못합니다만, 정말 파견된 특별 사신은 없었습니다. 경보를 보니, 안남국(베트남)에서 파견된 조공 사신이 강남에서 길이 막혀 (천자에게) 아뢰는 일이 늦어졌는데, 천자는 (안남 사신에게) 나아가 알리는 일을 면해주라고 지시했다고 합니다. 이는 3년마다 조공을 바치기 위해 파견된 것인데, 올해 조공은 다음 해 조공으로 대신한다고 합니다.[38]

중국 황제는 난을 피해 몽진한 곳으로 문안사를 파견한 조선에 대해 특별히 감격한 것으로 보인다. 문안사 일행은 그해 5월

24일 북경에서 조선으로 출발하기 전에 장계를 보냈다. 이 장계에 따르면, 황제는 조선 사신 일행에게 다음과 같은 상을 내렸다. 옥으로 만든 여의주 1병(柄), 용의 무늬가 새겨진 관복 2필, 무늬가 새겨진 비단(粧緞) 2필, 명주실 8줄로 지어 크게 만 옷감(大卷八絲緞) 2필, 명주실 5줄로 지어 작게 만 옷감(小卷五絲緞) 2건(件), 칠기 4건 등이었다.[39]

무기고는 텅 비어 있다

당시 열하문안사 부사 박규수는 귀국에 앞서 현지에서 견문하고 조사한 바를 정리한 보고서를 보냈다. 이 보고서에는 태평천국군의 현황, 열강의 중국 진출 의도와 서양인의 동태, 청조의 기강, 함풍제의 병환 등이 실려 있었다. 박규수는 조선 사신으로서는 처음으로 '태평천국'이란 국호를 처음 알아내서 조정에 보고했다.[40] 박규수의 보고는 조휘림이 국왕에게 알린 사실과 크게 다르지 않은데, 그는 특히 기독교의 유포 상황을 걱정하고 있었다.

> 양이의 뜻은 토지에 있는 것이 아니라 오직 그 상업을 통하고 그 교(사교)를 행하는 데 있을 따름입니다. 도성에 들어온 후 왕궁을 점령하고 백성의 집을 사고 그 사는 집을 넓히고 영원히 머무를 것 같은 계획입니다. 가족을 이끌고 살림살이를 날라 온 자도 있고

다투어 서로 뒤를 잇고 있습니다. 그래서 잠시 동안은 소요를 일으킬 폐단이 없습니다. 그러므로 도성의 백성이 처음에는 자못 의심하고 두려워했지만 시간이 지나자 점차 익숙해져서 안심하고, 보아도 대수롭지 않게 여기고 서로 매매합니다.

(양이들의) 방자한 행동과 그 뜻은 감히 누가 어떻게 할 수 없습니다. 훗날 근심이 어느 지경에 이를지 참으로 알지 못합니다. 이른바 양교(기독교)는 관(館, 교회)을 세우고 금지하는 것을 없앴지만 (중국인 가운데) 응하는 자가 없습니다. 다만 하는 일 없는 노는 사람과 무뢰배들이 (기독교에서) 남녀가 따로 없는 것을 즐기고, 그 재물과 이익을 서로 돕는 것을 탐하고 몰래 배우는 자가 있다고 합니다.[41]

중국의 상황이 어느 정도 안정되었다는 소식이 알려지자 조선을 휩쓸었던 공포는 차츰 가라앉았다. 조정에서는 서양 오랑캐들이 다시 조선으로 다가올 경우에 대비해서 몇 가지 방어 조치를 내린 것으로 보인다. 조선에서 몰래 활동하고 있던 푸르티에 신부는 1861년 10월 20일자(양력) 서한에서 당시 조선의 방어 상황을 전했다.

(조정에서는) 관장들에게 군의 무기고를 검사하고 징병 명단을 보충하라고 비밀 지령을 내려 보냈습니다. 그런데 많은 곳의 무기고는 텅 비어 있습니다. 예전에 그곳에 국가 소유의 무기들이 있었다는 것을 알기 위해서는 옛날 역사에 도움을 청해야 합니다.

혹시 좀 남아 있다면 대부분 형태를 알 수 없는 쇠토막이나 쇳조각, 녹이 잔뜩 슨 조각들이어서 하나도 쓸 만한 것이 없습니다. 거의 모든 관장들이 그 무기들을 조금씩 팔아먹었거나 없어지게 내버려두었습니다. 하지만 조정은 모든 것을 제대로 유지하라고 명령하면서도 그 비용에 충당할 만한 예산을 주지 않습니다. 우리나라에서는 이런 경우에 관리가 난처해서 예산을 청할 것입니다. 하지만 조선 정부에서는 돈이 없다거나 이러저러한 무기고가 비어 있다고 말해서는 안 됩니다. 그런 변명은 무척 좋지 않게 여겨질 것입니다. 이 나라에서 일어나는 행정제도의 술책에 잘 훈련된 관장들은 어렵지 않게 난관을 벗어납니다. 그들은 그저 관할 지역의 서민 계급 가운데 제일 돈 많은 자들을 불러다가 골탕을 먹지 않으려거든 얼마 정도 돈을 내라고 명령합니다. 백성들은 거절했다가는 틀림없이 사정없는 형벌을 당하고 어쩌면 죽을지도 모르기 때문에 거의 언제나 시키는 대로 합니다. 이런 방법으로 지금 많은 관장들이 창이며 쇠도리깨며 활이며 성능이 좋지 못한 화승총들을 장만할 수 있게 된 것입니다.

이것들이 저들(조선)의 무기 전부냐고 물으실 테지요. 저들은 또 우리의 소구경 야포보다도 작은 대포 몇 문을 여기저기에 가지고 있습니다. 더 강력한 다른 대포들은 서울의 성곽 근처 무기고에 쌓여 있다고 합니다. 불랑기라고 부르는 포탄도 있는데, 이 말을 글자대로 번역하면 '불란서 기계'라는 뜻입니다. 아마 라피에르 함장의 좌초한 배에서 어떤 포탄을 가져다가 그것을 본떠서 만들었기 때문에 그렇게 부를 것입니다.

끝으로 저들이 잘 보살피는 것으로 서양 포병에는 알려지지 않은 무기가 있습니다. 그것은 무게가 3, 4백 근이나 되는 어마어마한 쇠 화살인데, 3백 보 거리에서 적에게 쏘아 보낼 수 있습니다. 이 무기를 사용할 때 가까이 있는 것은 매우 위험하다고 합니다. 그도 그럴 것이 그것을 한 번 쏘는 데 화약이 3, 4백 리터가 들기 때문입니다. 하지만 저들은 대포를 가지고 훈련하는 일이 거의 없습니다. 첫째는 장군들이 화약을 태우는 데 돈을 쓰기보다는 자기들 주머니에 넣어두는 것을 더 좋아하기 때문이고, 둘째로는 그 대포들이 하도 조잡하게 만들어져서 연습을 하면 으레 한 개쯤 터져서 불행한 사고가 일어나기 때문입니다.[42]

푸르티에 신부는 조선 관리들의 해이해진 기강과 형편없는 무기 상황을 비꼬고 있다. 그가 보기에 조정은 무능하고 관리는 부패했으며 백성들은 학정에 시달리고 있었다. 비록 중국의 상황에 자극받아서 국방력을 강화하라고 지시했지만, 그것은 결국 쓸모가 없을 것이라는 게 푸르티에 신부의 관찰이었다. 푸르티에 신부의 서한을 인용하기 전에 달레는 만일 북경 함락 사태 때 프랑스 군함 한 척이라도 조선에 나타나 종교의 자유를 요구했다면 받아들여졌을 것이라고 안타까워했다.[43]

위의 서한에서 푸르티에 신부는 불랑기가 라피에르 함선의 포를 본떠 만들었다고 했는데, 불랑기는 원래 포르투갈 화포를 가리켰지만 나중에는 서양식 화포를 아울러 가리키게 되었다. 라피에르 함대의 선박에서 무기를 실어다 화포를 제작했다는 이야기는 조선 측 기록에 남아 있지 않다. 조선의 관례에 비추어볼 때 라피에르 함대의 화포는 관청의 무기고에 보관되어 있었을 것이고, 실제로 그것을 모방한 무기는 제작되지 않았을 것이다.

요망한 서양 도적을 물리치자

일본이 서양에 문호를 개방하고 뒤이어 북경조약이 체결된 사태는 조선에서 새로운 사상이 싹트는 계기가 되었다. 그것은 바로 동학이었다. 경주에서 불우한 향반의 서자로 태어난 최제우는 1860년 4월 5일 득도하고 동학을 창시했다. 최제우가 득도하고 포교를 시작하게 된 계기는 바로 서양 열강이 중국을 침략한 데서 비롯된 위기의식과 관련되어 있었다. 다음은 《동경대전》〈포덕문(布德文)〉의 한 대목이다.

> 경신년(庚申年, 1860)에 접어들어 전해 들은 소문에 따르면, 서양 사람들은 하느님을 위하는 마음으로 부귀를 추구하지 않고 천하를 정복해 교당을 세우고 그들의 종교를 편다고 한다. 그러므로 나도 과연 그럴까, 어떻게 그럴 수 있을까 의심스러웠다. 뜻밖에도 이해 4월 어느 날 나는 마음이 아찔아찔하고 몸이 부들부들 떨렸다. 병이라 해도 무슨 병인지 알 수 없고, 말하려고 해도 형용할 수 없었다. 이 순간에 어떤 선어(仙語)가 문득 들려왔다. (……)

한편 서양 사람들은 싸우면 이기고 공격하면 빼앗게 되니 그들의 뜻대로 되지 않는 일이 없다. 이리하여 중국이 온통 망해 없어지면 우리나라도 따라서 그렇게 될 우려도 없지 않다. 아, 이 나라를 돕고 이 민중을 편하게 할 계책(輔國安民計)이 앞으로 어디에서 나올 것인가?[44]

최제우의 득도는 당시 중국 사태와 긴밀하게 연결되어 있었다. 1856년 애로호 사건과 1860년 영국·프랑스 연합군의 북경 점령에 뒤이은 북경조약으로 중국에서는 기독교 포교의 자유가 허용되었다. 최제우는 서양 열강이 무력으로 북경을 점령한 사태에서 중국의 멸망뿐만 아니라 조선의 심각한 위기를 절감했다. 이것은 서양 세력의 침입에 따른 민족적 위기를 자신의 관점에서 인식하게 된 것이었다.[45] 최제우는 《동경대전》〈논학문(論學文)〉과 《용담유사》의 〈권학가(勸學歌)〉에서도 서양 세력이 밀려오는 데 따른 민족적 위기의식을 거듭 강조했다.

그동안 온 세상이 어수선해 민심은 흐려지고 들떠서 도무지 나아갈 방향을 알지 못했다. 또 경신년 음력 4월에 이상야릇한 말들이 물 끓듯이 떠들썩했다.
서양 사람들이 도와 덕을 잘 체득해 그들이 조화를 부릴 때에는 무슨 일이건 못하는 것이 없고, 그들이 공격해 싸우는 무기 앞에는 맞설 사람이 없다고 한다. 이래서 중국이 망해 없어진다면 우리나라도 이어 같은 화를 입을 것이 걱정스럽다는 것이다.

이런 말들이 떠도는 까닭은 다름이 아니라 이 사람들이 그 도를 서도(西道)라 하고, 그 학을 천주학이라 하고, 그 교를 성교(聖敎)라 하니, 아마 그들이 천시를 알고 천명을 받은 것이 아닌가 의심하기 때문일 것이다.(〈논학문〉)[46]

하원갑(下元甲, 1803~1863) 경신년(1860)에 전해오는 세상 말이 요망한 서양적(西洋賊)이 중국을 침범해서 천주당 높이 세워 거 소위(所謂) 하는 도를 천하에 편만(遍滿)하니 가소절장(可笑絶腸, 우스워서 참을 수 없음) 아닐런가. 조금 전에 들은 말을 꼼꼼히 생각하니 우리 동방 어린 사람 예의오륜 다 버리고 남녀노소 아동주졸(兒童走卒, 아이들과 하인들) 성군취당(成群聚黨, 떼를 이루고 한 패를 불러 모음) 극성중(極盛中)에 허송세월 한단 말을 보는 듯이 들어오니 (……)(〈권학가(壬戌作)〉 제3절)[47]

최제우는 서양의 힘의 원천이 서학이고, 서양의 무력도 궁극적으로는 서학에 기초하고 있다고 보았다. 그는 서학이 무력을 매개로 중국을 멸망시키면 그 다음에는 조선을 멸망시키지 않을까 두려워했다. 최제우의 위기의식에는 서양의 무력과 서학이 결합되어 있었다.[48]

최제우는 1861년 〈포덕문〉을 짓고 자신의 도를 '동학'이라고 부르며 포덕을 시작했다. 최제우가 득도해서 동학을 포교하기 시작했다는 소문이 퍼지자 사방에서 어진 선비와 농민들이 새로운 도를 배우려고 구름같이 모여들었다. 6개월 동안 무려 3천여 명의

인사들이 최제우를 찾아와 동학을 배우고 그의 제자가 되었다고 한다.[49]

동학세력이 급속히 성장하자 조정은 큰 위협을 느꼈다. 민중들이 동학이라는 새로운 사상과 종교에 따라 조직화될 가능성이 높았다. 조정에서는 1863년 12월 선전관 정구룡과 포졸들을 경주로 파견해 최제우를 체포해서 서울로 압송하게 했다. 최제우와 교인들 10여 명은 1863년 12월에 체포되어 경주옥에 갇혔다. 12월 7일 최제우가 과천에 이르렀을 때 철종이 승하했다. 국상이 반포되었으므로 최제우는 과천에 며칠간 머물러 있었다.

며칠 후 새로 왕위에 오른 고종은 최제우를 해당 감영에서 문초하라고 지시했다. 최제우는 경상감영이 있는 대구로 이송되었다. 경상도 관찰사 서헌순이 최제우를 심문했다. 최제우는 천주를 받드는 사학을 퍼뜨려 혹세무민한 죄로 1864년 2월 29일 참형이 결정되었다. 경상감영은 1864년 3월 10일 대구 장대(將臺)에서 최제우를 참형했다.[50] 최제우는 경상감영에 있을 때 다음과 같이 진술했다.

첫 번째 공술　(저는) 경주 백성으로서 아이들에게 공부를 가르치는 것을 직업으로 삼아왔습니다. 그런데 양학이 나왔다는 말을 듣자 의관을 갖추고 행세하는 사람으로서 양학이 갑자기 퍼지는 것을 보고 앉아 있을 수 없었습니다. 하늘을 공경하고 하늘에 순종하는 마음으로 '위천주 고아정 영세불망 만사의(爲天主 顧我情 永世不忘 萬事宜, 천주께서 내 정성을 돌아보니 만사를 옳게 한 은혜를 영원히 잊을 수 없다'라는 13자로 된 말을 지어서 동학이라 불렀는데, 동쪽 나라의 학문이라는 뜻입니다. 양학은 음(陰)이고 동학은 양(陽)이기 때문에 양으로 음을 억제하기 위해 늘 외우고 읽었습니다.

두 번째 공술　제가 경신년(1860) 무렵에 듣건대, 양인이 먼저 중국을 점령하고 다음에 우리나라로 오면 그 변을 장차 헤아릴 수 없다고 하기 때문에 13자로 된 주문을 지어 사람들을 가르쳤습니다. 그것은 양인을 제어하기 위한 것으로 정성껏 하늘에 제사를 지내면 안 될 일이 없기 때문이었습니다. (……) 그런데 하루는 천신(天神)이 내려와 '요사이 바다 위에 배로 오고 가는 것들은 모두 양인인데, 칼춤이 아니면 제어할 수 없을 것이다'라고 가르치면서 칼 노래(劍歌) 1편을 주었습니다.

세 번째 공술　분명히 마귀가 와서 "계해년(1863) 12월 19일에는 양인이 들어올 것이고 갑자년(1864) 1월에는 응당 들려오는 이야기가 있을 것이다. 계해년 10월에는 네가 하양(河陽, 오늘날 경북 경산군) 현감이 되고, 12월에는 이조판서가 될 것이다"라고 말했습니다.[51]

최제우의 수제자 가운데 한 명인 종이 상인 강원보는 심문관들에게 다음과 같이 증언했다. "복술(최제우의 본명)은 '이 도적들은 불로 공격을 잘하므로 무력으로 막을 바가 아니다. 오직 동학이라야 그 무리를 모두 섬멸할 수 있다'고 말했습니다. 또 '양인이 일본에 들어가서 천주당을 세웠고, 우리 동방에 와서 또 그것을 세우려고 하지만 내가 마땅히 소멸시킬 것이다'라고 했습니다." [52] 이정화도 최제우가 "나무의 날카로움이 쇠보다도 더하면 양인들의 눈이 현혹해 보검인 줄 알게 되므로 제아무리 든든한 갑옷과 날카로운 무기를 가졌더라도 감히 우리에게 접근하지 못할 것이다" [53]고 말했다고 진술했다.

최제우는 기독교와 물질문명으로 무장한 서양에 대항할 수단을 주로 종교적, 정신적 영역에서 찾았다. 물리적 힘에서 서양이 동양보다 절대적 우위에 서 있다는 사실은 중국의 사건이 입증하고 있었다. 최제우는 서양의 침투에 맞서기 위해서는 동학으로 정신을 무장해야 한다고 설파했다. 일본이 서양의 충격에 대응하기 위해 부국강병의 길로 달려간 반면, 동학은 서양의 무기와 기술을 거부하면서 도덕적 교화를 강화해야 한다고 외쳤다.

동학은 보국안민(輔國安民, 서양의 침입으로부터 나라를 지켜 백성을 편안하게 하는 것)과 광제창생(廣濟蒼生, 도탄에 빠져 있는 백성들을 널리 구제함)을 기치로 내걸었다. 하지만 그 수단을 인간의 심적 상태에서 구했다는 점에서 관념적이었다. 물리적인 수단 없이 덕과 정신만으로 외세에 대항해서 나라를 보전한다는 동학의 관념주의는 대외적인 위기에 대한 대응뿐만 아니라 반체제 측면에서도 일정한 한계가 있을 수밖에 없었다. [54]

1860년 중반 이후 조선은 '이양선의 시대'를 지나 '양요(洋擾)의 시대'로 접어들었다. 표류와 탐험으로 시작되어 통상과 포교 요구를 위해 조선으로 찾아왔던 이양선들이 잠시 왔다가 떠났

던 조수 같았다면, 국가 간 무력 충돌로 피가 얼룩진 양요의 시대
는 근대 전야의 태풍이었다.

복수의 근대를 상상하기

다산 정약용은 1801년부터 1818년까지 강진에서 유배형을 살고 있었다. 중앙 정계에서 숙청당해 궁벽한 촌으로 추방된 처지였지만, 현실을 통찰하는 안목은 훨씬 날카로워졌다. 그 무렵 정약용은 왕조의 앞날을 멀리 내다보고 있었다. "남의 나라를 정벌하려는 자"들이 기이한 무기와 교묘한 물건으로 우리나라에 쳐들어올지도 모를 일이었다. 특히 중국이나 일본에서 오래 전부터 쓰고 있던 홍이포의 속도와 파괴력은 전율할 만했다. 그는 "만약 불행하게도 백 년 뒤에라도 남쪽과 북쪽 국경에 경보가 울린다면 반드시 이 무기(홍이포)를 가지고 올 것이다. 그럴 때면 두 손을 마주 잡고 땅에 엎드려서 성(城)을 바치지 않을 자가 있겠는가"라며 한

숨을 내쉬었다.[2]

정약용의 예감은 적중하고 말았다. 채 백 년도 지나기 전의 일이었다. 북쪽의 이 빠진 청나라가 내부의 민중반란과 바깥의 군사 침략으로 혼미를 거듭하고 있는 틈을 타서 남쪽의 사무라이들이 조선의 해안으로 엄습해 왔다. 제국의 야심에 불타는 일본은 서양식 대포와 군함 그리고 미국에서 전수받은 노회한 외교수법으로 무장하고 있었다. 바깥의 위협을 내부의 역동적 국가 에너지로 결집시킨 일본은 가까운 이웃 나라를 희생 제물로 삼으면서 호전적 군국주의라는 위험한 도박으로 빠져들어갔다. 그 과정은 기민하고 도발적이었다.

그 모든 일은 바다에서 비롯되었다. 서양이 앞 다투어 동쪽 바다로 밀려왔을 때, 동아시아 3국의 조건은 그다지 큰 차이가 없었다. 하지만 결과는 사뭇 달랐다. 압도적인 화력과 빈틈없는 상업정신 그리고 과학기술로 뒷받침된 합리주의 철학 등으로 상징되는 서양의 패권 앞에서 중국은 반식민지로 강등되었고, 조선은 '꼬마' 서양으로 발돋움한 일본의 식민지로 전락했다. 유일하게 일본만은 예외였다. '쇄국'에서 '개국'으로 숨 가쁘게 몰아치는 역사적 격랑에서 난파당하지 않고 오히려 재빠른 변신을 거듭하며 열강을 따라잡아갔다.

이처럼 세 나라의 운명을 가른 요인은 무엇이었을까. 먼저 중국의 경우 바깥에서 밀려오는 압력의 강도와 밀도가 감당할 수 없을 만큼 컸다. 반면 집권층의 문화적 우월감은 지나치게 완고했고, 사회 내부의 결속력은 너무 헐거웠다. 자본주의 상품시장으로

서 중국의 매력은 서양 열강을 유혹했고, 결국 중국은 군사력을 동원한 열강의 각축장으로 변하고 말았다.

하지만 천하의 패자를 자처하는 집권층의 오만과 자존심은 서양의 본질을 자각하지 못하게 하는 가리개였다. 중국사학자 전목이 말한 것처럼 중국인들은 "서양이 이익을 탐내고 무력의 강대함을 믿고 나오는 수작에 그치는 것으로 오해해서 그 배후에 책동하고 있는 서양 문화의 진정한 역량과 진정한 성질을 소홀히" 했던 것이다.[3] 또한 태평천국의 난이 상징하듯 민중과 통치계급은 분열되어 있었고, 서로 다른 세상을 꿈꾸고 있었다.

일본이 성공적으로 세계체제에 편입되는 과정은 눈부셨다. 거기에는 객관적 정세도 무시할 수 없었다. 자본주의 열강은 중국에 눈독을 들이면서 일본 시장은 상대적으로 낮게 평가했다. 페리 함대가 일본에 내항한 목적도 중국 시장으로 진출하기 위한 거점이 필요했기 때문이었다. 게다가 크림전쟁으로 러시아의 야망이 발목을 잡히는 행운도 따랐다. 또한 조선과는 달리 중화질서 체제의 제약이 느슨했고, 그만큼 거기서 탈피하는 것도 쉬웠다.

근대 일본의 역동성은 내부에서 찾을 수 있다. 바쿠후는 다이묘를 통제하고 민중을 지배하기 위해 기독교를 금압했지만, 상업과 종교를 분리함으로써 나가사키 항구를 열어두고 있었다. 나가사키 항구는 바깥 세계를 향해 열려 있는 눈과 귀였고 거기서 난학이 꽃피었다. 네덜란드 상인이 바쿠후에 제출했던 《화란풍설서》는 긴박한 국제정세를 읽을 수 있는 일급 정보원이었다. 《해체신서(解體新書)》(1774)로 촉발된 일본의 난학과 번역 운동은 서양의 진보적 학문과 기술에 눈을 뜨게 했을 뿐만 아니라, 낡은 세계관을 해체하고 바쿠후의 붕괴를 앞당겼다.[4] 전투를 직업으로 삼았던 통치계급의 상무적 기풍은 서양의 물질문명을 적극 수용할 수 있는 정신적 토대이기도 했다.[5]

　조선이 서양의 충격에 대처하는 과정은 중국이나 일본과 크게 달랐다. 이단 종교에 대한 강박관념은 관용의 정신을 몰아내버렸다. 고도로 추상화된 관념과 이념은 생동하는 감각과 구체적 현실을 압도했다. 서양의 자본주의 열강에게 조선은 상품시장으로 그다지 혹할 만한 곳이 아니었다. 열강들은 중국 시장에 군침을 삼켰고, 일본에 대해서는 막연한 동경과 환상을 품고 있었다. 그에 비하면 조선은 미미한 존재였고, 그나마 폐쇄된 공포의 왕국쯤으로 알려져 있었다. 중국과 일본에 비해 바깥의 압력은 그다지 높지 않은 편이었다.

　조선의 대외 사유를 결정지은 것 가운데 하나는 '동일성 지향 의식'이었다. 이는 중국 문명과 동질적이거나 유사한 요소를 찾아내서 그것에 의거해 자국이 문명국가임을 증명하려는 의식 성향을 가리킨다.[6] 조선은 일본보다 훨씬 더 중화주의에 속박되어 있었다. 특히 명나라에서 청나라로 중원의 패자가 바뀌자 명나라에 대해서는 동일성 지향 의식을 강화했고, 오랑캐라고 멸시하던 만주족 청나라에 대해서는 차별 지향적 의식을 드러냈다. 조선 지식인들은 중화주의가 쇠퇴하는 것을 안타까워하면서 오히려 중화주의를 독점하려는 경향을 보이기도 했다. 17세기 이후 강화된 '소중화' 의식은 그 산물이었다.

당시 집권층에게 중화주의 질서는 의심할 여지없이 자명한 정치적, 문화적 조건이었다. 그것에서 일탈하는 것은 곧 무질서와 금수의 나라로 추락하는 것을 뜻했다. 지배층은 이방인의 존재를 인정하고 자신의 한계를 받아들이기보다는·오히려 자신을 위협하는 위험한 존재로 여겼다. 그들은 타자와 공감하는 데 실패했고, 타자를 올바르게 상상하는 데도 서툴렀다. 이것이 자기 민족이나 국가의 "경계 너머에도 다른 세계가, 다른 문화가, 심지어는 자기네 것보다 더 우수한 과학과 기술이 있다는 것을 인식하지 못하도록 만들었다."[7]

조선의 국왕과 신료들은 중화주의 체제에 안주하려 했다. 영국과 프랑스 등 서양 제국들이 교역과 선교를 요구했을 때 이를 회피하는 데만 급급했다. 1832년 영국의 로드 애머스트호가 충청도에 나타나 통상을 제의하자 충주목사 이민희는 '제후국의 처지로는 다른 나라와 사사로이 외교 관계를 맺을 수 없다'고 응수했다. 조선 집권층은 자신을 중국의 2류 국가쯤으로 자처하면서 격동하는 세계 현실에 눈을 감으려 했다.

중화주의가 집권층과 지식인들의 이념적 차원이었다면, 천주교 전파에 대한 두려움은 더 직접적이고 현실적이었다. 일부 지식인들은 중국에서 간행된 한역서학서를 통해 학문적 호기심 차원에서 천주교를 받아들였다. 하지만 점차 교세가 확장되고 신도가 늘어나면서 분위기는 달라졌다. 정조 때까지는 온건하게 대응했지만, 순조 때부터 노론 벽파가 정권을 장악하면서 대대적인 천주교 탄압에 나섰다. 1801년의 신유사옥과 1839년의 기해사옥은 그

대표적인 사례였다.

조선 조정은 이양선이 출몰하는 사건과 천주교가 확산되는 현상이 결코 무관하지 않은 것으로 보고 내통자를 제거하려 했다. 이런 우려가 전혀 근거 없는 것만은 아니었다. 황사영 백서 사건과 천주교도들의 '양박청래' 운동, 그리고 프랑스 선교사들이 본국에 무력시위를 요청한 사건 등에서 알 수 있듯이, 천주교도들이 신앙과 종교를 국가 주권보다 우위에 두었던 사실도 부정할 수 없었다.

역사학자 위르겐 오스터함멜이 지적한 것처럼 프랑스는 선교사를 전투함에 태워 파견하거나 거꾸로 선교사 측에서 도움을 요청하는 것을 다른 나라에 개입할 빌미로 삼기도 했다. 일반적으로 선교사들은 종파와 국적을 막론하고 식민주의적 합병을 지지했고, 원칙적으로 식민주의 체제를 옹호했다. 이들은 자신들의 세속적 동포들과 문화적 우월감을 공유하고 있었다. 그 우월감은 비유럽적 생활양식을 무차별적으로 공격하는 실마리가 될 수도 있었다.[8] 유럽인들이 아시아인들을 문명화하는 것은 신이 부여한 권리라는 신념은 특히 19세기 선교사들의 강력한 추동력이었다.[9]

조선의 비극은 국가의 좌표 설정을 착오한 데서 더욱 근본적인 원인을 찾을 수 있었다. 위정자들은 서학·서교·서양을 '사학'(邪學), '이단'과 동일시했다. 사교(邪敎) 이미지는 침략 이미지와 겹쳐졌다. 제2차 아편전쟁으로 대외 위기감이 팽배해지고 대원군이 집권한 후 '양요'가 일어나면서 서양에 대한 적대감은 돌이킬 수 없었다. 바다 건너 일본이 양학을 수용함으로써 서양관에 일대 변혁을 이룬 시기에 조선은 천주교 탄압과 함께 반서교(反西敎)에서 반서양(反西洋)으로 전환하고 '쇄국양이'의 틀 속에 틀어박혀 고립되고 말았던 것이다.[10]

조선의 집권층이 '유연한 쇄국'에서 '경직된 쇄국'으로 전환한 것과는 달리, 재야 지식인 가운데 일부는 진보적인 사고를 개진하기도 했다. 유몽인은 중국과 일본이 부강한 것은 무역 때문이라고 지적했다. 이덕무는 해상으로 통상하면 문물이 발달한다고 강조했다. 박제가는 구빈부국책으로 해외무역을 꼽았고, 이규경은 우수한 서양 기술을 받아들여야 한다고 주장했다. 최한기는 서양이 상업과 무역에 힘쓰고 있다면서 우리도 해로무역을 중시해야 한다고 역설했다.[11] 하지만 이들에게는 정책을 입안하고 결정할 권한이 없었다. 그들의 주장은 실천성을 결여한 '서재의 사상'으로 그치고 말았다.

근대는 발톱을 감춘 난폭한 맹수처럼 조선을 덮쳐 왔다. 그것은 타율적인 개항과 억압적인 식민지화로 귀결되었다. 후대의 경험만을 현미경적 시선으로 확대시켜본다면, 우리의 근대는 언제나 실패와 비극, 고통과 전율로 점철되어 있는 것으로 보인다. 하지만 시간을 거슬러 기원의 시공간으로 올라가보면 훨씬 역동적이고 중층적인 가능성이 열려 있었다는 것을 눈치 챌 수 있다. 근대로 향하는 길목에는 여러 갈림길들이 놓여 있었다.

그 갈림길 가운데 하나는 바로 민중 세계였다. 권위적인 왕궁과 관청에 틀어박힌 지배층이나 관념의 세계에 매혹된 서재의 양반 지식층 그리고 피안의 세계를 갈망하던 천주교 신자들이 아니라, 오히려 바다를 생존의 터전으로 삼고 일상의 노동에 충실했던 민중들의 세계에서 새로운 근대의 가능성을 발견할 수 있다. 그들은 육지의 끝에서 거친 자연 조건에 순응하며 궁핍한 삶을 꾸려가고 있었다. 그들에게서 권력에 대한 욕망, 부정한 축재에 대한 탐욕은 거의 찾아볼 수 없었다. 그들은 다만 자신들이 누릴 수 있는 최소한의 것들만을 꿈꾸었다.

낯선 땅에 발 디딘 이방인들이 조선에서 맨 처음 만난 것은 섬 주민이나 바닷가 어민들이었다. 그들의 생김새와 옷차림, 말투와 행동거지, 살림살이 등의 구체적 세목은 서양인들의 기록 속에 채집되었다. 그들에게 낯선 타국인은 바다만큼이나 불가해하고 통제가 불가능한 존재들이었다. 그들이 서양인을 처음 만났을 때 표현했던 공포심은 거의 본능적인 것이나 마찬가지였다. 이질적이고 기괴한 타자를 만났을 때 누구나 공포와 의혹, 두려움을 느끼게 마련이다.

하지만 그들은 곧 이방인들에게 친절해졌고, 호기심을 느꼈으며, 때론 동정을 표하며 이방인들이 필요로 하는 것을 기꺼이 내주었다. 물과 땔감을 날라주기도 하고, 옷감을 만져보기도 하고, 담배를 권하기도 하고, 낯선 나라 말을 따라 하기도 했다. 뻣뻣하고 부자유스런 하급 관리들과는 전혀 달랐다. 이방인들이 마을에 접근하지 못하게 막고 빨리 떠나주기만을 바랐던 것은 제도적 공권력에 대한 뿌리 깊은 공포 때문이었지 타자 자체에 대한 혐오감 때문은 아니었다. 이방인들이 잠깐 스쳐 지나가고 났을 때 닥칠 결과에 몸서리치면서 주민들은 호기심과 공포 사이에서 머뭇거릴 수밖에 없었다.

　서양인들의 기록에서 알 수 있듯이 조선은 두 얼굴을 지니고 있었다. 권력의 위계가 높아질수록 타자를 거칠고 강경하게 거절했다. 반면 때에 전 누더기를 걸치고, 고된 노동으로 얼굴이 검게 그을리고, 겨우 물고기 몇 마리를 낚아 올리며, 깨진 살림도구가 전부인 오두막에 살고 있는 비참한 사람들이 타자에게 친절하고 호의적이고 격의가 없었다. 타자를 배려하고 존중하며 그들과 공존하는 지혜는 저 밑바닥의 민중 세계에서 이미 실현되고 있었다.

　과거는 재빠르게 신화의 시간 속으로 사라졌지만, 민중적 감수성의 세계는 아직도 우리 곁에 살아 숨 쉬고 있다. 근대를 앞질러 체험했던 민중 세계의 바다는 유년 시절 그대로의 모습을 간직하고 있다. 그것은 모든 것을 편견 없이 받아들이는 천진함, 무엇인가로 틀 지워지기 이전의 충만한 가능성, 낯선 것에 경탄할 줄 아는 순수성 등의 덕목을 일깨워준다. 타자를 추방하는 것이 아니라 우리 안에 감춰진 또 다른 내면의 목소리로 받아들일 때, 타자는 제거해야 할 악이 아니라 우리를 구원할 수 있는 존재로 계속 남을 것이다.

들어가는 말 | 타자의 발견, 발견된 자아

1) 피터 버크, 박광식 옮김, 《이미지의 문화사》, 심산, 2005, 223쪽에서
재인용.

2) 스튜어트 홀, 〈서양과 그 외의 사회들: 담론과 권력〉, 스튜어트 홀 외
지음, 전효관 외 옮김, 《현대성과 현대문화(2)》, 현실문화연구, 1996,
208쪽.

3) 사카이 나오키 지음, 후지이 다케시 옮김, 《번역과 주체―'일본'과
문화적 국민주의》, 이산, 2005, 288~292쪽.

4) 테사 모리스-스즈키, 임성모 옮김, 《변경에서 바라본 근대》, 산처럼,
2006, 47쪽.

5) 데이비드 데이, 이경식 옮김, 《정복의 법칙》, Human&Books, 2006,
100~101쪽.

6) 데이비드 데이, 앞의 책, 90~92쪽.

7) 데이비드 데이, 앞의 책, 81~83쪽.

8) 데이비드 데이, 앞의 책, 174쪽에서 재인용.

9) 레이 초우, 장수현 · 김우영 옮김, 《디아스포라의 지식인》, 이산,
2005, 82~83쪽.

10) 마리우스 B. 잰슨, 김우영 외 옮김, 《현대일본을 찾아서 1》, 이산,

2006, 149쪽.

www.flc.kyushu-u.ac.jp/~michel/serv/ek/chron-english01.html.

11) 이상 중국의 쇄국정책에 대해서는 고병익, 〈명·청대의 쇄국정책〉,
고병익, 《동아시아 문화사 논고》, 서울대 출판부, 1997, 179~219쪽
참고.

12) 大石愼三郎, 《大江戶史話》, 中央文庫, 1992, 174~178쪽.

13) 이능화, 《朝鮮基督敎及外交史》, 조선기독교창문사, 1928, 3쪽.

14) 서일교, 《조선왕조 형사제도의 연구》, 박영사, 1968, 21~24쪽.

15) 법제처 역주, 《대명률직해(大明律直解)》, 법제처, 1964, 342~343쪽.

16) 한우근 외, 《역주 경국대전-주석편》, 한국정신문화연구원, 1986,
409쪽.

17) 법제처 역주, 앞의 책, 346~347쪽.

18) 《萬機要覽》軍政編 海防 東海.

19) 샤를르 달레, 안응렬·최석우 역주, 《한국천주교회사(상)》,
분도출판사, 1979, 268~269쪽.

20) 주희, 한상갑 역, 《논어·중용》, 삼성출판사, 1989, 478~479쪽.

21) 《萬機要覽》軍政編, 備邊司, 所掌事目, 漂到人.

22) 샤를르 달레, 위의 책, 270쪽.

23) 박규수, 《瓛齋集》 권7 〈擬黃海道觀察使答美國人照會〉,
민족문화추진회 편, 《한국문집총간 31집》, 민족문화추진회, 2003,
421쪽.

24) 윌리엄 맥닐, 신미원 옮김, 《전쟁의 세계사》, 이산, 2005, 205쪽.

25) 정약용, 장순범 옮김, 《목민심서-병전》, 민족문화문고간행회, 1986,
125쪽.

26) 우정규, 남만성 옮김, 《경제야언》. 한길사, 1992, 152~153쪽.

27) 민규호, 〈완당김공 소전(阮堂金公小傳)〉, 《완당전집》.

28) 김려, 박혜숙 옮김, 《부령을 그리며》, 돌베개, 1998, 102쪽.

29) 《비변사등록》 숙종 32년(1706년) 2월 9일.

30) 이능화 · 이중화 · 황의돈, 〈조선침략의 촉수 미영(米英)의 이양선〉, 《조광》 8권 3호, 1942년 3월, 《한국근세사논저집－구한말편 3》, 태학사, 1982, 244쪽.

31) 정약용, 이정섭 역, 《목민심서3》 〈봉공 · 애민〉 제6조 '왕역'(往役), 민족문화추진회, 1981, 136~140쪽.

32) T.S. Eliot, 〈The Dry Salvages〉, 《Four Quartets》, http://www.americanpoems.com/poets/tseliot/7068.

33) 이방인의 역할과 특징에 대해서는 김광기, 〈'이방인'의 사회학을 위한 이론적 정초〉, 《한국사회학》 제38집 6호, 2004, 1~29쪽 참고.

제 1 부 | 먼 나라에서 온 손님들

1) 《일성록》 정조 21년 9월 10일.

2) 《정조실록》 정조 21년 9월 6일, 《일성록》 정조 21년 9월 6일.

3) 《일성록》 정조 21년 9월 6일.

4) 《증정교린지(增訂交隣志)》 제4권 〈표왜지급(漂倭支給)〉.

5) 위의 책, 같은 곳.

6) 《정조실록》 정조 21년 10월 4일.

7) 정동유, 남만성 옮김, 《주영편(상)》, 을유문화사, 1971, 85~87쪽.

8) 정약용, 《다산시문집》 권22, 잡평(雜評) 〈유영재(柳泠齋) 득공(得恭) 필기(筆記)에 대한 평〉.

9) H. M. S.는 영국의 해군함정에 붙이는 접두사로, His(또는 Her) Majesty's Ship의 약어다.

10) 브로턴은 영국 해군에 입대해 미국 보스턴 항에서 근무했다. 미국 독립전쟁에 참전했다가 포로가 되기도 했다. 석방된 후에는

북아메리카 대륙의 해안 측량에 종사했다. 1778년에는 영국 동인도회사에 파견되어 근무했다. 1790년 밴쿠버가 이끄는 북태평양 탐사대의 요원으로 뽑혀 채텀호(Chatham)를 지휘, 밴쿠버의 디스커버리호(Discovery)와 함께 북아메리카 연안을 탐사했다. 1793년 귀환한 후 그해 10월 3일 4백 톤급 슬루프형 군함 프로비던스호 함장에 임명되었다. 1795년 2월 15일 그의 생애 두 번째 탐사항해에 올랐다. 1796년 6월 5일 북아메리카의 몬터레이에 도착한 후 동북아시아 탐사에 나섰다. 1797년 5월 프로비던스호가 류큐열도에서 난파되자 87톤급 스쿠너형 군함 프로비던스호로 탐험을 재개했다. 1797년 11월 27일 무사히 마카오에 도착한 후 이듬해 5월 28일 스리랑카 해역에 이르기까지 정기탐사 항해를 계속했다. 1799년 2월 영국으로 귀환한 후 1804년 5월에 《북태평양 탐사 행해기》를 출판했다. 1810년 동인도회사로 자리를 옮겨 1811년 바타비아에서 활약한 후 다음해 영국으로 영구 귀국했다. 만년에는 이탈리아의 피렌체에서 살다가 1821년 3월 12일 지병인 협심증으로 사망했다. 브로턴의 생애에 대해서는 한상복, 《해양학에서 본 한국학》, 해조사, 1988, 316~317쪽, 김재승, 〈조선해역에서 영국의 해상활동과 한영관계(1797~1905)〉, 《한국해운학회지》 23호, 1996, 228~229쪽 참고.

11) 김성준, 《세계에 이름을 남긴 대항해자들의 발자취》, 신서원, 1999, 191~192쪽.

12) William Robert Broughton, 《A Voyage of Discovery to the North Pacific Ocean》, T. Cadell & W. Davis, London, 1804, reprinted in Frank Cass & Company Ltd., London, 1967, 〈Preface〉, 4쪽.

13) 브로턴의 탐사 활동에 대해서는 한상복, 앞의 책, 45~50쪽, 김재승, 앞의 논문, 223~225쪽 참고.

14) 이하 여행기 내용은 William Robert Broughton, 앞의 책, 322~380쪽, 김재승, 《근대 한영 해양 교류사》, 인제대출판부, 1997,

179~191쪽 참고.

15) 한상복, 앞의 책, 102~103쪽.

16) W. E. 그리피스, 신복룡 옮김, 《은자의 나라 한국》, 평민사, 1985, 268쪽.

17) 한상복, 위의 책, 324~325쪽.

18) 브로턴, 앞의 책, 391, 393쪽.

19) 유홍렬, 《증보 한국천주교회사(상)》, 가톨릭출판사, 1962, 164~166쪽.

20) 황사영, 윤재영 옮김, 《황사영 백서 외》, 정음사, 1975, 108쪽.

21) 황사영, 위의 책, 108~109쪽.

22) 황사영, 위의 책, 110쪽.

23) 황사영, 위의 책, 같은 곳.

24) 현계흠은 역관으로서 항상 연행 사절단(赴京使)을 수행하며 북경에 왕래했다. 1801년 신유박해가 닥치자 기회를 틈타 피신했지만 마침내 체포되어 그해 10월 23일 처형되었다. 山口正之, 〈조선기독교 사료 〈기해일기〉〉, 《한국천주교회사 논문선집》 제2집, 한국교회사연구소, 1977, 220~221쪽.

25) 차기진, 〈조선후기 천주교 신자들의 성직자 영입과 양박청래에 대한 연구〉, 《교회사 연구》 13호, 1998, 54쪽 주114.

26) 이만채 편찬, 김시준 역주, 《천주교전교박해사─벽위편》, 국제고전교육협회, 1984 , 272쪽.

27) 천주교 신자들의 양박청래 운동에 대해서는 차기진, 앞의 논문과 조광, 〈황사영 백서의 사회사상적 배경〉, 《사총》 21 · 22합집, 1977, 주명준, 〈천주교 신자들의 서양 선박 청원〉, 《교회사연구》 3집, 1981 참고.

28) 《추안급국안(推案及鞫案)》 권25 〈강이천등추안(姜彝天等推案)〉, 차기진, 위의 논문 54쪽에서 재인용.

29) 《사학징의(邪學懲義)》 권1 〈이우집 공초〉. 차기진, 앞의 논문

55쪽에서 재인용.

30) 일연 외, 이병도 외 옮김, 《한국의 민속 · 종교 사상》, 삼성출판사, 1981, 282쪽.

31) 이만채, 앞의 책, 239쪽.

32) 이만채, 앞의 책, 271쪽.

33) 《중종실록》 중종 15년 12월 14일.

34) 《중종실록》 중종 16년 1월 24일.

35) 이수광, 남만성 옮김, 《지봉유설》, 을유문화사, 1994, 권2 諸國部, 상권 89쪽.

36) 김영원 외, 《항해와 표류의 역사》, 솔, 2003, 180쪽.

37) 존 K. 페어뱅크 외, 전해종 외 옮김, 《동양문화사》, 을유문화사, 1969, 하권 19, 21, 144쪽.

38) 최남선, 《고사통》, 삼중당, 1947, 136쪽.

39) 미야자키 마사카쓰, 이규조 옮김, 《정화의 남해 대원정》, 일빛, 1999, 70, 163쪽.

40) 원재연, 〈조선후기 서양인식의 변천과 대외개방론〉, 서울대 국사학과 박사 논문, 2000, 31~32쪽.

41) 페르낭 브로델, 주경철 옮김, 《물질문명과 자본주의Ⅲ-2: 세계의 시간(하)》, 까치, 1997, 734쪽에서 재인용.

42) W. 프랑케, 김원모 옮김, 《동서 문화 교류사》, 단대출판부, 1977, 48~49쪽.

43) W. 프랑케, 위의 책, 50쪽.

44) W. 프랑케, 앞의 책, 58~67쪽.

45) 홍이섭, 《홍이섭 전집5-외교사 · 교섭사》, 연세대출판부, 1994, 174쪽.

46) 루이스 프로이스, 강병구 옮김, 《포르투갈 신부가 본 임진왜란 초기의 한국》, 까몽이스재단 · 주한포르투갈 문화원, 1999, 제3장(쪽수는 매겨져 있지 않음).

47) 국립진주박물관 엮음, 오만 · 장원철 옮김, 《프로이스의 『일본사』를 통해 다시 보는 임진왜란과 도요토미 히데요시》, 부키, 2003, 186~187쪽.

48) 이긍익, 《연려실기술》 별집 제17권 변어전고 〈황당선(荒唐船)〉.

49) 이능화, 《조선기독교급외교사(朝鮮基督敎及外交史)》, 조선기독교창문사, 1928, 67쪽.

50) 루이스 프로이스, 앞의 책, 같은 곳.

51) 세스페데스의 생애와 활동에 대해서는 국사편찬위원회, 《한국사32 - 조선 후기의 정치》, 국사편찬위원회, 1997, 481~482쪽, 국립진주박물관 엮음, 앞의 책, 244쪽 주14 참고.

52) 국립진주박물관 엮음, 앞의 책, 258쪽.

53) 《선조실록》 선조 31년 5월 26일.

54) 루이스 프로이스, 앞의 책, 같은 곳.

55) 이긍익, 앞의 책, 같은 곳.

56) 《등록유초(謄錄類抄)》 권14 변사(邊事) 1, 갑진 7월 5일. 영인본은 《각사등록(各司謄錄)》 66, 국사편찬위원회, 1993, 33쪽.

57) 이지은, 《왜곡된 한국 외로운 한국》, 책세상, 2006, 42쪽에서 재인용.

58) 당시 다네가시마에 표류한 배는 포르투갈 선박이 아니라 중국의 정크선이었다는 주장도 있다. 신동규, 〈전근대 일본의 서양 이국선 표착 처리〉, 《한일관계사연구》 25집, 2006, 252쪽 참고.

59) 국립진주박물관 엮음, 앞의 책, 42쪽 주5. 강재언, 《조선의 서학사》, 민음사, 1990, 70쪽.

60) 존 K. 페어뱅크 외, 앞의 책, 하권 35쪽.

61) 이수광, 앞의 책, 상권 89~90쪽.

62) 이수광, 앞의 책, 상권 89쪽.

63) Horace Newton Allen, 《Korea: Fact and Fancy》, 1904, 김원모 편저, 《근대한국외교사 연표》, 단대출판부, 1984, 85쪽. 이 책에는 '에드먼드 사리스'(Edmund Saris)로 표기되어 있다. 한상복,

《해양학에서 본 한국학》, 해조사, 1988, 194쪽에는 'Edward Sares'로 나와 있다.

64) 鹿島守之助, 《日本外交史》, 鹿島研究所出版會, 1965, 4쪽.

65) 홍이섭, 《홍이섭 전집5 – 외교사 · 교섭사》, 연세대출판부, 1994, 307쪽.

66) 페어뱅크 외, 앞의 책, 하권 29쪽.

67) 국립진주박물관 엮음, 앞의 책, 137~138쪽.

68) 三宅英利, 손승철 옮김, 《근세 한일관계사 연구》, 이론과실천, 1991, 143~149쪽.

69) 강재언, 이규수 옮김, 《서양과 조선》, 학고재, 1998, 97~98쪽.

70) 《광해군일기》 광해군 14년 7월 19일.

71) 렘코 에릭 브뢰커, 〈하멜과 동인도회사의 동방 무역〉, 김영원 외, 《항해와 표류의 역사》, 솔, 2003, 331쪽.

72) 지명숙 · 왈라벤, 《보물섬은 어디에 – 네덜란드 공문서를 통해 본 한국과의 교류사》, 연세대출판부, 2003, 58~59쪽.

73) 지명숙 · 왈라벤, 위의 책, 159~163쪽.

74) 정재륜의 《한거만록》에는 벨테브레가 제주도에 표류했다고 기록되어 있다.

75) 《증정교린지》 제4권 〈마도표왜(馬島漂倭)〉.

76) 국사편찬위원회, 앞의 책, 487~488쪽.

77) 《경국대전》 〈예전(禮典)〉 대사객(待使客).

78) 정재륜, 《동평위 공사견문록》, 강주진 역, 양영각 1985, 337쪽

79) 하멜, 김창수 옮김, 《하멜표류기 외》, 을유문화사, 1988, 25쪽.

80) 강재언, 《서양과 조선》, 학고재, 1998, 89~90쪽.

81) 이하 하멜 일행의 행적에 대해서는 하멜, 이병도 옮김, 《하멜표류기》, 박문서관, 1946, 김창수 옮김, 위의 책, 강준식, 《다시 읽는 하멜 표류기》, 웅진닷컴, 1995, 강태진 옮김, 《낯선 조선 땅에서 보낸 13년 20일의 기록 – 하멜표류기》, 서해문집, 2003 등 참고.

82) 최근 발굴된 이익태(1633~1704)의 《지영록(知瀛錄)》
〈서양국표인기(西洋國漂人記)〉에 따르면, 하멜이 표류한 곳은
'차귀진(遮歸鎭) 아래 대야수(大也水) 연변'이라고 한다. 이곳은 현재
북제주군 고산리 한장동 해안에서 남제주군 신도리 해안에 이르는
곳으로 추정된다. 김영원 외, 《항해와 표류의 역사》, 솔, 2003,
202~203쪽.

83) 강준식, 앞의 책, 22쪽.

84) 어니스트 페일, 김성준 옮김, 《서양해운사》, 혜안, 2004, 217~220쪽.

85) 《효종실록》 효종 4년 8월 6일.

86) 홀란디아호는 1626년 12월에, 우베르케르크호는 1626년 5월에
네덜란드를 떠나 1627년 4월 바타비아에 도착했다. 1627년 6월 23일
포르모사에 도착한 우베르케르크호는 한 달 후 출항했다가 마카오
근해에서 포르투갈인의 습격을 받아 납치당했고 거기서 불태워졌다.
벨테브레는 우베르케르크호를 타고 조선에 표류했다고 말했지만,
이는 자신들의 해적 행위를 감추기 위한 것으로 보인다.
지명숙 · 왈라벤, 앞의 책, 160~162쪽.

87) 《효종실록》 효종 4년 8월 6일.

88) 김영작, 《한말 내셔널리즘 연구》, 청계연구소, 1989, 17쪽에서
재인용.

89) 《속대전》 〈형전(刑典)〉 금제(禁制).

90) P. 시볼트, 유상희 옮김, 《시볼트의 조선견문기》, 박영사, 1987,
〈역자서문〉, 1~2쪽.

91) P. 시볼트, 앞의 책, 49~50쪽.

92) J. H. 패리, 김주식 · 김성준 옮김, 《약탈의 역사》, 신서원, 1998,
170~173쪽. 페어뱅크, 앞의 책, 하권 28~29쪽.

93) 페르낭 브로델, 주경철 옮김, 《물질문명과 자본주의Ⅲ-2: 세계의
시간(하)》, 까치, 1997, 688쪽.

94) Peter Kemp, 《The History of Ships》, Book Club Associates,

London, 1978, pp102~103.

95) 페르낭 브로델, 앞의 책, 상권 295쪽.

96) 페르낭 브로델, 앞의 책, 하권 735쪽.

97) 페어뱅크, 앞의 책, 하권 30쪽.

98) 렘코 에릭 브뢰커, 〈하멜과 동인도회사의 동방 무역〉, 김영원 외, 앞의
책, 329쪽.

99) 페르낭 브로델, 앞의 책, 상권 311쪽.

100) 렘코 에릭 브뢰커, 앞의 글, 같은 곳.

101) 박경희 엮음, 《연표와 사진으로 보는 일본사》, 일빛, 1998,
256~257쪽.

102) 아사오 나오히로 외 엮음, 이계황 외 옮김, 《새로 쓴 일본사》,
창작과비평사, 2003, 275~276쪽.

103) 데지마는 약 15.395제곱미터에 이르는 인공섬으로, 1636년에
완성되었다. 처음에는 포르투갈인이 들어갔지만 3년 후에 추방되어
빈 집이 되었다. 1641년에 네덜란드 상관이 히라도에서 이곳으로
옮겨왔다. 김영원 외, 앞의 책, 154쪽.

104) 高橋幸八郎 외 엮음, 차태석 외 옮김, 《일본근대사론》, 지식산업사,
1981, 67~71쪽.

105) 아사오 나오히로 외 엮음, 앞의 책, 276쪽.

106) 김영원 외, 앞의 책, 154쪽.

107) 박경희 엮음, 앞의 책, 256~257쪽. 266~267, 284~285쪽.

108) 이것은 1637~1638년에 일어난 '시마바라(島原)의 난'을 말한다.
1637년 10월 기독교 농민신자를 중심으로 한 농민군 3만 7천여 명이
시마바라와 아마쿠사(天草)에서 봉기했다. 기독교 탄압과 가혹한
학정이 반란의 원인이었다. 농민군은 시마바라의 옛 성을 근거지로
삼고 완강하게 저항했다. 바쿠후는 12만 명에 이르는 대군을 동원해
농민군의 식량 보급로를 차단하고 네덜란드 군함의 지원 사격에
힘입어 이듬해 2월에야 겨우 난을 진압할 수 있었다. 바쿠후는 이

사건을 계기로 기독교를 금지하는 정책을 강화하고 쇄국을 단행했다. 민두기 편저, 《일본의 역사》, 지식산업사, 1976, 137쪽, 아사오 나오히로 외 엮음, 앞의 책, 276쪽, 박경희 엮음, 앞의 책, 281~282쪽 참고.

109) 정동유, 앞의 책, 82~84쪽.

110) 강준식, 앞의 책, 193쪽.

111) 렘코 에릭 브뢰커, 앞의 글, 331쪽에서 재인용.

112) 지명숙 · 왈라벤, 앞의 책, 65쪽에서 재인용.

113) 《平戸 オランダ 商館の日記》 제3집 1637년 2월 5일. 三宅英利, 앞의 책, 190~191쪽에서 재인용.

114) 三宅英利, 앞의 책, 191쪽.

115) 지명숙 · 왈라벤, 앞의 책, 69쪽에서 재인용.

116) 지명숙 · 왈라벤, 앞의 책, 85~92쪽.

117) 렘코 에릭 브뢰커, 앞의 글, 331~332쪽.

118) 정재륜, 앞의 책, 337~338쪽.

119) 이덕무, 《청장관전서(靑莊館全書)》 제24권 《편서잡고(編書雜稿)》 〈병지(兵志)〉 비왜론(備倭論).

120) 국립진주박물관 엮음, 앞의 책, 132쪽 주1.

121) 강준식, 앞의 책, 82~83쪽 주9.

122) 성해응, 《연경재전집》 권59 자여필기류(子餘筆記類) 서양박(西洋舶).

123) 이원순, 《조선 서학사 연구》, 일지사, 1986, 57~58쪽.

124) 김영원 외, 앞의 책, 182쪽.

125) 정동유, 앞의 책, 87~88쪽.

126) 페어뱅크 외, 앞의 책, 하권 42쪽.

127) 이수광, 앞의 책, 상권 90쪽.

128) 이수광, 앞의 책, 상권 90~91쪽.

129) 강재언, 앞의 책, 22~23쪽.

130) 이원순, 앞의 책, 57~58쪽.

131) 《인조실록》 인조 9년 7월 12일.

132) 《국조보감》 권35 인조9년.

133) 《국조보감》 권35 인조 9년.

134) 《성호사설》 권4 만물문 〈육약한〉.

135) 黃伯祿斐默 편, 《正敎奉褒》, 상해 慈母堂, 광서30(1904), 25쪽.

136) 山口正之, 〈昭顯世子と湯若望〉, 《靑丘學叢》 5호, 1931, 113~114쪽.

137) 이지은, 앞의 책, 48쪽에서 재인용.

138) 이원순, 앞의 책, 56쪽.

139) 서정철, 《서양 고지도와 한국》, 대원사, 1991, 50쪽.

140) 홍이섭, 《홍이섭 전집1 – 과학사 · 해양사》, 연세대출판부, 1994,
463쪽.

141) 서정철, 위의 책, 96~98쪽.

142) 한상복, 《해양학에서 본 한국학》, 해조사, 1988, 16, 303쪽.

143) 이하 페루즈의 조선 탐사에 대해서는 John Dunmore가
번역 · 편집한 《The Journal of Jean-Francois de Galaup de la
Perouse 1785–1788》(The Hakluyt Society, London, 1995), Vol2,
pp262~268, 한상복, 위의 책, 16~22쪽 참고.

144) John Dunmore 편역, 앞의 책, 263쪽.

145) John Dunmore 편역, 앞의 책, 267~268쪽.

146) 《신증동국여지승람》 권45 강원도 울진현.

147) 이규경, 《오주연문장전산고》 권35, 〈울릉도의 사적에 대한 변증설〉.

148) 한상복, 앞의 책, 308~313쪽.

149) 정동유, 남만성 역, 《주영편(상)》, 을유문화사, 1971, 102~104쪽.
《순조실록》 순조 1년 10월 30일.

150) 《순조실록》 순조 1년 10월 30일.

151) 《순조실록》 순조 2년 3월 13일.

152) 《순조실록》 순조 2년 3월 15일.

153) 《탐라기년(耽羅紀年)》 권4, 〈제주 정의 대정〉, 신유(辛酉) 순조 원년.

영인본은 한국인문과학원 편집부 편, 《한국근대읍지48 – 전라도 15》, 한국인문과학원, 1991, 452쪽.

154) 정동유, 앞의 책, 105쪽.

155) 정동유, 앞의 책, 같은 곳.

156) 정동유, 앞의 책, 107쪽.

157) 홍이섭, 홍이섭, 〈정동유의 『주영편』에 보인 이국어(異國語)에 취(就)하여〉, 홍이섭, 《홍이섭 전집5 – 외교사·교섭사》, 연대출판부, 1994, 204쪽.

158) 홍이섭, 앞의 책, 207~214쪽.

159) 청은 1757년(건륭 22) 대외 무역을 광동 한 곳으로 제한하는 조치를 내렸다. 광동무역에서는 '공행'(公行)이라는 특허 상인 조합이 유럽인과 교역하는 독점권과 관세징수권을 누리고 있었다. 외국 상인들은 이들을 통해서만 무역할 수 있었을 뿐만 아니라, 일정한 제한구역에만 거주가 허용되는 등 행동에 많은 제약을 받았다. 이런 제한적인 중국 무역을 광동무역 체제라고 한다. 김준엽, 《중국최근세사》, 일조각, 1967, 44~47쪽.

160) 김원모, 〈19세기 한영 항해문화교류와 조선의 해금정책〉, 《문화사학》 21호, 2004, 968~970쪽.

161) 이하 알세스트호와 리라호의 조선 여행에 대해서는 Basil Hall, 《Account of a Voyage of Discovery to the West Coast of Corea and the Great Loo-Choo Island》, John Murray, London, 1818, 영인본은 〈근세 동아세아 서양어 자료총서11〉, 경인문화사, 2000, 5~73쪽, B. 홀, 신복룡·정성자 역주, 《조선 서해 탐사기》, 집문당, 1999, 〈영국함대의 서해안 항해 일기〉, 이규태 편, 《조선견문》, 조선일보사, 1976, 81~128쪽, 〈1816년의 조선 연안 항해기〉, 《신동아》 1976년 3월호, 324~331쪽, John M'leod, 《Voyage of His Majesty's Ship Alceste to China, Corea and the Island of Lewchew, with an Account of her Shipwreck》, John Murray, London, 1819,

pp43~65, 김원모, 앞의 글, 970~980쪽 참고.

162) John M'leod, 앞의 책, 44쪽.

163) Basil Hall, 앞의 책, 25~26쪽.

164) 로버트 모리슨은 런던 선교회 소속의 개신교 선교사로, 1807년 개신교 선교사로는 처음으로 중국에 파견되었다. 1814년 광주에서 《신약전서》를 중국어로 번역해 2천 부를 발간했다. 1816년 영국에서 파견된 로드 애머스트 특사의 비서 겸 통역관으로 북경에 갔다. 애머스트가 임무에 실패한 후 마카오에서 계속 활동했다. 1817년부터 1823년까지 4,595쪽에 이르는 《중영자전(中英字典)》 6권을 펴냈다. 그의 아들 존 모리슨은 1842년 8월 8일 영국과 중국의 남경조약 예비회담 때 통역관으로 참가했다. 중국에서는 로버트 모리슨의 업적을 기리기 위해 1835년 1월 광주에서 '모리슨 교육회'가 발기했고, 1839년 11월에 '모리슨 학당'(Morrison Education Society School)이 마카오에서 개교했다. 이 학당은 중국 최초의 서양식 학교였다. 신승하, 《근대 중국의 서양 인식》, 고려원, 1985, 129~132쪽.

165) Basil Hall, 앞의 책, 39~40쪽.

166) Basil Hall, 앞의 책, 50~51쪽.

167) Basil Hall, 앞의 책, 55쪽.

168) 《대전회통》 〈병전〉 외관직 충청도.

169) 한우근 외, 《역주 경국대전 - 주석편》, 한국정신문화연구원, 1986, 565쪽.

170) 한우근 외, 앞의 책, 363~364쪽.

171) 유희경, 《한국복식문화사》, 교문사, 1981, 249쪽.

172) 《순조실록》 순조 34년 4월 29일.

173) 《일성록》 순조 16년 7월 19일.

174) 《일성록》 순조 16년 7월 19일.

175) 《순조실록》 순조 16년 7월 19일.

176) 《일성록》 순조 16년 7월 19일.

177) 김기춘 편저, 《조선시대 형전―경국대전 형전을 중심으로》, 삼영사,
    1990, 87~88쪽.

178) 《경국대전》 〈형전〉 용률(用律).

179) 국방부전사편찬위원회, 《조선시대 군사관계법―경국대전·대명률》,
    국방부, 1986, 385쪽.

180) 《대전회통》 〈병전〉 용형(用刑).

181) 유홍렬, 《증보 한국천주교회사(상)》, 가톨릭출판사, 1962, 186~187,
    191~193쪽.

182) Basil Hall, 앞의 책, 71쪽.

183) Basil Hall, 앞의 책, 73쪽.

184) B. 홀, 신복룡·정성사 역주, 앞의 책, 57~58쪽, 김원모, 앞의 논문,
    979~980쪽.

185) 김준엽, 《중국최근세사》, 일조각, 1967, 74~75쪽.

186) 신복룡, 《신복룡 교수의 이방인이 본 조선 다시 읽기》, 풀빛, 2002,
    39쪽.

187) 바실 홀, 김석중 엮음, 《10일간의 조선 항해기》, 삶과꿈, 2003, 119쪽.

제 2 부 │ 산천을 측량하고 사교를 퍼뜨리다

1) H. H. Lindsay, 《Report of Proceedings on a Voyage to the
   Northern Ports of China in the Ship Lord Amherst》, London, B.
   Fellowes, 1834, 〈Advertisement〉, 영인본은 〈근세 동아세아 서양어
   자료총서11〉, 경인문화사, 2000, 261쪽.

2) 표교열, 〈제1·2차 중영전쟁〉, 서울대동양사학연구실 편, 《강좌

중국사V》, 지식산업사, 1989, 26쪽.

3) 귀츨라프는 1803년 7월 8일 독일 동북부 포메라니아(Pomerania)의
피리츠(Piritz)에서 태어났다. 17세기 독일 경건파 운동의 중심지였던
할레(Halle) 학교에서 수학하고, 한때는 베를린에서 연구하기도 했다.
한 동안 네덜란드 선교회(The Netherlands Missionary Society)
소속으로 바타비아에서 선교 사업에 종사하다가 1828년 네덜란드
선교회를 사직하고 방콕을 거쳐 마카오에서 독자적인 선교활동을
벌였다. 마카오에서 중국 최초의 프로테스탄트 선교사였던 로버트
모리슨을 만나 절친한 관계를 맺었다. 1834년 모리슨이 사망하자
그의 후임으로 청나라 주재 영국공사관 통역관·상무관으로 활동하며
1883년 한영조약을 체결한 처종형제 해리 파커스경(Sir Harry
Parkers)을 돕기도 했다. 백낙준, 《한국개신교사 : 1832~1910》,
연세대학교출판부, 1973, 46~47쪽, 민강배, 《증보판
한국기독교회사》, 대한기독교서회, 1973, 112~115쪽. 한편 W.
프랑케에 따르면, 귀츨라프는 1843년에 자딘 매더슨 상사(Jardine
Matheson & Co. 怡和洋行)의 소속 상선을 타고 중국인들에게
선교용 책자를 나누어주었는데, 그 배에는 아편이 다량으로 실려
있었다고 한다. W. 프랑케, 김원모 옮김, 《동서 문화 교류사》,
단대출판부, 1977, 151~152쪽.

4) 백낙준, 앞의 책, 47쪽.

5) 유홍렬, 앞의 책, 상권, 247~283쪽.

6) 이하 로드 애머스트의 여행에 대해서는 H. H. Lindsay, 위의 책,
477~558쪽, Charles Gützlaff, 《Journal of Three Voyages along the
Coast of China, in 1831, 1832 & 1833, with Notices of Siam,
Corea, and Loo-Coo Islands》, London, Frederick Westley & A. H.
Davis, 1834, 영인본은 〈근세 동아세아 서양어 자료총서11〉,
경인문화사, 2000, 261쪽. 416~456쪽 참고.

7) 귀츨라프는 이곳을 바질 만(Basil's Bay) 북쪽의 Chwang-shan이라고

기록했다.

8) H. H. Lindsay, 앞의 책, 478~480쪽.

9) Charles Gützlaff, 앞의 책, 425쪽.

10) Charles Gützlaff, 앞의 책, 426~427쪽.

11) 밀네(William Milne, 米憐, 1785~1822)는 1785년 스코틀랜드 컨네드먼트(Kennethment)에서 태어났다. 1813년 7월 4일 마카오에 도착했고, 중국 광주에서 로버트 모리슨에게 중국어를 배웠다. 1815년에는 광동에서 《The Chinese Monthly Magazine(察世俗每月統記傳)》을 발행했고, 이듬해 1816년에는 광동어학교를 설립했다. 그해 8월에는 말라카 해안에서 선교용 기지를 세웠다. 이병길 편저, 《중국의 개신교 첫 선교사 로버트 모리슨》, 한국기독교역사연구소, 1994, 107~114, 122, 183쪽 참고.

12) H. H. Lindsay, 앞의 책, 489쪽.

13) Charles Gützlaff, 앞의 책, 436쪽.

14) H. H. Lindsay, 앞의 책, 496~497쪽.

15) Charles Gützlaff, 앞의 책, 446쪽.

16) H. H. Lindsay, 앞의 책, 507~508쪽.

17) H. H. Lindsay, 앞의 책, 509쪽.

18) H. H. Lindsay, 앞의 책, 510쪽.

19) H. H. Lindsay, 앞의 책, 514~518쪽.

20) 《일성록》 순조 32년 8월 11일. 《순조실록》 순조 32년 8월 11일.

21) 이하 로드 애머스트호와 관련된 조선의 기록으로는 《순조실록》 순조 32년 7월 21일, 8월 11일, 12월 25일, 《일성록》 순조 32년 7월 8일~12일, 14일, 16일, 18일~21일, 8월 7일, 김경선, 《연원직지(燕轅直指)》 권1 출강록(出疆錄), 임진년 11월, 부(附) 영길리국 표선기(英吉利國漂船記) 참고.

22) 《순조실록》 순조 32년 7월 21일, 《일성록》 순조 32년 7월 8일, 김경선, 앞의 책, 같은 곳.

23) 《순조실록》 순조 32년 7월 21일자에는 '8만 냥'으로 기록되어 있다.

24) 《일성록》 순조 32년 7월 8일자에는 "육품 거인 의생 출해리샤"로,
    《순조실록》 순조 32년 7월 21일자에는 "6품 거인 수생 갑리
    출해리샤"로 기록되어 있다.

25) 이수광의 《지봉유설》에는 "영결리국 풍속에는 (……) 배로 집을
    삼는다"고 기록되어 있다.

26) 김경선, 앞의 책, 같은 곳.

27) 《일성록》 순조 32년 7월 8일, 김경선, 앞의 책, 같은 곳.

28) 《일성록》 순조 32년 7월 21일.

29) 《일성록》 순조 32년 7월 10일, 《순조실록》 순조 32년 7월 21일.

30) 《순조실록》 순조 32년 7월 21일.

31) 《淸史稿》〈朝鮮〉道光 12년.

32) 《순조실록》 순조 32년 12월 25일.

33) 《일성록》 순조 32년 7월 18일.

34) 原田環,〈十九世紀の朝鮮における 對外的 危機意識〉,
    《朝鮮史研究論文集》 21호, 1984, 88쪽.

35) 이규태 역주,〈규츠라프 서해안 항해기〉,《주간조선》 490호, 1978년
    6월 11일.

36) 윤서석, 《증보 한국식품사 연구》, 신광출판사, 1987, 113~114쪽.

37) 《일성록》 헌종 6년 12월 30일.

38) 앞의 책, 같은 곳.

39) 《헌종실록》 헌종 6년 12월 30일, 《일성록》 위의 책, 같은 곳.

40) 《일성록》 헌종 6년 3월 25일, 《헌종실록》 헌종 6년 3월 25일.

41) 《일성록》 헌종 6년 3월 25일.

42) 김준엽, 《중국최근세사》, 일조각, 1967, 82쪽에서 재인용.

43) 김준엽, 앞의 책, 83쪽에서 재인용.

44) 김준엽, 앞의 책, 76~83쪽.

45) 신승하, 《중국 근대사》, 대명출판사, 1990, 65~66쪽.

46) 존 K. 페어뱅크 외, 전해종 외 옮김, 《동양문화사》, 을유문화사, 1969, 하권, 149~151쪽.

47) 김준엽, 앞의 책, 91쪽에 따르면, 당시 원정군 규모는 군함 20척, 대포 668문, 무장 기선 14척, 포 56문, 군수품 수송선 약 30척, 병원선 9척, 보병 약 1만 명, 포병 약간, 기타 측량선 등이었다고 한다.

48) 이상 아편전쟁의 경과에 대해서는 신승하, 앞의 책, 65~91쪽, 김준엽, 앞의 책, 84~94쪽, 존 페어뱅크, 앞의 책, 155~167쪽 참고.

49) 민두기, 〈19세기 후반 조선왕조의 대외 위기의식―제1차, 제2차 중영 전쟁과 이양선 출몰에의 대응〉, 《동방학지》 52호, 1986, 260쪽.

50) 原田環, 〈十九世紀の朝鮮における 對外的 危機意識〉, 《朝鮮史研究論文集》 21호, 1984, 75쪽.

51) 차배근, 《중국 전근대 언론사》, 서울대출판부, 1984, 295~319쪽.

52) 김경선, 《연원직지(燕轅直指)》 제5권 〈유관록(留館錄)〉 하, 계사년(1833, 순조 33) 1월 27일.

53) 《동문휘고(同文彙考)》 보편속(補編續), 사신별단(使臣別單), 〈정유 주청겸사은행 서장관 이원익 문견별단(丁酉 奏請兼謝恩行 書狀官 李源益 聞見別單)〉.

54) 《同文彙考》 補編續, 使臣別單, 〈戊戌 冬至兼謝恩行 書狀官 李時在 聞見別單〉.

55) 신승하, 앞의 책, 71~72쪽.

56) 《일성록》 헌종 6년 8월 25일.

57) 《동문휘고(同文彙考)》 보편속(補編續), 사신별단(使臣別單), 〈신축 진하사은겸동지행 서장관 이회구 문견별단(辛丑 陳賀謝恩兼冬至行 書狀官 李繪九 聞見別單)〉.

58) 《일성록》 헌종 7년 3월 19일.

59) 《승정원일기》 헌종 7년 12월 6일.

60) 민두기, 앞의 글, 261쪽.

61) 《일성록》 헌종 8년 4월 9일.

62) 《일성록》 헌종 8년 12월 4일.

63) 《일성록》 헌종 9년 3월 29일.

64) 《승정원일기》 헌종 9년 3월 29일.

65) 《일성록》 헌종 10년 2월 6일.

66) 《승정원일기》 헌종 11년 3월 28일.

67) 《同文彙考》 補編續, 使臣別單, 〈乙巳 奏請兼謝恩冬至行 書狀官 尹穧 聞見別單〉.

68) 신승하, 앞의 책, 32쪽 주60.

69) 신승하, 앞의 책, 29~31쪽.

70) 차배근, 《중국근대언론사》, 나남, 1985, 70~71쪽.

71) 이강수, 〈서세의 충격과 중국 근대사상의 변천〉, 인문과학연구소 편, 《전통문화와 서양문화(Ⅰ)-그 충격과 수용의 측면에서》, 성균관대출판부, 1985, 12~13쪽.

72) 이광린, 〈「해국도지」의 한국 전래와 그 영향〉, 《한국 개화사 연구》, 일조각, 1969, 2~4쪽.

73) 허전, 《성재집(性齋集)》 권16, 해국도지(海國圖志) 발(跋).

74) 이규경, 《오주연문장전산고(五洲衍文長箋散稿)》 권19, 〈중원신출기서변증설(中原新出奇書辨證說)〉.

75) Edward Belcher, 《Narrative of the Voyage of H. M. S. Samarang, during the Years 1843~1846》, London, 1848, 영인본은 〈근세 동아세아 서양어 자료총서〉 제15권, 경인문화사, 2000, 〈Preface〉, 7~12쪽, 한상복, 《해양학에서 본 한국학》, 해조사, 1988, 334~338쪽.

76) 이하 여행기의 내용은 Edward Belcher, 위의 책, 제1권 324~448쪽 참고.

77) Edward Belcher, 앞의 책, 418쪽.

78) Edward Belcher, 앞의 책, 428쪽.

79) 外務省 編纂, 《日本外交年表竝主要文書》(上), 原書房, 昭和40(1965),

5쪽.

80) 《헌종실록》 헌종 11년 6월 29일.

81) 《일성록》 헌종 11년 7월 4일.

82) 《일성록》 헌종 11년 7월 4일.

83) 《일성록》 헌종 11년 7월 4일.

84) 《일성록》 헌종 11년 7월 4일.

85) 《일성록》 헌종 11년 7월 4일.

86) 《일성록》 헌종 11년 7월 4일.

87) 《일성록》 헌종 11년 7월 4일.

88) 《일성록》 헌종 11년 7월 5일, 《헌종실록》 헌종 11년 7월 5일.

89) 《淸史稿》 朝鮮 道光 25년.

90) 김한규, 《한중관계사Ⅱ》. 아르케, 1999, 822~833쪽.

91) 《헌종실록》 헌종 11년 9월 15일.

92) 한국역사연구회 19세기 정치사 연구반, 《조선정치사
    1800~1863(상)》, 청년사, 1990, 102~111쪽.

93) 김정희, 《완당집(阮堂集)》 제2권 〈서독(書牘)〉
    여사중명희(與舍仲命喜).

94) 김정희, 《완당집(阮堂集)》 제3권 〈서독(書牘)〉
    여권이재돈인(與權彝齋敦仁).

95) 김정희, 앞의 책, 같은 곳.

96) 《완당집(阮堂集)》 제3권 〈서독(書牘)〉 여권이재돈인(與權彝齋敦仁).

97) 《완당집(阮堂集)》 제4권 〈서독(書牘)〉 여이우선상적(與李藕船尙迪).

98) 강재언, 《조선과 서양》, 학고재, 1998, 200쪽.

99) 《승정원일기》 헌종 5년 3월 5일.

100) 《승정원일기》 헌종 5년 3월 5일.

101) 최석우, 〈한불조약 체결 이전의 양국 관계〉, 한국사연구협의회,
     《한불수교 100년사》, 한국사연구협의회, 1986, 5~6쪽.

102) 최석우, 〈김대건의 조선전도〉, 국제문화재단편, 《한국문화의 제문제》,

시사영어사, 1982, 93~115.

103) 홍이섭, 〈다브뤼 신부의 조선연구에 대하여〉, 《향토서울》 2호, 1958년 6월, 192쪽에서 재인용.

104) 이상 기해박해와 프랑스 신부들의 입국, 김대건의 활동 등에 대해서는 유홍렬, 《증보 한국천주교회사(상)》, 가톨릭출판사, 1972, 292~475쪽 참고.

105) 이능화, 《조선기독교급외교사》, 조선기독교창문사, 1928, 82쪽.

106) 한국교회사연구소 역, 〈한불관계자료(1846~1856)〉, 《교회사 연구》 1집, 1977, 152~153쪽.

107) 신기석, 《신고 동양외교사》, 탐구당, 1973, 17~18쪽.

108) 한국교회사연구소 역, 앞의 글, 154~161쪽.

109) 한국교회사연구소 역, 앞의 글, 157쪽.

110) 아래 인용문에서 보듯이 조선 기록에는 이 서한의 작성 일자가 음력 5월 8일(양력 6월 1일)로 나와 있다. 세실이 조선 주민들에게 서한을 전달하기로 결심한 후 미리 작성한 것을 날짜만 수정한 것으로 보인다.

111) 《헌종실록》 헌종 12년 7월 3일. 불어로 작성된 세실의 원본 편지와 그 번역문은 《교회사연구》 1집에 실려 있는데, 왕조실록의 기록과 약간 차이가 있다.
"지구상 이 지역에 있는 우리 동포를 보호할 임무를 띠고 있는 본인은, 덕망 높기로 알려진 3명의 프랑스인, 즉 앵베르, 샤스탕, 모방이 기해년 3월 14일 귀국에서 처형되었다는 소식을 듣고 이같이 참혹한 벌을 받을 만한 어떤 큰 죄를 그들이 저질렀는지 알려고 왔습니다. 만일 이 세 사람이 외국인 입국 금지법을 어기고 조선국에 들어왔다면, 중국인, 만주인이나 일본인들이 국내에서 발각되었을 경우 그들에게 대하듯 박해하지 않고 단순히 체포해 국외로 추방하지 않으셨습니까?
프랑스 국왕은 그의 백성이 아무리 먼 곳에 가 있을지라도 버려두는

일이 결코 없으며, 어디서나 그들을 왕의 보호로 지켜준다는 것, 또
살인이나 유혈사건, 방화 등의 대죄를 범하지 않는 한 그들의 생명을
저해한다는 것은 왕의 자존심을 심오하게 손상시킨다는 것을 귀국
관리들은 아마도 모를 것 같습니다.

본인은 각하께 프랑스인 세 명의 죽음을 해명할 것을 요청합니다.
하지만 이 해명을 기다릴 수 없으므로 내년에 해명을 받으러 군함이
올 것이라는 사실을 알려드립니다. 동시에 프랑스 국왕이 그
백성들에게 자비로운 어버이로서 관심을 갖고 있다는 사실을
귀하께서도 아신 이상 앞으로 그들에게 어떤 폭행이 발생할 경우
귀국에 결과적으로 큰 재난이 닥친다고 해도 귀국 왕과 관리들은
스스로 원망할 도리밖에 없으리라는 것을 알려드립니다.”

112) 한국교회사연구소 역, 앞의 글, 159쪽.

113) 《헌종실록》 헌종 12년 7월 3일.

114) 《헌종실록》 헌종 12년 7월 3일.

115) 한국교회사연구소 역, 앞의 글, 162쪽.

116) 《일성록》 헌종 12년 6월 19일.

117) 《일성록》 헌종 12년 6월 20일.

118) 《일성록》 헌종 12년 6월 21일.

119) 《일성록》 헌종 12년 6월 22일.

120) 《일성록》 헌종 12년 6월 24일.

121) 《일성록》 헌종 12년 6월 24일.

122) 《일성록》 헌종 12년 7월 14일.

123) 샤를르 달레, 안응렬 · 최석우 역주, 《한국천주교회사(하)》,
분도출판사, 1980, 115~116쪽.

124) 샤를르 달레, 앞의 책, 110쪽.

125) 샤를르 달레, 앞의 책, 115쪽.

126) 《헌종실록》 헌종 12년 7월 15일.

127) 유홍렬, 앞의 책, 487~488쪽.

128) 샤를르 달레, 앞의 책, 119쪽.

129) 《헌종실록》 헌종 12년 7월 25일.

130) 이규경, 〈사교의 배척에 관한 변증설〉, 《오주연문장전산고》, 경사편3, 석전류3, 서학(西學).

131) 이규경, 〈서양이 중국에 왕래한 데 대한 변증설〉, 《오주연문장전산고》, 경사편5, 논사류1, 서양(西洋).

132) 한국교회사연구소 역, 앞의 글, 165쪽.

133) 한국교회사연구소 역, 앞의 글, 166쪽.

134) 유홍렬, 앞의 책, 501쪽.

135) 라피에르 함장이 1847년 8월 19일 본국 해군성 장관에게 보낸 서신. 한국교회사연구소 역, 앞의 글, 167~171쪽.

136) 한국교회사연구소 역, 앞의 글, 172~174쪽.

137) 1847년 9월 25일자 수해 함장의 편지. 한국교회사연구소 역, 앞의 글, 175쪽.

138) 1847년 9월 28일자 데이비스(J. F. Davis)의 편지. 한국교회사연구소 역, 앞의 글, 176쪽.

139) 1847년 10월 20일자 라피에르 함장의 편지. 한국교회사연구소 역, 앞의 글, 171쪽.

140) 샤를르 달레, 안응렬 · 최석우 역주, 《한국천주교회사(하)》, 분도출판사, 1980, 146쪽.

141) 김옥희, 〈최양업 신부에 관한 연구〉, 문교부 편, 《(학술연구조성비에 의한) 연구보고서, 1982 : 인문과학계》, 한국학술진흥재단, 1982, 43쪽에서 재인용.

142) 샤를르 달레, 앞의 책, 147쪽.

143) 《일성록》 헌종 13년 7월 8일.

144) 홍이섭, 《홍이섭 전집5 – 외교사 · 교섭사》, 연세대출판부, 1994, 253쪽에서 재인용.

145) 《일성록》 헌종 13년 7월 9일.

146) 《일성록》 헌종 13년 7월 10일.

147) 《일성록》 헌종 13년 7월 10일.

148) 《헌종실록》 헌종 13년 8월 11일 정사.

149) 《일성록》 헌종 13년 7월 13일.

150) 《일성록》 헌종 13년 7월 9일.

151) 《일성록》 헌종 13년 7월 17일.

152) 《일성록》 헌종 13년 7월 19일.

153) 《일성록》 헌종 13년 7월 14일.

154) 《일성록》 헌종 13년 7월 21일.

155) 《일성록》 헌종 13년 7월 22일.

156) 한학 역관 방우서는 고종 3년(1866) 병인양요 때 경기도 강화
월곶진에서 프랑스인과 문정하기도 했다. 홍이섭, 《홍이섭
전집5 - 외교사 · 교섭사》, 연세대 출판부, 1994, 259쪽.

157) 《일성록》 헌종 13년 7월 25일.

158) 《일성록》 헌종 13년 7월 25일.

159) 《일성록》 헌종 13년 7월 25일.

160) 《일성록》 헌종 13년 8월 5일.

161) 《일성록》 헌종 13년 8월 5일.

162) 《일성록》 헌종 13년 8월 6일.

163) 《일성록》 헌종 13년 8월 9일.

164) 《일성록》 헌종 13년 8월 9일.

165) 《헌종실록》 헌종 13년 8월 4일.

166) 《헌종실록》 헌종 13년 8월 11일.

167) 샤를르 달레, 앞의 책, 148쪽.

168) 《헌묘기사(憲廟記事)》 권6 정미 8월조. 샤를르 달레, 앞의 책,
148~151쪽, 최석우, 〈한불조약 체결 이전의 양국 관계〉,
한국사연구협의회, 《한불수교 100년사》, 한국사연구협의회, 1986,
20~21쪽에서 재인용.

169) 샤를르 달레, 앞의 책, 150쪽.

170) 샤를르 달레, 앞의 책, 151쪽.

171) 《헌종실록》 헌종 13년 11월 25일.

172) 국사편찬위원회, 《한국사37 – 서세동점과 문호개방》, 국사편찬위원회, 2000, 6쪽.

173) 《헌종실록》 헌종 13년 8월 9일.

174) 《철종실록》 철종 3년 3월 30일.

175) 이규경, 〈사교의 배척에 관한 변증설〉《오주연문장전산고》, 경사편3, 석전류3, 서학(西學).

176) 이규경, 앞의 책, 같은 곳.

177) 문일평, 〈시계의 불재(祓災)〉, 문일평, 정해렴 편역, 《호암사론사화선집》, 현대실학사, 1996, 207쪽.

178) 이능화, 《조선기독교급외교사(하편)》, 조선기독교창문사, 1928, 89쪽.

179) 홍이섭, 《홍이섭 전집5 – 외교사·교섭사》, 연세대출판부, 1994, 252쪽.

180) 홍이섭, 앞의 책, 253쪽에서 재인용.

181) 이능화, 앞의 책, 같은 곳.

182) 샤를르 달레, 앞의 책, 152~153쪽.

183) 한국교회사연구소 역, 〈한불관계자료(1846~1856)〉, 《교회사연구》 1집, 1977, 178~179쪽.

184) 원재연, 〈조선후기 서양인식의 변천과 대외개방론〉, 서울대 국사학과 박사 논문, 2000, 31~32쪽.

185) 연갑수, 《대원군 집권기 부국강병책 연구》, 서울대출판부, 2001, 242쪽.

186) 《일성록》 헌종 3년 1월 11일.

187) 《일성록》 헌종 3년 2월 10일.

188) 이석래 교주, 《풍속가사집 – 한양가·농가월령가》, 신구문화사, 1974,

42쪽.

189) 《일성록》 헌종 13년 1월 25일.

190) 한국교회사연구소 역, 앞의 책, 180~182쪽.

191) 한국교회사연구소 역, 앞의 책, 187~188쪽.

192) 노명식, 《프랑스 혁명에서 파리꼬뮨까지》, 까치, 1980, 231~244쪽.

193) 한국교회사연구소 역, 앞의 책, 182~184쪽.

194) 메스트르 신부의 1849년 5월 10일자 편지. 한국교회사연구소 역,
    앞의 책, 185~186쪽.

195) 한국교회사연구소 역, 앞의 책, 186~187쪽.

196) 한상복, 《해양학에서 본 한국학》, 해조사, 1988, 372쪽.

197) 《일성록》 철종 2년 5월 3일.

198) 샤를르 달레, 앞의 책, 182쪽.

199) 샤를르 달레, 앞의 책, 188~195쪽.

200) 《일성록》 철종 3년 7월 23일, 24일.

201) 국사편찬위원회, 《프랑스 외무부 문서1—1854~1899》,
    국사편찬위원회, 2002, 3~4쪽.

202) 게랭은 세실 함대가 조선에 왔을 때 사빈느호의 함장이었다.

203) 홍순호, 〈파리 외방전교회 선교사들의 한국 진출에 대한 프랑스
    정부의 태도—대한(對韓) 제국주의 외교 정책을
    중심으로(1831~1886)〉, 《교회사 연구》 5호, 1987, 47쪽.

204) 〈식민지 건설에 대비한 탐험〉 자료해설, 한국교회사연구소 역, 앞의
    책, 189쪽.

205) 한국교회사연구소 역, 앞의 책, 190~196쪽.

206) 신승하, 《중국 근대사》, 대명출판사, 1990, 102~105쪽.

207) 《일성록》 철종 7년 7월 29일.

208) 《일성록》 철종 7년 7월 19일.

209) 《일성록》 철종 7년 7월 19일.

210) 《일성록》 철종 7년 7월 19일.

211) 《일성록》 철종 7년 7월 22일.

212) 《일성록》 철종 7년 7월 29일.

213) 《일성록》 철종 7년 7월 29일.

214) 《일성록》 헌종 14년 4월 11일. 《헌종실록》 헌종 14년 4월 10일.

215) 《일성록》 헌종 14년 4월 15일.

216) 《일성록》 헌종 14년 4월 15일.

217) 《일성록》 헌종 14년 4월 15일.

218) 《일성록》 헌종 14년 4월 15일.

219) 《일성록》 헌종 14년 6월 11일.

220) 《일성록》 헌종 14년 7월 4일.

221) 《일성록》 헌종 14년 7월 22일.

222) 《일성록》 헌종 14년 7월 25일.

223) 《헌종실록》 헌종 14년 8월 19일.

224) 《일성록》 헌종 14년 7월 29일.

225) 《헌종실록》 헌종 14년 12월 29일.

226) 《일성록》 헌종 15년 3월 15일.

227) 《일성록》 헌종 15년 3월 15일.

228) 《일성록》 헌종 15년 4월 12일.

229) 《일성록》 헌종 15년 4월 14일.

230) 《일성록》 헌종 15년 4월 19일.

231) 《일성록》 헌종 15년 4월 20일.

232) 《일성록》 철종 1년 3월 7일.

233) 《일성록》 철종 1년 3월 20일.

234) 《일성록》 철종 1년 3월 20일.

235) 《일성록》 철종 2년 3월 14일.

236) 《일성록》 철종 2년 3월 11일.

237) 《일성록》 철종 2년 3월 13일.

238) 《일성록》 철종 2년 3월 20일.

239) 《일성록》 철종 2년 3월 26일.

240) 《일성록》 철종 2년 4월 1일.

241) 《일성록》 철종 4년 1월 6일. 신동아 편집부 엮음, 《한미수교 100년사》, 동아일보사, 1982, 26~27쪽.

242) 《일성록》 철종 4년 1월 18일.

243) 김원모, 《근대 한미교섭사》, 홍성사, 1979, 38쪽.

244) 김원모, 《한미 외교관계 100년사》, 철학과현실사, 2002, 37~38쪽.

245) 須藤利一 편, 《船》, 法政大學出版局, 1983, 260~263쪽.

제 3 부 | 러시아와 미국의 습격

1) 박태근, 〈러시아의 동방경략과 수교 이전의 한러교섭〉, 한국사연구협의회, 《한로관계 100년사》, 한국사연구협의회, 1984, 34쪽.

2) 박태근, 〈러시아 푸챠친 제독의 거문도 내항〉, 주영하 감수, 《19세기 후반의 한·영·러 관계─거문도 사건》, 세종대출판부, 1987, 152~153쪽.

3) I. A. 곤차로프, 박태근 역, 〈1854년의 조선(朝鮮)〉, 주영하 감수, 앞의 책, 258쪽, 주5).

4) 이희수, 〈곤차로프의 여행기 『전함 팔라다』에 비친 한국〉, 이규수 외, 《근대 전환기 동아시아 속의 한국》, 성균관대출판부, 2004, 301쪽, 주5).

5) I. A. 곤차로프, 앞의 책, 257쪽 주2), 주4).

6) 박태근, 〈러시아 푸챠친 제독의 거문도 내항〉, 앞의 책, 154~157쪽.

7) 곤차로프의 여행기 《전함 팔라다호》 가운데 조선 여행기는 I. A.

곤차로프, 박태근 역, 〈논픽숀 1854년의 조선〉, 《신동아》, 1974년
8월호, 268~298쪽에 처음 소개되었고, 주영하 감수, 앞의 책,
209~262쪽에 재수록되었다.

8) 주영하 감수, 앞의 책, 213쪽.

9) 주영하 감수, 앞의 책, 217쪽.

10) 주영하 감수, 앞의 책, 220쪽.

11) 박태근, 〈러시아 푸챠친 제독의 거문도 내항〉, 앞의 책, 158~159쪽.
《일성록》 철종 5년 6월 4일.

12) 박태근, 〈러시아의 동방경략과 수교 이전의 한러교섭〉, 앞의 책,
36~37쪽.

13) 푸탸틴, 박태근 역, 〈러시아 함대의 일본 및 중국 항해(1852~1855)에
관한 시종무관장 푸챠친 백작의 상주 보고문〉(《해사집록》 1856년
8월호), 주영하 감수, 앞의 책, 201~208쪽에 수록.

14) 주영하 감수, 앞의 책, 205쪽.

15) 크루젠슈테른은 1803년부터 1806년 사이에 러시아 최초로 세계 일주
항해에 나섰다. 그의 항해 보고서와 지도는 1827년 러시아에서
출간되었다.

16) 이희수, 앞의 책, 309쪽 주15).

17) 주영하 감수, 앞의 책, 260쪽 주20).

18) 《일성록》 철종 5년 8월 3일.

19) 주영하 감수, 앞의 책, 243쪽.

20) 주영하 감수, 앞의 책, 243쪽.

21) 《일성록》 철종 5년 4월 23일.

22) 《일성록》 철종 5년 4월 23일.

23) 주영하 감수, 앞의 책, 207쪽.

24) 주영하 감수, 앞의 책, 246쪽.

25) 주영하 감수, 앞의 책, 247쪽.

26) 박태근, 〈러시아의 동방경략과 수교 이전의 한러관계〉, 앞의 책,

38쪽.

27) 주영하 감수, 앞의 책, 205~207쪽.

28) 박태근, 앞의 책, 36~39쪽.

29) 박태근, 〈러시아 푸챠친 제독의 거문도 내항〉, 앞의 책, 160, 167쪽.

30) 김유는 1814년 거문도 동도 귤동(현재 전남 여천군 삼산면
유촌리)에서 태어났다. 자는 토량(土亮), 호는 귤은이었다. 전남
장성(長城)의 유학자 노사 기정진의 고산서원(高山書院)에서
수학했다. 고향에 돌아와 낙영재(樂英齋)를 열고 후진 양성에 힘썼다.
1854년 러시아 함대가 거문도에 기항했을 때 푸챠틴 제독과 필담을
나누었다. 1884년 전남 완도군 청산도에서 세상을 떠났다. 기정진의
삼손(三孫) 기우만은 귤은의 유고를 모아 1901년 목판본으로
《귤은집(橘隱集)》을 간행했다. 곽영보, 〈포의한사 귤은 김유 선생〉,
김유, 주영하 감수, 《국역 해상기문─러시아의 첫 외교문서(1854)》,
세종대출판부, 1988, 11~17쪽.

31) 김유, 주영하 감수, 《국역 해상기문─러시아의 첫 외교문서(1854)》,
세종대출판부, 1988, 23~24쪽.

32) 박태근, 〈러시아의 동방 경략과 수교 이전의 한러교섭〉, 앞의 책,
39쪽에서 재인용.

33) 박태근, 앞의 책, 같은 곳.

34) 박태근, 〈러시아 푸챠친 제독의 거문도 내항〉, 앞의 책, 165쪽.

35) 김유, 앞의 책, 24~25쪽.

36) 《일성록》 철종 5년(1854) 4월 26일.

37) 《일성록》 철종 5년(1854) 4월 27일.

38) 《일성록》 철종 5년(1854) 6월 4일.

39) 《일성록》 철종 5년(1854) 6월 12일. 《철종실록》 철종 5년 6월 12일.

40) 주영하 감수, 앞의 책, 222쪽.

41) 이희수, 앞의 책, 319~321쪽.

42) Edited by John Belchem and Richard Price, 《A Dictionary of

Nineteenth century History》, Basil Blackwell Ltd, 1994, 151쪽.

43) 박태근, 〈러시아 푸챠친 제독의 거문도 내항〉, 앞의 책, 167~169쪽.

44) 주영하 감수, 앞의 책, 234~245쪽.

45) 高橋幸八郎 외, 차태석 · 김이진 역, 《일본 근대사론》, 지식산업사, 1981, 116~117쪽.

46) 박경희 엮음, 《연표와 사진으로 보는 일본사》, 일빛, 1998, 345, 348~349, 355쪽.

47) 차상철 외, 《일본 외교사》, 비봉출판사, 1999, 156쪽.

48) 민두기 편저, 《일본의 역사》, 지식산업사, 1976, 193쪽 주1).

49) 김원모, 《근대한미교섭사》, 홍성사, 1979, 44~46쪽.

50) 차상철 외, 앞의 책, 157쪽.

51) 시바 료타로, 이길진 옮김, 《료마가 간다1》, 창해, 2002, 107, 125, 130~131쪽.

52) 박경희 엮음, 앞의 책, 349쪽.

53) 차상철 외, 앞의 책, 156쪽.

54) 横浜開港資料館 編輯, 《ペリー來航と横浜》, 横浜開港資料館, 2004, 43쪽.

55) 横浜開港資料館 編輯, 앞의 책, 같은 곳.

56) 마루야마 마사오, 박충석 · 김석근 옮김, 《충성과 반역 – 전환기 일본의 정신사적 위상》, 나남출판, 1998, 183~184쪽에서 재인용.

57) 마루야마 마사오, 앞의 책 184쪽에서 재인용.

58) 마루야마 마사오, 앞의 책, 같은 곳.

59) 차상철 외, 앞의 책, 156쪽.

60) 김원모, 앞의 책, 38쪽.

61) 차상철 외, 앞의 책, 156쪽.

62) 横浜開港資料館 編輯, 앞의 책.

63) 植田捷雄, 《東洋外交史(上)》, 東京大出版會, 1969, 111쪽.

64) 김원모, 앞의 책, 46~47쪽.

65) 橫浜開港資料館 編輯, 앞의 책, 34쪽.

66) 橫浜開港資料館 編輯, 앞의 책, 같은 곳.

67) 차상철 외, 앞의 책, 158쪽.

68) 高橋幸八郞 외, 앞의 책, 117~121쪽.

69) 신기석, 《신고 동양외교사》, 탐구당, 1973, 47쪽.

70) 高橋幸八郞 외, 앞의 책, 122~130쪽.

71) 존 K. 페어뱅크 외, 앞의 책, 210쪽.

72) 마루야마 마사오, 김석근 옮김, 《일본의 사상》, 한길사, 1998, 60쪽.

73) 高橋幸八郞 외, 앞의 책, 130쪽.

74) 박경희 엮음, 앞의 책, 359쪽.

75) 山田迪生, 《日本の船 ―蒸氣編》, 船の科學館, 1997, 9~14쪽.

76) 《同文彙考》 附續 邊禁.

77) 原田環, 〈十九世紀の朝鮮における 對外的 危機意識〉, 《朝鮮史硏究會論文集》 21집, 1984년 3월. 91쪽.

78) 《철종실록》 철종 11년 8월 8일, 《일성록》 철종 11년 8월 8일.

79) 原田環, 앞의 책, 같은 곳.

80) 《同文彙考》 附續 邊禁.

81) 原田環, 앞의 책, 91~92쪽.

82) 강동진, 《일본 근대사》, 한길사, 1985, 19쪽.

83) 강동진, 앞의 책, 21~22쪽.

84) 《일성록》 철종 6년 6월 1일. 《비변사등록》 철종 6년 6월 2일.

85) 《비변사등록》 철종 6년 6월 2일. 신동아 편집부 엮음, 《한미수교 100년사》, 동아일보사, 1982, 28쪽.

86) 《일성록》 철종 6년 6월 13일.

87) 《일성록》 철종 6년 6월 13일.

88) 《일성록》 철종 6년 6월 16일.

89) 《일성록》 철종 6년 7월 2일.

90) 石堂, 〈70년 전의 외국어 문헌〉, 《신동아》 1935년 10월, 36~38쪽.

인용문은 현대식 어법에 맞게 바꾸었다.

91) 〈淸史稿〉, 국사편찬위원회, 《국역 中國 正史 朝鮮傳》, 국사편찬위원회, 1986, 469쪽.

92) 김원모, 《근대한미교섭사》, 홍성사, 1979, 91쪽.

93) 송병기, 《한국, 미국의 첫 만남》, 고즈윈, 2005, 32~33쪽.

94) 김원모, 《근대한미교섭사》, 홍성사, 1979, 91~97쪽.

95) 《일성록》 철종 6년 8월 14일.

96) 《일성록》 철종 6년 8월 24일.

97) 한상복, 《해양학에서 본 한국학》, 해조사, 1988, 43쪽.

98) 한상복, 앞의 책, 377~378쪽.

99) 김재승, 〈조선왕국을 찾아온 서양선들의 탐사항해기〉, 《동서사학》 3집, 1997, 37쪽.

100) 김원모 편저, 《근대한국외교사 연표》, 단대출판부, 1984, 93쪽.

101) 김재승, 앞의 책, 39~40쪽.

102) 《일성록》 철종 7년 3월 23일.

103) 《일성록》 철종 7년 8월 16일.

104) 《일성록》 철종 7년 8월 13일.

105) 《일성록》 철종 7년 8월 14일.

106) 《일성록》 철종 7년 10월 15일.

제4부 | 바다로 잠입한 근대

1) 신승하, 《중국 근대사》, 대명출판사, 1990, 97쪽.

2) 堀川哲南 편집, 하세봉 옮김, 《아시아 역사와 문화와 문화5》, 신서원, 1996, 42쪽.

3) 김준엽, 《중국 최근세사》, 일조각, 1967, 96쪽.

4) 이하 애로호 사건과 제2차 아편전쟁의 경과에 대해서는 신승하,
《중국 근대사》, 대명출판사, 1990, 102~116쪽, 市村瓚次郎,
《東洋史統(4)》, 富山房, 1950, 514~526쪽, 堀川哲南, 이양자 옮김,
《중국 근대사》, 삼지원, 1994, 71~82쪽, 이형석, 《동양흥망사(하)》,
보진재, 1991, 156~161쪽 참고.

5) 신승하, 《근대 중국의 서양인식》, 고려원, 1985, 78~79쪽.

6) 신승하, 앞의 책, 81~86쪽.

7) 《일성록》 철종 10년 5월 22일.

8) 《일성록》 철종 10년 5월 24일.

9) 《일성록》 철종 10년 5월 28일.

10) 《일성록》 철종 10년 5월 28일.

11) 《일성록》 철종 10년 5월 29일.

12) 한상복, 《해양학에서 본 한국학》, 해조사, 1988, 379~381쪽.

13) 한상복, 앞의 책, 104~105쪽.

14) 김유, 주영하 감수, 《국역 해상기문》, 세종대출판부, 1988, 26~28쪽.

15) 김유, 앞의 책, 30~35쪽.

16) 《일성록》 철종 10년 11월 13일.

17) 《일성록》 철종 10년 12월 16일.

18) 《일성록》 철종 11년 윤3월 25일.

19) 《일성록》 철종 11년 4월 25일.

20) 《일성록》 철종 11년 4월 9일.

21) 《일성록》 철종 11년 4월 10일.

22) 책문은 중국의 국경 관문 가운데 하나다. 1604년 청 태조가 만주에서
홍기할 때 조선을 방비하기 위해 긴 울타리(長柵)를 쌓고 거기에
6변문(邊門)을 설치했는데, 책문은 그 가운데 하나였다. 압록강 건너
120리 길에 위치했다. 그 중간지역은 무인지경의 중립지대였기
때문에 중국 사신 일행은 이 책문을 통과함으로써 비로소 정식으로

청나라 땅을 밟게 되었다. 사행은 책문에 도착하기 전에 봉황성
장군에게 자신들이 책문을 통과한다고 통고한다. 다음날 봉황성
장군은 청나라의 영접 관리를 이끌고 나와 책문 밖에서 상견례를
행한다. 조선 사행은 국경 통과 문서인 입책보단(入柵報單)을 접수한
후 비로소 책문을 넘어서게 된다. 이 책문에서는 특별한 검문을
받지는 않았으며 돌아올 때 검문하고 내보냈다. 김한규,
《한중관계사II》, 아르케, 1999, 733~734쪽, 이원순, 〈부경사행의
경제사적 일고〉, 이원순, 《조선시대 사론집》, 느티나무, 1993, 86쪽
참고.

23) 《일성록》 철종 11년 12월 9일.

24) 하정식, 〈태평천국과 1850~60년대 초 조선왕국의 위기의식〉,
《동방학지》 87집, 1995, 21쪽.

25) 한우근, 〈동학의 창도와 그 기본 사상〉, 국사편찬위원회, 《한국사
15—민중의 저항》, 국사편찬위원회, 1975, 352쪽.

26) 《철종실록》 철종 11년 12월 9일, 《일성록》 철종 11년 12월 9일.

27) 《일성록》 철종 11년 12월 10일.

28) 샤를르 달레, 안응렬·최석우 역주, 《한국천주교회사(하)》,
분도출판사, 1980, 316~318쪽.

29) 김유, 앞의 책, 55~64쪽.

30) 《일성록》 1861년 1월 18일.

31) 리선근, 《대원군의 시대》, 세종대왕기념사업회, 1981, 21~23쪽.

32) 《일성록》 철종 12년 1월 29일.

33) 샤를르 달레, 앞의 책, 318~319쪽.

34) 하정식, 앞의 논문, 23쪽.

35) 《일성록》 철종 12년 3월 27일. 《철종실록》 철종 12년 3월 27일.

36) 原田環, 〈十九世紀の朝鮮における對外的危機意識〉,
《朝鮮史研究會論文集》 21집, 1984, 89~90쪽.

37) 하정식, 앞의 논문, 27쪽.

38) 《일성록》 1861년 6월 19일, 《철종실록》 1861년 6월 19일.

39) 《일성록》 1861년 5월 24일.

40) 하정식, 앞의 논문, 5~6쪽.

41) 《패림稗林》 〈哲宗記事〉 권9, 철종 12년(1861) 신유 6월
〈熱河副使朴珪壽抵人書〉, 하정식, 앞의 논문, 6쪽에서 재인용.

42) 샤를르 달레, 안응렬 · 최석우 역주, 《한국천주교회사(하)》,
분도출판사, 1980, 316~320쪽.

43) 샤를르 달레, 앞의 책, 319쪽.

44) 최제우, 최동희 옮김, 〈동경대전(외)〉, 이병도 외 옮김, 《한국의
민속 · 종교사상》, 삼성출판사, 1981, 448~450쪽.

45) 신용하, 〈최제우와 동학사상의 형성〉, 신용하, 《한국 근대 지성사
연구》, 서울대출판부, 2005, 59쪽.

46) 최제우, 앞의 책, 453쪽.

47) 최제우, 앞의 책, 521쪽.

48) 신용하, 앞의 책, 60쪽.

49) 신용하, 앞의 책, 72쪽.

50) 신용하, 앞의 책, 77~78쪽.

51) 《고종실록》 고종 1년 2월 29일 경자.

52) 앞의 책, 같은 곳.

53) 앞의 책, 같은 곳.

54) 김영작, 《한말 내셔널리즘 연구》, 청계연구소, 1989, 216~217쪽.

1) 수전 손택, 김유경 옮김, 《강조해야 할 것》, 시울, 2006, 269쪽에서 재인용.

2) 정약용, 이익성 옮김, 《다산논총》, 〈군기론(軍器論)〉, 을유문화사, 1972, 44쪽.

3) 전목, 차주환 옮김, 《중국문화사도론 · 중국문사철론》, 을유문화사, 1985, 234쪽.

4) 마리우스 B. 잰슨, 장화경 옮김, 《일본과 세계의 만남》, 소화, 1999, 62~63쪽.

5) 김영작, 〈한중일 삼국의 개국에 관한 비교 연구〉, 《동북아》 창간호, 1995년 봄 · 여름, 169~170쪽.

6) 장인성, 〈쇄국 – 개국기 대외 사유의 패러다임과 유형〉, 《일본연구》 제11집, 1997, 203쪽.

7) 조셉 폰타나, 김원중 옮김, 《거울에 비친 유럽》, 새물결, 2000, 33쪽.

8) 위르겐 오스터함멜, 박은영 · 이유재 옮김, 《식민주의》, 역사비평사, 2006, 149~150쪽.

9) J. J. 클라크, 장세룡 옮김, 《동양은 어떻게 서양을 계몽했는가》, 우물이있는집, 2004, 33~34쪽.

10) 강제언, 이규수 옮김, 《서양과 조선—그 이문화 격투의 역사》, 학고재, 1998, 254쪽.

11) 이헌창, 〈조선 중 · 후기 실학자의 해로무역육성론〉, 고혜령 외, 《조선시대의 사상과 문화》, 집문당, 2003, 227~265쪽.

1. 1차 사료

1) 관찬사서

《조선왕조실록》

《승정원일기》

《일성록》

《비변사등록》

《경국대전》

《속대전》

《대전회통》

《동문휘고》

《국조보감》

《만기요람》

《신증 동국여지승람》

《증정 교린지》

《대명률직해》

《등록유초》

《탐라기년》

2) 문집

김경선, 《연원직지》

김정희, 《완당집》

박규수, 《환재집》

성해응, 《연경재전집》

우정규, 《경제야언》

이규경, 《오주연문장전산고》

이긍익, 《연려실기술》

이덕무, 《청장관전서》

이수광, 《지봉유설》

이 익, 《성호사설》

정동유, 《주영편》

정약용, 《다산시문집》

정약용, 《목민심서》

정재륜, 《동평위 공사견문록》

허전, 《성재집》

3) 서양 문헌

Basil Hall, 《Account of a Voyage of Discovery to the West Coast of Corea and the Great Loo-Choo Island)》, John Murray, London, 1818.

Charles Gützlaff, 《Journal of Three Voyages along the Coast of China, in 1831, 1832 & 1833, with Notices of Siam, Corea, and Loo-Coo Islands》, London, Frederick Westley & A. H. Davis, 1834.

Edward Belcher, 《Narrative of the Voyage of H.M.S. Samarang, during the Years 1843~1846》, London, 1848.

H. H. Lindsay, 《Report of Proceedings on a Voyage to the Northern Ports of China in the Ship Lord Amherst》, London, B. Fellowes,

1834.

John Dunmore(Transtlated and edited), 《The Journal of Jean-Francois de Galaup de la Perouse 1785－1788》, The Hakluyt Society, London, 1995, Vol2.

John M'leod, 《Voyage of His Majesty's Ship Alceste to China, Corea and the Island of Lewchew, with an Account of her Shipwreck》, John Murray, London, 1819.

William Robert Broughton, 《A Voyage of Discovery to the North Pacific Ocean》, T. Cadell & W. Davis, London, 1804, reprinted in Frank Cass & Company Ltd., London, 1967.

2. 단행본

1) 국내 저서(국학 번역서 포함)

강동진, 《일본 근대사》, 한길사, 1985.

강재언, 《조선과 서양》, 학고재, 1998.

강재언, 《조선의 서학사》, 민음사, 1990.

강준식, 《다시 읽는 하멜 표류기》, 웅진닷컴, 1995.

고병익, 《동아시아 문화사 논고》, 서울대 출판부, 1997.

고혜령 외, 《조선시대의 사상과 문화》, 집문당, 2003.

국사편찬위원회, 《국역 중국 정사 조선전》, 국사편찬위원회, 1986.

국사편찬위원회, 《프랑스 외무부 문서1－1854~1899》, 국사편찬위원회, 2002.

국사편찬위원회, 《한국사 15－민중의 저항》, 국사편찬위원회, 1975.

국사편찬위원회, 《한국사32－조선 후기의 정치》, 국사편찬위원회, 1997.

국사편찬위원회, 《한국사37－서세동점과 문호개방》, 국사편찬위원회,

2000.

국제문화재단편, 《한국문화의 제문제》, 시사영어사, 1982.

김기춘 편저, 《조선시대 형전-경국대전 형전을 중심으로》, 삼영사, 1990

김려, 박혜숙 옮김, 《부령을 그리며》, 돌베개, 1998.

김성준, 《세계에 이름을 남긴 대항해자들의 발자취》, 신서원, 1999.

김영원 외, 《항해와 표류의 역사》, 솔, 2003.

김영작, 《한말 내셔널리즘 연구》, 청계연구소, 1989.

김원모 편저, 《근대한국외교사 연표》, 단대출판부, 1984.

김원모, 《근대 한미교섭사》, 홍성사, 1979.

김원모, 《한미 외교관계 100년사》, 철학과현실사, 2002.

김유, 주영하 감수, 《국역 해상기문-러시아의 첫 외교문서(1854)》,
    세종대출판부, 1988.

김재승, 《근대 한영 해양 교류사》, 인제대출판부, 1997.

김준엽, 《중국 최근세사》, 일조각, 1967.

김한규, 《한중관계사II》. 아르케, 1999.

노명식, 《프랑스 혁명에서 파리꼬뮨까지》, 까치, 1980.

리선근, 《대원군의 시대》, 세종대왕기념사업회, 1981.

문일평, 정해렴 편역, 《호암사론사화선집》, 현대실학사, 1996.

민강배, 《증보판 한국기독교회사》, 대한기독교서회, 1973.

민두기 편저, 《일본의 역사》, 지식산업사, 1976.

박경희 엮음, 《연표와 사진으로 보는 일본사》, 일빛, 1998.

백낙준, 《한국개신교사 : 1832~1910》, 연세대학교출판부, 1973.

서울대동양사학연구실 편, 《강좌 중국사 V》, 지식산업사, 1989.

서일교, 《조선왕조 형사제도의 연구》, 박영사, 1968.

서정철, 《서양 고지도와 한국》, 대원사, 1991.

송병기, 《한국, 미국의 첫 만남》, 고즈윈, 2005.

신기석, 《신고 동양외교사》, 탐구당, 1973.

신동아 편집부 엮음, 《한미수교 100년사》, 동아일보사, 1982.

신승하, 《근대 중국의 서양 인식》, 고려원, 1985.

신승하, 《중국 근대사》, 대명출판사, 1990.

신용하, 《한국 근대 지성사 연구》, 서울대출판부, 2005.

연갑수, 《대원군 집권기 부국강병책 연구》, 서울대출판부, 2001.

유홍렬, 《증보 한국천주교회사》, 가톨릭출판사, 1962.

유희경, 《한국복식문화사》, 교문사, 1981.

윤서석, 《증보 한국식품사 연구》, 신광출판사, 1987.

이광린, 《한국 개화사 연구》, 일조각, 1969.

이규수 외, 《근대 전환기 동아시아 속의 한국》, 성균관대출판부, 2004.

이규태 편, 《조선견문》, 조선일보사, 1976.

이능화, 《조선기독교급외교사(朝鮮基督敎及外交史)》, 조선기독교창문사,
    1928.

이만채 편찬, 김시준 역주, 《천주교전교박해사－벽위편》,
    국제고전교육협회, 1984.

이병길 편저, 《중국의 개신교 첫 선교사 로버트 모리슨》,
    한국기독교역사연구소, 1994.

이병도 외 옮김, 《한국의 민속 · 종교사상》, 삼성출판사, 1981.

이석래 교주, 《풍속가사집－한양가 · 농가월령가》, 신구문화사, 1974.

이원순, 《조선 서학사 연구》, 일지사, 1986.

이원순, 《조선시대 사론집》, 느티나무, 1993.

이지은, 《왜곡된 한국 외로운 한국》, 책세상, 2006.

이형석, 《동양흥망사》, 보진재, 1991.

인문과학연구소 편, 《전통문화와 서양문화(Ⅰ)－그 충격과 수용의
    측면에서》, 성균관대출판부, 1985.

주영하 감수, 《19세기 후반의 한 · 영 · 러 관계－거문도 사건》,
    세종대출판부, 1987.

주희, 한상갑 역, 《논어 · 중용》, 삼성출판사, 1989.

지명숙 · 왈라벤, 《보물섬은 어디에－네덜란드 공문서를 통해 본 한국과의

교류사》, 연세대출판부, 2003.

차배근, 《중국 전근대 언론사》, 서울대출판부, 1984.

차배근, 《중국근대언론사》, 나남, 1985.

차상철 외, 《일본 외교사》, 비봉출판사, 1999.

최남선, 《고사통》, 삼중당, 1947.

한국사연구협의회, 《한로관계 100년사》, 한국사연구협의회, 1984.

한국사연구협의회, 《한불수교 100년사》, 한국사연구협의회, 1986.

한국역사연구회 19세기 정치사 연구반, 《조선정치사 1800~1863》, 청년사, 1990.

한상복, 《해양학에서 본 한국학》, 해조사, 1988.

홍이섭, 《홍이섭 전집1 – 과학사 · 해양사》, 연세대출판부, 1994.

홍이섭, 《홍이섭 전집5 – 외교사 · 교섭사》, 연대출판부, 1994.

황사영, 윤재영 옮김, 《황사영 백서 외》, 정음사, 1975.

2) 외국 저서 · 번역서

B. 홀, 신복룡 · 정성자 역주, 《조선 서해 탐사기》, 집문당, 1999.

J. H. 패리, 김주식 · 김성준 옮김, 《약탈의 역사》, 신서원, 1998.

J. J. 클라크, 장세룡 옮김, 《동양은 어떻게 서양을 계몽했는가》, 우물이있는집, 2004.

John Belchem and Richard Price Edited, 《A Dictionary of Nineteenth century History》, Basil Blackwell Ltd, 1994.

P. 시볼트, 유상희 옮김, 《시볼트의 조선견문기》, 박영사, 1987.

Peter Kemp, 《The History of Ships》, Book Club Associates, London, 1978.

W. 프랑케, 김원모 옮김, 《동서 문화 교류사》, 단대출판부, 1977.

W. E. 그리피스, 신복룡 옮김, 《은자의 나라 한국》, 평민사, 1985.

강제언, 이규수 옮김, 《서양과 조선 – 그 이문화 격투의 역사》, 학고재,

1998.

강태진 옮김, 《낯선 조선 땅에서 보낸 13년 20일의 기록 - 하멜표류기》, 서해문집, 2003 .

高橋幸八郞 외 엮음, 차태석 외 옮김, 《일본근대사론》, 지식산업사, 1981.

국립진주박물관 엮음, 오만 · 장원철 옮김, 《프로이스의 『일본사』를 통해 다시 보는 임진왜란과 도요토미 히데요시》, 부키, 2003.

堀川哲南 편집, 하세봉 옮김, 《아시아 역사와 문화와 문화5》, 신서원, 1996.

堀川哲南, 이양자 옮김, 《중국 근대사》, 삼지원, 1994.

大石愼三郞, 《大江戶史話》, 中央文庫, 1992.

데이비드 데이, 이경식 옮김, 《정복의 법칙》, Human & Books, 2006.

레이 초우, 장수현 · 김우영 옮김, 《디아스포라의 지식인》, 이산, 2005.

鹿島守之助, 《日本外交史》, 鹿島硏究所出版會, 1965.

루이스 프로이스, 강병구 옮김, 《포르투갈 신부가 본 임진왜란 초기의 한국》, 까몽이스재단 · 주한포르투갈 문화원, 1999.

마루야마 마사오, 김석근 옮김, 《일본의 사상》, 한길사, 1998.

마루야마 마사오, 박충석 · 김석근 옮김, 《충성과 반역 - 전환기 일본의 정신사적 위상》, 나남출판, 1998.

마리우스 B. 잰슨, 김우영 외 옮김, 《현대일본을 찾아서1》, 이산, 2006.

마리우스 B. 잰슨, 장화경 옮김, 《일본과 세계의 만남》, 소화, 1999.

미야자키 마사카쓰, 이규조 옮김, 《정화의 남해 대원정》, 일빛, 1999.

사카이 나오키 지음, 후지이 다케시 옮김, 《번역과 주체 - '일본'과 문화적 국민주의》, 이산, 2005.

山田迪生, 《日本の船 ―蒸氣編》, 船の科學館, 1997.

三宅英利, 손승철 옮김, 《근세 한일관계사 연구》, 이론과실천, 1991.

샤를르 달레, 안응렬 · 최석우 역주, 《한국천주교회사(상)》, 분도출판사, 1979.

샤를르 달레, 안응렬 · 최석우 역주, 《한국천주교회사(하)》, 분도출판사,

1980.

須藤利一 편,《船》, 法政大學出版局, 1983.

수전 손택, 김유경 옮김,《강조해야 할 것》, 시울, 2006.

스튜어트 홀 외 지음, 전효관 외 옮김,《현대성과 현대문화(2)》,
　　　현실문화연구, 1996.

시바 료타로, 이길진 옮김,《료마가 간다1》, 창해, 2002.

市村瓚次郎,《東洋史統(4)》, 富山房, 1950.

植田捷雄,《東洋外交史(上)》, 東京大出版會, 1969.

아사오 나오히로 외 엮음, 이계황 외 옮김,《새로 쓴 일본사》,
　　　창작과비평사, 2003.

어니스트 페일, 김성준 옮김,《서양해운사》, 혜안, 2004.

外務省 編纂,《日本外交年表竝主要文書(上)》, 原書房, 昭和40(1965).

위르겐 오스터함멜, 박은영 · 이유재 옮김,《식민주의》, 역사비평사, 2006.

윌리엄 맥닐, 신미원 옮김,《전쟁의 세계사》, 이산, 2005.

전목, 차주환 옮김,《중국문화사도론 · 중국문사철론》, 을유문화사, 1985.

조셉 폰타나, 김원중 옮김,《거울에 비친 유럽》, 새물결, 2000.

존 K. 페어뱅크 외, 전해종 외 옮김,《동양문화사》, 을유문화사, 1969.

테사 모리스-스즈키, 임성모 옮김,《변경에서 바라본 근대》, 산처럼, 2006.

페르낭 브로델, 주경철 옮김,《물질문명과 자본주의III-2: 세계의
　　　시간(하)》, 까치, 1997.

피터 버크, 박광식 옮김,《이미지의 문화사》, 심산, 2005.

하멜, 김창수 옮김,《하멜표류기 외》, 을유문화사, 1988.

하멜, 이병도 옮김,《하멜표류기》, 박문서관, 1946.

黃伯祿斐默 편,《正敎奉褒》, 상해 慈母堂, 광서30(1904).

橫浜開港資料館 編輯,《ペリー來航と橫浜》, 橫浜開港資料館, 2004.

3. 논문

I. A. 곤차로프, 박태근 역, 〈논픽숀 1854년의 조선〉, 《신동아》, 1974년
　　8월호.

〈1816년의 조선 연안 항해기〉, 《신동아》 1976년 3월호.

김광기, 〈'이방인'의 사회학을 위한 이론적 정초〉, 《한국사회학》 제38집
　　6호, 2004.

김영작, 〈한중일 삼국의 개국에 관한 비교 연구〉, 《동북아》 창간호, 1995년
　　봄·여름.

김옥희, 〈최양업 신부에 관한 연구〉, 문교부 편, 《(학술연구조성비에 의한)
　　연구보고서, 1982 : 인문과학계》, 한국학술진흥재단, 1982.

김원모, 〈19세기 한영 항해문화교류와 조선의 해금정책〉, 《문화사학》
　　21호, 2004.

김재승, 〈조선왕국을 찾아온 서양선들의 탐사항해기〉, 《동서사학》 3집,
　　1997.

김재승, 〈조선해역에서 영국의 해상활동과 한영관계(1797~1905)〉,
　　《한국해운학회지》 23호, 1996.

민두기, 〈19세기 후반 조선왕조의 대외 위기의식－제1차, 제2차 중영
　　전쟁과 이양선 출몰에의 대응〉, 《동방학지》 52호, 1986.

山口正之, 〈昭顯世子と 湯若望〉, 《靑丘學叢》 5호, 1931.

山口正之, 〈조선기독교 사료「기해일기」〉, 《한국천주교회사 논문선집》
　　제2집, 한국교회사연구소, 1977.

石堂, 〈70년 전의 외국어 문헌〉, 《신동아》 1935년 10월.

신동규, 〈전근대 일본의 서양 이국선 표착 처리〉, 《한일관계사연구》 25집,
　　2006.

원재연, 〈조선후기 서양인식의 변천과 대외개방론〉, 서울대 국사학과 박사
　　논문, 2000.

原田環, 〈十九世紀の朝鮮における 對外的 危機意識〉, 《朝鮮史研究論文集》

21호, 1984.

이규태 역주, 〈귀츠라프 서해안 항해기〉, 《주간조선》 490호.

이능화 · 이중화 · 황의돈, 〈조선침략의 촉수 미영(米英)의 이양선〉, 《조광》 8권 3호, 1942년 3월.

장인성, 〈쇄국-개국기 대외 사유의 패러다임과 유형〉, 《일본연구》 제11집, 1997.

조광, 〈황사영 백서의 사회사상적 배경〉, 《사총》 21 · 22합집, 1977.

주명준, 〈천주교 신자들의 서양 선박 청원〉, 《교회사연구》 3집, 1981.

차기진, 〈조선후기 천주교 신자들의 성직자 영입과 양박청래에 대한 연구〉, 《교회사 연구》 13호, 1998.

하정식, 〈태평천국과 1850~60년대 초 조선왕국의 위기의식〉, 《동방학지》 87집, 1995.

한국교회사연구소 역, 〈한불관계자료(1846~1856)〉, 《교회사연구》 1집, 1977.

홍순호, 〈파리 외방전교회 선교사들의 한국 진출에 대한 프랑스 정부의 태도-대한(對韓) 제국주의 외교 정책을 중심으로(1831~1886)〉, 《교회사 연구》 5호, 1987.

홍이섭, 〈다브뤼 신부의 조선연구에 대하여〉, 《향토서울》 2호, 1958년 6월.

1577년   포르투갈인 도밍구스 몬테이루가 마카오와 일본을 왕래하는
          배를 타고 가다 폭풍우를 만나 조선 해안까지 왔다는 기록이
          전한다.

1582년   1월 요동 금주위 사람 조원록 등과 복건 사람 진원경, 동양
          사람 막생가, 서양 사람 마리이 등이 바다에서 배로
          우리나라에 표류해 왔다. 진하사 정탁 편에 그들을 딸려
          보내고 중국 조정에 보고했다.

1593년   12월 27일 포르투갈 신부 세스페데스가 조선의 남해안에
          도착했다. 그는 웅천에 있던 고니시의 진영에서 1년 반
          가까이 머물면서 일본군 가운데 천주교 신자였던 2천여 명의
          군사들에게 성사를 집전했다. 1595년 일본으로 돌아갈 때
          쓰시마에 억류되어 있던 조선인 소년 한 명에게 세례를
          주었다. 1597년 정유재란이 일어나자 다시 조선으로 건너와
          약 2개월 동안 머물다가 일본으로 돌아갔다.

1599년   5월 포르투갈 군사가 특수 잠수부대원으로서 조선과 명나라
          연합군에 참전했다는 기록이 전해온다.

1604년	6월 포르투갈 상인 조앙 멘드스가 흑인노예 두 명과 일본 선박에 타고 가다가 조선 해안에서 체포되었다. 그는 조선에서 4개월 동안 억류된 후 북경으로 호송되었다고 한다.
1609년	3월 바타비아의 총독 스펙스가 쓰시마로 후추 60킬로그램 등의 상품을 보내서 조선과 교역할 것을 요청했다. 하지만 쓰시마 영주가 불허하는 바람에 실패하고 말았다.
1614년	10월 영국 동인도회사 소속 존 사리스 선장이 쓰시마에 가 있는 에드워드 사리스를 조선으로 파견해서 영국 직물의 판매시장을 조사케 했다는 기록이 있다.
1617년	영국인 애덤스가 일본을 방문한 조선 통신사를 통해 조선과 무역할 뜻을 타진하려 했지만 실패했다.
1622년	바타비아에서 히라도로 향하던 네덜란드 상선 혼트호가 제주도에서 조선 군함으로 보이는 배와 잠시 대결하다 나가사키로 돌아갔다.
1627년	5월 네덜란드 출신 선원 벨테브레, 하이스베르츠, 베르바스트 등이 물과 양식을 구하기 위해 보트를 타고 경상도 경주 부근 바다에 상륙했다가 경주 주민들에게 붙잡혔다. 벨테브레 일행은 이듬해 서울로 이송되어 훈련도감 군사로 편입되었다. 벨테브레를 비롯한 세 사람은 병자호란(1636) 때 조선군으로 참전했다. 이 전쟁에서 벨테브레만이 살아남았고 나머지 두 사람은 전사했다. 벨테브레는 조선인 이름 박연으로 조선 여인과 결혼해

살면서 1남 1녀를 두었고 조선에서 생애를 마쳤다.

1636년   소현세자가 봉림대군과 함께 인질로 붙잡혀 심양으로 끌려갔다가 다시 북경으로 들어갔다. 그는 북경에서 약 70일 동안 머물면서 아담 샬과 친교를 맺었다. 아담 샬은 소현세자에게 천주상, 천구의, 한역서학서 등을 선물로 주었다. 소현세자는 1644년 11월 26일 북경을 떠나 이듬해 1월 18일 서울에 도착했다. 그는 서양 문물을 가지고 귀국했다.
12월 조선 통신사가 에도에 도착했을 때, 네덜란드인들은 통신사 일행을 만나 교역 가능성을 타진하려 했지만, 쓰시마의 방해로 조선 통신사와 접촉하는 데 실패했다.

1639년   6월 네덜란드의 '보물섬' 원정대가 바타비아를 출발해 조선으로 향했지만 거센 풍랑으로 배가 파손되었다. 원정대는 결국 11월 말 대만에 돛을 내릴 수 있었다. 그 후 1642년과 1643년에도 거듭해서 보물섬 원정대가 조직되었지만 모두 실패했다. 1669년 네덜란드에서는 '코레아호'라고 이름 붙은 1천 톤급 배가 만들어지기도 했다. 하지만 코레아호는 바타비아까지만 항해했을 뿐 조선에 들어오지는 못했다.

1653년   8월 15일(양력) 네덜란드 동인도회사 소속의 상선 스페르웨르호가 일본 나가사키로 향하다가 폭풍을 만나 제주도 대정현에 좌초했다. 하멜 일행은 강진의 전라병영 등에 배치되었다가 1666년 9월 5일 조선을 탈출해 1668년 7월 20일 고국인 암스테르담에 도착했다.

1787년	5월 프랑스의 페루즈 탐사대가 제주도와 울릉도를 탐사했다. 페루즈 일행은 울릉도와 독도를 다즐레와 부솔이라고 명명했다.
1791년	8월 영국 해군장교 제임스 콜네트 선장이 이끄는 아르고노트호가 제주도 주변 해역을 탐사했다.
1797년	8월~9월 영국 군함 프로비던스호가 청진, 영흥만, 동래 용당포 등 동해안을 탐사했다.
1801년	8월 제주 대정현 당포에 어느 나라 것인지 알 수 없는 큰 배가 해안에 와 닿았다. 그 배는 다섯 사람을 내려놓고는 대포를 쏘며 쏜살같이 사라지고 말았다. 조정에서는 그들을 청나라에 보냈지만 중국에서 거절해 이듬해 제주도로 이주시켰다.
1816년	9월 영국 군함 알세스트호와 리라호가 황해도, 충청도, 전라도를 측량했다.
1832년	6월~7월 영국 동인도회사 소속 영국 상선 로드 애머스트호가 황해도와 충청도에 나타나 통상을 요구하고 기독교를 선교했다.
1840년	10월 제주 대정현 가파도에 영국 선박 2척이 출몰했다. 그들은 공적으로 비축한 소를 총과 칼로 도살하거나 소를 얽어맨 줄을 끌고 가기도 했다.
1845년	6월부터 8월까지(양력) 영국 군함 사마랑호가 제주도와

거문도를 항해하면서 우리나라 남해안을 정밀 탐사했다. 사마랑호는 6월 25일부터 제주도 정의현 우도를 중심으로 제주도, 거금도, 거문도 일대를 탐사하고 해도 3장을 작성했다. 사마랑호는 제주도를 떠나 7월 16일 거문도에 도착했다. 약 4일 동안 거문도 해역과 각 섬을 측량하고 거문도를 해밀턴항이라 명명했다.

8월 31일 페레올, 다블뤼, 김대건이 라파엘호를 타고 상해에서 조선으로 향했다. 라파엘호는 9월 28일 제주도 해안에 닿았다.

1846년	6월 프랑스의 해군소장 세실이 군함 3척을 이끌고 홍주 외연도 앞 바다에 나타났다. 기해사옥 때 프랑스인 신부 모방, 샤스탕, 앵베르가 처형된 사건을 항의하기 위해서였다. 하지만 프랑스 함대는 외연도 주민들에게 조선 정부에 보내는 서신을 전달해줄 것을 요청했지만 거절당했다. 세실은 어쩔 수 없이 나무상자에 편지를 담아 외연도 앞 바다에 던져버리고 떠났다. 이 편지에는 조선 정부의 회신을 받기 위해 1년 후에 다시 오겠다고 적혀 있었다.
1847년	6월~8월 세실 제독의 후임으로 해군대령 라피에르가 군함 2척을 이끌고 전라도 신지도에 나타났다. 당시 프랑스 군함에는 마카오에 유학 중이던 조선인 신부 최양업이 통역으로 동승하고 있었다. 하지만 당시 태풍이 부는 계절이어서 프랑스 원정함대는 암초에 부딪쳐 좌초하고 말았다. 그들은 상해에서 영국 선박 3척을 빌려서 돌아갔다.
1848년	4월 이양선이 쓰시마에서 조선으로 향해 오고 있다는 소식을

쓰시마에서 조선 조정으로 알려왔다.

5월부터 7월까지 함경도와 전라도에 이양선이 출현했다. 이 해에 3면 바다에 나타난 이양선의 수는 헤아릴 수 없이 많았다. 조정에서는 해안 방비를 강화하라고 지시했다.

1849년 3월 경상도 장기와 기장으로 이양선들이 지나가는 것이 목격되었다.

4월 함경도 이원에서는 3척의 이양선을 억류하고, 솔밭에서 벌목하고 있던 18명의 이국인을 체포, 감금했다. 북청에서는 1척을 멈추어 세워놓고 문정했다. 또한 경상도 백성이 표류하다가 서양 선박에 구출된 일도 있었다.

이해 여름, 프랑스 포경선 리앙쿠르호가 동해에서 고래잡이를 하다 독도를 발견하고 리앙쿠르 암초라고 이름 붙였다.

1850년 2월 강원도 울진에서 이양선이 발포해 주민 5명이 사망했다. 조정에서는 먼 데서 뒤쫓아 가면서 이양선을 감시하라고 지시했다.

1851년 2월부터 3월까지 전라도 영광, 나주 등에 이양선이 나타났다.

3월 프랑스 선박 한 척이 제주목 대정현 모슬진에 나타나 식량을 요구했는데, 이것은 프랑스 포경선 나르왈호였다. 관리들은 그들의 요구대로 식량을 지급해주었다.

1852년 7월 프랑스 선박 한 척이 고군산도에 침입해 라피에르 함대가 파손되었을 때 남겨놓고 간 물건의 반환을 요구했는데, 이것은 프랑스 메스트르 신부가 조선으로 밀입국한 사건이었다.

12월 미국 포경선 사우스 아메리카호(조선 기록에서는
'며리계')가 동래 용당포에 표류해 왔다.

1854년   4월 2일(양력) 러시아 군함 팔라다호와 보스트크호,
멘시코프공호가 거문도에 도착했다. 러시아 함대는 4월
7일까지 거문도에 머물면서 섬 주민들과 만났다. 팔라다호는
1854년 4월 20일 울산만에서 시작해 5월 11일 북위 43도
지점까지 북상하면서 조선 연안을 측정했다. 푸탸틴은 5월에
함경도에서 조선 정부에 개항을 요청하는 서한을 보냈다.

1855년   4월 영국 군함 시빌호가 대한해협 서수도를 지나면서 이곳의
수로 사정을 본국에 알렸다.

6월 미국 포경선 '투 브러더스호'에서 탈출한 미국인 선원 네
명이 동해안에 표류해 와 조선 주민들이 이들을
구제해주었다.

8월 이양선들이 함경도 함흥, 황해도 풍천, 동래 용당포 등에
나타났다.

이 해 영국 군함 호네트호가 독도를 측량했다. 호네트호의
함장 포사이스는 독도를 '호네트 섬'이라고 명명했다. 또한
영국 측량선 사라센호도 거문도를 측량하고 거문도
항박도를 작성했다.

1856년   7월 프랑스 해군소장 게랭 제독이 프리깃함 비르지니호를
이끌고 조선에 나타났다. 비르지니호는 동해안 영흥만에서
출발해 남해안을 거쳐 서해안 덕적군도에 이르기까지 2개월
동안 조선 해안을 항해했다.

1857년   8월 푸탸틴은 증기선 아메리카호를 타고 거문도에 기항했다.
푸탸틴은 거문도 주민들을 회유해서 저탄소 설치 허가를
받아냈지만 허사로 돌아갔다.

1859년   5월에 상해에서 출발한 영국 상선 애서아말호가 동래 초량
앞 바다에 정박해 여러 물자를 요구했다. 애서아말호는 영국
군함 악테온호와 도브호였다. 악테온호와 도브호는 동래
용당포에 나타나기 전에 거문도에 머물면서 거문도의
유학자 김유와 필담을 나누었다. 거문도와 동래를 지나
타타르 만까지 올라갔던 악테온호와 도브호는 그해 겨울에
다시 동래에 나타났다.

1860년   윤3월 영국 선박 남백로호가 동래 신초량 앞바다에
표류했다. 같은 무렵 전라도 영암의 추자도에서 영국 선박이
난파했다.